항균잉크란?

코로나19 바이러스
"친환경 99.9% 항균잉크 인쇄"
전격 도입

KB169001

언제 끝날지 모를 코로나19 바이러스
99.9% 항균잉크(V-CLEAN99)를 도입하여 「안심도서」로
독자분들의 건강과 안전을 위해 노력하겠습니다.

(주)시대고시기획

Clean Zone

본 도서는 항균잉크로 인쇄하였습니다.

항균 + 99.9%
안심도서

항균잉크(V-CLEAN99)의 특징

- 바이러스, 박테리아, 곰팡이 등에 항균효과가 있는 산화아연을 적용
- 산화아연은 한국의 식약처와 미국의 FDA에서 식품첨가물로 인증받아 **강력한 항균력을** 구현하는 소재
- 황색포도상구균과 대장균에 대한 테스트를 완료하여 **99.9%의 강력한 항균효과** 확인
- 잉크 내 중금속, 잔류성 오염물질 등 **유해 물질 저감**

TEST REPORT

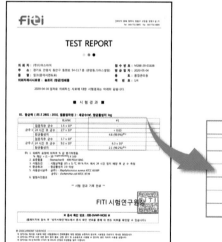

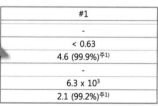

#1
-
-
< 0.63
4.6 (99.9%)주1)
6.3 x 10³
2.1 (99.2%)주1)

Clean Zone

SD에듀
(주)시대고시기획

시 대 에 듀

독학사 3단계

— 컴퓨터공학과 —

컴퓨터네트워크

SD에듀
(주)시대고시기획

머리말

학위를 얻는 데 시간과 장소는 더 이상 제약이 되지 않습니다. 대입 전형을 거치지 않아도 '학점은행제'를 통해 학사학위를 취득할 수 있기 때문입니다. 그중 독학학위제도는 고등학교 졸업자이거나 이와 동등 이상의 학력을 가지고 있는 사람들에게 효율적인 학점인정 및 학사학위취득의 기회를 줍니다.

학습을 통한 개인의 자아실현 도구이자 자신의 실력을 인정받을 수 있는 스펙으로서의 독학사는 짧은 기간 안에 학사학위를 취득할 수 있는 가장 빠른 지름길로 많은 수험생들의 선택을 받고 있습니다.

독학학위취득시험은 1단계 교양과정 인정시험, 2단계 전공기초과정 인정시험, 3단계 전공심화과정 인정시험, 4단계 학위취득 종합시험의 1~4단계까지의 시험으로 이루어집니다. 4단계까지의 과정을 통과한 자에 한해 학사학위취득이 가능하고, 이는 대학에서 취득한 학위와 동등한 지위를 갖습니다.

이 책은 독학사 시험에 응시하는 수험생들이 단기간에 효과적인 학습을 할 수 있도록 다음과 같이 구성하였습니다.

01 핵심이론
다년간 출제된 독학학위제 평가영역을 철저히 분석하여 시험에 꼭 출제되는 내용을 '핵심이론'으로 선별하여 수록하였으며, 중요도 체크 및 박스 속 보충내용 등을 통해 심화 학습과 학습 내용 정리를 효율적으로 할 수 있게 하였습니다.

02 OX로 점검하자
장별로 'OX로 점검하자'를 수록하여 해당 학습영역의 중요사항을 한 번 더 점검할 수 있도록 하였습니다.

03 실제예상문제
해당 출제영역에 맞는 핵심포인트를 분석하여 풍부한 '실제예상문제'를 수록하였습니다.

04 최종모의고사
최신 출제유형을 반영한 최종모의고사를 통해 자신의 실력을 점검해 볼 수 있으며, 실제 시험에 임하듯이 시간을 재고 풀어보면 시험장에서 실수를 줄일 수 있을 것입니다.

05 핵심요약집
책 속의 책인 '핵심요약집'을 통해 본문의 전반적인 내용을 요약·정리하여 어느 곳에서든 학습할 수 있도록 편의성을 배가하였고, 시험 직전에 해당 기본서의 전 범위를 빠르게 점검하여 리마인드할 수 있도록 구성하였습니다.

편저자 드림

B D E S

독학학위제 소개

독학학위제란?

「독학에 의한 학위취득에 관한 법률」에 의거하여 국가에서 시행하는 시험에 합격한 사람에게 학사학위를
수여하는 제도

   ✅ 고등학교 졸업 이상의 학력을 가진 사람이면 누구나 응시 가능

   ✅ 대학교를 다니지 않아도 스스로 공부해서 학위취득 가능

   ✅ 일과 학습의 병행이 가능하여 시간과 비용 최소화

   ✅ 언제, 어디서나 학습이 가능한 평생학습시대의 자아실현을 위한 제도

   ✅ 학위취득시험은 4개의 과정(교양, 전공기초, 전공심화, 학위취득 종합시험)으로 이루어져 있으며 각
      과정별 시험을 모두 거쳐 학위취득 종합시험에 합격하면 학사학위취득

독학학위제 전공 분야 (11개 전공)

국어
국문학

영어
영문학

***
심리학

***
경영학

법학

행정학

***
컴퓨터
공학

가정학

유아
교육학

정보
통신학

***
간호학

※ 유아교육학 및 정보통신학 전공 : 3, 4과정만 개설
※ 간호학 전공 : 4과정만 개설
※ 중어중문학, 수학, 농학 전공 : 폐지 전공으로 기존에 해당 전공 학적 보유자에 한하여 응시 가능

※ 시대에듀는 현재 4개 학과(심리학과, 경영학과, 컴퓨터공학과, 간호학과) 개설 중

독학학위제 시험안내

과정별 응시자격

단계	과정	응시자격	과정(과목) 시험 면제 요건
1	교양	고등학교 졸업 이상 학력 소지자	• 대학(교)에서 각 학년 수료 및 일정 학점 취득 • 학점은행제 일정 학점 인정 • 국가기술자격법에 따른 자격 취득 • 교육부령에 따른 각종 시험 합격 • 면제지정기관 이수 등
2	전공기초		
3	전공심화		
4	학위취득	• 1~3과정 합격 및 면제 • 대학에서 동일 전공으로 3년 이상 수료 (3년제의 경우 졸업) 또는 105학점 이상 취득 • 학점은행제 동일 전공 105학점 이상 인정 (전공 28학점 포함) → 22.1.1 시행 • 외국에서 15년 이상의 학교교육과정 수료	없음(반드시 응시)

응시 방법 및 응시료

• 접수 방법 : 온라인으로만 가능
• 제출 서류 : 응시자격 증빙 서류 등 자세한 내용은 홈페이지 참조
• 응시료 : 20,200원

독학학위제 시험 범위

• 시험과목별 평가 영역 범위에서 대학 전공자에게 요구되는 수준으로 출제
• 시험 범위 및 예시문항은 독학학위제 홈페이지(bdes.nile.or.kr) – 학습정보–과목별 평가영역에서 확인

문항 수 및 배점

과정	일반 과목			예외 과목		
	객관식	주관식	합계	객관식	주관식	합계
교양, 전공기초 (1~2과정)	40문항×2.5점 =100점	–	40문항 100점	25문항×4점 =100점	–	25문항 100점
전공심화, 학위취득 (3~4과정)	24문항×2.5점 =60점	4문항×10점 =40점	28문항 100점	15문항×4점 =60점	5문항×8점 =40점	20문항 100점

※ 2017년도부터 교양과정 인정시험 및 전공기초과정 인정시험은 객관식 문항으로만 출제
※ 이산수학(컴퓨터공학과)은 예외과목(25문항, 100점)에 해당함

합격 기준

• 1~3과정(교양, 전공기초, 전공심화) 시험

단계	과정	합격 기준	유의 사항
1	교양	매 과목 60점 이상 득점을 합격으로 하고, 과목 합격 인정(합격 여부만 결정)	5과목 합격
2	전공기초		6과목 이상 합격
3	전공심화		

• 4과정(학위취득) 시험 : 총점 합격제 또는 과목별 합격제 선택

구분	합격 기준	유의 사항
총점 합격제	• 총점(600점)의 60% 이상 득점(360점) • 과목 낙제 없음	• 6과목 모두 신규 응시 • 기존 합격 과목 불인정
과목별 합격제	• 매 과목 100점 만점으로 하여 전 과목(교양 2, 전공 4) 60점 이상 득점	• 기존 합격 과목 재응시 불가 • 1과목이라도 60점 미만 득점하면 불합격

컴퓨터공학과 3단계 시험 과목 변경 (2022년부터 적용)

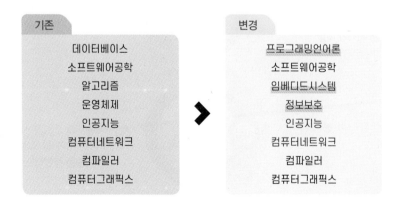

※ 시대에듀에서 개설된 과목은 빨간색으로 표시했습니다.
※ 2022년부터 2단계 시험에서 변경되는 과목을 음영으로 표시하였습니다.

독학학위제 과정

대학의 교양과정을 이수한
사람이 일반적으로 갖추어야 할
학력 수준 평가

1단계
교양과정
01

02
2단계
전공기초

각 전공영역의 학문을 연구하기
위하여 각 학문 계열에서 공통적
으로 필요한 지식과 기술 평가

3단계
전공심화
03

각 전공영역에서의 보다
심화된 전문 지식과 기술 평가

04
4단계
학위취득

학위를 취득한 사람이 일반적으로
갖추어야 할 소양 및 전문 지식과
기술을 종합적으로 평가

GUIDE
독학학위제 출제방향

국가평생교육진흥원에서 고시한 과목별 평가영역에 준거하여 출제하되, 특정한 영역이나 분야가 지나치게 중시되거나 경시되지 않도록 한다.

교양과정 인정시험 및 전공기초과정 인정시험의 시험방법은 객관식(4지택1형)으로 한다.

단편적 지식의 암기로 풀 수 있는 문항의 출제는 지양하고, 이해력·적용력·분석력 등 폭넓고 고차원적인 능력을 측정하는 문항을 위주로 한다.

독학자들의 취업 비율이 높은 점을 감안하여, 과목의 특성상 가능한 경우에는 학문적이고 이론적인 문항뿐만 아니라 실무적인 문항도 출제한다.

교양과정 인정시험(1과정)은 대학 교양교재에서 공통적으로 다루고 있는 기본적이고 핵심적인 내용을 출제하되, 교양과정 범위를 넘는 전문적이거나 지엽적인 내용의 출제는 지양한다.

이설(異說)이 많은 내용의 출제는 지양하고 보편적이고 정설화된 내용에 근거하여 출제하며, 그럴 수 없는 경우에는 해당 학자의 성명이나 학파를 명시한다.

전공기초과정 인정시험(2과정)은 각 전공영역의 학문을 연구하기 위하여 각 학문 계열에서 공통적으로 필요한 지식과 기술을 평가한다.

전공심화과정 인정시험(3과정)은 각 전공영역에 관하여 보다 심화된 전문적인 지식과 기술을 평가한다.

학위취득 종합시험(4과정)은 시험의 최종 과정으로서 학위를 취득한 자가 일반적으로 갖추어야 할 소양 및 전문지식과 기술을 종합적으로 평가한다.

전공심화과정 인정시험 및 학위취득 종합시험의 시험방법은 객관식(4지택1형)과 주관식(80자 내외의 서술형)으로 하되, 과목의 특성에 따라 다소 융통성 있게 출제한다.

독학학위제 단계별 학습법

1단계

평가영역에 기반을 둔 이론 공부!

독학학위제에서 발표한 평가영역에 기반을 두어 효율적으로 이론 공부를 해야 합니다. 각 장별로 정리된 '핵심이론'을 통해 핵심적인 개념을 파악합니다. 모든 내용을 다 암기하는 것이 아니라, 포괄적으로 이해한 후 핵심내용을 파악하여 이 부분을 확실히 알고 넘어가야 합니다.

2단계

시험 경향 및 문제 유형 파악!

독학사 시험 문제는 지금까지 출제된 유형에서 크게 벗어나지 않는 범위에서 비슷한 유형으로 줄곧 출제되고 있습니다. 본서에 수록된 이론을 충실히 학습한 후 '실제예상문제'를 풀어 보면서 문제의 유형과 출제의도를 파악하는 데 집중하도록 합니다. 교재에 수록된 문제는 시험 유형의 가장 핵심적인 부분이 반영된 문항들이므로 실제 시험에서 어떠한 유형이 출제되는지에 대한 감을 잡을 수 있을 것입니다.

3단계

'OX + 실제예상문제'를 통한 효과적인 대비!

독학사 시험 문제는 비슷한 유형들이 반복되어 출제되므로 다양한 문제를 풀어 보는 것이 필수적입니다. 각 단원 끝에 수록된 'OX로 점검하자'를 통해 해당 단원에서 가장 중점적인 학습 포인트를 확인하고 '실제예상문제' 및 '주관식 문제'를 통해 단원별 내용을 제대로 학습했는지 꼼꼼하게 체크합니다. 이때 부족한 부분은 따로 체크해 두고 복습할 때 중점적으로 공부하는 것도 좋은 학습 전략입니다.

4단계

복습을 통한 학습 마무리!

이론 공부를 하면서, 혹은 문제를 풀어 보면서 헷갈리고 이해하기 어려운 부분은 따로 체크해 두는 것이 좋습니다. 중요 개념은 반복학습을 통해 놓치지 않고 확실하게 익히고 넘어가야 합니다. 마무리 단계에서는 '핵심요약집'을 통해 핵심개념을 다시 한 번 더 정리하고 마무리할 수 있도록 합니다.

COMMENT

합격수기

> 저는 학사편입 제도를 이용하기 위해 2~4단계를 순차로 응시했고 한 번에 합격했습니다.
> 아슬아슬한 점수라서 부끄럽지만 독학사는 자료가 부족해서 부족하나마 후기를 쓰는 것이 도움이 될까 하여
> 제 합격전략을 정리하여 알려 드립니다.

#1. 교재와 전공서적을 가까이에!

학사학위취득은 본래 4년을 기본으로 합니다. 독학사는 이를 1년으로 단축하는 것을 목표로 하는 시험이라 실제 시험도 변별력을 높이는 몇 문제를 제외한다면 기본이 되는 중요한 이론 위주로 출제됩니다. 시대에듀의 독학사 시리즈 역시 이에 맞추어 중요한 내용이 일목요연하게 압축·정리되어 있습니다. 빠르게 훑어보기 좋지만 내가 목표로 한 전공에 대해 자세히 알고 싶다면 전공서적과 함께 공부하는 것이 좋습니다. 교재와 전공서적을 함께 보면서 교재에 전공서적 내용을 정리하여 단권화하면 시험이 임박했을 때 교재 한 권으로도 자신 있게 시험을 치를 수 있습니다.

#2. 아리송한 용어들에 주의!

진법 변환, 부울대수, 컴퓨터 명령어, 기억장치, C프로그래밍 언어 등 공부를 하다 보면 여러 생소한 용어들을 접할 수 있습니다. 익숙하지 않은 기본 개념들을 반복해서 보면서 숙지하고 점차 이해도를 높여나가는 학습이 합격에 도움이 된다고 생각합니다.

#3. 시간확인은 필수!

쉬운 문제는 금방 넘어가지만 지문이 길거나 어렵고 헷갈리는 문제도 있고, OMR 카드에 마킹도 해야 하니 실제로 주어진 시간은 더 짧습니다. 1번에 어려운 문제가 있다고 해서 1번에서 5분을 허비하면 쉽게 풀 수 있는 마지막 문제들을 놓칠 수 있습니다. 문제 푸는 속도도 느려지니 집중력도 떨어집니다. 그래서 어차피 배점은 같으니 아는 문제를 최대한 많이 맞히는 것을 목표로 했습니다.
① 어려운 문제는 빠르게 넘기면서 문제를 끝까지 다 풀고 ② 확실한 답부터 우선 마킹하고 ③ 다시 시험지로 돌아가 건너뛴 문제들을 다시 풀었습니다. 확실히 시간을 재고 문제를 많이 풀어봐야 실전에 도움이 되는 것 같습니다.

#4. 문제풀이의 반복!

어떠한 시험도 그렇듯이 문제는 많이 풀어볼수록 좋습니다. 이론을 공부한 후 실제예상문제를 풀다보니 부족한 부분이 어딘지 확인할 수 있었고, 공부한 이론이 시험에 어떤 식으로 출제될 지 예상할 수 있었습니다. 그렇게 부족한 부분을 보충해가며 문제유형을 파악하면 이론을 복습할 때도 어떤 부분을 중점적으로 암기해야 할 지 알 수 있습니다. 이론 공부가 어느 정도 마무리되었을 때 시계를 준비하고 최종모의고사를 풀었습니다. 실제 시험시간을 생각하면서 예행연습을 하니 시험 당일에는 덜 긴장할 수 있었습니다.

> 학위취득을 위해 오늘도 열심히 학습하시는 동지 여러분에게도 합격의 영광이 있으시길 기원하면서 이만 줄입니다.

이 책의 구성과 특징

01

CHAPTER 01 컴퓨터네트워크 개요

제 1 절 컴퓨터네트워크 개요

1 데이터 통신

데이터 통신은 유선 케이블과 같은 어떤 형태의 전송 매체를 통해 주고받는 두 장치 사이의 데이터 교환이다. 데이터 통신이 이루어지기 위해서는 통신 장치가 하드웨어(물리적 장비)와 소프트웨어(프로그램)의 조합으로 구성된 통신 시스템의 일부가 되어야 한다. 데이터 통신 시스템의 효율성은 전달, 정확성, 적시성 및 지터의 네 가지 기본 특성에 따라 달라진다.

(1) 전달

시스템은 정확한 목적지에 데이터를 전달해야 한다. 데이터는 의도한 기기나 사용자 그리고 그 기기나 사용자만이 수신해야 한다.

시험에 나오는 내용

독학사 시험의 출제 경향에 맞춰
시행처의 평가영역을 바탕으로
과년도 출제문제와 이론을
빅데이터 방식에 맞게 선별하여
가장 최신의 이론과 문제를
시험에 출제되는 영역 위주로 정리하였습니다.

OX 문제

해당 장별로 기본이론을 학습한 후
해당 영역에서 가장 중요한 부분을 중심으로
큰 뼈대를 확인하고 정리할 수 있도록
○×문제를 수록하였습니다.

02

제1장

○×로 점검하자

※ 다음 지문의 내용이 맞으면 ○, 틀리면 ×를 체크하시오. [1~8]

01 효과적이고 효율적인 네트워크를 위한 세 가지 기준은 성능, 신뢰성 및 보안이다. ( )
   ››› 신뢰성은 효과적이고 효율적인 네트워크를 위해 필요한 것 중 하나이나, 효과적이고 효율적인 네트워크를 위해 충족되어야 하는 기준에는 보안이 포함되어 성능도 우수해야 한다.

02 포인트-투-포인트 구성 대비되는 멀티 포인트의 장점은 단지 낮은 비용이다. ( )
   ››› 지점 간 연결에 대한 다음 지점 연결멀티 포인트의 장점은 설치 용이성, 저렴한 비용, 신뢰성이다. 포인트-투-포인트의 연결은 2개의 장치를 연결하는 데 사용되는 반면, 멀티 포인트 연결에서는 2개 이상의 장치가 통신 링크를 공유한다.

03 반이중(Half-duplex) 전송에서는 한 번에 하나의 엔티티만 보낼 수 있다. ( )
   ››› 전송은 simplex, half duplex, full duplex의 세 가지 모드가 있으며, 전송 모드는 두 개의 연결된 장치 사이의 신호 흐름 방향을 정의한다. 세 가지 전송 모드 사이의 일차적인 차이는 단방향 모드는 어느 한 방향으로만 신호가 전달되는 모드이고, 반이중 전송 모드에서 통신은 양방향이지만, 채널은 연결된 두 장치에 의해 상호적으로 사용된다는 것이다. 반면에, 전이중 모드의 전송에서 통신은 양방향이며, 채널은 연결된 두 장치에 의해 동시에 사용된다. 통신데이터의 엔티티(entity)가 갖는 의미는 신호, 데이터, 정보 등 전달되는 메시지 그 자체다.

03

CHAPTER 01 실제예상문제

01 다음 중 IETF 표준 문서의 용어로 옳은 것은?
① RFC
② WG
③ ID
④ Data Sheet

해설 & 정답 checkpoint

01 RFC(Request For Comments)는 컴퓨터 네트워크 공학 등에서 인터넷 기술에 적용 가능한 새로운 연구, 혁신, 기법 등을 아우르는 메모를 나타낸다. 인터넷 협회(Internet Society)에서 기술과 및 컴퓨터 과학자들은 RFC 메모의 형태로 생각을 출판하게 되며, RFC 문서에는 일반인들을 게 되며, RFC 문서에는 일반인들을 게 되며, 일단 의견합의를 부여하고 출판된다. RFC는 철회 폐지되거나 수정되지 않는다. 만약 어떤 RFC 문서가 수정이 필요하다면, 저자는 수정한 문서를 다른 RFC 문서로 다시 출판해야 한다. 그러므로 일부 RFC는 이전 버전의 RFC를 개선한 문서이며, 이전 버전의 RFC를 무효화하기도 한다. 이러한 일련으로는 엉...

실제예상문제

독학사 시험의 경향에 맞춰
전 영역의 문제를 새롭게 구성하고
학습자가 해당 교과정에서 필수로 알아야 할
내용을 문제로 정리하였습니다.
풍부한 해설을 통해 학습과 이해에 도움이 되고
실제시험에 대비할 수 있도록 구성하였습니다.

04

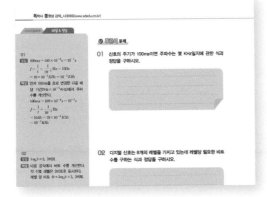

주관식 문제

다년간 각종 시험에 출제된 기출문제 중
주관식으로 출제될 만한 문제들을 엄선하여
가공 변형 후 수록하였으며,
배점이 큰 〈주관식 문제〉에 충분히
대응할 수 있도록 편성하였습니다.

05

최종모의고사

최신 출제유형을 반영한 최종모의고사를 통해
자신의 실력을 점검해 볼 수 있으며,
실제시험에 임하듯이 시간을 재고 풀어보면
시험장에서 실수를 줄일 수 있을 것입니다.

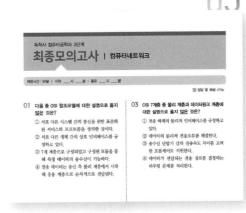

06

핵심요약집

전체 기본서의 과정을
중요부분 위주로 정리한 핵심요약집을 통해
무엇이 중요하며 강조해서 학습해야 하는지를
파악하고 틈틈이 학습할 수 있도록 하였으며,
최종 마무리 정리용으로
학습의 효과를 극대화할 수 있도록 하였습니다.

CONTENTS
목 차

핵심이론 +
실제예상문제

제1장 컴퓨터네트워크 개요

핵심이론 ·· 003
실제예상문제 ·· 043

제2장 물리 계층 및 매체

핵심이론 ·· 059
실제예상문제 ·· 131

제3장 데이터링크 계층

핵심이론 ·· 149
실제예상문제 ·· 177

제4장 근거리 통신망

핵심이론 ·· 187
실제예상문제 ·· 220

제5장 네트워크 계층

핵심이론 ·· 237
실제예상문제 ·· 277

제6장 전송 계층

핵심이론 ·· 287
실제예상문제 ·· 332

제7장 응용 계층

핵심이론 ·· 347
실제예상문제 ·· 395

제8장 네트워크 관리 및 보안

핵심이론 ·· 411
실제예상문제 ·· 453

최종모의고사

• 최종모의고사 ·· 471
• 최종모의고사 정답 및 해설 ·· 476

책속의 책

• 시험장에 가져가는 핵심요약집

제1장

컴퓨터네트워크 개요

제1절 컴퓨터네트워크 개요
제2절 컴퓨터네트워크
제3절 스위칭 네트워크
제4절 프로토콜
제5절 표준
제6절 주소 지정
실제예상문제

I wish you the best of luck!

합격의 공식
온라인 강의

잠깐!

혼자 공부하기 힘드시다면 방법이 있습니다.
시대에듀의 동영상강의를 이용하시면 됩니다.
www.sdedu.co.kr → 회원가입(로그인) → 강의 살펴보기

CHAPTER 01 컴퓨터네트워크 개요

제 1 절 │ 컴퓨터네트워크 개요

1 데이터 통신

데이터 통신은 유선 케이블과 같은 어떤 형태의 **전송 매체를 통해 주고받는 두 장치 사이의 데이터 교환**이다. 데이터 통신이 이루어지기 위해서는 통신 장치가 하드웨어(물리적 장비)와 소프트웨어(프로그램)의 조합으로 구성된 통신 시스템의 일부가 되어야 한다. 데이터 통신 시스템의 효율성은 전달, 정확성, 적시성 및 지터의 네 가지 기본 특성에 따라 달라진다.

(1) 전달

시스템은 정확한 목적지에 데이터를 전달해야 한다. 데이터는 의도한 기기나 사용자 그리고 그 기기나 사용자만이 수신해야 한다.

(2) 정확성

시스템은 데이터를 정확하게 전달해야 한다. 전송에서 변경되고 수정되지 않은 데이터는 사용할 수 없다.

(3) 적시성

시스템은 데이터를 적시에 전달해야 한다. 늦게 배달된 데이터는 쓸모가 없다. 비디오와 오디오의 경우, 적시에 전달되는 것은 생산되는 데이터를 생산되는 순서와 동일한 순서로 상당한 지연 없이 전달하는 것을 의미한다. 이런 종류의 전달을 실시간 전송이라고 한다.

(4) 지터

지터는 오디오나 비디오 패킷의 전달이 지연되는 것을 의미한다. 지터는 고르지 못한 화질을 제공하기 때문에 영상이나 음향의 복원 시 심각한 품질 문제를 일으킬 수 있다.

2 구성 요소

데이터 통신 시스템은 5가지 요소로 구성된다.

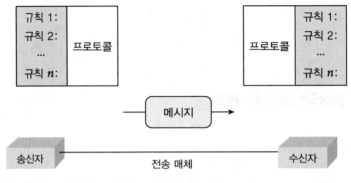

[그림 1-1] 데이터 통신의 5가지 구성 요소

(1) 메시지

메시지는 전달할 정보(데이터)이다. 일반적인 정보 형태로는 텍스트, 숫자, 사진, 오디오, 비디오 등이 있다.

(2) 송신자

송신자는 데이터 메시지를 보내는 장치로서, 그것은 컴퓨터, 워크스테이션, 전화기, 비디오 카메라 등이다.

(3) 수신자

수신자는 메시지를 수신하는 장치로서, 그것은 컴퓨터, 워크스테이션, 전화기 핸드셋, 텔레비전 등이다.

(4) 전송 매체

전송 매체는 메시지가 송신자에서 수신자로 이동하는 물리적 경로이다. 전송 매체의 예로는 연선, 동축 케이블, 광섬유 케이블, 전파 등이 있다.

(5) 프로토콜

프로토콜은 데이터 통신을 지배하는 규칙 집합이다. 그것은 통신 기기 간의 합의를 나타낸다. 불어를 사용하는 사람은 일본어로만 말하는 사람을 이해할 수 없는 것처럼 한 가지 프로토콜이 없다면 두 개의 장치가 연결되어 있을 수는 있지만 통신하지 못할 수도 있다. 전달되는 데이터는 프로토콜의 형식을 준수해야 하는데 이것을 Syntax(구문, 형식)라고 한다.

3 데이터 표현

오늘날 정보는 텍스트, 숫자, 이미지, 오디오, 비디오와 같은 다양한 형태로 제공된다.

(1) 문자

데이터 통신에서 문자는 비트 패턴, 즉 비트 순서(0초 또는 1초)로 표시된다. 다른 비트 패턴 세트는 문자 기호를 나타내도록 설계되었다. 각 세트는 코드라고 불리며, 기호를 나타내는 과정을 코딩이라고 한다. 오늘날, 널리 사용되는 코딩 시스템은 32비트를 사용하며 세계의 어떤 언어에서도 사용되는 기호나 문자를 나타내는 유니코드라고 불린다. 1960년대 미국에서 개발된 미국 정보 교환 표준 코드(ASCII)는 유니코드 최초의 127자로 구성된다.

(2) 숫자

숫자는 비트 패턴으로도 표시된다. 그러나 ASCII와 같은 코드는 숫자를 나타내는 데 사용되지 않고 수학 연산을 단순화하기 위해 직접 2진수로 변환된다.

(3) 이미지

이미지는 비트 패턴으로도 표현된다. 가장 단순한 형태의 이미지는 픽셀의 매트릭스로 구성되며, 여기서 각 픽셀은 작은 점이다. 화소의 크기는 해상도에 따라 달라진다. 이미지는 1,000픽셀 또는 10,000픽셀로 나눌 수 있고, 10,000픽셀의 경우 더 나은 이미지 표현을 할 수 있지만 저장공간이 더 많이 필요하다.

영상이 픽셀로 분할되면 각 픽셀에 비트 패턴이 할당된다. 패턴의 크기와 값은 이미지에 따라 달라진다. 흑백 점(예 체스판)으로만 구성된 영상의 경우 1비트 패턴은 화소를 나타내기에 충분하다. 이미지가 순수한 흰색과 순수한 검은색 픽셀로 만들어지지지 않는다면, 비트 패턴의 크기를 증가시켜 그레이 스케일을 포함할 수 있다. 예를 들어, 네 가지 수준의 그레이 스케일을 보여주기 위해, 2비트 패턴을 사용할 수 있다. 검은색 화소는 00, 어두운 회색 화소는 01, 밝은 회색 화소는 10, 흰색은 11화소로 나타낼 수 있다.

컬러 이미지를 나타내는 몇 가지 방법이 있다. 한 가지 방법은 RGB라 불리는데, 각각의 색깔은 빨강, 초록, 파랑의 세 가지 기본색의 조합으로 이루어져 있기 때문이다. 각 색상의 강도를 측정하고, 여기에 비트 패턴을 할당한다. 또 다른 방법은 노란색, 청록색, 자홍색의 조합으로 색깔을 만드는 YCM이 있다.

(4) 오디오

오디오는 소리나 음악의 녹음이나 방송을 말한다. 오디오는 본래 텍스트, 숫자 또는 이미지와 다르다. 그것은 분리된 것이 아니라 연속적인 것이다. 심지어 음성과 음악을 전기신호로 바꾸기 위해 마이크를 사용할 때도 연속신호를 만든다.

(5) 영상

영상은 사진이나 영화의 녹음이나 방송을 말한다. 영상은 연속적인 개체(예 TV 카메라)로 생산될 수 있거나, 움직임의 개념을 전달하기 위해 배열된, 각각 분리된 개체인 이미지의 조합일 수 있다.

4 데이터 흐름 방향 중요 ★

[그림 1-2]와 같이 두 장치 사이의 통신은 단방향(심플렉스), 반이중 또는 전이중일 수 있다.

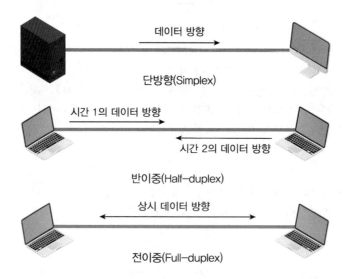

[그림 1-2] 데이터 흐름(단방향, 반이중 및 전이중)

(1) 단방향(Simplex)

단방향 모드에서 통신은 단방향 도로에서와 같이 한 방향으로만 통신을 한다. 링크에 있는 두 장치 중 하나만 송신할 수 있으며, 다른 하나는 수신만 할 수 있다([그림 1-2] 참조). 키보드와 기존 모니터는 단방향 장치의 예다. 키보드는 입력만 할 수 있고 모니터는 출력만 받을 수 있다. 단방향 모드는 채널의 전체 용량을 사용하여 데이터를 한 방향으로 전송할 수 있다.

(2) 반이중(Half-duplex)

반이중 모드에서는 각 스테이션이 송신과 수신을 할 수 있지만 동시에 송신과 수신은 할 수 없다. 한 장치가 송신 중일 때 다른 장치는 수신만 할 수 있고 그 반대도 가능하다. 반이중 모드는 양방향으로 교통량이 허용되는 1차선 도로와 같다. 자동차가 한 방향으로 여행할 때, 다른 방향으로 가는 차들은 기다려야 한다. 반이중 전송에서는 한 채널의 전체 용량이 그 시간에 전송 중인 두 장치 중 하나에 의해 대체된다. 무전기는 대표적인 반이중 시스템이다. 반이중 모드는 양방향으로 동시에 통신이 필요하지 않은 경우에 사용되며, 각 방향에 대하여 채널의 전체 용량을 활용할 수 있다.

(3) 전이중(Full-duplex)

전이중 모드에서는 두 스테이션이 동시에 송신 및 수신할 수 있다. 전이중 모드는 양방향으로 동시에 차량 흐름이 이어지는 양방향 도로와 같다. 전이중 모드에서 한 방향으로 가는 신호는 다른 방향으로 가는 신호와 링크 용량을 공유한다. 이러한 공유는 두 가지 방법으로 발생할 수 있다. 하나는 물리적으로 분리된 두 개의 전송 경로를 포함해야 한다. 하나는 전송을 위한 것이고 다른 하나는 수신을 위한 것이다. 또는 채널의 용량은 양방향으로 이동하는 신호로 나누어져 있다. 전이중 통신의 흔한 예는 전화 네트워크이다. 두 사람이 전화선으로 의사소통할 때, 둘 다 동시에 말하고 들을 수 있다. 전이중 모드는 양쪽 방향의 통신이 항상 필요할 때 사용된다. 그러나 채널 용량은 두 방향으로 구분되어야 한다.

제 2 절 컴퓨터네트워크

1 컴퓨터네트워크의 정의

네트워크는 통신할 수 있는 장치들의 상호연결이다. 네트워크에서의 장치는 대형 컴퓨터, 데스크톱, 노트북, 워크스테이션, 휴대폰 또는 보안 시스템과 같은 호스트, 네트워크를 다른 네트워크에 연결하는 라우터, 장치를 함께 연결하는 스위치, 데이터 형식을 변경하는 모뎀과 같은 장비를 의미한다. 네트워크의 이러한 장치들은 케이블이나 공중망과 같은 유선 또는 무선 전송 매체를 사용하여 연결된다. 우리가 집에서 플러그 앤 플레이 라우터를 사용하여 두 대의 컴퓨터를 연결할 때, 매우 작지만 네트워크를 만든 것이다. 네트워크는 일정한 수의 기준을 충족할 수 있어야 한다. 이들 중 가장 중요한 것은 성능, 신뢰성 및 보안이다. 또한, 네트워크 장비는 중앙이나 지역적 거점에서 대용량의 트래픽을 처리할 수 있는 집합형 장비 (Aggregation)와 각 지역별로 분산되어 해당 지역의 트래픽만을 처리하는 고객형 장비(Edge)로 구분할 수 있다. 일반적으로 Edge형 솔루션이라고 하면 개인이 사용하는 소프트웨어, 하드웨어를 통칭하기도 한다.

(1) 성능

성능은 운송 시간 및 응답 시간을 포함하여 여러 가지 방법으로 측정할 수 있다. 운송 시간은 메시지가 한 장치에서 다른 장치로 이동하는 데 필요한 시간이다. 응답 시간은 질문과 응답 사이의 경과된 시간이다. 네트워크의 성능은 사용자 수, 전송 매체의 종류, 연결된 하드웨어의 기능 및 소프트웨어의 효율성을 포함한 많은 요인에 따라 달라진다. 성능은 종종 처리량과 지연이라는 두 가지 네트워킹 지표로 평가된다. 이 두 가지 기준은 네트워크에 더 많은 데이터를 전송하려고 할 때 처리량은 증가시킬 수 있지만 네트워크의 트래픽 정체 때문에 지연 시간이 증가되는, 상호 모순적인 기준이 되기도 한다.

(2) 신뢰성

전송의 정확성 외에도, 네트워크 신뢰성은 실패의 빈도, 실패로부터 복구하기 위한 링크를 설정하는 시간, 그리고 재난에서 네트워크의 건전성에 의해 측정된다.

(3) 보안

네트워크 보안 문제에는 무단 액세스로부터 데이터 보호, 손상 및 개발로부터 데이터 보호, 위반 및 데이터 손실로부터 복구하기 위한 정책 및 절차 구현이 포함된다.

2 물리적 구조

(1) 연결 유형 중요 ★

네트워크는 링크를 통해 연결된 둘 이상의 장치이다. 링크는 한 장치에서 다른 장치로 데이터를 전송하는 통신 경로이다. 통신이 이루어지기 위해서는 어떤 방법으로든 두 장치가 동시에 동일한 링크에 연결되어야 하고, 두 가지 유형의 연결부가 있을 수 있다. 즉, 지점 간 연결과 멀티 포인트 연결이다.

① 포인트 투 포인트(Point-to-Point)

지점 간 연결은 두 장치 사이의 전용 링크를 제공한다. 링크의 전체 용량은 이들 두 장치 사이의 전송을 위해 예약되어 있다. 대부분의 지점 간 연결은 두 끝을 연결하기 위해 실제 길이의 와이어 또는 케이블을 사용하지만, 마이크로파 또는 위성 링크와 같은 다른 옵션도 가능하다. 적외선 리모컨으로 텔레비전 채널을 바꿀 때, 리모컨과 TV 제어 시스템 사이에 포인트 투 포인트 연결을 설정한다.

② 멀티 포인트(Multi-point)

멀티 포인트(멀티 드롭이라고도 함) 연결은 두 개 이상의 특정 장치가 단일 링크를 공유하는 연결이다.

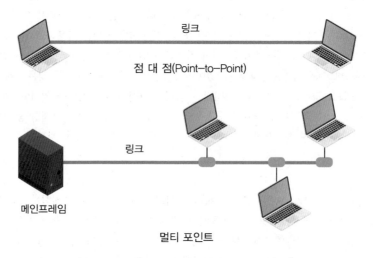

[그림 1-3] 연결 유형 : 포인트 투 포인트 및 멀티 포인트

멀티 포인트 환경에서는 채널의 용량이 공간적으로 또는 일시적으로 공유된다. 여러 장치가 동시에 링크를 사용할 수 있는 경우는 공간적으로 공유되는 연결이다. 사용자가 교대로 해야 하는 경우, 그것은 시간 공유 연결이다.

(2) 물리적 토폴로지(Topology)

물리적 토폴로지(기본위상)란 네트워크가 물리적으로 배치되는 방식을 말한다. 둘 이상의 디바이스가 링크에 연결되고, 둘 이상의 링크가 토폴로지를 형성한다. 네트워크의 위상은 모든 링크와 연결 장치(일반적으로 노드라고 함)의 관계에 대한 기하학적 표현이다. 기본적인 4가지 기본 위상으로는 메쉬(Mesh), 스타(Star), 버스(Bus), 그리고 링(Ring)이 있다.

① 메쉬 토폴로지

메쉬 토폴로지에서 모든 장치는 다른 모든 장치에 대한 전용 지점 간 링크를 가지고 있다. 전용이라는 용어는 링크가 연결되는 두 장치 사이의 트래픽만 전달한다는 것을 의미한다. n개의 노드로 완전히 연결된 메쉬 네트워크에서 물리적 링크 수를 찾으려면 먼저 각 노드가 다른 모든 노드에 연결되어야 한다는 점을 고려한다. 노드 1은 n-1 노드에 연결되어야 하고 노드 2는 n-1 노드에 연결되어야 하며, 마지막 노드 n은 n-1 노드에 연결되어야 한다. n(n-1)개의 물리적 연결이 필요하다. 그러나 각각의 물리적 링크가 양쪽 방향(이중 모드)으로 통신을 허용한다면, 링크 수를 2로 나눌 수 있다. 즉, 메쉬 토폴로지에서 n(n-1)/2개의 이중 모드 연결이 필요하다고 말할 수 있다. 그렇게 많은 링크를 수용하기 위해서는 네트워크의 모든 장치가 (n-1) 입/출력(I/O) 포트를 가지고 있어야 한다([그림 1-4] 참조).

메쉬는 다른 네트워크 토폴로지에 비해 몇 가지 장점을 제공한다. 첫째, 전용 링크를 사용하면 각 연결이 자체 데이터 부하를 전달할 수 있으므로 여러 장치가 링크를 공유해야 할 때 발생할 수 있는 트래픽 문제가 제거된다. 둘째, 메쉬 토폴로지는 견고하다. 하나의 링크를 사용할 수 없게 되더라도 전체 시스템을 무력화시키지 않는다. 셋째, 프라이버시 보호와 보안의 이점이 있다. 모든 메시지가 전용선을 따라 이동할 때, 의도된 수신자만 그것을 본다. 물리적 경계는 다른 사용자가 메시지에 접근하지 못하게 한다. 마지막으로, 지점 간 링크는 고장 식별과 고장 분리를 용이하게 한다. 장애발생 시 의심스러운 문제와의 연계를 피하기 위해 트래픽을 라우팅할 수 있다. 이 토폴로지는 네트워크 관리자가 결함의 정확한 위치를 파악할 수 있도록 하며 결함의 원인과 해결책을 찾는 데 도움을 준다.

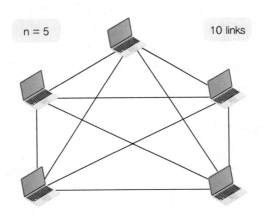

[그림 1-4] 완전히 연결된 메쉬 토폴로지(장치 5개)

메쉬의 주요 단점은 케이블 연결의 양과 필요한 I/O 포트의 수와 관련이 있다. 첫째, 모든 장치를 다른 모든 장치에 연결해야 하기 때문에 설치와 재연결이 어렵다. 둘째로, 순수한 배선이 (벽, 천장 또는 바닥) 수용할 수 있는 공간보다 클 수 있다. 마지막으로 각 링크(I/O 포트와 케이블)를 연결하는 데 필요한 하드웨어가 엄청나게 비쌀 수 있다. 이러한 이유로, 메쉬 위상은 보통 제한된 방식으로 구현되는데 예를 들어, 몇 가지 다른 위상을 포함할 수 있는 하이브리드 네트워크의 주요 컴퓨터를 연결하는 백본(backbone)과 같은 형태이다. 메쉬 토폴로지의 한 가지 실질적인 예는 데이터센터를 다른 지역의 데이터센터와 연결해야 하는 경우이다.

② 스타 토폴로지

스타 토폴로지에서, 각 장치에는 보통 허브라고 불리는 중앙 컨트롤러에 대한 전용 지점 간 링크만 있다. 그 장치들은 서로 직접적으로 연결되어 있지 않다. 메쉬 토폴로지와 달리 스타 토폴로지는 장치 간 직접 트래픽을 허용하지 않는다. 컨트롤러는 교환의 역할을 한다. 한 장치가 다른 장치로 데이터를 보내고자 할 경우, 제어기로 데이터를 전송하고, 다른 연결된 장치로 데이터를 중계한다.

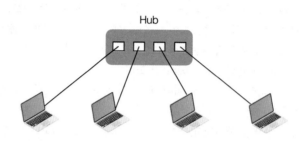

[그림 1-5] 네 개의 측점을 연결하는 스타 토폴로지

스타 토폴로지는 메쉬 토폴로지보다 덜 비싸다. 스타에서 각 장치는 다른 장치에 연결하기 위해 하나의 링크와 하나의 I/O 포트만 필요한데 이 요인은 설치와 재구성을 용이하게 한다. 케이블을 훨씬 적게 수용하며, 추가, 이동 및 삭제에는 오직 하나의 연결, 즉 장치와 허브 간의 연결만 포함된다. 다른 장점으로는 견고함이 있다. 하나의 링크에 장애가 발생하면 그 링크만 영향을 받고 나머지 링크는 유지되기 때문에 장애의 식별이나 장애 분리에 유리하다. 허브가 작동하는 한, 그것은 링크 문제를 감시하고 결함이 있는 링크를 우회하는 데 사용될 수 있다.

스타 토폴로지의 큰 단점은 하나의 단일 지점인 허브에 대한 전체 위상의 의존성이다. 허브가 다운되면 전체 시스템이 정지한다. 스타는 메쉬보다 훨씬 적은 케이블을 필요로 하지만, 각 노드는 중앙 허브에 연결되어야 한다. 이러한 이유로, 일부 다른 위상(링 또는 버스 등)보다 스타에 더 많은 케이블이 필요한 경우가 흔히 있다. 스타 토폴로지는 LAN에서 사용된다. 고속 LAN은 종종 중앙 허브와 함께 스타 토폴로지를 사용한다.

③ 버스 토폴로지

앞의 예들은 모두 지점 간 연결을 설명한다. 반면에 버스 토폴로지는 다중점이다. 하나의 긴 케이블은 네트워크의 모든 장치를 연결하는 백본 역할을 한다.

[그림 1-6] 세 개의 스테이션을 연결하는 버스 토폴로지

노드는 드롭 라인과 탭으로 버스 케이블에 연결된다. 드롭 라인은 장치와 메인 케이블 사이에서 작동하는 연결선이다. 탭은 메인 케이블에 끼이거나 케이블의 피복을 뚫어 금속 코어와의 접촉을 만드는 커넥터다. 신호가 백본을 따라 이동함에 따라, 그 에너지의 일부는 열로 변환된다. 따라서 신호는 멀리 이동할수록 점점 더 약해진다. 이러한 이유로 버스가 지원할 수 있는 탭 수와 탭 사이의 거리에는 제한이 있다.

버스 토폴로지의 장점은 설치의 용이성을 포함한다. 가장 효율적인 경로를 따라 백본 케이블을 배치한 다음 다양한 길이의 드롭 라인으로 노드에 연결할 수 있다. 이런 식으로, 버스는 메쉬나 스타 토폴로지보다 케이블을 적게 사용한다. 예를 들어, 스타 토폴로지에서 같은 방에 있는 네 개의 네트워크 장치는 허브까지 도달하는 네 개의 길이의 케이블을 필요로 한다. 버스에서는 이러한 중복성이 제거되고, 백본 케이블 한 개만 시설 전체에 뻗어 있다. 각 드롭 라인은 백본에서 가장 가까운 지점까지 도달해야 한다.

단점으로는 어려운 재연결과 결함 격리를 들 수 있다. 버스는 일반적으로 설치 시 최적의 효율을 제공하도록 설계된다. 따라서 새로운 기기를 추가하는 것은 어려울 수 있다. 탭에서의 신호 반사는 성능 저하를 일으킬 수 있다. 이 성능 저하는 주어진 케이블 길이에 연결된 장치의 수와 간격을 제한함으로써 제어할 수 있다. 따라서 새로운 기기를 추가하는 경우 백본을 수정하거나 교체해야 할 수 있다. 또한, 버스 케이블의 고장이나 파손은 문제의 같은 쪽에 있는 장치들 사이에서도 모든 전송을 정지시킨다. 손상된 영역은 원점 방향으로 다시 신호를 반사하여 양방향으로 노이즈를 발생시킨다. 버스 토폴로지는 초기 지역 네트워크 설계에 사용된 첫 번째 토폴로지 중 하나이다. 기존의 이더넷 LAN은 버스 토폴로지를 사용할 수 있다.

④ 링 토폴로지

링 토폴로지에서, 각 장치는 그 양쪽에 두 개의 장치만 있는 전용 지점 대 지점 연결부가 있다. 신호는 링이 목적지에 도달할 때까지 장치 간 한 방향으로 전달된다. 링의 각 장치에는 리피터 (repeater, 중계기)가 있다. 기기가 다른 장치를 위한 신호를 수신하면, 그 리피터는 비트를 재생하여 전달한다.

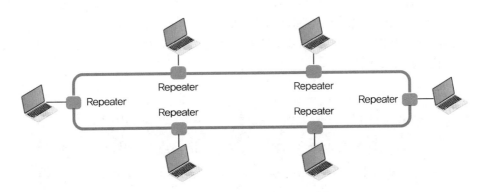

[그림 1-7] 6개 스테이션을 연결하는 링 토폴로지

링은 상대적으로 설치와 재구성이 쉽다. 각 장치는 물리적 또는 논리적 인접 이웃에만 연결되어 있다. 장치를 추가하거나 삭제하려면 두 개의 연결만 변경하면 된다. 유일한 제약조건은 미디어와 트래픽 고려사항이다(최대 링 길이와 장치 수). 또한, 결함 격리는 단순화되는데 일반적으로 링에서는 신호가 항상 돌고 있다. 한 장치가 지정된 기간 내에 신호를 수신하지 않으면 경보를 발생시킬 수 있다. 경보는 네트워크 운영자에게 문제와 그 위치를 알려준다. 단, 단방향 트래픽은 단점이 될 수 있다. 단일 링에서, 링이 끊기는 것(예 비활성화된 스테이션)은 전체 네트워크를 비활성화할 수 있다. 이러한 약점은 끊김을 차단할 수 있는 듀얼 링이나 스위치를 사용하여 해결할 수 있다. 링 토폴로지는 IBM이 로컬 영역 네트워크인 토큰 링을 도입할 때 널리 보급되었다. 오늘날 고속 LAN의 필요성은 이 토폴로지의 인기를 떨어뜨렸다.

(3) 거리에 따른 분류 중요 ★

한 유형의 네트워크를 다른 네트워크와 구별하기 위해서 크기, 지리적 범위, 소유권과 같은 몇 가지 기준을 사용한다. LAN과 WAN의 두 가지 네트워크 유형을 논의한 후, 네트워크를 연결하여 인터네트워크(internetwork, 네트워크의 네트워크)를 형성하는 데 사용되는 스위칭을 이해하기로 하자.

① 근거리 통신망(LAN : Local Area Network)

LAN은 특정 조직의 소유로 단일 사무실, 건물 또는 캠퍼스에서 일부 호스트를 연결한다. 조직의 필요에 따라, LAN은 누군가의 홈오피스에 있는 두 대의 PC와 프린터처럼 간단할 수도 있고, 회사 전체에 확장될 수도 있고 오디오와 비디오 장치를 포함할 수도 있다. LAN의 각 호스트에는 LAN의 호스트를 고유하게 정의하는 식별자, 주소가 있다. 호스트에서 다른 호스트로 보낸 패킷은 소스 호스트의 주소와 대상 호스트의 주소를 모두 전송한다.

과거에는 네트워크의 모든 호스트가 하나의 호스트에서 다른 호스트로 전송되는 패킷이 모든 호스트에 의해 수신되었음을 의미하는 공통 케이블을 통해 연결되었다. 의도한 수신자는 패킷을 보관했고 다른 수신자는 패킷을 삭제했다. 오늘날, 대부분의 LAN은 패킷의 대상 주소를 인식하고 패킷을 다른 모든 호스트로 보내지 않고도 목적지로 안내할 수 있는 스마트 연결 스위치를 사용한다. 이 스위치는 LAN의 트래픽을 완화시키며, 공통 소스와 목적지가 없는 경우 한 쌍 이상이 서로 동시에 통신할 수 있게 한다. 위의 LAN 정의는 LAN에 있는 호스트의 최소 또는 최대 수를 정의하지 않는다는 점에 유의해야 한다. [그림 1-8]은 공통 케이블 또는 스위치를 사용하는 LAN을 보여준다.

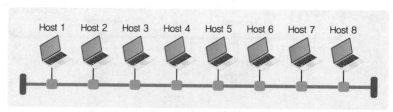

공통 케이블 LAN(과거)

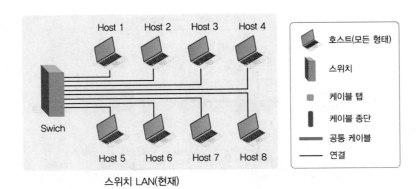

[그림 1-8] 과거와 현재의 격리된 LAN

LAN을 분리해서 사용할 때(오늘날은 드물지만)는 호스트 간에 리소스를 공유할 수 있도록 설계되었다. LAN은 서로 연결되어 있고 WAN에 연결되어 더 넓은 수준에서 통신을 만든다.

② **광역 통신망(WAN : Wide Area Network)**

LAN은 일반적으로 규모, 사무실, 건물 또는 캠퍼스에 걸쳐 제한된다. WAN은 도시, 주, 국가 또는 심지어 세계에 걸쳐 더 넓은 지리적 범위를 가지고 있다. LAN은 호스트를 상호 연결하며, WAN은 스위치, 라우터 또는 모뎀과 같은 연결 장치를 상호 연결한다. LAN은 일반적으로 이를 사용하는 조직에서 개인적으로 소유하며, WAN은 일반적으로 통신 회사에서 구축 및 운영하며 이를 사용하는 조직에서 임대한다. 오늘날 WAN의 두 가지 뚜렷한 예시를 볼 수 있는데, 바로 포인트 투 포인트(point-to-point) WAN과 스위칭 WAN이다.

㉠ 포인트 투 포인트 WAN

포인트 투 포인트 WAN은 전송 매체를 통해 두 개의 통신 장치를 연결하는 네트워크이다. 네트워크를 서로 연결하는 방법에 대해 논의할 때 이러한 WAN의 예를 볼 것이다. [그림 1-9]는 지점 간 WAN의 예를 보여준다.

[그림 1-9] 지점 간 WAN

㉡ 스위칭 WAN

스위칭 WAN은 끝이 두 개 이상인 네트워크이다. 스위칭 WAN은 오늘날 글로벌 통신의 중추에서 사용된다. 스위칭 WAN은 스위치로 연결된 여러 지점 간 WAN의 조합이라고 말할 수 있다. [그림 1-10]은 스위칭 WAN의 예를 보여주고 있다.

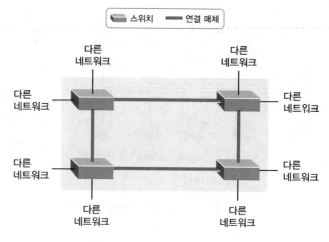

[그림 1-10] 스위칭 WAN

③ 인터넷(Internet)

오늘날, LAN이나 WAN을 따로 보는 것은 매우 드물다. 예를 들어, 한 조직이 각기 다른 지역에 두 개의 사무실을 가지고 있다고 가정해 보자. 각 사무실에는 사무실에 있는 모든 직원이 서로 의사소통할 수 있는 LAN이 있다. 서로 다른 사무실에 있는 직원들 간의 통신을 가능케 하기 위해, 서비스 제공 업체로부터 지점 간 전용 WAN을 임대하고 두 개의 LAN을 연결한다. 이러한 인터넷회선을 제공해 주는 회사를 인터넷서비스사업자(ISP, Internet Service Provider)라고 부른다. [그림 1-11]은 이 인터넷을 보여준다.

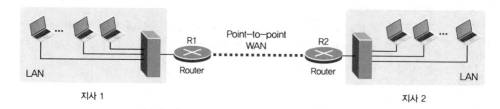

[그림 1-11] LAN 2개와 포인트 투 포인트 WAN 1개로 구성된 인터넷

지사 1의 호스트가 같은 사무실의 다른 호스트로 메시지를 보낼 때, 라우터는 메시지를 차단하지만 스위치는 메시지를 목적지로 보낸다. 반면, 지사 2의 호스트가 지사 1의 호스트에 메시지를 보낼 때는 라우터 R1이 라우터 R2로 패킷을 보내고, 패킷은 목적지에 도달한다.

앞에서 논의했듯이, 인터넷은 서로 통신할 수 있는 둘 이상의 네트워크이다. 이 그림은 인터넷을 몇 개의 백본, 제공자 네트워크 및 고객 네트워크를 보여준다. 최상위 수준에서 백본은 ISP와 같은 일부 통신 회사가 소유한 대형 네트워크이다. **백본 네트워크는 피어링(Peering)이라고 불리는 몇몇 복잡한 스위칭 시스템을 통해 연결**된다. 두 번째 단계에서, 공급자 네트워크라고 불리는, 백본의 서비스를 유료로 이용하는 더 작은 네트워크가 있다. 고객 네트워크는 인터넷이 제공하는 서비스를 실제로 사용하는 인터넷 가장자리에 있는 네트워크이다. 그들은 서비스를 받기 위해 통신사에 수수료를 지불한다.

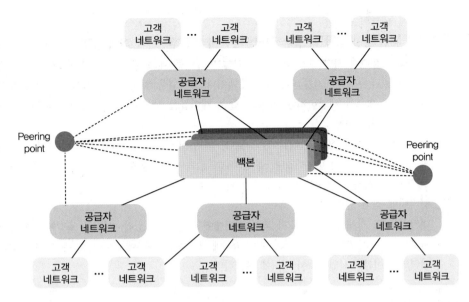

[그림 1-12] 오늘날의 인터넷

백본과 공급자 네트워크는 인터넷 서비스 제공자(ISP)라고 불린다.

㉠ 인터넷 접속

오늘날 인터넷은 언제 어디서나 누구라도 이용할 수 있는 글로벌한 네트워크가 되었다. 그러나 사용자는 ISP에 물리적으로 연결되어야 하고, 물리적 연결은 일반적으로 지점 간 WAN을 통해 이루어진다.

㉡ 전화 네트워크 사용

예전의 대부분 주택과 소기업들은 주로 전화를 사용했다. 이 전화망을 인터넷 통신을 위한 네트워크로 사용하고자 한 방법이 초기 인터넷 통신으로, 예를 들면 xDSL 통신방식들이 이에 해당한다. 이것은 두 가지 방법으로 할 수 있다.

• 전화 접속 서비스

첫 번째 해결책은 데이터를 음성으로 변환하는 모뎀을 전화선에 추가하는 것이다. 컴퓨터에 설치된 소프트웨어는 ISP에게 전화를 걸어 전화 접속을 한다. 그러나 전화 접속 서비스는 매우 느리고, 인터넷 연결에 사용되는 전화선은 전화(음성) 연결에 사용될 수 없다. 이 서비스는 더 이상 사용하지 않는다.

• DSL(Digital Subscriber Line) 서비스

인터넷의 출현 이후, 일부 전화 회사들은 집이나 소기업에 더 빠른 인터넷 서비스를 제공하기 위해 전화선을 업그레이드했다. DSL 서비스는 전화선을 음성 및 데이터 통신에 동시에 사용할 수 있도록 한다.

ⓒ 케이블 네트워크 사용

지난 20년 동안 점점 더 많은 주민이 TV 방송을 수신하기 위해 안테나 대신 케이블 TV 서 비스를 사용하기 시작했다. 케이블 회사들은 케이블 네트워크를 업그레이드하고 인터넷에 연 결하고 있다. 이 서비스를 이용하면 주택이나 소기업을 인터넷에 연결할 수 있다. 그것은 더 높은 연결 속도를 제공하지만, 속도는 같은 케이블을 사용하는 이웃의 수에 따라 달라진다.

ⓔ 무선 네트워크 사용

무선 연결은 최근 점점 인기를 끌고 있다. 가정이나 소기업은 인터넷에 접속하기 위해 무선 과 유선 연결을 사용할 수 있다. 무선 WAN 접속이 증가함에 따라, 가정이나 중소기업은 무 선 WAN을 통해 인터넷에 연결될 수 있다.

ⓜ 인터넷에 직접 연결

대기업은 그 자체가 지역 ISP가 되어 인터넷에 연결될 수 있다. 이것은 조직이나 법인이 통신 사로부터 고속 WAN을 임대하여 지역 ISP에 연결하는 경우에 이루어질 수 있다. 예를 들어, 지역의 케이블TV사업자들이 여기에 해당한다.

(4) 인터넷의 역사

① 초기 역사

1960년 이전에는 전신 및 전화망과 같은 일부 통신 네트워크가 있었다. 이 네트워크들은 그 당 시 정액 통신에 적합했고, 이는 두 사용자 사이에 연결이 이루어진 후에 인코딩된 메시지(전신) 나 음성(전화)이 교환되었다. 반면에 컴퓨터네트워크는 폭발적인 데이터를 처리할 수 있어야 하 며, 이는 다른 시간에 가변적인 속도로 수신되는 데이터를 의미한다.

② 패킷 교환 네트워크의 탄생

폭발적인 트래픽을 위한 패킷 교환 이론은 1961년 MIT에서 레오날드 클라인록(Leonard Kleinrock) 에 의해 처음 제시되었다. 동시에, 랜드 연구소(Rand Institute)의 폴 바랜(Paul Baran)과 영국 국 립 물리 연구소의 도날드 데이브스(Donald Davies)가 패킷 교환 네트워크에 관한 논문을 발표했다.

③ 인터넷의 탄생

1972년 알파넷(ARPANET)의 핵심 그룹이었던 빈트 서프와 밥 칸은 인터넷 프로젝트라는 것에 협 력했다. 그들은 한 네트워크의 호스트가 다른 네트워크의 호스트와 통신할 수 있도록 서로 다른 네트워크를 연결하기를 원했다. 다양한 패킷 크기, 다양한 인터페이스, 다양한 전송 속도, 다양한 신뢰성 요구사항 등 극복해야 할 많은 문제가 있었다. 서프와 밥 칸은 한 네트워크에서 다른 네트 워크로 데이터를 전송하는 중개 하드웨어 역할을 하는 게이트웨이라는 장치를 고안했다.

④ TCP/IP

1973년 서프와 칸(Cerf and Kahn)은 그들의 논문에서 데이터의 종단 간 전달을 달성하기 위한 프로토콜의 개요를 설명했다. 이것은 NCP의 새로운 버전이다. 전송 제어 프로토콜(TCP)에 관한 본 논문에는 캡슐화, 데이터그램 및 게이트웨이 기능과 같은 개념이 포함되어 있다. 근본적인 생 각은 오류 수정에 대한 책임을 IMP에서 호스트 시스템으로 이전하는 것이었다. 이 알파넷은 이제 통신 활동의 중심이 되었다. 이 무렵, 알파넷에 대한 책임은 국방통신국(DCA)에 넘겨졌다.

1977년 10월, 세 개의 다른 네트워크(ARPANET, 패킷 무선, 패킷 위성)로 구성된 인터넷이 성 공적으로 통신이 되면서 이제 네트워크 간의 통신이 가능해졌다. 그 직후, 미 국방통신국(DCA)

은 TCP를 두 개의 프로토콜인 송신 제어 프로토콜(TCP)과 인터넷 프로토콜(IP)로 분할하기로 결정했다. IP는 데이터그램 라우팅을 처리하는 반면에 TCP는 분할, 재결합, 오류 감지와 같은 상위 수준의 기능을 담당한다. 새로운 조합은 TCP/IP로 알려지게 되었다.

1981년 국방부의 계약에 따라 UC 버클리는 UNIX 운영체제를 TCP/IP를 포함하도록 수정하였다. 네트워크 소프트웨어를 인기 있는 운영체제와 함께 포함시키는 것은 네트워크 간 연결의 인기에 많은 도움이 되었다. 버클리 유닉스의 개방적(제조업체 고유의) 구현은 모든 제조업체에게 제품을 제작할 수 있는 작업 코드 기반을 제공했다.

1983년에 국방통신국(DCA)은 원래의 ARPANET 프로토콜을 폐지했고, TCP/IP는 ARPANET의 공식 프로토콜이 되었다. 다른 네트워크의 컴퓨터에 접속하기 위해 인터넷을 사용하려는 사람들은 TCP/IP를 실행해야 했다.

⑤ **오늘날의 인터넷**

오늘날, 우리는 인프라와 새로운 애플리케이션 모두에서 빠른 성장을 목격한다. 오늘날 인터넷은 전 세계에 서비스를 제공하는 피어 네트워크(peer network)의 집합이다. 인터넷을 그렇게 인기 있게 만든 것은 새로운 응용 프로그램의 발명이다.

㉠ 월드 와이드 웹(www)

1990년대에는 월드 와이드 웹(WWW)의 등장으로 인터넷 애플리케이션이 폭발적으로 증가했다. 웹은 CERN에서 팀 버너스 리에 의해 발명되었다.

㉡ 멀티미디어

음성인식(Voice over IP), 영상인식(Video over IP), 영상통화(Skype), 유튜브(YouTube)와 같은 멀티미디어 애플리케이션의 최근 발전은 사용자 수와 각 사용자가 네트워크에서 보내는 시간을 증가시켰다.

㉢ 피어 투 피어 애플리케이션

피어 투 피어 네트워킹은 또한 많은 잠재력을 가진 새로운 통신 영역으로, P2P(Point to Point) 통신으로 알려져 있다.

㉣ 소셜 네트워킹 서비스(SNS)

소셜 네트워킹 서비스(SNS)는 유사한 관심사, 활동, 배경 또는 실생활의 연결을 공유하는 사람들 사이의 소셜 네트워크 또는 사회적 관계를 구축하기 위한 플랫폼이다. 소셜 네트워크 서비스는 각 사용자의 표현(종종 프로필), 사람들의 사회적 연결 및 경력 서비스와 같은 다양한 추가 서비스로 구성된다.

제 3 절 스위칭 네트워크 중요 ★★

인터넷은 스위치가 적어도 두 개의 링크를 연결하는 교환 네트워크이다. 스위치가 필요할 때 네트워크에서 다른 네트워크로 데이터를 전달해야 한다. 가장 일반적인 두 가지 유형의 교환망은 회선 교환 네트워크와 패킷 교환 네트워크이다.

1 회선 교환 네트워크 중요 ★

회선 교환 네트워크에서는 **회로**라고 불리는 **전용 연결**이 항상 두 종단 시스템 사이에서 이용할 수 있다. 스위치는 그것을 활성화하거나 비활성화만 할 수 있다. [그림 1-13]은 단말기 4대를 양쪽 끝에 연결하는 매우 단순한 교환 네트워크를 보여주고 있다. 오늘날 전화망의 일부는 패킷 교환 네트워크지만 과거 전화망은 회로 교환망이 일반적이었다.

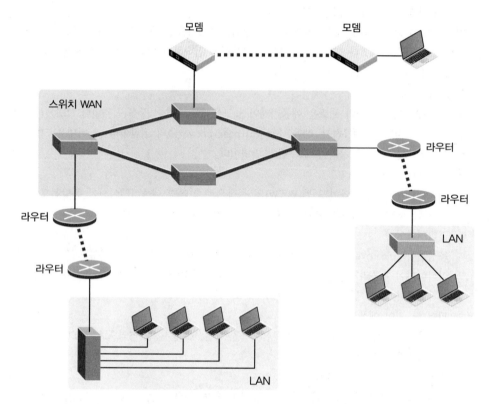

[그림 1-13] 4개의 WAN과 3개의 LAN으로 이루어진 이기종 네트워크

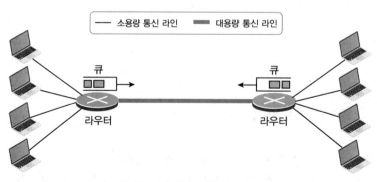

[그림 1-14] 회로 교환 네트워크

두 스위치를 연결하는 굵은 선은 4개의 음성 통신을 동시에 처리할 수 있는 대용량 통신라인이다. 용량은 모든 단말기 세트의 쌍 사이에서 공유될 수 있다. 이 예에서 사용된 스위치는 전달 태스크가 있지만 저장 기능은 없다.

두 가지 경우를 보자. 첫 번째 경우, 모든 단말기가 사용 중이고 한 사이트의 4명이 다른 사이트에서 4명의 사람과 통신을 하고 있다면 두꺼운 선의 용량이 완전히 사용된다. 두 번째 경우, 한쪽 면의 단말기 한 세트만 다른 쪽 하나의 단말기에 연결되고, 두꺼운 라인 용량의 1/4만 사용된다. 이는 회로 교환 네트워크가 전체 용량으로 작동할 때만 효율적이라는 것을 의미한다. 대부분의 경우 부분 용량으로 작동하기 때문에 비효율적이다. 각 회선의 용량을 네 배나 늘려야 하는 이유는 한쪽에 있는 모든 단말기가 다른 쪽에 있는 모든 단말기와 연결되길 원하는 경우 통신에 실패하는 것을 원하지 않기 때문이다.

2 패킷 교환 네트워크 ★★

컴퓨터네트워크에서, 양 끝 사이의 통신은 **패킷**이라고 불리는 데이터 **블록**에서 이루어진다. 즉, 두 대의 컴퓨터는 전화처럼 연속된 데이터(음성)가 전송되는 것이 아니라 데이터 패킷을 서로 교환하게 된다. 패킷은 나중에 저장되고 보내질 수 있는 독립 개체이기 때문에 저장과 전달을 위한 스위치 기능을 할 수 있게 해준다. [그림 1-15]는 한 사이트에 있는 네 대의 **컴퓨터**를 다른 사이트에 있는 네 대의 **컴퓨터**에 연결하는 작은 패킷 교환 네트워크를 보여준다.

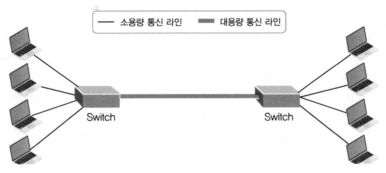

[그림 1-15] 패킷 교환 네트워크

패킷 교환 네트워크의 라우터는 패킷을 저장하고 전달할 수 있는 대기열을 가지고 있다. 두꺼운 선의 용량은 컴퓨터를 라우터에 연결하는 데이터 라인 용량의 두 배밖에 되지 않는다고 가정하자. 두 대의 컴퓨터(각 사이트에 하나씩)만 서로 통신할 필요가 있다면, 패킷을 기다릴 필요가 없다. 그러나, 만약 패킷이 전체 용량으로 이미 작동하고 있을 때 하나의 라우터에 도착한다면, 패킷은 도착한 순서대로 저장되고 전달되어야 한다. 패킷 교환 네트워크는 회로 교환 네트워크보다 더 효율적이지만 패킷에 약간의 지연이 발생할 수 있다.

3 가상 회선 네트워크 중요 ★

가상 회로는 네트워크, 전형적으로 **통신 네트워크, 노드들 사이의 논리적 경로**이다. 경로는 스위치를 사용하여 연결된 네트워크의 개별 세그먼트로 구성된다. 회로의 노드는 마치 물리적 와이어를 사용하여 직접 연결된 것처럼 통신하지만, 스위치는 가상 통신 경로를 실제로 설정 및 해체한다. 스위치를 재구성하여 새 경로를 설정하고 이전 경로를 해제하면 네트워크 내의 논리적 경로를 변경할 수 있다. 새 회로를 만들기 위해 수동으로 선을 다시 연결할 필요는 없다. 가상 회로에는 두 가지 유형이 있다.

(1) 영구 가상 회로(PVC)

수동으로 설정되며 전용 회선에 비교할 만한 성능을 제공한다. 이러한 회로는 항상 켜져 있으며 일반적으로 고속 연결을 위해 사용된다. PVC는 통신 자원(스위치)을 특정 통신 회로 전용으로 사용해야 하기 때문에 비용이 많이 드는 솔루션이다.

(2) 스위칭 가상 회로(SVC)

통신 세션이 설정되면 스위치가 **자동으로 설정**된다. SVC는 세션이 끝나면 자유롭게 되며 다른 통신 경로를 설정하는 데 사용할 수 있다. SVC는 일반적으로 전용 임대 라인에 대한 백업이 필요하고 시간 또는 트래픽의 양에 따라 비용이 청구되는 WAN에서 사용된다. 가상 회로를 사용하는 WAN 기술의 한 예는 프레임 릴레이로, PVC를 공용 또는 사설 캐리어 네트워크를 통해 노드 간에 설정할 수 있게 해준다. 또 다른 예로는 X.25 네트워킹 기술이 있다.

(3) 데이터그램(Datagram)

이 용어는 때때로 packet의 동의어로 사용되지만, 대개 **컴퓨터 간의 특정 연결 유지에 의존하지 않는 비연결 서비스**를 사용하여 네트워크를 통해 전송되는 패킷을 의미한다. TCP/IP와 같은 네트워킹 프로토콜 제품군은 일반적으로 연결 지향적이고 무연결 제공 서비스 모두를 지원한다.
TCP/IP에서, 전송 제어 프로토콜(TCP)은 인터넷 프로토콜(IP) 패킷의 전송을 보장하는 연결 지향적 서비스를 제공하는 책임을 진다. 대조적으로, 사용자 데이터그램 프로토콜(UDP)은 데이터그램의 '최상의 효과' 전송만 보장하는 무접속 서비스를 처리한다. 무연결 데이터그램을 사용하는 네트워킹 서비스의 경우, 상위계층 프로토콜은 반드시 전송을 보장해야 한다.

4 교환기의 구조

기능 블록 : 스위칭 구성은 실제 스위칭 프로세스에 포함되거나 지원하는 다양한 기능 블록을 가지고 있다.

- 스위칭 : 개별 통신 관계를 만들기 위해 가입자 회선 및 연결 회선에 의한 가입자 연결
- 관리 : 교환, 트렁크 라인, 교환 장비 및 이 장비에서 실행되는 프로세스와 관련된 가입자 회선 관리. 요금과 교통 데이터의 수집과 처리도 포함됨
- 유지보수 : 중앙 유닛의 장비 가용성 보장
- 운영 : 중앙 장치와 그 운전 요원 간의 통신

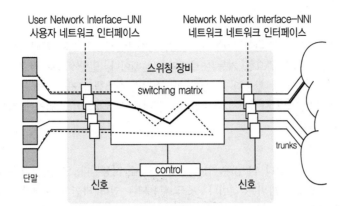

[그림 1-16] 스위칭 프로세스 관점에서 스위칭 구성의 기본 요소

[그림 1-16]는 로컬 교환을 나타낸다. 이것은 다른 교환에 대한 연결뿐만 아니라 가입자에 대한 연결이 여기에 나타나 있기 때문에 스위칭 시스템의 가장 일반적인 경우이다. 왼쪽에는 사용자 네트워크 인터페이스(UNI : User Network Interface)를 사용하여 단말기 장비를 연결하는 가입자 회선이 표시된다. 오른쪽에는 교환기 사이의 트렁크 선들이 있다. 교환은 네트워크 네트워크 인터페이스(NNI : Network Network Interface)를 통해 연결된다.

동일한 스위칭 스테이션에 부착된 두 단말 사이의 연결을 내부 연결이라고 하며, [그림 1-16]에서 점선으로 표시된다. 다른 교환기에 연결된 가입자로부터 또는 가입자에게의 연결을 외부 연결이라고 한다. 이러한 종류의 연결은 그림에서 굵은 선으로 그려진다.

- 제어(control) : 스위칭 시스템의 중요한 요소는 제어장치로서, 단말기 장비로부터 그리고 교환기 사이의 신호 전달 정보를 처리한다. 제어 시스템은 어댑터와 변환기와 가입자 회선 및 트렁크 선에서 준용에 필요한 정보를 얻는다.
- 스위칭 매트릭스(switching matrix) : 실제 연결의 생성은 스위칭 네트워크라고도 하는 스위칭 매트릭스에서 이루어진다. 그것은 스위칭 시스템의 기본 요소로서 제어 시스템에 의해 설정된다. 스위칭 매트릭스는 스위칭 시스템에서 페이로드(payload) 채널을 연결하는 데 사용되는 스위칭 요소의 배열이다.

스위칭 네트워크는 스위칭 시설의 핵심 요소이다. 스위칭 네트워크를 통해, 스위칭 교환기 사이에 필요한 전송 채널 연결이 생성된다. 신호 전달 정보와 이용 가능한 채널에 기초해, 스위칭 배치는 입력 포트와 출력 포트를 연결한다. 교환기의 과제는 연결의 설정 및 해제와 동시에 존재하는 연결의 관리를 처리하는 것이다. 일반적으로, 스위칭 네트워크는 많은 연결 단계로 구성된다. 그것들은 기능적으로 병렬인 다양한 스위칭 요소를 가진 개별 계층이다.

(1) 기능 그룹

완전한 스위칭 네트워크는 전환할 트래픽이 집중, 분배 및 최종적으로 확장되는 세 개의 중요한 기능 그룹으로 나뉜다. 가장 중요한 기능은 트래픽의 분배이다. 일반적으로 필요한 기술 장비는 매우 복잡하며 집중 기능을 더 잘 활용할 수 있다. 이 스위칭 시스템의 기본 구조는 그것이 다양한 공간 연결, 시간 간격 또는 패킷 사이에서 스위칭되는지 여부에 관계없이 스위칭에 적용될 수 있는 모든 원칙에 대해 동일하다.

① 집중

집중형 교환망은 출력보다 더 많은 입력이 관련될 때 사용된다. 집중은 다수의 입력 라인이 몇 개의 출력 라인으로 전환되는 것이다. 조금 활용되는 입력 라인의 트래픽은 더 많이 활용되는 출력 라인에 집중된다. 출력 라인에 할당된 고가의 장비 또한 더 잘 활용된다.

② 분배

분배 스위칭 네트워크는 동일한 수의 입력과 출력이 관련될 때 사용된다. 분배에서 트래픽은 그 방향에 따라 분배된다.

③ 확장

입력보다 더 많은 출력이 관련될 때 확대 스위칭 네트워크가 사용된다. 분배 후, 트래픽은 목적지 로컬 교환기에서 개별 가입자 회선으로 재구성되어야 하며 트래픽은 확장된다.

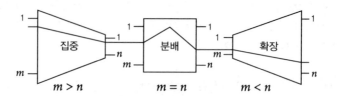

[그림 1-17] 스위칭 네트워크에서 집중, 분배 및 확장

(2) 주변기

스위칭 시스템의 주변 장치는 스위칭 노드가 환경의 나머지 부분에 성공적으로 통합될 수 있도록 추가 기능을 제공해야 한다. 이 주변 장치의 가장 중요한 작업 요건은 다음과 같다.

- 가입자 회선에 대한 전원 공급, 즉 전기 에너지 공급
- 연결부에 대한 전기적 영향으로부터 스위칭 시스템 보호(예 케이블 오류, 전압 과부하, 낙뢰 등)
- 인밴드 신호 전달을 위한 페이로드 및 제어 신호의 분리(예 전화 네트워크의 가입자와 가입자 간)
- 페이로드 및 제어 신호의 간섭 억제
- 메시지 양식 변환(예 2선, 4선 변환)
- 수신 신호 인식
- 신호 전달의 생성
- 유지보수 목적을 위한 오류의 인식

위의 기능은 트렁크 회로와 가입자 회로에서 구현된다. 가입자 회선에서는 소위 BORSCHT 기능을 수행한다. BORSCHT는 다음과 같은 의미를 뜻한다.

- B(Battery feed) : 통화전류를 공급하는 기능
- O(Overvoltage protection) : 과전압으로부터 장치를 보호하는 기능
- R(Ringing) : 신호전류를 공급하는 기능
- S(Supervision) : 가입자의 상태를 감시하는 기능
- C(Coder/ decoder) : 신호 변환 기능(예 아날로그↔디지털 변환)
- H(Hybrid) : 2/4, 4/2 와이어 변화 기능(2-와이어, 4-와이어 변환)
- T(Testing) : 테스트 접근을 지원하는 기능(오류 감지)

제 4 절 　프로토콜 중요 ★★★

통신에서, 통신 규약은 둘 이상의 통신 시스템 실체가 어떤 종류의 물리적 질량을 통해서도 정보를 전송할 수 있도록 허용하는데, 이를 프로토콜(Protocol)이라고 한다. 프로토콜은 규칙, 구문, 의미론 및 통신의 동기화와 가능한 오류 복구 방법을 정의하는데, 프로토콜은 하드웨어, 소프트웨어 또는 이 둘의 조합에 의해 구현될 수 있다.

통신 시스템은 다양한 메시지를 교환하기 위해 잘 정의된 형식을 사용한다. 각 메시지는 특정 상황에 대해 사전 결정된 다양한 응답을 유도하기 위한 정확한 의미를 가지고 있다. 통신 규약은 관련 당사자들에 의해 합의되어야 한다. 합의에 도달하기 위해 프로토콜이 기술 표준으로 개발될 수 있다. 프로그래밍 언어는 연산에 대해 동일한 것을 기술하므로, 프로토콜과 프로그래밍 언어 사이에 유사한 점이 있다. 통신에서의 프로토콜은 연산에서의 프로그래밍 언어와 같은 것이다.

다중 프로토콜은 종종 단일 통신의 다른 측면을 설명한다. 함께 작동하도록 설계된 프로토콜군은 프로토콜 모음(Protocol Suite)으로 알려져 있다. 소프트웨어에서 구현될 때 그것들은 프로토콜 스택이다. 인터넷 통신 프로토콜은 인터넷 엔지니어링 태스크포스에 의해 발행된다. 전기전자학회(IEEE)는 유무선 네트워킹을 다루며, 국제표준화기구(ISO)는 다른 유형을 처리한다. 국제전기통신연합(ITU-T)는 공중 교환 전화 네트워크(PSTN)의 통신 프로토콜과 형식을 취급한다. PSTN과 인터넷이 융합되면서, 표준도 융합을 지향하고 있다.

1 기본 요구사항

네트워크를 통해 데이터를 얻는 것은 프로토콜 문제의 일부다. 수신된 데이터는 대화의 진행 상황에서 평가되어야 하며, 프로토콜은 상황을 설명하는 규칙을 포함해야 한다. 이런 종류의 규칙들은 의사소통의 구문을 표현한다고 한다. 다른 규칙은 데이터가 교환이 이루어지는 상황에서 의미 있는지 여부를 결정한다. 통신을 구축하기 위해 통신 시스템에 대한 메시지가 송수신된다. 프로토콜의 3대 구성요소는 구문(Syntax), 시간(Timing), 의미(Semantics)이고 다음과 같은 내용을 처리한다.

(1) 데이터 교환용 데이터 형식

디지털 메시지 비트가 교환된다. 비트 스트링(비트열)은 필드별로 구분되며, 각 필드는 프로토콜과 관련된 정보를 전달한다. 개념적으로 비트 스트링은 헤더와 페이로드라고 불리는 두 부분으로 나뉜다. 실제 메시지는 페이로드에 실리고, 헤더 영역에는 프로토콜 작동과 관련된 필드가 포함된다. 최대 전송 유닛(MTU : Maximum Transfer Unit)보다 긴 비트는 적절한 크기의 조각으로 나뉜다.

(2) 데이터 교환을 위한 주소 형식

주소는 송신자와 수신자 모두를 식별하는 데 사용된다. 주소는 비트 스트링의 헤더 영역에 전달되어 수신자가 비트 스트링이 관심 있는지 그리고 처리되어야 하는지 또는 무시되어야 하는지를 결정할 수 있다. 송신자와 수신자 사이의 연결은 두 개의 주소(송신자 주소, 수신자 주소)를 사용하여 식별할 수 있다. 보통 어떤 주솟값들은 특별한 의미를 지닌다. All-1의 주소는 네트워크상의 모든 스테이션의 주소를 의미하므로, 이 주소로 송신하면 로컬 네트워크에서 브로드캐스트될 수 있다. 주솟값의 의미를 기술하는 규칙을 집합적으로 주소지정체계(addressing scheme)라고 한다.

(3) 주소 매핑

때때로 프로토콜은 다른 스키마(schema)의 주소에 한 스키마의 주소를 매핑할 필요가 있다. 예를 들어 응용 프로그램에서 지정한 논리적 IP 주소를 이더넷(ethernet) MAC 주소로 변환하는 경우 이를 주소 매핑이라고 한다.

(4) 라우팅

시스템이 직접 연결되어 있지 않은 경우, 최종 목적지로 가는 경로를 따라 중계시스템이 발신자를 대신하여 메시지를 전달해야 한다. 인터넷에서 네트워크는 라우터를 사용하여 연결되는데 라우터를 통한 네트워크의 상호연결을 인터네트워킹이라고 한다.

(5) 전송기 오류 감지

오류 감지는 일반적으로 CRC(Cyclical Redundancy Check, 순환 중복 검사)가 패킷의 끝에 추가되어 수신자가 손상으로 인한 차이를 탐지할 수 있게 한다. 수신자는 CRC를 통해 에러의 유무를 확인할 수 있고 재전송을 요청할 수 있다.

(6) 승인

연결 지향적 통신을 위해서는 패킷의 정확한 수신에 대한 승인이 필요하다. 승인서는 수취인으로부터 해당 발송인에게 다시 송부된다.

(7) 정보 손실 – 시간 초과 및 재시도

패킷은 네트워크에서 분실되거나 운송 중에 지연될 수 있다. 이에 대처하기 위해, 일부 프로토콜에서 송신자는 일정 시간 이내에 수신자로부터 정확한 수신확인을 기대할 수 있다. 따라서 타임아웃이 발생하면 송신자는 수신자에게 정보를 재전송해야 한다. 영구히 끊어진 링크의 경우, 재전송은 아무런 영향을 미치지 않으므로 재전송 횟수가 제한된다. 재시도 제한을 초과하는 것은 오류로 간주된다.

(8) 정보 흐름 방향

전송이 반이중 링크에서처럼 한 번에 한 방향으로만 발생하거나 공유 매체에서처럼 한 번에 한 송신자로부터만 발생할 수 있는 경우 방향이 설정되어야 한다. 이것은 미디어 액세스 제어라고 알려져 있다. 두 당사자가 동시에 송신 또는 전송을 원하는 충돌 또는 경합의 경우를 수용하기 위한 조치가 이루어져야 한다.

(9) 순서 제어(Sequence Control)

긴 비트 스트링이 조각으로 나뉘고 그 다음에 네트워크상에서 개별적으로 보내진다면, 조각들은 분실 또는 지연되거나, 혹은 어떤 유형의 네트워크에서는 목적지로 가는 다른 경로를 택할 수 있다. 결과적으로 조각들은 순서가 뒤바뀌어 나올 수도 있고, 재전송은 중복될 수 있다. 송신자에서 순서 제어 정보를 사용하여 조각을 표시함으로써 수신자는 무엇이 손실되거나 중복되었는지 판단할 수 있고, 필요한 재송신을 요청하고, 원래의 메시지를 다시 조립할 수 있다.

(10) 흐름제어

송신자가 송신기를 처리할 수 있는 속도보다 더 빨리 송신할 때 흐름제어가 필요하다. 흐름제어는 수신자로부터 송신자에게 메시지를 통해 구현될 수 있다.

제 5 절 표준

1 표준 및 관리

(1) 표준의 필요성

① 프로토콜 표준의 필요성

프로토콜 표준은 누가 어떤 장비를 만들더라도 서로 간의 통신이 가능하도록 지원한다는 점에서 필요하다. BSC 프로토콜은 IBM이라는 컴퓨터 회사에서 개발한 두 개의 노드를 연결하는 데 사용한 초기 링크 프로토콜이다. 다중 노드 네트워크용으로 개발되지는 않았지만 그렇게 함으로써 프로토콜의 몇 가지 결함이 드러났다. 표준화가 없을 때, 제조사와 조직은 네트워크에 양립할 수 없는 버전을 만들면서 프로토콜을 자유롭게 '강화'할 수 있었다. 어떤 경우에는 사용자가 다른 제조업체의 장비를 사용하지 못하도록 의도적으로 하였다. 원래의 BSC 프로토콜에는 50개 이상의 변형이 있다. 표준화는 적어도 이 중 일부가 변형되는 것을 막았을 것이라고 가정할 수 있다.

어떤 경우에, 프로토콜은 표준화 과정을 거치지 않고 시장을 지배한다. 그러한 프로토콜은 사실적 표준으로 언급된다. 사실상 표준은 독점화된 신흥 시장, 틈새시장 또는 경쟁 시장에서 공통적으로 사용된다. 특히 경쟁자를 시장에서 추격하고자 할 때 시장을 매우 부정적으로 장악할 수 있다. 역사적 관점에서 표준화는 사실적 표준의 악영향에 대응하기 위한 조치로 간주되어야 한다. 긍정적인 예외가 존재하는데 리눅스와 같은 '사실 표준' 운영체제는 소스가 공개되고 유지되어 경쟁을 유도하기 때문에 시장에 부정적인 영향을 미치지 않는다. 그러므로 표준화는 개방형 시스템 상호연결을 위한 유일한 해결책은 아니다.

② **사실 표준**

신제품이나 신기술의 기능을 정의하려는 제조업체에 의해 설정되며, 공식 기관에 의해 공인되지는 않았으나 널리 사용되는 표준을 말한다. 사실 표준은 다시 특허와 비특허라는 두 가지 범주로 나눌 수 있다. 특허 표준은 제안 회사가 독점적으로 권리를 소유하고 있으며, 비특허 표준은 집단이나 위원회에서 개발하여 공개영역에 공개한 표준을 말하는 것으로 서로 다른 제품 간의 호환을 허용하므로 개방 표준이라고도 한다.

③ **법률 표준**

공식기관에 의해 입법화된 표준을 말한다.

(2) 표준화 과정

표준화 과정은 **국제표준화기구(ISO, International Standard Organization)**가 소위원회 작업그룹을 의뢰하는 것으로 시작한다. 작업그룹은 이해관계자(다른 표준기관 포함)에게 작업 초안과 토론 문서를 발행한다. 이는 많은 질문, 많은 토론, 그리고 일반적으로 표준이 무엇을 제공해야 하는지 그리고 모든 요구를 충족할 수 있는지에 대한 의견 불일치를 일으킬 수 있다. 모든 상충되는 관점은 작업그룹(WG, Working Group)의 제안 초안으로 사용될 수 있다.

그 제안 초안은 회원국 표준 기구와 각 나라 내의 다른 조직들에 의해 논의된다. 제안서에 대한 ISO 회원들의 투표 전에 의견과 제안사항을 취합하고 국가적 관점을 공식화한다. 거부될 경우, 발의안 초안은 반대의 경우를 고려하여 또 다른 표결을 위한 새로운 초안을 만들어야 한다. 많은 피드백, 수정 및 타협 후에 제안은 국제 표준 초안, 그리고 궁극적으로 국제 표준에 도달한다. 그 과정을 완료하는 데는 보통 몇 년이 걸린다. 설계자가 작성한 원래 종이 초안은 표준과 상당히 다를 것이며, 다음과 같은 '기능' 중 일부를 포함할 것이다.

- 예를 들어, 당사자들이 최적의 패킷 크기에 대한 합의에 도달할 수 없었기 때문에 초기 단계에서 서로 다른 패킷 크기를 설정할 수 있는 다양한 선택적인 운영 모드 존재
- 정의되지 않았거나 구현자의 재량에 따라 정의된 집합의 값을 취하도록 허용된 매개 변수. 이것은 종종 일부 회원들의 상반된 견해를 반영함
- 회원이 시설을 제공해야 한다는 데 동의했지만, 이용 가능한 시간에 어떻게 해야 하는지에 대한 합의에 도달할 수 없음을 반영하여 향후 사용을 위해 예약된 매개 변수
- 표준을 이행할 때 다양한 모순과 모호성이 불가피하게 발견됨
- 국제 표준은 결함을 처리하고 주제에 대한 변화하는 관점을 반영하기 위해 정기적으로 재발행됨

2 TCP/IP 프로토콜 중요 ★★★

(1) 계층별 구조(Layered Architecture)

TCP/IP는 오늘날 인터넷에서 사용되는 프로토콜 모음으로서 각각 특정한 기능을 제공하는 쌍방향 모듈들로 구성된 계층적 프로토콜이다. 계층 구조라는 용어는 각 상위 수준 프로토콜이 하나 이상의 하위 수준 프로토콜이 제공되는 서비스에 의해 지원된다는 것을 의미한다. 원래의 TCP/IP 프로토콜 모음은 하드웨어에 구축된 4개의 소프트웨어 계층으로 정의되었다. 그러나 오늘날 TCP/IP는 5계층 모델로 여겨진다. [그림 1-18]에는 두 가지 구성이 표시된다.

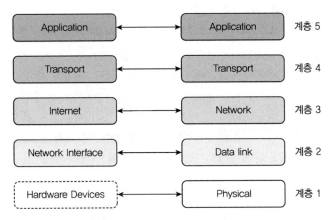

[그림 1-18] TCP/IP 프로토콜 제품군의 계층

(2) TCP/IP 프로토콜 제품군

TCP/IP 프로토콜 모음에 있는 각 계층의 역할을 더욱 잘 이해하기 위해서, 계층들 간의 논리적인 연결에 대해 살펴보자. [그림 1-19]는 간단한 인터넷에서의 논리적인 연결을 보여준다.

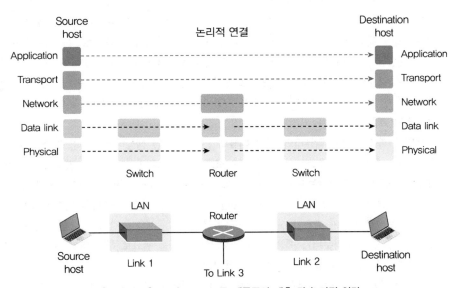

[그림 1-19] TCP/IP 프로토콜 제품군의 계층 간 논리적 연결

논리적인 연결을 사용하면 각 계층이 해야 하는 역할을 쉽게 이해할 수 있다. 그림에서 보듯이, 애플리케이션, 전송 및 네트워크 계층의 역할은 엔드-투-엔드(End-To-End) 전달이다. 그러나 데이터링크와 물리 계층의 역할은 홉(Hop)이 호스트나 라우터인 홉-투-홉(Hop-to-Hop) 연결이다. 즉 상위 3개 계층의 역할은 전달이고, 두 하위 계층의 역할은 연결이다. 논리적인 연결을 생각하는 또 다른 방법은 각 계층에서 생성된 데이터 단위에 대해 생각하는 것이다. 상위 3개 계층에서, 데이터 단위(패킷)는 라우터 또는 링크 계층 스위치에 의해 변경되어서는 안 된다. 하단의 두 계층에서, 호스트에서 생성된 패킷은 링크 계층 스위치가 아닌 라우터에 의해서만 변경된다.

(3) TCP/IP 프로토콜 제품군의 계층 중요 ★★★

① 물리 계층

물리 계층은 링크를 가로질러 프레임에 개별 비트를 전달하는 책임을 진다. 물리 계층은 TCP/IP 프로토콜 집합에서 가장 낮은 수준이지만, 물리 계층에서 두 장치 사이의 통신은 물리 계층 아래에 또 다른 숨겨진 계층인 전송 매체가 있기 때문에 여전히 논리적 통신이다. 두 개의 장치가 유선(케이블) 또는 무선(공기)과 같은 매체로 연결되어 있기 때문이다. 전송 매체는 비트를 전달하지 않고 전기 또는 광학 신호를 전달한다. 따라서 데이터링크 계층에서 프레임에 수신된 비트는 변환되어 전송 매체를 통해 전송되지만, 두 장치 내의 두 물리 계층 사이의 논리적 단위가 비트라고 생각할 수 있다.

② 데이터링크 계층

인터넷이 라우터에 의해 연결된 몇 개의 링크(LAN과 WAN)로 이루어져 있다. 데이터그램은 호스트에서 목적지까지 이동할 수 있는 몇 개의 중복되는 링크 집합을 가질 수 있다. 이때 라우터는 가장 좋은 링크를 선택할 책임이 있다. 그러나 다음번 이동할 링크가 라우터에 의해 결정될 때, 데이터링크 계층은 데이터그램을 취하여 링크 전체에 그것을 전달한다. 링크는 링크 계층 스위치, 무선 LAN, 유선 WAN 또는 무선 WAN이 있는 유선 LAN일 수 있다. 각각의 경우에, 데이터링크 계층은 링크를 통해 패킷을 이동시킨다.

TCP/IP는 데이터링크 계층에 대한 어떤 특정 프로토콜도 정의하지 않고 모든 표준과 독점적인 프로토콜을 지원한다. 데이터그램을 가져와 링크를 통해 전송할 수 있는 모든 프로토콜은 네트워크 계층만을 위해서도 충분하다. 데이터링크 계층은 데이터그램을 취하여 프레임이라 불리는 패킷으로 캡슐화한다. 각 링크 계층 프로토콜은 다른 서비스를 제공할 수 있다. 일부 링크 계층 프로토콜은 완전한 오류 탐지 및 수정을 제공하며, 일부는 오류 수정만 제공한다.

③ 네트워크 계층

네트워크 계층은 원본 컴퓨터와 대상 컴퓨터 간의 연결을 생성하는 역할을 한다. 네트워크 계층의 통신은 호스트-대-호스트이다. 그러나 소스에서 목적지까지 몇 개의 라우터가 있을 수 있기 때문에, 경로에 있는 라우터는 각 패킷에 대한 최선의 경로를 선택하는 역할을 한다. 즉, 네트워크 계층이 호스트-대-호스트 통신과 가능한 경로를 통한 패킷 라우팅에 책임이 있다고 말할 수 있다. 네트워크 계층이 필요한 첫 번째 이유는 서로 다른 계층들 간에 서로 다른 업무를 분리하는 것이다. 두 번째는 라우터가 애플리케이션과 전송 계층을 필요로 하지 않기 때문이다. 작업을 분리하면 라우터에서 더 적은 프로토콜을 사용할 수 있다.

인터넷의 네트워크 계층은 네트워크 계층에서 데이터그램이라고 불리는 패킷의 형식을 정의하는 주 프로토콜인 인터넷 프로토콜(IP)을 포함한다. IP는 이 계층에서 사용되는 주소의 형식과 구조를 정의하고, 그것의 소스에서 그것의 목적지까지 패킷의 라우팅을 담당하는데, 그것은 각 라우터가 그것의 경로에서 다음 라우터에 데이터그램을 전달함으로써 달성된다.

IP는 흐름제어, 오류제어 및 혼잡제어 서비스를 제공하지 않는 비연결형 프로토콜이다. 즉, 이러한 서비스 중 하나가 응용 프로그램에 필요한 경우 응용 프로그램은 전송 계층 프로토콜에만 의존해야 한다. 네트워크 계층에는 또한 유니 캐스트(Unicast, 1:1) 및 멀티 캐스트(Multicast, 1:n) 라우팅 프로토콜이 포함된다. 라우팅 프로토콜은 라우팅(IP의 책임)에 참여하지 않지만, 라우터가 라우팅 프로세스에서 도움을 줄 수 있도록 라우팅 테이블을 작성한다.

네트워크 계층은 또한 전송과 라우팅 태스크에서 IP를 돕는 몇 가지 보조 프로토콜을 가지고 있다. 인터넷 제어 메시지 프로토콜(ICMP : Internet Control Message Protocol)은 IP가 패킷을 라우팅할 때 몇 가지 문제를 보고하도록 지원한다. 인터넷 그룹 관리 프로토콜(IGMP : Internet Group Management Protocol)은 멀티태스킹에서 IP를 지원하는 또 다른 프로토콜이다. 동적 호스트 구성 프로토콜(DHCP : Dynamic Host Configuration Protocol)은 IP가 호스트의 네트워크 계층 주소를 가져오도록 지원한다. 주소 결정 프로토콜(ARP : Address Resolution Protocol)은 네트워크 계층 주소가 주어질 때 IP가 호스트나 라우터의 링크 계층 주소를 찾도록 하는 프로토콜이다.

④ **전송 계층**

전송 계층의 논리적 연결 또한 엔드-투-엔드이다. 소스 호스트의 전송 계층은 애플리케이션 계층으로부터 메시지를 받고, 그것을 전송 계층 패킷(여러 프로토콜의 세그먼트 또는 사용자 데이터그램이라 함)에 캡슐화하여 논리적 (가상) 연결을 통해 대상 호스트의 전송 계층으로 전송한다.

다시 말하면, 전송 계층은 애플리케이션 계층에 서비스를 제공할 책임이 있다. **소스 호스트에서 실행되는 애플리케이션 프로그램으로부터 메시지를 받아 그것을 대상 호스트의 해당 애플리케이션 프로그램으로 전달한다.** 전송 계층은 애플리케이션 계층과 독립적이어야 한다. 또한, 전송 계층에 하나 이상의 프로토콜이 있고, 이것은 각 애플리케이션 프로그램이 그것의 요구사항에 가장 잘 맞는 프로토콜을 사용할 수 있다는 것을 의미한다.

앞서 말했듯이, 인터넷에는 각각 특정 작업을 위해 설계된 몇 개의 전송 계층 프로토콜이 있다. 주 프로토콜인 전송 제어 프로토콜(TCP)은 데이터를 전송하기 전에 먼저 두 호스트에서 전송 계층 간에 논리적 연결을 설정하는 연결 지향 프로토콜이다. 그것은 바이트의 스트림을 전송하기 위해 두 TCP 사이에 논리적 파이프를 만든다. TCP는 흐름제어(대상 호스트의 수신 데이터 속도를 대상 호스트의 수신 데이터 속도와 일치시켜 오버플러우가 발생하지 않도록 하는 기능), 오류제어(세그먼트가 오류 없이 대상에 도착하고 손상된 대상을 다시 보내도록 보장하는 기능), 네트워크 정체로 인한 세그먼트 손실을 줄이기 위한 혼잡제어를 제공한다.

다른 공통 프로토콜인 사용자 데이터그램 프로토콜(UDP)은 논리적인 연결을 만들지 않고 사용자 데이터그램을 전송하는 비연결 프로토콜이다. UDP에서 각 사용자 데이터그램은 이전 또는 다음(연결이 없는 것의 의미)과 관련이 없는 독립 개체이다. UDP는 흐름, 오류 또는 정체 제어를 제공하지 않는 간단한 프로토콜이다. UDP의 단순성은 오버헤드가 거의 없다는 것을 의미하며, 패킷이 손상되거나 손실되었을 때, 짧은 메시지를 보내야 하고 TCP와 관련된 패킷의 재전송을 감당할 수 없는 애플리케이션 프로그램에 적합한 프로토콜이다. 새로운 프로토콜인 스트림 제어 전송 프로토콜은 멀티미디어에서 떠오르고 있는 새로운 애플리케이션에 응답하도록 설계되었다.

⑤ 애플리케이션 계층

두 애플리케이션 계층 사이의 논리적 연결은 엔드-투-엔드이다. 두 애플리케이션 계층은 마치 두 계층 사이에 다리가 있는 것처럼 서로 메시지를 교환한다. 그러나 통신은 모든 계층을 통해 이루어진다.

애플리케이션 계층의 통신은 두 프로세스 사이에서 실행된다. 통신하기 위해서 프로세스는 다른 프로세스에 요청을 보내고 응답을 수신한다. 프로세스-대-프로세스 통신은 애플리케이션 계층의 역할이다. 인터넷의 애플리케이션 계층은 미리 정의된 많은 프로토콜을 포함하지만, 사용자는 두 호스트에서 실행할 프로세스 쌍을 생성할 수도 있다.

하이퍼텍스트 전송 프로토콜(HTTP : Hyper Text Transfer Protocol)은 월드 와이드 웹(WWW)에 접근하는 수단이다. 단순 메일 전송 프로토콜(SMTP : Simple Mail Transfer Protocol)은 전자 메일(e-mail) 서비스에 사용되는 기본 프로토콜이고, 파일 전송 프로토콜(FTP : File Transfer Protocol)은 한 호스트에서 다른 호스트로 파일을 전송하는 데 사용된다. 터미널 네트워크(TELNET)와 보안 셸(SSH : Secure Shell)은 사이트에 원격으로 액세스하기 위해 사용된다. 관리자는 글로벌 및 로컬 수준에서 인터넷을 관리하기 위해 단순 망 관리 프로토콜(SNMP : Simple Network Management Protocol)을 사용한다. DNS(Domain Name System)는 컴퓨터의 네트워크 계층 주소를 찾기 위해 다른 프로토콜에 의해 사용된다. 인터넷 그룹 관리 프로토콜(IGMP : Internet Group Management Protocol)은 그룹에서 멤버십을 수집하는 데 사용된다.

3 OSI 모델 중요 ★★★

1947년에 설립된 국제표준화기구(ISO)는 국제표준에 관한 국제적 합의에 전념하는 다국적 기구이다. 전 세계 국가의 약 4분의 3이 ISO의 회원국이다. 네트워크 통신의 모든 측면을 망라하는 ISO 표준을 개방형 시스템 상호접속(OSI : Open Systems Interconnection) 모델이라고 하며 1970년대 말에 처음 발표되었다.

개방형 시스템은 그들의 기반 구조에 상관없이 어떤 두 개의 다른 시스템이 통신할 수 있게 해주는 프로토콜들의 집합이다. OSI 모델의 목적은 기본 하드웨어와 소프트웨어의 논리를 변경할 필요 없이 서로 다른 시스템 간의 통신을 촉진하는 방법을 보여주는 것으로 OSI 모델은 프로토콜이 아니며, 유연하고, 강력하며 상호운용이 가능한 네트워크 아키텍처를 이해하고 설계하기 위한 모델이다. OSI 모델은 OSI 스택에서 프로토콜 생성의 기반이 되도록 설계되었다.

OSI 모델은 모든 종류의 컴퓨터 시스템 간의 통신을 가능하게 하는 네트워크 시스템 설계를 위한 계층화된 프레임워크로서 각각의 네트워크를 통해 정보의 이동 과정 일부를 정의하는 7개의 분리된 관련 계층으로 구성된다([그림 1-20] 참조).

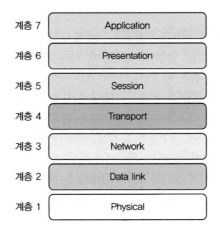

[그림 1-20] OSI 모델

(1) OSI vs TCP/IP 중요 ★★★

두 모델을 비교할 때, TCP/IP 프로토콜 제품군에는 세션과 프레젠테이션이라는 두 가지 계층이 누락되어 있음을 알 수 있다. 이 두 계층은 OSI 모델이 발표된 후 TCP/IP 프로토콜 모음에 추가되지 않았다. [그림 1-21]과 같이, 제품군의 애플리케이션 계층은 대개 OSI 모델에서 세 개의 계층 조합으로 간주된다.

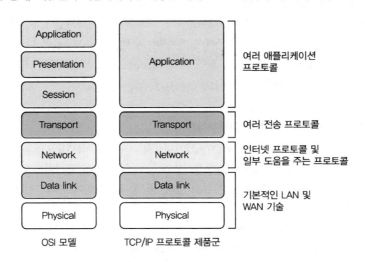

[그림 1-21] TCP/IP 및 OSI 모델

이렇게 OSI의 3계층이 TCP/IP 계층에서는 하나의 응용 계층으로 통합된 이유는 두 가지이다.

첫째, TCP/IP는 둘 이상의 전송 계층 프로토콜을 가지고 있다. 세션 계층의 일부 기능성은 일부 전송 계층 프로토콜에서 이용할 수 있다. 둘째, 애플리케이션 계층은 단지 소프트웨어의 한 부분이 아니다. 이 계층에서는 많은 애플리케이션을 개발할 수 있다. 세션 및 프레젠테이션 계층에서 언급된 기능 중 일부가 특정 애플리케이션에 필요한 경우, 이러한 기능들을 해당 소프트웨어 개발에 포함시킬 수 있다.

(2) OSI 모델의 성공 부족

OSI 모델은 TCP/IP 프로토콜 제품군이 발표된 이후에 등장했다. 초기 전문가들은 TCP/IP 프로토콜이 OSI 모델로 완전히 대체될 것이라고 생각했다. 하지만 여러 가지 이유로 그러한 일은 일어나지 않았다. 여기에는 다음과 같은 세 가지 이유가 있다. 첫째, OSI는 TCP/IP가 완전히 자리를 잡았을 때 완성되었으며, 많은 시간과 비용이 제품군에 사용되었을 때 완성되었고 그것을 바꾸려면 비용이 많이 필요했다. 둘째, OSI 모델의 일부 계층은 완전히 정의되지 않았다. 예를 들어, 프레젠테이션과 세션 계층이 제공하는 서비스가 문서에는 열거되었지만 이 두 계층의 실제 프로토콜은 완전히 정의되지 않았고 완전히 설명되지 않았으며 해당 소프트웨어가 완전히 개발되지 않았다. 셋째, OSI가 다른 애플리케이션의 조직에 의해 구현되었을 때 그것은 인터넷 관리기관이 TCP/IP 프로토콜 제품군에서 OSI 모델로 전환하도록 유도할 만큼 높은 수준의 성능을 보여주지 않았다.

4 표준화 기구

일반적으로 국제 표준 기구는 국제 표준을 개발한다. 많은 국제 표준 기구들이 있고, 가장 규모가 크고 잘 구축된 3대 단체는 1947년 설립된 국제표준화기구, 1906년 설립된 국제전기기술위원회와 1865년 설립된 국제전기통신연합이다. 그들은 상상할 수 있는 거의 모든 주제를 다루는 수만 개의 기준을 세웠다. 이 중 많은 수가 업계의 다양한 자체 개발 표준을 대체하여 전 세계적으로 채택되었다. 이러한 표준 대부분은 산업 내부 또는 특정 국가에 의해 설계된 표준에서 비롯되는 반면, 다른 표준들은 다양한 기술 위원회(TC : Technical Committee)에 소속된 전문가 그룹에 의해 처음부터 새로 만들어졌다. 이 세 기관은 세계표준협력기구(WSC)를 구성하고 있다.

(1) ISO(International Standard Organization)

국제표준화기구(ISO)는 다양한 국가표준기구의 대표자로 구성된 **국제표준제정기구**이다. 1947년 2월 23일에 설립된 이 기구는 전 세계적인 독점, 산업 및 상업 표준을 홍보한다. 스위스 제네바에 본부를 두고 있으며 162개국의 회원국을 가지고 있다. 유엔 경제사회이사회와 전반적인 협의권을 부여한 최초의 기구 중 하나이다.

국제표준화기구는 독립적이고 비정부적인 기관이며, 자발적인 국제 표준의 세계 최대 개발자로서 국가들 사이에 공통된 기준을 제공하여 세계 무역을 용이하게 한다. 제조 제품과 기술에서부터 식품 안전, 농업 및 의료에 이르기까지 2만 개 이상의 표준이 적용되었다.

이 표준을 사용하면 안전하고 신뢰할 수 있으며 품질이 좋은 제품과 서비스를 만들 때 도움이 된다. 이 기준은 기업들이 오류와 낭비를 최소화하면서 생산성을 높이는 데 도움을 준다. 서로 다른 시장에서 생산된 제품들을 직접 비교할 수 있게 함으로써, 회사들이 새로운 시장에 진입하도록 촉진하고 공정한 기준으로 글로벌 무역 개발을 지원한다. 또한, 이 표준은 인증된 제품이 국제적으로 설정된 최소 표준을 준수하도록 보장하기 위해 소비자와 제품과 제품 및 서비스의 최종 사용자를 보호하는 데 기여한다.

(2) ITU(International Telecommunication Union) 중요 ★

1865년 파리에서 설립된 유선 전신 분야 국제기구인 **국제전신연맹**(International Telegraph Union)을 **전신으로 한다**. 이는 세계에서 가장 오래된 정부간 조직의 하나이다. 무선 전신 기술의 발달에 따라 1906년 베를린에서 최초의 국제무선전신총회가 개최되었고, 국제전신연맹이 이 총회의 운영자로 결정되었다. 1925년 파리에서 개최된 국제전신총회는 국제전신연맹 산하에 국제장거리전화자문위원회(CCIF) 및 국제전신자문위원회(CCIT)를 신설하였고, 별도로 1927년 워싱턴 D.C.에서 개최된 국제무선전신총회는 국제무선통신자문위원회(CCIR)를 설립하였다. 이들 자문위원회의 설립으로 인한 국제전신연맹의 업무 영역 확대를 반영하기 위해, 1932년 마드리드에서 개최된 국제전신연맹 총회에서 연맹의 공식 명칭을 국제전기통신연합으로 개정하였다.

1956년 CCIF와 CCIT는 **통합하여 국제전신전화자문위원회**(CCITT : International Telephone and Telegraph Consultative Committee)로 **개칭**하였으며, CCITT와 CCIR은 1992년 추가전권회의를 통해 ITU의 한 부문으로서 각각 ITU 전기통신표준화부문(ITU-T) 및 ITU 전파통신부문(ITU-R)으로 개칭되어 신설된 ITU 전기통신개발부문(ITU-D)과 함께 현행 ITU 조직의 근간을 이루게 되었다.

ITU는 전기 통신의 개선과 효율적인 사용을 위한 국제 협력 증진, 전기통신 인프라, 기술, 서비스 등의 보급 및 이용 촉진과 회원국 간 조화로운 전기통신 수단 사용 보장을 목적으로 하는 정부간 국제기구로, 정보통신기술 관련 문제를 책임지는 유엔 전문 기구이며 유엔 개발 그룹에 속해 있는 현존하는 국제기구 중에서 가장 오랜 역사를 가졌다. ITU는 스위스 제네바에 본부를 두고 있고, 각 지역 국가 간 협력 및 개발 촉진 등을 위해 12개의 지역사무소를 두고 있다.

① 무선 통신(ITU-R)

1927년 국제라디오컨설팅위원회 또는 CCIR(프랑스어명 'Comité Consultatureif Illa' 라디오에서 설립)로 설립된 이 부문은 국제 무선 주파수 스펙트럼과 위성 궤도 자원을 관리한다. 1992년에 CCIR은 ITU-R이 되었다.

② 표준화(ITU-T)

표준화는 ITU가 시작된 이래로 원래의 목적이었다. 1956년 국제전화 및 텔레그래프 협의회 또는 CCITT(프랑스 이름 '국제 전화통신 협의체 등 테리그래피크')로 설립된 이 부문은 글로벌 통신(라디오 제외)을 표준화하고 있다. 1993년에 CCITT는 ITU-T가 되었다.

③ 개발(ITU-D)

1992년에 설립된 이 분야는 정보통신기술(ICT)에 대한 공정하고 지속 가능하며 저렴한 접근을 확산시키는 데 도움을 주고 있다.

④ ITU 텔레콤

ITU 텔레콤은 세계 ICT 커뮤니티를 위한 주요 행사를 조직한다.

(3) ISOC(Internet SOCiety)

인터넷 협회는 **인터넷 표준 과정에 대한 지원을 제공하기** 위해 1992년에 설립된 국제 비영리 단체이다. ISOC는 IAB, IETF, IRTF 및 IANA와 같은 다른 인터넷 관리 기구를 유지하고 지원함으로써 이를 달성한다. ISOC는 또한 인터넷과 관련된 연구와 다른 학문적 활동들을 장려한다.

(4) IAB(Internet Architecture Board)

인터넷 아키텍처 위원회(IAB)는 ISOC의 기술 고문이다. IAB의 주요 목적은 TCP/IP 프로토콜 Suite (제품군)의 지속적인 개발을 감독하고 인터넷 커뮤니티의 연구 구성원들에게 기술 자문역할을 하는 것이다. IAB는 인터넷 엔지니어링 태스크포스(IETF)와 인터넷 연구 태스크포스(IRTF)라는 두 가지 주요 구성 요소를 통해 이를 달성한다. IAB의 또 다른 책임은 앞에서 설명한 RFC의 편집 관리이다. IAB는 또한 인터넷과 다른 표준 기구와 포럼 사이의 외부 연락책이다.

(5) IETF(Internet Engineering Task Force)

인터넷 엔지니어링 태스크포스(IETF)는 인터넷 엔지니어링 운영 그룹(IESG)에 의해 관리되는 작업 그룹의 포럼이다. IETF는 운영상의 문제를 확인하고 이러한 문제에 대한 해결책을 제안할 책임이 있다. IETF는 또한 인터넷 표준으로 의도된 규격을 개발하고 검토한다. 작업그룹은 영역으로 수집되며, 각 영역은 특정 주제에 집중한다. 현재 9개 지역이 규정되어 있다. 이 분야에는 애플리케이션, 프로토콜, 라우팅, 차세대 네트워크 관리(IPng) 및 보안이 포함된다.

(6) IRTF(Internet Research Task Force)

인터넷 연구 태스크포스(IRTF)는 인터넷 연구 관리그룹(IRSG)이 관리하는 실무그룹 포럼이다. IRTF는 인터넷 프로토콜, 애플리케이션, 아키텍처 및 기술과 관련된 장기 연구 주제에 초점을 맞춘다.

5 인터넷 표준

인터넷 표준은 인터넷으로 작업하는 사람들에게 유용하게 준용되는 철저히 시험된 규격이다. 그것은 반드시 따라야 하는 형식적인 규정이다. 규격을 인터넷 표준 상태에 이르게 하는 엄격한 절차가 있는데 그 규격은 인터넷 초안으로 시작한다. 인터넷 초안은 공식적 자격없이 6개월의 수명을 가진 작업 문서(진행 중인 작업)이다. 인터넷 관리기관의 권고에 따라 초안을 의견요청서(RFC : Request For Comments)로 발행할 수 있다. 각 RFC는 편집되고 번호가 할당되며 모든 이해관계자에게 제공된다. RFC는 성숙도 검토를 거치고 요건 수준에 따라 분류된다.

(1) 성숙도 수준

RFC는 수명(효력이 지속되는 기간) 동안 제안된 표준, 초안 표준, 인터넷 표준, 기록, 실험 및 정보 제공의 여섯 가지 성숙도 수준 중 하나로 분류된다.

① 제안된 표준

제안된 표준은 인터넷 커뮤니티에 대해 안정적이고 잘 이해되며 충분한 관심을 갖는 규격이다. 이 수준에서 규격은 일반적으로 여러 다른 그룹에 의해 시험되고 구현된다.

② **초안 표준**

제안된 표준은 적어도 두 개의 성공적인 독립적이고 상호운용 가능한 실행 후에 표준 상태 초안으로 승격된다. 초안 표준은 어려움이 없다면 특정 문제가 발생할 경우 수정과 함께 정상적으로 인터넷 표준이 된다.

③ **인터넷 표준**

초안 표준은 성공적인 구현의 시연 후 인터넷 표준 상태에 도달한다.

④ **기록 단계**

역사적 RFC는 역사적인 관점에서 중요하다. 그것들은 이후의 규격으로 대체되거나 인터넷 표준이 되기 위해 필요한 성숙도 수준을 통과한 적이 없다.

⑤ **실험 단계**

실험으로 분류된 RFC는 인터넷 운영에 영향을 미치지 않는 실험 상황과 관련된 작업을 설명한다. 그러한 RFC는 어떤 기능적 인터넷 서비스에서도 구현되어서는 안 된다.

⑥ **정보제공 단계**

정보 제공으로 분류된 RFC는 인터넷과 관련된 일반, 이력 또는 사용지침 정보를 포함한다. 그것은 보통 판매자와 같은 비인터넷 조직의 누군가에 의해 쓰인다.

(2) 요구사항 수준

RFC는 요구, 권고, 선택, 제한된 사용 및 권고되지 않음 등 5가지 요건 레벨로 분류된다.

① **요구**

RFC는 최소 준수를 달성하기 위해 모든 인터넷 시스템에 의해 구현되어야 하는 경우 라벨이 부착된다. 예를 들어, IP와 ICMP는 요구 프로토콜이다.

② **권고**

권고 라벨이 붙은 RFC는 최소 적합성에 필요하지 않다. 이것은 유용성 때문에 권고된다. 예를 들어, FTP와 TELNET은 권고되는 프로토콜이다.

③ **선택**

선택 라벨이 붙은 RFC는 요구되지도 권고되지도 않는다. 그러나 시스템은 그것을 자신의 이익을 위해 사용할 수 있다.

④ **제한된 사용**

제한된 사용이라고 표시된 RFC는 제한된 상황에서만 사용해야 한다. 대부분의 실험 RFC는 이 범주에 속한다.

⑤ **권고되지 않음**

권고되지 않는 RFC는 일반 용도로 적합하지 않다. 일반적으로 역사적인(중요도가 떨어져 더는 사용되지 않고 앞으로는 사라지게 될) RFC는 이 범주에 속할 수 있다.

제 6 절 　 주소 지정 중요 ★★

네트워크 주소는 통신 네트워크의 노드 또는 호스트에 대한 식별자이다. 네트워크 주소는 네트워크 전체에 걸쳐 고유한 식별자로 설계된다. 특별한 네트워크 주소는 브로드캐스트 또는 멀티캐스트 주소로 할당되는데 이것들 역시 유일한 것은 아니다. 경우에 따라 네트워크 호스트는 둘 이상의 네트워크 주소를 가질 수 있다. 예를 들어, 각 네트워크 인터페이스는 고유하게 식별될 수 있고, 프로토콜이 자주 계층화되기 때문에 한 개 이상의 프로토콜의 네트워크 주소가 특정 네트워크 인터페이스나 노드에서 발생할 수 있다. 또한, 둘 이상의 네트워크 주소가 어떤 한 네트워크에서 사용될 수 있다.

1 　 주소 공간

주소를 정의하는 IPv4와 같은 프로토콜에는 주소 공간이 있다. 주소 공간은 프로토콜에 의해 사용되는 총 주소 수이다. 프로토콜이 주소를 정의하기 위해 b비트를 사용하는 경우, 각 비트는 두 가지 다른 값(0 또는 1)을 가질 수 있기 때문에 주소 공간은 2^b이다. IPv4는 32비트 주소를 사용하며 이는 주소 공간이 2^{32} 또는 4,294,967,296(40억 개 이상)이라는 것을 의미한다. 제한이 없다면 40억 개 이상의 기기가 인터넷에 연결될 수 있다.

IPv4 주소를 나타내는 세 가지 일반적인 문구는 2진수 표기법(기준 2), 점 소수 표기법(기준 256), 16진수 표기법(기준 16)이 있다. 바이너리 표기법에서 IPv4 주소는 32비트로 표시된다. 주소를 더 읽기 쉽게 하기 위해, 일반적으로 각 옥텟(Octet : 8비트) 사이에 하나 이상의 공간이 삽입된다. 각각의 옥텟(octet)은 종종 바이트라고 불린다. IPv4 주소는 더 작고 읽기 쉽도록 하기 위해 일반적으로 십진법(dot)으로 바이트를 구분한다. 이 형식은 점-십진수 표기법이라고 한다. 각 바이트(octet)는 8비트이므로 점-십진수 표기법의 각 숫자는 0과 255 사이라는 점에 유의해야 한다. 때때로 IPv4 주소를 16진수로 표기한 것을 볼 수 있다. 각 16진수 자릿수는 4비트와 같다. 이것은 32비트 주소가 8자리 16진수를 가지고 있다는 것을 의미한다. 이 표기법은 네트워크 프로그래밍에 자주 사용된다. [그림 1-22]는 세 개의 논의된 문구에 있는 IP 주소를 나타낸다.

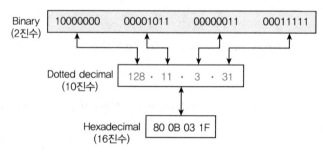

[그림 1-22] IPv4 주소 지정의 세 가지 다른 표기법

2 네트워크 클래스

인터넷이 시작될 때 IPv4 주소는 고정 길이 접두부로 설계되었지만, 소형 및 대형 네트워크를 모두 수용하기 위해, 하나 대신 3개의 고정 길이 접두부가 설계되었다($n = 8$, $n = 16$ 및 $n = 24$). 전체 주소 공간은 [그림 1-23]과 같이 **5가지 등급(등급 A, B, C, D, E)**으로 구분되는데 이 방식을 클래스 어드레싱(Class Addressing)이라고 불린다.

클래스 A에서 네트워크 길이는 8비트이지만 0인 첫 번째 비트가 클래스를 정의하므로 네트워크 식별자로 7비트만 가질 수 있다. 이것은 전 세계에 오직 $2^7 = 128$개의 네트워크만이 클래스 A 주소를 가질 수 있다는 것을 의미한다.

클래스 B에서 네트워크 길이는 16비트이지만, 처음 두 비트(10)가 클래스를 정의하므로, 네트워크 식별자로 14비트만 가질 수 있다. 이것은 전 세계에 오직 $2^{14} = 16,384$개의 네트워크만이 클래스 B 주소를 가질 수 있다는 것을 의미한다.

$(110)_2$으로 시작하는 모든 주소는 C 등급에 속한다. 클래스 C에서, 네트워크 길이는 24비트이지만, 세 비트가 클래스를 정의하기 때문에, 네트워크 식별자로 21비트를 가질 수 있다. 이것은 전 세계에 클래스 C 주소를 가질 수 있는 $2^{21} = 2,097,152$개의 네트워크가 있다는 것을 의미한다.

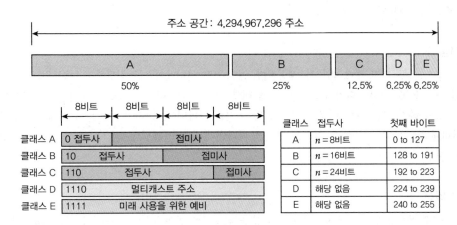

[그림 1-23] 클래스 어드레싱에서 주소 공간 점유

클래스 D는 접두부(Prefix)와 접미부(Suffix)로 구분되지 않는다. 이것은 멀티캐스트 주소(Multicast address)에 사용된다. 모든 1111로 시작하는 이진 주소들은 클래스 E에 속한다. 클래스 D에서처럼, 클래스 E는 접두부와 접미부로 나누어지지 않으며 예비용으로 사용된다.

3 IP 주소

인터넷 프로토콜 주소(IP 주소)는 통신을 위해 인터넷 프로토콜을 사용하는 컴퓨터네트워크에 연결된 각 장치에 할당된 숫자 라벨이다. IP 주소는 호스트 또는 네트워크 인터페이스 식별과 위치 주소 지정의 두 가지 주요 기능을 제공한다.

인터넷 프로토콜 버전 4(IPv4)는 IP 주소를 32비트 번호로 정의한다. 그러나 인터넷의 성장과 사용 가능한 IPv4 주소의 고갈로 인해, IP 주소에 128비트를 사용하는 새로운 버전의 IPv6이 1995년에 개발되었고, 1998년 12월에 표준화되었다. 2017년 7월, 프로토콜의 최종 정의가 발표되었다. IPv6 구축은 2000년대 중반부터 계속되고 있다.

IP 주소는 일반적으로 IPv4의 경우 172.16.254.1, IPv6의 경우 2001:db8:0:1234:0:567:8:1과 같이 사람이 읽을 수 있는 문장으로 작성되고 표시된다. 주소의 라우팅 접두부 크기는 역사적으로 사용된 서브넷 마스크 255.255.255.0과 동일한 192.168.1.15/24와 같이 중요한 비트 수로 주소를 접미부에 의해 CIDR 표기법으로 지정된다. CIDR(Classes Inter-Domain Routing)은 클래스가 없다는 의미로 네트워크를 클래스 A, B, C, D, E로 구분하지 않는다는 것이다. 사이더라고도 부르며 기존 클래스 체계보다 더 유연하게 IP 주소를 여러 네트워크 영역으로 나눌 수 있게 되었다. RFC 1519에 규정되어 있고, 한정된 IP 자원을 쓸데없이 사용하는 것을 방지하고 라우터의 처리 부하를 줄이기 위해 개발되었다.

IP 주소 공간은 IANA(인터넷 할당 번호 기관)와 최종 사용자 및 인터넷 서비스 제공자와 같은 지역 인터넷 등록부에 대한 할당을 책임지는 5개의 지역 인터넷 등록부(RIR)에 의해 전 세계적으로 관리되고 있다. IANA는 IPv4 주소를 약 1680만 개의 블록으로 RIR에 배포했다. 각 ISP 또는 개인 네트워크 관리자는 네트워크에 연결된 각 장치에 IP 주소를 할당한다. 이러한 할당은 소프트웨어와 관행에 따라 정적(고정 또는 영구) 또는 동적 기준일 수 있다.

(1) 기능

IP 주소는 두 가지 주요 기능을 제공한다. 네트워크 인터페이스를 식별하고, 네트워크에서 호스트의 위치를 제공하며, 따라서 그 호스트에 대한 경로를 설정하는 기능을 제공한다. 그 역할은 다음과 같이 특징지어졌는데 이름은 우리가 찾는 것을 나타낸다. 그리고 주소는 그것이 어디에 있는지 나타내고, 경로는 거기에 도착하는 방법을 나타낸다. 각 IP 패킷의 헤더는 송신 호스트의 IP 주소와 대상 호스트의 IP 주소를 포함한다.

(2) IP 버전

두 가지 버전의 인터넷 프로토콜이 오늘날 인터넷에서 공통적으로 사용되고 있다. 1983년에 인터넷의 전신인 ARPANET에 처음 배치된 인터넷 프로토콜의 원래 버전은 인터넷 프로토콜 버전 4이다. 1990년대 초까지 인터넷 서비스 제공자와 최종 사용자 조직에 할당할 수 있는 IPv4 주소 공간의 급속한 소진으로 인해 인터넷 기술 태스크 포스는 인터넷의 주소 지정 기능을 확장하기 위해 새로운 기술을 탐구하게 되었다. 그 결과는 1995년에 결국 인터넷 프로토콜 버전 6(IPv6)로 알려지게 된 인터넷 프로토콜의 재설계였다. IPv6 기술은 상용 생산 배치가 시작된 2000년대 중반까지 다양한 시험 단계에 있었다.

오늘날, 이 두 버전의 인터넷 프로토콜은 동시에 사용되고 있다. 다른 기술적인 변화들 중에서, 각 버전은 주소의 형식을 다르게 정의한다. IPv4의 역사적 보급으로 인해 일반 용어 IP 주소는 여전히 IPv4에 의해 정의된 주소를 나타낸다.

(3) 서브네트워크 중요 ★★

IP 네트워크는 IPv4와 IPv6 모두에서 하위 네트워크로 나눌 수 있다. 이 목적을 위해 IP 주소는 두 부분으로 인식된다. 상위 비트의 네트워크 접두부와 나머지 비트는 나머지 필드, 호스트 식별자 또는 인터페이스 식별자(IPv6)로 불리며 네트워크 내 호스트 번호 매기기용으로 사용된다. 서브넷 마스크 또는 CIDR 표기법은 IP 주소를 네트워크와 호스트 부분으로 나누는 방법을 결정한다.

서브넷 마스크라는 용어는 IPv4에서만 사용된다. 그러나 두 IP 버전은 모두 CIDR 개념과 표기법을 사용한다. 여기에서 IP 주소는 라우팅 접두부라고도 하는 네트워크 부분에 사용되는 슬래시와 비트 수(십진수)가 뒤따른다. 예를 들어 IPv4 주소와 서브넷 마스크는 각각 192.0.2.1과 255.255.255.0이 될 수 있다. IP 주소의 처음 24비트가 네트워크와 서브넷을 나타내기 때문에 동일한 IP 주소와 서브넷에 대한 CIDR 표기법은 192.0.2.1/24이다.

(4) 사설 주소

초기 네트워크 설계는, 모든 인터넷 호스트와의 통신을 위해 글로벌 엔드-투-엔드 연결이 계획되었을 때, IP 주소가 전체적으로 고유해야 한다는 것을 의도하였다. 그러나 민간 네트워크가 개발되고 공공 주소 공간이 보존되어야 하기 때문에 이것이 항상 필요한 것은 아니다.

TCP/IP를 통해 서로만 통신하는 공장 기계와 같이 인터넷에 연결되지 않은 컴퓨터에는 전역적으로 고유한 IP 주소가 필요하지 않다. 오늘날 이러한 사설 네트워크는 널리 사용되고 있으며 일반적으로 필요할 때 NAT(네트워크 주소 변환)으로 인터넷에 연결된다.

전용 네트워크의 IPv4 주소 중복이 없는 세 가지 범위는 예약되어 있다. 이 주소들은 인터넷에서 라우트되지 않으므로 그것들의 사용은 IP 주소 등록부와 조정될 필요가 없다. 사용자는 예약된 블록을 사용할 수 있다. 일반적으로 네트워크 관리자는 블록을 서브넷으로 분할한다. 예를 들어, 많은 홈 라우터는 192.168.0.0 ~ 192.168.0.255의 기본 주소 범위를 자동으로 사용한다.

(5) 공용 주소

공용 IP 주소는 일반적으로 라우팅할 수 있는 유니캐스트 IP 주소로서 즉, RFC 1918에 의해 예약된 주소나 링크 로컬 주소 지정과 같은 로컬 범위 또는 사이트 로컬 범위의 다양한 IPv6 주소 형식이 아님을 의미한다. 공용 IP 주소는 글로벌 인터넷의 호스트들 간의 통신에 사용될 수 있다.

(6) MAC 주소 중요 ★★

장치의 미디어 액세스 제어 주소(MAC 주소)는 네트워크 세그먼트의 데이터링크 계층에서의 통신을 위해 네트워크 인터페이스 컨트롤러(NIC)에 할당된 고유 식별자이다. MAC 주소는 이더넷, Wi-Fi 및 블루투스를 포함한 대부분의 IEEE 802 네트워크 기술의 네트워크 주소로 사용된다. 이러한 맥락에서, MAC 주소는 매체 액세스 제어 프로토콜 하위 계층에서 사용된다. 일반적으로 표시되는 MAC 주소는 하이픈, 콜론 또는 구분기호 없이 두 개의 16진수 자릿수로 구성된 6개 그룹으로 식별할 수 있다.

MAC은 Burned-In Address(BIA), 이더넷 하드웨어 주소(EHA), 하드웨어 주소 또는 물리적 주소(메모리 실제 주소와 혼동해서는 안 됨)로도 알려져 있다. 네트워크 노드에는 여러 개의 NIC가 있을 수 있으며 각 NIC에는 고유한 MAC 주소가 있어야 한다. 멀티 계층 스위치 또는 라우터와 같은 정교한 네트워크 장비는 하나 이상의 영구 할당 MAC 주소를 필요로 할 수 있다.

4 라우팅 중요 ★★

IP 주소는 유니캐스트, 멀티캐스트, 브로드캐스트, 애니캐스트 어드레싱과 같은 몇 가지 작동 특성의 등급으로 분류된다.

(1) 유니캐스트(Unicast)

IP 주소의 가장 일반적인 개념은 IPv4와 IPv6 모두에서 사용할 수 있는 유니캐스트 주소 지정이다. 그것은 보통 단일 송신자나 단일 수신기를 가리키며, 송신과 수신 둘 다에 사용될 수 있다. 일반적으로 유니캐스트 주소는 단일 디바이스 또는 호스트와 연결되지만, 장치 또는 호스트는 둘 이상의 유니캐스트 주소를 가질 수 있다. 일부 개별 PC는 고유한 목적을 위해 여러 개의 고유한 유니캐스트 주소를 가지고 있다. 동일한 데이터를 여러 유니캐스트 주소로 보내려면 송신자는 모든 데이터를 여러 번, 각 수신자에게 한 번씩 보내야 한다.

(2) 멀티캐스트(Multicast)

멀티캐스트 어드레스는 관심 있는 수신자 그룹과 관련이 있다. IPv4에서 주소 224.0.0.0 ~ 239.255.255.255(이전 등급 D 주소)는 멀티캐스트 주소로 지정된다. IPv6은 멀티캐스트 애플리케이션에 ff00::/8 접두부를 가진 주소 블록을 사용한다. 어느 경우든, 송신자는 그것의 유니캐스트 주소에서 멀티캐스트 그룹 주소로 단일 데이터그램을 전송하고, 중간 라우터는 그것들을 복사하여 해당 멀티캐스트 그룹에 가입한 모든 수신자에게 전송한다.

(3) 브로드캐스트(Broadcast)

브로드캐스트는 IPv4에서 사용할 수 있는 주소 지정 기술로, 모든 수신자가 네트워크 패킷을 캡처하는 동안 하나의 전송 작업으로 네트워크의 모든 가능한 대상으로 데이터를 전송한다. 주소 255.255.255.255는 네트워크 브로드캐스트에 사용된다. 또한, 직접(제한된) 브로드캐스트는 네트워크 접두부가 있는 all-ones 호스트 주소를 사용한다. 예를 들어, 네트워크 192.0.2.0/24의 장치에 대한 직접 브로드캐스트에 사용되는 대상 주소는 192.0.2.255이다. IPv6은 브로드캐스트 주소 지정을 구현하지 않으며, 멀티캐스트로 특별히 정의된 모든 노드 주소로 멀티캐스트로 대체한다.

(4) 애니캐스트(Anycast)

브로드캐스트 및 멀티캐스트와 마찬가지로 애니캐스트는 일-대-다 라우팅 토폴로지이다. 그러나 데이터 스트림은 모든 수신자에게 전송되지 않고, 라우터가 논리적으로 네트워크에서 가장 근접하다고 결정한 수신자에게만 전송된다. 애니캐스트 주소는 IPv6에만 내재된 특성이다. IPv4에서 애니캐스트 주소 지정 구현은 일반적으로 BGP(Border Gateway Protocol, 외부 라우팅 프로토콜) 라우팅의 최단 경로 메트릭을 사용하여 작동하며, 경로의 정체나 기타 속성을 고려하지 않는다. 애니캐스트 방법은 글로벌 로드 밸런싱에 유용하며 일반적으로 분산 DNS 시스템에서 사용된다.

○×로 점검하자

※ 다음 지문의 내용이 맞으면 ○, 틀리면 ×를 체크하시오. [1~8]

01 효과적이고 효율적인 네트워크를 위한 세 가지 기준은 성능, 신뢰성 및 보안이다. (   )

>>>◯ 신뢰성은 효과적이고 효율적인 네트워크를 위해 필요한 것 중 하나이다. 효과적이고 효율적인 네트워크를
위해 충족되어야 하는 다른 기준에는 보안이 포함되며 성능도 우수해야 한다.

02 포인트-투-포인트 구성 대비되는 멀티 포인트의 장점은 단지 낮은 비용이다. (   )

>>>◯ 지점 간 연결에 대한 다중 지점 연결(멀티 포인트)의 장점은 설치 용이성, 저렴한 비용, 신뢰성이다. 포인트-
투-포인트 연결은 2개의 장치를 연결하는 데 사용되는 반면, 멀티 포인트 연결에서는 2개 이상의 장치가
통신 링크를 공유한다.

03 반이중(Half-duplex) 전송에서는 한 번에 하나의 엔티티만 보낼 수 있다. (   )

>>>◯ 전송은 simplex, half duplex, full duplex의 세 가지 모드가 있으며, 전송 모드는 두 개의 연결된 장치 사이
의 신호 흐름 방향을 정의한다. 세 가지 전송 모드 사이의 일차적인 차이는 단방향 모드는 어느 한 방향으로
만 신호가 전달되는 모드이고, 반이중 전송 모드에서 통신은 양방향이지만, 채널은 연결된 두 장치에 의해
상호적으로 사용된다는 것이다. 반면에, 전이중 모드의 전송에서 통신은 양방향이며, 채널은 연결된 두 장치
에 의해 동시에 사용된다. 통신에서의 엔티티(Entity)가 갖는 의미는 신호, 데이터, 정보 등 전달되는 메시지
를 의미한다.

04 근거리 네트워크(LAN)와 광역 네트워크(WAN)를 결정하는 요소로는 네트워크로 가능한 거리뿐이다.
(   )

>>>◯ LAN, MAN, WAN의 주요한 차이는 네트워크의 범주와 범위이다. LAN은 보통 건물이나 사무실처럼 더 작은
거리에서 컴퓨터를 연결하기 위해 사용된다. 메트로폴리탄 네트워크(MAN)는 LAN보다 더 넓은 범위를 포함
하며, 대개 단일 조직보다는 도시를 연결하는 데 사용된다. 광역 네트워크(WAN)는 네트워크 또는 많은 LAN
의 모음이다. WAN의 완벽한 예는 수천만의 네트워크를 연결하는 인터넷이다. LAN, MAN, WAN을 구분하
는 또 다른 요인은 LAN과 MAN이 정부, 교육 기관 또는 조직과 같은 특정 기관이 소유하는 반면 WAN(인터
넷)은 어느 누구도 소유하지 않는다는 것이다.

정답 **1** ○ **2** × **3** ○ **4** ×

05 인터넷은 네트워크의 상호 연결이며, 특정한 세계적 네트워크의 이름이다. (   )

>>>○ 인터넷은 월드 와이드 웹과 동의어가 아니다. 인터넷은 거대한 네트워크, 네트워킹 인프라로 모두 인터넷에 연결된 어떤 한 컴퓨터라도 다른 컴퓨터와 통신할 수 있는 네트워크를 형성하여 전 세계적으로 수백만 대의 컴퓨터를 연결한다.

06 표준은 제조업체를 위한 개방적이고 경쟁적인 시장을 만들고 유지하고, 프로토콜 규칙을 조정한다. 따라서 표준은 데이터 통신 기술의 호환성을 보장하기 위해 필요하다. (   )

>>>○ 제조업체가 프로토콜 규칙을 조정하고 데이터 통신 기술의 호환성을 보장할 수 있는 개방적이고 경쟁적인 시장을 만들고 유지 관리하기 위해 표준이 필요하다.

07 집에 이더넷 허브로 연결된 두 대의 컴퓨터를 가지고 있는 것은 LAN이다. (   )

>>>○ 이더넷 허브는 LAN을 구성한다. LAN은 빌딩이나 캠퍼스 또는 독립된 네트워크와 같은 제한적인 지역에서 컴퓨터를 연결하도록 설계되었다. 이더넷은 컴퓨터 네트워크 기술의 하나로, 일반적으로 LAN, MAN 및 WAN에서 가장 많이 활용되는 기술 규격이다.

08 한 사람이 다른 사람에게 전화를 걸면 이는 멀티 포인트 연결이다. (   )

>>>○ 한 사람이 다른 사람에게 전화를 걸면 상대방 간의 로컬 통화이므로 포인트-투-포인트 연결이 된다.

정답 **5** ○ **6** ○ **7** ○ **8** ✕

01 실제예상문제

01 다음 중 IETF 표준 문서의 용어로 옳은 것은?

① RFC
② WG
③ ID
④ Data Sheet

01 RFC(Request For Comments)는 컴퓨터 네트워크 공학 등에서 인터넷 기술에 적용 가능한 새로운 연구, 혁신, 기법 등을 아우르는 메모를 나타낸다. 인터넷 협회(Internet Society)에서 기술자 및 컴퓨터 과학자들은 RFC 메모의 형태로 생각을 출판하게 되며, RFC 문서에는 일련번호를 부여한다. 일단 일련번호를 부여받고 출판되면, RFC는 절대 폐지되거나 수정되지 않는다. 만약 어떤 RFC 문서가 수정이 필요하다면, 저자는 수정된 문서를 다른 RFC 문서로 다시 출판해야 한다. 그러므로 일부 RFC는 이전 버전의 RFC를 개선한 문서이며, 이전 버전의 RFC를 무효화하기도 한다. 이러한 덮어쓰는 방식을 통해, 번호순으로 나열된 일련의 RFC는 인터넷 표준의 역사를 나타내기도 한다.
WG(Working Group)는 특정 주제나 목적에 따라 실제적으로 구체적인 일을 하는 모임을 말한다. ID(Identification)는 개인 식별자를 의미한다. 데이터시트(Data Sheet)는 솔루션의 기술적인 특성과 사양을 소개하는 일반적인 자료이다.

02 OSI 7계층 구조에서 데이터 패킷이 상위 계층에서 하위 계층으로 이동할 때 헤더는 어떻게 되는가?

① 재배치됨
② 삭제됨
③ 추가됨
④ 수정됨

02 모든 계층은 이전 계층의 패킷에 고유의 헤더를 추가한다.

정답 01 ① 02 ③

안심Touch

03 데이터의 구조와 형식은 구문을 사용하여 정의된다. 기호학은 특정 패턴을 해석하는 방법과 그 해석을 바탕으로 어떤 조치를 취해야 하는지를 규정한다. 의미론(semantics)은 그 데이터가 갖고 있는 속성이나 기능적인 특징을 뜻한다.

04 데이터는 단일 방향으로 흐른다. 심플렉스(단방향) 통신은 언제나 수신만 할 뿐 송신은 할 수 없다. 반대로, 송신만 하고 수신은 할 수 없는 경우에도 단방향 통신이다. 한쪽 방향으로만 데이터를 보낸다. 반이중 통신은 한쪽에서 송신하고 있을 경우에는 다른 쪽에서는 송신할 수가 없는 방식이며, 전이중 통신은 양방향에서 동시에 송수신이 가능한 모드이다.

05 ARPANET(Advanced Research Projects Agency Networks)은 TCP/IP 프로토콜을 사용한 최초의 네트워크이다. INTERNET의 역사는 1950년대에 컴퓨터의 개발과 더불어 시작하였다. 1981년 미국 국립과학재단(NSF)이 CSNET(컴퓨터 과학망)을 개발하면서 알파넷으로의 접속이 확장되었으며 1982년 인터넷 프로토콜 스위트(TCP/IP)가 표준화되었고 인터넷이라 불리는, 완전히 상호 연결되는 TCP/IP 네트워크의 월드 와이드 네트워크의 개념이 등장하였다. 1986년 NSFNET(국립과학재단 통신망)이 미국의 연구 및 교육 단체의 슈퍼컴퓨터 사이트에 접속을 제공했다. 상용 인터넷 서비스 제공자(ISP)들이 1980년대 말과 1990년대에 병합을 시작하였다. 알파넷은 1990년에 직권이 해제되었다. 인터넷은 NSFNET의 직권이 해제된 1995년에 시장에 들어왔으며, 이로써 상용 트래픽을 전달하기 위한 인터넷 사용의 마지막 제한이 제거되었다.

03 다음 용어 중 데이터의 구조 또는 형식으로 옳은 것은?

① 구조
② 기호론
③ 구문론
④ 의미론

04 다음 중 컴퓨터와 키보드 간의 통신은 어떤 방식인가?

① 자동
② 반이중
③ 전이중
④ 심플렉스

05 다음 네트워크 용어 중 최초의 네트워크는 무엇인가?

① CNET
② NSFNET
③ INTERNET
④ ARPANET

정답 03 ③ 04 ④ 05 ④

06 다음 중 통신 분야에서 주간 및 국제 상거래에 대한 권한을 가진 조직은?

① ITU-T
② IEEE
③ FCC
④ ISOC

07 다음 용어 중 메시지가 이동하는 물리적 경로로 옳은 것은?

① 경로(path)
② 전송 매체
③ 프로토콜
④ 라우트(Route)

08 다음 용어 중 네트워크 edge 장치가 <u>아닌</u> 것은?

① PC
② 스마트폰
③ 서버
④ 스위치

06 FCC는 연방 통신위원회의 약어이다. FCC는 미국에서 시작되거나 종료되는 모든 주간 통신을 규제할 책임이 있다. ITU-T(국제전기통신연합 전기통신표준화부문)는 통신 분야의 표준을 책정하며 ITU의 표준화 작업은 국제 전신 연합의 탄생과 더불어 1865년으로 거슬러 올라간다. 1947년에 이 부문은 국제 연합의 전문 부서가 되었으며 국제 전신과(CCITT)는 1956년에 창설되었다. 이것이 1993년에 ITU-T라는 이름으로 바뀌었다.
IEEE(전기전자기술자협회)는 미국의 뉴욕에 위치하고 있고, 2004년 150개국 35만 명의 회원으로 구성된 전기전자공학에 관한 최대 기술 조직으로 주요 표준 및 연구 정책을 발전시키고 있다. 전세계 인터넷의 성장과 개혁에 비중을 두고 있는 비영리 전문가 집단으로서, 주로 인터넷의 사용으로 인한 정치적, 경제적, 기술적 문제들에 대해 연구한다.

07 메시지는 프로토콜을 사용하여 전송 매체를 통해 발신자에서 리시버로 이동한다. 프로토콜은 송신 측과 수신 측이 메시지를 주고받기 위해서 정의한 일종의 표준 규약을 의미하며 흐름제어, 오류제어 등 다양한 기능에 대한 정의를 담고 있다. 경로란 메시지가 전달되는 물리적인 흐름을 의미하고 이러한 경로를 설정하고 배정하는 방식을 라우팅이라고 한다.

08 네트워크 edge 장치는 웹 브라우저와 같은 응용 프로그램을 호스트할 수 있는 호스트 시스템을 나타낸다.

정답　06 ③　07 ②　08 ④

09 통신에서 프로토콜은 노드 네트워크가 정보를 송신하고 수신할 수 있도록 하는 일련의 규칙과 규정을 가리킨다. 토폴로지는 통신망의 구성방식을 의미한다.

09 다음 용어 중 데이터 통신을 관리하는 일련의 규칙으로 옳은 것은?

① 프로토콜

② 표준

③ RFC

④ 토폴로지

10 다지점 통신(멀티 포인트)은 3개 또는 다수의 네트워크 노드가 서로 연결될 때 설정된다. 유니캐스트는 고유 주소로 식별된 하나의 네트워크 목적지에 메시지를 전송하는 방식을 말한다

10 세 개 이상의 장치가 링크를 공유한다면 어떤 통신 방식을 사용하고 있는 것인가?

① 유니캐스트

② 멀티 포인트

③ 포인트-투-포인트

④ 브로드캐스트

11 컴퓨터네트워크 또는 데이터네트워크는 노드가 리소스를 공유할 수 있게 해주는 디지털 통신 네트워크이다. 컴퓨터네트워크에서 컴퓨팅 장치는 노드 간의 연결을 사용하여 데이터를 서로 교환한다. MAC 어드레스는 장치가 가지고 있는 고유의 주소를 의미할 뿐이다.

11 다음 중 두 장치가 네트워크에 연결되어 있다는 것에 대한 설명으로 옳은 것은?

① 한 장치의 프로세스가 다른 장치의 프로세스와 정보를 교환할 수 있다.

② 두 장치 모두에서 프로세스가 실행 중이다.

③ 서로 다른 장치를 실행하는 프로세스의 PID가 동일하다.

④ MAC 어드레스가 동일하다.

정답 09 ① 10 ② 11 ①

12 다양한 컴퓨터의 조합이 클라이언트에게 하나의 일관된 시스템으로 보일 때 이를 무엇이라고 부르는가?

① 컴퓨터네트워크
② 분산 시스템
③ 네트워킹 시스템
④ 클라우드 시스템

12 분산 시스템은 컴퓨터네트워크와도 동일하지만 가장 큰 차이점은 컴퓨터의 전체 컬렉션이 사용자에게 단일의 일관된 시스템으로 나타난다.
① 컴퓨터네트워크는 연결을 위해 단일 기술을 사용하는 상호 연결된 컴퓨터 모음으로 정의된다.
③ 네트워킹 시스템은 통신망을 구성하고 통신을 가능하게 하는 소프트웨어와 하드웨어를 의미한다. 라우터, 스위치, 웹브라우저 등이 모두 이에 해당한다.
④ 클라우드 시스템은 전산센터 등에 위치한 자원을 공유하여 활용할 수 있는 시스템을 뜻한다.

13 컴퓨터네트워크 중 다른 네트워크의 맨 위에 구축되어 있는 것은 무엇인가?

① 비구조화 오버레이 네트워크
② 구조화 오버레이 네트워크
③ 물리적 네트워크
④ 오버레이(Overlay) 네트워크

13 오버레이 네트워크는 물리 네트워크 위에 성립되는 가상의 컴퓨터 컴퓨터네트워크이다. 오버레이 네트워크 안에는 많은 물리적 링크가 있지만, 가상과 논리 링크로만 연결될 뿐 물리적인 연결은 고려하지 않는다. 오버레이 네트워크는 비구조화 오버레이 방식과 구조화 오버레이 방식으로 구분한다. 비구조화 오버레이는 각 노드가 인접 노드를 설계할 때 제약이 없도록 설계한 것이고, 구조화 오버레이는 상대가 미리 결정되어 있어 네트워크 토폴로지가 엄격하게 설계되는 구조이다.

14 다음 중 컴퓨터네트워크에서 노드는 무엇을 의미하는가?

① 데이터를 생성한 컴퓨터
② 데이터를 라우팅하는 컴퓨터
③ 데이터를 종료하는 컴퓨터
④ 위 사항 모두

14 컴퓨터네트워크에서 노드는 데이터를 송신(생성)하거나, 데이터를 수신(종료)하거나, 심지어 데이터를 목적지까지 라우팅할 수 있는 어떤 것이라도 될 수 있다.

정답 12 ② 13 ④ 14 ④

안심Touch

15 브로드캐스트 네트워크에서 정보는 네트워크의 모든 스테이션으로 전송되는 반면, 멀티캐스트 네트워크에서는 데이터 또는 정보가 네트워크의 스테이션 그룹에 전송된다. 유니캐스트 네트워크에서는 하나의 특정 스테이션에만 정보가 전송된다. 점대점 통신은 두 통신 노드 간의 직접적인 연결을 위해 일반적으로 사용되는 데이터링크 프로토콜이다. 점대점 프로토콜은 인증, 암호화를 통한 전송 및 데이터 압축 기능을 제공한다.

16 개인 영역 네트워크(PAN : Personal Area Network)는 개별 사람 범위 내에서 정보 기술 장치를 상호 연결하는 것으로, 일반적으로 10미터 범위 내에 있다. 블루투스는 1994년에 에릭슨이 최초로 개발한 디지털 통신 기기를 위한 개인 근거리 무선통신 산업 표준이다. ISM 대역에 포함되는 2.4~2.485GHz의 단파 UHF 전파를 이용하여 전자 장비 간의 짧은 거리의 데이터 통신 방식을 규정하는 블루투스는, 개인용 컴퓨터에 이용되는 마우스, 키보드를 비롯해 휴대전화 및 스마트폰, 태블릿, 스피커 등에서 문자 정보 및 음성 정보를 비교적 낮은 속도로 디지털 정보를 무선통신을 통해 주고 받는 용도로 채용되고 있다.

정답 15 ① 16 ①

15 통신 채널이 네트워크의 모든 컴퓨터에서 공유된다는 것은 어떤 의미인가?

① 브로드캐스트 네트워크이다.
② 유니캐스트 네트워크이다.
③ 멀티캐스트 네트워크이다.
④ 점대점 네트워크이다.

16 다음 중 블루투스에 관련된 내용으로 옳은 것은?

① 개인 영역 네트워크
② 근거리 네트워크(LAN)
③ 가상 사설 네트워크
④ 장거리 무선 통신

17 다음 중 패킷에 포함된 라우팅 정보를 처리하여 네트워크 간에 패킷을 전달하는 장치는 무엇인가?

① 브릿지
② 방화벽
③ 라우터
④ 허브

17 라우터는 컴퓨터네트워크 간에 데이터 패킷을 전달하는 네트워킹 장치이다. 라우터는 인터넷에서 트래픽 지시 기능을 수행한다.
방화벽은 미리 정의된 보안 규칙에 기반을 둔, 들어오고 나가는 네트워크 트래픽을 모니터링하고 제어하는 네트워크 보안 시스템이다. 허브(Hub)는 1계층 장비로서 회선을 분기하는 목적으로 사용하고 리피터보다 배선에 유리하다. 물리적 증폭보다 프레임 처리 위주로 동작하지만, MAC 주소는 이용 안 한다. 동일 프레임을 복제 후 모든 포트로 똑같이 전달하며, 각 포트들이 모든 같은 속도를 갖게 된다. 브릿지(Bridge)는 2계층 장비로서 2 이상의 링크 계층 네트워크를 결합시켜 LAN을 확장하는 장치이다. 모든 수신 프레임을 일단 버퍼에 저장하고, 그 주소에 따라 목적지 포트(서로 다른 링크 계층 네트워크)로 프레임을 전달한다. 리피터, 허브와는 달리 LAN의 각 세그먼트 내의 트래픽을 타 세그먼트로 전파시키지 않고 고립시킬 수 있으며, 각 포트들이 서로 다른 속도를 갖을 수 있다.

18 시스템이 사용하는 프로토콜 목록, 계층당 하나의 프로토콜을 무엇이라고 부르는가?

① 프로토콜 아키텍처
② 프로토콜 스택(stack)
③ 프로토콜 제품군(suite)
④ 프로토콜 계층

18 프로토콜 스택은 동시에 실행되는 프로토콜 그룹을 말하며 네트워크 프로토콜 제품군 구현에 사용된다.
프로토콜 아키텍처는 프로토콜들의 역할을 각 계층별도 체계화시킨 것으로 OSI 7계층 모델이 대표적이다. 프로토콜 제품군은 인터넷에서 컴퓨터들이 서로 정보를 주고받는 데 쓰이는 통신 규약(프로토콜)의 모음이다. 인터넷 프로토콜 슈트 중 TCP와 IP가 가장 많이 쓰이기 때문에 TCP/IP 프로토콜 슈트라고도 불린다.

정답 17 ③ 18 ②

안심Touch

19 네트워크 정체(network congestion)는 네트워크의 트래픽이 네트워크가 처리할 수 있는 것보다 많을 때 발생하며 병목현상도 이러한 정체현상의 하나이다.

20 가상 사설망은 공용 네트워크를 통해 사설망을 확장하며, 사용자들이 자신의 컴퓨팅 장치가 사설 네트워크에 직접 연결된 것처럼 공유 또는 공용 네트워크를 통해 데이터를 주고받을 수 있게 한다. 엔터프라이즈 사설 네트워크는 어떤 기업체의 통신을 목적으로 구축한 자체 네트워크를 의미한다. 자체적으로 망을 구성할 수도 있고 또는 통신사업자의 망을 임대하여 구축할 수도 있다. SAN은 저장장치(Storage)에 저장된 데이터를 네트워크를 통하여 공유하는 시스템을 의미한다.

21 인터넷 프로토콜 스택에는 5개의 계층이 있다. 인터넷 프로토콜 스택의 5개 계층은 응용 프로그램, 전송, 네트워크, 데이터링크 및 물리 계층이다.
[문제 하단 그림 참조]

---

19 다음 중 네트워크의 정체를 발생시키는 경우는?

① 트래픽 과부하의 경우
② 시스템 종료 시
③ 두 노드 간 연결이 종료된 경우
④ 두 노드가 연결될 때

20 다음 중 공중 네트워크를 통해 사설 네트워크를 확장하는 것은 무엇인가?

① 근거리 네트워크(LAN)
② 가상 사설 네트워크
③ 엔터프라이즈 사설 네트워크
④ 저장 영역 네트워크(Storage Area Network)

21 다음 중 인터넷 프로토콜 스택의 계층 수는 몇 개인가?

① 5   ② 7
③ 6   ④ 8

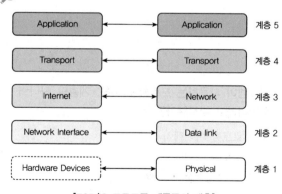

[TCP/IP 프로토콜 제품군의 계층]

22 다음 중 ISO OSI 참조 모델의 계층 수는?

① 4 　　　　　　　　② 5
③ 6 　　　　　　　　④ 7

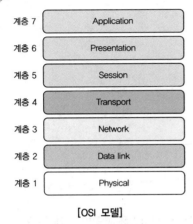

계층 7	Application
계층 6	Presentation
계층 5	Session
계층 4	Transport
계층 3	Network
계층 2	Data link
계층 1	Physical

[OSI 모델]

22 ISO OSI 참조 모델의 7개 계층은 애플리케이션, 프레젠테이션, 세션, 전송, 네트워크, 데이터링크 및 물리 계층이다.
[문제 하단 그림 참조]

23 "이 계층은 TCP IP 모델과 비교할 때 OSI 모델에 추가되었다."라는 내용에서 '이 계층'은 무엇인가?

① 애플리케이션 계층
② 프레젠테이션 계층
③ 세션 계층
④ 세션 계층 및 프레젠테이션 계층

23 OSI 모델과 TCP/IP 모델의 차이점은 OSI 모델에 프레젠테이션과 세션 계층의 두 가지 계층이 추가된다는 것이다.

정답　22 ④　23 ④

24 애플리케이션 계층뿐만 아니라 프레젠테이션 계층, 세션 계층 및 전송 계층도 종단 시스템에서 구현된다. NIC는 컴퓨터를 네트워크에 연결하여 통신하기 위해 사용하는 하드웨어 장치이다. 네트워크 카드(network card), 랜 카드(문화어: 망카드, 망기판, LAN card), 물리 네트워크 인터페이스(physi-cal network interface)라고 하며, 네트워크 인터페이스 카드, 네트워크 어댑터, 네트워크 카드, 이더넷 카드 등으로도 부른다. 이더넷은 OSI 모델의 물리 계층에서 신호와 배선, 데이터링크 계층에서 MAC(Media Access Control) 패킷과 프로토콜의 형식을 정의한다. 이더넷 기술은 대부분 IEEE 802.3 규약으로 표준화되었다. 현재 가장 널리 사용되고 있으며, 토큰 링, FDDI 등의 다른 표준을 대부분 대체했다.

25 모든 계층은 n−1 계층에서 서비스를 제공받아 상위 계층인 n+1 계층으로 전달하기 때문에 전송 계층을 n 계층으로 본다면 n−1 계층은 3계층인 네트워크 계층이 되고 n+1 계층은 세션 계층이 되기 때문이다.

26 프레젠테이션 계층의 일부 기능에는 문자 코드 변환, 데이터 변환 및 압축, 데이터 암호화 및 암호 해독, 데이터 변환이 포함된다. 흐름제어의 기능은 하위 계층의 기능이다.

24 다음 중 애플리케이션 계층은 어디에서 구현되는가?

① 종단 시스템
② NIC
③ 이더넷
④ IEEE 802.3

25 다음 중 전송 계층이 서비스를 제공받는 계층은?

① 2계층
② 3계층
③ 4계층
④ 5계층

26 다음 용어 중 프레젠테이션 계층의 기능과 관련이 없는 것은?

① 데이터 압축
② 데이터 암호화
③ 데이터 설명
④ 데이터 흐름제어

정답 24 ① 25 ② 26 ④

27 다음 중 데이터 교환의 구분 및 동기화는 어느 계층의 역할인가?

① 애플리케이션 계층
② 세션 계층
③ 전송 계층
④ 링크 계층

28 OSI 모델에서 디바이스 A로부터 디바이스 B로 데이터가 전송될 때, B에서 데이터를 수신하는 제5계층은 무엇인가?

① 애플리케이션 계층
② 전송 계층
③ 링크 계층
④ 세션 계층

29 TCP IP 모델에서 데이터가 장치 A에서 장치 B로 전송되면 B에서 데이터를 수신할 다섯 번째 계층은 무엇인가?

① 애플리케이션 계층
② 전송 계층
③ 링크 계층
④ 세션 계층

27 세션 계층은 최종 사용자 애플리케이션 프로세스 간의 세션을 열고, 닫고, 관리하기 위한 메커니즘을 제공한다. 세션 계층 5는 동기화 및 종료 세션 관리를 확립한다. 전송 계층은 계층 구조의 네트워크 구성 요소와 프로토콜 내에서 송신자와 수신자를 연결하는 통신 서비스를 제공하고 연결 지향 데이터 스트림 지원, 신뢰성, 흐름제어, 그리고 다중화와 같은 편리한 서비스를 제공한다.
애플리케이션 계층은 컴퓨터 네트워크 프로그래밍에서 인터넷 프로토콜(IP) 컴퓨터 네트워크를 통하는 프로세스 간 통신 접속을 위해 설계되어 통신 프로토콜과 방식을 위해 보유된 추상 계층이다. 응용 계층 프로토콜은 기반이 되는 전송 계층 프로토콜을 사용하여 호스트 간 연결을 확립한다. 링크 계층은 장치 간 신호를 전달하는 물리 계층을 이용하여 네트워크상의 주변장치들 간 데이터를 전송한다.

28 OSI 참조 모델에서 다섯 번째 계층은 세션 계층이다. 세션 계층은 최종 사용자 응용 프로그램 프로세스 간의 세션 열기, 닫기 및 관리 메커니즘을 제공한다.

29 TCP/IP 모델에서 다섯 번째 계층은 애플리케이션 계층이다. 데이터가 디바이스 A에서 디바이스 B로 전송될 때, B에서 데이터를 수신하기 위한 제5계층은 애플리케이션 계층이다.

정답 27② 28④ 29①

checkpoint 해설 & 정답

30 OSI 참조 모델에서 데이터 패킷이 하위 계층에서 상위 계층으로 이동 하면 헤더가 제거된다. 데이터 패킷 이 상위 계층에서 하위 계층으로 이 동하는 경우 헤더가 추가된다.

30 OSI 모델에서 데이터 패킷이 하위 계층에서 상위 계층으로 이동 함에 따라 헤더는 어떻게 되는가?

① 추가된다.
② 제거된다.
③ 재배열된다.
④ 변화없다.

31 하나의 계층은 다른 계층의 정보를 사용할 수 있다(예 타임스탬프 값). OSI 7계층은 프로토콜을 기능별로 나눈 것이다. 각 계층은 하위 계층의 기능 만을 이용하고, 상위 계층에게 기능 을 제공한다. '프로토콜 스택' 혹은 '스택'이 이러한 계층들로 구성되는 프로토콜 시스템이 구현된 시스템을 가리키는데, 프로토콜 스택은 하드 웨어나 소프트웨어 혹은 둘의 혼합 으로 구현될 수 있다. 일반적으로 하 위 계층들은 하드웨어로, 상위 계층 들은 소프트웨어로 구현된다.

31 다음 중 OSI 모델과 관련되지 않은 내용은?

① 시스템 구성 요소에 대해 논의하고 더욱 쉽게 업데이트할 수 있는 체계적인 방법이다.
② 하나의 계층이 하위 계층 기능을 복제할 수 있다.
③ 한 계층의 기능은 다른 계층의 정보를 필요로 하지 않는다.
④ 하위 계층은 상위 계층으로 정보를 전달할 뿐이다.

01
정답 (1) 발신자, (2) 수신자, (3) 전송 매 체, (4) 메시지, (5) 프로토콜
해설 데이터 통신 시스템은 데이터를 전 달하는 송신사이트(송신 측, 발신자) 와 데이터를 수신하는 수신 측(수신자) 간에 필요한 데이터 스트림(메시지) 을 에러 없이 주고받는 것으로, 발신 자와 수신자 사이에는 전송 매체라 는 물리적 매체의 연결이 필요하다. 물리적 매체는 유선이나 무선을 모 두 포함한다. 양측이 필요한 메시지 를 주고받기 위해서는 통일되고 규 격화된 전송규칙이 필요한데 이를 프로토콜이라고 한다.

✅ 주관식 문제

01 데이터 통신 시스템의 5가지 구성요소를 쓰시오.

정답 30 ② 31 ③

02 **(1)** 메쉬와 스타 토폴로지 유형에서 안정성이 우수한 토폴로지는 무엇이고, **(2)** 해당 토폴로지의 장점은 무엇인가?

02

정답 (1) 메쉬는 모든 노드를 거미줄처럼 연결하기 때문에 안정성이 매우 뛰어나다.

(2) 메쉬(Mesh) 네트워크는 노드 간에 상호연결을 보장하므로 보안성과 안정성이 우수하고, 스타(Star) 네트워크는 회선 경로 수가 n − 1로 최소화할 수 있다.

해설 메쉬는 모든 노드를 거미줄처럼 연결하여 노드의 장애를 완벽하게 백업하지만, 스타 토폴로지는 일부 노드 간의 연결이 제외되기 때문에 메쉬 토폴로지와 같은 완벽한 백업 지원이 어렵다.

03

정답 (1) 프로토콜은 복수의 컴퓨터 사이나 중앙컴퓨터와 단말기 사이에서 주고받는 데이터 통신을 원활하게 하기 위해 필요한 통신 규약을 말한다.

(2) 프로토콜은 전달되는 내용과 방법, 시기를 정의하며, 이를 통해 네트워크의 여러 장치 간에 정보를 정확히 적시에 전송할 수 있다.

03 **(1)** 프로토콜의 정의에 관하여 기술하고, **(2)** 필요한 이유에 관하여 쓰시오.

해설 프로토콜은 통신 규약이라고 불리며, 컴퓨터나 원거리 통신 장비 사이에서 메시지를 주고받는 양식과 규칙의 체계이다. 통신 프로토콜은 신호 체계, 인증, 그리고 오류 감지 및 수정 기능을 포함할 수 있다. 프로토콜은 형식, 의미론, 그리고 통신의 동기 과정 등을 정의하기는 하지만 구현되는 방법과는 독립적이다. 따라서 프로토콜은 하드웨어 또는 소프트웨어 그리고 때로는 모두를 사용하여 구현되기도 한다.

여기서 멈출 거예요? 고지가 바로 눈앞에 있어요.
마지막 한 걸음까지 시대에듀가 함께할게요!

제2장

물리 계층 및 매체

제1절 데이터 신호
제2절 디지털 전송
제3절 아날로그 전송
제4절 대역폭 활용
제5절 전송 매체
실제예상문제

I wish you the best of luck!

02 물리 계층 및 매체

물리 계층의 주요 기능 중 하나는 송신 매체를 통해 전자기 신호의 형태로 데이터를 이동시키는 것이다. 다른 컴퓨터에서 숫자 통계를 수집하거나, 애니메이션 사진을 보내거나, 멀리 떨어진 제어 센터에서 경보음이 울리도록 하는 등 네트워크 연결 전반에 걸쳐 데이터 전송을 수행하는 것이다. 일반적으로, 개인이나 애플리케이션에 사용할 수 있는 데이터는 네트워크를 통해 전송할 수 있는 형식이 아니다. 예를 들어, 사진은 먼저 송신 매체가 받아들일 수 있는 형태로 바꾸어야 한다. 전송 매체는 물리적 경로를 따라 에너지를 전도함으로써 작동한다. 전송을 위해서는 데이터를 신호로 바꿔야 한다. [그림 2-1]은 연구회사 A에 근무하는 과학자가 온라인 서점 B에서 연구관련 책을 주문해야 하는 시나리오를 보여준다.

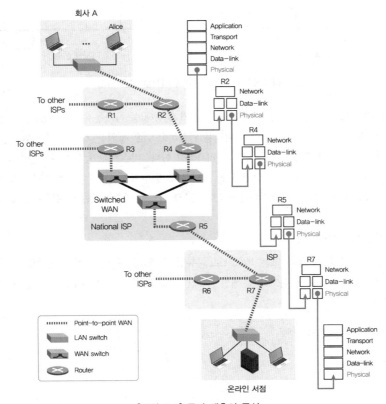

[그림 2-1] 물리 계층의 통신

과학자가 일하고 있는 컴퓨터와 온라인 서비스를 제공하는 컴퓨터 사이의 5가지 다른 통신 수준을 생각할 수 있다. 애플리케이션, 전송, 네트워크 또는 데이터링크에서의 통신은 논리적이지만, 물리 계층에서의 통신은 물리적이다. 단순화를 위해 호스트 대 라우터, 라우터 대 라우터, 그리고 라우터 대 호스트만을 보여주었지만, 스위치 또한 물리적 통신에도 관여한다. 회사의 컴퓨터와 서점의 컴퓨터는 데이터를 교환해야 하지만, 물리 계층에서의 통신은 신호를 교환하는 것을 의미한다. 데이터는 송수신되기 위해서 데이터를 신호로 바꾸어야 하고 데이터와 이를 나타내는 신호는 형태가 아날로그 또는 디지털일 수 있다.

1 아날로그 신호

아날로그 신호는 일정 시간 동안 값 A에서 값 B로 경로를 따라 이동하면서 무한한 수의 값을 포함한다. 반면에 디지털 신호는 제한된 수의 정의된 값만 가질 수 있다. 비록 각각의 값이 임의의 숫자일 수 있지만, 종종 1과 0처럼 간단하다.

신호를 표시하는 가장 간단한 방법은 수직축 쌍에 신호를 그리는 것이다. 수직축은 신호의 값 또는 강도를 나타내고, 수평축은 시간을 나타낸다. [그림 2-2]는 아날로그 신호와 디지털 신호를 나타낸다. 아날로그 신호를 나타내는 곡선은 무한한 수의 점을 통과한다. 그러나 디지털 신호의 수직선은 신호가 값에서 값으로 이동하는 갑작스러운 변동을 보여주고 있다.

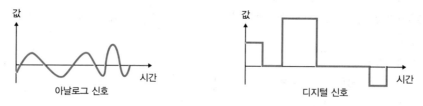

[그림 2-2] 아날로그 신호와 디지털 신호 비교

아날로그 및 디지털 신호는 주기적 또는 비주기적인 두 가지 형태 중 하나를 취할 수 있다. 주기적 신호는 주기라고 하는 측정 가능한 시간 프레임 내에서 패턴을 완성하고 이후 동일한 기간에 걸쳐 일정한 패턴을 반복한다. 하나의 전체 패턴을 완료하는 것을 주기(Cycle)라고 한다. 비주기적인 신호는 시간이 지남에 따라 반복되는 패턴이나 주기를 나타내지 않고 변경된다. 아날로그 및 디지털 신호는 모두 주기적 또는 비주기적일 수 있다. 데이터 통신에서는 일반적으로 주기적인 아날로그 신호와 비주기적인 디지털 신호를 사용한다.

(1) 주기적 아날로그 신호

주기적 아날로그 신호는 단순 또는 복합으로 분류할 수 있다. 단순 주기적 아날로그 신호인 사인파(sine, 정현파)는 더 단순한 신호로 분해될 수 없다. 복합 주기적 아날로그 신호는 여러 개의 사인파로 구성된다.

① 사인파(Sine Wave)

사인파는 주기적 아날로그 신호의 가장 기본적인 형태이다. 이를 단순한 진동 곡선으로 시각화할 때, 주기의 과정에서 그 변화는 매끄럽고 일관되며, 연속적인 흐름을 나타낸다. [그림 2-3]은 사인파를 보여준다. 각 주기는 시간 축 위의 단일 호와 그 아래에 단일 호로 구성된다.

[그림 2-3] 사인파

사인파는 피크 진폭, 주파수 및 위상의 세 가지 매개 변수로 나타낼 수 있다. 이 세 가지 매개 변수는 사인파를 완벽하게 설명한다.

㉠ 피크 진폭(Peak Amplitude)

신호의 피크 진폭은 전달하는 에너지에 비례하여 가장 높은 강도의 절댓값이다. 전기 신호의 경우 최대 진폭은 일반적으로 전압으로 측정된다. [그림 2-4]에는 두 개의 신호와 그 피크 진폭이 표시된다.

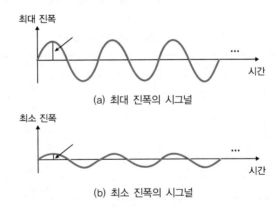

(a) 최대 진폭의 시그널

(b) 최소 진폭의 시그널

[그림 2-4] 위상 및 주파수가 동일하지만 진폭이 다른 두 개의 신호

㉡ 주기 및 주파수

주기는 신호가 1 주기가 완료되어야 하는 시간(초)을 의미한다. 주파수는 1초의 주기 수를 의미한다. 주기와 주파수는 두 가지 방식으로 정의된 한 가지 특성일 뿐이다. 주기는 주파수의 역이고, 주파수는 주기와 반비례한다.

$$f = \frac{1}{T} \text{ 및 } T = \frac{1}{f}$$

[그림 2-5]에는 두 개의 신호와 그 주파수가 표시된다. 주기는 공식적으로 초 단위로 표현된다. 주파수는 초당 주기인 헤르츠(Hz)로 표현된다. 주기 및 주파수 단위는 [표 2-1]과 같다.

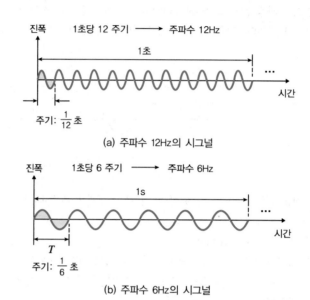

(a) 주파수 12Hz의 시그널

(b) 주파수 6Hz의 시그널

[그림 2-5] 진폭과 위상은 같지만 주파수가 다른 두 개의 신호

[표 2-1] 주기와 주파수의 단위

주기		주파수	
단위	등가 수치	단위	등가 수치
초	1초	헤르츠	1Hz
밀리초	10^{-3}초	킬로헤르츠	10^{3}Hz
마이크로초	10^{-6}초	메가헤르츠	10^{6}Hz
나노초	10^{-9}초	기가헤르츠	10^{9}Hz
피코초	10^{-12}초	테라헤르츠	10^{12}Hz

ⓒ 주파수 정보

우리는 주파수가 신호 대 신호의 관계라는 것을 이미 알고 있다. 그리고 파장의 주파수는 그것이 1초 안에 완료되는 주기의 수이다. 그러나 주파수를 보는 또 다른 방법은 변화의 속도를 측정하는 것이다. 전자파 신호는 진동 파형이다. 즉, 평균 에너지 레벨 위나 아래로 계속해서 예측 가능하게 변동한다. 40Hz 신호는 80Hz 신호의 주파수의 1/2을 가지며, 80Hz 신호의 2배 시간 내에 1회 주기를 완료하므로 각 주기는 최저 전압 레벨에서 최고 전압 레벨로 변경하는 데 2배의 시간이 소요된다. 따라서 주파수는 시간 대비 신호 변화 속도에 대한 일반적인 측정이다.

② **위상(Phase)**

위상 또는 위상 변화는 시간 0에 상대적인 파형의 위치를 설명한다. 만약 우리가 파동을 시간 축을 따라 앞뒤로 이동할 수 있는 것으로 생각한다면, 위상으로 그 변화의 양을 설명할 수 있다. 위상은 도 또는 radian으로 측정된다[360°는 2π rad, 1°는 360/360° rad, 1 rad는 360°/(2π)이다]. 360°의 위상 변화는 전체 기간의 변화에 해당한다. 180°의 위상 변화는 한 기간의 1/2의 변화에 해당된다. 90°의 위상 변화는 한 기간의 1/4 변화에 해당한다([그림 2-6] 참조).

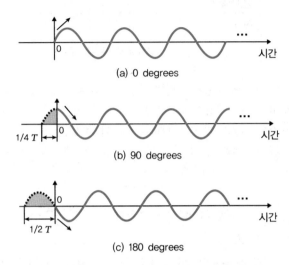

(a) 0 degrees

(b) 90 degrees

(c) 180 degrees

[그림 2-6] 진폭과 주파수가 같지만 위상이 다른 사인파 3개

[그림 2-6]을 보면

> ㉠ 위상이 0°인 사인파는 0 진폭과 함께 0에서 시작한다. 진폭이 증가하고 있다.
> ㉡ 위상이 90°인 사인파는 피크 진폭에서 0부터 시작한다. 진폭이 감소하고 있다.
> ㉢ 위상이 180°인 사인파는 0 진폭으로 0에서 시작한다. 진폭이 감소하고 있다.

위상을 바라보는 또 다른 방법은 시프트나 오프셋이다. 이를 다음과 같이 말할 수 있다.

> ㉠ 위상이 0°인 사인파는 이동하지 않는다.
> ㉡ 위상이 90°인 사인파가 주기별로 왼쪽으로 이동한다.
> ㉢ 위상이 180°인 사인파가 주기별로 왼쪽으로 이동한다.

그러나 시간 0보다 먼저 신호가 존재하지 않는다는 점에 유의해야 한다.

③ **파장(Wavelength)**

파장은 전송 매체를 통해 이동하는 신호의 또 다른 특성이다. 파장은 단순한 사인파의 주기 또는 주파수를 매체의 전파 속도와 결합시킨다([그림 2-7] 참조).

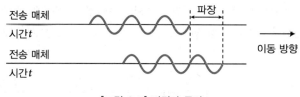

[그림 2-7] 파장과 주기

신호의 주파수가 매체와 독립적인 반면 파장은 주파수와 매체에 따라 다르다. 파장은 모든 유형의 신호 속성이다. 데이터 통신에서 종종 광섬유에서 빛의 전송을 설명하기 위해 파장을 사용한다. **파장은 단순한 신호가 한 주기 내에서 이동할 수 있는 거리이다.** 파장은 전파 속도(빛의 속도)와 신호의 주기가 주어질 경우 계산할 수 있지만, 주기 및 주파수는 서로 관련이 있으므로 파장을 λ, c(빛의 속도), 주파수를 f로 나타낸다면

$$\text{파장} = (\text{이동 속도}) \times \text{주기} = \frac{\text{이동 속도}}{\text{주파수}}, \quad \lambda = \frac{c}{f}$$

전자기 신호의 전파 속도는 신호의 매체와 주파수에 따라 달라진다. 예를 들어 진공에서 빛은 $3 \times 10^8 \text{m/s}$의 속도로 전파된다. 그 속도는 공중에서 더 낮고 심지어 케이블에서도 더 낮다. 파장은 보통 미터가 아닌 마이크로미터(마이크론)로 측정된다. 예를 들어 공기 중 적색 빛의 파장(주파수 $= 4 \times 10^{14}$)은

$$\lambda = \frac{c}{f} = \frac{3 \times 10^8}{4 \times 10^{14}} = 0.75 \times 10^{-6} m = 0.75 \mu m$$

그러나 동축 또는 광섬유 케이블에서는 케이블에서의 전파 속도가 감소하기 때문에 파장이 더 짧다($0.5\mu m$).

④ **시간 및 주파수**

사인파는 진폭, 주파수, 위상에 의해 포괄적으로 정의된다. 소위 시간 영역 플롯이라고 불리는 것을 사용하여 사인파를 보여주고 있다. 시간 영역 그림은 시간에 대한 신호 진폭의 변화를 보여준다(진폭-대-시간 그림). 위상은 시간 영역 그림에 명시적으로 표시되지 않는다. 진폭과 주파수 사이의 관계를 보여주기 위해 주파수-영역 플롯이라고 불리는 것을 사용할 수 있다. 주파수-영역 플롯은 피크 값과 주파수에만 관련되며, 한 기간 동안의 진폭 변화는 표시되지 않는다. [그림 2-8]은 시간 영역과 주파수 영역 모두에서 신호를 나타낸다.

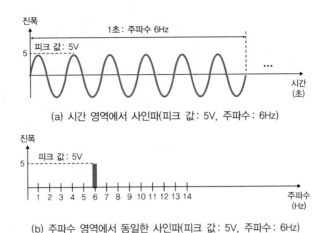

(a) 시간 영역에서 사인파(피크 값 : 5V, 주파수 : 6Hz)

(b) 주파수 영역에서 동일한 사인파(피크 값 : 5V, 주파수 : 6Hz)

[그림 2-8] 사인파의 시간-영역 및 주파수-영역 플롯

주파수 영역에는 시간 영역 플롯에서 찾을 수 있는 정보를 플로팅하고 전달하기가 쉽다. 주파수 영역의 장점은 주파수와 피크 진폭의 값을 즉시 볼 수 있다는 것이다. 완전한 사인파는 하나의 스파이크로 표시된다. 스파이크의 위치는 주파수를 나타내고, 그 높이는 피크 진폭을 나타낸다.

⑤ **복합 신호**

단순한 사인파는 일상생활에서 많이 응용된다. 하나의 사인파를 보내 전기 에너지를 한 곳에서 다른 곳으로 옮길 수 있다. 예를 들어 전력회사는 60Hz 주파수의 단일 사인파를 보내 가정과 기업에 전기 에너지를 분배한다. 또 다른 예는 단일 사인파를 사용하여 집에 있는 문이나 창문을 열 때 보안 센터에 경보를 보낼 수 있다. 첫 번째 경우에는 사인파가 에너지를 운반하고, 두 번째 경우에는 사인파가 위험의 신호다.

만약 전화상으로 대화를 전달할 수 있는 단일 사인파만 있다면, 그것은 말이 되지 않고 아무런 정보도 가지고 있지 않기 때문에 그냥 윙윙거리는 소리로만 들린다. 데이터를 전달하기 위해서는 복합 신호를 보내야 한다. 복합 신호는 많은 단일 사인파로 만들어진다. 1900년대 초 프랑스의 수학자 장-밥티스트 푸리에(Jean-Baptiste Fourier)는 어떤 복합 신호도 사실 다른 주파수, 진폭, 위상으로 이루어진 단순 사인파의 조합이라는 것을 보여주었다.

복합 신호는 주기적이거나 비주기적일 수 있다. 주기적인 복합 신호는 정숫값(1, 2, 3 등)을 갖는 이산 주파수와 함께 일련의 단순 사인파로 분해될 수 있다. 비주기적 복합 신호는 연속 주파수를 갖는 무한 수의 단순 사인파, 실제 값을 갖는 주파수 조합으로 분해될 수 있다.

[그림 2-9]에는 주파수 f가 있는 주기적인 복합 신호가 표시되어 있다. 이러한 유형의 신호는 데이터 통신에서는 일반적이지 않은 유형의 신호이다. 그것이 각각 다른 주파수를 가진 세 개의 시스템이라고 생각할 수 있다. 이 신호를 분석하면 신호를 분해하는 방법을 잘 이해할 수 있다.

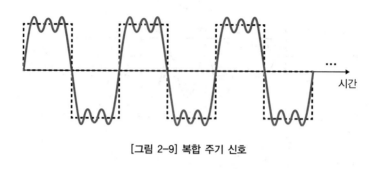

[그림 2-9] 복합 주기 신호

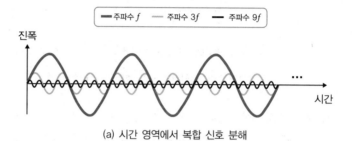

(a) 시간 영역에서 복합 신호 분해

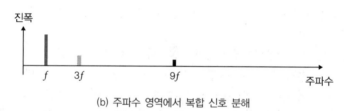

(b) 주파수 영역에서 복합 신호 분해

[그림 2-10] 시간 및 주파수 영역에서 복합 주기 신호의 분해

[그림 2-10]은 시간 영역과 주파수 영역에서 모두 위의 신호를 분해한 결과를 나타낸다.
주파수 f가 있는 사인파의 진폭은 복합 신호의 피크 진폭과 거의 동일하다. 주파수 3f의 사인파 진폭은 첫 번째 사인파의 3분의 1이며, 주파수가 9f인 사인파의 진폭은 첫 번째 사인파의 1/9이다. 주파수 f가 있는 사인파의 주파수는 복합 신호의 주파수와 동일하며, 이를 기본 주파수 또는 첫 번째 고조파라고 한다. 주파수 3f의 사인파는 기본 주파수의 3배인 세 번째 고조파라고 불린다. 주파수가 9f인 세 번째 사인파는 기본 주파수의 9배인 9번째 고조파라고 불린다. 사인파가 아닌 주기적인 파형을 왜형파 또는 비정현파라고 하는데 왜형파는 기본파 성분과 그 정수배의 주파수를 지닌 성분으로 분해되고, 이 정수배의 주파수를 지닌 성분을 고조파라고 한다. 전력계통에서는 일반적으로 기본파의 50배인 주파수(제50 고조파)까지를 고조파라고 하고, 그 이상은 고주파(High Frequency) 혹은 잡음으로 구분된다.

[그림 2-11]에는 비주기적 복합 신호가 표시된다. 그것은 한 두 단어가 발음될 때 마이크나 전화 세트에 의해 생성된 신호일 수 있다. 이 경우 복합 신호는 우리가 정확히 같은 톤으로 같은 단어나 단어를 반복하고 있음을 의미하기 때문에 주기적일 수 없다.

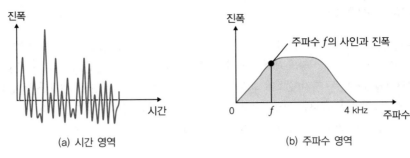

(a) 시간 영역　　　　　　　　(b) 주파수 영역

[그림 2-11] 비주기적 신호의 시간 및 주파수 영역

이 복합 신호의 시간 영역 표시에는 무한한 수의 단순 사인 주파수가 있다. 인간 음성의 주파수 수는 무한하지만 범위는 제한적이다. 보통의 인간은 0과 4KHz 사이의 연속적인 주파수 범위를 만들 수 있다. 신호의 주파수 분해는 연속 곡선을 생성하고, 0.0 ~ 4000.0(실제 값)의 주파수는 무한하다. 주파수 f와 관련된 진폭을 찾으려면 봉투 모양의 곡선을 교차하도록 f에 수직선을 그린다. 수직선의 높이가 해당 주파수의 진폭이다.

⑥ 대역폭

복합 신호에 포함된 주파수 범위는 대역폭이다. 대역폭은 일반적으로 두 숫자의 차이다. 예를 들어, 복합 신호에 1000과 5000 사이의 주파수가 포함되어 있으면 대역폭은 5000 – 1000 또는 4000이다. [그림 2-12]는 대역폭의 개념을 보여주는데 주기적인 신호와 비주기적인 신호의 두 가지 합성 신호를 나타낸다. 주기 신호의 대역폭은 1000과 5000 사이의 모든 정수 주파수 (1000, 1001, 1002, ...)를 포함한다. 비주기 신호의 대역폭은 동일한 범위이지만 주파수는 연속적이다.

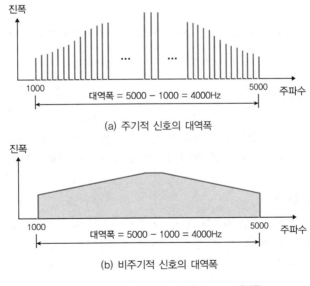

(a) 주기적 신호의 대역폭

(b) 비주기적 신호의 대역폭

[그림 2-12] 주기 및 비주기 복합 신호의 대역폭

2 디지털 신호 중요★

정보는 디지털 신호로도 표시할 수 있다. 예를 들어, 1은 양의 전압으로, 0은 0 전압으로 인코딩할 수 있다. 디지털 신호는 두 개 이상의 레벨을 가질 수 있고, 이 경우 각 레벨에 대해 1비트 이상을 전송할 수 있다. [그림 2-13]에는 두 가지 신호가 표시된다. 그림의 부분 a에서 레벨당 1비트를 보내고 그림의 부분 b에서 레벨당 2비트를 보낸다. 일반적으로 신호에 L 레벨이 있으면 각 레벨에는 $\log_2 L$ 비트가 필요하다. 이러한 이유로, b 부분에 $\log 2^4 = 2$비트를 보낼 수 있다.

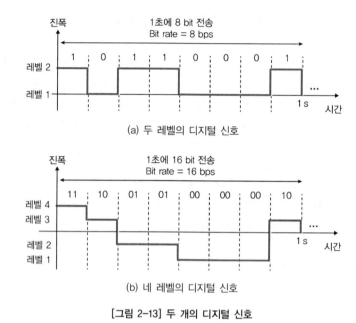

[그림 2-13] 두 개의 디지털 신호

두 개의 디지털 신호에서 하나는 두 개의 신호 레벨을 가지고 있고 다른 하나는 네 개의 신호 레벨을 가지고 있다.

(1) 비트 전송률(Bit Rate)

대부분의 디지털 신호는 비주기적이어서 주기 및 주파수는 적절한 특성이 아니다. (주파수가 아닌) 비트 전송률이라는 또 다른 용어는 디지털 신호를 설명하는 데 사용된다. 비트 전송률은 1초 단위로 전송되며 초당 비트 수(bps)로 표현된다. [그림 2-13]에는 두 신호의 비트 전송률이 표시되어 있다.

(2) 비트 길이(Bit Length)

앞서 아날로그 신호에 대한 파장의 개념, 즉 한 사이클이 송신 매체를 점유하는 거리를 논했던 것과 같이 디지털 신호에서도 비트 길이로 유사한 정의를 할 수 있다. 비트 길이는 1비트가 전송 매체에 걸리는 거리이다.

(3) 복합 아날로그 신호로서의 디지털 신호

푸리에 분석(Fourier analysis)에 기초한 디지털 신호는 복합 아날로그 신호이다. 대역폭은 무한하고, 시간 영역에서 디지털 신호는 연결된 수직 및 수평선 세그먼트로 구성된다. 시간 영역의 수직선은 무한의 주파수(시간에서 발생하는 변화)를 의미하며, 시간 영역의 수평선은 0의 빈도(시간 변화 없음)를 의미한다. 0의 주파수에서 무한의 주파수로(또는 그 반대로) 가는 것은 사이의 모든 주파수가 도메인 일부라는 것을 의미한다.

푸리에 분석은 디지털 신호를 분해하는 데 사용될 수 있다. 데이터 통신에서는 보기 드물게 디지털 신호가 주기적인 경우, 분해된 신호는 무한 대역폭과 이산 주파수를 갖는 주파수 영역 표현을 갖는다. 디지털 신호가 비주기적이면, 분해된 신호는 여전히 무한 대역폭을 가지고 있지만, 주파수는 연속이다. [그림 2-14]에는 주기적 및 비주기적 디지털 신호와 대역폭을 보여준다.

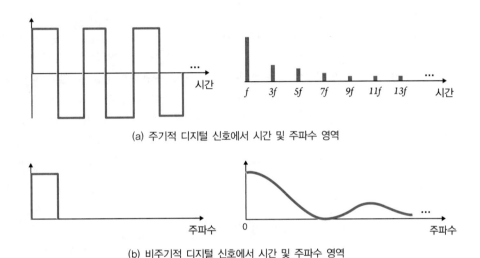

(a) 주기적 디지털 신호에서 시간 및 주파수 영역

(b) 비주기적 디지털 신호에서 시간 및 주파수 영역

[그림 2-14] 주기적 및 비주기적 디지털 신호의 시간 및 주파수 영역

두 대역폭 모두 무한하지만 주기적 신호는 별도의 주파수를 갖는 반면 비주기적 신호는 연속 주파수를 갖는다.

(4) 디지털 신호 전송 `중요` ★★

주기적 또는 비주기적 디지털 신호가 0과 무한대 사이의 주파수를 갖는 것을 복합 아날로그 신호라고 한다. 데이터 통신에서 접하는 것과 유사한 비주기적 디지털 신호의 경우를 고려해보자. 기본적인 질문은, 어떻게 디지털 신호를 A 지점에서 B 지점으로 보낼 수 있는가이다. 기저 대역(baseband) 전송 또는 광대역(broadband) 전송(변조도 사용)의 두 가지 접근방식 중 하나를 사용하여 디지털 신호를 전송할 수 있다.

① 베이스밴드 전송

베이스밴드(기저 대역) 전송이란 디지털 신호를 아날로그 신호로 변경하지 않고 채널을 통해 디지털 신호를 전송하는 것을 말한다. [그림 2-15]에는 베이스밴드 전송이 표시된다.

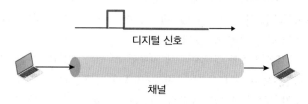

[그림 2-15] 베이스밴드 전송

베이스밴드 전송은 0부터 시작하는 대역폭을 가진 채널인 저역 통과(low-pass) 채널을 요구한다. 오직 하나의 채널만을 구성하는 대역폭을 가진 전용 매체를 가지고 있다면 두 컴퓨터를 연결하는 케이블의 전체 대역폭은 단일 채널이다. 또 다른 예로, 여러 대의 컴퓨터를 버스에 연결하지만, 한 번에 두 개 이상의 방송국이 통신하는 것을 허용하지 않을 수 있다. 다시 한 번 저역 통과 채널이 생겼고, 그것을 베이스밴드 통신에 사용할 수 있다. [그림 2-16]에는 두 개의 저역 통과 채널이 표시된다. 하나는 폭이 좁은 채널이고 다른 하나는 넓은 대역폭이다. 무한한 대역폭을 가진 저역 통과 채널이 이상적이지만, 현실에서는 그러한 채널이 있을 수 없다는 것을 기억할 필요가 있다.

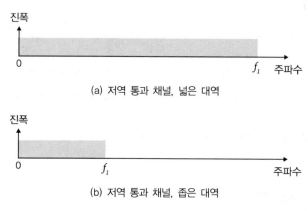

(a) 저역 통과 채널, 넓은 대역

(b) 저역 통과 채널, 좁은 대역

[그림 2-16] 두 개의 저역 통과(low-pass) 채널의 대역폭

② **브로드밴드 전송(변조 사용)**

광대역 전송 또는 변조는 전송을 위해 디지털 신호를 아날로그 신호로 변경하는 것을 의미한다. 변조를 통해 0에서 시작하지 않는 대역폭이 있는 채널인 대역 통과(패스) 채널을 사용할 수 있는데 이 유형의 채널은 저역 채널보다 더 많이 사용한다. [그림 2-17]에는 대역 통과(bandpass) 채널이 표시된다.

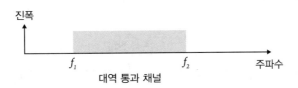

[그림 2-17] 대역 통과 채널의 대역폭

저역 통과 채널은 저주파수가 0에서 시작하는 대역 통과 채널로 간주할 수 있다는 점에 유의해야 한다. [그림 2-18]에는 디지털 신호의 변조를 보여준다. 그림에서 디지털 신호는 단일 주파수 아날로그 신호(반송파라고 함)를 사용해 복합 아날로그 신호로 변환된다. 반송파의 진폭이 디지털 신호처럼 보이도록 변경되었지만 결과는 단일 주파수 신호가 아닌 합성 신호이다. 수신기에서 수신된 아날로그 신호는 디지털로 변환되고, 그 결과는 전송된 것을 복제한 것이다.

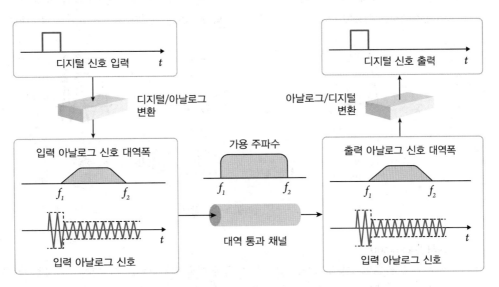

[그림 2-18] 대역 통과 채널의 전송을 위한 디지털 신호 변조

3 전송 장애

신호는 전송 매체를 통해 이동하는데, 전송 매체는 완벽하지 않다. 어떤 원인으로 인해 신호가 손상된다. 이것은 매체의 시작 부분에 있는 신호가 매체 끝에 있는 신호와 같지 않기 때문이다. 전송되는 신호가 손실 없이 그대로 수신되는 것이 아니라면 데이터에 손실이 발생했다고 볼 수 있다. 손상의 원인은 감쇠, 왜곡 및 잡음이다([그림 2-19] 참조).

[그림 2-19] 손상의 원인

(1) 감쇠(Attenuation)

감쇠는 에너지 손실을 의미한다. 단순하거나 합성된 신호가 매체를 통해 이동하면 매체의 저항을 극복하는 과정에서 어느 정도 에너지를 잃는다. 이것이 전기신호를 전달하는 전선이 잠시 후 뜨거워지지는 않더라도 따뜻해지는 이유이다. 신호의 일부 전기 에너지는 열로 변환되는데 이 손실을 보상하기 위해 증폭기를 사용해 신호를 증폭시킨다. [그림 2-20]은 감쇠와 증폭의 효과를 나타낸다.

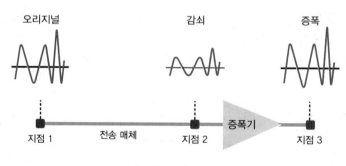

[그림 2-20] 감쇠

① 데시벨(Decibel)

신호가 힘을 잃었거나 얻었음을 보여주기 위해 데시벨의 단위를 사용한다. 데시벨(dB)은 서로 다른 두 지점에서 두 신호 또는 한 신호의 상대 강도를 측정한다. 데시벨은 신호가 감쇠되면 음수이고 신호가 증폭되면 양수이다.

$$dB = 10\log_{10}\frac{p_2}{p_1}$$

변수 P_1과 P_2는 각각 지점 1과 2에서 신호의 세기이다. 일부 공학 서적은 데시벨을 전력 대신 전압으로 정의하기도 한다. 이 경우 전력은 전압의 제곱에 비례하기 때문에 공식은 dB = 20 $\log_{10}(V2/V1)$이다. 여기서는 dB를 힘의 관점에서 표현한다. 예를 들어 신호가 전송 매체를 통해 이동하며 그 출력이 절반으로 감소한다고 가정하자. 이것은 $P_2 = \frac{1}{2}P_1$을 의미한다. 이 경우 감쇠 (전력 손실)는 다음과 같이 계산할 수 있다.

$$10\log_{10}\frac{p_2}{p_1} = 10\log_{10}\frac{0.5p_1}{p_1} = 10\log_{10}0.5 = 10(-0.3) = -3\text{dB}$$

3dB(-3dB)의 손실은 전력의 절반을 잃는 것과 같다. 데시벨을 사용해 신호의 강도 변화를 측정하는 한 가지 이유는 단 두 개가 아닌 여러 점(캐스케이딩)을 측정할 때 데시벨 숫자를 더하거나 빼낼 수 있기 때문이다. [그림 2-21]에서 신호는 지점 1에서 지점 4로 이동한다. 신호는 지점 2에 도달하면 감쇠되고, 지점 2와 3 사이에 신호가 증폭된다. 다시, 지점 3과 4 사이에 신호가 감쇠된다. 각 점들 사이에 데시벨 측정값을 추가하는 것만으로 신호의 데시벨 값을 찾을 수 있다.

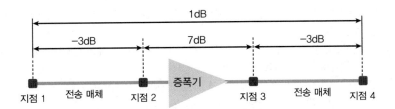

[그림 2-21] 데시벨 값 측정

이 경우 데시벨 값은 다음과 같이 계산할 수 있다.

$$\text{dB} = -3 + 7 - 3 = +1$$

결과적으로 신호가 전력을 얻은 것을 알 수 있다.

(2) 왜곡(Distortion)

왜곡이란 신호가 형태나 외형을 바꾼다는 뜻이다. 왜곡은 서로 다른 주파수로 이루어진 복합 신호에서 발생한다. 각 신호 구성 요소는 매체를 통한 자체 전파 속도를 가지고 있으며, 따라서 최종 목적지에 도달하는 자체의 지연을 가지고 있다. 지연의 차이는 지연이 주기 지속시간과 정확히 동일하지 않으면 위상 차이가 발생할 수 있다. 즉, 수신기의 신호 구성 요소는 송신기에서의 신호 구성 요소와 다른 위상을 가지므로 합성 신호의 모양은 같지 않다. [그림 2-22]는 복합 신호에 대한 왜곡의 영향을 나타낸다.

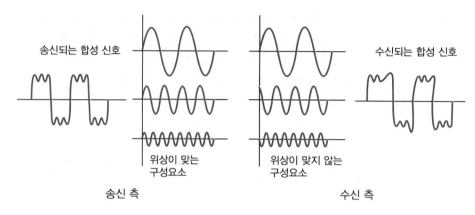

송신되는 합성 신호

수신되는 합성 신호

위상이 맞는
구성요소

위상이 맞지 않는
구성요소

송신 측

수신 측

[그림 2-22] 왜곡

(3) 잡음(Noise)

잡음은 또 다른 장애의 원인이다. 잡음에는 열 잡음, 유도 잡음, 크로스토크 및 임펄스 잡음과 같은 몇 가지 유형이 있다.

① 열 잡음이란 와이어에 있는 전자의 무작위 운동으로, 송신기가 원래 보내지 않은 여분의 신호를 발생시킨다.
② 유도 잡음은 모터나 가전제품과 같은 원천에서 발생한다. 이들 장치는 송신 안테나 역할을 하고, 송신 매체는 수신 안테나 역할을 한다.
③ 크로스토크(Crosstalk)는 한 와이어가 다른 와이어에 미치는 영향이다. 한 전선은 송신 안테나 역할을 하고 다른 전선은 수신 안테나 역할을 한다.
④ 임펄스 잡음은 송전선, 번개 등으로부터 오는 스파이크(매우 짧은 시간에 에너지가 높은 신호)이다.

[그림 2-23]은 신호에 대한 잡음의 영향을 나타낸다.

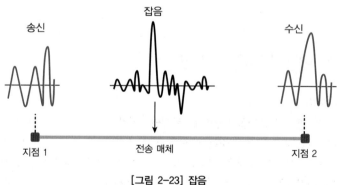

송신

잡음

수신

지점 1

전송 매체

지점 2

[그림 2-23] 잡음

① 신호 대 잡음비(SNR) 중요 ★

다른 장에서 설명이 되겠지만, 이론적인 비트 전송률 한계를 찾기 위해서는 신호 전력 대 잡음 전력의 비율을 알아야 한다. 신호 대 잡음 비율은 다음과 같이 정의된다.

$$SNR = \frac{\text{평균 신호 전력}}{\text{평균 잡음 전력}}$$

평균 신호 전력과 평균 잡음 전력을 고려할 필요가 있는 이유는 그것들은 시간에 따라 변할 수 있기 때문이다. [그림 2-24]는 SNR의 개념을 보여준다.

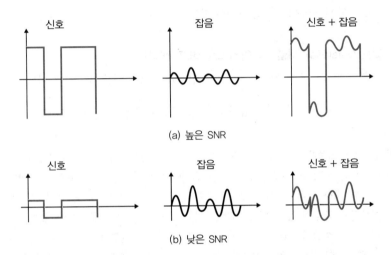

[그림 2-24] SNR의 두 가지 사례 : 높은 SNR과 낮은 SNR

SNR은 실제로 원하는 것(신호)과 원하지 않는 것(잡음)의 비율이다. 높은 SNR은 신호가 잡음에 의해 덜 손상됨을 의미한다. 낮은 SNR은 신호가 잡음에 의해 더 손상되었음을 의미한다. SNR은 두 개의 전력 비율이기 때문에 종종 SNR_{dB}로 정의되는 데시벨 단위로 설명된다.

$$SNR_{dB} = 10\log_{10}SNR$$

예를 들어 신호의 출력은 10mW이고 노이즈의 출력은 1µW일 때 SNR과 SNR_{dB}의 값은 다음과 같이 계산할 수 있다.

$$SNR = (10,000\mu w)/(1\mu w) = 10,00$$
$$SNR_{dB} = 10\log_{10}10,000 = 10\log_{10}10^4 = 40$$

4 채널 용량 중요★

데이터 통신에서 매우 중요한 고려사항은 얼마나 빨리 데이터를 초당 비트 단위로 채널을 통해 전송할 수 있느냐 하는 것이다. 데이터 전송률은 다음과 같은 세 가지 요인에 따라 달라진다.

> ① 사용 가능한 대역폭
> ② 사용하는 신호의 레벨
> ③ 채널의 품질(잡음 수준)

데이터 전송률을 계산하기 위해 두 가지 이론 공식이 개발되었다. 하나는 잡음이 없는 채널의 경우로 나이키스트(Nyquist)가, 다른 하나는 잡음 채널의 경우로 섀넌(Shannon)이 개발했다.

(1) 잡음 없는(Noisless) 채널 : 나이키스트 비트 레이트

잡음이 없는 채널의 경우 나이키스트 비트 전송률 공식은 이론적인 최대 비트 전송률을 정의한다.

$$\text{Bit Rate} = 2 \times \text{bandwidth} \times \log_2 L$$

이 공식에서 대역폭은 채널의 대역폭이고, L은 데이터를 나타내기 위해 사용되는 신호 수준의 수이며, Bit Rate는 초당 비트 전송률이다. 이 공식에 따르면, 특정 대역폭을 감안할 때 신호 레벨을 증가시킴으로써 원하는 비트 전송률을 가질 수 있다고 생각할 수 있다. 비록 그 생각은 이론적으로는 옳지만, 사실상 한계가 있다. 신호 레벨을 증가시키면 수신자에게 부담을 준다. 신호의 레벨 수가 2에 불과할 경우 수신기는 0과 1을 쉽게 구별할 수 있다. 신호의 레벨이 64이면 수신기는 64가지 레벨을 구별할 수 있도록 매우 정교해야 한다. 즉, 신호의 레벨을 높이면 시스템의 신뢰성이 저하된다. 나이키스트 정리 비트율은 베이스밴드 전송에 기술된 직관적인 비트율과 일치하는지를 살펴볼 때 단 두 단계만 있을 때는 일치한다. 베이스밴드 전송에서 최악의 경우 첫 번째 고조파만 사용한다면 비트 전송률이 대역폭의 2배라고 말했다. 그러나 나이키스트 공식은 직관적으로 도출한 것보다 더 일반적으로, 그것은 베이스밴드 전송과 변조에 적용될 수 있다. 또한, 그것은 둘 이상의 신호 수준을 가지고 있을 때 적용될 수 있다. 예를 들어 2개의 신호 레벨로 신호를 전송하는 3000Hz의 대역폭을 가진 잡음이 없는 채널을 고려할 때 최대 비트 전송률은 다음과 같이 계산할 수 있다.

$$\text{Bit Rate} = 2 \times 3000 \times \log_2 2 = 6000 \, bps$$

4개의 신호 레벨로 신호를 전송하는 동일한 잡음 없는 채널을 고려한다면(각 레벨에 대해, 2비트를 보낸다) 최대 비트 전송률은 다음과 같이 계산할 수 있다.

$$\text{Bit Rate} = 2 \times 3000 \times \log_2 4 = 12,000 \, bps$$

다른 예를 하나 더 들어보자. 대역폭이 20KHz인 잡음이 없는 채널로 265Kbps를 보내야 한다. 이 경우에 몇 개의 신호 레벨이 필요할지 계산해 보자.

$$265,000 = 2 \times 20,000 \times \log_2 L \rightarrow \log_2 L = 6.625 \rightarrow L = 2^{6.625} = 98.7 \text{ 레벨}$$

이 결과는 2의 전력이 아니기 때문에 레벨 수를 늘리거나 비트 전송률을 낮출 필요가 있다. 128개의 레벨이 있으면 비트 전송률은 280Kbps이다. 64단계의 경우 비트 전송률은 240Kbps이다.

(2) 잡음(Noisy) 채널 : 섀넌 용량 ⭐

실제로 잡음이 없는 채널을 가질 수 없다. 채널은 항상 잡음이 있다. 1944년 클로드 섀넌(Claude Shannon)은 섀넌 용량이라는 공식을 도입하여 잡음이 많은 채널에 대한 이론상 최대 데이터 전송률을 결정했다.

$$\text{용량} = \text{대역폭} \times \log_2(1 + \text{SNR})$$

이 공식에서 대역폭은 채널의 대역폭이며 SNR은 신호 대 잡음 비율이며 용량은 초당 비트 단위의 채널 용량이다. 섀넌 공식에는 신호 수준의 표시가 없으며 많은 레벨을 가지고 있더라도 채널의 용량보다 높은 데이터 전송률을 달성할 수 없다는 것을 의미한다. 즉, 수식에서는 전송방법이 아니라 채널의 특성을 정의한다. 예를 들어 신호 대 잡음 비율의 값이 거의 0인 극도로 잡음이 많은 채널을 고려하면 신호가 희미할 정도로 잡음이 강한 셈인데 이 채널의 용량 C는 다음과 같이 계산된다.

$$C = B\log_2(1 + \text{SNR}) = B\log_2(1 + 0) = B\log_2 1 = B \times 0 = 0$$

이는 대역폭에 관계없이 이 채널의 용량이 0이라는 것을 의미한다. 이 채널을 통해 어떤 데이터도 받을 수 없다는 것이다. 다른 예를 들어보자. 신호 대 잡음 비율은 종종 데시벨로 주어진다. $\text{SNR}_{dB} = 36$이고 채널 대역폭이 2MHz라고 가정한다. 이론적인 채널 용량은 다음과 같이 계산할 수 있다.

$$\text{SNR}_{dB} = 10\log_{10} SNR \rightarrow SNR = 10^{SNR_{dB}/10} \rightarrow SNR = 10^{3.6} = 3981$$
$$C = B\log_2(1 + \text{SNR}) = 2 \times 10^6 \times \log_2 3982 = 24 \, Mbps$$

SNR이 매우 높을 때 SNR + 1이 SNR과 거의 같다고 가정할 수 있다. 이 경우 이론적인 채널 용량은 C = B × SNRdB로 단순화할 수 있다. 예를 들어, 이전 예제의 이론적 용량을 다음과 같이 계산할 수 있다.

$$C = 2\,\text{MHz} \times (36/3) = 24\,\text{Mbps}$$

(3) 두 한계 모두 사용

실제로 한계와 신호 레벨을 찾기 위해 두 가지 방법을 모두 사용할 필요가 있다. 이것을 예로 들어 보자. 1MHz 대역폭을 가진 채널을 가지고 있다. 이 채널의 SNR은 63이다. 적절한 비트 전송률과 신호 레벨은 얼마일까? 첫째, 섀넌 공식을 사용하여 상한선을 찾는다.

$$C = B \log_2(1 + SNR) = 10^6 \log_2(1 + 63) = 10^6 \log_2 64 = 6\,Mbps$$

섀넌 공식은 상한인 6Mbps를 준다. 더 나은 성능을 위해, 예를 들어 4Mbps의 낮은 것을 선택한다. 그런 다음 나이키스트 공식을 사용하여 신호 수준의 수를 찾는다.

$$4\text{Mbps} = 2 \times 1\,\text{MHz} \times \log_2 L \rightarrow L = 4$$

5 전송 성능

지금까지 네트워크를 통해 데이터(신호)를 전송하는 도구와 데이터의 동작 방식에 대해 논의해 왔다. 네트워킹에서 한 가지 중요한 문제는 네트워크의 성능이다. 서비스 품질, 네트워크 성능에 대한 전반적인 측정은 다음의 지표로 확인할 수 있다.

(1) 대역폭

네트워크 성능을 측정하는 한 가지 특성은 대역폭이다. 그러나 이 용어는 헤르츠의 대역폭과 초당 비트 수의 대역폭이라는 두 가지 측정값을 사용하여 서로 다른 두 가지 상황에서 사용할 수 있다.

① 헤르츠에서의 대역폭

헤르츠에서의 대역폭(Hz)은 복합 신호에 포함된 주파수 범위 또는 채널이 통과할 수 있는 주파수 범위를 말한다. 예를 들어, 가입자 전화선의 대역폭이 4KHz라고 말할 수 있다.

② 초당 비트 수에서의 대역폭

대역폭이라는 용어는 채널, 링크 또는 네트워크가 전송할 수 있는 초당 비트 수를 나타낼 수 있다. 예를 들어 Fast Ethernet 네트워크(또는 이 네트워크의 링크)의 대역폭이 최대 100Mbps라고 말할 수 있다. 이 네트워크가 100Mbps를 전송할 수 있다는 뜻이다.

③ 관계

헤르츠의 대역폭과 초당 비트의 대역폭 사이에는 명시적인 관계가 있다. 기본적으로 헤르츠 단위의 대역폭 증가는 초당 비트 단위의 대역폭 증가를 의미한다. 그 관계는 베이스밴드 전송이나 변조를 통한 전송 여부에 따라 달라진다.

(2) 처리량

처리량은 네트워크를 통해 데이터를 얼마나 빨리 보낼 수 있는지를 보여주는 척도이다. 언뜻 보면 초당 비트(bit)의 대역폭과 처리량은 같아 보이지만, 서로 다르다. A 링크는 B bps의 대역폭을 가질 수 있지만 항상 B보다 적은 T와 이 링크를 통해서만 T bps를 보낼 수 있다. 다시 말해서, 대역폭은 링크의 잠재적 측정이다. 처리량은 얼마나 빨리 데이터를 보낼 수 있는지에 대한 실제 측정이다. 예를 들어, 대역폭이 1Mbps인 링크가 있을 수 있지만 링크 끝에 연결된 장치는 200Kbps만 처리할 수 있다. 이 링크를 통해 200Kbps 이상을 전송할 수 없다는 뜻이다.

한 지점에서 다른 지점으로 분당 1000대의 자동차를 전송하도록 설계된 고속도로를 상상해 보자. 도로에 교통체증이 생기면 이 수치는 분당 100대로 줄어들 수도 있다. 대역폭은 분당 1000대, 처리량은 분당 100대이다. 예를 들어 대역폭이 10Mbps인 네트워크는 각 프레임마다 평균 1만 비트를 전송하는 분당 평균 1만 2000 프레임만 통과할 수 있는 경우 이 네트워크의 처리량은 다음과 같이 계산할 수 있다.

$$\text{처리량} = (12{,}000 \times 10{,}000)/60 = 2\,\text{Mbps}$$

이 경우 처리량은 대역폭의 거의 5분의 1이다.

(3) 대기 시간(지연)

대기 시간 또는 지연은 송신 측에서 첫 번째 비트가 전송된 시점부터 전체 메시지가 대상에 완전히 도달하는 데 걸리는 시간을 정의한다. 대기 시간은 전파 시간, 전송 시간, 큐잉 시간 및 처리 지연이라는 네 가지 구성 요소로 이루어진다.

$$\text{대기 시간} = \text{전파 시간} + \text{전송 시간} + \text{큐잉 시간(queuing time)} + \text{처리 지연}$$

① 전파 시간

전파 시간은 비트가 출발지에서 목적지까지 이동하는 데 필요한 시간을 측정한다. 전파 시간은 거리를 전파 속도로 나누어 계산한다.

$$\text{전파 시간} = \text{거리}/(\text{전파 속도})$$

전자기 신호의 전파 속도는 신호의 매체와 주파수에 따라 달라진다. 예를 들어 진공에서 빛은 3×10^8m/s의 속도로 전파된다. 그것은 공기 중에서 더 낮고, 케이블에서 훨씬 더 낮다. 두 지점 사이의 거리가 12,000km일 경우 전파 시간은 얼마인가? 케이블에서 전파 속도가 2.4×10^8 m/s라고 가정한다면 전파 시간을 다음과 같이 계산할 수 있다.

$$\text{전파 시간} = (12{,}000 \times 10{,}000)/(2.4 \times 2^8) = 50\text{ms}$$

위의 예는 만약 송신 측과 목적지 사이에 직통 케이블이 있다면, 비트는 대서양을 50ms만에 넘을 수 있다는 것을 보여준다.

② 전송 시간

데이터 통신에서는 단지 1비트를 보내는 것이 아니라, 메시지를 보낸다. 첫 번째 비트는 목적지에 도달하는 데 전파 시간과 동일한 시간이 걸릴 수 있으며 마지막 비트는 동일한 시간이 걸릴 수도 있다. 그러나 송신자를 떠나는 첫 번째 비트와 수신자에게 도착하는 마지막 비트 사이에는 시간이 있다. 첫 번째 부분은 더 일찍 떠나서 더 일찍 도착하고, 마지막 부분은 더 늦게 떠나고 더 늦게 도착한다. 메시지의 전송 시간은 메시지의 크기와 채널의 대역폭에 따라 달라진다.

$$\text{전송 시간} = (\text{메시지 크기})/\text{대역폭}$$

송신자와 수신자 사이의 거리가 12,000km이고 빛이 2.4×10^8m/s로 이동하는 것으로 가정하고, 네트워크의 대역폭이 1Gbps일 경우 2.5KB(킬로바이트) 메시지(전자 메일)의 전파 시간과 전송 시간을 알아보자. 전파와 전송 시간을 다음과 같이 계산할 수 있다.

$$전파\ 시간 = (12{,}000 \times 1000)/(2.4 \times 10^8) = 50\text{ms}$$
$$전송\ 시간 = (2500 \times 8)/10^9 = 0.020\text{ms}$$

이 경우, 메시지가 짧고 대역폭이 높기 때문에 전송 시간이 아닌 전파 시간이 지배적인 요인이라는 점에 유의한다. 송신 시간은 무시할 수 있다. 예를 들어보자. 네트워크의 대역폭이 1Mbps일 경우 5MB(메가바이트) 메시지(이미지)의 전파 시간과 전송 시간은 얼마인가? 송신자와 수신자 사이의 거리가 12,000km이고 빛이 2.4×10^8m/s로 이동하는 것으로 가정한다. 전파와 전송 시간을 다음과 같이 계산할 수 있다.

$$전파\ 속도 = (12{,}000 \times 1000)/(2.4 \times 10^8) = 50\text{ms}$$
$$전송\ 속도 = (5{,}000{,}000 \times 8)/10^6 = 40\text{s}$$

이 경우, 메시지가 매우 길고 대역폭이 매우 높지 않기 때문에 지배적인 요인은 전파 시간이 아니라 전송 시간이다. 전파 시간은 무시할 수 있다.

③ 큐잉(Queuing) 시간

대기 시간의 세 번째 요소는 각 중간 또는 최종 기기가 메시지를 처리하기 전에 메시지를 보관하는 데 필요한 시간인 큐잉 시간이다. 큐잉 시간은 고정된 요소가 아니고, 그것은 네트워크에 가해지는 부하에 따라 변한다. 네트워크에 트래픽이 많을 때는 큐잉 시간이 증가한다. 라우터와 같은 중간 장치는 도착한 메시지를 큐에 넣고 하나씩 처리한다. 메시지가 많으면 각 메시지는 기다려야 할 것이다.

(4) 대역폭 지연의 산물

대역폭과 지연은 링크의 두 가지 성능 지표이다. 그러나 데이터 통신에서 매우 중요한 것은 대역폭 지연의 산물인 두 개의 결과물이다. 두 가지 가상의 사례를 예로 들어보자.

① 사례 1

[그림 2-25]는 사례 1을 나타낸다.

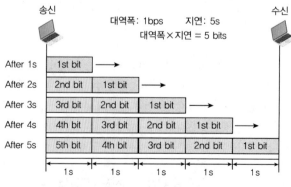

[그림 2-25] 사례 1의 비트로 링크 채우기

대역폭이 1bps인 링크의 지연은 5초라고 가정한다. 이 경우 대역폭 지연 결과물이 무엇을 의미하는지 알고 싶을 때 그림을 보면 1bps×5가 링크를 채울 수 있는 최대 비트 수라는 것을 알 수 있다. 그리고 링크에는 언제든지 5비트를 초과할 수 없다.

② **사례 2**

이제 대역폭이 5bps라고 가정해보자. [그림 2-26]은 회선에 최대 5×5 = 25비트가 있을 수 있음을 나타낸다. 그 이유는 매 초마다, 5비트가 회선에 있고, 각 비트의 지속시간은 0.20초이기 때문이다. 위의 두 경우에서 대역폭과 지연의 산물이 링크를 채울 수 있는 비트 수임을 알 수 있다. 만약 데이터를 버스트로 보내고 다음번 버스트를 보내기 전에 각 버스트의 수신확인을 기다릴 필요가 있다면 이 측정은 중요하다. 링크의 최대 용량을 이용하려면 대역폭과 지연의 2배에 달하는 버스트 크기를 만들어야 하며, 전이중 채널(양방향)을 채워야 한다. 송신자는 (2×대역폭×지연) 비트의 데이터 버스트를 송신해야 한다. 그런 다음 송신자는 다른 버스트를 보내기 전에 버스트의 일부에 대한 수신자 확인을 기다린다. 2×대역폭×지연량은 언제라도 전환이 가능한 비트 수이다.

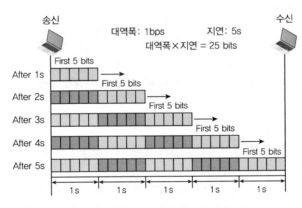

[그림 2-26] 사례 2의 비트로 링크 채우기

또 다른 측면에서 보면 파이프로서 두 점의 연계를 생각할 수 있다. 파이프의 횡단면은 대역폭을 나타내고, 파이프의 길이는 지연을 나타낸다. [그림 2-27]과 같이 파이프의 볼륨이 대역폭 지연의 결과라고 할 수 있다.

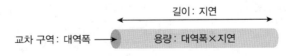

[그림 2-27] 대역폭 지연의 산물 개념

(5) 지터(Jitter)

지연과 관련된 또 다른 성능 문제는 지터이다. 서로 다른 데이터 패킷이 서로 다른 지연을 경험하고 수신 사이트에서 데이터를 사용하는 애플리케이션이 시간에 민감하다면 지터가 문제라고 할 수 있다. 첫 번째 패킷의 지연이 20ms이고, 두 번째 패킷의 지연이 45ms이고, 세 번째 패킷의 지연이 40ms인 경우, 패킷을 사용하는 실시간 애플리케이션은 지터가 발생한다.

제 2 절 디지털 전송

컴퓨터네트워크는 정보를 한 지점에서 다른 지점으로 전송하도록 설계되었다. 이 정보는 디지털 신호 또는 전송을 위한 아날로그 신호로 변환될 필요가 있다.

라인 코딩(Line Coding)은 디지털 데이터를 디지털 신호로 변환하는 데 사용되고 블록 코딩(Block Coding)은 디지털 신호로 인코딩되기 전에 디지털 데이터에 중복성(Redundancy)을 생성하는 데 사용된다. 중복은 오류를 감지하기 위한 도구로도 사용된다. 스크램블링(Scrambling)은 장거리 전송에서 디지털-디지털 변환에 사용되는 기술로서, 전송로 대역폭 내에 신호의 스펙트럼이 넓게(골고루) 분포되게 하여 수신 측 등화기가 최적의 상태유지 등에 도움이 되도록 한다. 펄스 코드 변조는 아날로그 신호를 샘플링하는 데 사용되는 주요 방법이다. 델타 변조는 펄스 코드 변조의 효율을 개선하기 위해 사용된다. 디지털로 데이터를 전송하고 싶을 때 병렬 전송에서는 한 번에 여러 비트를 보내고, 직렬 전송에서는 한 번에 한 비트를 보낸다.

1 디지털 대 디지털 변환 중요 ★

데이터는 디지털 또는 아날로그일 수 있다. 데이터를 나타내는 신호도 디지털 또는 아날로그일 수 있다. 디지털 신호를 사용하여 디지털 데이터를 나타낼 수 있다. 변환에는 라인 코딩, 블록 코딩, 스크램블의 세 가지 기법이 포함된다. 라인 코딩은 항상 필요하지만, 블록 코딩과 스크램블링은 선택적이다.

(1) 라인 코딩

라인 코딩은 디지털 데이터를 디지털 신호로 변환하는 과정이다. 텍스트, 숫자, 그래픽 이미지, 오디오 또는 비디오의 형태로 데이터가 일련의 연속된 비트 그룹(시퀀스)으로 컴퓨터 메모리에 저장된다고 가정한다. 라인 코딩은 비트 시퀀스를 디지털 신호로 변환한다. 송신자에서 디지털 데이터는 디지털 신호로 인코딩되며, 수신기에서 디지털 데이터는 디지털 신호를 디코딩하여 재생성된다. [그림 2-28]은 그 과정을 보여준다.

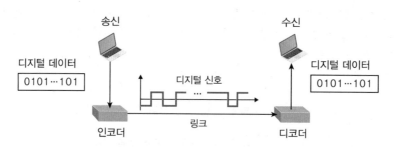

[그림 2-28] 라인 코딩 및 디코딩

① 신호 요소 대 데이터 요소

데이터 요소와 신호 요소를 구별해 보자. 데이터 통신에서 목표는 데이터 요소들을 보내는 것이다. 데이터 요소는 정보 일부를 나타낼 수 있는 가장 작은 실체이다. 이것이 바로 비트이다. 디지털 데이터 통신에서 신호 요소는 데이터 요소를 운반한다. 신호 요소는 디지털 신호의 최단 단위(시간)이다. 즉, 데이터 요소는 보내야 하는 것이고, 신호 요소는 보낼 수 있는 것이다. 데이터 요소들이 운반되고 있고 신호 요소들이 운송자들이다.

각 신호 요소에 의해 운반되는 데이터 요소의 수인 비율 r을 정의한다. [그림 2-29]는 r 값이 다른 몇 가지 상황을 보여주고 있다. 그림의 (a)에서는 하나의 데이터 요소가 하나의 신호 요소(r = 1)에 의해 전달된다. 그림의 (b)에서는 각 데이터 요소(r = 1/2)를 운반하기 위해 두 개의 신호 요소(두 개의 전환)가 필요하다. 동기화를 보장하기 위해 추가적인 신호 요소가 필요하다. 그림 (c)에서 신호 요소는 두 개의 데이터 요소(r = 2)를 전달한다.

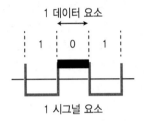

(a) 1 시그널 요소 당 1 데이터 요소
$$(r = 1)$$

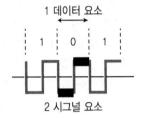

(b) 2 시그널 요소 당 1 데이터 요소
$$(r = \frac{1}{2})$$

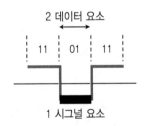

(c) 1 시그널 요소 당 2 데이터 요소
$$(r = 2)$$

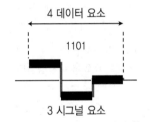

(d) 3 시그널 요소 당 4 데이터 요소
$$(r = \frac{4}{3})$$

[그림 2-29] 신호 요소 대 데이터 요소

마지막으로, (d)에서는 4비트 그룹이 3개의 신호 요소(r = 4/3)로 이루어진 그룹에 의해 운반되고 있다. 논의하는 모든 라인 코딩 제도에 대해 r의 값을 주도록 하자. 이해를 돕기 위해서 각 데이터 요소는 한 장소에서 다른 장소로 옮겨야 하는 사람이라고 가정해보자. 신호 원소를 사람들을 운반할 수 있는 차량으로 생각할 수 있다. r = 1일 때, 그것은 각 사람이 차량을 운전하고 있다는 것을 의미한다. r > 1일 때는, 1명 이상의 사람이 차량을 타고 이동하고 있는 것(예를 들면 카풀)을 의미한다. 또한, 한 사람이 자동차와 트레일러를 운전하는 경우를 가질 수 있다(r = 1/2).

② 데이터 전송률(Data Rate) 대 신호 전송률(Signal Rate)
데이터 전송률은 1로 전송된 데이터 요소(비트)의 수를 정의한다. 단위는 초당 비트 수(bps)이다. 신호 전송률은 1로 전송된 신호 요소의 수이고, 단위는 보드(baud)이다. 데이터 전송률은 때때로 비트 전송률이라고도 하고, 신호율은 펄스율, 변조율 또는 전송률이라고도 불린다.

데이터 통신의 한 가지 목표는 신호율을 줄이면서 데이터율을 높이는 것이다. 데이터율을 증가시키면 전송률이 증가하며, 신호율을 줄이면 대역폭 요구량이 감소한다. 앞서 자동차-사람들의 비유에서 교통체증을 막기 위해 더 적은 수의 차량에 더 많은 사람을 태워야 한다. 운송 체계에 제한된 대역폭을 가지고 있다. 이제 r의 데이터율(N)과 신호율(S) 사이의 관계를 고려하자.

$$S = N/r$$

이전에 r이 규정되어 있는 이 관계는 r의 가치에 따라 달라지며 데이터 패턴에 달려있다. 만일 모든 1 또는 0의 데이터 패턴을 가지고 있다면, 신호율은 0과 1을 교대로 하는 데이터 패턴과 다를 수 있다. 관계에 대한 공식을 도출하기 위해서는 최악의 경우, 최선의 경우, 평균의 세 가지 경우를 정의해야 한다. 가장 나쁜 경우는 최대 신호율을 필요로 할 때고, 가장 좋은 경우는 최소 신호율을 필요로 할 때이다. 데이터 통신에서는 보통 일반적인 경우를 얘기한다. 데이터 전송률과 신호 전송률의 관계를 다음과 같이 공식화할 수 있다.

$$S_{\text{ave}} = c \times N \times (1/r) \text{ baud}$$

여기서 N은 데이터 전송율(bps)이며, c는 케이스 팩터로서 케이스마다 달라지며, S는 초당 신호 요소의 수, r은 이전에 정의된 요인이다.

예를 들어보자. 신호는 하나의 데이터 요소가 하나의 신호 요소로 인코딩되는 데이터를 운반한다(r = 1). 비트 전송률이 100Kbps일 경우 c가 0 ~ 1일 경우 보드 레이트의 평균값은 얼마인가? c의 평균값은 0.2라고 가정한다. 그때 보드 속도는 다음과 같다.

$$S = c \times N \times (1/r) = 1/2 \times 100,000 \times (1/1) = 50,000 = 50\text{kbaud}$$

③ 대역폭

정보를 운반하는 디지털 신호는 비주기적이다. 또한, 비주기적인 신호의 대역폭이 무한 범위에서 연속적임을 보여주었다. 그러나 실제 생활에서 접하게 되는 대부분의 디지털 신호에는 유한 값의 대역폭이 있다. 즉 대역폭은 이론적으로 무한하지만 많은 구성 요소는 무시할 수 있을 정도로 작은 진폭을 가지고 있다. 유효 대역폭은 유한하고, 디지털 신호의 대역폭에 관해 이야기할 때 이는 효과적인 대역폭을 의미한다.

비트 전송률이 아닌 보드 레이트가 디지털 신호에 필요한 대역폭을 결정한다고도 할 수 있다. 교통에 비유하면 수송 인원이 아닌 차량의 수가 교통에 영향을 준다. 신호가 더 많이 바뀌면 신호에 더 많은 주파수를 주입하는 것을 의미한다(주파수는 변화를 의미하고, 변화는 주파수를 의미한다). 대역폭은 필요로 하는 주파수의 범위를 반영한다. 보드 레이트(신호율)와 대역폭 사이에는 관계가 있다. 대역폭은 복잡한 아이디어인데 대역폭에 관해 이야기할 때, 이는 보통 주파수 범위를 정의한다. 가장 낮은 주파수와 가장 높은 주파수의 값은 물론 이 범위가 어디에 위치하는지를 알아야 한다. 또, 각 성분의 진폭(위상이 아닌 경우)이 중요한 문제이다. 다시 말해서, 대역폭의 가치보다 대역폭에 대한 더 많은 정보가 필요하며 대역폭의 도표가 필요하다. 현재로서는 대역폭(주파수 범위)이 신호 속도(보드 레이트)에 비례한다고 말할 수 있다. 최소 대역폭은 다음과 같이 주어질 수 있다.

$$Bmin = c \times N \times (1/r)$$

채널의 대역폭이 주어지면 최대 데이터 속도를 풀 수 있다.

$$Nmax = (1/c) \times B \times r$$

④ **기준선 변동(Baseline Wandering)**

디지털 신호를 해독할 때, 수신기는 수신된 신호 전력의 실행 평균을 계산한다. 이 평균을 기준선이라고 한다. 수신 신호 출력은 이 기준선에 대해 평가되어 데이터 요소의 값을 결정한다. 0s나 1s의 긴 문자열은 기준선에 이동을 일으켜 수신기가 올바르게 디코딩하는 것을 어렵게 할 수 있다. 양호한 라인 코딩 방식은 기준선 변동을 방지할 필요가 있다.

⑤ **직류(DC) 구성 요소**

디지털 신호의 전압 레벨이 잠시 일정하게 유지되면 스펙트럼은 매우 낮은 주파수를 생성한다 (Fourier 분석 결과). 직류(DC) 구성 요소라고 불리는 0 주변의 이러한 주파수는 저주파를 통과하지 못하는 시스템이나 (변압기를 통해) 전기 커플링을 사용하는 시스템에 문제를 일으킨다. 직류 구성 요소는 베이스라인에서 의문의 원인이 될 수 있는 0/1 패리티를 의미한다고 말할 수 있다. 예를 들어, 전화선은 200Hz 미만의 주파수를 통과할 수 없다. 또한, 장거리 링크는 하나 이상의 변압기를 사용하여 라인의 다른 부분을 전기적으로 격리시킬 수 있다. 이러한 시스템을 위해서 직류 성분이 없는 방식이 필요하다.

⑥ **자체 동기화**

보낸 사람으로부터 받은 신호를 올바르게 해석하려면 수신기의 비트 간격이 보낸 사람의 비트 간격과 정확하게 일치해야 한다. 수신기 클록이 더 빠르거나 느리면 비트 간격이 일치하지 않고 수신기가 신호를 잘못 해석할 수 있다. [그림 2-30]은 수신기가 더 짧은 비트 지속 기간을 갖는 상황을 보여준다. 송신기는 10110001을 송신하고 수신기는 110111000011을 수신한다. 자체 동기화 디지털 신호는 전송되는 데이터에 타이밍 정보를 포함한다. 신호의 전이가 있어 수신기가 펄스의 시작, 중간 또는 끝을 알리는 경우 이 작업을 수행할 수 있다. 수신기의 타이머가 동기화되지 않은 경우 타이머를 재설정할 수 있다.

디지털 전송에서 수신기 클록은 송신 클록보다 0.1퍼센트 빠르고 데이터 속도가 1Kbps인 경우 수신기는 얼마나 많은 초당 추가 비트 수를 계산하며 데이터 속도가 1Mbps인 경우 몇 개가 될까?

- 1Kbps에서 수신기는 1000bps 대신 1001bps를 수신한다.
  1000비트 전송 → 1001비트 수신 → 1개의 특별한 비트를 수신하였다.
- 1Mbps에서 수신자는 1,000,000bps 대신에 1,001,000bps를 수신한다.
  1,000,000 bits 전송 → 1,001,000 bits 수신 → 1000개의 특별한 비트를 수신하였다.

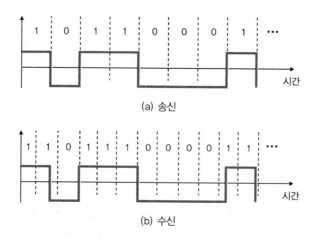

(a) 송신

(b) 수신

[그림 2-30] 동기화 부족의 영향

⑦ **내장된 오류 탐지**

발생된 코드에 오류 검출 기능이 내장되어 전송 중에 발생한 오류의 일부 또는 전부를 검출하는 것이 바람직하다. 어떤 암호 방식은 어느 정도 이 능력을 가지고 있다.

⑧ **잡음 및 간섭에 대한 내성**

또 다른 바람직한 코드 특성은 잡음 및 다른 간섭에 영향을 받지 않는 코드이다. 일부 인코딩 방식에는 이 기능이 있다.

⑨ **복잡성**

복잡한 방식은 단순한 방식보다 실행하는 데 비용이 더 많이 든다. 예를 들어 4개의 신호 레벨을 사용하는 방식은 2개의 레벨만 사용하는 방식보다 해석이 더 어렵다.

(2) 라인 코딩 방식 중요 ★★

[그림 2-31]과 같이 대략적으로 라인 코딩 방식을 5개의 넓은 범주로 나눈다. 각 범주에는 몇 가지 방식이 있다.

① **단극 방식(Unipolar Scheme)**

단극 방식에서, 모든 신호 레벨은 시간 축의 한쪽에, 위나 아래에 있다.

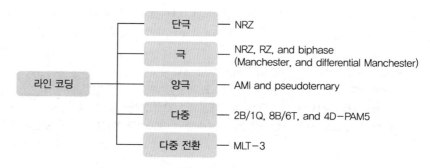

[그림 2-31] 라인 코딩 방식

단극 방식은 양 전압이 비트 1을, 영 전압이 비트 0을 정의하는 역방향성(NRZ, Non-Return-to-Zero) 방식에 의해 설계되었다. 비트 중간에 신호가 0으로 돌아가지 않기 때문에 NRZ라고 한다.

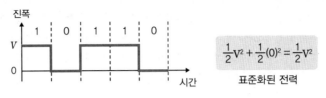

[그림 2-32] 단극 NRZ 방식

상대적으로 이 방식은 매우 많은 비용이 든다. 평준화된 전력(단위 라인 저항 당 1비트 전송에 필요한 전력)은 극 NRZ의 경우보다 2배 이상 많다. 이러한 이유로, 이 방식은 일반적으로 오늘날 데이터 통신에서는 사용되지 않는다.

② **극 방식(Polar Schemes)**

극 방식에서 전압은 시간 축의 양쪽에 있다. 예를 들어 0의 전압 레벨은 양수, 1의 전압 레벨은 음수일 수 있다.

㉠ Non-Return-to-Zero(NRZ)

극 NRZ 인코딩에서는 전압 진폭의 두 수준을 사용한다. 두 가지 버전의 극 NRZ-L과 NRZ-I를 가질 수 있는데 [그림 2-33]과 같다. 그림은 r값, 평균 보드 속도, 대역폭도 보여준다. 첫 번째 변동인 NRZ-L(NRZ-Level)에서 전압 레벨이 비트의 값을 결정한다. 두 번째 변이에서는 NRZ-I(NRZ-Invert)에서 전압 수준의 변화나 부족이 비트의 값을 결정한다. 변화가 없으면 비트는 0이고, 변화가 있으면 1이다.

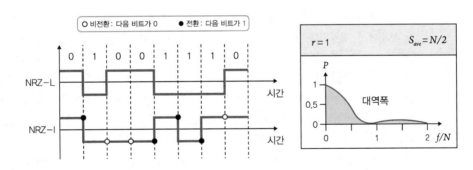

[그림 2-33] 극성 NRZ-L 및 NRZ-I 방식

㉡ Return-to-Zero(RZ)

NRZ 인코딩의 주요 문제는 송신기와 수신기 시계가 동기화되지 않을 때 발생한다. 수신기는 한 비트가 언제 끝나고 다음 비트가 시작되는지를 모른다. 한 가지 해결책은 양, 음, 영의 세 가지 값을 사용하는 RZ(Return-to-Zero) 방식이다. RZ에서 신호는 비트 간에 변화하지 않고 비트 동안에 변화한다. [그림 2-34]에서 신호가 각 비트 중간에 0으로 가는 것을 알 수 있다. 그것은 다음 부분의 시작까지 거기에 남아 있다. RZ 인코딩의 가장 큰 단점은 그것이 약간의 암호화를 위해 두 가지 신호 변경을 요구하기 때문에 더 큰 대역폭을 점유한다. 언급한 것과 같은 문제, 즉, 모든 0을 1로 해석하고 모든 1을 0으로 해석하는 극성의 급격한 변화는 여기에도 여전히 존재하지만, DC 구성 요소 문제는 없다. 또 다른 문제는 복잡하다는 것이다. RZ는 세 가지 수준의 전압을 사용하는데, 이것은 더 복잡한 생성과 식별이 필요하다. 이러한 이유로 이 방식은 오늘날 사용되지 않고, 대신에 더 나은 성과를 낸 맨체스터와 차별화된 맨체스터 방식을 사용한다.

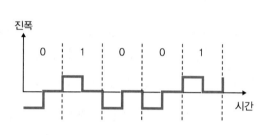
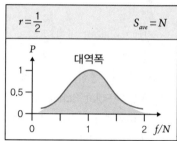

[그림 2-34] 극성 RZ 방식

ⓒ 2위상(Biphase) : 맨체스터와 차등(Differential) 맨체스터

RZ(비트 중간에 전환)의 발상과 NRZ-L의 발상이 맨체스터 방식에 결합된다. 맨체스터 인코딩에서는 비트 지속시간을 반으로 나눈다. 전압은 상반기 중 한 레벨을 유지하고 후반에는 다른 레벨로 이동한다. 비트 중간에 있는 전환은 동기화를 제공한다. 반면 차등 맨체스터는 RZ와 NRZ-I의 아이디어를 결합한다. 비트 중간에 항상 전환이 있지만 비트 값은 비트 시작 부분에서 결정된다. 다음 비트가 0이면 전환이 있고, 다음 비트가 1이면 아무것도 없다. [그림 2-35]는 맨체스터와 차등 맨체스터 인코딩을 모두 보여준다. 맨체스터 계획은 NRZ-L과 관련된 몇 가지 문제를 극복하며, 차등 맨체스터는 NRZ-I와 관련된 몇 가지 문제를 극복한다. 첫째, 기준선 변동은 없다. 각 비트는 양 또는 음의 전압 기여를 가지고 있기 때문에 직류 구성 요소는 없다. 유일한 단점은 신호율이다. 맨체스터와 차등 맨체스터의 신호 속도는 NRZ의 두 배이다. 그 이유는 비트 중간에 항상 하나의 전환이 있고 각 비트 끝에 하나의 전환이 있을 수 있기 때문이다. 맨체스터와 다른 맨체스터 방법을 바이패스 방법이라고도 부른다.

③ 양극 방식(Bipolar Schemes)

양극 인코딩(다중 레벨 바이너리라고도 함)은 일명 AMI(양극 교대 표시 반전)이라고도 하며, 양극, 음극, 0의 세 가지 전압 레벨을 사용한다. 한 데이터 소자에 대한 전압 레벨은 0이고, 다른 소자에 대한 전압 레벨은 양극과 음극 사이에서 번갈아 나타난다.

0은 0볼트, 1은 양과 음의 전압 펄스를 교대로 변화하는 부호 방식이다. AMI 인코딩의 변형은 1비트를 영 전압으로, 0비트는 양 전압과 음 전압으로 인코딩하는 의사 3진(pseudoternary) 방식이 있다.

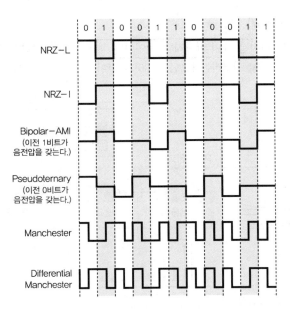

[그림 2-35] NRZ-L/I/맨체스터 방식과 AMI 방식

④ 멀티레벨 방식(Multilevel Schemes)

데이터 속도를 증가시키거나 필요한 대역폭을 감소시키려는 욕구는 많은 방식을 만들어냈다. m 데이터 요소의 패턴을 n 신호 요소의 패턴으로 인코딩함으로써 보드(baud)당 비트 수를 늘리는 것을 목표로 한다. 단지 두 가지 유형의 데이터 요소(0과 1s)를 가지고 있는데, 이것은 m 데이터 요소 그룹이 2^m 데이터 패턴의 조합을 생산할 수 있다는 것을 의미한다. 다른 신호 레벨을 허용함으로써 다른 유형의 신호 요소를 가질 수 있다. 만약 L을 다른 레벨로 가지고 있다면, L^n의 신호 패턴 조합을 만들 수 있다. $2^m = L^n$이면 각 데이터 패턴이 하나의 신호 패턴으로 인코딩된다. $2^m < L^n$일 경우, 데이터 패턴은 신호 패턴의 일부만 점유한다. 서브셋은 기준선 변동 방지, 동기화 제공, 데이터 전송 중에 발생한 오류 검출을 하도록 신중하게 설계할 수 있다. 일부 데이터 패턴은 인코딩할 수 없기 때문에 $2^m > L^n$인 경우에는 데이터 인코딩이 불가능하다.

2 아날로그 대 디지털 변환

위에서 설명한 기술은 디지털 데이터를 디지털 신호로 변환한다. 그러나 때때로 마이크나 카메라에 의해 만들어진 것과 같은 아날로그 신호도 있다. 대체로 디지털 신호가 아날로그 신호보다 우수하다는 것을 전에 보았다. 오늘날의 경향은 아날로그 신호를 디지털 데이터로 바꾸는 것이다. 여기에서는 펄스 코드 변조와 델타 변조라는 두 가지 기법이 있다. 디지털 데이터가 생성(디지털화)된 후 앞에서 설명한 기술 중 하나를 사용하여 디지털 데이터를 디지털 신호로 변환할 수 있다.

(1) 펄스 코드 변조(PCM) 중요 ★★

아날로그 신호를 디지털 데이터(디지털 데이터)로 바꾸는 **가장 일반적인 기법**을 펄스 코드 변조 (PCM)라고 한다. PCM 인코더는 [그림 2-36]과 같이 세 가지 프로세스를 가지고 있다.

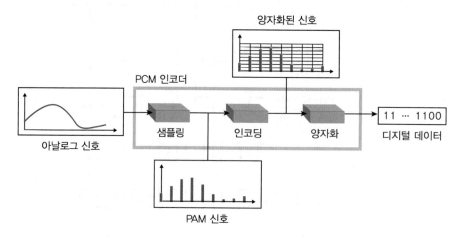

[그림 2-36] PCM 인코더의 구성 요소

① 아날로그 신호를 샘플링한다.
② 샘플링된 신호를 양자화한다.
③ 양자화된 값을 비트 스트림으로 인코딩한다.

① 샘플링(Sampling)

PCM의 첫 번째 단계는 **표본 추출**이다. 아날로그 신호는 Ts로서 s마다 샘플링되며, 여기서 Ts 는 샘플 간격 또는 주기이다. 표본 추출 간격의 역은 표본 추출 속도 또는 표본 추출 빈도라고 하며 fs로 나타내며 여기서 fs는 1/Ts이다. [그림 2-37]과 같이 이상적, 자연적, 평면적 등 세 가지 샘플링 방법이 있다.

이상적인 샘플링에서 아날로그 신호의 펄스가 샘플링된다. 이는 말 그대로 이상적인 샘플링 방법이 며 쉽게 구현될 수 없다. 자연적 샘플링에서 고속 스위치는 샘플링이 발생하는 작은 시간 동안만 켜진다. 결과는 아날로그 신호의 모양을 유지하는 일련의 샘플이다. 그러나 샘플 및 홀드라고 하는 가장 일반적인 샘플링 방법은 회로를 사용하여 플랫 탑 샘플을 생성하는 평면적 샘플링 방법이다.

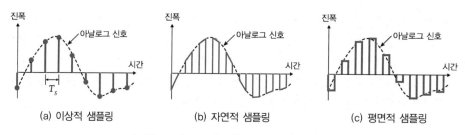

[그림 2-37] PCM에 대한 세 가지 샘플링 방법

샘플링 프로세스를 펄스 진폭 변조(PAM)라고 부르기도 한다. 그러나 그 결과가 여전히 비통합적인 값을 가진 아날로그 신호라는 것을 기억할 필요가 있다.

㉠ 샘플링 속도(Sampling Rate)

한 가지 중요한 고려사항은 샘플링 속도나 주파수이다. Ts에 대한 제한은 나이키스트에 의해 답변되었다. 나이키스트 정리에 따르면, 원래의 아날로그 신호를 재현하기 위해 한 가지 필요한 조건은 샘플링 속도가 원래 신호에서 최소 두 배 높은 주파수라는 것이다.

나이키스트 정리는 첫째, 신호가 대역 제한일 경우에만 신호를 샘플링할 수 있다. 즉, 대역폭이 무한인 신호는 샘플링할 수 없다는 의미이다. 둘째, 샘플링 속도는 대역폭이 아닌 최고 주파수의 최소 2배 이상이어야 한다. 아날로그 신호가 로우 패스일 경우 대역폭과 최고 주파수는 동일한 값이다. 아날로그 신호가 대역 패스인 경우 대역폭 값은 최대 주파수 값보다 낮다. [그림 2-38]은 두 가지 유형의 신호에 대한 샘플링 속도의 값을 나타낸다.

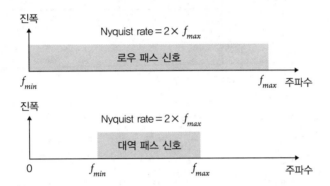

[그림 2-38] 저역 및 대역 패스 신호의 나이키스트 샘플링 속도

② **양자화(Quantization)**

샘플링 결과는 신호의 최대 진폭과 최소 진폭 사이의 진폭 값을 갖는 일련의 펄스를 의미한다. 진폭 집합은 두 한계 사이의 비통합값으로 무한할 수 있다. 이러한 값은 인코딩 프로세스에서 사용할 수 없다. 양자화의 단계는 다음과 같다.

> ㉠ 원래의 아날로그 신호는 Vmin과 Vmax 사이에 순간적인 진폭이 있다고 가정한다.
> ㉡ 범위를 L 구역으로 나누고, 각각 높이 Δ(델타)로 나눈다.
>
> $$\Delta = \frac{Vmax - Vmin}{L}$$
>
> ㉢ 각 구역의 중간점에 0－1의 양자화 값을 부여한다.
> ㉣ 샘플 진폭의 값을 양자화 값과 근사치로 한다. 간단한 예로, 우리는 샘플링된 신호를 가지고 있고, 샘플 진폭은 -20 ~ +20V 사이라고 가정하고, 8단계(L = 8단계)로 결정한다. 이는 Δ = 5V를 의미한다. [그림 2-39]에서 이 예를 보여준다.

이상적인 표본 추출(간소성을 위해)을 이용한 표본은 9개뿐이었다. [그림 2-39]에서 각 표본의 상단의 값은 실제 진폭을 나타낸다. 도표에서 첫 번째 행은 각 표본에 대한 정상화 값(실제 진폭/Δ)이다. 양자화 프로세스는 각 구역의 중간에서 양자화 값을 선택한다. 정상화된 양자값(2열)이 정상화된 진폭과 다르다는 뜻이다. 그 차이를 정상화된 오차(제3열)라고 한다. 네 번째 행은 그래프 왼쪽의 양자화 수준을 기준으로 한 표본별 양자화 코드이다. 인코딩된 정보(5열)는 변환의 최종 산물이다.

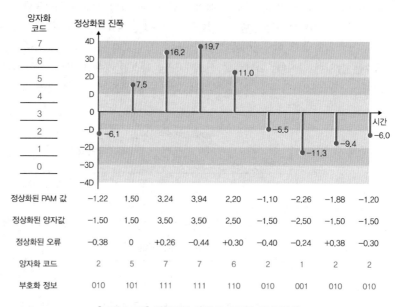

	−1.22	1.50	3.24	3.94	2.20	−1.10	−2.26	−1.88	−1.20
정상화된 PAM 값	−1.22	1.50	3.24	3.94	2.20	−1.10	−2.26	−1.88	−1.20
정상화된 양자값	−1.50	1.50	3.50	3.50	2.50	−1.50	−2.50	−1.50	−1.50
정상화된 오류	−0.38	0	+0.26	−0.44	+0.30	−0.40	−0.24	+0.38	−0.30
양자화 코드	2	5	7	7	6	2	1	2	2
부호화 정보	010	101	111	111	110	010	001	010	010

[그림 2-39] 샘플링된 신호의 양자화 및 부호화

③ 인코딩(Encoding)

PCM의 마지막 단계는 인코딩이다. 각 샘플을 양자화하고 샘플 당 비트 수를 결정한 후 각 샘플을 n_b−비트 코드 워드로 변경할 수 있다. [그림 2-39]에 인코딩된 단어가 마지막 행에 표시된다. 양자화 코드 2는 010으로, 5는 101로 인코딩하는 등 각 샘플의 비트 수는 양자화 레벨의 수로부터 결정된다는 점에 유의한다. 양자화 레벨의 수가 L인 경우, 비트수는 $n_b = \log_2 L$이다. 예에서 L은 8이고 n_b는 따라서 3이다. 비트 전송률은 공식에서 찾을 수 있다.

$$비트\ 레이트 = 샘플링\ 레이트 \times 샘플당\ 비트수 = f_s \times n_b$$

④ 원래 신호 복구(Original Signal Recovery)

원래 신호 복구에는 PCM 디코더가 필요하다. 디코더는 먼저 회로를 사용하여 다음 펄스까지 코드 워드를 진폭을 유지하는 펄스로 변환한다. 계단 신호가 완료되면 저역 필터를 통과해 계단 신호를 아날로그 신호로 만든다. 필터는 송신기의 원래 신호와 동일한 차단 주파수를 가지고 있다. 나이키스트 샘플링 속도로 신호를 샘플링(또는 그 이상)한 경우 양자화 수준이 충분하면 원래의 신호가 재생성된다. 원래 신호의 최댓값과 최솟값은 증폭을 사용하여 얻을 수 있다는 점에 유의한다. [그림 2-40]은 단순화된 과정을 보여준다.

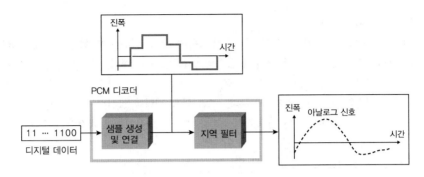

[그림 2-40] PCM 디코더의 구성 요소

⑤ PCM 대역폭

저역 아날로그 신호의 대역폭이 주어졌다고 가정해보자. 그런 다음 신호를 디지털화하면, 이 디지털화된 신호를 통과할 수 있는 채널의 새로운 최소 대역폭은 무엇인가? 라인 인코딩 신호의 최소 대역폭은 $B_{min} = c \times N \times (1/r)$이며 이 공식에서 N의 값을 대체한다.

$$B_{min} = c \times N \times \frac{1}{r} = c \times n_b \times f_s \times \frac{1}{r} = c \times n_b \times 2 \times B_{analog} \times \frac{1}{r}$$

$1/r = 1$(NRZ 또는 양극 신호의 경우) 및 $c = (1/2)$일 때, 최소 대역폭은

$$B_{min} = n_b \times B_{analog}$$

이는 디지털 신호의 최소 대역폭이 아날로그 신호의 대역폭보다 n_b배 크다는 것을 의미한다.

(2) 델타 변조(DM)

PCM은 매우 복잡한 기술이다. PCM의 복잡성을 줄이기 위한 다른 기법들이 개발되었는데 가장 간단한 것은 델타 변조다. PCM은 각 샘플의 신호 진폭 값을 찾고, DM은 이전 샘플의 변화를 찾는다. [그림 2-41]은 그 과정을 보여주는데, 여기에 코드 워드는 없으며 비트는 차례로 보내진다.

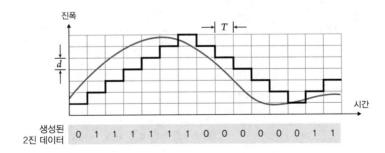

[그림 2-41] 델타 변조 과정

① 변조기(Modulator)

변조기는 송신자 사이트에서 아날로그 신호로부터 비트 스트림을 생성하는 데 사용된다. 이 과정은 델타(δ)라고 불리는 작은 양수나 음수의 변화들을 기록한다. 델타가 양수일 경우 프로세스는 1을 기록하고, 음수일 경우 0을 기록하지만, 아날로그 신호를 비교하는 기준이 필요하다. 변조기는 계단과 비슷한 두 번째 신호를 만든다. 그런 다음 변화를 발견하면 입력 신호와 점진적으로 만들어진 계단 신호를 비교하는 것으로 축소된다. [그림 2-42]는 그 과정의 도표를 보여준다.

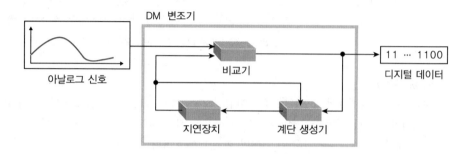

[그림 2-42] 델타 변조 요소

변조기는 각 샘플링 간격에서 아날로그 신호의 값과 계단 신호의 마지막 값을 비교한다. 아날로그 신호의 진폭이 클 경우 디지털 데이터의 다음 비트는 1이고, 그렇지 않으면 0이다. 그러나 비교기의 출력도 계단 자체를 만든다. 다음 비트가 1인 경우, 계단 생성기는 계단 신호의 마지막 지점인 δ를 위로 이동시키고, 다음 비트가 0이면 δ를 아래로 이동한다. 두 비교 사이의 기간 동안 계단 기능을 유지하기 위해 지연 장치가 필요하다는 것이다.

② 복조기(Demodulator)

복조기는 디지털 데이터를 취하며, 계단 생성기와 지연 장치를 사용하여 아날로그 신호를 생성한다. 그러나 생성된 아날로그 신호는 평활화를 위해 저역 통과 필터를 통과해야 한다. [그림 2-43]은 개략도이다.

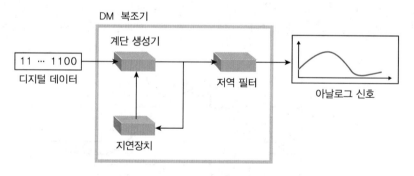

[그림 2-43] 델타 복조 요소

③ **적응형 DM(Adaptive DM)**

δ의 값이 고정되지 않으면 더 나은 성과를 얻을 수 있다. 적응형 델타 변조에서 δ 값은 아날로그 신호의 진폭에 따라 변한다.

④ **양자화 오류(Quantization Error)**

DM이 완벽하지 않다는 것은 명백하다. 이 과정에서 양자화 오류는 항상 접하게 된다. 그렇지만 DM의 양자화 오류는 PCM에 비해 훨씬 적다.

3 전송 방식 중요 ★

한 장치에서 다른 장치로 데이터 전송을 고려할 때 주된 관심사는 배선이고, 배선을 고려할 때 주된 관심사는 데이터 스트림이다. 링크를 통한 이진 데이터 전송은 병렬 또는 직렬 모드에서 이루어질 수 있다. 병렬 모드에서는 각 클록 체크와 함께 여러 비트가 전송된다. 직렬 모드에서는 1비트가 클록 체크와 함께 전송된다. 병렬 데이터를 전송할 수 있는 방법은 하나뿐이지만, 직렬 전송에는 비동기, 동기, 등시성의 세 가지 하위 클래스가 있다([그림 2-44] 참조).

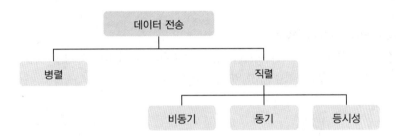

[그림 2-44] 데이터 전송 및 모드

(1) 병렬 전송(Parallel Transmission)

1과 0으로 구성된 이진 데이터는 각각 n bit의 그룹으로 정리할 수 있다. 컴퓨터는 글자가 아닌 단어의 형태로 언어를 생각하고 사용하는 것처럼 비트의 그룹으로 데이터를 생산하고 소비한다. 그룹화함으로써 1이 아닌 데이터 n비트를 한 번에 전송할 수 있다. 이것을 병렬 전송이라고 한다.

병렬 전송을 위한 메커니즘은 개념적으로 단순한 것으로 n개의 선을 사용하여 n비트를 한 번에 전송한다. 이렇게 하면 각 비트는 자체 와이어를 가지고 있고, 한 그룹의 모든 n비트는 각 클록 체크와 함께 한 장치에서 다른 장치로 전송될 수 있다. [그림 2-45]는 n = 8에 대한 병렬 전송의 작동 방식을 나타낸다. 일반적으로 8개의 와이어는 각 단부에 커넥터가 있는 케이블에 묶음으로 되어 있다.

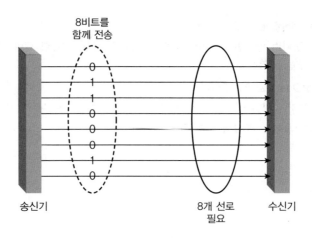

[그림 2-45] 병렬 전송

병렬 전송의 장점은 속도이다. 다른 모든 것이 같다면, 병렬 전송은 직렬 전송에 비해 전송 속도를 n배 증가시킬 수 있다. 하지만 거기에는 상당한 단점이 있는데 바로 비용이다. 병렬 전송은 데이터 스트림을 전송하기 위해서만 n개의 통신회선을 필요로 한다. 병렬 전송은 비싸기 때문에, 보통 단거리에서만 사용된다.

(2) 직렬 전송(Serial Transmission)

직렬 전송에서는 한 비트가 다른 비트를 따라가므로, n이 아닌 하나의 통신 채널만 있으면 2개의 통신 기기 사이에 데이터를 전송할 수 있다([그림 2-46] 참조).

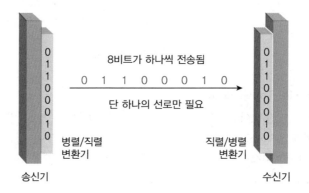

[그림 2-46] 직렬 전송

병렬 대비 직렬 전송의 장점은 하나의 통신 채널만 있으면 직렬 전송은 병렬로 전송되는 전송 비용을 대략 n의 비율로 절감한다는 것이다. 장치 내의 통신은 병렬이기 때문에, 송신기와 회선(병렬 대 직렬)의 인터페이스와 회선과 수신기(직렬 대 병렬)의 인터페이스에서는 변환 장치가 필요하다. 직렬 전송은 비동기, 동기 및 등시의 세 가지 방법 중 하나로 발생한다.

① 비동기 전송(Asynchronous Transmission)

비동기 전송은 신호의 타이밍이 중요하지 않다. 대신에 서로 간에(또는 양식에 의해) 합의된 정보를 받고 번역한다. 이러한 패턴을 따르기만 하면 수신 장치는 전송되는 타이밍에 관계없이 정보를 검색할 수 있다. 패턴은 비트 스트림을 바이트로 그룹화하는 것에 기초한다. 각 그룹(보통 8비트)은 하나의 단위로 링크를 따라 전송된다. 송신 시스템은 각 그룹을 독립적으로 처리하여, 타이머에 관계없이, 준비될 때마다 링크에 중계한다.

동기화되지 않으면 수신기는 타이밍을 이용해 다음 그룹이 언제 도착할지를 예측할 수 없다. 그러므로 수신기에게 새로운 그룹의 도착을 경고하기 위해 **각 바이트의 시작 부분에 추가 비트가 추가된다.** 보통 0인 이 비트는 시작 비트라고 불린다. **바이트가 완료되었음을 수신기에게 알리기 위해 1개 이상의 비트를 바이트 끝에 추가한다.** 이러한 비트에서 보통 1초는 정지 비트라고 불린다. 이러한 기법으로 각각의 바이트는 최소 10비트로 증가하며, 그중 8비트는 정보, 2비트 이상은 수신기로의 신호이다. 또한, 각 바이트의 전송은 다양한 지속시간의 간격이 뒤따를 수 있다. 이 간격은 유휴 채널 또는 추가 정지 비트 스트림으로 나타낼 수 있다.

시작과 정지 비트와의 갭은 수신기에게 각 바이트의 시작과 끝을 알려주고 데이터 스트림과 동기화할 수 있게 한다. 이 메커니즘은 바이트 수준에서 송신기와 수신기를 동기화할 필요가 없기 때문에 비동기라고 불린다. 그러나 각 바이트 내에서 수신기는 여전히 들어오는 비트 스트림과 동기화되어야 한다. 즉 일부 동기화가 필요하지만, 단일 바이트의 지속 기간에만 필요하다. 수신 장치는 각각의 새 바이트가 시작될 때 다시 동기화된다. 수신기가 시작 비트를 감지하면 타이머를 설정하고 들어오면서 비트 수를 세기 시작한다. n비트 후에 수신기는 정지 비트를 찾는다. 정지 비트를 검출하는 즉시 다음 시작 비트를 검출할 때까지 기다린다. [그림 2-47]은 비동기 전송의 도식이다. 이 예에서 시작 비트는 0s이고, 정지 비트는 1s이며, 갭은 추가 정지 비트로 나타내기보다는 유휴 라인으로 나타낸다.

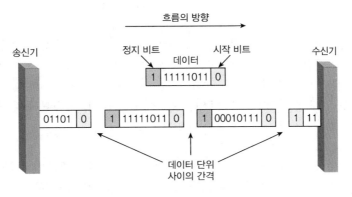

[그림 2-47] 비동기 전송

정지 및 시작 비트를 추가하고 비트 스트림에 간격을 삽입하면 제어 정보의 추가 없이 작동할 수 있는 전송 형태보다 비동기 전송 속도가 느려진다. 하지만 그것은 싸고 효과적이며, 저속 통신과 같은 상황에 매력적인 선택이 될 수 있는 두 가지 장점이다. 예를 들어 키보드와 컴퓨터의 연결은 비동기 전송을 위한 자연스러운 애플리케이션이다. 사용자는 한 번에 한 문자만 입력하고, 데이터 처리 용어로 매우 느리게 입력하며, 문자 간에 예측할 수 없는 시간 간격을 남겨둔다.

② **동기 전송(Synchronous Transmission)**

동기 전송에서, 비트 스트림은 더 긴 '프레임'으로 결합되어, 복수의 바이트를 포함할 수 있다. 그러나 각 바이트는 그것과 다음 바이트 사이의 간격 없이 전송 링크에 도입된다. 암호 해독을 위해 비트 스트림을 바이트로 분리하는 것은 수신기에 맡겨진다. 즉, 데이터는 1초와 0초의 연속된 문자열로 전송되며, 수신자는 그 문자열을 바이트 또는 문자로 분리하여 정보를 재구성할 필요가 있다.

[그림 2-48]은 동기 전송에 대한 도식을 제공한다. 이미 바이트들 사이의 구분을 이끌어 냈으나, 실제로 그러한 분할은 존재하지 않는다. 송신기는 하나의 긴 문자열로 그 데이터를 라인에 놓는다. 송신기가 별도의 버스트에서 데이터를 송신하고자 하는 경우, 버스트 사이의 간격은 유휴를 의미하는 0과 1의 특수 시퀀스로 채워야 한다. 수신기는 비트가 도착하는 대로 비트를 세어 8비트 단위로 그룹화한다. 간격과 시작 및 정지 비트가 없으면 수신 장치가 비트 동기화를 중간에서 조정할 수 있도록 도와주는 내장 메커니즘이 없다. 그러므로, 수신된 정보의 정확성은 그들이 들어오는 비트의 정확한 카운트를 유지하는 수신 장치의 능력에 완전히 의존하기 때문에 타이밍은 매우 중요하다.

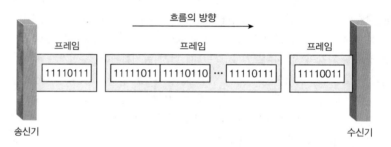

[그림 2-48] 동기 전송

동기 전송의 장점은 속도이다. 송신 종단에서 추가 비트나 갭이 없이 수신 종단에서 제거하고, 링크를 통해 이동할 비트가 적으면, 동기 전송이 비동기 전송보다 빠르다. 이 때문에 한 컴퓨터에서 다른 컴퓨터로 데이터를 전송하는 등의 고속 애플리케이션에 더욱 유용하다. 바이트 동기화는 데이터링크 계층에서 이루어진다. 여기서 한 가지 강조할 점은 동기 직렬 전송에서는 문자 간격이 없지만 프레임 간 간격은 고르지 않을 수 있다.

③ **등시성(Isochronous)**

프레임 간의 고르지 못한 지연이 용납될 수 없는 실시간 오디오와 비디오에서는 동기 전송이 실패한다. 예를 들어, TV 영상은 초당 30개의 영상 속도로 방송된다. 그것들은 같은 속도로 시청되어야 한다. 각 이미지가 하나 이상의 프레임을 사용해 전송되는 경우 프레임 사이에 지연이 있어서는 안 된다. 이러한 유형의 애플리케이션의 경우, 문자 간의 동기화는 충분하지 않고, 비트의 전체 스트림을 동기화해야 한다. 등시 전송은 데이터가 일정한 속도로 도달함을 보장한다.

제 3 절 　아날로그 전송

디지털 전송은 매우 바람직하지만 저역 통과 채널이 필요하며, 대역 통과 채널이 있다면 아날로그 전송이 유일한 선택이다. 디지털 데이터를 대역 통과 아날로그 신호로 변환하는 것을 디지털-아날로그 변환이라고 하며, 저역 통과 아날로그 신호를 대역 통과 아날로그 신호로 변환하는 것을 아날로그-아날로그 변환이라고 한다.

1 　디지털-아날로그 변환 중요 ★★

디지털-아날로그 변환은 디지털 데이터의 정보를 바탕으로 아날로그 신호의 특성 중 하나를 바꾸는 과정이다. [그림 2-49]는 디지털 정보, 디지털-아날로그 변조 프로세스, 그리고 결과적인 아날로그 신호의 관계를 나타내고 있다.

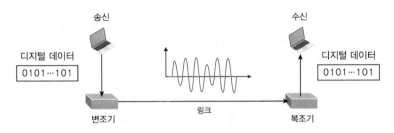

[그림 2-49] 디지털-아날로그 변환

사인파는 진폭, 주파수, 위상 등 세 가지 특성에 의해 정의된다. 이러한 특성들 중 하나를 변화시킬 때, 그 파동의 다른 버전이 만들어진다. 그래서 간단한 전기신호의 특성을 바꾸면 디지털 데이터를 나타낼 수 있다. 진폭 편이 변조(ASK : Amplitude Shift Keying), 주파수 편이 변조(FSK : Frequency Shift Keying), 위상 편이 변조(PSK : Phase Shift Keying)가 있다. 또한, 진폭과 위상 모두를 변화시키는 네 번째 메커니즘인 직교 진폭 변조(QAM : Quadrature Amplitude Modulation)가 가장 효율적이며 오늘날 일반적으로 사용되는 메커니즘이다([그림 2-50] 참조).

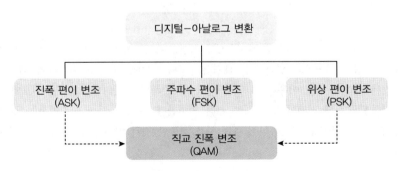

[그림 2-50] 디지털-아날로그 변환 유형

(1) 진폭 편이 변조(Amplitude Shift Keying)

진폭 편이 변조에서는 반송파 신호의 진폭을 변화시켜 신호 요소를 생성한다. 주파수와 위상은 진폭이 변화하는 동안 일정하게 유지된다.

① 이진 ASK(BASK)

각각 다른 진폭을 가진 신호 요소의 몇 가지 레벨(종류)을 가질 수 있지만, ASK는 보통 두 가지 레벨만 사용하여 구현된다. 이를 이진 진폭 편이 변조 또는 온오프 키잉(OOK)이라고 한다. 한 신호 레벨의 피크 진폭은 0이고, 다른 하나는 반송파 주파수의 진폭과 같다. [그림 2-51]은 이진 ASK의 개념적 그림이다.

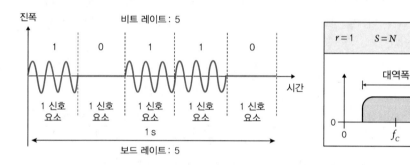

[그림 2-51] 이진 진폭 편이 변조

○ ASK용 대역폭

[그림 2-51]은 ASK에 대한 대역폭도 나타낸다. 반송파 신호는 단순한 하나의 사인파에 불과하지만, 변조 과정은 비주기적 복합 신호를 생성한다. 이 신호는 연속적인 주파수 세트를 가지며 대역폭은 신호 속도(보레이트)에 비례한다. 그러나 일반적으로 d라고 불리는 또 다른 요인이 개입되어 있는데, 이것은 변조와 필터링 과정에 따라 달라진다. d의 값은 0과 1이다. 이는 대역폭을 [그림 2-51]과 같이 나타낼 수 있다는 것을 의미하며, 여기서 S는 신호 속도, B는 대역폭이다.

$$B = (1+d) \times S$$

이 공식은 필요한 대역폭이 최솟값 S와 최댓값 2S를 가지고 있음을 보여준다. 여기서 가장 중요한 점은 대역폭의 위치이다. 대역폭의 중간은 반송파 주파수인 f_c가 위치하는 곳이다. 이것은 만약 우리가 이용할 수 있는 대역 패스 채널이 있다면, 변조된 신호가 그 대역폭을 차지하도록 f_c를 선택할 수 있다는 것을 의미한다. 이것은 사실 디지털-아날로그 변환의 가장 중요한 장점으로 대역폭의 결과는 사용 가능한 것과 일치하도록 이동될 수 있다.

© 구현

[그림 2-52]는 어떻게 이진 ASK를 간단하게 구현할 수 있는지를 보여준다.

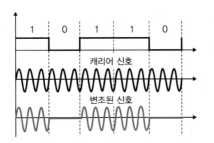
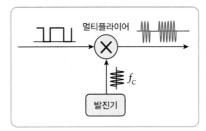

[그림 2-52] 이진 ASK의 구현

디지털 데이터를 고전압 1V, 저전압 0V의 단극 NRZ 디지털 신호로 제시하면, 발진기에서 나오는 반송파 신호에 NRZ 디지털 신호를 곱해 구현할 수 있다. NRZ 신호의 진폭이 1이면 반송파 주파수의 진폭이 유지되고, NRZ 신호의 진폭이 0이면 반송파 주파수의 진폭이 0이다.

② 멀티레벨 ASK

위의 사항은 두 가지 진폭 레벨만 사용하면 2단계가 넘는 멀티레벨 ASK를 가질 수 있다. 신호에 4, 8, 16 또는 그 이상의 다른 진폭을 사용할 수 있고 한 번에 2, 3, 4비트 또는 그 이상의 비트를 사용하여 데이터를 변조할 수 있다. 이 경우 r = 2, r = 3, r = 4 등이다. 순수한 ASK로 구현되지는 않지만 QAM으로 구현한다.

(2) 주파수 편이 변조(Frequency Shift Keying)

주파수 편이 변조에서는 반송파 신호의 주파수가 데이터를 나타내기 위해 변화된다. 변조된 신호의 주파수는 한 신호 요소의 지속시간 동안 일정하지만, 데이터 요소가 변경되면 다음 신호 요소에 대해 변경된다. 피크 진폭과 위상은 모든 신호 요소에 대해 일정하게 유지된다.

① 이진 FSK(BFSK)

이진 FSK(또는 BFSK)에 대해 생각하는 한 가지 방법은 두 개의 반송파 주파수를 고려하는 것이다. [그림 2-53]에서는, f_1과 f_2의 2개의 반송파를 선택했다. 데이터 요소가 0이면 첫 번째 캐리어를 사용하고, 데이터 요소가 1이면 두 번째 캐리어를 사용한다. 단, 이것은 시연 목적으로만 사용되는 비현실적인 예라는 점에 유의한다. 일반적으로 반송파 주파수는 매우 높고, 그 사이의 차이는 매우 작다.

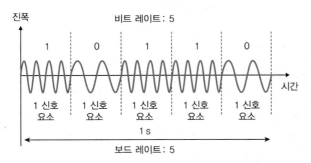
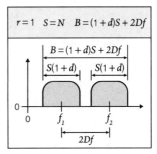

[그림 2-53] 이진 주파수 편이 변조

[그림 2-53]와 같이, 하나의 대역폭 중간은 f_1이고 나머지 중간은 f_2이다. f_1과 f_2는 모두 두 대역의 중간점에서 떨어져 ff이다. 두 주파수의 차이는 2∆f이다.

ⓐ BFSK용 대역폭

[그림 2-53]에는 FSK의 대역폭도 표시된다. 다시 말해 반송파 신호는 단순한 사인파일 뿐 이지만 변조는 연속 주파수의 비주기적 복합 신호를 생성한다. FSK는 각각 고유의 반송파 주파수(f_1 또는 f_2)를 가지는 2개의 ASK 신호라고 생각할 수 있다. 두 주파수 간의 차이가 2∆f이면 필요한 대역폭은 다음과 같다.

$$B = (1+d) \times S + 2\Delta\Phi$$

2∆f의 최솟값은 얼마여야 하는가? [그림 2-53]에서 (1 + d)S보다 큰 값을 선택하면 변조와 복 조의 적절한 작동을 위해 최솟값은 최소한 S이어야 한다는 것을 나타낼 수 있다.

ⓑ 구현

BFSK에는 비일관적(noncoherent)과 일관적(coherent)이라는 두 가지 구현이 있다. 비일관적 BFSK에서는 하나의 신호 요소가 종료되고 다음 신호가 시작되는 단계에서 불연속성이 있을 수 있다. 일관적 BFSK에서 위상은 두 신호 요소의 경계를 통해 계속된다. 비일관적 BFSK는 BFSK를 2개의 ASK 변조로 처리하고 2개의 반송파를 사용하여 구현할 수 있다. 입력 전압에 따라 주파수가 바뀌는 1개의 전압 제어 오실레이터(VCO : Voltage Controlled Oscillator)를 사용하여 일관적 BFSK를 구현할 수 있다. [그림 2-54]는 두 번째 구현의 단순화된 개념을 나타내고 있다. 발진기에 대한 입력은 단극 NRZ 신호이다. NRZ의 진폭이 0일 때, 발진기는 정규 주파수를 유지하고, 진폭이 양수일 때는 주파수가 증가한다.

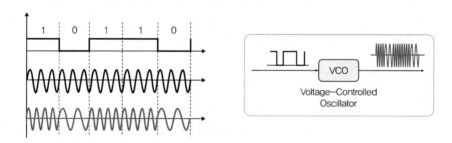

[그림 2-54] BFSK의 구현

② 멀티레벨 FSK

멀티레벨 변조(MFSK)는 FSK 방식에서 드물지 않다. 두 개 이상의 주파수를 사용할 수 있는데, 예를 들어 4개의 서로 다른 주파수인 f_1, f_2, f_3, f_4를 사용해 한 번에 2비트를 전송할 수 있다. 한 번에 3비트를 보내기 위해서는 8개의 주파수를 사용할 수 있다. 그러나 주파수는 2∆f 간격 으로 해야 한다는 점을 명심해야 한다. 모듈레이터와 디모듈레이터의 적절한 작동을 위해서는 최소 2∆f의 값이 S가 되어야 함을 알 수 있다. 대역폭은 다음과 같이 표시된다.

$$B = (1+d) \times S + (L-1)2\Delta_f \rightarrow B = L \times S$$

MFSK는 다른 기법보다 더 많은 대역폭을 사용한다는 점에 유의해야 하며, 잡음의 문제가 심각할 때 사용되어야 한다.

(3) 위상 편이 변조(Phase Shift Keying)

위상 편이 변조에서 반송파의 위상은 둘 이상의 서로 다른 신호 요소를 나타내기 위해 변화한다. 위상 변화에 따라 피크 진폭과 주파수는 모두 일정하게 유지된다. 오늘날, PSK는 ASK나 FSK보다 더 일반적이다. 그러나 ASK와 PSK를 결합한 QAM이 디지털-아날로그 변조 방식이 일반적으로 사용되고 있다.

① 이진 PSK(BPSK)

가장 간단한 PSK는 2개의 신호 요소만 있는 2진 PSK로, 하나는 0°의 위상, 다른 하나는 180°의 위상이다. [그림 2-55]는 PSK에 대한 개념적 관점을 제공한다. 이진 PSK는 하나의 큰 이점을 가진 이진 ASK만큼 간단하며 잡음에 덜 민감하다. ASK에서 비트 검출 기준은 신호의 진폭이며 PSK에서는 위상이다. 잡음은 위상보다 진폭을 더 쉽게 변경할 수 있다. 즉, PSK는 ASK보다 잡음에 덜 취약하다. PSK는 두 개의 반송파 신호가 필요하지 않기 때문에 FSK보다 뛰어나지만, PSK는 위상을 구별할 수 있는 더욱 정교한 하드웨어가 필요하다.

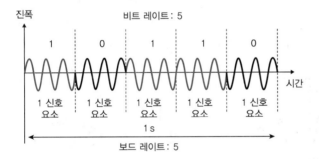
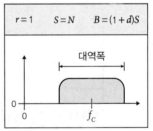

[그림 2-55] 이진 위상 편이 변조

㉠ 대역폭
[그림 2-55]는 또한 BPSK의 대역폭을 보여준다. 대역폭은 바이너리 ASK의 대역폭과 동일하지만, BFSK의 대역폭보다 적다. 두 개의 반송파 신호를 분리하는 데 낭비되는 대역폭은 없다.

㉡ 구현
BPSK의 구현은 ASK에 대한 구현만큼이나 간단하다. 위상 180°의 신호 요소를 위상 0°의 신호 요소의 보완으로 볼 수 있기 때문이다. 이것은 BPSK를 어떻게 구현해야 하는지에 대한 실마리를 제공한다. [그림 2-56]과 같이 단극 NRZ 신호 대신 극성 NRZ 신호로 ASK에 사용한 것과 동일한 아이디어를 사용한다. 극 NRZ 신호는 반송파 주파수로 곱하고, 1비트(양극 전압)는 0°에서 시작하는 위상으로, 0비트(음극 전압)는 180°에서 시작하는 위상으로 나타낸다.

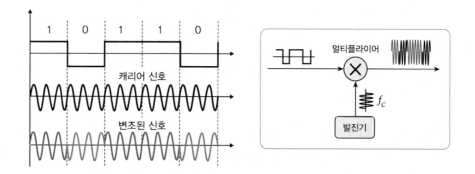

[그림 2-56] BASK의 구현

② **직교 위상 PSK(QPSK : Quadrature PSK)**

BPSK의 단순성은 설계자가 각 신호 요소에서 한 번에 2비트를 사용하도록 유도하여 보드 레이트 및 결국 요구되는 대역폭을 감소시켰다. 이 방식은 2개의 별도의 BPSK 변조를 사용하기 때문에 직교 위상 PSK 또는 QPSK라고 불린다. 수신되는 비트는 먼저 하나의 비트를 하나의 모듈레이터로, 다음 비트를 다른 모듈레이터로 전송하는 직렬 대 병렬 변환을 통해 전달된다. 수신 신호에서 각 비트의 지속시간이 T인 경우, 해당 BPSK 신호로 전송되는 각 비트의 지속시간은 2T이다. 즉, 각 BPSK 신호에 대한 비트는 원래 신호의 주파수의 1/2을 가진다. [그림 2-57]은 그 아이디어를 보여준다.

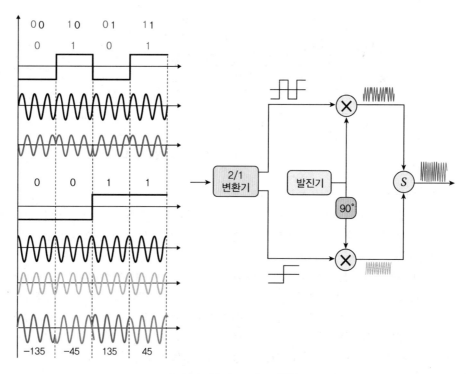

[그림 2-57] QPSK와 그 구현

각 멀티플라이어(곱셈기)가 생성하는 두 개의 합성 신호는 주파수는 같지만, 위상은 다른 사인파이다. 이 값을 더하면 결과는 45°, −45°, 135°, −135°의 네 가지 위상 중 하나를 갖는 또 다른 사인파가 된다. 출력 신호에는 4종류의 신호 요소(L = 4)가 있어 신호 요소당 2비트(r = 2)를 전송할 수 있다.

③ 직교 진폭 변조(Quadrature Amplitude Modulation)

PSK는 위상의 작은 차이를 구별할 수 있는 장비의 능력에 의해 제한된다. 이 요인은 잠재적인 비트 전송률을 제한한다. 지금까지 세 가지 사인파 특성 중 하나만 바꿨는데, 두 가지를 바꾸면 어떨까? 각 반송파에 대해 서로 다른 진폭 수준을 가진 2개의 반송파, 즉 1개의 위상과 다른 직교 위상을 사용하는 아이디어가 직교 진폭 변조(QAM)의 개념이다.

QAM의 변형은 다양하다. [그림 2-58]은 이러한 방식 중 일부를 보여주는 것으로 [그림 2-58]에서 (a)는 각 반송파를 변조하는 단극 NRZ 신호를 사용하는 가장 단순한 4QAM 방식(4가지 신호 요소 유형)을 보여주고 있다. 이것은 ASK(OOK)에 사용했던 것과 같은 메커니즘이다. (b)는 polar NRZ를 이용한 또 다른 4QAM을 보여주지만, 이것은 QPSK와 정확히 일치한다. (c)는 두 개의 캐리어 각각을 조절하기 위해 두 개의 양성 수준의 신호를 사용한 또 다른 QAM-4를 보여준다. 마지막으로, (d)는 8레벨, 4개의 양성 및 4개의 음성 신호의 16QAM 배열을 보여준다.

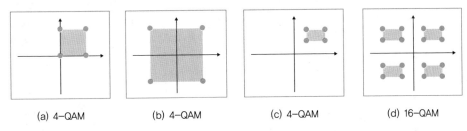

(a) 4−QAM   (b) 4−QAM   (c) 4−QAM   (d) 16−QAM

[그림 2-58] 일부 QAM에 대한 배열 다이어그램

④ QAM의 대역폭

QAM 전송에 필요한 최소 대역폭은 ASK 및 PSK 전송에 필요한 대역폭과 동일하다. QAM은 ASK에 비해 PSK와 같은 장점을 가지고 있다.

2 아날로그 신호 변조 [중요]★

아날로그-아날로그 변환 또는 아날로그 변조는 아날로그 신호로 아날로그 정보를 나타낸다. 그런데 이미 아날로그인데 왜 아날로그 신호를 변조해야 하는지 의문을 가질 수 있다. 매체가 원래 대역 통과인 경우 또는 대역 통과 채널만 이용할 수 있는 경우에 변조가 필요하다. 한 예로 라디오는 라디오 방송국마다 좁은 대역폭을 할당받는다. 각 스테이션에서 생성되는 아날로그 신호는 모두 같은 범위에 있는 저역 통과 신호이다. 서로 다른 방송국의 소리를 들을 수 있으려면 각각 다른 범위로 저역 신호를 이동시켜야 한다. 아날로그-아날로그 변환은 진폭 변조(AM), 주파수 변조(FM) 및 위상 변조(PM)의 세 가지 방식으로 수행할 수 있다. FM과 PM은 보통 함께 분류된다.

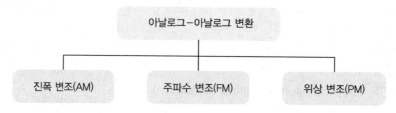

[그림 2-59] 아날로그-아날로그 변조 유형

(1) 진폭 변조(AM : Amplitude Modulation)

AM 전송에서는 반송파 신호가 변조 신호의 진폭 변화에 따라 진폭이 변화하도록 변조된다. 반송파의 주파수와 위상은 그대로 유지되며, 정보의 변화에 따라 진폭만 변경된다. [그림 2-60]은 이 개념이 어떻게 작용하는지를 보여준다. 변조 신호는 반송파의 우편 봉투처럼 행동한다. [그림 2-60]에서 알 수 있듯이, 반송파 신호의 진폭에 따라 반송파 신호의 진폭을 변경해야 하기 때문에 AM은 일반적으로 단순한 멀티플라이어를 사용해 구현된다.

① AM 대역폭

[그림 2-60]은 AM 신호의 대역폭도 나타낸다. 변조는 변조 신호의 대역폭 2배인 대역폭을 생성하고 반송파 주파수를 중심으로 한 범위를 커버한다. 그러나 반송파 주파수 상·하의 신호 구성 요소는 정확히 동일한 정보를 전달한다. 이 때문에, 일부 구현에서는 신호의 절반을 폐기하고 대역폭을 반으로 줄인다.

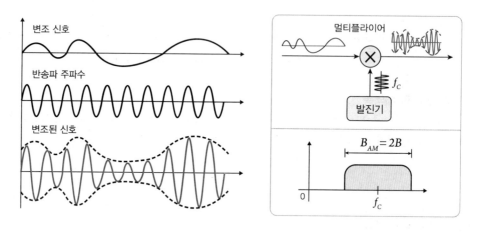

[그림 2-60] 진폭 변조(AM)

② AM 라디오의 표준 대역폭 할당

오디오 신호(음성 및 음악)의 대역폭은 보통 5KHz이다. 그러므로 AM 라디오 방송국은 10KHz의 대역폭을 필요로 한다. 실제로 정부는 AM 방송국마다 10KHz를 허용하고 있다. AM 방송국은 526.5KHz에서 1606.5KHz 사이의 통신사 주파수가 허용된다. 그러나 각 방송국의 반송파 주파수는 간섭을 피하기 위해 10KHz(1AM 대역폭) 이상 양쪽에 있는 주파수와 분리해야 한다. 한 스테이션이 1100KHz의 반송파를 사용하는 경우, 다음 스테이션의 반송파 주파수는 1110KHz보다 낮을 수 없다.

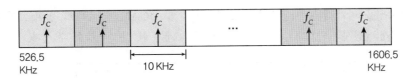

[그림 2-61] AM 대역 할당

(2) 주파수 변조(FM : Frequency Modulation)

FM 송신에서는 반송파 신호의 주파수가 변조 신호의 전압 레벨(전압 진폭)에 따라 변조된다. 반송파 신호의 피크 진폭과 위상은 일정하게 유지되지만, 정보 신호의 진폭이 변함에 따라 반송파의 주파수가 그에 따라 변화한다. [그림 2-62]는 변조 신호, 반송파 신호 및 결과 FM 신호의 관계를 나타내는데 FM은 일반적으로 FSK와 같이 전압 제어 오실레이터(VCO)를 사용하여 구현된다. 발진기의 주파수는 변조 신호의 진폭인 입력 전압에 따라 변화한다.

① FM 대역폭

[그림 2-62]에는 FM 신호의 대역폭도 표시된다. 실제 대역폭은 정확히 판단하기 어렵지만, 공통값 4인 변조 기법에 의존하는 요인이 $2(1 + \beta)B$ 또는 아날로그 신호의 몇 배라는 것을 실증적으로 보여줄 수 있다.

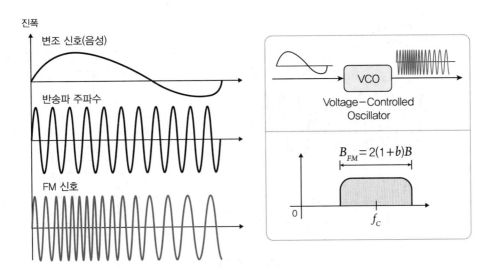

[그림 2-62] 주파수 변조(FM)

② FM 라디오 표준 대역폭 할당

스테레오로 방송되는 오디오 신호(음성 및 음악)의 대역폭은 거의 15KHz이다. 정부기관 각 방송국에 200KHz(0.2MHz)를 허용한다. 이는 일부 추가 가드 밴드가 있는 $\beta = 4$를 의미한다. FM 방송국은 87.5와 108MHz 사이의 통신사 주파수가 허용된다. 방송국을 최소 200KHz로 분리해야 대역폭이 중복되지 않는다. 훨씬 더 많은 프라이버시를 만들기 위해, 정부는 주어진 영역에서 오직 대체 대역폭 할당만 사용할 것을 요구한다. 나머지 방송국은 두 방송국이 서로 간섭할 가능성을 막기 위해 사용되지 않고 있다. 87.5 ~ 108MHz를 하나의 범위로 볼 때 한 영역에 100개의 잠재적 FM 대역폭이 있으며 이 중 50개는 한 번에 작동할 수 있다.

[그림 2-63] FM 대역 할당

(3) 위상(PM : Phase Modulation)

PM 전송에서는 반송파 신호의 위상이 변조 신호의 전압 레벨(전압 진폭) 변화에 따라 변조된다. 반송파 신호의 피크 진폭과 주파수는 일정하게 유지되지만, 정보 신호의 진폭이 변함에 따라 반송 파의 위상이 그에 따라 변화한다. PM이 FM과 한 가지 차이를 가지고 있다는 것은 수학적으로 증 명될 수 있다. FM에서 반송파 주파수의 순간적인 변화는 변조 신호의 진폭에 비례하며, PM에서 반송파 주파수의 순간적인 변화는 변조 신호의 진폭 미분에 비례한다. [그림 2-64]는 변조 신호, 반송파 신호 및 결과 PM 신호의 관계를 나타낸다.

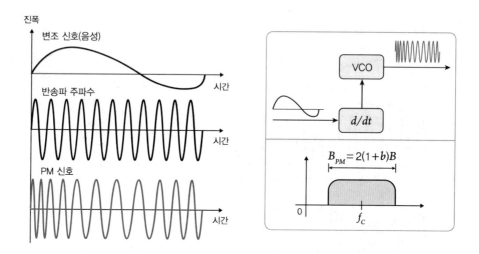

[그림 2-64] 위상 변조(PM)

[그림 2-64]와 같이 PM은 일반적으로 파생 모델과 함께 전압 제어 오실레이터(VCO)를 사용하여 구 현된다. 발진기의 주파수는 입력 전압의 파생상품인 변조 신호의 진폭에 따라 변화한다.

① PM 대역폭

[그림 2-64]는 또한 PM 신호의 대역폭을 보여준다. 실제 대역폭은 정확히 판단하기 어렵지만 아날로그 신호의 몇 배임을 실증적으로 보여줄 수 있다. 이 공식은 FM과 PM의 대역폭은 동일 하지만 PM의 경우 β 값이 낮다(좁은 대역은 약 1개, 광대역은 약 3개).

제 4 절 대역폭 활용

실제 생활에서는 제한된 대역폭을 가진 링크를 가지고 있다. 이러한 대역폭의 현명한 사용은 전자 통신의 주요 과제 중 하나였으며 앞으로도 그럴 것이다. 더 큰 대역폭을 가진 하나의 채널을 이용하기 위해 몇 개의 낮은 대역폭 채널을 결합할 필요가 있다. 또한, 프라이버시와 안티재밍(대전파 방해)과 같은 목표를 달성하기 위해 채널의 대역폭을 확장해야 한다.

1 다중화(Multiplexing) 중요 ★★

두 장치를 연결하는 매체의 대역폭이 장치의 대역폭 요구보다 클 때마다 링크를 공유할 수 있다. 다중화는 단일 데이터링크를 통해 복수의 신호를 동시에 전송할 수 있는 일련의 기술이다. 데이터와 통신 이용이 증가함에 따라 트래픽도 증가한다. 새로운 채널이 필요할 때마다 계속해서 개별 링크를 추가함으로써 이러한 증가를 수용할 수 있고, 또는 더 높은 대역폭 링크를 설치하고 각각의 링크를 사용하여 여러 신호를 전송할 수 있다. 오늘날의 기술은 광섬유와 지상 및 위성 등의 고대역폭 매체를 포함한다. 각각의 대역폭은 평균 전송 신호에 필요한 대역폭을 훨씬 초과한다. 링크의 대역폭이 그것에 연결된 장치의 대역폭 요구보다 크면, 대역폭은 낭비된다. 효율적인 시스템은 모든 자원의 활용을 극대화하는 것으로 대역폭은 데이터 통신에서 가지고 있는 가장 소중한 자원 중 하나이다.

다중화 시스템에서 n개의 회선은 하나의 링크 대역폭을 공유한다. [그림 2-65]는 다중화 시스템의 기본 형식을 보여주고 있다. 왼쪽의 선은 전송 스트림을 멀티플렉서(MUX)로 유도하는데, 멀티플렉서(Many-to-One)는 이를 하나의 스트림(Many-to-One)으로 결합한다. 수신 측에서 그 스트림은 디멀티플렉서(DEMUX)로 공급되는데, 디멀티플렉서는 스트림을 컴포넌트 전송(one-to-many)으로 다시 분리하여 해당 라인으로 유도한다. 그림에서 링크라는 단어는 물리적인 경로를 가리킨다. 채널이라는 단어는 주어진 한 쌍의 라인 사이에 전송을 전달하는 링크의 부분을 가리킨다. 하나의 링크는 많은 (n) 채널을 가질 수 있다.

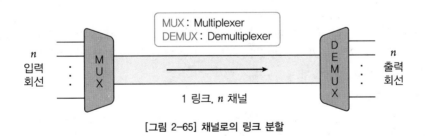

[그림 2-65] 채널로의 링크 분할

주파수 분할 다중화, 파장 분할 다중화, 시분할 다중화 등 3가지 기본 다중화 기법이 있다. 첫 번째와 두 번째는 아날로그 신호, 세 번째는 디지털 신호에 대해 설계된 기술이다.

[그림 2-66] 다중화 카테고리

(1) 주파수 분할 다중화(FDM : Frequency-Division Multiplexing)

주파수 분할 다중화(FDM)는 링크의 대역폭(헤르츠 단위)이 전송되는 신호의 결합 대역폭보다 클 때 적용할 수 있는 아날로그 기법이다. FDM에서, 각 송신 장치에 의해 생성된 신호는 다른 반송파 주파수를 변조한다. 그런 다음 이러한 변조된 신호는 링크에 의해 전송될 수 있는 단일 복합 신호로 결합된다. 반송파 주파수는 변조된 신호를 수용하기에 충분한 대역폭으로 분리된다. 이러한 대역폭 범위는 다양한 신호가 이동하는 채널이다. 채널은 신호가 겹치는 것을 방지하기 위해 사용되지 않는 대역폭의 스트립으로 분리될 수 있다. 또한, 반송파 주파수는 원래 데이터 주파수에 간섭하지 않아야 한다. [그림 2-67]은 FDM의 개념을 제공하는데 전송 경로는 각각 하나의 전송을 전달하는 채널을 나타내는 세 부분으로 나뉜다.

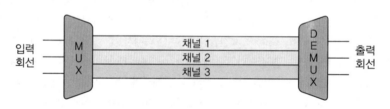

[그림 2-67] 주파수 분할 다중화(FDM)

FDM을 아날로그 멀티플렉싱 기술로 간주하지만, 이것이 FDM을 사용하여 디지털 신호를 보내는 소스를 결합할 수 없다는 의미는 아니다. FDM을 사용하여 멀티플렉싱하기 전에 디지털 신호를 아날로그 신호로 변환할 수 있다.

① 다중화 프로세스

[그림 2-68]은 다중화 과정을 개념적으로 보여준다. 각 소스는 비슷한 주파수 범위의 신호를 생성한다. 멀티플렉서 내에서 이러한 유사한 신호는 서로 다른 반송파 주파수(f_1, f_2 및 f_3)를 변조한다. 결과로 나오는 변조된 신호는 하나의 복합 신호로 결합되어 이를 수용할 수 있는 충분한 대역폭을 가진 미디어 링크를 통해 전송된다.

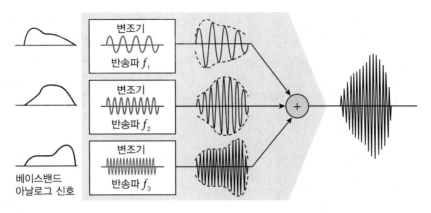

[그림 2-68] FDM 프로세스

② 디멀티플렉싱 프로세스

디멀티플렉서는 일련의 필터를 사용하여 다중화된 신호를 해당 구성 요소 신호로 분해한다. 개별 신호는 복조기로 전달되어 복조기에서 분리되어 출력 라인으로 전달된다. [그림 2-69]는 디멀티플렉싱 프로세스의 개념적 그림이다.

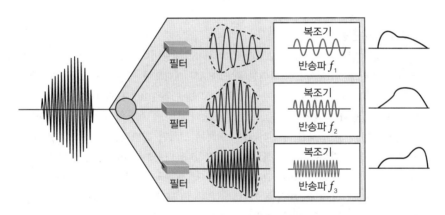

[그림 2-69] FDM 디멀티플렉싱

③ 아날로그 캐리어 시스템

전화 회사는 인프라의 효율성을 극대화하기 위해 전통적으로 저대역 회선에서 고대역 회선으로 신호를 다중화해왔다. 이 방법으로 많은 스위치 또는 임대 회선이 더 적은 수의 큰 채널로 결합될 수 있다. 아날로그 라인에 대해서는 FDM을 사용한다. 전화 회사에서 사용하는 이러한 계층적 시스템 중 하나는 그룹, 슈퍼 그룹, 마스터 그룹 및 점보 그룹으로 구성된다.

이 아날로그 계층 구조에서 12개의 음성 채널이 더 높은 대역폭 회선에 다중화되어 그룹을 생성한다. 그룹은 48KHz의 대역폭을 가지며 12개의 음성 채널을 지원한다. 다음 레벨에서는 최대 5개의 그룹을 멀티플렉싱하여 슈퍼 그룹이라는 복합 신호를 만들 수 있다. 슈퍼 그룹은 240KHz의 대역폭을 가지고 있고 60개의 음성 채널을 지원한다. 슈퍼 그룹은 5개 그룹 또는 60개의 독립적인 음성 채널로 구성될 수 있다.

다음 단계에는 10개의 슈퍼 그룹이 멀티플렉싱되어 마스터 그룹을 만든다. 마스터 그룹에는 2.40MHz의 대역폭이 있어야 하지만 슈퍼 그룹 간에 가드 밴드가 필요하면 필요한 대역폭이 2.52MHz로 증가된 마스터 그룹은 최대 600개의 음성 채널을 지원한다. 마지막으로, 6개의 마스터 그룹을 점보 그룹으로 결합할 수 있다. 점보 그룹은 15.12MHz(6×2.52MHz)가 되어야 하지만 마스터 그룹 간에 보호 대역을 허용하려면 16.984MHz로 증가 된다.

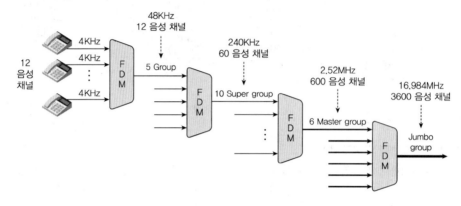

[그림 2-70] 아날로그 계층

④ FDM의 기타 응용

FDM의 매우 일반적인 적용은 AM과 FM 라디오 방송이다. 라디오는 공기를 전송 매체로 사용한다. 530부터 1700KHz까지의 특별한 밴드가 AM 라디오에 할당된다. 모든 라디오 방송국이 이 밴드를 공유해야 한다. 앞에서 논했듯이, 각 AM 방송국은 10KHz의 대역폭을 필요로 한다. 각 방송국은 다른 반송파를 사용하는데, 이것은 반송파 신호를 이용하여 멀티플렉싱한다는 것을 의미한다. 수신기는 모든 신호를 수신하지만, 원하는 신호만 필터링한다. 오직 하나의 AM 방송국만이 공중으로 방송할 경우에는 멀티플렉싱이 필요없다. 다중화는 데이터링크 계층에서 이루어진다.
FM 방송도 사정은 비슷하다. 그러나 FM은 각 방송국의 대역폭이 200KHz가 필요하기 때문에 88～108MHz의 더 넓은 대역을 가지고 있다. FDM의 또 다른 일반적인 용도는 텔레비전 방송에 있다. 각 TV 채널은 자체 대역폭이 6MHz이다.
휴대전화의 1세대도 FDM을 사용한다. 각 사용자는 30KHz의 채널을 2개 할당받는데, 하나는 음성 송신용이고 다른 하나는 수신용이다. 대역폭이 3KHz(300Hz～3300Hz)인 음성 신호는 FM을 사용해 변조한다. FM 신호는 변조 신호의 10배에 해당하는 대역폭을 가지는데, 이는 각 채널이 30KHz(10×3)의 대역폭을 갖는다는 것을 의미한다. 그러므로 각 사용자는 기지국에 의해 통화 시 이용 가능한 범위에서 60KHz의 대역폭을 제공한다.

(2) 파장 분할 다중화(WDM : Wavelength Division Multiplexing)

파장 분할 멀티플렉싱(WDM)은 광섬유 케이블의 높은 데이터 전송 속도를 사용하도록 설계되었다. 광섬유 데이터 전송 속도는 금속 전송 케이블의 데이터 전송 속도보다 높지만, 단일 회선에 광섬유 케이블을 사용하면 가용 대역폭이 낭비된다. 멀티플렉싱은 여러 회선을 하나로 결합할 수 있게 해준다.
WDM은 개념적으로 FDM과 동일하지만, 멀티플렉싱과 복수는 광섬유 채널을 통해 전송되는 광신호를 포함한다. 아이디어는 같으며 서로 다른 주파수의 신호를 결합하고 있다. 그 차이는 주파수가 매우 높다는 것이다. [그림 2-71]은 WDM 멀티플렉서와 디멀티플렉서의 개념도이다. 서로 다른 출처의 매우 좁은 범위의 빛이 결합되어 더 넓은 범위의 빛을 만들어낸다. 수신기에서, 신호들은 디멀티플렉서에 의해 분리된다.

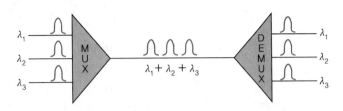

[그림 2-71] 파장 분할 다중화(WDM)

WDM 기술은 매우 복잡하지만 기본적인 아이디어는 매우 간단하다. 멀티플렉서에서 여러 광원을 하나의 단일 조명으로 결합하고 역다중화 장치에서 역광을 수행한다. 광원의 결합 및 분리는 프리즘에 의해 쉽게 처리된다. 프리즘이 입사각과 빈도에 따라 빛의 빔을 굴절시킨다는 것은 기본 물리학이다. 이 기술을 사용하면, 멀티플렉서는 넓은 주파수 대역의 하나의 출력 빔으로 좁은 주파수 대역을 각각 포함하는 여러 개의 입력 빔을 결합하도록 만들 수 있다. 디멀티플렉서(demultiplexer)를 사용하여 프로세스를 역으로 수행할 수도 있다. [그림 2-72]는 개념을 보여준다.

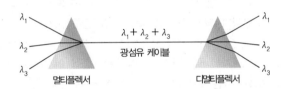

[그림 2-72] 파장 분할 멀티플렉싱 및 디멀티플렉싱의 프리즘

WDM의 한 응용은 다중 광섬유 회선이 다중화되고 역 다중화되는 SONET 네트워크이다. 고밀도 WDM(DWDM)이라고 하는 새로운 방법은 채널을 서로 매우 가깝게 배치하여 매우 많은 수의 채널을 다중화할 수 있어 더 큰 효율성을 달성한다.

(3) 시분할 다중화(TDM : Time-Division Multiplexing) 종요 ★★★

시분할 다중화(TDM)는 여러 연결이 링크의 높은 대역폭을 공유할 수 있게 해주는 디지털 프로세스이다. FDM에서와 같이 대역폭의 일부를 공유하는 대신 시간이 공유되고, 각 연결은 링크에서 시간 일부를 차지한다. [그림 2-73]은 TDM의 개념을 보여주는데 FDM처럼 동일한 링크가 사용된다. 그러나 여기서는 링크가 주파수보다는 시간별로 구분되어 표시된다. [그림 2-73]에서 신호 1, 2, 3 및 4의 일부가 순차적으로 링크를 차지한다.

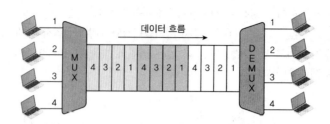

[그림 2-73] 시분할 다중화(TDM)

[그림 2-73]에서는 스위칭이 아닌 멀티플렉싱만 고려한다. 즉, 소스 1의 메시지에 있는 모든 데이터는 항상 1, 2, 3 또는 4와 같이 하나의 특정 대상으로 이동한다. 이는 스위칭과 달리 고정되어 있다. 또한, TDM은 원칙적으로 디지털 멀티플렉싱 기술이라는 것을 기억해야 한다. 서로 다른 소스의 디지털 데이터가 하나의 시간 공유 링크로 결합된다. 그러나 이것이 소스가 아날로그 데이터를 생성할 수 없다는 것을 의미하지는 않는다. 아날로그 데이터는 샘플링되고, 디지털 데이터로 변경되며, TDM을 사용하여 다중화될 수 있다.

① 동기식 TDM

동기식 TDM에서 각 입력 연결은 데이터를 전송하지 않더라도 출력에 할당을 가진다.

㉠ 시간 슬롯 및 프레임

동기식 TDM에서 각 입력 연결의 데이터 흐름은 단위로 나누어지며, 각 입력은 하나의 입력 시간 슬롯을 차지한다. 단위는 1비트, 1문자 또는 1블록의 데이터일 수 있다. 각 입력 단위는 하나의 출력 단위가 되고 하나의 출력 시간 슬롯을 차지한다. 그러나 출력 시간 슬롯의 지속시간은 입력 시간 슬롯의 지속시간보다 n배 짧다. 입력 시간 슬롯이 Ts이면 출력 시간 슬롯은 T/ns이며, 여기서 n은 연결 수이다. 즉, 출력 연결의 유닛 지속시간이 짧아 더 빨리 이동한다. [그림 2-74]는 n이 3인 동기식 TDM의 예를 보여준다.

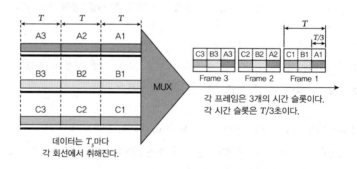

데이터는 T_s마다
각 회선에서 취해진다.

각 프레임은 3개의 시간 슬롯이다.
각 시간 슬롯은 $T/3$초이다.

[그림 2-74] 동기식 시분할 다중화

동기식 TDM에서는 각 입력 연결에서 데이터 단위의 라운드가 프레임으로 수집된다. n개의 연결이 있는 경우 프레임을 n개의 시간 슬롯으로 나누고 각 입력 행마다 하나씩 각 장치에 하나의 슬롯을 할당한다. 입력 장치의 지속시간을 T라고 하면 각 슬롯의 지속시간은 T/n이고 각 프레임의 지속시간은 T이다(프레임이 몇 가지 다른 정보를 전달하지 않는 한 곧 알 수 있다).

출력 링크의 데이터 속도는 데이터 흐름을 보장하기 위해 연결 데이터 속도의 n배가 되어야 한다. [그림 2-74]에서 링크의 데이터 속도는 연결 데이터 속도의 3배이다. 마찬가지로 연결에 있는 장치의 지속시간은 시간 슬롯의 지속시간(링크에 있는 장치의 지속시간)의 3배이다. [그림 2-74]에서 다중화 이전의 데이터를 다중화 후의 데이터 크기의 3배로 나타낸다. 이는 멀티플렉싱 전에 각 유닛의 지속시간이 3배 더 길다는 아이디어를 전달하기 위한 것이다.

시간 슬롯은 프레임으로 그룹화된다. 프레임은 하나의 슬롯이 각 송신 장치에 전용인 하나의 완전한 사이클의 시간 슬롯으로 구성된다. n개의 입력 라인을 갖는 시스템에서, 각각의 프레임은 n개의 슬롯을 가지며, 각 슬롯은 특정 입력 라인으로부터의 데이터를 전달하도록 할당된다.

ⓒ 인터리빙(Interleaving)

TDM은 두 개의 고속 회전 스위치로 시각화할 수 있다. 하나는 멀티플렉서 측에, 다른 하나는 디멀티플렉서 측에 있다. 스위치는 같은 속도로 반대 방향으로 동기화되고 회전한다. 멀티플렉싱 측면에서 스위치가 연결 앞에 열리면 해당 연결은 장치를 경로로 보낼 수 있다. 이 프로세스를 인터리빙이라고 한다. 디멀티플렉싱 측면에서 스위치가 연결 앞에 열리면 해당 연결은 경로에서 장치를 수신할 수 있다.

[그림 2-75]는 [그림 2-74]에 표시된 연결에 대한 인터리빙 프로세스를 보여준다. 이 그림에서는 스위칭이 필요 없고 멀티플렉서 사이트의 첫 번째 연결에서 온 데이터가 디멀티플렉서에서 첫 번째 연결로 이동한다고 가정한다.

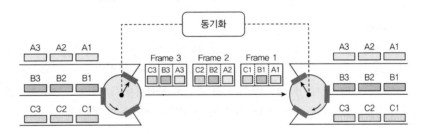

[그림 2-75] 인터리빙

ⓒ 빈 슬롯

동기식 TDM은 그렇게 효율적이지 않다. 송신할 데이터가 소스에 없는 경우, 출력 프레임의 해당 슬롯이 비어 있다. [그림 2-76]은 입력 라인 중 하나에 송신할 데이터가 없고 다른 입력 라인의 한 슬롯에 불연속 데이터가 있는 경우를 나타낸다. 첫 번째 출력 프레임은 3개의 슬롯을 채우고, 두 번째 프레임은 2개의 슬롯을 채우고, 세 번째 프레임은 3개의 슬롯을 채운다. 꽉 차 있는 프레임은 없다.

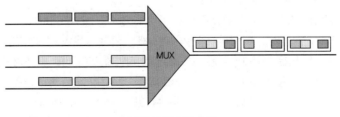

[그림 2-76] 빈 슬롯

ㄹ 데이터 속도 관리

TDM의 한 가지 문제점은 입력 데이터 속도의 불일치를 처리하는 방법이다. 지금까지의 모든 논의에서 모든 입력 라인의 데이터 속도는 동일하다고 가정했다. 그러나 데이터 속도가 동일하지 않으면 세 가지 전략 또는 그 조합을 사용할 수 있다. 이 세 가지 전략을 다단계 멀티플렉싱, 다중 슬롯 할당 및 펄스 스터핑이라고 한다.

• 멀티 레벨 다중화

(다단계)멀티플렉싱은 입력 라인의 데이터 속도가 다른 것의 배수일 때 사용되는 기술이다. 예를 들어 [그림 2-77]에서 두 개의 입력은 20Kbps이고 세 개의 입력은 40Kbps이면 처음 두 개의 입력 라인은 함께 다중화되어 마지막 3개의 데이터 속도를 제공할 수 있다. 두 번째 수준의 멀티플렉싱은 160Kbps의 출력을 생성할 수 있다.

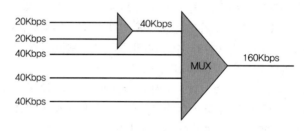

[그림 2-77] 멀티 레벨 다중화

• 멀티(다중) 슬롯 할당

때로는 단일 입력 회선에 프레임의 두 개 이상 슬롯을 할당하는 것이 더 효율적이다. 예를 들어, 다른 입력의 배수인 데이터 전송률을 가진 입력 행이 있을 수 있다. [그림 2-78]에서 50Kbps 데이터 전송률의 입력 라인은 출력에서 두 개의 슬롯을 제공받을 수 있다. 두 개의 입력을 하나씩 만들도록 회선에 디멀티플렉서를 삽입한다.

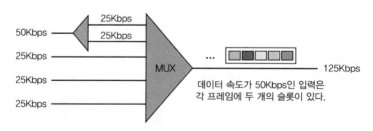

[그림 2-78] 멀티 슬롯 다중화

• 펄스 스터핑(Pulse Stuffing)

때때로 소스의 비트 전송률은 서로 복수 정수가 아니다. 따라서 위의 두 가지 기법 중 어느 것도 적용할 수 없다. 하나의 해결책은 가장 높은 입력 데이터 속도를 지배적인 데이터 속도로 만든 다음 더 낮은 속도로 입력 라인에 더미 비트를 추가하는 것이다. 이렇게 하면 그들의 효율이 높아진다. 이 기술은 펄스 채우기, 비트 패딩 또는 비트 채우기라고 불린다. 그 아이디어는 [그림 2-79]에 나타나 있다. 데이터 전송 속도가 46인 입력은 펄스가 채워져 속도를 50Kbps로 높인다. 이제 멀티플렉싱이 일어날 수 있다.

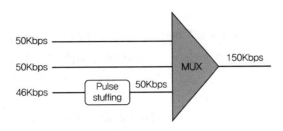

[그림 2-79] 펄스 스터핑

ⓜ 프레임 동기화

TDM의 구현은 FDM만큼 간단하지 않다. 멀티플렉서와 디멀티플렉서의 동기화가 주요 이슈다. 멀티플렉서와 디멀티플렉서가 동기화되지 않으면 한 채널에 속하는 비트가 잘못된 채널에 의해 수신될 수 있다. 이 때문에, 일반적으로 각 프레임의 시작 부분에 하나 이상의 동기화 비트를 추가한다. 프레임 비트라고 불리는 이 비트는 디멀티플렉서가 시간 간격을 정확히 구분할 수 있도록 들어오는 스트림과 동기화할 수 있도록 하는 패턴을 따른다. 대부분의 경우, 이 동기화 정보는 [그림 2-80]과 같이 0과 1을 번갈아 가며 프레임당 1비트로 구성된다.

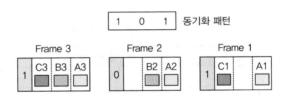

[그림 2-80] 프레임 비트

ⓑ 디지털 신호 서비스

전화 회사는 디지털 신호(DS) 서비스 또는 디지털 계층 구조라고 하는 디지털 신호의 계층 구조를 통해 TDM을 구현한다. [그림 2-81]은 각 레벨에서 지원되는 데이터 속도를 보여준다.

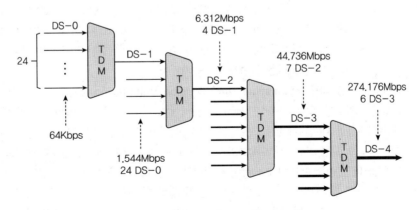

[그림 2-81] 디지털 계층

ⓢ T 회선

DS-0, DS-1 등은 서비스의 명칭이다. 이러한 서비스를 실시하기 위해, 전화 회사는 T 회선(T-1 에서 T-4)을 이용한다. 이들은 DS-1에서 DS-4까지의 데이터 전송률과 정확히 일치하는 용량을 가진 회선이다([표 2-2] 참조). 지금까지는 T-1과 T-3 회선만 상업적으로 이용할 수 있다.

[표 2-2] DS 및 T 회선 속도

서비스	회선	속도(Mbps)	음성 채널
DS-1	T-1	1.544	24
DS-2	T-2	6.312	96
DS-3	T-3	44.736	672
DS-4	T-4	274.176	4032

◎ E 회선

유럽은 E라인이라고 불리는 T라인을 사용한다. 두 시스템은 개념적으로 동일하지만 용량은 다르다. [표 2-3]는 E 라인과 그 용량을 보여준다.

[표 2-3] E 회선 속도

회선	속도(Mbps)	음성 채널
E-1	2.048	30
E-2	8.448	120
E-3	34.368	480
E-4	139.264	1920

ⓩ 기타 동기식 TDM 애플리케이션

일부 2세대 휴대전화 회사들은 동기식 TDM을 사용한다. 예를 들어, 휴대 전화의 디지털 버전은 사용 가능한 대역폭을 30KHz 대역으로 나눈다. 각 밴드별로 TDM을 적용해 6명의 사용자가 해당 밴드를 공유할 수 있도록 했다. 이는 30KHz대 각각이 6개의 타임슬립으로 이루어져 사용자의 디지털화된 음성 신호가 슬롯에 삽입된다는 것을 의미한다. TDM을 이용하면, 각 지역의 전화 이용자 수가 6배 증가된다.

② **통계적 시분할 다중화(Statistical Time-Division Multiplexing)** 중요 ★★★

앞에서 보았듯이 동기식 TDM에서는 각 입력에 출력 프레임에 예약된 슬롯이 있다. 일부 입력 회선이 전송할 데이터가 없는 경우 이는 비효율적일 수 있다. 통계적 시분할 멀티플렉싱에서 슬롯은 동적으로 할당되어 대역폭 효율성을 향상시킨다. **입력 회선이 전송할 슬롯의 데이터를 가지고 있을 때만 출력 프레임에 슬롯이 주어진다.** 통계적 멀티플렉싱에서는, 각 프레임의 슬롯 수가 입력 회선의 개수보다 적다. 멀티플렉서는 각 입력 회선을 라운드 로빈 방식으로 검사하고, 회선이 전송할 데이터가 있으면 입력 회선에 슬롯을 할당하며, 그렇지 않으면 회선을 건너뛰고 다음 회선을 점검한다.

[그림 2-82]에는 동기식 및 통계적 TDM의 예가 표시된다. 동기식 TDM의 경우, 해당 회선에 송신할 데이터가 없기 때문에 일부 슬롯은 비어 있다. 그러나 통계적 TDM의 경우 어떤 입력 회선에서 보낼 데이터가 있는 한 빈 슬롯은 없다.

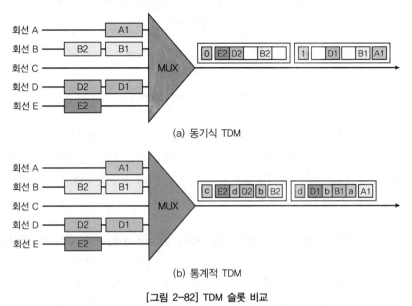

(a) 동기식 TDM

(b) 통계적 TDM

[그림 2-82] TDM 슬롯 비교

2 확산 대역

멀티플렉싱은 여러 소스의 신호를 결합하여 대역폭 효율을 달성한다. 링크의 사용 가능한 대역폭은 소스 간에 나누어진다. SS(Spread Spectrum)에서는 다른 소스의 신호를 더 큰 대역폭으로 결합하지만, 목표는 다소 다르다. 확산 스펙트럼은 무선 응용 프로그램(LAN 및 WAN)에서 사용하도록 설계되었다. 이러한 유형의 애플리케이션에는 대역폭 효율성보다 중요한 몇 가지 고려사항이 있다. 무선 애플리케이션에서 모든 스테이션은 통신 매체로 공기(또는 진공)를 사용한다. 스테이션은 도청자에 의한 차단없이 악의적인 침입자로부터 방해받지 않고 이 매체를 공유할 수 있어야 한다.

이러한 목표를 달성하기 위해 스프레드시트 기법은 중복성을 추가하며, 각 스테이션에 필요한 원래 주파수를 확산시킨다. 각 스테이션에 필요한 대역폭이 B인 경우, 확산 주파수는 $B_{ss} \gg B$와 같이 B_{ss}로 확장한다. 확장된 대역폭은 소스가 더욱 안전한 전송을 위해 메시지를 보호 봉투에 넣을 수 있도록 한다. 섬세하고 비싼 선물을 보내는 것에 비유하자면, 운송 중 파손되는 것을 막기 위해 특별한 상자에 선물을 넣을 수 있고, 우수한 택배 서비스를 이용하면 포장 안전을 보장할 수 있다. [그림 2-83]은 확산 스펙트럼의 개념을 나타낸다. 확산 스펙트럼은 다음 두 가지 원칙을 통해 목표를 달성한다.

① 각 스테이션에 할당되는 대역폭은 필요한 것보다 훨씬 커야 한다. 이렇게 하면 중복성이 허용된다.
② 원래 대역폭 B를 대역폭 B_{ss}로 확장하는 것은 반드시 원래 신호와 독립적인 프로세스에 의해 이루어져야 한다. 즉, 신호가 소스에 의해 생성된 후에 확산 프로세스가 발생한다.

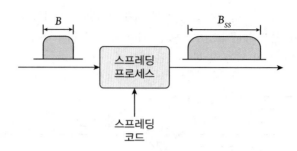

[그림 2-83] 확산 스펙트럼

신호가 소스에 의해 생성된 후, 확산 프로세스는 확산 코드를 사용하여 대역폭을 확산시킨다. [그림 2-83]
에는 원래 대역폭 B와 확산 대역폭 B_{ss}가 보여준다. 확산 코드는 무작위로 보이지만 실제로는 하나의 패
턴이다. 대역폭을 확산시키는 기술은 주파수 호핑 확산 스펙트럼(FHSS)과 직접 시퀀스 확산 스펙트럼
(DSSS)의 두 가지가 있다.

(1) 주파수 호핑 확산 스펙트럼(FHSS : Frequency Hopping Spread Spectrum) 중요 ★

주파수 호핑 확산 스펙트럼 기술은 소스 신호에 의해 변조되는 M개의 상이한 반송파 주파수를 사
용한다. 한순간에 신호는 하나의 반송파 주파수를 변조하고, 다음 순간에 신호는 다른 반송파 주파
수를 변조한다. 변조는 한 번에 하나의 반송파 주파수를 사용하여 이루어지지만 장기간에 M개의
주파수가 사용된다. 확산된 후 소스에 의해 점유되는 대역폭은 BFHSS >> B이다.

[그림 2-84]는 FHSS의 일반적인 레이아웃을 보여주고 있다. PN(Pseudorandom Noise)이라고 불
리는 의사 랜덤 코드 생성기는 매 호핑 주기마다 k-bit 패턴을 생성한다. 주파수 테이블은 패턴을
사용하여 이 호핑 주기에 사용할 주파수를 찾아 주파수 합성기로 전달한다. 주파수 합성기는 해당
주파수의 반송파 신호를 생성하며, 소스 신호는 반송파 신호를 변조한다.

우리가 8개의 호핑 주파수를 가지기로 결정했다고 가정해보자. 이것은 실제 애플리케이션의 경우
극히 낮으며 단지 설명을 위한 것이다. 이 경우 M은 8이고 k는 3이다. 의사 랜덤 코드 생성기는 8
개의 다른 3비트 패턴을 생성한다. 이것들은 주파수 표의 8개의 다른 주파수로 매핑된다([그림
2-84] 참조).

이 스테이션의 패턴은 101, 111, 001, 000, 010, 011, 100이다. 패턴은 의사 랜덤이다. 그것은 8개
의 호핑 후에 반복된다. 이것은 호핑주기 1에서 패턴이 101임을 의미한다. 선택한 주파수는 700KHz
이다. 소스 신호는 이 반송파 주파수를 변조한다. 선택된 두 번째 k 비트 패턴은 111이며 900KHz
반송파를 선택한다. 제8 패턴은 100이고, 주파수는 600KHz이다. 8번 홉핑을 한 후 101번부터 다시
반복한다. 원신호의 요구 대역폭은 100KHz라고 가정한다.

이 도식은 앞서 언급 한 목표를 달성할 수 있음을 보여줄 수 있다. k 비트 패턴이 많고 호핑주기가
짧으면 발신자와 수신자가 프라이버시를 가질 수 있다. 침입자가 전송된 신호를 가로채려는 경우,
다음 홉으로 빠르게 적용하기 위해 확산되는 시퀀스를 알지 못하기 때문에 작은 데이터에만 액세스
할 수 있다. 이 도식에는 또한 안티 제재 효과가 있다. 악의적인 발신자는 한 번의 호핑 (임의로)
동안 신호를 방해하기 위해 잡음을 보낼 수 있지만 전체 기간에는 신호를 보낼 수 없다.

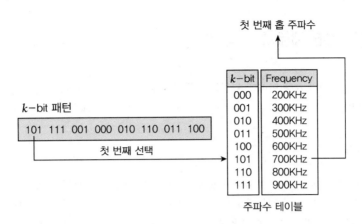

[그림 2-84] FHSS의 주파수 선택

(2) 직접 시퀀스 확산 스펙트럼(DSSS : Direct Sequence Spread Spectrum) 중요 ★

원래의 신호에 주파수가 높은 디지털 신호(확산 코드)를 곱(XOR)하여 확산시키는 대역 확산 변조 방식으로, FASS보다 전력효율이나 대역폭 효율 측면에서 월등하며 이동통신 CDMA와 거의 같은 의미로 받아들여진다.

전송될 2진 데이터 신호를 칩코드(Chip Code)라고 하는 다른 2진 코드(비트 패턴)로 변조하여 사용 주파수 전역으로 확산시켜 전송한다. 즉, 데이터의 비트를 칩 형태의 여러 비트로 변조하여 사용하고 주파수 전역으로 확산시켜 전송하며, 수신시 칩이 다시 원래 비트 단위로 변환되어 데이터가 복원된다. 칩이 클수록 원래의 데이터로 복원될 가능성도 커진다. DSSS 시스템은 동일한 물리적 공간에서 오버래핑되는 채널을 갖기 때문에 시스템 간에 간섭의 원인이 된다. 따라서 최소한 5개 채널을 건너뛰는 주파수를 가져야 한다.

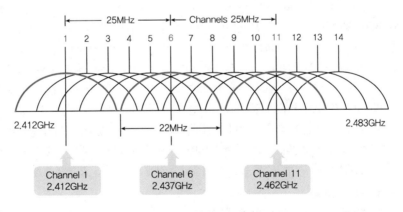

[그림 2-85] DSSS 채널

제 5 절 　전송 매체 중요 ★

전송 매체는 실제로 물리 계층 아래에 위치하며 물리 계층에 의해 직접 제어된다. 전송 매체가 0층에 속한다고 말할 수 있다.

1 유도 매체

한 장치에서 다른 장치로 도관을 제공하는 매체인 유도 매체에는 트위스트 페어 케이블, 동축 케이블 및 광섬유 케이블이 포함된다. 이러한 매체를 따라 이동하는 신호는 매체의 물리적 한계에 의해 유도되고 억제된다. 트위스트 페어 및 동축 케이블은 신호를 전류 형태로 수용하고 전달하는 금속(구리) 도체를 사용한다. 광섬유는 빛의 형태로 신호를 받아들이고 운반하는 케이블이다.

(1) 이중 꼬임선(Twisted Pair Cable) 중요 ★★

트위스트 페어 케이블은 [그림 2-86]과 같이 각각 자체적인 플라스틱 절연체를 가진 두 개의 도체(일반적으로 구리)로 구성된다.

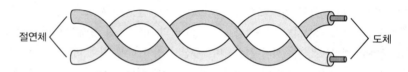

[그림 2-86] 트위스트 페어 케이블

와이어 중 하나는 수신기로 신호를 전달하는 데 사용하고, 다른 하나는 접지 기준으로만 사용한다. 수신기는 둘 사이의 차이를 이용한다. 송신기가 전선 중 하나에 송신한 신호 외에, 간섭(잡음)과 혼선은 양쪽 와이어에 영향을 주고 원치 않는 신호를 발생시킬 수 있다. 두 와이어가 평행하면 잡음이나 혼선 소스(예 한 와이어가 더 가깝고 다른 와이어가 더 멀기)에 상대적인 위치에 있기 때문에 이러한 원하지 않는 신호의 영향은 양쪽 와이어에서 동일하지 않다. 이로 인해 수신기에서 차이를 초래한다.

쌍을 꼬아서 균형을 유지한다. 예를 들어, 한 트위스트에서 한 와이어는 잡음원에 더 가깝고 다른 와이어는 더 멀다고 가정하면, 다음 꼬임에서는 그 반대가 사실이다. 트위스트를 하면 양쪽 와이어가 모두 외부 영향(잡음 또는 혼선)에 의해 동등하게 영향을 받을 가능성이 있다. 양자의 차이를 계산하는 수신기가 원치 않는 신호를 수신하지 않는다는 뜻이다. 원치 않는 신호는 대부분 취소된다. 이상의 논의로부터, 길이 단위(예 인치)당 트위스트 수가 케이블의 품질에 어느 정도 영향을 주는 것이 분명하다.

① UTP 및 STP 케이블

통신에 사용되는 가장 일반적인 트위스트 페어 케이블을 무차폐 트위스트 페어(UTP)라고 한다. IBM은 또한 자사의 사용을 위해 STP(Shielded Twisted-Pair)라고 불리는 트위스트 페어 케이블을 생산했다. STP 케이블에는 각 절연 도체 쌍을 감싸는 금속 호일 또는 브레이드 메쉬 피복이 있다. 금속케이스는 잡음이나 혼선의 침투 방지를 통해 케이블의 품질을 향상시키지만, 부피가 크고 가격도 비싸다. [그림 2-87]은 UTP와 STP의 차이를 나타낸다.

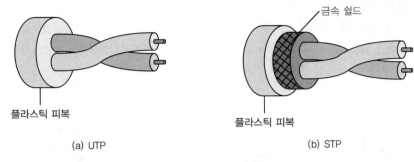

[그림 2-87] UTP 및 STP 케이블

(2) 동축 케이블

동축 케이블(또는 동축)은 트위스트 페어 케이블에 있는 것보다 더 높은 주파수 범위의 신호를 전달하는데, 이는 부분적으로 두 매체가 상당히 다르게 구성되기 때문이다. 두 개의 와이어 대신, 동축에는 절연 피복에 둘러싸인 고체 또는 고립된 와이어(일반적으로 구리)의 중심 코어 도체가 있으며, 이는 금속 호일의 외부 도체, 브레이드 또는 두 가지 조합의 외부 도체에 넣어진다. 외부 금속 랩핑은 잡음에 대한 차폐 및 회로를 완성하는 두 번째 도체 역할을 한다. 이 외부 도체는 절연 피복에 둘러싸여 있고, 케이블 전체가 플라스틱 커버로 보호된다([그림 2-88] 참조).

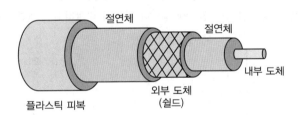

[그림 2-88] 동축 케이블

① 동축 케이블 표준

동축 케이블은 라디오 관리체제(RG) 등급에 따라 분류된다. 각 RG 번호는 내부 도체의 와이어 게이지, 내부 절연체의 두께와 종류, 실드의 구성, 외부 케이스의 크기와 유형 등 고유한 물리적 사양을 나타낸다. RG 등급으로 정의한 각 케이블은 [표 2-4]와 같이 특수 기능에 맞게 조정된다.

[표 2-4] 동축 케이블 카테고리

카테고리	저항	적용
RG-59	75Ω	Cable TV
RG-58	50Ω	Thin Ethernet
RG-11	50Ω	Thick Ethernet

② **동축 케이블 커넥터** 중요 ★

동축 케이블을 장치에 연결하려면 동축 커넥터가 필요하다. 가장 일반적으로 사용되는 커넥터 유형은 Bayonet Neil-Concelman(BNC) 커넥터이다. [그림 2-89]는 BNC 커넥터, BNC T 커넥터 및 BNC 터미네이터의 세 가지 커넥터 유형을 보여준다.

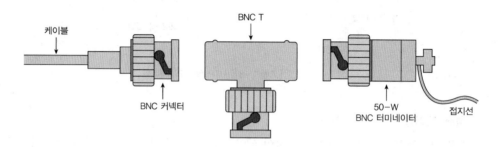

[그림 2-89] BNC 커넥터의 세 가지 유형

③ **성능**

트위스트 페어 케이블을 사용했듯 동축 케이블의 성능을 측정할 수 있다. [그림 2-90]에서 감쇠가 트위스트 페어 케이블보다 동축 케이블에서 훨씬 더 높다는 것을 알 수 있다. 즉, 동축 케이블의 대역폭은 훨씬 높지만 신호가 급속히 약해져 리피터의 빈번한 사용이 요구된다.

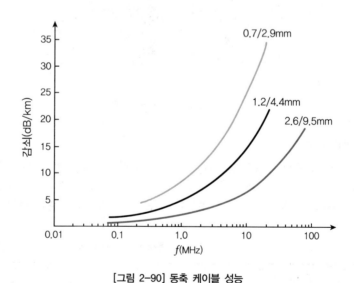

[그림 2-90] 동축 케이블 성능

케이블 TV 네트워크도 동축 케이블을 사용한다. 종래의 케이블 TV 네트워크에서는, 전체 네트워크가 동축 케이블을 사용했다. 그러나 나중에 케이블 TV 사업자들은 대부분의 미디어를 광섬유 케이블로 교체했다. 하이브리드 네트워크는 소비자 시설 근처의 네트워크 경계에서만 동축 케이블을 사용한다. 케이블 TV는 RG-59 동축 케이블을 사용한다.

동축 케이블의 또 다른 일반적인 적용은 전통적인 이더넷 LAN에 있다. 높은 대역폭과 그에 따른 높은 데이터 전송률 때문에 초기 이더넷 LAN에서 동축 케이블이 디지털 전송을 위해 선택되었다. 10Base-2, 즉 Thin Ethernet은 BNC 커넥터가 달린 RG-58 동축 케이블을 사용하여 185m의 범위에서 10Mbps의 속도로 데이터를 전송한다. 10Base5 또는 Thick Ethernet은 RG-11 (두꺼운 동축 케이블)을 사용해 5000m의 범위에서 10Mbps를 전송한다. Thick Ethernet에는 특수 커넥터가 있다.

(3) 광섬유 케이블 중요 ★

광섬유 케이블은 유리나 플라스틱으로 만들어져 **빛의 형태로 신호를 전송**한다. 광섬유를 이해하기 위해서는 먼저 빛의 성질에 대한 몇 가지 측면을 탐구해야 한다. 빛은 단일 균일한 물질을 통해 이동하는 한 일직선으로 이동한다. 만약 한 물질을 통해 이동하는 한 광선이 갑자기 다른 물질로 들어가면, 그 광선은 방향을 바꾼다. [그림 2-91]은 광선이 더 밀도가 높은 물질에서 덜 밀도가 높은 물질로 이동할 때 방향이 어떻게 변하는지를 보여준다.

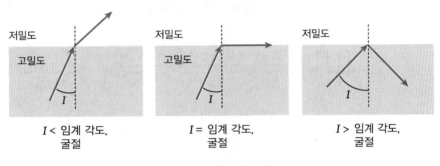

[그림 2-91] 광선의 굴곡

[그림 2-91]에서 알 수 있듯이, 입사각 I(두 물질 사이의 인터페이스에 수직인 선으로 만드는 각도)가 임계각보다 작을 경우, 광선은 굴절되어 지표면에 더 가까이 움직인다. 발생 각도가 임계 각도와 같으면, 빛이 인터페이스를 따라 휘어진다. 발생 각도가 임계 각도보다 크면, 광선은 반사되어(회전을 한다) 밀도가 높은 물질로 다시 이동한다. 임계 각도는 물질의 속성이며, 그 값은 물질마다 다르다.

광섬유는 반사성을 사용하여 채널을 통해 빛을 유도한다. 유리나 플라스틱 코어는 밀도가 덜 높은 유리나 플라스틱의 피복재로 둘러싸여 있다. 두 재료의 밀도 차이는 코어에서 이동하는 광선이 피복재에 굴절되지 않고 피복재에서 반사되도록 해야 한다([그림 2-92] 참조).

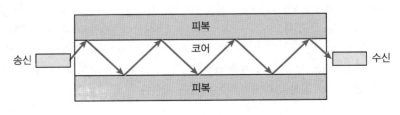

[그림 2-92] 광섬유

① 전파 모드

현재 기술은 광채널을 따라 빛을 전파하기 위한 두 가지 모드(멀티 모드 및 단일 모드)를 지원
하는데, 각각 다른 물리적 특성을 가진 광섬유를 필요로 한다. 멀티 모드는 단계별 지수 또는
등급별 지수([그림 2-93] 참조)의 두 가지 형태로 구현할 수 있다.

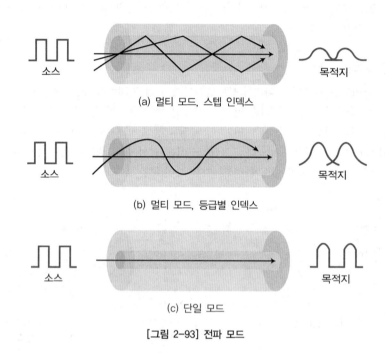

(a) 멀티 모드, 스텝 인덱스

(b) 멀티 모드, 등급별 인덱스

(c) 단일 모드

[그림 2-93] 전파 모드

㉠ 멀티 모드

멀티 모드는 광원의 여러 빔이 서로 다른 경로에서 코어를 통과하기 때문에 그렇게 명명된
다. 이 빔들이 케이블 내에서 이동하는 방법은 [그림 2-93]과 같이 코어의 구조에 따라 달
라진다.

멀티 모드 스텝 인덱스 광섬유에서는 중심에서 가장자리까지 코어의 밀도가 일정하게 유지
된다. 광선은 코어와 피복재의 접점에 도달할 때까지 직선으로 이 일정한 밀도를 통과한다.
인터페이스에서는 낮은 밀도로 인해 갑작스러운 변화가 발생하며, 이것은 빔의 움직임의 각
도를 변화시킨다. 스텝 인덱스라는 용어는 신호가 광섬유를 통과할 때 신호의 왜곡에 기여하
는 변화의 갑작스러운 정도를 나타낸다.

멀티 모드 등급별 인덱스 광섬유라고 불리는 두 번째 유형의 광섬유는 케이블을 통해 신호
의 왜곡을 감소시킨다. 여기서 '인덱스'라는 단어는 굴절률을 가리킨다. 위에서 보았듯이 굴
절률은 밀도와 관련이 있다. 따라서, 등급별 인덱스 광섬유는 다양한 밀도 중 하나이다. 밀
도는 중심부에서 가장 높고 가장자리에 있는 가장 낮은 곳까지 점차 감소한다. [그림 2-93]
은 가변 밀도가 광선 전파에 미치는 영향을 보여준다.

ⓛ 단일 모드

단일 모드는 수평에 가까운 작은 범위의 각도로 빔을 제한하는 매우 집중적인 광원과 스텝 인덱스 광섬유를 사용한다. 단일 모드 광섬유 자체는 멀티 모드 광섬유보다 훨씬 작은 직경과 상당히 낮은 밀도(굴절률 지수)로 제조된다. 밀도가 감소하면 빔의 전파를 거의 수평으로 만들 수 있을 정도로 90°에 가까운 임계 각도가 발생한다. 이 경우 다른 빔의 전파는 거의 동일하며, 지연은 무시할 수 있다. 모든 빔이 목적지에 '함께' 도착하여 신호에 대한 왜곡이 거의 없이 재결합할 수 있다([그림 2-93] 참조).

2 비유도 매체

비유도 매체는 물리적 도체를 사용하지 않고 전자기파를 전송한다. 이러한 통신 유형을 흔히 무선 통신이라고 한다. 신호는 일반적으로 여유 공간을 통해 브로드캐스트되므로 수신할 수 있는 장치가 있는 사람은 누구나 이용할 수 있다.

(1) 라디오파

전파와 마이크로웨이브의 분명한 경계는 없지만 3KHz ~ 1GHz 주파수의 전자기파를 보통 전파라고 하고, 1 ~ 300GHz 주파수의 전파를 마이크로웨이브로 부른다. 그러나 주파수보다는 파동의 행태가 분류에 더 좋은 기준이 된다.

전파는 대부분 무지향성이다. 안테나가 전파를 송신하면 사방으로 전파된다. 송신 안테나와 수신 안테나를 정렬할 필요가 없다는 뜻이다. 송신 안테나는 수신 안테나가 수신할 수 있는 파형을 전송한다. 무지향성 속성에는 단점도 있다. 한 안테나에 의해 전송되는 전파는 동일한 주파수나 대역을 사용하여 신호를 보낼 수 있는 다른 안테나에 의한 간섭에 취약하다. 전파, 특히 하늘 모드에서 전파되는 전파는 먼 거리를 이동할 수 있다. 이로써 전파는 AM 라디오 등 장거리방송의 최적 솔루션이 되었다.

전파, 특히 중저 주파수의 전파는 벽을 관통할 수 있다. 이 특성은 장점과 단점이 될 수 있다. 예를 들어 AM 라디오는 건물 안에서 신호를 수신할 수 있다는 장점이 있다. 통신을 건물 내부나 외부로 분리할 수 없는 것은 단점이다. 전파 대역은 마이크로파 대역에 비해 1GHz에 바로 아래로 비교적 좁다. 이 대역을 서브밴드(subband)로 나눌 경우 서브밴드도 좁아져 디지털 통신의 데이터 전송률이 낮아진다.

(2) 마이크로파(마이크로웨이브) 중요 ★

1GHz에서 300GHz 사이의 주파수를 가진 전자기파를 마이크로파라고 부른다. 마이크로파는 단방향이다. 안테나가 마이크로파를 송신할 때, 좁은 초점을 맞출 수 있다. 송신 안테나와 수신 안테나를 정렬할 필요가 있다는 뜻이다. 단방향 속성은 명백한 이점이 있다. 안테나 한 쌍은 정렬된 다른 안테나를 방해하지 않고 정렬할 수 있다. 다음은 마이크로파 전파의 몇 가지 특성을 설명한다.

① 마이크로파는 가시광선이다. 안테나를 장착한 탑은 서로 직접 볼 수 있어야 하기 때문에 멀리 떨어져 있는 탑은 매우 높아야 한다. 다른 장애물은 물론 지구의 곡률로 인해 두 개의 짧은 탑이 마이크로파를 이용해 통신할 수 없다. 장거리 통신을 위해서는 리피터가 필요한 경우가 많다.

② 고주파 마이크로파는 벽을 통과할 수 없다. 이 특성은 수신기가 건물 안에 있으면 단점이 될
   수 있다.
③ 마이크로파 대역은 비교적 넓으며, 거의 299GHz이다. 따라서 더 넓은 서브밴드를 할당할 수
   있으며, 높은 데이터 전송률이 가능하다.
④ 밴드의 특정 부분을 사용하는 것은 당국의 허가를 받아야 한다.

① **단방향 안테나**

마이크로파는 한 방향으로 신호를 보내는 단방향 안테나가 필요하다. 극초단파 통신에는 포물선
접시(parabolic dish)와 뿔(horn) 형태의 두 가지 안테나가 사용된다([그림 2-94] 참조).

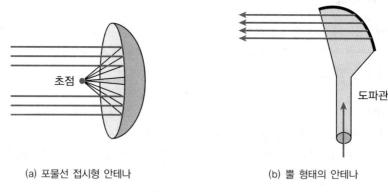

(a) 포물선 접시형 안테나   (b) 뿔 형태의 안테나

[그림 2-94] 단방향 안테나

포물선 접시 안테나는 포물선의 기하학적 구조를 기반으로 한다. 대칭선(시선)에 평행한 모든
선은 모든 선이 초점이라고 불리는 공통점에서 교차하도록 각도에서 곡선을 반사한다. 포물선
접시는 깔때기처럼 작용해 넓은 파장을 잡아 공통점으로 유도한다. 이 방법으로, 단일 지점 수
신기로 가능한 것보다 더 많은 신호가 복구된다. 나가는 송출은 접시를 겨누는 뿔을 통해 브로
드캐스트된다. 마이크로파가 접시에 부딪쳐 접수 경로의 반대 방향으로 바깥쪽으로 굴절된다.
뿔 안테나는 거대한 국자처럼 보인다. 나가는 송신기는 줄기 위로 올라와(손잡이와 유사) 곡선
헤드에 의해 일련의 좁은 평행 빔으로 바깥쪽으로 편향된다. 수신된 전송은 포물선 접시와 비슷
한 방식으로 뿔의 주걱 모양에 의해 수집되어 줄기로 꺾인다.

(3) 적외선

300GHz부터 400THz(1mm부터 770nm까지의 파장)의 주파수로 단거리 통신을 할 수 있다. 주파수가
높은 적외선은 벽을 뚫지 못한다. 이 유리한 특성은 한 시스템과 다른 시스템 간의 간섭을 방지한다.
한 방에 있는 단거리 통신 시스템은 옆 방에 있는 다른 시스템의 영향을 받을 수 없다. 적외선 리모컨
을 사용할 때 근처의 이웃들이 리모컨을 사용하는 것을 방해하지 않는다. 그러나 이런 특성 때문에 장
거리 통신에는 적외선을 무용지물로 만든다. 또 태양 광선에 통신에 지장을 줄 수 있는 적외선이 들어
있어 건물 밖에서는 적외선을 이용할 수 없다.

○×로 점검하자

※ 다음 지문의 내용이 맞으면 ○, 틀리면 ×를 체크하시오. [1 ~ 8]

01 데이터 통신에서 우리는 일반적으로 주기적인 아날로그 신호와 비주기적인 디지털 신호를 사용한다.
( )

>>>🔍 아날로그 및 디지털 신호는 모두 주기적 또는 비주기적일 수 있다. 데이터 통신에서 우리는 일반적으로 주기적인 아날로그 신호와 비주기적인 디지털 신호를 사용한다.

02 주파수와 주기는 서로 정반대이다. ( )

>>>🔍 주기는 신호가 1 사이클을 완료하는 데 필요한 시간(초)을 말한다. 주파수는 1초 단위의 주기 수를 말한다. 주기 및 주파수는 두 가지 방법으로 정의된 하나의 특성일 뿐이다. 주기는 주파수의 역수, 주기는 주기 역수이다.

03 디지털 신호는 무한 대역폭을 갖는 복합 아날로그 신호가 아니다. ( )

>>>🔍 푸리에 분석에 따르면 디지털 신호는 복합 아날로그 신호이며 대역폭이 무한하다.

04 디지털 신호의 실제 대역폭은 무한하지만 유효 대역폭은 유한하다. ( )

>>>🔍 대역폭은 이론적으로 무한하다. 그러나 많은 요소를 무시할 수 있는 아주 작은 진폭을 가지고 있다. 대부분의 디지털 신호들은 한정된 값을 가진 대역폭을 가지고 있으며 유효 대역폭은 유한하다.

05 나이키스트 정리에 따르면, 샘플링 속도는 신호에 포함된 최고 주파수의 최소 2배 이상일 필요가 없다. ( )

>>>🔍 나이키스트 정리에 따르면, 원래의 아날로그 신호를 재현하기 위해 한 가지 필요한 조건은 샘플링 속도가 원래 신호에서 최소 두 배 높은 주파수라는 것이다.

정답 1 ○ 2 ○ 3 × 4 ○ 5 ×

06 FDM은 아날로그 신호를 결합한 아날로그 멀티플렉싱 기술이다. (   )

≫≫🔍 주파수 분할 멀티플렉싱(FDM)은 아날로그 멀티플렉싱 기술로 간주한다. 그러나 이것이 FDM을 사용하여 디지털 신호를 보내는 소스를 결합할 수 없다는 것을 의미하지는 않는다. FDM을 사용하여 디지털 신호를 다중화하기 전에 디지털 신호를 아날로그 신호로 변환할 수 있다.

07 TDM은 여러 저속 채널을 하나의 고속 채널로 결합하는 디지털 멀티플렉싱 기술이다. (   )

≫≫🔍 시간 분할 멀티플렉싱(TDM)은 여러 개의 연결이 링크의 높은 대역폭을 공유할 수 있도록 하는 디지털 프로세스이다. 서로 다른 소스의 디지털 데이터를 하나의 시간 공유 링크로 결합한다.

08 전파는 라디오와 텔레비전과 같은 멀티캐스트 통신과 페이징 시스템을 위해 사용된다. (   )

≫≫🔍 전파의 단방향 특성은 송신자가 한 명이지만 수신자가 많은 멀티캐스팅에 유용하다. AM과 FM 라디오, 텔레비전, 해상 라디오, 무선 전화, 페이징이 멀티캐스팅의 예이다.

01 다음 중 주거용 전화선에 가장 적합한 용어는?

　① 단방향 통신
　② 반이중 통신
　③ 전이중 통신
　④ 양방향 통신

01 양방향 통신은 반이중 방식과 전이중 방식을 포함하기 때문에 가장 적합한 용어는 전이중 통신을 골라야 한다.

02 다음 중 DSL과 연관되지 <u>않은</u> 용어는 무엇인가?

　① DSLAM
　② 전화국과 가입자
　③ 스플리터
　④ CMTS

02 DSLAM은 대개 전화국에 설치되는 네트워크 장비로서, 여러 고객의 디지털 가입자 회선 접속으로부터 신호를 받아서, 다중화 기술을 사용하여 고속 백본 회선에 신호를 보내주는 역할을 담당한다. 스플리터(Splitter)는 특정 신호들을 특성에 맞게 분리하여 주는 장치이다. 케이블 모뎀 종단 시스템(CMTS)은 케이블 인터넷 액세스에 사용된다.

03 하이브리드 광섬유 동축 케이블(HFC)은 광섬유 및 동축 케이블을 결합한 광대역 네트워크의 통신 산업 용어이다. 광섬유는 광을 전송 매체로 이용하기 위하여 개발한 케이블로 전송 효율이 우수하고 잡음이 거의 없다. 동축 케이블은 중심축에 내부 도체가 있고, 이를 절연체로 둘러싼 뒤, 여기에 외부 도체를 원통의 그물 형태로 씌우고, 최종적으로 피복으로 감싼 형태의 케이블이다. UTP 케이블은 주로 LAN선이라고 부르며 Mbps 속도부터 Gbps까지 지원하는 다양한 종류가 있다.

03 다음 중 HFC가 뜻하는 것으로 옳은 것은?

　① 광섬유 케이블
　② 동축 케이블
　③ 광섬유 케이블과 동축 케이블
　④ UTP 케이블

정답　01 ③　02 ④　03 ③

안심Touch

04 물리 계층은 네트워킹에서 비트 대 비트 전달을 처리한다. 물리 계층의 데이터 단위는 비트이다.
프로세스 전달 프로세스는 전송 계층에서 중요하다. 흐름제어는 데이터링크 계층과 전송 계층의 중요한 기능 중 하나이다. 애플리케이션 전달은 7계층 애플리케이션 계층의 기능이다.

04 다음 중 물리 계층과 관련이 있는 것은?

① 비트 전송
② 프로세스 전달을 위한 프로세스
③ 애플리케이션 전달을 위한 애플리케이션
④ 흐름제어

05 광섬유는 위에서 언급한 것 중에서 가장 높은 전송 속도를 가진 전송 매체이다. 광섬유 전송은 1000Mb/s에서 실행된다. 1000Base-Lx라고 불리는데 IEEE stndard는 802.3z이다. 동축 케이블은 중심축에 내부 도체가 있고, 이를 절연체로 둘러싼 뒤, 여기에 외부 도체를 원통의 그물 형태로 씌우고, 최종적으로 피복으로 감싼 형태의 케이블이다. 트위스트 페어 케이블은 UTP 케이블을 의미하며 주로 LAN선으로 사용된다.

05 다음 중 네트워크에서 전송 속도가 가장 빠른 전송 매체는 무엇인가?

① 동축 케이블
② 트위스트 페어 케이블
③ 광섬유
④ 전기 케이블

06 아날로그 변조에서는 디지털 저주파 베이스밴드 신호(디지털 비트 스트림)가 높은 주파수로 전송된다. 디지털 변조에서 유일한 차이점은 베이스밴드 신호가 개별 진폭 레벨이라는 것이다.
진폭 변조는 전자 통신, 그중에서도 일반적으로 라디오 반송파를 통한 정보 송신에 쓰이는 기술로 송신될 신호의 세기를 보내려는 정보에 관하여 변화시킴으로써 작동한다. 주파수 변조는 일정한 진폭의 연속에서 주파수를 전기 신호에 따라 변화시키면서 통신하는 방법이나 방식으로 송신될 신호의 진폭은 일정하게 하되 신호의 크기에 비례하여 반송파 주파수가 변하도록 한다. 위상 변조는 원하는 정보를 전송하기 위해 반송파의 위상을 변경하는 변조 방식이다.

06 다음 빈칸에 들어갈 용어로 적절한 것은?

> 비트는 _____에 의해 유도 신호와 비유도 신호를 아날로그 신호로 전송할 수 있다.

① 디지털 변조
② 진폭 변조
③ 주파수 변조
④ 위상 변조

정답 04 ① 05 ③ 06 ①

07 다음 중 물리 계층이 담당하는 것으로 옳은 것은?

① 라인 코딩
② 채널 코딩
③ 변조
④ 라인 코딩, 채널 코딩, 변조 모두 담당

07 물리 계층은 정보의 전송에 필요한 라인 코딩, 채널 코딩 및 변조를 담당한다.

08 다음 빈칸에 들어갈 용어로 적절한 것은?

> 물리 계층은 논리 통신 요청을 _____에서 하드웨어 특정 작업으로 변환한다.

① 데이터링크 계층
② 네트워크 계층
③ 전송 계층
④ 애플리케이션 계층

08 물리 계층은 데이터링크 계층의 데이터 또는 정보를 받아들여 물리적 케이블을 통해 메시지를 전송하기 위해 하드웨어 관련 작업으로 변환한다.

09 다음 빈칸에 들어갈 용어로 적절한 것은?

> 단일 채널은 _____에 의한 여러 신호에 의해 공유된다.

① 아날로그 변조
② 디지털 변조
③ 다중화
④ 집중화

09 통신 및 컴퓨터 네트워크에서 중요한 목표는 부족한 리소스를 공유하는 것이다. 이는 다중 아날로그 또는 디지털 신호가 공유 매체를 통해 하나의 신호로 결합되는 다중화에 의해 수행된다.

10 다음 중 무선 전송이 이루어질 수 <u>없는</u> 요소는 무엇인가?

① 전파
② 마이크로파
③ 적외선
④ 자외선

10 무선 전송은 전파, 마이크로파, IR파(적외선) 등에 의해 이루어진다. 이 파장은 3KHz에서 300GHz 이상까지 다양하며, 신호를 변조할 수 있는 더 넓은 대역이 가능하기 때문에 무선 전송에 더 적합하다.

정답　07 ④　08 ①　09 ③　10 ④

안심Touch

11 멀티플렉서는 여러 개의 회선을 하나의 회선으로 통합하는 다중화 장비이다. 집중화 장비는 디멀티플렉서라고 한다.

11 다음 중 멀티플렉싱에 대한 설명으로 <u>틀린</u> 것은?

① 여러 개의 입력을 하나로 출력한다.
② 다수의 저속회선을 하나의 고속회선으로 수용할 수 있다.
③ 다중화 장비라고 한다.
④ 집중화 장비라고 부른다.

12 FDM 및 WDM은 아날로그 신호에서 사용된다. CDM은 코드분할을 의미한다. TDM은 시분할 다중화장비로서 시간을 분할하여 전송로를 사용하도록 하는 다중화 기법이다.

12 다음 중 어떤 멀티플렉싱 기술이 디지털 신호를 전송하는가?

① FDM　　　　　　　② TDM
③ WDM　　　　　　　④ CDM

13 디지털 데이터를 디지털 신호로 부호화하는 방식에는 NRZ, RZ, Bipolar, Bipgase 등이 있다. Sampling은 아날로그 신호를 디지털 신호로 변환하는 과정에서 필요하다.

13 다음 중 디지털 데이터를 디지털 신호로 부호화하는 방식이 <u>아닌</u> 것은?

① NRZ
② RZ
③ Bipolar
④ Sampling

14 TDM에서 각 슬롯은 소스 중 하나에 전용되어 n개의 신호 소스가 있다면, 슬롯은 n개가 있게 된다. TDM은 주로 디지털 신호에 사용되지만, 두 개 이상의 신호나 비트 스트림이 한 통신 채널의 하위 채널로 동시에 나타나는 아날로그 멀티플렉싱에도 적용될 수 있다. 시간 도메인은 각 하위 채널마다 하나씩 고정된 길이의 반복 시간 슬롯으로 나뉜다.

14 다음 빈칸에 들어갈 용어로 적절한 것은?

> 동일한 데이터 속도의 n개의 신호 소스가 있다고 하면 TDM 링크는 _____ 슬롯이 있다.

① n　　　　　　　　② n/2
③ n*2　　　　　　　④ 2n

정답　11 ④　12 ②　13 ④　14 ①

15 링크가 초당 4000프레임을 전송하고 각 슬롯에 8비트가 있는 경우 이 TDM의 전송 속도로 옳은 것은?

① 32Kbps

② 320Kbps

③ 500Kbps

④ 5000Kbps

15 • 전송 속도
= 프레임 속도 × 슬롯의 비트 수
즉, 4000 × 8 = 32Kbps가 된다.

16 다음 중 괄호 안에 들어갈 단어로 옳은 것은?

> TDM에서 다중 경로의 전송 속도는 대개 신호 소스의 전송 속도 합계보다 (　　).

① 같거나 큼 ② 미만

③ 같음 ④ 큼

16 TDM은 전송되어야 하는 신호들의 대역폭을 합한 것보다 링크의 대역 폭이 클 때 적용할 수 있는 아날로 그 기술이다. 한 전송로의 대역폭을 여러 개의 작은 채널로 분할하여 여러 단말기가 동시에 이용하는 방식 이다. 예를 들면, 넓은 고속도로를 몇 개의 차선(채널)으로 나누는 것과 같이, 넓은 대역폭을 좁은 대역 폭으로 나누어 사용하는 것으로 표현할 수 있다.

17 다음 빈칸에 들어갈 용어로 적절한 것은?

> TDM에서 슬롯은 _____(으)로 나뉜다.

① 시간 ② 프레임

③ 패킷 ④ 코드

17 TDM은 하나의 전송로 대역폭을 시 간 슬롯(Time Slot)으로 나누어 채 널에 할당함으로써 몇 개의 채널들 이 한 전송로의 시간을 분할하여 사용한다. 프레임과 패킷은 전송되는 메시지의 단위를 나타내며 프레임 은 데이터링크 계층을 오가는 메시 지의 단위이고 패킷은 네트워크 계 층을 오가는 메시지의 단위이다.

18 다음 중 유도 매체가 <u>아닌</u> 것은?

① 광섬유 케이블

② 동축 케이블

③ 무선 LAN

④ 구리선

18 무선 LAN은 비유도 미디어이다. 유 도 매체는 매체를 따라 이동하기 때 문에 물리적 경계를 가지고 있지만, 비유도 매체는 전자기 신호를 전송 하는 무선 통신이므로 경계를 가지 고 있지 않다.

정답 15 ① 16 ④ 17 ① 18 ③

19 UTP(Unshielded Twisted Pair)는 홈 액세스에서 일반적으로 사용되므로 DSL이 괄호 안에 들어갈 단어로 적당하다. 기업의 주통신 회선 매체로는 광케이블이 사용된다. FTTX는 'Fiber To The X'의 약자로 일반적인 구리선으로 되어 있는 전화망을 대체하는 광(optical fiber)의 네트워크 구조를 두루 일컫는다. 최종적으로는 가입자 집(Home)까지 광 라인이 들어가게 되는데 이를 HTTX(Home To The X)라 한다.

20 동축 케이블은 내부 도체가 절연층으로 둘러싸여 있으며, 도체 쉴드로 둘러싸여 있다. 동축 케이블은 낮은 손실로 고주파 신호를 전달하는 데 사용된다. 하단의 그림을 보면 2개의 도체로 구성되었음을 알 수 있다. [문제 하단 그림 참조]

21 광섬유에서 정보의 전송은 빛 또는 광자 형태이다. 전자기의 간섭이 적고, 신호 감쇠 또한 매우 적다. 그러나 광섬유이기 때문에 연결 부위의 작업(탭 작업)이 어려운 편이다. 광섬유는 물에 잠길 수 있으며 더 위험한 환경에서 사용된다.

정답 19 ① 20 ② 21 ④

---

19 다음 중 괄호 안에 들어갈 단어로 옳은 것은?

> UTP는 일반적으로 (   )에서 사용된다.

① DSL
② FTTX
③ HTTX
④ 대기업의 주통신매체

20 다음 빈칸에 들어갈 숫자로 적절한 것은?

> 동축 케이블은 _____개의 동심 구리 도체로 구성된다.

① 1   ② 2
③ 3   ④ 4

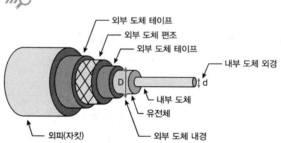

21 다음 중 광섬유가 가진 특성이 아닌 것은?

① 전자기 간섭 면역
② 매우 적은 신호 감쇠
③ 탭이 매우 어려움
④ 잡음에 약함

22 다음 중 괄호 안에 들어갈 단어로 옳은 것은?

> 지역 전화망은 (　　　) 네트워크의 예이다.

① 패킷 교환　　　　　② 회선 교환

③ 메시지 교환　　　　④ ISDN

23 다음 빈칸에 들어갈 용어로 적절한 것은?

> 블루투스는 ＿＿＿＿＿＿＿＿＿을(를) 사용한다.

① 주파수 호핑 확산 스펙트럼

② 주파수 분할 다중화

③ 시간 분할 다중화

④ 코드 분할 다중화

24 가정에서 사용하는 전력은 60Hz(유럽에서는 50Hz)인데 이 사인파의 주기는 얼마인가?

① 16.6sec　　　　　② 16.6ms

③ 16.6μs　　　　　④ 16.6ns

25 다음 중 ADSL의 특징이 <u>아닌</u> 것은?

① 하향 속도는 최대 8Mbps 이상이며, 상향 속도는 640Kbps에서 1.54Mbps이다.

② T1과 E1의 서비스를 제공한다.

③ 전화와 데이터의 동시 사용이 가능하다.

④ 트위스트 케이블을 2가닥 사용한다.

---

22 패킷 교환망은 송수신 측 간의 전달되는 메시지를 패킷이라는 일정한 크기로 규격화하고 이를 축적 후 전달하는 방식으로 통신망의 이용효율을 개선시킨 교환망이다. 지역 전화망은 패킷망의 예이다.
ISDN망은 음성, 데이터 등을 통합하여 사용하기 위한 종합통신망의 개념으로 등장하였으나 현재는 한국은 사용하지 않는다.

23 블루투스의 주파수 대역은 2.4 ~ 2.485GHz의 ISM 밴드를 사용하기 때문에 전파사용 허가를 받을 필요가 없다. 여러 시스템과 같은 주파수를 사용하기 때문에 시스템 간 전파 간섭이 생길 우려가 있고 이를 방지하기 위해서 블루투스는 주파수 호핑 확산 방식을 사용한다.

24
$$\cdot\ T = \frac{1}{f} = \frac{1}{60} = 0.0166s$$
$$= 0.0166 \times 10^{-3}s = 16.6ms$$

이것은 가정에서의 조명의 전력주기가 0.0166초 또는 16.6ms(밀리세크)임을 의미한다. 우리의 눈은 이러한 급격한 진폭 변화를 구별할 만큼 민감하지 않다. μs(마이크로세크)는 10^{-6}초, ns(나노세크)는 10^{-9}초이다.

25 ADSL이 제공하는 하향 속도는 최대 8Mbps 이상이며, 상향 속도는 640Kbps에서 1.54Mbps이다. 전송속도는 거리에 따라 달라지는데 한 쌍의 전화선을 통해 6Km 거리에서 1.5Mbps의 하향 속도와 3Km 거리에서는 6 ~ 8Mbps의 하향 속도를 지원한다.
HDSL은 두 개의 트위스트 페어를 통하여 중계기 또는 증폭기 없이 T1(1.544Mbps)과 E1(2.048Mbps) 서비스를 제공할 수 있고, 트위스트 페어 4가닥을 사용하며, 전화와 데이터를 동시에 지원할 수 없다.

정답 22 ① 23 ① 24 ② 25 ②

26 NRZ는 신호가 바뀌면 전압의 상태가 양에서 음 또는 음에서 양으로 바뀌는 신호방식이다.

26 다음 중 양, 0, 음 3개의 전압을 사용하는 디지털 신호 부호화 방식이 **아닌** 것은?

① NRZ ② Biphase
③ Manchester ④ Differential manchester

27 비동기 전송에서는, 각 바이트의 끝에 1개의 시작 비트(0), 1개 이상의 정지 비트(1s)를 송신한다. 바이트 사이에 간격이 있을 수 있다.

27 다음 제시문은 무엇에 대한 설명인가?

> 데이터를 전송할 때, 바이트의 시작과 끝에 1개의 시작 비트와 1개의 정지 비트를 함께 전송한다.

① 아날로그 전송 ② 동기 전송
③ 비동기 전송 ④ 디지털 전송

28 파장은 전파 속도(빛의 속도)와 신호의 주기가 주어질 경우 계산할 수 있다.
• 파장 = (이동속도) × 주기
  = 이동속도/주파수

28 다음 중 파장에 대한 공식을 바르게 표현한 것은?

① 파장 = 이동속도 × 주파수
② 파장 = 주파수/이동속도
③ 파장 = 이동속도/주파수
④ 파장 = 주기/주파수

29 파장 분할 다중화(WDM)는 광섬유 케이블의 높은 데이터 전송 속도를 사용하도록 설계되었다. 광섬유 데이터 전송 속도는 금속 전송 케이블의 데이터 전송 속도보다 높지만, 단일 회선에 광섬유 케이블을 사용하면 가용 대역폭이 낭비된다. 멀티플렉싱은 여러 회선을 하나로 결합할 수 있게 해준다.

29 광섬유 케이블의 높은 데이터 전송 속도를 사용하도록 설계된 다중화장비의 명칭으로 옳은 것은?

① TDM
② FDM
③ CDM
④ WDM

정답 26 ① 27 ③ 28 ③ 29 ④

30 다음 중 마이크로파와 관련이 <u>없는</u> 것은?

① 1GHz에서 300GHz 사이의 주파수를 가진 전자기파를 말한다.

② 일반적으로 2.4GHz 대역과 5.7GHz 대역을 많이 사용한다.

③ 송신 안테나와 수신 안테나를 정렬할 필요가 있다.

④ 가시광선으로 벽을 통과할 수 없다.

31 0 전압은 0을 나타내기 위해 사용되고 양, 음의 전압은 1을 표현하기 위해 사용되는 부호화 방식은?

① 맨체스터

② 바이폴라 AMI

③ NRZ-I

④ NRZ-L

32 다음 중 동기 전송에 대한 설명으로 <u>틀린</u> 것은?

① 속도가 비동기보다 느리다.

② 링크를 통해 이동할 비트가 적다.

③ 비동기보다 속도가 빠르다.

④ 바이트 동기화는 링크 계층에서 이뤄진다.

---

30 1GHz에서 300GHz 사이의 주파수를 가진 전자기파를 마이크로파라고 부른다. 마이크로파는 단방향이고, 안테나가 마이크로파를 송신할 때, 좁은 초점을 맞출 수 있다. 이는 송신 안테나와 수신 안테나를 정렬할 필요가 있다는 뜻이다. 단방향 속성은 명백한 이점이 있는데 안테나 한 쌍은 정렬된 다른 안테나를 방해하지 않고 정렬할 수 있다. 다음은 마이크로파 전파의 몇 가지 특성을 설명한다. 가시광선으로 고주파 마이크로파는 벽을 통과할 수 없으며, 높은 데이터 전송률이 가능하다. ② 번은 ISM 밴드 대역의 일부이다.

31 맨체스터 방식은 동기화를 위해 비트 중간에서 신호의 반전이 발생하는데 1은 음전압으로 시작해서 비트 중간에 양전압으로 변환되고 0은 양전압에서 시작해서 음전압으로 바꿔 표현하게 된다. NRZ-L은 0을 위해 양전압을 사용하면 1은 음전압에 사용하고, 0이 음전압에 사용되면 1은 양전압을 사용하여 표현하는 방식이다. NRZ-I는 1의 신호가 들어오면 이전 신호 레벨을 반전시킨다.

32 송신 종단에서 추가 비트나 갭이 없이 수신 종단에서 제거하고, 링크를 통해 이동할 비트가 적으면, 동기 전송이 비동기 전송보다 빠르다. 이 때문에 한 컴퓨터에서 다른 컴퓨터로 데이터를 전송하는 등의 고속 애플리케이션에 더욱 유용하다. 바이트 동기화는 데이터링크 계층에서 이루어진다. 여기서 한 가지 강조할 점은 동기식 직렬 전송에서는 문자 간격이 없지만 프레임 간 간격은 고르지 않을 수 있다.

정답 30 ② 31 ② 32 ①

33 동축 케이블을 장치에 연결하려면 동축 커넥터가 필요하다. 가장 일반적으로 사용되는 커넥터 유형은 Bayonet Neill-Concelman(BNC) 커넥터이고, 이외에도 BNC-T 커넥터 및 BNC-터미네이터의 세 가지 커넥터 유형이 있다. BNC-S 커넥터는 존재하지 않는다.

33 동축 케이블을 장치에 연결할 때 가장 일반적으로 사용하는 커넥터는?

① BNC-T 커넥터
② BNC-S 커넥터
③ BNC 커넥터
④ BNC-터미네이터

34 통계적 시분할 멀티플렉싱에서 슬롯은 동적으로 할당되어 대역폭 효율성을 향상시킨다. 입력 회선이 전송할 슬롯의 데이터를 가지고 있을 때만 출력 프레임에 슬롯이 주어진다. 통계적 멀티플렉싱에서는, 각 프레임의 슬롯 수가 입력 회선의 개수보다 적다. 멀티플렉서는 각 입력 회선을 라운드 로빈 방식으로 검사하고, 회선이 전송할 데이터가 있으면 입력 회선에 슬롯을 할당하며, 그렇지 않으면 회선을 건너뛰고 다음 회선을 점검한다.

34 다음 중 통계적 시분할 다중화 방식과 관계없는 설명은?

① 슬롯은 동적으로 할당되어 대역폭 효율성을 향상시킨다.
② 출력 프레임 슬롯은 입력 회선이 전송할 슬롯을 가지지 않아도 주어진다.
③ 각 프레임의 슬롯 수가 입력 회선의 개수보다 적다.
④ 각 입력 회선을 라운드 로빈 방식으로 검사한다.

35 44.7Mbps는 DS3의 속도이다. DS1은 T1으로 1.544Mbps, DS2는 T2 회선으로 6.312Mbps, DS4는 T4 회선으로 273.176Mbps를 지원한다. DS3는 T3 회선으로 44.736Mbps를 지원한다.

35 다음 중 서비스의 명칭과 속도가 서로 틀리게 짝지어진 것은?

① DS1 - T1
② DS2 - T2
③ DS3 - T3
④ DS4 - 44.7Mbps

정답 33 ③ 34 ② 35 ④

36 전송하고자 하는 정보를 잡음과 다중경로에 대한 면역성을 위해 의도적으로 그것보다 훨씬 넓은 주파수대역을 사용하는 기술을 무엇이라고 하는가?

① 주파수 분할 방식
② 코드 분할 방식
③ 시분할 방식
④ 광파장 분할 방식

36 코드 분할 방식(CDM)은 전송하고자 하는 정보를 잡음과 다중경로에 대한 면역성을 위해 의도적으로 그것보다 훨씬 넓은 주파수대역을 사용하는 기술로서 주파수 분할 방식과 동기식 분할 방식을 복합한 방식으로 확산 대역을 이용한 방식이다.

37 다음 비트와 보드에 대한 설명으로 <u>틀린</u> 것은?

① 비트 전송율은 초당 비트 수를 말한다.
② 보드 레이트는 초당 신호 요소의 수이다.
③ 보드의 단위로는 헤르츠(Hz)를 사용한다.
④ 1비트가 신호의 단위인 경우 bps = 보드이다.

37 비트 전송률은 초당 비트 수이다. 보드 레이트(baud rate, 보드 속도)는 초당 신호 요소의 수이다. 디지털 데이터의 아날로그 전송에서는, 보드 속도가 비트 전송률보다 작거나 같다. 보드의 단위도 bps를 사용한다.

38 다음 중 임계각과 입사각의 관계를 바르게 설명한 것은?

① 입사각이 임계각과 같은 경우 빛은 모두 반사한다.
② 입사각이 임계각보다 큰 경우는 빛은 모두 굴절한다.
③ 입사각이 임계각과 같은 경우 빛의 일부만 굴절한다.
④ 입사각이 임계각보다 작은 경우는 빛의 일부는 반사하고, 일부는 굴절한다.

38 어떤 평면에 파동이 들어오는 것을 입사라 하고, 이때 그 평면의 법선과 입사하는 파동의 방향이 이루는 각도를 입사각이라 한다. 굴절각이 90도일 때의 입사각을 임계각이라고 한다. 빛의 입사각이 임계각보다 작은 경우는 빛의 일부는 반사하고, 일부는 굴절한다. 빛의 입사각이 임계각과 같은 경우 빛의 일부는 반사하고, 일부는 굴절한다(이때 굴절각은 90°가 됨). 입사각이 임계각보다 큰 경우는 빛은 모두 반사한다.

39 디지털 데이터를 아날로그 신호로 변환하는 방식 중에서 진폭과 위상을 함께 변화시키는 방식은?

① ASK   ② FSK
③ PSK   ④ QAM

39 진폭과 위상을 동시에 변화시키는 방식을 직교 진폭 변조라고 하며, QAM (Quadrature Amplitude Modulation) 또는 APSK라고 한다.

정답 36 ② 37 ③ 38 ④ 39 ④

안심Touch

01

정답 $100ms = 100 \times 10^{-3}s = 10^{-1}s$

$f = \dfrac{1}{t} = \dfrac{1}{10^{-1}}\mathrm{Hz} = 10\mathrm{Hz}$

$= 10 \times 10^{-3}KHz = 10^{-2}KHz$

해설 먼저 100ms를 초로 변경한 다음 해
당 기간($1\mathrm{Hz} = 10^{-3}KHz$)에서 주파
수를 계산한다.

$100ms = 100 \times 10^{-3}s = 10^{-1}s$

$f = \dfrac{1}{t} = \dfrac{1}{10^{-1}}\mathrm{Hz}$

$= 10Hz = 10 \times 10^{-3}KHz$

$= 10^{-2}KHz$

02

정답 $\log_2 8 = 3$, 3비트

해설 다음 공식에서 비트 수를 계산한다.
각 신호 레벨은 3비트로 표시된다.
레벨 당 비트 수 $= \log_2 8 = 3$, 3비트

03

정답 $100 \times 24 \times 80 \times 8$
$= 1,536,000\,\mathrm{bps} = 1.536\,\mathrm{Mbps}$

해설 페이지는 한 줄에 80자를 가진 24줄
의 평균이다. 한 문자가 8비트를 요구
한다고 가정하면 비트 전송률은
$100 \times 24 \times 80 \times 8$
$= 1,536,000\,\mathrm{bps} = 1.536\,\mathrm{Mbps}$

✔ 주관식 문제

01 신호의 주기가 100ms이면 주파수는 몇 KHz일지에 관한 식과
정답을 구하시오.

02 디지털 신호는 8개의 레벨을 가지고 있는데 레벨당 필요한 비트
수를 구하는 식과 정답을 구하시오.

03 초당 100페이지의 속도로 텍스트 문서를 다운로드해야 한다고 가정
할 때 채널의 비트 전송률은 얼마인지 식과 정답을 구하시오.

04 신호 대 잡음비가 36데시벨이고 채널 대역폭이 2MHz일 때의 (1) 채널 용량을 구하는 공식을 설명하고, (2) 해당되는 용량을 구하시오.

04

정답 (1) $\text{SNR}_{\text{dB}} = 10\log_{10} SNR \rightarrow$
$SNR = 10^{SNR_{dB}/10} \rightarrow$
$SNR = 10^{3.6} = 3981$
$C = B\log_2(1 + \text{SNR})$
$= 2 \times 10^6 \times \log_2 3982$
$= 24\,Mbps$

(2) 24Mbps

해설 전송용량은 신호 대 잡음비가 주어졌기 때문에 샤논의 공식을 적용하여 구할 수 있다. 샤논의 공식은 전송대역폭과 신호 대 잡음비를 이용하여 계산할 수 있다.

신호 대 잡음 비율은 종종 데시벨로 주어진다. $\text{SNR}_{\text{dB}} = 36$이고 채널 대역폭이 2MHz이므로 이론적인 채널 용량은 다음과 같이 계산할 수 있다.

(1) $\text{SNR}_{\text{dB}} = 10\log_{10} SNR \rightarrow SNR = 10^{SNR_{dB}/10}$
$\rightarrow SNR = 10^{3.6} = 3981$

$C = B\log_2(1 + \text{SNR}) = 2 \times 10^6 \times \log_2 3982 = 24\,Mbps$

(2) 24Mbps

05 아날로그 신호의 3요소를 적으시오.

05

정답 (1) 진폭, (2) 주기, (3) 위상

해설 진폭, 주기, 위상을 말한다. 주기는 주파수와 반비례 관계에 있다.

안심Touch

06

정답 (1) 펄스 코드 변조 방식인 PCM은 아날로그 신호를 표본화(샘플링)하고, 샘플링한 데이터를 양자화한 후 이를 부호화하여 전송한다.

(2) 표본화는 연속적인 아날로그 신호를 불연속적인 디지털 신호로 바꾸는 과정을 말하고, 표본화에 의해 얻은 신호를 진폭 축으로 이산값을 갖도록 처리하는 것이 양자화이다.

양자화된 신호는 잡음에 매우 민감하기 때문에 전송 및 처리에 적합하도록 2진 펄스의 형태로 변환하는 것을 말한다.

07

정답 (1) 1.544Mbps (2) 2.048Mbps

해설 미국식 고속회선인 T1은 1.544Mbps이고 유럽식 고속회선인 E1의 속도는 2.048Mbps이다. 초기에는 T1, E1을 지원하는 신호변환장치가 없었기 때문에 주로 T1을 사용하다가 이후에 T1과 E1을 동시에 지원하는 신호변환장비가 등장하였다.

08

정답 (1) 델타 변조

(2) PCM은 신호표본치의 절대적 크기에 따라서 부호화하지만, DM은 신호표본치가 이전 표본치에 대하여 크고 작음만을 부호화하는 변조 방식이다.

해설 PCM은 매우 복잡한 기술이기 때문에 PCM의 복잡성을 줄이기 위한 다른 기법들이 개발되었는데, 이 중에서 가장 간단한 것은 델타 변조다.

06 (1) PCM의 부호화 과정을 순서대로 나열하고, (2) 각각의 과정에 대한 역할을 쓰시오.

해설 펄스 부호 변조(PCM : Pulse−Code Modulation)는 아날로그 신호의 디지털 표현으로, 신호 등급을 균일한 주기로 표본화한 다음 디지털 (이진) 코드로 양자화 처리한다. PCM은 디지털 전화 시스템에 쓰이며, 컴퓨터와 CD 레드북에서 디지털 오디오의 표준이기도 하다. 또, 이를테면 ITU−R BT.601을 사용할 때 디지털 비디오의 표준이기도 하다. 그러나 직접적인 PCM은 DVD, 디지털 비디오 레코더와 같은 소비자 수준의 SD 비디오에서 쓰이지 않는다(왜냐하면, 요구되는 비트 속도가 너무 높기 때문이다). 일반적으로 PCM 인코딩은 직렬 형태의 디지털 전송에 자주 쓰인다. 변조 과정은 표본화, 양자화, 부호화를 거치고 수신 측에서의 복조는 필터링, 복호화 과정을 거친다.

07 (1) T1 고속회선과 (2) E1 고속회선의 속도를 정확하게 쓰시오.

08 PCM의 복잡성을 줄이기 위해 사용한 기법 중 (1) 가장 간단한 기법은 무엇인가? (2) 그리고 이 기법에 대한 개념을 설명하시오.

09 전송 매체 중에서 UTP 케이블과 STP 케이블의 (1) 차이는 무엇인가? 그리고 이 두 개의 케이블 중 (2) 일반적으로 사용되는 케이블은 어떤 것인지 고르시오.

해설 통신에 사용되는 가장 일반적인 트위스트 페어 케이블을 무차폐 트위스트 페어(UTP)라고 한다. IBM은 자사의 제품 사용을 위해 STP(Shielded twisted-pair)라고 불리는 트위스트 페어 케이블을 생산했다. STP 케이블에는 각 절연 도체 쌍을 감싸는 금속 호일 또는 브레이드 메쉬 피복이 있다. 금속 케이스는 잡음이나 혼선의 침투 방지를 통해 케이블의 품질을 향상시키지만, 부피가 크고 가격도 비싸다.

일반적인 통신매체로는 가격이 저렴한 UTP를 많이 사용한다. UTP 케이블은 지원속도에 따라서 category 3, 5, 6, 7등으로 분류된다. 일반적으로 UTP케이블이 많이 사용되는데 그 이유는 가격이 저렴하기 때문이다.

09

정답 (1) UTP 케이블은 지원속도에 따라서 category 3, 5, 6, 7등으로 분류된다. 일반적으로 UTP케이블이 많이 사용되는데 그 이유는 가격이 저렴하기 때문이다.
STP 케이블은 각 절연 도체 쌍을 감싸는 금속 호일 또는 브레이드 메쉬 피복이 있다. 금속 케이스는 잡음이나 혼선의 침투 방지를 통해 케이블의 품질을 향상시키지만, 부피가 크고 가격도 비싸다.
(2) 무차폐 트위스트 페어(UTP)

10 (1) 아날로그-아날로그 변조 유형의 3가지를 기술하고 (2) 각 유형에 대한 개념을 간단하게 쓰시오.

10

정답 (1) 진폭 변조, 주파수 변조, 위상 변조
(2) 진폭 변조는 전자 통신, 그중에서도 일반적으로 라디오 반송파를 통한 정보 송신에 쓰이는 기술로 송신될 신호의 세기를 보내려는 정보에 관하여 변화시킴으로써 작동한다.
주파수 변조는 진폭을 일정하게 하여 송신하기 때문에 송신 도중에 진폭이 주변의 영향을 받아도 진폭을 다시 일정하게 맞춤으로써 잡음이 적다. 더불어 진폭 변조보다 더 높은 음질로 보낼 수도 있다. 그러나 변조한 파의 진동수 변화 범위가 넓어져서 광대역의 주파수를 요구하게 된다.
위상 변조는 원하는 정보를 전송하기 위해 반송파의 위상을 변경하는 변조 방식이다.

여기서 멈출 거예요? 고지가 바로 눈앞에 있어요.
마지막 한 걸음까지 시대에듀가 함께할게요!

제3장

데이터링크 계층

제1절 오류제어
제2절 데이터링크 제어(Data Link Control)
제3절 흐름제어
제4절 HDLC(High-level Data Link Control)
제5절 다중 접근
실제예상문제

I wish you the best of luck!

데이터링크 계층

데이터링크 계층은 물리 계층과 네트워크 계층 사이에 위치한다. 데이터링크 계층은 네트워크 계층에 서비스를 제공하고 물리 계층으로부터 서비스를 받는다.

데이터링크 계층의 역할 범위는 노드 간이다. 패킷이 인터넷에서 이동할 때, 노드(호스트 또는 라우터)의 데이터링크 계층은 경로의 다음 노드로 데이터그램을 전달하는 역할을 한다. 이를 위해, 송신 노드의 데이터링크 계층은 네트워크로부터 수신한 데이터그램을 프레임으로 캡슐화하고, 수신 노드의 데이터링크 계층은 프레임에서 데이터그램을 비캡슐화(캡슐 해제)한다. 즉, 소스 호스트의 데이터링크 계층은 캡슐화만 하면 되고, 대상 호스트의 데이터링크 계층은 비캡슐화가 필요하지만, 각 중간 노드는 캡슐화 및 비캡슐화가 모두 필요하다.

제 1 절 오류제어

네트워크는 허용 가능한 정확도로 한 장치에서 다른 장치로 데이터를 전송할 수 있어야 한다. 대부분의 응용 프로그램에 대해 시스템은 수신된 데이터가 전송된 데이터와 동일하다는 것을 보장해야 한다. 데이터가 한 노드에서 다음 노드로 전송될 때마다, 데이터가 통과 중에 손상될 수 있다. 여러 가지 요인으로 인해 메시지의 한 비트 또는 그 이상을 바꿀 수 있다. 일부 애플리케이션은 오류를 탐지하고 수정하기 위한 메커니즘을 필요로 한다. 일부 애플리케이션은 작은 수준의 오류를 허용할 수 있다. 예를 들어, 오디오나 비디오 전송의 무작위 오류는 허용될 수 있지만, 텍스트를 전송할 때는 매우 높은 정확도가 필요하다. 데이터링크 계층에서는, 두 노드 사이에 프레임이 손상되었을 경우, 다른 노드로의 이동을 계속하기 전에 프레임을 수정할 필요가 있지만, 대부분의 링크 계층 프로토콜들은 단순히 프레임을 폐기하고 상위 계층 프로토콜들이 프레임의 재전송을 처리하도록 한다. 그러나 일부 멀티미디어 애플리케이션은 손상된 프레임을 고치려고 노력한다.

1 오류의 종류

비트가 한 지점에서 다른 지점으로 전달될 때마다 간섭 때문에 예측할 수 없는 변화가 발생할 수 있다. 이러한 간섭은 신호의 모양을 바꿀 수 있다. 단일 비트 오류라는 용어는 주어진 데이터 단위(바이트, 문자 또는 패킷 등)의 1비트만 1에서 0으로 또는 0에서 1로 변경됨을 의미한다. 버스트 에러라는 용어는 데이터 단위의 2개 이상의 비트가 1에서 0으로 또는 0에서 1로 변경되었음을 의미한다. [그림 3-1]은 데이터 단위에 대한 단일 비트 및 버스트 오류의 영향을 보여준다.

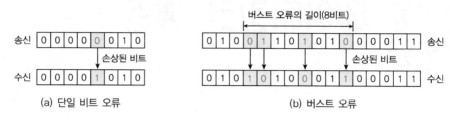

[그림 3-1] 단일 비트 및 버스트 오류

버스트 오류는 잡음 신호의 지속시간이 일반적으로 1비트 지속시간보다 길기 때문에 단일 비트 오류보다 발생할 가능성이 높으며, 이는 잡음이 데이터에 영향을 줄 때 비트 집합에 영향을 미친다는 것을 의미한다. 영향을 받는 비트 수는 데이터 속도와 잡음 지속시간에 따라 달라진다. 예를 들어, 데이터를 1Kbps로 전송하는 경우 1/100초 잡음은 10비트, 데이터를 1Mbps로 전송하는 경우 10,000비트에 영향을 미칠 수 있다.

(1) 중복(Redundancy)

오류를 탐지하거나 수정하는 데 있어서 가장 중요한 개념은 중복성이다. 오류를 탐지하거나 수정할 수 있으려면 데이터와 함께 약간의 추가 비트를 보내야 한다. 이러한 중복 비트는 송신기에 의해 추가되고 수신기에 의해 제거된다. 중복 비트를 사용하면 수신기는 손상된 비트를 검출하거나 수정할 수 있다.

(2) 검출 대 수정

오류의 수정은 검출보다 어렵다. 오류 검출에서는, 오류가 일어났는지의 여부만을 확인한다. 오류 수정에서, 손상된 비트의 정확한 수, 더 중요한 것은 메시지에서 그들의 위치를 알아야 한다. 오류 수와 메시지 크기가 중요한 요인이다. 8비트 데이터 단위의 단일 오류를 수정할 필요가 있는 경우에는 8개의 가능한 오류 위치를 고려해야 하며, 같은 크기의 데이터 단위의 두 가지 오류를 수정해야 하는 경우에는 2^8개의 가능성(2의 8 순열)을 고려해야 한다. 1,000비트의 데이터 단위에서 10개의 오류를 찾는 수신기의 어려움을 상상할 수 있다.

(3) 코딩

중복성은 다양한 코딩 체계를 통해 달성된다. 송신기는 중복 비트와 실제 데이터 비트의 관계를 생성하는 프로세스를 통해 중복 비트를 추가한다. 수신기는 오류를 검출하기 위해 두 비트 세트의 관계를 점검한다. 데이터 비트에 대한 중복 비트 비율과 프로세스의 견고성은 코딩 방식에서 중요한 요소이다. 코드 체계는 블록(block) 코딩과 콘볼루션(convolution) 코딩의 두 가지 넓은 범주로 나눌 수 있다.

2 블록 코딩 중요 ★

블록 코딩에서는, 각 k비트, 데이터워드라고 하는 블록으로 메시지를 나눈다. 각 블록에 r 중복 비트를 추가하여 n = k + r 길이를 만든다. 그 결과로 나오는 n비트 블록은 **코드워드**(codeword)라고 불린다. 여분의 r비트는 특정 알고리즘에 의해 생성된다. k비트로 2^k 데이터워드(dataword)의 조합을 만들 수 있고, n비트로 2^n 코드워드의 조합을 만들 수 있다. n > k이기 때문에, 가능한 암호의 수는 가능한 데이터워드의 수보다 많다. 블록 코딩 프로세스는 일대일이며, 동일한 데이터워드는 항상 동일한 코드로 인코딩된다. 이것은 사용하지 않는 $2^n - 2^k$ 코드로 되어 있다는 것을 의미한다. 이 암호들을 무효 또는 불법이라고 부른다. 오류 검출의 요령은, 다음에 논하는 바와 같이, 이러한 무효한 코드의 존재다. 수신기가 유효하지 않은 코드를 수신하는 경우, 전송 중에 데이터가 손상되었음을 나타낸다.

(1) 오류 검출

블록 코딩을 사용하여 오류를 어떻게 검출할 수 있는가? 다음과 같은 두 가지 조건이 충족되면, 수신자는 원래의 코드워드의 변화를 탐지할 수 있다.

> ① 수신기에 유효한 코드워드가 있다(또는 찾을 수 있다).
> ② 본래의 코드워드가 무효로 바뀌었다.

[그림 3-2]는 오류 검출에 있어서의 블록 코딩의 역할을 나타내고 있다. 송신자는 암호의 규칙과 절차를 적용하는 생성기를 사용해 데이터워드에서 코드워드를 생성한다. 수신기로 전송되는 각 코드워드는 전송 중에 변경될 수 있다. 수신한 코드워드가 유효한 코드워드 중 하나와 같다면, 그 단어는 받아들여지고 해당 데이터워드는 사용하기 위해 추출된다. 수신한 코드워드가 유효하지 않으면 폐기한다. 그러나 전송 중에 코드워드가 손상되었지만 수신된 단어가 유효한 코드워드와 여전히 일치한다면, 오류는 감지되지 않은 채로 남는다.

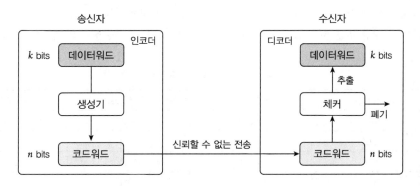

[그림 3-2] 블록 코딩에서의 오류 검출 프로세스

(2) 해밍 거리(Hamming Distance) 중요 ★★

오류제어를 위한 코딩의 핵심 개념 중 하나는 해밍 거리 개념이다. 동일한 크기의 두 단어 사이의 해밍 거리는 해당 비트 사이의 차이 수이다. x와 y 사이의 해밍 거리를 d(x, y)로 나타낸다. 해밍 거리가 중요한 이유는 수신 코드와 송신 코드 사이의 해밍 거리가 전송 중에 손상되는 비트 수이기 때문이다. 예를 들어, 코드워드 00000을 송신하고 01101을 수신했을 경우, 3비트가 에러가 발생하고, 두 코드 사이의 해밍 거리가 d(00000, 01101) = 3 즉, 송신된 코드와 수신된 코드 사이의 해밍 거리가 0이 아닐 경우, 전송 중에 코드워드가 훼손된 것이다. 두 단어에 XOR 연산(⊕)을 적용하고 그 결과 1의 수를 세면 해밍 거리를 쉽게 찾을 수 있다. 해밍 거리는 0보다 크거나 같은 값이다.

오류 검출을 위한 최소 해밍 거리는 한 세트의 코드워드에서 가능한 모든 코드워드 쌍 사이의 가장 작은 해밍 거리다. 이제 최대 오류를 탐지하고 싶다면 코드에서 최소한의 해밍 거리를 찾아야 한다. 전송 중에 s 오류가 발생하면 송신된 코드와 수신된 코드워드 사이의 해밍 거리는 s이다. 시스템이 최대 s의 오류를 검출하려면 수신된 코드와 유효한 코드 사이의 최소 거리는 (s + 1)이어야 하며, 따라서 수신된 코드와 유효한 코드가 일치하지 않는다. 즉, 모든 유효한 코드와 코드 사이의 최소 거리가 (s + 1)일 경우, 수신된 코드와 코드를 다른 코드로 잘못 오인할 수 없다. 오류가 감지될 것이다. 여기서 요점을 명확히 해야 한다. 비록 $d_{min} = s + 1$을 가진 코드는 일부 특별한 경우 s 이상의 오류를 탐지할 수 있지만, 오직 s 이하의 오류만 검출될 수 있다.

오늘날 사용되는 거의 모든 블록 코드는 선형 블록 코드라고 불리는 블록 코드의 하위 집합에 속한다. 오류 검출 및 보정을 위한 비선형 블록 코드의 이용은 그 구조가 이론적 분석과 구현을 어렵게 하기 때문에 널리 보급되지 않는다. 선형 블록 코드는 두 개의 유효한 코드로 구성된 배타적 OR(모듈로-2)이 또 다른 유효한 코드를 생성하는 코드이다.

(3) 패리티 체크 코드 중요 ★★★

대표적인 오류 감지 코드는 패리티 체크 코드이다. 이 코드는 선형 블록 코드로 이 코드에서 k-비트 데이터워드는 n = k + 1인 n-비트 코드워드로 변경된다. 패리티 비트라고 불리는 추가 비트는 코드의 총 1의 개수를 짝수 또는 홀수로 만든다. 이 범주의 최소 해밍 거리는 $d_{min} = 2$로, 이는 코드가 단일 비트 오류 검출 코드임을 의미한다. [표 3-1]의 코드도 k = 4, n = 5의 패리티 체크 코드이다.

[표 3-1] 단순 패리티 검사 코드 C(5, 4)

데이터워드	코드워드	데이터워드	코드워드
0000	00000	1000	10001
0001	00011	1001	10010
0010	00101	1010	10100
0011	00110	1011	10111
0100	01001	1100	11000
0101	01010	1101	11011
0110	01100	1110	11101
0111	01111	1111	11110

[그림 3-3]은 가능한 인코더 구조(발신자)와 디코더(수신자)를 보여준다.

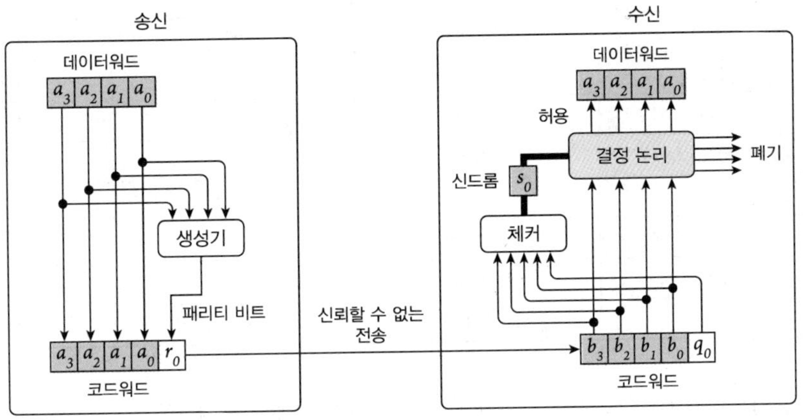

[그림 3-3] 단순 패리티 체크 코드용 인코더 및 디코더

3 순환중복코드 중요 ★

순환중복코드는 하나의 추가 속성을 가진 특수 선형 블록 코드이다. 순환중복코드에서, 코드워드가 주기적으로 이동(회전)되면, 그 결과는 또 다른 코드워드가 된다. 예를 들어, 1011000이 코드로 되어 있고, 좌측이동을 하면 0110001 코드가 된다. 이 경우, 첫 번째 단어에 있는 비트를 a_0에서 a_6으로, 두 번째 단어에 있는 비트를 b_0에서 b_6으로 부르면, 다음과 같은 방법으로 비트를 전환할 수 있다.

$$b_1 = a_0, \ b_2 = a_1, \ b_3 = a_2, \ b_4 = a_3, \ b_5 = a_4, \ b_6 = a_5, \ b_0 = a_6$$

위의 수식은 앞단의 비트를 이어서 오는 비트가 포함하는 형태임을 알 수 있다.

(1) 순환중복검사

오류를 수정하기 위해 순환중복코드를 만들 수 있다. CRC(Cyclic Redundancy Check)라고 하는 사이클 코드의 서브셋에 대해 간단히 알아보자. [표 3-2]는 CRC 코드의 예를 보여주는데 이 코드의 선형 및 순환 특성을 모두 볼 수 있다.

[표 3-2] C(7, 4)가 있는 CRC 코드

데이터워드	코드워드	데이터워드	코드워드
0000	0000000	1000	1000101
0001	0001011	1001	1001110
0010	0010110	1010	1010011
0011	0011101	1011	1011000
0100	0100111	1100	1100010
0101	0101100	1101	1101001
0110	0110001	1110	1110100
0111	0111010	1111	1111111

[그림 3-4]는 인코더와 디코더를 위한 하나의 가능한 설계를 보여준다.

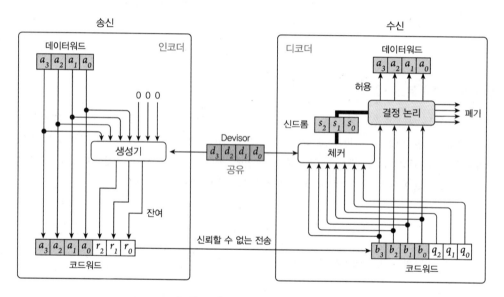

[그림 3-4] CRC 인코더 및 디코더

인코더에서 데이터워드는 k비트(여기서는 4), 코드워드는 n비트(여기서는 7)이다. 데이터워드의 크기는 n - k(여기서는 3)이며, 0을 단어의 오른쪽에 추가하여 증강한다. n비트 결과는 생성기에 입력된다. 생성기는 사전 정의되고 합의된 크기 n - k + 1의 제수를 사용한다. 생성기는 증강된 데이터워드를 제수(모듈로-2 분할)로 나눈다. 분할의 몫은 폐기되고, 나머지($r_2r_1r_0$)는 데이터워드에 추가되어 코드워드를 만든다. 디코더는 코드워드(전환 중에 손상되었을 수 있음)를 수신한다. 모든 n비트의 사본을 생성기의 복제본인 체커에 공급한다. 체커가 생성한 나머지는 n - k(여기서는 3) 비트의 신드롬으로, 결정 논리 분석기에 공급된다. 그 분석기는 단순한 기능을 가지고 있다. 만약 신드롬 비트가 모두 0이라면, 코드의 가장 왼쪽 4비트는 데이터워드로 받아들여진다(오류가 없는 것으로 해석됨). 그렇지 않은 경우 4비트가 무시된다(오류).

4 검사 합(Checksum)

검사 합은 어느 길이의 메시지에나 적용할 수 있는 오류 검출 기법이다. 인터넷에서 검사 합 기술은 데이터링크 계층보다는 네트워크 및 전송 계층에서 주로 사용된다. 소스에서는 먼저 메시지를 m-비트 단위로 나눈다. 그런 다음 생성기는 검사 합이라는 추가적인 m-비트 단위를 생성하는데, 이것은 메시지와 함께 보내진다. 대상에서, 체커(검사 프로그램)는 메시지의 조합으로부터 새로운 검사 값을 만들고 검사 합을 보낸다. 새 검사 합이 모두 0이면 메시지가 허용되고, 그렇지 않으면 메시지가 폐기된다([그림 3-5]). 실제 구현에서는 메시지 끝에 검사 합 단위를 반드시 추가할 필요는 없으며, 메시지 중간에 삽입할 수 있다.

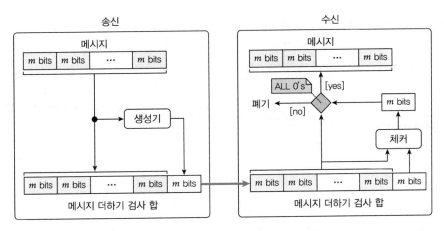

[그림 3-5] 검사 합

합계의 보완인 검사 합을 보내면 수신기의 일을 더 쉽게 할 수 있다. 보완 산술에서는 모든 비트를 완료하면 숫자의 보완을 찾을 수 있다(1을 모두 0으로, 0을 모두 1로 변경). 이는 2m − 1에서 숫자를 뺀 것과 같다. 하나의 보수 연산에서는 양수와 음수의 두 가지 0이 있는데, 이것은 서로 보완하는 것이다. 양의 0은 모든 m 비트를 0으로 설정하고, 음의 0은 모든 비트를 1로 설정한다(2m − 1). 그 보완성과 함께 숫자를 추가하면 음의 0(모든 비트가 1로 설정된 숫자)이 된다. 수신기가 5자리 숫자(체크섬 포함)를 모두 추가하면 음의 0이 된다. 수신기는 결과를 다시 보완하여 양의 0을 얻을 수 있다.

전통적인 검사 합은 적은 수의 비트(16)를 사용하여 어떤 크기의 메시지에서 오류(때로는 수천 비트)를 탐지한다. 그러나 오류 점검 능력에서는 CRC만큼 강하지 않다. 예를 들어 한 단어의 값이 증가하고 다른 단어의 값이 같은 양만큼 감소하면 합계와 검사 합이 그대로 유지되기 때문에 두 개의 오류를 검출할 수 없다. 또한, 몇 개의 단어의 값이 증가했지만 합과 검사 합이 변하지 않으면 오류가 감지되지 않는다. 플레처와 애들러는 첫 번째 문제를 없애는 일부 가중 검사 합을 제안했다. 그러나 인터넷의 경향, 특히 새로운 프로토콜을 설계하는 경향은 검사 합을 CRC로 대체하는 것이다.

제 2 절 데이터링크 제어(Data Link Control)

1 프레이밍(Framing) 중요 ★★★

(1) 정의

물리 계층의 데이터 전송은 소스에서 목적지까지 신호의 형태로 비트를 이동하는 것을 의미한다. 물리 계층은 송신기와 수신기가 동일한 비트 지속시간과 타이밍을 사용하도록 하기 위해 비트 동기화를 제공한다.

반면에 데이터링크 계층은 각 프레임을 구별할 수 있도록 비트를 프레임으로 변환한다. 데이터링크 계층에서 프레임은 송신자 주소와 목적지 주소를 추가하여 하나의 소스에서 목적지까지 메시지를 구분한다. 수신처 주소는 패킷의 행선지를 정의하며, 송신자 주소는 수신자가 수신을 확인하는 데 도움이 된다.

전체 메시지가 하나의 프레임으로 구성될 수 있지만, 흐름과 오류제어를 매우 비효율적으로 만들 수 있다. 메시지가 하나의 매우 큰 프레임으로 전송될 때, 단 하나의 비트 오류조차도 전체 프레임의 재전송을 필요로 하기 때문이다. 메시지를 작은 프레임으로 나누면, 단일 비트 오류는 해당되는 작은 프레임에만 영향을 미친다.

(2) 프레임 크기

프레임은 고정된 크기 또는 가변적인 크기를 갖는다. 고정 크기 프레임에서는 프레임의 경계를 정의할 필요가 없으며 크기 자체를 구분자로 사용할 수 있다. 가변 크기 프레임에서는 한 프레임의 끝과 다음 프레임의 시작을 규정하는 방법이 필요하며, 문자 지향적 접근과 비트 지향적 접근이라는 두 가지 방법이 있다.

① 문자 지향 프레임 중요 ★★

문자 지향(또는 바이트 지향) 프레이밍에서, 전송할 데이터는 ASCII와 같은 코딩 시스템의 8비트 문자이다. 일반적으로 소스 및 목적지 주소와 기타 제어 정보를 전달하는 헤더와 오류 검출 중복 비트를 전달하는 트레일러도 8비트의 배수로 한다. 한 프레임과 다음 프레임을 구분하기 위해 프레임의 시작과 끝 부분에 8비트(1바이트) 플래그가 추가된다. 프로토콜에 의존하는 특수 문자로 구성된 플래그는 프레임의 시작이나 끝을 알리는 신호다. [그림 3-6]은 문자 지향 프로토콜의 프레임 형식을 나타내고 있다.

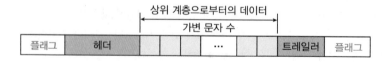

[그림 3-6] 문자 지향 프로토콜의 프레임

문자 프레임은 데이터링크 계층에서 텍스트만 교환할 때 인기가 있었다. 플래그는 텍스트 통신에 사용되지 않는 임의의 문자로 선택될 수 있다. 그러나 이제는 그래프, 오디오 및 비디오와 같은 다른 유형의 정보를 보낸다. 플래그에 사용된 모든 문자는 정보의 일부일 수도 있다. 이 경우 수신자는 데이터의 가운데에서 이 패턴을 만났을 때 프레임의 끝에 도달했다고 착각할 수 있다. 이 문제를 해결하기 위해 바이트 스터핑(Stuffing) 기법을 사용한다. 바이트 스터핑(또는 문자 스터핑)에서는 플래그와 같은 패턴을 가진 문자가 있을 때 특수 바이트가 프레임의 데이터 섹션에 추가된다. 데이터 섹션은 여분의 바이트로 채워진다. 이 바이트는 일반적으로 ESC라고 하며 미리 정의된 비트 패턴을 가진다. 수신기가 ESC 문자를 만날 때마다 데이터 섹션에서 데이터를 제거하고 다음 문자를 구분 플래그가 아닌 데이터로 처리한다. [그림 3-7]은 그 상황을 보여준다.

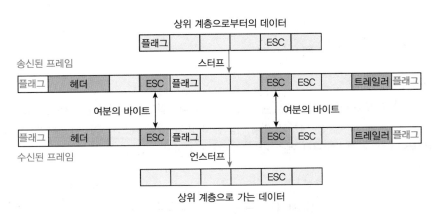

[그림 3-7] 바이트 스터핑 및 언스터핑

이스케이프 캐릭터(ESC) 바이트로 채우는 것은 프레임의 데이터 부분에 플래그가 존재하도록 허용하지만, 또 다른 문제를 일으킨다. 텍스트에 하나 이상의 ESC 문자가 포함된 후 플래그와 같은 패턴의 바이트가 있으면 수신기는 ESC 문자를 제거하지만 다음 바이트는 그대로 유지하는데, 이것은 프레임의 끝이라고 잘못 해석된다. 이 문제를 해결하려면 본문의 일부인 ESC 문자도 다른 ESC 문자로 표시해야 한다. 즉, ESC 문자가 본문의 일부일 경우, 두 번째 문자가 본문의 일부임을 보여주기 위해 추가 문자를 추가한다. 유니코드와 같이 오늘날 사용되고 있는 범용 코딩 시스템은 8비트 문자와 충돌하는 16비트와 32비트 문자를 가지고 있다.

② 비트 지향 프레임 중요 ★★★

비트 지향 프레임에서 프레임의 데이터 섹션은 상위 계층이 텍스트, 그래픽, 오디오, 비디오 등으로 해석하는 비트 시퀀스이다. 그러나 머리글(그리고 가능한 트레일러) 외에도, 여전히 한 프레임과 다른 프레임을 분리할 수 있는 구분자가 필요하다. 대부분 프로토콜은 [그림 3-8]과 같이 프레임의 시작과 끝을 정의하는 구분자로 특수 8비트 패턴 플래그 01111110을 사용한다.

[그림 3-8] 비트 지향 프로토콜의 프레임

이 플래그는 문자 지향 프로토콜에서 보았던 것과 같은 유형의 문제를 만들 수 있다. 즉, 데이터에 플래그 패턴이 나타나면, 수신기에게 어떻게든 프레임의 끝이 아님을 알릴 필요가 있다. 패턴이 플래그처럼 보이지 않도록 (1바이트 대신) 1비트를 채우는 방식을 비트 스터핑(Bit Stuffing)이라고 한다. 비트 스터핑에서 0과 5개의 연속적인 1비트가 발생하면 여분의 0을 추가한다. 여분의 비트는 결국 수신기에 의해 데이터에서 제거된다. 여분의 비트는 다음 비트의 값에 관계없이 하나의 0 이후 5개의 1이 추가된다는 점에 유의한다.

2 흐름 및 오류제어 중요 ★★★

(1) 흐름제어

데이터링크 계층에서의 통신에서는, 송신 노드의 네트워크와 데이터링크 계층, 수신 노드의 네트워크와 데이터링크 계층을 다루고 있다. [그림 3-9]와 같이 네트워크와 데이터링크 계층 간의 관계를 무시하고 두 데이터링크 계층 간의 관계에 집중하기도 한다.

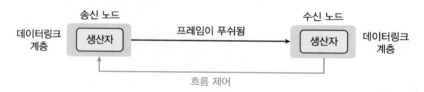

[그림 3-9] 데이터링크 계층에서의 흐름제어

[그림 3-9]는 송신 노드의 데이터링크 계층이 수신 노드의 데이터링크 계층 쪽으로 프레임을 밀어 넣으려 하는 것을 나타낸다. 수신 노드가 프레임이 도착하는 것과 같은 속도로 패킷을 처리하여 네트워크에 전달할 수 없는 경우, 프레임에 압도된다. 이 경우 흐름제어는 수신 측에서 송신 측으로 프레임 전송을 늦추도록 요청한다.

(2) 오류제어

물리 계층의 기반기술은 충분히 신뢰할 수 없기 때문에, 수신 노드가 그것의 네트워크 계층에 손상된 패킷을 전달하는 것을 방지하기 위해 데이터링크 계층에서 오류제어를 실시한다. 데이터링크 계층의 오류제어는 일반적으로 매우 단순하며 다음 두 가지 방법 중 하나를 사용하여 구현된다. 두 가지 방법에서 CRC는 송신자에 의해 프레임 헤더에 추가되고 수신자에 의해 점검된다.

> ① 첫 번째 방법에서는 프레임이 손상된 경우 자동으로 삭제된다. 패킷이 손상되지 않으면 패킷이 네트워크 계층에 전달된다. 이 방법은 주로 이더넷과 같은 유선 LAN에서 사용된다.
> ② 두 번째 방법에서는 프레임이 손상된 경우 자동으로 삭제된다. 손상되지 않았으면 수신확인 (흐름 및 오류제어를 위해)을 송신자에게 보낸다.

(3) 흐름과 오류제어의 조합

흐름과 오류제어를 결합할 수 있다. 간단한 상황에서 흐름제어를 위해 전송되는 수신확인은 또한 패킷이 손상되지 않은 상태로 도착했음을 송신자에게 알려주는 오류제어에 사용될 수 있다. 수신확인이 부족하다는 것은 송신된 프레임에 문제가 있다는 것을 의미한다. 일반적으로 받았다는 증명을 전달하는 프레임을 데이터 프레임과 구별하기 위해 ACK라고 한다.

제 3 절　흐름제어

전통적으로 데이터링크 계층이 흐름과 오류제어를 다루기 위한 단순, Stop-and-Wait, Go-Back-N, 선택적-반복의 4개 프로토콜이 정의되었다. 데이터링크 계층에서는 처음의 2개 프로토콜이 여전히 사용되고 있지만, 마지막 2개는 사용하지 않는다.

1 단순 프로토콜(Simple Protocol) 중요 ★★

첫 번째 프로토콜은 흐름과 오류제어가 없는 단순한 프로토콜이다. 수신기가 수신하는 프레임을 즉시 처리할 수 있다고 가정한다. [그림 3-10]은 이 프로토콜의 레이아웃을 나타낸다.

[그림 3-10] 단순 프로토콜

송신기의 데이터링크 계층은 그것의 네트워크 계층에서 패킷을 가져와서 프레임을 만들고, 프레임을 보낸다. 수신기의 데이터링크 계층은 링크로부터 프레임을 수신한 후 프레임으로부터 패킷을 추출하고 패킷을 네트워크 계층으로 전달한다. 송신기와 수신기의 데이터링크 계층은 네트워크 계층에 대한 전송 서비스를 제공한다.

2 Stop – Wait 프로토콜 중요 ★★

흐름제어와 오류제어를 모두 사용하는 Stop-and-Wait 프로토콜에서, 송신자는 한 번에 하나의 프레임을 송신하고, 수신확인을 기다린 후에 다음 프레임을 송신한다. 손상된 프레임을 검출하려면 각 데이터 프레임에 CRC를 추가해야 한다. 프레임이 수신기 사이트에 도착하면 검사한다. CRC가 틀리면, 프레임이 손상되어 자동으로 삭제된다. 수신기의 무응답은 송신자에게 보내는 프레임이 손상되었거나 분실되었다는 신호이다. 송신자가 프레임을 보낼 때마다 타이머가 시작된다. 타이머가 만료되기 전에 수신확인이 도착하면 타이머가 정지되고 다음 프레임(보낼 프레임이 있는 경우)을 송신한다. 타이머가 만료되면 송신자는 프레임이 분실되었거나 손상되었다고 가정하여 이전 프레임을 재전송한다. 이는 송신자가 수신확인이 도착할 때까지 프레임의 사본을 보관해야 한다는 것을 의미한다. 해당 수신확인이 도착하면, 송신자는 사본을 삭제하고, 준비가 되면 다음 프레임을 보낸다. [그림 3-11]은 Stop-and-Wait 프로토콜의 개요를 나타내고 있다. 언제든지 하나의 프레임과 하나의 수신만 채널에 있을 수 있다는 점에 유의한다.

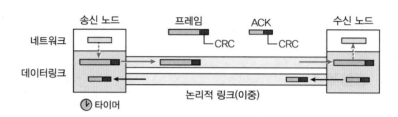

[그림 3-11] Stop-and-Wait 프로토콜

3 피기백킹(Piggybacking)

이 절에서 논의한 두 개의 프로토콜은 단방향 통신을 위해 설계되었으며, 비록 수신이 다른 방향으로 이동할 수 있지만 데이터가 한 방향으로만 흐르고 있다. 과거에는 데이터가 양방향으로 흐를 수 있도록 프로토콜이 설계되었다. 그러나 통신을 더 효율적으로 하기 위해, 한 방향의 데이터는 다른 방향으로 수신과 함께 피기백 된다. 즉, **노드 A가 노드 B로 데이터를 송신하고 있을 때 노드 A도 노드 B로부터 수신한 데이터를 확인한다.** 피기백은 데이터링크 계층에서의 의사소통을 더 복잡하게 만들기 때문에 일반적으로 사용하는 방법은 아니다.

4 Go-Back-N 프로토콜 중요 ★★

송신 효율(파이프를 채우기 위해)을 향상시키려면, 송신자가 수신확인을 기다리는 동안 복수의 패킷이 전환되어 있어야 한다. 즉, 송신자가 확인 응답을 기다리는 동안 채널을 사용 중인 상태로 유지하기 위해 하나 이상의 패킷을 처리하지 못하게 해야 한다. 이 목표를 달성할 수 있는 프로토콜 중의 하나가 GBN(Go-Back-N)이다. Go-Back-N의 핵심은 **수신확인을 받기 전에 몇 개의 패킷을 보낼 수 있지만, 수신기는 1개의 패킷만 버퍼링할 수 있다는 것**이다. 수신확인이 도착할 때까지 송신된 패킷의 사본을 보관한다. [그림 3-12]는 프로토콜의 개요를 나타내고 있다. 여러 개의 데이터 패킷과 수신확인이 동시에 채널에 있을 수 없다는 점에 유의한다.

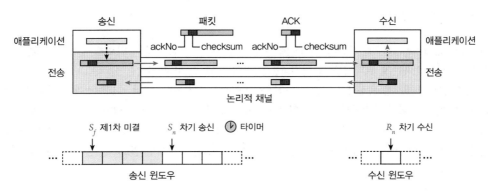

[그림 3-12] Go-Back-N 프로토콜

5 선택적 재전송(Selective-Repeat) 프로토콜 중요 ★★

Go-Back-N 프로토콜은 수신기에서 과정을 단순화한다. 수신기는 오직 하나의 변수만 추적하며, 잘못된 패킷을 버퍼링할 필요가 없고, 그것들은 그냥 버려진다. 그러나 이 프로토콜은 기본 네트워크 프로토콜이 많은 패킷을 잃는 경우에 비효율적이다. 하나의 패킷이 손실되거나 손상될 때마다 송신자는 모든 미결 패킷을 재전송한다. 이러한 패킷 중 일부는 안전하고 정상적이지만 순서가 잘못된 것일 수 있다. 네트워크 계층이 네트워크 정체 때문에 많은 패킷을 손실하고 있는 경우, 이러한 미결 패킷의 전부 재전송은 정체를 더 악화시키고, 결국 더 많은 패킷이 손실된다. 이는 네트워크 전체의 장애를 초래할 수 있는 눈사태 효과이다.

이름에서 알 수 있듯이 선택적 패킷만 재전송하는 선택적 재전송(Selective-Repeat) 프로토콜이라는 또 다른 프로토콜이 고안되었는데, 이는 **실제로 분실된 패킷만 재전송**한다. 이 프로토콜의 개요는 [그림 3-13]과 같다.

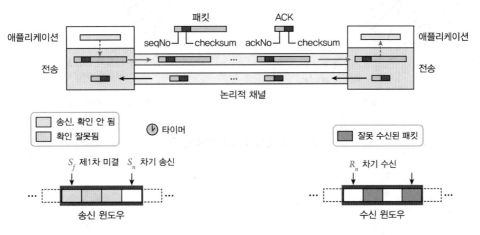

[그림 3-13] 선택적 재전송의 개요

6 슬라이딩 윈도우(Sliding Window) 중요 ★★

시퀀스 번호는 modulo 2^m를 사용하기 때문에, 원은 0에서 $2^m - 1$의 시퀀스 번호를 나타낼 수 있다([그림 3-14]). 버퍼는 언제든지 원의 일부를 차지하는 슬라이딩 윈도우라고 불리는 슬라이스 세트로 표현된다. 송신자 측에서는, 패킷을 송신했을 때, 대응하는 슬라이스가 표시된다. 모든 슬라이스가 표시되면 버퍼가 가득 차서 애플리케이션 계층에서 더 이상의 메시지를 수신할 수 없다는 것을 의미한다. 확인 응답이 도착하면 송신 측은 원래 창 크기만큼 데이터를 전송할 수 있다. [그림 3-14]에는 송신자의 슬라이딩 창을 보여준다. 시퀀스 번호는 modulo 16(m = 4)이며 창 크기는 7이다. 슬라이딩 윈도우는 추상적 개념일 뿐이라는 점에 유의한다.

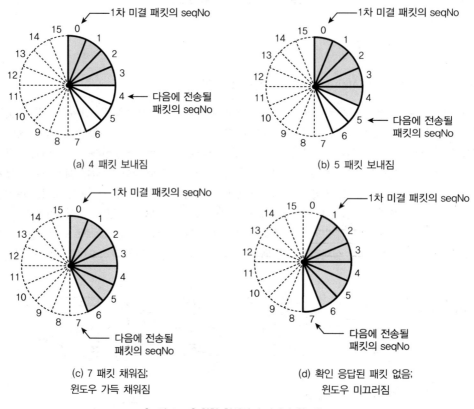

[그림 3-14] 원형 형식의 슬라이딩 윈도우

제 **4** 절 HDLC(High-level Data Link Control)

고수준 데이터링크 제어(HDLC)는 **지점 간 및 멀티포인트 링크를 통한 통신을 위한 비트 지향 프로토콜**이다. Stop-and-Wait 프로토콜을 구현한다. 이 프로토콜은 실용적이기보다는 이론적인 문제지만, 이 프로토콜에 정의된 개념 대부분은 P2P나, 유선 LAN이나 무선 LAN에서 논의되는 이더넷 프로토콜과 같은 다른 실용적 프로토콜의 기초가 된다.

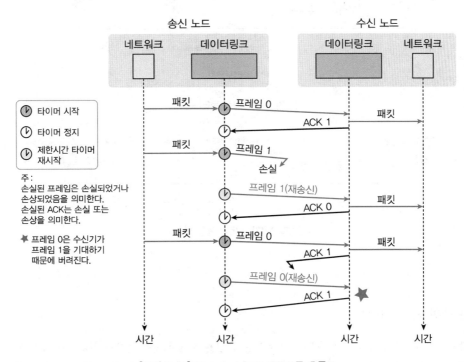

[그림 3-15] Stop-and-Wait 프로토콜 흐름도

1 구성 및 전송 모드 중요 ★★

HDLC는 서로 다른 구성에서 사용할 수 있는 NRM(Normal Response Mode)과 ABM(Asynchronous Balanced Mode)의 두 가지 공통 전송 모드를 제공한다. 정상 응답 모드(NRM)에서 스테이션 구성은 불균형하다. 1개의 주 스테이션과 여러 개의 보조 스테이션을 가지고 있다. 주 스테이션은 명령을 전송할 수 있고, 2차 스테이션은 응답만 할 수 있다. NRM은 [그림 3-16]과 같이 포인트-투-포인트 링크와 멀티포인트 링크에 모두 사용된다. ABM에서는 구성이 균형을 이루고 있다. 링크는 포인트-투-포인트이며, 각 스테이션은 [그림 3-17]과 같이 기본 및 2차(peer로서) 기능을 할 수 있다. 이것이 오늘날 일반적인 모드이다.

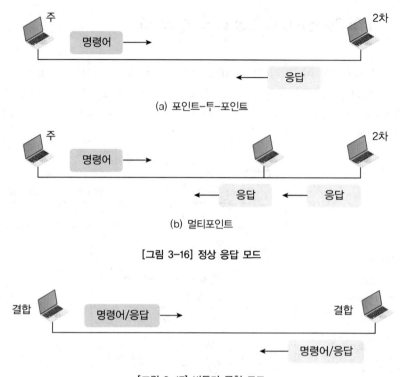

(a) 포인트-투-포인트

(b) 멀티포인트

[그림 3-16] 정상 응답 모드

[그림 3-17] 비동기 균형 모드

2 프레이밍(Framing)

HDLC는 방금 설명한 모드와 구성에서 가능한 모든 옵션을 지원하는 데 필요한 유연성을 제공하기 위해 정보 프레임(I 프레임), 감독 프레임(S 프레임), 번호 없는 프레임(U 프레임)의 세 가지 유형의 프레임을 정의한다. 프레임의 각 유형은 다른 유형의 메시지를 전송하기 위한 봉투 역할을 한다. I 프레임은 데이터 링크 사용자 데이터 및 사용자 데이터(피기백킹)와 관련된 제어 정보에 사용된다. S 프레임은 제어 정보의 전송에만 사용된다. U 프레임은 시스템 관리를 위해 예약되어 있다. U 프레임이 가지고 있는 정보는 링크 자체를 관리하기 위한 것이다. HDLC의 각 프레임은 [그림 3-18]에서 표시한 대로 시작 플래그 필드, 주소 필드, 제어 필드, 정보 필드, 프레임 검사 순서(FCS) 필드 및 끝 플래그 필드를 최대 6개까지 포함할 수 있다. 다중 프레임 전송에서는 한 프레임의 끝 플래그가 다음 프레임의 시작 플래그 역할을 할 수 있다.

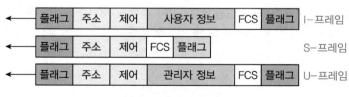

[그림 3-18] HDLC 프레임

HDLC의 구성 필드는 다음과 같다.

(1) 플래그 필드

이 필드는 프레임의 시작과 끝을 모두 식별하는 동기화 패턴 0111110을 포함하고 있다.

(2) 주소 필드

이 필드는 보조 스테이션의 주소를 포함하고 있다. 만일 주 스테이션이 그 프레임을 만든 경우에는 수신 주소지를 포함한다. 보조 스테이션이 프레임을 생성하면 송신 주소를 포함한다. 주소 필드는 네트워크의 요구에 따라 1바이트 또는 몇 바이트 길이가 될 수 있다.

(3) 제어 필드

제어 필드는 흐름 및 오류제어에 사용되며 1 또는 2바이트이다.

(4) 정보 필드

정보 필드에는 네트워크 계층이나 관리자 정보로부터 획득한 사용자 데이터를 포함하고 있다. 길이는 네트워크마다 다를 수 있다.

(5) FCS 필드

프레임 검사 순서(FCS)는 HDLC 오류 감지 필드다. 2바이트 또는 4바이트 CRC를 포함할 수 있다. 제어 필드는 프레임의 종류를 결정하고 그 기능을 정의한다.

제 5 절 　 다중 접근

네트워크의 각 스테이션(예 PC, 워크스테이션, 서버)에는 자체 네트워크 인터페이스 카드(NIC)가 있다. NIC는 스테이션 내부에 설치되며 스테이션에 링크 계층 주소를 제공한다. 노드나 스테이션이 접속되어 멀티포인트나 브로드캐스트 링크라고 하는 공통 링크를 이용할 때, 링크에 대한 액세스를 조정하기 위한 다중 접속 프로토콜이 필요하다. 매체 접근을 통제하는 문제는 집회에서 말하는 규칙과 유사하다. 그 절차는 발언권이 유지되고 두 사람이 동시에 말을 하지 않고 서로 방해하지 않으며 토론을 독점하지 않도록 보장해야 하는 것과 같다. 공유 링크에 대한 접근을 처리하기 위한 많은 프로토콜이 고안되었다. 이들 프로토콜은 모두 미디어 액세스 제어(MAC)라고 하는 데이터링크 계층의 하위 계층에 속한다. 이들은 [그림 3-19]와 같이 세 그룹으로 분류된다.

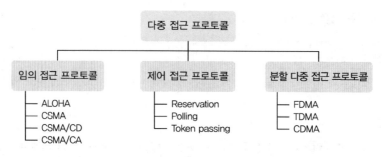

[그림 3-19] 다중 접속 프로토콜의 분류

1 임의 접근

임의 접속에서는, 어떤 스테이션도 다른 스테이션보다 우위에 있지 않고, 어떤 스테이션도 다른 스테이션보다 제어가 더 할당되지는 않는다. 송신할 데이터가 있는 스테이션은, 프로토콜이 정한 절차를 사용해 송신 여부를 결정한다. 이 결정은 매체의 상태(유휴 또는 사용 중)에 달려 있다. 즉, 각 스테이션은 매체 상태를 시험하는 등 사전 정의된 절차를 따르는 조건으로 원하는 시점에 송신할 수 있다.

이 방법은 두 가지 특징이 있다. 첫째, 스테이션이 전송할 예정 시간이 없다. 스테이션 사이에서는 전송이 임의적이다. 그래서 이들 방법을 임의 접근이라고 부른다. 둘째, 스테이션은 매체에 접근하기 위해 서로 경쟁하여 매체 사용권을 획득한다.

임의 접속 방식에서는, 각 스테이션이 다른 스테이션에 의해 제어되지 않고 매체에 대한 권리를 가진다. 그러나 두 개 이상의 스테이션이 전송하려고 하면, 접근 충돌이 발생하고, 프레임이 파괴되거나 수정된다. 접근 충돌을 피하기 위해, 또는 충돌 발생시 문제를 해결하기 위해, 각 스테이션은 다음 절차를 따른다.

① 스테이션은 언제 매체에 접근할 수 있는가?
② 매체가 바쁠 경우 스테이션은 무엇을 할 수 있는가?
③ 스테이션은 어떻게 전송의 성패를 판가름할 수 있는가?
④ 접근 충돌이 일어날 경우 스테이션이 할 수 있는 일은 무엇인가?

임의 접근 방법은 ALOHA라고 알려진 매우 흥미로운 프로토콜에서 진화해 왔으며, 이 프로토콜은 다중 접근(MA)이라고 불리는 매우 간단한 절차를 사용했다. 이 방법은 전송 전에 스테이션이 매체를 감지하도록 하는 절차를 추가해 향상되었다. 이를 캐리어 센스 다중 접근(CSMA)이라고 한다. 이 방법은 이후 충돌 감지 시 스테이션에 무엇을 해야 하는지 알려주는 반송파 감지 다중 접근(CSMA/CD)과 충돌을 회피하려는 반송파 감지 다중 접근(CSMA/CA)의 두 가지 방식으로 진화했다.

(1) ALOHA 중요 ★

최초의 무작위 접근 방식인 ALOHA는 1970년 초 하와이 대학에서 개발되었다. **무선 LAN용으로 설계됐지만 어떤 공유 매체에서든지 사용할 수 있다.** 이 배치에는 잠재적인 충돌이 있음이 명백하며, 매체는 스테이션 사이에서 공유된다. 스테이션이 데이터를 전송할 때 다른 스테이션이 동시에 데이터를 전송하려고 시도할 수 있다. 두 스테이션의 자료가 충돌하여 왜곡된다.

① 순수 ALOHA(Pure ALOHA)

원래의 ALOHA 프로토콜은 순수한 ALOHA라고 부르며, 각각의 스테이션이 보낼 프레임(복수 접근)이 있을 때마다 프레임을 보낸다는 것이다. 다만, 공유할 수 있는 채널이 1개뿐이기 때문에, 서로 다른 스테이션의 프레임과의 충돌 가능성도 있다. [그림 3-20]은 순수 ALOHA에서 프레임 충돌의 예를 나타낸다.

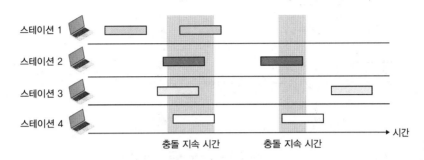

[그림 3-20] 순수 ALOHA 네트워크의 프레임

공유 채널로의 접근을 위해 서로 경쟁하는 스테이션(비현실적 가정)이 4개 있다. 이 그림은 각 스테이션이 두 개의 프레임을 전송한다는 것을 보여준다. 공유 매체에 총 여덟 개의 프레임이 있다. 이 프레임들 중 일부는 공유 채널에서 여러 프레임들이 경합 중이기 때문에 충돌한다. [그림 3-20]은 스테이션 1에서 하나의 프레임과 스테이션 3에서 한 프레임을 제외하고는 두 개의 프레임만 생존할 수 있음을 보여주고 있다. 한 프레임의 비트가 다른 프레임의 한 비트와 함께 채널에 공존하는 경우에도 충돌이 발생하며 둘 다 전송 중에 파손된 프레임을 다시 보내야 한다.

순수한 ALOHA 프로토콜은 수신자의 수신확인에 의존한다. 스테이션이 프레임을 보내면 수신자가 수신확인을 보내줄 것으로 기대하고, 수신확인이 타임아웃 이후에도 도착하지 않는 경우, 스테이션은 프레임(또는 수신확인)이 파손되었다고 가정하고 프레임을 다시 전송한다.

이들 스테이션이 모두 타임아웃 후 프레임 재전송을 시도하면 프레임이 다시 충돌한다. 순수 ALOHA는 타임아웃 기간이 경과하면 각 스테이션이 임의의 시간을 기다린 후에 프레임을 다시 전송하도록 하는 기법이다.

순수 ALOHA는 재전송된 프레임으로 채널의 정체를 방지하는 두 번째 방법을 가지고 있다. 최대 재전송 시도 횟수 K_{max} 후, 스테이션은 포기하고 나중에 시도해야 한다. [그림 3-21]은 상기 전략에 기초한 순수 ALOHA의 절차를 나타낸다.

타임아웃 기간은 가능한 최대 왕복 전파 지연과 동일하며, 가장 넓게 분리된 두 스테이션 사이의 프레임 전송에 필요한 시간($2 \times T_P$)의 2배에 달한다. 백오프 시간 T_B는 일반적으로 K(실패한 전송 시도 횟수)에 의존하는 임의의 값이다. T_B의 일반적인 공식은 이진 지수 백오프이다. 이 방법에서는 각 재전송마다 멀티피어 $R = 0 \sim 2^K - 1$을 임의로 선택하고 T_P(최대 전파 시간)나 T_{fr}(프레임 한 개를 송신하는 데 필요한 평균 시간)을 곱해 T_B를 찾는다. 이 절차에서 난수 범위는 충돌할 때마다 증가하고, K_{max}의 값은 보통 15로 선택된다.

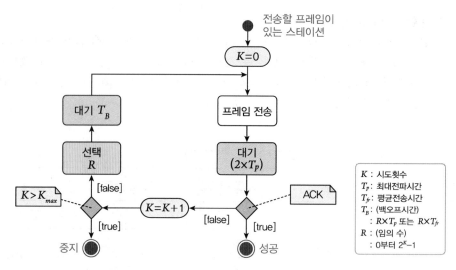

[그림 3-21] 순수 알로하 프로토콜 절차

② 슬롯형(Slotted) ALOHA

순수 ALOHA는 취약시간이 $2 \times T_{fr}$이다. 스테이션이 언제 송신할 수 있는지를 규정하는 규칙이 없기 때문이다. 스테이션은 다른 스테이션이 시작된 직후에 또는 다른 스테이션이 완료되기 직전에 전송할 수 있다. 슬롯형 ALOHA는 순수 ALOHA의 효율성을 향상시키기 위해 고안되었다. 슬롯형 ALOHA에서 시간을 T_{fr}초의 슬롯으로 나누고 스테이션이 시간 슬롯의 시작에서만 송신하도록 한다. [그림 3-22]는 슬롯형 ALOHA에서 프레임 충돌의 예를 나타낸다.

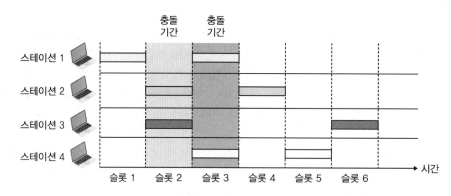

[그림 3-22] 슬롯형 ALOHA 네트워크의 프레임

(2) CSMA(Carrier Sense Multiple Access) 중요 ★★★

충돌 가능성을 최소화하고 성능을 향상시키기 위해 CSMA 방법이 개발되었다. 스테이션이 매체를 사용하려고 시도하기 전에 매체를 감지하면 충돌 가능성이 줄어들 수 있다. 캐리어 센스 다중 접속 (CSMA)은 전송하기 전에 각 스테이션이 먼저 매체의 상태를 확인한다. 즉, CSMA는 '전송 전 감지' 또는 '대화 전 청취' 원칙에 기반한다. CSMA는 충돌 가능성을 줄일 수 있지만 이를 제거할 수는 없다. 그 이유는 CSMA 네트워크의 공간·시간 모델인 [그림 3-23]에 나타나 있다. 스테이션은 공유 채널(일반적으로 전용 매체)에 연결된다.

전파 지연으로 인해 충돌의 가능성은 여전히 존재한다. 스테이션이 프레임을 보낼 때, 첫 번째 비트가 모든 스테이션에 도달하고 모든 스테이션이 그것을 감지하는 데는 여전히 (매우 짧지만) 시간이 걸린다. 즉, 다른 스테이션에서 송신한 첫 번째 비트가 아직 수신되지 않았기 때문에, 스테이션이 매체를 감지하여 유휴 상태임을 알 수 있다.

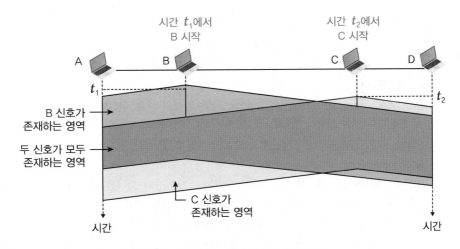

[그림 3-23] CSMA의 충돌 공간/시간 모델

시간 t_1에서 스테이션 B는 매체를 감지하고 유휴 상태임을 발견하여 프레임을 보낸다. 시간 $t_2(t_2 > t_1)$에서, 스테이션 B의 첫 번째 비트가 스테이션 C에 도달하지 않았기 때문에 스테이션 C는 매체를 감지해 유휴 상태임을 발견한다. 스테이션 C도 또한 프레임을 송신하고, 두 신호가 충돌한 후 양쪽 프레임이 모두 소멸된다.

① 영속 방식(Persistence Methods)

채널이 바쁠 때 스테이션은 무엇을 해야 하는가? 채널이 유휴 상태일 경우 스테이션에서 수행할 작업은 어떤 것들이 있는가? 이들 질문에 대한 답변으로 1-영속 방식, 비영속 방식, p-영속 방식 등 3가지가 마련됐다. [그림 3-24]는 스테이션이 채널을 사용 중일 때 세 가지 지속적 방법의 동작을 보여준다.

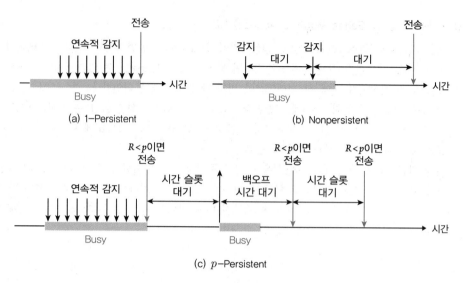

[그림 3-24] 3가지 영속 방식 동작

ⓐ 1-Persistent

1-영속 방식은 간단하다. 이 방법에서는, 스테이션이 유휴 회선을 발견하면, 즉시 그 프레임을 송신한다(확률 1). 이 방법은 두 개 이상의 스테이션이 회선이 유휴 상태임을 발견하고 프레임을 즉시 보낼 수 있기 때문에 충돌 가능성이 가장 높다. 이더넷이 이 방법을 사용한다.

ⓑ Non-Persistent

비영속 방식에서는, 송신하는 프레임이 있는 스테이션이 회선을 감지한다. 회선이 유휴상태이면 즉시 전송한다. 회선이 유휴상태가 아닌 경우 무작위로 시간을 기다린 뒤 다시 회선을 감지한다. 비영속 접근법은 두 개 이상의 스테이션이 동일한 시간을 기다린 후 동시에 전송을 재시도할 가능성이 낮기 때문에 충돌 가능성을 감소시킨다. 단, 전송해야 할 프레임이 있는 스테이션이 있을 경우 매체가 유휴 상태로 유지되기 때문에 네트워크의 효율이 저하된다.

ⓒ p-Persistent

p-영속 방식은 채널이 최대 전파시간과 같거나 그 이상의 슬롯을 가진 경우 사용한다. p-영속 접근법은 다른 두 전략의 장점을 결합한 것으로, 충돌 가능성을 줄이고 효율성을 높였다. 이 방법에서는 스테이션이 유휴 라인을 발견한 후 다음 단계를 따른다.

- 확률 p로 스테이션이 프레임을 보낸다.
- 확률 q = 1 - p로, 스테이션은 다음 시간 슬롯의 시작을 기다렸다가 다시 회선을 체크한다.
  - 회선이 유휴 상태이면 1단계로 간다.
  - 회선이 통화 중이면 충돌이 발생한 것으로 작동하고 백오프 절차를 사용한다.

(3) CSMA/CD(Carrier Sense Multiple Access with Collision Detection) 중요 ★★★

CSMA 방법은 충돌에 따른 절차를 명시하지 않지만, CSMA/CD는 충돌을 처리하기 위한 알고리즘을 보완한다. 이 방법에서 스테이션은 전송이 성공적이었는지 확인하기 위해 프레임을 보낸 후에 매체를 모니터링한다. 전송이 성공적이라면 스테이션의 동작은 완료되지만 충돌이 있으면 프레임을 다시 전송한다.

CSMA/CD를 더 잘 이해하기 위해 충돌과 관련된 두 스테이션에 의해 전송된 첫 번째 비트를 살펴보자. 각 스테이션이 충돌을 감지할 때까지 프레임에 비트를 계속 송신하지만 첫 번째 비트가 충돌할 때 어떤 일이 일어나는지 보여준다. [그림 3-25]에서 스테이션 A와 C는 충돌에 관련되어 있다.

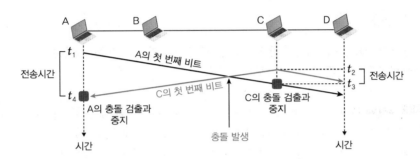

[그림 3-25] CSMA/CD의 첫 비트 충돌

시간 t_1에서 스테이션 A는 지속성 절차를 실행하고 프레임의 비트 전송을 시작한다. 시간 t_2에서 스테이션 C는 A가 보낸 첫 번째 비트를 아직 감지하지 못했다. 스테이션 C는 지속성 절차를 실행하고 프레임의 비트를 전송하기 시작한다. 이 비트는 왼쪽과 오른쪽 모두로 전파된다. 충돌은 시간 t_2 이후에 일어난다. 스테이션 C는 A의 프레임의 첫 번째 비트를 수신했을 때 t_3에서 충돌을 감지한다. 스테이션 C는 즉시(또는 짧은 시간이 지난 후, 즉시) 전송을 중단한다. 스테이션 A는 C 프레임의 첫 번째 비트를 수신할 때 t_4에서 충돌을 감지하며, 또한 즉시 전송을 중단한다. [그림 3-25]를 보면, A는 $t_4 - t_1$, C는 $t_3 - t_2$ 기간 동안 전송하는 것을 알 수 있다. [그림 3-26]은 이러한 내용을 좀 더 시각화하여 표현한 것이다.

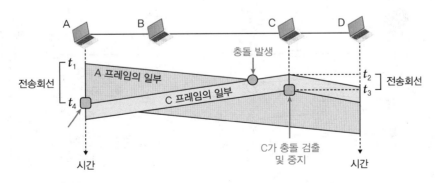

[그림 3-26] CSMA/CD에서의 충돌 및 중지

CSMA/CD의 처리량은 순수 또는 슬롯 처리된 ALOHA의 처리량보다 크다. 최대 처리량은 p의 값에 따라 달라지는데(여기서 p는 충돌 확률을 의미함) p-persistent 방식의 영속 방식과 p값을 기반으로 한다. 1-영속 방식의 경우 최대 처리량은 p = 1일 때 약 50%이다. 비영속 방식의 경우 최대 처리량은 p가 3과 8 사이에 있을 때 최대 90%까지 올라갈 수 있다.

CSMA/CD를 사용하는 LAN 프로토콜 중 하나는 데이터 속도가 10Mbps인 전통적 이더넷이다. 전통적인 이더넷은 일반적인 미디어에 대한 액세스를 제어하기 위해 1-persistent 방식을 사용하는 브로드캐스트 LAN이다.

2 제어 접근

제어된 접근에서 스테이션은 서로를 참조하여 전송할 권한이 있는 스테이션을 찾는다. 다른 스테이션에서 권한을 부여하지 않으면 스테이션에서 보낼 수 없다.

(1) 예약(Reservation)

예약 방식에서 스테이션은 데이터를 보내기 전에 예약을 해야 한다. 시간은 간격으로 나뉜다. 각 간격에서 예약 프레임은 해당 간격으로 전송된 데이터 프레임보다 우선한다. 시스템에 N개의 스테이션이 있는 경우 예약 프레임에 정확히 N개의 예약 미니 슬롯이 있다. 각 미니 슬롯은 한 스테이션에 속한다. 스테이션이 데이터 프레임을 전송해야 할 때, 스테이션은 자체 미니 슬롯에서 예약을 한다. 예약을 한 스테이션은 예약 프레임 이후에 데이터 프레임을 보낼 수 있다.

(2) 폴링(Polling)

폴링은 하나의 장치가 1차 스테이션으로 지정되고 다른 장치는 2차 스테이션인 체계에서 작동한다. 1차 스테이션이 링크를 제어하고 2차 스테이션은 1차 스테이션의 지시에 따른다. 2차 장치는 지시 사항을 따른다. 주어진 시간에 어떤 장치가 채널을 사용할 수 있는지를 결정하는 것은 1차 장치에 달려 있다. 따라서 기본 장치는 항상 세션의 시작이다([그림 3-27] 참조). 이 방식은 폴링 및 선택 함수를 사용하여 충돌을 방지한다. 그러나 단점은 주 스테이션에 장애가 발생하면 시스템이 다운되는 것이다.

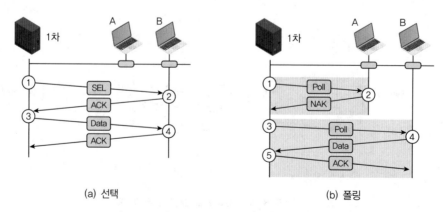

(a) 선택   (b) 폴링

[그림 3-27] 폴링 접근 방식의 선택 및 폴링 기능

(3) 토큰 패싱(Token Passing)

토큰 패싱 방식에서 네트워크의 스테이션은 논리 링으로 구성된다. 즉, 각 스테이션에는 전임자와 후임자가 있다. 전임자는 논리적으로 링에 있는 스테이션 앞에 있는 스테이션이다. 후임자는 링에서 스테이션 뒤의 스테이션이다. 현재 스테이션은 현재 채널에 액세스하고 있는 스테이션이다. 이 액세스 권한은 이전 스테이션에서 현재 스테이션으로 전달되고 현재 스테이션이 보낼 데이터가 더 없을 때 오른쪽 후임자에게 전달된다.

하지만 이 채널에 대한 접근권은 어떻게 한 스테이션에서 다른 스테이션으로 전달되는가? 이 방법에서는 토큰이라 불리는 특수 패킷이 링을 순환한다. 토큰을 소지하면 스테이션은 채널에 접근하여 데이터를 전송할 수 있는 권리를 갖게 된다. 스테이션이 송신할 자료가 있으면, 전임자로부터 토큰을 받을 때까지 기다린다. 그런 다음 토큰을 갖고 데이터를 보낸다. 스테이션은 더 보낼 데이터가 없을 때 토큰을 링의 다음 논리 스테이션에 전달한다. 스테이션은 다음 라운드에서 토큰을 다시 받을 때까지 데이터를 전송할 수 없다. 이 과정에서 스테이션이 토큰을 받고 보낼 데이터가 없을 때는 데이터를 다음 스테이션으로 그냥 넘긴다.

이 접근 수단에 대해서는 토큰 관리가 필요하다. 스테이션이 토큰을 소유할 수 있는 시간에 제한이 있어야 한다. 또한, 토큰은 분실 또는 파기되지 않도록 모니터링 되어야 한다. 예를 들어 토큰을 보유하고 있는 스테이션이 고장나면 토큰이 네트워크에서 사라진다. 토큰 관리의 또 다른 기능은 전송되는 데이터 유형과 스테이션에 우선순위를 할당하는 것이다. 그리고 마지막으로, 우선순위가 낮은 스테이션이 우선순위가 높은 스테이션에 토큰을 공개하도록 하기 위해서는 토큰 관리가 필요하다.

① 논리 링(Logical Ring)

토큰 패싱 네트워크에서, 스테이션은 링에 물리적으로 연결될 필요가 없다. 링은 논리적으로 연결된다. [그림 3-28]은 논리적인 링을 만들 수 있는 네 가지 토폴로지를 보여준다.

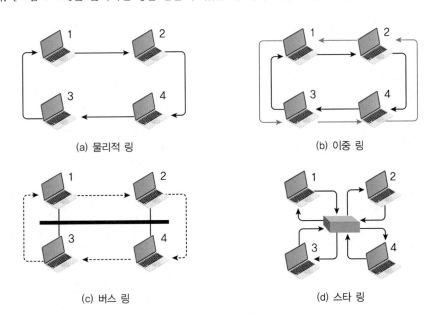

(a) 물리적 링　　　　　　　　(b) 이중 링

(c) 버스 링　　　　　　　　(d) 스타 링

[그림 3-28] 토큰 전달 방식의 논리 링과 물리적 위상

물리적 링 위상에서, 스테이션이 그 토큰을 후임자에게 보낼 때, 그 토큰은 다른 스테이션이 볼 수 없으며, 그다음 순서는 후계자가 된다. 이는 토큰이 다음 후계자의 주소를 가질 필요가 없다는 것을 의미한다. 이 위상의 문제는 링크 중 하나인 인접한 두 스테이션 사이의 매체가 고장나면 시스템 전체가 고장난다는 것이다.

이중 링 위상은 메인 링과 비교하여 역방향으로 작동하는 보조 링을 사용한다. 두 번째 링은 비상시에만 사용할 수 있다(자량의 예비 타이어와 같음). 메인 링의 링크 중 하나가 고장나면 자동으로 두 개의 링을 묶어 임시 링을 형성하는 시스템이다. 실패한 링크가 복원된 후 보조 링이 다시 유휴 상태가 된다. 이 위상이 작동하려면 각 스테이션에는 송신기 포트 2개와 수신기 포트 2개가 있어야 한다. FDDI(Fiber Distributed Data Interface)와 CDDI(Copper Distributed Data Interface)라고 하는 고속 토큰 링 네트워크는 이 위상을 이용한다.

토큰 버스라고도 불리는 버스 링 위상에서, 스테이션들은 버스라고 불리는 단일 케이블에 연결된다. 그러나, 그들은 논리적인 링을 만드는데 왜냐하면 각 스테이션은 후임자의 주소를 알고 있기 때문이다. 스테이션은 자료 송신을 마치면 토큰을 풀어주고 후임자의 주소를 토큰에 삽입한다. 토큰의 목적지 주소와 일치하는 주소를 가진 스테이션만이 공유 미디어에 액세스하기 위한 토큰을 얻는다. IEEE에서 표준화한 토큰 버스 LAN은 이 위상을 사용한다.

스타 링 토폴로지는 물리적으로는 스타 형태이다. 그러나 연결기 역할을 하는 허브가 있다. 허브 내부의 배선은 링을 만들고, 스테이션은 두 개의 와이어 연결을 통해 이 링에 연결된다. 이 위상은 링크가 다운될 경우 허브에 의해 우회되고 나머지 스테이션이 작동할 수 있기 때문에 네트워크의 실패 가능성을 감소시킨다. 또한, 링에서 스테이션을 추가하고 제거하는 것이 더 쉽다. 이 위상은 IBM이 설계한 Token Ring LAN에서 여전히 사용되고 있다.

○×로 점검하자

※ 다음 지문의 내용이 맞으면 ○, 틀리면 ×를 체크하시오. [1 ~ 10]

01 단일 비트 오류에서 데이터 단위의 한 비트만 오류가 생기는 것은 아니다. (   )

>>>○ 단일 비트 오류에서는 데이터 단위 중 하나의 비트만 변질되는 반면 버스트 오류에서는 한 비트 이상이 변질된다.

02 중복(Redundancy)은 전송의 효율을 높이기 위해 각 데이터 단위에 여분의 비트를 추가하는 기술이다. (   )

>>>○ 중복은 전송의 정확성을 정의하기 위해 각 데이터 단위에 여분의 비트를 추가하는 기술이다.

03 선형 블록 코드는 어떤 두 개의 코드워드의 배타적 논리합이 다른 코드워드가 되는 블록 코드이다.
(   )

>>>○ 선형 블록 코드는 임의의 두 코드워드의 배타적 논리합의 결과가 다른 코드워드가 된다.

04 데이터링크 계층은 노드 간 통신을 위한 절차와 설계를 다룬다. (   )

>>>○ 데이터링크 계층의 제어는 링크가 전용인지 브로드캐스트인지에 관계없이 두 인접 노드(노드 간 통신) 간의 통신 절차를 처리한다. 데이터링크 제어 기능에는 프레이밍 및 플로우 및 오류제어가 포함된다.

05 데이터링크 계층에서는 비트를 프레임으로 포장한다. (   )

>>>○ 데이터링크 계층은 비트를 프레임으로 포장할 필요가 있다. 프레이밍은 흐름 및 오류제어를 더 관리 가능하도록 만들기 위해 메시지를 더 작은 단위로 나눈다.

정답 1 × 2 × 3 ○ 4 ○ 5 ○

06 문자 지향 프로토콜은 바이트-스터핑(Byte-Stuffing)을 사용한다. (   )

≫≫🔍 문자 지향 프로토콜은 플래그와 동일한 8-비트 패턴을 운반할 수 있도록 바이트-스터핑을 사용한다.

07 임의 접근(Random Access) 방식에서는 접근 제어와 사전 정의된 채널이 필요하다. (   )

≫≫🔍 임의 접근 방식은 접근 제어와 사전 정의된 채널이 없다. 각 스테이션은 원하는 때에 전송할 수 있다.

08 다중 접근 프로토콜의 세 가지 유형은 임의 접근, 제어 접근, 채널화이다. (   )

≫≫🔍 노드 또는 스테이션이 연결되어 있고 다지점 또는 브로드캐스트 링크라고 하는 공통 링크를 사용할 경우 링크에 대한 액세스를 조정하기 위해 다중 접근 프로토콜(Multiple-Access Protocol)이 필요하다. 다중 접근 프로토콜은 임의 접근(Random Access), 제어 접근(Controled-access), 채널화(Channelization)의 세 그룹으로 분류된다.

09 제어 접근 방식(Controlled Access Method)에서 모든 가용한 대역은 스테이션에 속한다.

(   )

≫≫🔍 제어 접근 방식에서 모든 가용한 대역은 스테이션에 속하는데 이는 중앙 권한이나 다른 스테이션에 의해 허가된다.

10 제어 접근 방식(Controlled Access Method)에는 예약, 폴링, 토큰 패싱이 있다. (   )

≫≫🔍 일반적인 제어 접근 방식에는 예약, 폴링, 토큰 패싱이 있다.

01 다음 중 데이터링크 계층에 의해 수행되지 않는 작업은 무엇인가?

① 프레이밍
② 오류제어
③ 흐름제어
④ 채널 코딩

01 채널 코딩은 물리 계층의 기능이다. 데이터링크 계층은 주로 프레임, 오류제어 및 흐름제어를 다룬다.

02 다음 중 프레임의 헤더에 일반적으로 포함하는 것은?

① 동기 바이트
② 주소
③ 프레임 식별자
④ 동기 바이트, 주소, 프레임 식별자 모두

02 컴퓨터네트워크에서 헤더는 파일 전송에 대한 모든 필요한 정보를 포함하는 데이터 일부이다. 동기화 바이트, 주소, 프레임 식별자 등과 같은 정보가 포함되어 있다.

03 자동 반복 요청 오류 관리 메커니즘은 다음 중 어떤 것에 의해 제공되는가?

① 논리 링크 제어 하위 계층
② 매체 접근 제어 하위 계층
③ 네트워크 인터페이스 제어 하위 계층
④ 물리 계층

03 논리 링크 제어는 트래픽, 흐름 및 오류제어를 관리하는 것이 주요 기능인 데이터링크 계층의 하위 계층이다. 이 계층은 MAC 계층과 네트워크 계층 간의 인터페이스 역할을 한다.

정답 01 ④ 02 ④ 03 ①

04 데이터에서 단일 비트 오류가 발생하면 단일 비트 오류라고 한다. 단일 비트 이상의 데이터가 손상되거나 오류가 있을 때 버스트 오류라고 한다.

04 전송 중에 데이터 단위의 2비트 이상이 변경되는 경우 이 오류를 무엇이라고 하는가?

① 랜덤 오류
② 버스트 오류
③ 역(Inverted) 오류
④ 흐름제어

05 순환중복검사(Cyclic Redundancy Check)는 데이터 전송 중에 발생한 오류를 식별하는 데 도움이 되는 데이터에 추가되는 코드이다.

05 다음 중 CRC의 의미로 옳은 것은?

① Cyclic Redundancy Check
② Code Repeat Check
③ Code Redundancy Check
④ Cyclic Repeat Check

06 데이터링크 계층 프로토콜이 많이 있다. 그중 일부는 이더넷, SDLC(동기 데이터링크 프로토콜), HDLC(고수준 데이터링크 제어), SLIP(직렬 라인 인터페이스 프로토콜), PPP(포인트 투 포인트 프로토콜) 등이다.

06 다음 중 데이터링크 프로토콜로 옳은 것은?

① 이더넷
② 포인트 투 포인트 프로토콜(PPP)
③ HDLC
④ 이더넷, PPP, HDLC 모두

07 CSMA/CD에서는 충돌이 발생한 후 충돌 탐지를 처리한다. 반면에 CSMA/CA는 충돌 방지를 다루고 있다. CSMA/CD는 캐리어 감지 다중 액세스/충돌 탐지(Carrier Sensing Multiple Access/Collision Detection)의 약어이다. CSMA/CA는 캐리어 감지 다중 액세스/충돌 회피(Carrier Sensing Multiple Access/Collision Avoidance)의 약어이다.

07 채널 접속 제어를 위한 다중 접속 프로토콜을 모두 포함한 것은 무엇인가?

① CSMA/CD
② CSMA/CA
③ CSMA/CD & CSMA/CA
④ CDMA/CD

정답 04② 05① 06④ 07③

08 다음 용어 중 송신 측으로 전달할 확인 응답을 일시적으로 지연하여 다음 나가는 데이터 프레임에 연결할 수 있는 방법은?

① 피기백킹
② 순환 중복 검사(CRC)
③ fletcher의 검사 합
④ 패리티 검사

09 다음 중 송신자와 수신자 사이의 중간 장치로 사용할 수 있는 것은?

① IP 라우터
② 마이크로웨이브 라우터
③ 전화 스위치
④ 모두

10 다음 중 괄호 안에 들어갈 단어로 옳은 것은?

동기식 전송은 비동기식 전송에 비해서 전송에 필요한 가격이 (㉠), 동기식은 전송된 데이터를 수신 측에서 정확히 수신하기 위한 동일한 (㉡)이 필요하다.

	㉠	㉡
①	높다	타이밍
②	낮다	타이밍
③	높다	시작/종료 비트
④	낮다	시작/종료 비트

08 피기백킹(Piggybacking)은 확인 응답이 일시적으로 지연되어 다음 발신 데이터 프레임에 연결되도록 하는 기술이다.
순환 중복 검사, CRC(Cyclic Redundancy Check)는 네트워크 등을 통하여 데이터를 전송할 때 전송된 데이터에 오류가 있는지를 확인하기 위한 체크 값을 결정하는 방식을 말한다. Fletcher 검사 합은 위치 종속성 체크섬을 계산하기 위한 알고리즘이다. Fletcher 검사 합의 목적은 CRC에 접근하는 오류 검출 특성을 제공하는 것이지만 합산 기술과 관련된 계산 작업은 더 적다. 패리티 검사는 가장 익숙한 오류 감지 코드로 선형 블록 코드이다.

09 IP 라우터, 마이크로파 라우터 및 전화 스위치는 두 엔티티의 통신 사이의 중간 장치로 사용할 수 있다.

10 동기식은 송수신 측 사이에 동일한 타이밍을 맞춰야 하는데 이를 동기화라고 한다. 비동기식은 문자의 앞과 뒷부분에 시작 비트와 종료 비트를 삽입하여 상호 간의 동기를 맞춘다.

정답 08 ① 09 ④ 10 ①

checkpoint 해설 & 정답

11 오류는 중복 비트를 추가함으로써 감지하고 해결할 수 있다.

12 순환 중복 검사는 패리티 검사보다 효율적이다.
패리티 비트(Parity bit)는 정보의 전달 과정에서 오류가 생겼는지를 검사하기 위해 추가된 비트이다. 패리티 검사는 오류 검출 부호에서 가장 간단한 형태로 쓰인다. 전송하고자 하는 데이터의 각 문자에 1비트를 더하여 전송하는 방법으로 2가지 종류의 패리티 비트(홀수, 짝수)가 있다. 군 계수 검사는 전송되는 정보(데이터) 비트열 중 '1'의 개수를 세어 2진수로 변환한 다음 2진수 끝의 두 비트를 전송되는 정보 비트열에 추가해 전송하고, 수신 측은 정보(데이터) 비트열의 '1'의 개수를 다시 세어 추가된 비트와 일치되는가를 검사하는 방식이다.

13 TCP와 같은 connection oriented service에서는 ACK와 retransmission을 이용해 연결의 신뢰성을 확보하는 방식을 이용하는데, 상대방의 전송에 대한 ACK와 내가 상대방에게 보내는 데이터를 동시에 보낼 수도 있고 ACK와 데이터를 따로 보낼 수도 있다. ACK와 데이터를 동시에 보내는 방식을 piggyback이라 한다. NAK는 부정응답으로 오류가 발생했거나 타임아웃이 발생한 경우 상대방에게 전달되는 신호이다.

14 HDLC의 프레임구조는 플래그, 주소부, 제어부, 정보부 및 FCS(프레임 검사 순서 필드)로 구성된다. FCS는 프레임 내용에 대한 오류검출용으로 CRC 코드를 사용하고 상위 데이터링크 제어 오류 탐지 필드를 참조한다.

---

11 다음 중 오류 탐지 및 수정이 어떻게 수행되는지에 대한 설명으로 가장 옳은 것은?

① 이퀄라이저를 통과시킴으로써 수행한다.
② 필터를 통과시킴으로써 수행한다.
③ 증폭시켜서 수행한다.
④ 중복(redundancy) 비트를 추가함으로써 수행한다.

12 다음 중 가장 효율적인 검사는 무엇인가?

① 패리티 검사
② 순환 중복 검사
③ 패리티 및 순환 중복 검사
④ 군 계수 검사

13 다음 중 피기백 프로토콜은 어떤 기술에 사용되는가?

① ACK
② NAK
③ ACK와 NAK
④ UDP

14 다음 중 상위 데이터링크 제어 오류 탐지 필드를 참조하는 프레임 유형은?

① 프레임 검사 순서 필드
② 제어 필드
③ 플래그 필드
④ 정보 필드

정답 11 ④ 12 ② 13 ③ 14 ①

15 다음 빈칸에 들어갈 용어로 적절한 것은?

> 하드웨어 주소는 _____로 알려져 있다.

① MAC 주소
② IP 주소
③ 네트워크 인터페이스 카드
④ 주소 확인 프로토콜

15 IP 주소와 함께 하드웨어 주소도 있다. 일반적으로 네트워크 인터페이스 카드(NIC)라는 컴퓨터의 핵심 연결 장치에 연결된다. 모든 NIC에는 MAC(Media Access Control)용 하드웨어 주소가 있다. 주소 확인 프로토콜(Address Resolution Protocol)은 IP 주소를 물리적 네트워크 주소로 대응(bind)시키기 위해 사용되는 프로토콜이다.

16 다음 빈칸에 들어갈 용어로 적절한 것은?

> MAC는 _____을(를) 의미한다.

① 미디어 영역 제어
② 메모리 액세스 제어
③ 메모리 영역 제어
④ 미디어 액세스 제어

16 MAC는 미디어 액세스 제어이다. IP 주소가 TCP/IP와 관련된 경우 MAC 주소는 네트워크 어댑터의 하드웨어에 연결된다.

17 다음 빈칸에 들어갈 용어로 적절한 것은?

> _____에서 스테이션이 매체를 사용하기 전에 감지하면 충돌 확률을 줄일 수 있다.

① CSMA
② MA
③ CDMA
④ FDMA

17 CSMA는 전송 매체가 전송 전에 비지(busy)로 감지되면, 전송은 랜덤 간격 동안 지연된다. 이 랜덤 간격은 탐지된 전송이 종료되면 전송 대기 중인 두 개 이상의 노드가 동시에 전송을 시작할 수 있는 가능성을 줄여서 충돌 발생을 줄인다.

정답 15 ① 16 ④ 17 ①

18 토큰 패싱 방식에서는 네트워크의 스테이션을 논리 링으로 정리한다. 즉, 스테이션마다 전임자와 후임자가 있다.
FDDI는 토큰 패싱 방식에 광섬유를 전송 매체로 사용하여 고속전송을 가능케 하는 기술이다. Polling은 하나의 장치가 1차 스테이션으로 지정되고 다른 장치는 2차 스테이션인 토폴로지에서 작동한다. 예약 방식은 스테이션이 데이터를 보내기 전에 예약해야 한다. 시간은 간격으로 나뉘며 각 간격에서 예약 프레임은 해당 간격으로 전송된 데이터 프레임보다 우선한다.

18 다음 빈칸에 들어갈 용어로 적절한 것은?

> _____ 방식에서는, 네트워크의 스테이션을 논리 링으로 정리한다.

① polling
② 토큰 패싱
③ 예약
④ FDDI

19 CSMA 방식은 충돌에 따른 절차를 명시하지 않는다. 충돌 탐지(CSMA/CD)를 이용한 캐리어 센스 다중 접속은 충돌을 처리하기 위한 알고리즘을 강화한다. 충돌 회피(CSMA/CA)를 통한 반송파 감지 다중 액세스는 무선 네트워크용으로 개발되었다. 충돌은 CSMA/CA의 세 가지 전략, 즉 프레임 간 공간, 경쟁 창 및 수신확인을 사용하여 피할 수 있다

19 다음 빈칸에 들어갈 용어로 적절한 것은?

> _____는 충돌을 감지하기 위해 CSMA 알고리즘을 보강한다.

① CSMA/CD
② CSMA/CA
③ CSMA/CD or CSMA/CA
④ CSMA/CD and CSMA/CA

20 비영속(nonpersistent) 방식에서는, 송신하는 프레임이 있는 스테이션이 회선을 감지한다. 회선이 유휴 상태라면 즉시 전송한다. 회선이 유휴 상태가 아니면 임의의 시간을 기다린 뒤 다시 회선을 감지한다.

20 다음 중 괄호 안에 들어갈 단어로 옳은 것은?

> ( ) 방식에서 보낼 프레임이 있는 스테이션이 회선을 감지한다. 회선이 유휴 상태이면 즉시 전송된다. 회선이 유휴 상태가 아닌 경우, 임의의 시간 동안 기다린 다음 회선을 다시 감지한다.

① 1-persistent
② nonpersistent
③ p-persistent
④ 2-persistent

정답 18 ② 19 ① 20 ②

✅ **주관식 문제**

01 (1) 오류제어의 개념에 관해서 기술하고, (2) 오류제어 및 정정 시 중복(Redundancy)의 의미가 무엇인지 쓰시오.

01

정답 (1) 오류제어는 신뢰할 수 없는 통신 채널 위에서 디지털 데이터를 신뢰성 있게 전달하는 기술이다.

(2) 오류제어는 검출과 정정을 포함하며 오류 검출은 전달자가 수신자에게 전달하는 동안 노이즈나 다른 장애로 인하여 생긴 오류를 감지하는 것이다.
오류정정은 오류를 감지하고 원본 데이터를 다시 구축하는 것이다.
중복이란 전송의 정확성을 정의하기 위해 각 데이터 단위에 여분의 비트를 추가하는 기술이다.

02 프레이밍(framing)의 (1) 세 가지 유형에 대해서 각각 쓰고, (2) 프레이밍을 필요로 하는 링크 프로토콜은 무엇인지 쓰시오.

02

정답 (1) 정보 프레임(I 프레임), 감독 프레임(S 프레임), 번호 없는 프레임(U 프레임)

(2) 고수준 데이터 링크 제어(HDLC : High-level Data Link Control)

해설 HDLC는 모드와 구성에서 가능한 모든 옵션을 지원하는 데 필요한 유연성을 제공하기 위해 정보 프레임(I 프레임), 감독 프레임(S 프레임), 번호 없는 프레임(U 프레임)의 세 가지 유형의 프레임을 정의한다.
I 프레임은 데이터링크 사용자 데이터 및 사용자 데이터(피기백킹)와 관련된 제어 정보에 사용되고, S 프레임은 제어 정보의 전송에만 사용되며, U 프레임은 시스템 관리를 위해 예약된 프레임이다. U 프레임이 가지고 있는 정보는 링크 자체를 관리하기 위한 것이다. 따라서 프레이밍을 필요로 하는 링크 프로토콜은 HDLC이다.

03

정답 흐름제어는 송신자가 응답 확인을 기다리기 전에 보내는 데이터의 양을 제한하기 위하여 사용되는 일련의 절차를 참조한다.
오류제어는 오류를 검출하고 수정하기 위하여 사용되는 일련의 절차를 참조한다.

03 흐름제어와 오류제어를 비교하여 쓰시오.

해설 오류제어는 호스트 간의 데이터 전송이 일어날 때 데이터의 오류에 관련된 제어를 하는 역할을 한다. 흐름제어는 오류제어와 함께 데이터링크 계층에서 제공되며 데이터 프레임의 전송 속도를 조절하는 역할을 한다. 송신 측에서 하나의 데이터를 보내고 이에 대한 응답을 받아야만 다음 데이터를 보내는 방식이라면 흐름제어는 불필요하다. 하지만 이런 방식은 매우 비효율적이다. 그래서 송신 측에서는 앞서 보낸 데이터에 대한 응답이 오지 않더라도 더 많은 데이터를 보낼 수 있는 방식을 취한다. 따라서 전송 데이터의 속도를 조절하는 흐름제어의 기능이 필요하다.

04

정답 ㉠ 1-Persistent, ㉡ p-Persistent,
㉢ Non-Persistent

해설 1-영속 방식은 스테이션이 유휴 회선을 발견하면, 즉시 그 프레임을 송신하는 방식으로 이 방법은 두 개 이상의 스테이션이 회선이 유휴 상태임을 발견하고 프레임을 즉시 보낼 수 있기 때문에 충돌 가능성이 가장 높다.
p-영속 방식은 채널이 최대 전파시간과 같거나 그 이상의 슬롯을 가진 경우 사용한다. p-영속 접근법은 다른 두 전략의 장점을 결합한다. 충돌 가능성을 줄이고 효율성을 높인다.
비영속 방식(Non-Persistent)은 송신하는 프레임이 있는 스테이션이 회선을 감지하여 유휴상태이면 즉시 전송하고 회선이 유휴상태가 아닌 경우 무작위로 시간을 기다린 뒤 다시 회선을 감지한다. 비영속 접근법은 두 개 이상의 스테이션이 동일한 시간을 기다린 후 동시에 전송을 재시도할 가능성이 낮기 때문에 충돌 가능성을 감소시킨다.

04 다음은 CSMA의 영속방식들에 관련된 설명이다. 괄호 안에 들어갈 ㉠, ㉡, ㉢을 적으시오.

두 개 이상의 스테이션이 회선이 유휴 상태임을 발견하고 프레임을 즉시 보낼 수 있기 때문에 충돌 가능성이 가장 높은 이 방식은 (㉠)이다. (㉡)은 채널이 최대 전파시간과 같거나 그 이상의 슬롯을 가진 경우 사용하기 때문에 충돌 가능성을 줄이고 효율성을 높인다. 송신하는 프레임이 있는 스테이션이 회선을 감지한 후, 회선이 유휴상태이면 즉시 전송하고, 회선이 유휴상태가 아닌 경우 무작위로 시간을 기다린 뒤 다시 회선을 감지하는 이 방식은 (㉢)이라고 한다.

제4장

근거리 통신망

제1절 유선 랜(이더넷)
제2절 무선 랜
제3절 가상 랜
제4절 연결 장치
실제예상문제

I wish you the best of luck!

04 근거리 통신망

제 1 절 유선 랜(이더넷)

1 이더넷 프로토콜

LAN은 건물이나 캠퍼스와 같은 제한된 지리적 영역에 맞게 설계된 컴퓨터 네트워크이다. LAN은 자원 공유가 유일한 목적으로, 조직의 컴퓨터를 연결하는 독립된 네트워크로 사용될 수 있다.

1980년대와 1990년대에 몇 가지 다른 종류의 LAN이 사용되었다. 이들 LAN은 모두 미디어 액세스 방식을 사용해 미디어 공유의 문제를 해결했고, 이더넷은 CSMA/CD 접근 방식을 사용했다. 토큰 링, 토큰 버스 및 FDDI(Fiber Distribution Data Interface)는 토큰 패싱 방식을 사용했다. 이 기간 중 또 다른 LAN 기술인 고속 WAN 기술(ATM)을 구현한 ATM LAN이 시장에 등장했다.

이더넷을 제외한 거의 모든 LAN이 시장에서 사라지게 된 것은 이더넷이 그 시대의 요구에 맞게 스스로를 업데이트할 수 있었기 때문이다. 이러한 성공에는 몇 가지 이유가 있지만 핵심적인 것은 이더넷 프로토콜이 더 높은 전송 속도에 대한 수요에 따라 진화할 수 있도록 설계되었기 때문이다. 과거에 이더넷 LAN을 사용했고 현재 더 높은 데이터 전송률이 필요한 조직이 더 많은 비용이 드는 다른 기술로 전환하는 대신 새롭게 진화된 차세대 기술로 업데이트하는 것은 당연한 일이다.

(1) IEEE 프로젝트 802

1985년에 IEEE의 컴퓨터 학회는 다양한 제조업체로부터의 장비 간 상호 통신을 가능하게 하는 표준을 책정하기 위해 Project 802라는 프로젝트를 시작했다. 프로젝트 802는 OSI 모델이나 TCP/IP 프로토콜 세트의 어떤 부분도 대체하지 않고, 주요 LAN 프로토콜의 물리 계층과 데이터링크 계층의 기능을 특정하는 방법이다.

802 표준과 TCP/IP 프로토콜 스위트의 관계는 [그림 4-1]과 같다. IEEE는 데이터링크 계층을 논리 링크 제어(LLC)와 미디어 액세스 제어(MAC)라는 두 개의 하위 계층으로 세분화하였다. IEEE는 또한 서로 다른 LAN 프로토콜에 대한 몇 가지 물리 계층 표준도 만들었다.

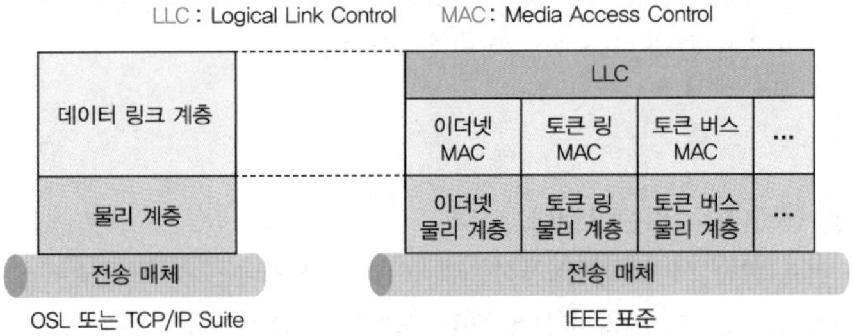

[그림 4-1] LAN용 IEEE 표준

① LLC(Logical Link Control)

데이터링크 제어는 프레임, 흐름제어 및 오류제어를 처리한다. IEEE 프로젝트 802에서는, 흐름 제어, 오류제어 및 프레이밍 작업의 일부가 논리 링크 제어(LLC)라는 하위 계층으로 수집된다. 프레이밍은 LLC 하위 계층과 MAC 하위 계층 모두에서 처리된다.

LLC는 모든 IEEE LAN에 대해 단일 링크 계층 제어 프로토콜을 제공한다. 이것은 LLC 프로토 콜이 MAC 하위 계층을 투명하게 만들기 때문에 서로 다른 LAN들 간의 상호연결성을 제공할 수 있다는 것을 의미한다.

② MAC(Media Access Control)

IEEE 프로젝트 802는 각 LAN에 대해 **특정 액세스 방법을 규정**하는 미디어 액세스 제어라고 하는 하위 계층을 만들었다. 예를 들어, 이더넷 LAN에 대한 미디어 액세스 방식으로서 CSMA/CD를 정 의하고, 토큰 링 및 토큰 버스 LAN에 대한 토큰 패스 방식을 정의한다. 프레임 기능의 일부도 MAC 계층에 의해 처리된다.

(2) 이더넷의 진화

이더넷 랜은 1970년대에 Robert Metcalfe와 David Boggs에 의해 개발되었다. 이후 [그림 4-2]와 같이 표준 이더넷(10Mbps), 고속 이더넷(100Mbps), 기가비트 이더넷(1Gbps), 10기가비트 이더넷 (10Gbps) 등 4세대로 진화하였다.

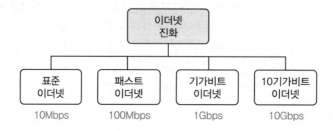

[그림 4-2] 4세대를 통한 이더넷 진화

2 표준 이더넷

데이터 속도가 10Mbps인 원래의 이더넷 기술을 표준 이더넷이라고 부른다. 비록 대부분의 구현이 이더 넷 진화에서 다른 기술로 이동하였지만, 표준 이더넷의 일부 특징은 진화 중에 변경되지 않았다. 이 표준 버전은 다른 세 가지 기술을 이해할 수 있는 방법을 제시한다.

(1) 특징

① 무 연결 및 신뢰할 수 없는 서비스

이더넷은 연결 없는 서비스를 제공하는데, 이것은 전송되는 각 프레임이 이전 또는 다음 프레임 과 독립되어 있다는 것을 의미한다. 이더넷은 연결 설정 또는 연결 종단 단계가 없다. 표준 이더넷은 연결이나 종결에 관계없이 송신 측에서는 데이터프레임이 있으면 무조건 전송하므로 수신 측이 준비되지 않은 상태인 경우 프레임을 상실할 수 있다. 그러나 송신 측에서는 이것을 알아차릴 수 없다. 이더넷 서비스를 이용하고 있는 IP도 비연결형이기 때문에, 이에 대해서도 알수 없다. 전송 계층도 UDP와 같은 비연결형이 프로토콜인 경우, 프레임이 손실되고 복구는 애플리케이션 계층에서만 발생할 수 있다. 그러나 전송 계층이 TCP이면, 송신자 TCP는 해당 세그먼트에 대한 수신확인을 받지 못하고 다시 송신한다.

이더넷도 IP나 UDP처럼 신뢰성이 떨어진다. 전송 중에 프레임이 손상되고 수신기가 CRC-32로 인해 발생할 확률이 높은 손상에 대해 알게 되면 수신기는 프레임을 상실할 수 있다.

② **프레임 형식**

이더넷 프레임은 가변길이 프레임으로, [그림 4-3]과 같이 7개의 필드가 있다.

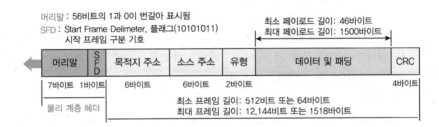

[그림 4-3] 이더넷 프레임

㉠ 머리말(Preamble)

이 필드는 수신 시스템에 다가오는 프레임을 통보하고 동기화되지 않을 경우 클록을 동기화할 수 있도록 하는 7바이트(56비트)의 0과 1을 포함하고 있다. 머리말은 실제로 물리 계층에서 추가되며 프레임의 일부가 아니다.

㉡ 시작 프레임 구분 기호(SFD)

이 필드(1바이트 : 10101011)는 프레임의 시작을 알린다. SFD는 이것이 동기화를 위한 마지막 기회임을 스테이션(들)에게 알린다. 마지막 2비트는 $(11)_2$이며, 수신자에게 다음 필드가 목적지 주소임을 알려준다. 이 필드는 실제로 프레임의 시작을 정의하는 플래그이다. 프레임의 시작을 정의하기 위해서는 플래그가 필요하다. SFD 필드는 물리 계층에도 추가된다.

머리말과 SFD는 수신자에게 프레임이 곧 도착할 것이니 받을 준비를 하라는 동기화 신호이다.

㉢ 목적지 주소(DA)

이 필드는 6바이트(48비트)이며 패킷을 수신할 목적지 스테이션(들)의 링크 계층 주소를 포함하고 있다. 수신자가 자신의 링크 계층 주소 또는 수신자가 속한 그룹에 대한 멀티캐스트 주소 또는 브로드캐스트 주소를 볼 때, 프레임에서 데이터를 분해하여 유형 필드의 값에 의해 정의된 상위 계층 프로토콜로 데이터를 전달한다.

㉣ 소스 주소(SA)

이 필드 또한 6바이트이며 패킷 송신자의 링크 계층 주소를 포함한다.

㉤ 유형

이 필드는 패킷이 프레임에 캡슐화된 상위 계층 프로토콜을 정의한다. 이 프로토콜은 IP, ARP, OSPF 등일 수 있다. 즉, 데이터그램의 프로토콜 필드와 같은 목적으로 세그먼트 또는 사용자 데이터그램의 포트 번호를 제공하고, 다중화 및 역다중화에 사용된다.

㉥ 데이터

이 필드는 상위 계층 프로토콜에서 캡슐화된 데이터를 전달한다. 최소 46바이트에서 최대 1500바이트인데 상위 계층에서 오는 데이터가 1500바이트 이상이면 조각화되어 둘 이상의 프레임에 캡슐화된다. 46바이트보다 작으면 여분의 0으로 채워야 한다. 이것을 패딩(Padding)이라고 한다. 패딩된 데이터 프레임은 그대로 (패딩을 제거하지 않고) 상위 계층 프로토콜에 전달된다. 상위 계층 프로토콜은 데이터의 길이를 알아야 한다. 이를 위해 데이터그램에는 데이터의 길이를 정의하는 필드가 있다.

㉦ CRC

마지막 필드는 **에러 검출 정보를 포함**하는데, 이 경우에는 CRC-32이다. CRC는 주소, 유형 및 데이터 필드를 통해 계산된다. 수신기가 CRC를 계산하고 그것이 0 이면 정상수신, 0이 아니면 오류이므로 프레임을 폐기한다.

③ **프레임 길이**

이더넷은 프레임의 최소 및 최대 길이 모두에 제한을 둔다. CSMA/CD의 올바른 작동을 위해 최소 길이 제한이 필요하다. 이더넷 프레임은 최소 길이가 512비트 또는 64바이트여야 한다. 이 길이의 일부는 헤더와 트레일러이다. 18바이트의 헤더 및 트레일러(소스 주소 6바이트, 목적지 주소 6바이트, 길이 또는 유형 2바이트 및 CRC 4바이트)를 계산하면 상위 계층의 데이터 길이는 최소 64 - 18 = 46바이트이다. 상위 계층 패킷이 46바이트보다 작은 경우에는 작은 부분만큼 0으로 채운다.

이 **표준은 프레임의 최대 길이를 1518바이트로 정의**한다. 헤더와 트레일러의 18바이트를 빼면 페이로드의 최대 길이는 1500바이트가 된다. 최대 길이 제한에는 두 가지 역사적 이유가 있다. 첫째, 이더넷을 설계할 때 메모리는 매우 비쌌기 때문에 최대 길이 제한은 버퍼의 크기를 줄이는 데 도움이 되었다. 둘째, 최대 길이 제한은 전송할 데이터가 있는 다른 스테이션을 차단하면서 스테이션이 공유 매체를 독점하는 것을 방지한다.

(2) 주소 지정

이더넷 네트워크(예 PC, 워크스테이션 또는 프린터)의 각 스테이션에는 고유의 네트워크 인터페이스 카드(NIC)가 있다. NIC는 스테이션 내부에 설치되며, 스테이션에 링크 계층 주소를 제공한다. 이더넷 주소는 일반적으로 16진수 표기법으로 쓰인 6바이트(48비트)이며, 바이트 사이에 콜론이 있다. 예를 들어, 이더넷 MAC 주소는 다음과 같다.

4A : 30 : 10 : 21 : 10 : 1A

① **주소 비트 전송**

주소가 온라인으로 전송되는 방식은 16진법으로 작성된 방식과 다르다. 전송은 바이트 단위로 왼쪽에서 오른쪽으로 진행된다. 그러나 각 바이트에 대해 최하위 비트가 먼저 전송되고 최상위 비트가 마지막으로 전송된다. 즉, 주소를 유니캐스트 또는 멀티캐스트로 정의하는 비트가 수신자에게 먼저 도착한다. 이렇게 하면 수신자가 패킷이 유니캐스트인지 멀티캐스트인지를 즉시 알 수 있다.

예를 들어 주소 47:20:1B:2E:08:EE가 온라인으로 전송되는 방법을 보자. 주소는 바이트 단위로 왼쪽에서 오른쪽으로 전송된다. 각 바이트에 대해 아래와 같이 오른쪽에서 왼쪽으로 비트 단위로 전송된다.

16진	47	20	1B	2E	08	EE
2진	01000111	00100000	00011011	00101110	00001000	11101110
전송	←11100010	00000100	11011000	01110100	00010000	01110111

② **유니캐스트, 멀티캐스트 및 브로드캐스트 주소**

소스 주소는 항상 유니캐스트 주소이다. 프레임은 하나의 스테이션에서만 제공된다. 그러나 목적지 주소는 유니캐스트, 멀티캐스트 또는 브로드캐스트일 수 있다. [그림 4-4]는 유니캐스트 주소와 멀티캐스트 주소를 구별하는 방법을 보여준다. 목적지 주소의 첫 번째 바이트의 최하위 비트가 0이면 주소는 유니캐스트이고 그렇지 않으면 멀티캐스트이다.

③ **유니캐스트, 멀티캐스트 및 브로드캐스트 전송 구분**

브로드캐스트 주소는 멀티캐스트 주소의 특별한 경우로서 수신자는 LAN상의 모든 스테이션이다.

[그림 4-4] 유니캐스트 및 멀티캐스트 주소

표준 이더넷은 [그림 4-5]와 같이 동축 케이블(버스 토폴로지) 또는 허브가 있는 트위스트 페어 케이블 스타 토폴로지를 사용한다.

유니캐스트, 멀티캐스트 또는 브로드캐스트인지에 관계없이 표준 이더넷의 전송은 항상 브로드캐스트된다. 버스 토폴로지에서 스테이션 A가 스테이션 B로 프레임을 전송하면 모든 스테이션이 스테이션 B를 수신한다. 스타 토폴로지에서 스테이션 A가 스테이션 B로 프레임을 보내면 허브가 프레임을 받는다. 허브는 수동적 요소이기 때문에 프레임의 대상 주소를 확인하지 않는다. 비트가 손상되는 경우 비트를 재생성하고 스테이션 A를 제외한 모든 스테이션으로 전송한다. 이러한 이유 때문에 네트워크의 전송로에 과부하가 걸리게 된다. 문제는 실제 유니캐스트, 멀티캐스트 및 브로드캐스트 전송이 서로 어떻게 구별되는지이다. 그 답은 프레임이 유지되거나 삭제되는 방식이다.

⊙ 유니캐스트 전송에서 모든 스테이션은 프레임을 수신하고, 의도된 수신자는 프레임을 유지하고 처리한다.
ⓛ 멀티캐스트 전송에서 모든 스테이션은 프레임을 수신하고 그룹의 구성원인 스테이션은 이를 유지하고 처리한다.
ⓒ 브로드캐스트 전송에서 모든 스테이션은 프레임을 수신하고 모든 스테이션은 이를 유지하고 처리한다.

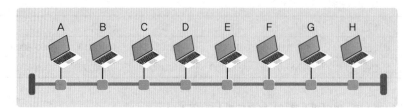

(a) 동축 케이블을 사용한 버스 토폴로지의 LAN

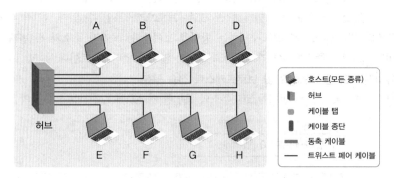

(b) 허브를 사용한 스타 토폴로지의 LAN

[그림 4-5] 표준 이더넷의 구현

(3) 액세스 방법

표준 이더넷 프로토콜을 사용하는 네트워크는 브로드캐스트 네트워크이기 때문에 액세스 방법을 사용하여 공유 매체에 대한 액세스를 제어해야 한다. 앞장에서 논의했던 바와 같이 **표준 이더넷은 CSMA/CD를 1-persistent 방식을 사용한다.**

(4) 표준 이더넷의 효율성

이더넷의 효율성은 매체가 이 스테이션에 의해 점유된 시간까지 데이터를 전송하기 위해 스테이션이 사용하는 시간의 비율로 정의된다. 표준 이더넷의 실용성은 매개변수 'a'의 값에 의해서 매체에 들어갈 프레임의 수가 결정된다. 전송 지연은 평균 크기의 프레임을 전송하는 데 소요되는 시간이고 전파 지연은 미디어의 끝 까지 도달하는 데 걸리는 시간이기 때문에 a = (전파 지연)/(전송 지연)으로 계산할 수 있다. 매개변수 a의 값이 감소하면 효율이 증가한다. 즉, 매체 길이가 짧거나 프레임 크기가 길면 효율성이 높아진다. 이상적인 경우, a = 0이고 효율은 1이다.

$$효율 = 1/(1 + 6.4 \times a)$$

(5) 실행

표준 이더넷은 몇 가지 구현을 정의했지만 1980년대에 그중 4개만 대중화되었다. [표 4-1]은 표준 이더넷 구현의 요약을 보여준다.

[표 4-1] 표준 이더넷 구현 요약

구현	매체	매체 길이	인코딩
10Base5	Thick coax	500m	Manchester
10Base2	Thin coax	185m	Manchester
10Base-T	2 UTP	100m	Manchester
10Base-F	2 Fiber	2000m	Manchester

10BaseX 명명법에서 숫자는 데이터 속도(10Mbps)를 정의하고, Base는 베이스밴드(디지털) 신호를 의미하며, X는 케이블의 최대 크기를 100미터로 정의하거나(예 500미터는 5, 185미터는 2) 또는 케이블 유형, 즉 UTP(Unshielded Twisted Pair Cable)의 경우 T, 광섬유의 경우 F로 정의한다. 표준 이더넷은 베이스밴드 신호를 사용하는데 이는 비트가 디지털 신호로 변경되어 회선에서 직접 전송된다.

① 인코딩 및 디코딩

모든 표준 구현에서는 10Mbps의 디지털 신호(베이스밴드)를 사용한다. 송신자에서 데이터는 맨체스터 방식을 사용하여 디지털 신호로 변환되고 수신기에서 수신된 신호는 맨체스터 방식으로 해석되어 데이터로 디코딩된다. 맨체스터 인코딩은 비트의 간격마다 전환을 제공하는 자기 동기식이다. [그림 4-6]은 표준 이더넷의 인코딩 방식을 나타낸다.

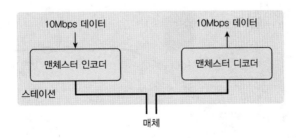

[그림 4-6] 표준 이더넷 구현에서의 인코딩

② **10Base5(Thick Ethernet)**

10Base5는 Thick Ethernet 또는 Thicknet이다. 닉네임은 케이블의 크기에서 파생된다. 케이블의 크기는 대략 정원 호스의 크기이며 손으로 구부리기에는 너무 단단하다. 10Base5는 두꺼운 동축 케이블에 탭을 통해 연결된 외부 트랜시버(송신기/수신기)가 있는 버스 토폴로지를 사용하는 최초의 이더넷 사양이었다. [그림 4-7]은 10Base5 구현의 개략도를 보여준다.

[그림 4-7] 10Base5 구현

송수신기는 전송, 수신 및 충돌 감지를 담당한다. 송수신기는 송신 및 수신을 위한 별도의 경로를 제공하는 송수신기 케이블을 통해 스테이션에 연결된다. 즉, 동축 케이블에서만 충돌이 발생할 수 있다. 동축 케이블의 최대 길이는 500m를 초과하면 안 되며, 그렇지 않으면 신호가 과도하게 저하된다. 500m 이상의 길이가 필요할 경우 리피터를 이용해 각각 최대 500m씩 최대 5개의 세그먼트를 연결할 수 있다.

③ **10Base2(Thin Ethernet)**

10Base2는 Thin Ethernet 또는 Cheapernet이다. 10Base2 또한 버스 토폴로지를 사용하지만, 케이블은 훨씬 더 얇고 유연하다. 케이블은 구부러져 스테이션에 매우 가깝게 지나갈 수 있다. 이 경우 송수신기는 일반적으로 네트워크 인터페이스 카드(NIC)의 일부이며 스테이션 내부에 설치된다. [그림 4-8]은 10Base2 구현의 개략도를 보여준다.

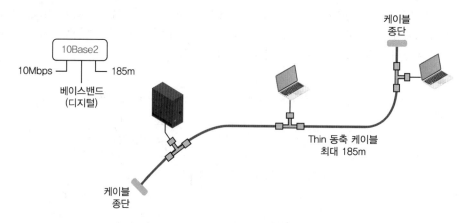

[그림 4-8] 10Base2 구현

충돌은 얇은 동축 케이블에서 발생한다. 이 구현은 얇은 동축 케이블이 두꺼운 동축 케이블보다 저렴하고 T자 연결이 탭보다 훨씬 저렴하기 때문에 10Base5보다 비용이 효율적이다. 얇은 동축 케이블이 매우 유연하기 때문에 설치가 간단하다. 단, 얇은 동축 케이블의 감쇠 수준이 높아 세그먼트 당 길이가 185m에서 200m를 넘을 수 없다.

④ **10Base-T(Twisted-Pair Ethernet)**

10Base-T는 트위스트 페어 이더넷이라고 한다. 10Base-T는 물리적인 스타 토폴로지를 사용한다. 스테이션은 [그림 4-9]와 같이 두 쌍의 꼬인 케이블을 통해 허브에 연결된다.

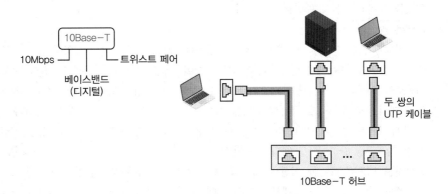

[그림 4-9] 10Base-T 구현

2쌍의 트위스트 케이블은 스테이션과 허브 사이에 2개의 경로(송신용 1개, 수신용 1개)를 생성한다. 여기서 어떤 충돌은 허브에서 일어난다. 10Base5나 10Base2와 비교하면 충돌에 관한 한 허브가 실제로 동축 케이블을 대체하는 것을 알 수 있고, 트위스트 케이블의 최대 길이는 100m로 정의되어 트위스트 케이블의 감쇠 효과를 최소화한다.

⑤ **10Base-F(Fiber Ethernet)**

광섬유 10Mbps 이더넷의 종류는 여러 가지가 있지만, 가장 일반적인 것은 10Base-F이다. 10Base-F는 스타 토폴로지를 사용해 스테이션을 허브에 접속한다. 스테이션은 [그림 4-10]과 같이 두 개의 광섬유 케이블을 사용해 허브에 연결된다.

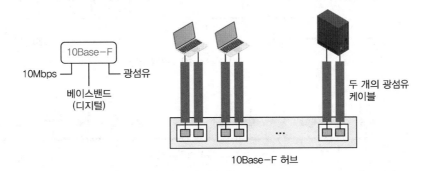

[그림 4-10] 10Base-F 구현

(6) 표준의 변화

① 브릿지 이더넷(Bridged Ethernet)

이더넷 진화의 첫 번째 단계는 브리지에 의한 LAN의 분할이었다. 브리지는 이더넷 LAN의 대역폭을 높이고 충돌 도메인을 분리한다.

② 대역폭 높이기

브리징되지 않은 이더넷 네트워크에서, 총 용량(10Mbps)은 전송할 프레임이 있는 모든 스테이션 간에 공유된다. 전송해야 할 프레임이 1개 스테이션에만 있으면 총 용량(10Mbps)을 모두 사용하지만, 둘 이상의 스테이션이 네트워크를 이용해야 하는 경우에는 용량이 공유된다. 예를 들어, 두 스테이션이 보내야 할 프레임이 많을 경우, 용도를 번갈아 가며 한 스테이션이 송신할 때, 다른 스테이션은 송신을 자제한다. 이 경우, 각 스테이션은 평균 5Mbps의 속도로 송신한다고 말할 수 있다. [그림 4-11]은 그 상황을 보여준다.

브리지는 네트워크를 둘 이상의 네트워크로 나눈다. 대역폭 차원에서 각 네트워크는 독립적이다. 예를 들어 [그림 4-12]에서 12개의 스테이션을 가진 네트워크는 각각 6개의 스테이션을 가진 2개의 네트워크로 구분되고, 각 네트워크는 10Mbps의 용량을 갖는다. 각 세그먼트에서 10Mbps의 용량은 현재 12개 스테이션이 아닌 6개 스테이션(실제로 7개 스테이션) 간에 공유된다. 부하가 많은 네트워크에서는 이론적으로 각 스테이션이 10/12 Mbps가 아닌 10/7 Mbps로 제공되고 있다.

네트워크를 더 세분화하면, 각 세그먼트별로 더 많은 대역폭을 얻을 수 있다. 예를 들어, 우리가 4포트 브리지를 사용할 경우 각 스테이션은 현재 10/4 Mbps가 제공되는데, 이는 브리징되지 않은 네트워크보다 3배 이상 많은 것이다.

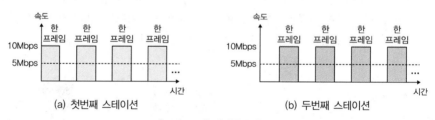

[그림 4-11] 대역폭 공유

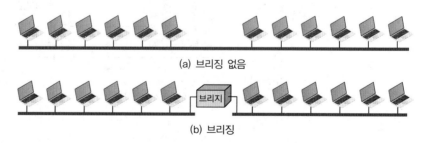

[그림 4-12] 브리지 포함 및 미포함 네트워크

③ 충돌 도메인 분리

브리지의 또 다른 이점은 충돌 도메인의 분리이다. [그림 4-13]은 브리지되지 않은 네트워크와 브리지된 네트워크의 충돌 도메인을 보여준다. 충돌 도메인이 훨씬 작아지고 충돌 확률이 엄청 나게 줄어든 것을 볼 수 있다. 브리징을 하지 않으면 12개 스테이션이 매체에 접근하기 위해 경쟁하고, 브리지로 3개의 스테이션만이 매체에 액세스하게 된다.

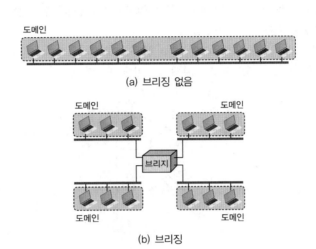

(a) 브리징 없음

(b) 브리징

[그림 4-13] 브리지되지 않은 망과 브리지된 망에서의 충돌 도메인

④ 스위치 이더넷

브리지 LAN의 개념은 스위치 LAN으로 확장될 수 있다. 2 ~ 4개의 네트워크를 보유하는 대신에, LAN상의 스테이션 수가 N인 N 네트워크를 보유하는 것은 어떨까? 즉, 다중 포트 브리지를 가질 수 있다면 N-포트 스위치를 갖지 못할 이유가 없다. 이러한 방법으로, 대역폭은 스테이션과 스위치 사이에만 공유된다(각각 5Mbps). 또한, 충돌 도메인은 N개의 도메인으로 나뉜다.

계층-2 스위치는 패킷의 빠른 처리를 가능하게 하는 추가의 정교함을 가진 N-포트 브리지다. 브리지형 이더넷에서 스위치형 이더넷으로의 진화는 훨씬 더 빠른 이더넷으로 가는 길을 열어준 큰 진전이었다. [그림 4-14]는 스위치 LAN(이더넷)을 보여준다.

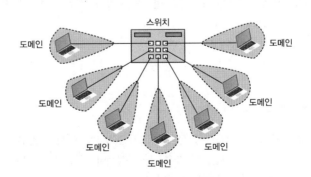

[그림 4-14] 스위치 이더넷

⑤ **전이중 이더넷**

10Base5와 10Base2의 제한사항 중 하나는 통신이 반이중(Base-T는 항상 전이중)이라는 것이다. 즉, 스테이션은 송신 또는 수신을 할 수 있지만 동시에 두 가지 모두를 할 수는 없다. 진화의 다음 단계는 스위치 이더넷에서 전이중 스위치 이더넷으로 이동하는 것이었다. 전이중 모드는 각 도메인의 용량을 10Mbps에서 20Mbps로 증가시킨다. [그림 4-15]는 전이중 모드의 스위치 이더넷을 나타낸다. 스테이션과 스위치 사이에 하나의 링크를 사용하는 대신, 송신용과 수신용 두 개의 링크를 사용한다.

⑥ **CSMA/CD 불필요**

전이중 스위치 이더넷에서는 CSMA/CD 방법이 필요하지 않다. 전이중 스위치 이더넷에서, 각 스테이션은 두 개의 별도 링크를 통해 스위치에 연결된다.

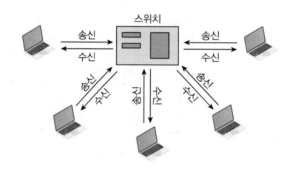

[그림 4-15] 전이중 스위치 이더넷

각각의 스테이션이나 스위치는 충돌에 대한 걱정없이 독립적으로 송수신할 수 있다. 각 링크는 스테이션과 스위치 사이의 지점 간 전용 경로이기 때문에 더 이상 캐리어 감지나 충돌 감지가 필요하지 않다. MAC 계층의 작업은 훨씬 쉬워지며 MAC 하위 계층의 캐리어 감지 및 충돌 감지 기능을 끌 수 있다.

⑦ **MAC 제어 계층**

표준 이더넷은 MAC 하위 계층에서 비연결 프로토콜로 설계되었다. 프레임이 오류 없이 목적지에 도착했음을 송신인에게 알리는 명백한 흐름제어나 오류제어가 없다. 수신자가 프레임을 수신했을 때, 어떠한 긍정이나 부정의 응답도 보내지 않는다. 전이중 스위치 이더넷의 흐름과 오류제어를 제공하기 위해 MAC 제어라고 불리는 새로운 하위 계층이 LLC 하위 계층과 MAC 하위 계층 사이에 추가된다.

3 **패스트 이더넷**(100Mbps) **중요 ★★**

1990년대에는 FDDI나 Fiber Channel 등 전송 속도가 10Mbps 이상인 일부 LAN 기술이 시장에 등장했다. 표준 이더넷이 살아남기 위해서는, 이 기술들과 경쟁해야 했다. 이더넷은 전송 속도를 100Mbps로 높여 크게 도약했고, 새로운 세대를 패스트 이더넷(Fast Ethernet)이라고 불렀다. 고속 이더넷의 설계자는 표준 이더넷과 호환될 수 있도록 해야 했다. MAC 하위 계층은 변경되지 않은 상태로 유지되어, 프레임 형식과 최대 및 최소 크기는 호환되었다. 전송 속도를 높임으로써, 전송 속도, 접속 방식, 구현에 의존하는 표준 이더넷의 특징은 보완되었다. 패스트 이더넷의 목표는 다음과 같이 요약할 수 있다.

---

① 데이터 전송속도 100Mbps로 업그레이드
② 표준 이더넷과 호환
③ 48비트 주소 유지
④ 프레임 포맷 유지

---

(1) 액세스 방법

CSMA/CD의 적절한 작동은 전송 속도, 프레임의 최소 크기 및 최대 네트워크 길이에 따라 달라진다. 프레임의 최소 크기를 유지하려면 네트워크의 최대 길이를 변경해야 한다. 즉, 최소 프레임 크기가 여전히 512비트인데 전송 속도가 10배 빨라진다면 충돌도 10배 빨리 탐지할 필요가 있어 네트워크의 최대 길이가 10배 이상 짧아야 한다(전파 속도는 변하지 않는다). 그래서 패스트 이더넷은 두 가지 솔루션을 가지고 왔다.

① 패스트 이더넷 솔루션

ⓐ 첫 번째 솔루션

버스 토폴로지를 완전히 제거하고 수동 허브와 스타 토폴로지를 사용하되 표준 이더넷처럼 2500m 대신 네트워크의 최대 크기를 250m로 하는 것이었다.

ⓑ 두 번째 솔루션

각 호스트에 프레임을 저장하기 위한 버퍼와 전이중 연결을 가진 링크 계층 스위치를 사용하여 각 호스트에 대해 전송 매체를 비공개로 하는 것이다. 이 경우, 호스트끼리 경쟁하고 있지 않기 때문에 CSMA/CD가 필요 없다. 링크 계층 스위치는 소스 호스트로부터 프레임을 수신하여 처리를 기다리는 버퍼(대기)에 저장한다. 그런 다음 목적지 주소를 확인하고 프레임을 해당 인터페이스 밖으로 보낸다. 스위치로의 접속은 전이중이기 때문에, 목적지 주소는 프레임을 수신하는 것과 동시에 다른 스테이션에 프레임을 송신할 수도 있다. 즉, 공유 매체가 많은 포인트 투 포인트 미디어로 바뀌어, 경합이 필요 없다.

② 자동 교섭

패스트 이더넷에 추가된 새로운 기능을 자동 교섭(autonegotiation)이라고 한다. 그것은 스테이션이나 허브에 다양한 기능을 허용한다. 자동 교섭에서는 두 장치가 작동 모드 또는 데이터 속도를 협상할 수 있다. 특히 호환되지 않는 기기가 서로 연결될 수 있도록 설계되었다. 예를 들어 최대 데이터 전송 속도가 10Mbps인 장치는 100Mbps의 데이터 전송 속도를 가진 장치와 통신할 수 있지만 10Mbps 속도로 통신할 수 있게 된다. 자동교섭은 특히 다음과 같은 목적으로 설계되었다.

ⓐ 호환되지 않는 기기가 서로 연결될 수 있도록 한다.
ⓑ 한 장치가 여러 가지 기능을 가질 수 있다.
ⓒ 스테이션이 허브의 기능을 점검할 수 있다.

---

(2) 물리 계층

100Mbps의 데이터 전송 속도를 처리할 수 있으려면 물리 계층에서 몇 가지 변경이 필요하다.

① 토폴로지

패스트 이더넷은 두 개 이상의 스테이션을 연결하도록 설계되었다. 스테이션이 2개만 있으면 포인트-투-포인트로 연결할 수 있다. 3개 이상의 스테이션은 중앙에 허브나 스위치가 있는 스타 토폴로지에서 연결해야 한다.

② 인코딩

맨체스터 인코딩은 100Mbps의 데이터 전송 속도를 위해 200 Mbaud 대역폭이 필요하기 때문에 트위스트 페어 케이블과 같은 매체에 적합하지 않다. 이러한 이유로 Fast Ethernet 설계자들은 몇 가지 대체 인코딩/디코딩 방식을 모색했다. 그러나 한 체계가 세 가지 구현 모두에 대해 똑같이 잘 수행되지 않는다는 것이 발견되었다. 따라서, 3개의 서로 다른 인코딩 방식이 선택되었다([그림 4-16] 참조).

100Base-TX는 두 쌍의 트위스트 페어 케이블(범주 5 UTP 또는 STP)을 사용한다. 이를 구현하는 데는 좋은 대역폭 성능을 가지고 있는 MLT-3 방식을 사용한다. 단, MLT-3는 자체 동기식 회선 코딩 체계가 아니기 때문에, 0과 1의 긴 시퀀스의 발생을 방지해 비트 동기화를 제공하도록 4B/5B 블록 코딩을 이용한다. 이것은 125Mbps의 데이터 전송률을 생성하며 인코딩을 위해 MLT-3에 입력된다.

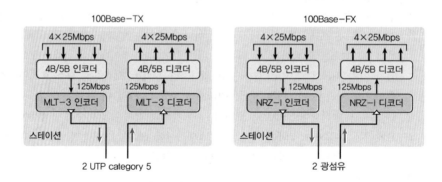

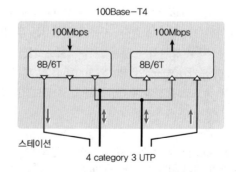

[그림 4-16] 패스트 이더넷 구현을 위한 인코딩

100Base-FX는 두 쌍의 광섬유 케이블을 사용한다. 광섬유는 간단한 인코딩 방식을 사용하여 높은 대역폭 요구사항을 쉽게 처리할 수 있다. 100Base-FX의 설계자들은 이를 구현하기 위해 NRZ-I 인코딩 방식을 선택했다. 단, NRZ-I는 앞에서 보았던 것처럼 0(또는 인코딩에 기초한 1)의 긴 시퀀스에 대해 비트 동기화 문제가 있다. 이 문제를 극복하기 위해 설계자들은 100Base-TX에 대해 설명한 것처럼 4B/5B 블록 인코딩을 사용한다. 블록 인코딩은 광섬유 케이블로 쉽게 처리할 수 있는 비트 전송률을 100에서 125Mbps로 증가시킨다.

100Base-T4 네트워크는 100Mbps의 데이터 전송 속도를 제공할 수 있지만, 카테고리 5 UTP나 STP 케이블을 사용해야 한다. 이는 이미 음성급 트위스트 페어(카테고리 3)로 유선 연결된 건물에서는 비용이 효율적이지 않다. 100Base-T4라고 불리는 새로운 표준은 카테고리 3 이상의 UTP를 사용하도록 설계되었다. 구현에서는 100Mbps 전송에 4쌍의 UTP를 사용한다. 100Base-T4에서의 인코딩/디코딩은 더 복잡한데 이 구현에서는 카테고리 3 UTP를 사용하기 때문에, 각 트위스트 페어에서는 25 Mbaud 이상을 쉽게 처리할 수 없다. 이 설계에서 한 쌍은 송신과 수신 사이를 전환한다. 그러나 3쌍의 UTP 카테고리 3은 각각 75Mbaud(25Mbaud)만 처리할 수 있다. 100Mbps를 75Mbaud 신호로 변환하는 부호화 방식을 사용할 필요가 있다. 앞에서 보았듯이 8B/6T는 이 요구사항을 만족한다. 8B/6T에서는 8개의 데이터 요소를 6개의 신호 요소로 인코딩한다. 100Mbps는 (6/8)×100Mbps, 즉 75Mbaud만 사용하는 것이다.

4 기가비트 이더넷 중요 ★★

더 높은 데이터 속도에 대한 필요성 때문에 **기가비트 이더넷 프로토콜(1000Mbps)**이 설계되었다. IEEE 위원회는 이것을 **표준 802.3z**라고 부른다. 기가비트 이더넷의 목표는 데이터 전송 속도를 1Gbps로 업그레이드하되 주소 길이, 프레임 형식, 최대 프레임 길이와 최소 프레임 길이는 동일하게 유지하는 것이었다. 기가비트 이더넷 설계의 목표는 다음과 같이 요약할 수 있다.

① 데이터 속도를 1Gbps로 업그레이드한다.
② 표준 또는 패스트 이더넷과 호환이 되도록 한다.
③ 동일한 48비트 주소를 사용한다.
④ 같은 프레임 형식을 사용한다.
⑤ 최소 및 최대 프레임 길이를 동일하게 유지한다.
⑥ 패스트 이더넷에 정의된 대로 자동 교섭을 지원한다.

(1) MAC 하위 계층

이더넷의 진화에 있어서 주요 고려사항은 MAC 하위 계층을 그대로 유지하는 것이었다. 그러나 1Gbps의 데이터 전송 속도를 달성하기 위해서는 더 이상 이 방법이 불가능했다. 기가비트 이더넷은 매체 접근을 위한 두 가지 고유한 접근 방식을 가지고 있는데 반이중과 전이중 방식이다. 기가비트 이더넷의 거의 모든 구현은 전이중 방식을 따르므로 대부분 반이중 모드는 무시한다.

① 전이중 모드

전이중 모드에는 모든 컴퓨터나 다른 스위치에 연결된 중앙 스위치가 있다. 이 모드에서 각 입력 포트에 대해 각 스위치에는 전송될 때까지 데이터가 저장되는 버퍼가 있다. 스위치는 프레임의 목적지 주소를 사용하고, 특정 목적지에 연결된 포트에서 프레임을 전송하므로 충돌이 없다. CSMA/CD가 사용되지 않는다는 뜻이다. 충돌이 없다는 것은 케이블의 최대 길이가 충돌 감지 프로세스가 아니라 케이블의 신호 감쇠에 의해 결정된다는 것을 의미한다.

② 반이중 모드

기가비트 이더넷은 드물지만 반이중 모드에서도 사용할 수 있다. 이 경우 스위치는 허브로 교체될 수 있으며, 이는 충돌이 발생할 수 있는 공통 케이블 역할을 한다. 반이중 방식은 CSMA/CD를 사용한다. 그러나, 앞에서 보았듯이, 이 방식에서 네트워크의 최대 길이는 전적으로 최소 프레임 크기에 의존한다. 기존 방식, 캐리어 확장 방식, 프레임 버스팅 방식 등 3가지 방법이 정의되었다.

㉠ 기존 방식

기존 방식에서는 기존의 이더넷(512비트)처럼 프레임의 최소 길이를 유지한다. 그러나 비트 길이가 10Mbps 이더넷보다 기가비트 이더넷에서 1/100 짧기 때문에 기가비트 이더넷의 슬롯 시간은 512비트×1/1000μs로 0.512μs와 같다. 슬롯 시간이 줄어든다는 것은 100배 빨리 충돌을 감지한다는 뜻이다. 이는 네트워크의 최대 길이가 25m라는 것을 의미한다. 이 길이는 모든 스테이션이 하나의 방에 있는 경우에 적합할 수 있지만, 한 사무실에서 컴퓨터를 연결할 수 있을 만큼 길지 않을 수도 있다.

㉡ 캐리어 확장(Carrier Extension) 방식

더욱 긴 네트워크를 허용하기 위해 최소 프레임 길이를 늘인다. 캐리어 확장 방식은 프레임의 최소 길이를 512바이트(4096비트)로 정의하는데 최소 길이가 8배 길다는 뜻이다. 이 방법은 스테이션이 4096비트 미만의 프레임에 확장 비트(패딩)를 추가하도록 강제한다. 이런 방식으로 네트워크의 최대 길이를 200m 길이로 8배 늘릴 수 있다. 이를 통해 허브에서 스테이션까지 100m의 길이가 허용된다.

㉢ 프레임 버스트(Frame Bursting) 방식

반송파 확장은 일련의 짧은 프레임을 보낸 경우 매우 비효율적이다. 각각의 프레임들은 중복된 데이터를 전달한다. 효율성을 높이기 위해 프레임 버스팅이 제안되었다. 각 프레임에 확장을 추가하는 대신, 복수의 프레임을 전송한다. 단, 이러한 복수의 프레임을 하나의 프레임처럼 보이게 하기 위해, 프레임 사이에 패딩을 추가(캐리어 확장에 사용한 것과 동일)하여 채널이 유휴 상태가 되지 않도록 한다. 즉, 이 방법은 다른 스테이션들로 하여금 매우 큰 프레임이 전송되었다고 생각하도록 유도한다.

(2) 물리 계층

기가비트 이더넷의 물리 계층은 표준 또는 패스트 이더넷의 계층보다 더 복잡하다.

① 토폴로지

기가비트 이더넷은 두 개 이상의 스테이션을 연결하도록 설계되었다. 스테이션이 2개만 있는 경우 포인트-투-포인트로 연결할 수 있다. 3개 이상의 스테이션은 허브나 스위치를 중심으로 스타 토폴로지로 연결해야 한다. 또 다른 가능한 구성은 여러 개의 스타 토폴로지로 연결하거나 하나의 스타 토폴로지가 다른 스타 토폴로지의 일부가 되도록 하는 것이다.

② 실행

기가비트 이더넷은 2선식 또는 4선식 구현으로 분류될 수 있다. 2선식 구현에서는 광섬유 케이블(1000Base-SX, 단파 또는 1000Base-LX, 장파) 또는 STP(1000Base-CX)를 사용한다. 4선식 버전은 카테고리 5 트위스트 페어 케이블(1000Base-T)을 사용한다. 즉, 네 가지 구현 방식이 있다. 1000Base-T는 패스트 이더넷 또는 전화 서비스와 같은 다른 목적으로 이미 이 배선을 설치한 사용자에 대응하여 설계되었다.

③ 인코딩

[그림 4-17]은 네 가지 구현에 대한 인코딩/디코딩 방식을 보여주고 있다. 기가비트 이더넷은 매우 높은 대역폭(2GBaud)을 사용하기 때문에 맨체스터 인코딩 방식을 사용할 수 없다. 2선식 구현은 NRZ 방식을 사용하지만 NRZ는 적절하게 자체 동기화되지 않는다. 특히 이 높은 데이터 전송률에서 비트를 동기화하기 위해 8B/10B 블록 인코딩을 사용한다.

블록 인코딩은 스트림에서 0 또는 1의 긴 시퀀스를 방지하지만, 결과 스트림은 1.25Gbps이다. 이 구현 방식에서는 송신에 1선(섬유 또는 STP)을 사용하고, 수신에 1선을 사용한다.

4선식 구현에서는 각 와이어가 카테고리 5 UTP 용량을 초과하는 500Mbps를 전송해야 하기 때문에 입력용 2선과 출력용 2선을 사용할 수 없다. 해결책으로서 4D-PAM5 인코딩을 사용해 대역폭을 감소시킨다. 따라서 4개의 와이어는 모두 입력과 출력에 관련되어 있다. 각 와이어는 카테고리 5 UTP 케이블의 범위에 속하는 250Mbps를 전송한다.

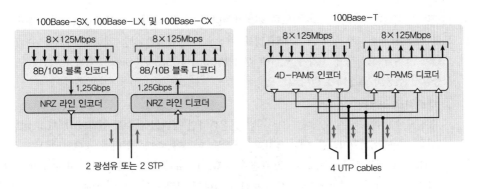

[그림 4-17] 기가비트 이더넷 구현에서의 인코딩

5 10기가비트 이더넷

(1) 개요

10기가비트 이더넷(10 Gigabit Ethernet)은 데이터를 초당 10기가비트의 속도로 전송하는 기술을 말한다. 2002년경에 IEEE에서는 광케이블을 사용하는 IEEE 802.3ae란 이름으로 10기가비트급 통신 프로토콜 표준을 제정하였다. 뒤이어 2006년에는 UTP 케이블을 사용하는 IEEE 802.3an-2006 표준이 제정되었고, 이는 10GBASE-T라고 부른다. 10Gbit는 1.25GB이기 때문에 10Gbps는 이론상 1.25GB/s

의 속도가 나와야 하지만 네트워크 인프라를 거치며 속도가 낮아져 실제로는 1GB/s 안팎의 속도가 나온다. 이더넷은 그 전례에 따라 기가비트 이더넷의 10배 속도로 제안된 것인데, 기술적인 한계와 비용 문제로 보급은 꽤나 더디게 진행되었다. 2016년 IEEE는 10G로 넘어가기 전 단계를 위해서 중간에 2.5G와 5G 이더넷을 표준으로 새로 지정하였다. 이는 IEEE 802.3bz 표준으로 정의되었다.

(2) 전송 매체

2002년 광케이블을 사용한 10G 이더넷 표준인 IEEE 802.3ae가 정의되었으며, 이 표준은 SFP+ 인터페이스를 사용하는 옵티컬 트랜시버를 사용하며 1500에서 850 나노미터 파장의 옵티컬 신호를 사용한다. 흔히 랜 케이블이라 불리는 구리 연선 케이블을 사용하는 표준인 802.3an – 10G BASE-T 또한 존재하며, 이 규격을 사용하는 인터페이스의 경우 2016년 이전까지는 서버를 위한 엔터프라이즈급 NIC만이 해당 규격을 지원했지만 2016년 이후부터 개인 사용자를 위한 100달러 내외의 이더넷카드가 등장하였다.

IEEE 802.3bz 규격을 기반으로 한 2.5GBASE-T, 5GBASE-T 규격도 존재한다. 10GBASE-T 규격에서 CAT6 케이블은 최소 전송거리 55m를 보장하며, CAT6a 또는 CAT7 케이블은 최소 전송거리 100m를 보장한다는 내용만이 정의되어 있지만, 기가비트 이더넷에서 사용되는 4페어의 CAT5e 또한 10G 이더넷을 근거리 네트워크 용도로 사용하는 데 있어서 큰 상관이 없다.

(3) 요구 사양

네트워크 어댑터가 10Gbps의 속도를 커버해준다고 하더라도 PC 내부의 다른 하드웨어에서 그 정도의 속도를 커버하지 못하면 데이터 병목 현상으로 인한 PC 성능 저하를 야기할 수 있으므로 하드웨어 스펙을 고려하여 10기가 인터넷 상품(10Gbps·5Gbps·2.5Gbps) 중에서 어떤 속도의 회선을 사용할지 신중히 결정해야 한다.

① 네트워크 라우터

통신사에서 제공하는 모뎀에 PC를 직접 연결한다면 상관없을 수도 있지만, 별도의 네트워크 라우터를 사용할 계획이라면 해당 장비의 스펙도 따져야 한다. 인터넷 공유기나 무선 AP 중에서 10Gbps의 링크를 지원하고 Wi-Fi 6을 통해 Wi-Fi 출력이 가능한 기기를 사는 것이 좋다. 라우터가 10Gbps의 속도를 커버하는 것은 부하가 심하게 걸리는 일이므로 라우터에 탑재된 프로세서[2]의 성능과 메모리 용량, 그리고 MIMO 스펙도 따져야 한다. 일반적으로 10기가비트 이더넷을 지원하는 장비는 백본급 성능을 가지는 최소 수백만 원에서 수억 원까지 비싼 초고가형 장비에서 흔히 볼 수 있다.

② 네트워크 어댑터

10Gbps의 다운로드 및 업로드 속도를 지원하는 이더넷 어댑터나 고속 Wi-Fi를 지원하는 무선랜 카드가 있어야 한다. PCI 익스프레스 3.0을 기준으로 네트워크 어댑터가 주로 채택하는 4레인 (x4) 방식으로는 이미 3GB/s(= 24Gbps) 이상을 끌어올 수 있으므로 연결 채널에 의한 병목 현상은 걱정할 필요가 없다. 고성능 워크스테이션과 Z390, X99 칩셋이 탑재된 메인보드에 한해서 10Gbps 랜이 기본적으로 내장되어 출시되는 모델들이 있다.

③ 저장장치

10Gbps 회선을 사용하는 경우 저장장치의 속도도 고려하는 것이 좋다. 자료가 메모리에 적재되어 바로 사용되는 스트리밍이나 인터넷 스카시(ISCSI : Internet Small Computer System Interface) 같은 용도가 아니라면 저장장치 성능 때문에 병목이 생길 수 있기 때문이다. 10Gbps 속도를 병목 없이 사용하려면 NVMe[4][5] 장치를 사용하는 것이 좋다. 5Gbps 회선을 이용할 경우는 SATA3 (연결 대역폭 6Gbps) 정도 저장장치로 병목없이 사용할 수 있다. 연결 채널의 대역폭뿐만 아니라 저장장치의 데이터 입출력 속도도 충분히 높아야 한다. 일반적으로 10기가비트 이더넷은 광케이블을 사용한다. 하지만, 기술 발전에 의해서 UTP 케이블(연선 케이블)을 사용할 수도 있는데, Cat.6A 등급 이상이 필요하다.

(4) 10기가 이더넷 물리계층(PHY) 구분 방식

크게, 코딩 방식 및 전송 방식에 따라 4개의 계열(X, R, W, T)로 구분하고, 광섬유는 PMD 부계층에서 파장 길이에 따라 구분 S(850nm), L(1310nm), E(1550nm)로 구분한다.

① 10GBASE-X 계열

ⓐ 주로 LAN 백본용으로 사용하고, 최대 15m 거리에서 10Gbps 제공(전송가능거리 28m)한다.

ⓑ 선로부호화 방식 : 8B/10B

- 10GBASE-LX4(광섬유)
- 10GBASE-CX4(동선)

② 10GBASE-W 계열

ⓐ 주로 WAN 접속용으로 사용(SONET OC-192 위에서 캡슐화되어 전송됨)

ⓑ 선로부호화 방식 : 64B/66B

10GBASE-SW, 10GBASE-LW, 10GBASE-EW

③ 10GBASE-R 계열

ⓐ 광케이블용으로 사용

ⓑ 선로부호화 방식 : 64B/66B

10GBASE-SR, 10GBASE-LR, 10GBASE-ER, 10GBASE-LRM

④ 10GBASE-T 계열

ⓐ TP 케이블(8가닥 4페어 선)

ⓑ 선로부호화 방식 : 64B/65B

ⓒ 요구 케이블링 방식 : Category 6 및 6A CAT-6

제 **2** 절　**무선 랜** 중요 ★★★

1　개요

무선 통신은 가장 빠르게 성장하는 기술 중 하나로서 우리 생활 주변에서 흔히 찾아볼 수 있다.

(1) 아키텍처 비교

① 매체

유선 LAN과 무선 LAN의 첫 번째 차이점은 매체이다. 유선 LAN에서는 와이어를 사용하여 호스트를 연결한다. 이더넷은 세대를 통해 다중 액세스에서 포인트-투-포인트 액세스로 이동해왔다. 스위치 LAN에서 링크 계층 스위치를 사용하면 호스트 사이의 통신은 포인트-투-포인트 및 전이중(양방향)이 된다. 무선 LAN에서, 매체는 공기이고 신호는 일반적으로 전파된다. 무선 LAN의 호스트가 서로 통신할 때, 동일한 매체(복수 접속)를 공유하고 있다. 매우 드문 경우이지만, 매우 제한된 대역폭과 양방향 안테나를 사용하여 두 무선 호스트 사이에 포인트-투-포인트 통신을 만들 수 있을 것이다.

② 호스트

유선 LAN에서 호스트는 네트워크 인터페이스 카드(NIC)와 관련된 고정 링크 계층 주소가 있는 지점에서 항상 네트워크에 연결된다. 물론 호스트는 인터넷의 한 지점에서 다른 지점으로 이동할 수 있다. 이 경우 링크 계층 주소는 동일하게 유지되지만, 네트워크 계층 주소는 변경된다. 그러나 호스트가 인터넷 서비스를 사용할 수 있으려면 먼저 인터넷에 물리적으로 연결되어 있어야 한다. 무선 LAN에서 호스트는 실제로 네트워크에 연결되어 있지 않으므로 자유롭게 움직일 수 있고 네트워크가 제공하는 서비스를 사용할 수 있다. 따라서 유선 네트워크와 무선 네트워크의 이동성은 완전히 다른 문제이다.

③ 독립형 LAN

유선 독립형 LAN의 개념은 무선 독립형 LAN의 개념과 다르다. 유선 독립형 LAN은 링크 계층 스위치(최근 세대 이더넷에서)를 통해 연결된 호스트 세트이다. 무선 LAN 용어로 ad hoc 네트워크라고 불리는 무선 독립형 LAN은 서로 자유롭게 통신하는 호스트 세트이다. 링크 계층 스위치의 개념은 무선 LAN에는 존재하지 않는다. [그림 4-18]은 유선 LAN과 무선 LAN 각각 두 개의 독립형 LAN을 보여준다.

④ 다른 네트워크에 연결

유선 LAN은 라우터를 사용하여 다른 네트워크 또는 인터넷과 같은 인터네트워크에 연결할 수 있다. 무선 LAN은 유선 인프라 네트워크, 무선 인프라 네트워크 또는 다른 무선 LAN에 연결될 수 있다. 첫 번째 상황은 무선 LAN을 유선 인프라 네트워크에 연결하는 것이다. [그림 4-19]는 두 가지 환경을 보여준다.

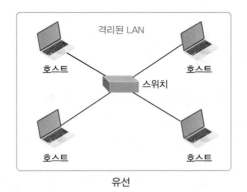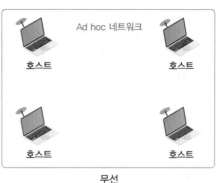

[그림 4-18] 독립형 LAN : 유선과 무선

[그림 4-19] 유선 LAN과 무선 LAN을 다른 네트워크에 연결

이 경우, 무선 LAN을 인프라 네트워크라고 하고, 인터넷 등의 유선 인프라로의 접속은 액세스 포인트(AP)라고 하는 장치를 통해서 행해진다. 액세스 포인트의 역할은 유선 환경에서 링크 계층 스위치의 역할과 완전히 다르다는 점에 유의한다. 액세스 포인트는 두 가지 다른 환경, 즉 유선 환경과 무선 환경을 하나로 묶는다. AP와 무선 호스트 간의 통신은 무선 환경에서 이루어지며, AP와 인프라 간의 통신은 유선 환경에서 이루어진다.

⑤ **ESS 및 BSS 서비스**

무선 액세스 장치를 구성하면 SSID(Service Set ID) 필드가 나타나는데 동일한 SSID를 사용하도록 서비스 세트의 모든 연결 장치와 액세스 포인트(AP)를 구성해야 한다. 두 가지 유형의 서비스 세트는 기본 서비스 세트(BSS) 및 확장 서비스 세트(ESS)이다. BSS는 컴퓨터 그룹과 유선 LAN에 연결되는 하나의 AP로 구성되는 반면 ESS는 둘 이상의 AP로 구성된다.

(2) 특징

유선 LAN에는 적용되지 않거나 무시할 수 있는 무선 LAN의 특성이 있다.

① **감쇠**

신호가 모든 방향으로 분산되기 때문에 전자기 신호의 강도는 빠르게 감소하며, 그중 극히 일부만이 수신기에 도달한다. 배터리로 작동하며 일반적으로 전력 공급이 적은 모바일 송신기의 경우 상황은 더 악화된다.

② 간섭

또 다른 문제는 수신자가 동일한 주파수 대역을 사용하는 경우 수신자가 의도한 송신자뿐만 아니라 다른 송신자로부터도 신호를 수신할 수 있다는 것이다.

③ 다중 경로 전파

전자기파가 벽, 지면 또는 물체와 같은 장애물에서 반사되어 다시 수신될 수 있으므로 수신기는 동일한 발신자로부터 하나 이상의 신호를 수신할 수 있다. 그 결과, 수신기는 다른 위상에서 신호를 수신하게 된다(다른 경로를 통과하기 때문에). 이는 신호를 덜 인식하게 만든다.

④ 오류

무선 네트워크의 특성상 유선 네트워크보다 오류 및 오류 탐지가 더 심각한 문제가 될 수 있다. 오류 수준을 신호 대 잡음비(SNR)의 측정으로 생각하면 오류 탐지 및 오류 수정 그리고 재전송이 무선 네트워크에서 더 중요한 이유를 더 잘 이해할 수 있다. SNR이 높으면 신호가 잡음(원하지 않는 신호)보다 강하다는 의미이므로 신호를 실제 데이터로 변환할 수 있다. 반면, SNR이 낮으면 신호가 잡음에 의해 손상되어 데이터를 복구할 수 없음을 의미한다.

(3) 접근 제어

무선 LAN에서 가장 중요한 문제는 무선 호스트가 공유 매체(공기)에 어떻게 접근할 수 있는가 하는 접근 제어일 수 있다. 표준 이더넷은 CSMA/CD 알고리즘을 사용한다. 이 방법에서, 각 호스트는 매체에 액세스하려고 시도하고, 매체 유휴 상태를 발견하면 프레임을 전송한다. 충돌이 발생하면 이를 감지해 프레임이 다시 전송된다.

CSMA/CD에서의 충돌 탐지는 두 가지 목적을 제공한다. 충돌이 감지되면 프레임이 수신되지 않았기 때문에 다시 보내야 한다. 충돌이 감지되지 않으면 이는 프레임이 수신되었음을 나타낸다. CSMA/CD 알고리즘은 무선 LAN에서 사용하지 않고 CA(Collision Avoidance), 즉 충돌을 회피하는 방식을 사용한다. 장치들은 항상 네트워크의 반송파를 감지하고 있다가 네트워크 상태가 비어 있을 때 목록에 등재된 자신의 위치에 따라 정해진 만큼의 시간을 기다린 후 데이터를 보낸다. 목록 내에서 장치들 간의 우선순위를 정하고 이를 재설정하는 데는 여러 가지 방법들이 사용된다. 일부 버전에서는 충돌이 일어날 수 있으며 이때에는 충돌 감지 절차가 수행된다. CSMA/CA(Carrier Sense Multiple Access with Collision Avoidance)의 절차는 아래와 같다.

> ① 데이터를 송신하고자 하는 송신 단말기는 다른 단말기가 데이터 송신 중인지(전파를 내보내고 있는지) 여부의 반송파 감지를 한다.
> ② 다른 단말기가 송신 중인 것을 인지하게 되면 일정시간 대기한다.
> ③ 송신 시작까지의 시간으로 랜덤한 시간이 할당된다.
> ④ 재반송파를 감지하여 다른 반송파가 없는지 확인한다.
> ⑤ 데이터(패킷) 송신을 시작한다.

2 블루투스

블루투스는 전화, 노트북, 컴퓨터(데스크톱과 노트북), 카메라, 프린터, 심지어 커피메이커 등 서로 다른 기능의 기기를 서로 짧은 거리에 있을 때 연결하도록 설계된 무선 LAN 기술이다. 블루투스 LAN은 애드혹 네트워크로서 네트워크가 자연스럽게 형성된다는 것을 의미한다. 때때로 가젯이라 불리는 장치들은 서로를 찾아서 피코넷이라고 불리는 네트워크를 만든다. 블루투스 LAN은 본래 크게 구성할 수 없고, 연결을 시도하는 장치들이 많으면 혼란이 생긴다.

블루투스 기술에는 여러 가지 응용 프로그램이 있다. 무선 마우스나 키보드 같은 주변 장치는 이 기술을 통해 컴퓨터와 통신할 수 있다. 모니터링 장치는 소규모 건강관리센터 내 센서기기와 통신할 수 있다. 가정용 보안기기는 이 기술을 사용하여 다른 센서를 주 보안 컨트롤러에 연결할 수 있고, 회의 참석자들은 회의에서 노트북 컴퓨터를 동기화할 수 있다.

블루투스는 원래 에릭슨사에 의해 프로젝트로 시작되었다. 덴마크와 노르웨이를 통합한 덴마크의 왕 하랄드 블라탄드의 이름인 Blaatand는 영어로 Bluetooth로 번역된다. 오늘날 블루투스 기술은 IEEE 802.15 표준에서 정의한 프로토콜을 구현한 것이다. 이 표준은 방이나 홀 크기의 지역에서 작동 가능한 무선 개인 영역 네트워크(PAN)를 규정한다.

(1) 아키텍처 `중요 ★★`

블루투스는 피코넷과 스캐터넷이라는 두 가지 유형의 네트워크를 정의한다.

① 피코넷(Piconet)

블루투스 네트워크는 기본적으로 피코넷(Piconet)이라고 불린다. 피코넷은 최대 8개의 스테이션을 가질 수 있는데, 그중 하나는 주 스테이션(1차 스테이션)이고 나머지는 부 스테이션(2차 스테이션)이다. 모든 2차 스테이션은 시간과 호핑 시퀀스를 주 스테이션과 동기화한다. 피코넷은 1차 스테이션을 하나만 가질 수 있다. 제1스테이션과 제2스테이션의 통신은 일-대-일 또는 일-대-다일 수 있다. [그림 4-20]은 피코넷을 보여준다.

피코넷은 최대 7개의 2차 노드를 가질 수 있지만, 추가 2차 노드들은 보류 상태에 있을 수 있다. 보류 상태의 2차 장치는 1차 장치와 동기화되지만, 보류 상태에서 활성 상태로 이동하기 전에는 통신에 참여할 수 없다. 8개의 스테이션만이 하나의 피코넷에서 활성화될 수 있기 때문에, 보류 상태에서 스테이션을 활성화하는 것은 활성 스테이션이 보류 상태로 가야 한다는 것을 의미한다.

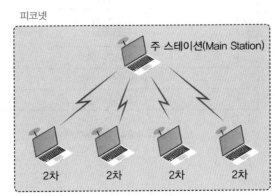

[그림 4-20] 피코넷

② **스캐터넷(Scatternet)** 중요 ★★

피코넷을 결합하여 스캐터넷이라는 것을 형성할 수 있다. 한 피코넷의 2차 스테이션은 다른 피코넷의 1차 스테이션이 될 수 있다. 주 스테이션은 1차 피코넷(2차)에서 1차 피어로부터 메시지를 수신할 수 있으며, 기본 2차 피코넷에 전달한다. 스테이션은 두 개의 피코넷의 멤버가 될 수 있다. [그림 4-21]은 스캐터넷을 보여준다.

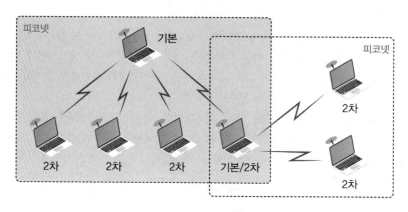

[그림 4-21] 스캐터넷

③ **블루투스 장치**

블루투스 장치에는 단거리 무선 송신기가 내장되어 있다. 현재 데이터 전송 속도는 2.4GHz 대역의 1Mbps이다. IEEE 802.11b 무선 LAN과 블루투스 LAN 사이에 간섭 가능성이 있다는 뜻이다.

(2) 블루투스 계층

블루투스는 인터넷 모델의 계층과 정확히 일치하지 않는 몇 개의 계층을 사용한다. [그림 4-22]는 블루투스 계층도이다.

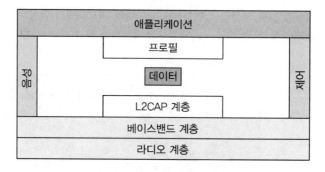

[그림 4-22] 블루투스 계층

① L2CAP

논리 링크 제어 및 적응 프로토콜, 또는 L2CAP(여기서 L2는 LL을 의미함)는 LAN의 LLC 하위
계층과 거의 동일하다. ACL 링크에서 데이터 교환에 사용되고, SCO 채널은 L2CAP를 사용하지
않는다. [그림 4-23]은 이 레벨에서 데이터 패킷의 형식을 나타내고 있다.

2바이트	2바이트	0부터 65,535바이트
길이	채널 ID	데이터 및 제어

[그림 4-23] L2CAP 데이터 패킷 형식

② 베이스밴드 계층

베이스밴드 계층은 LAN의 MAC 하위 계층과 대략 동일하고, 접속 방법은 TDMA이다. 1차 및 2
차 스테이션은 시간 슬롯을 이용하여 서로 통신한다. 시간 슬롯의 길이는 체류 시간인 625 μs
와 정확히 같다. 즉, 1개의 주파수가 사용되는 동안 기본 프레임이 2차 프레임으로 프레임을 전
송하거나 2차 프레임이 기본 프레임으로 프레임을 전송한다. 통신은 1차 및 2차 사이에서만 이
루어지며, 2차는 다른 스테이션들과 서로 직접 통신할 수 없다.

제 3 절 가상 랜 중요 ★★★

스테이션은 물리적으로 LAN에 속하는 경우 LAN의 일부로 간주된다. 자격의 기준은 지리적이다. 두 개의
서로 다른 물리적 LAN에 속하는 두 스테이션 간의 가상 연결이 필요할 경우 대략적으로 가상 LAN(Virtual
Local Area Network)을 물리적 배선이 아닌 소프트웨어에 의해 구성된 LAN으로 정의할 수 있다. [그림
4-24]에는 스위치로 연결되는 3개의 LAN으로 9개 스테이션을 그룹화한 스위치 LAN을 보여준다.

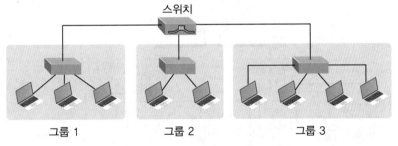

[그림 4-24] 3개의 LAN을 연결하는 스위치

관리자가 그룹 3에 의해 수행되고 있는 프로젝트의 속도를 높이기 위해 두 명의 사용자를 첫 번째 그룹에
서 세 번째 그룹으로 이동시킬 필요가 있다면 LAN 구성을 변경해야 할 것이다. 즉, 네트워크 담당자가 다
시 배선해야 한다. 만약 두 사용자가 얼마 후에 이전 그룹으로 다시 이동한다면 이 문제가 반복된다. 스위

치 LAN에서 작업 그룹의 변경은 네트워크 구성의 물리적 변경을 의미한다.

[그림 4-25]에는 VLAN으로 분할된 동일한 스위치 LAN이 표시된다. VLAN 기술의 전반적인 아이디어는 LAN을 물리적 세그먼트 대신 논리적으로 분할하는 것이다. LAN은 VLAN이라고 하는 몇 개의 논리적 LAN으로 나눌 수 있다. 각각의 VLAN은 조직의 업무 그룹이다. 사람이 한 그룹에서 다른 그룹으로 이동해도 물리적 구성을 변경할 필요가 없다. VLAN의 그룹 멤버십은 하드웨어가 아닌 소프트웨어에 의해 정의된다. 어떤 스테이션이든 다른 VLAN으로 논리적으로 이동할 수 있다. VLAN에 속하는 모든 구성원은 특정 VLAN에 전송된 브로드캐스트 메시지를 수신할 수 있다. 즉, 스테이션이 VLAN 1에서 VLAN 2로 이동할 경우, VLAN 2로 전송되는 브로드캐스트 메시지를 수신하지만 더이상 VLAN 1로 전송되는 브로드캐스트 메시지를 수신하지 않는다는 것을 의미한다.

이전의 예에서 문제가 VLAN을 사용하여 쉽게 해결될 수 있다는 것은 분명하다. 소프트웨어를 통해 사용자를 한 그룹에서 다른 그룹으로 이동시키는 것은 물리적 네트워크의 구성을 변경하는 것보다 쉽다. VLAN 기술은 심지어 VLAN의 다른 스위치에 연결된 스테이션의 그룹화도 할 수 있다. [그림 4-26]은 스위치 2개와 VLAN 3개가 있는 백본 로컬 영역 네트워크를 보여준다. 스위치 A와 B의 스테이션은 각 VLAN에 속한다.

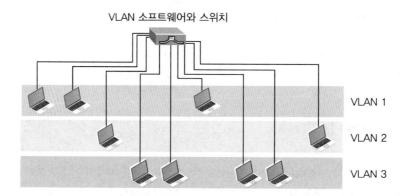

[그림 4-25] VLAN 소프트웨어를 사용하는 스위치

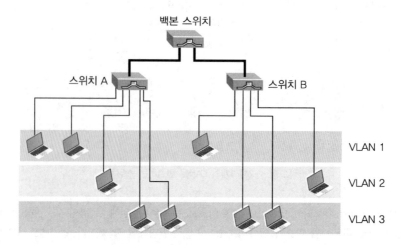

[그림 4-26] VLAN 소프트웨어를 사용하는 백본의 두 스위치

이것은 두 개의 분리된 건물을 가진 회사에 좋은 구성이다. 각 건물은 백본으로 연결된 자체 스위치 LAN을 가질 수 있다. 첫 번째 건물의 사람과 두 번째 사람이 서로 다른 물리적 LAN에 접속되어 있어도 동일한 작업 그룹에 속할 수 있다. 이 세 가지 예에서 VLAN이 브로드캐스트 도메인을 정의하고 있는 것을 알 수 있다. VLAN은 하나 이상의 물리적 LAN에 속하는 스테이션을 브로드캐스트 도메인으로 그룹화한다. VLAN의 스테이션은 물리적 세그먼트에 속한 것처럼 서로 통신한다.

1 특성

VLAN에서 스테이션을 그룹화하는 데는 인터페이스 번호, 포트 번호, MAC 주소, IP 주소, IP 멀티캐스트 주소 또는 이들 중 둘 이상의 조합과 같은 다른 특성을 사용한다.

(1) 인터페이스 번호

일부 VLAN 공급업체는 스위치 인터페이스 번호를 구성원 특성으로 사용한다. 예를 들어 관리자는 포트 1, 2, 3, 7에 연결된 스테이션은 VLAN 1, 포트 4, 10 및 12에 연결된 스테이션은 VLAN 2에 속하는 식으로 정의할 수 있다.

(2) MAC 주소

일부 VLAN 공급업체는 48비트 MAC 주소를 구성원 특성으로 사용한다. 예를 들어 관리자는 MAC 주소가 E2:13:42:A1:23:34 및 F2:A1:23:BC:D3:41이 VLAN 1에 속한다고 규정할 수 있다.

(3) IP 주소

일부 VLAN 공급업체는 32비트 IP 주소를 구성원 특성으로 사용한다. 예를 들어 관리자는 IP 주소가 181.34.23.67, 181.34.23.72, 181.34.23.98 및 181.34.23.112인 스테이션이 VLAN 1에 속한다고 규정할 수 있다.

(4) 멀티캐스트 IP 주소

일부 VLAN 공급업체는 멀티캐스트 IP 주소를 구성원 특성으로 사용한다. IP 계층에서의 멀티캐스팅은 이제 데이터링크 계층에서 멀티캐스팅으로 변환된다.

(5) 조합

최근에는 일부 공급업체에서 제공하는 소프트웨어를 통해 이러한 모든 특성을 조합할 수 있다. 관리자는 소프트웨어를 설치할 때 하나 이상의 특성을 선택할 수 있다. 또한, 소프트웨어를 재구성하여 설정을 변경할 수 있다.

2 스위치 간의 통신

멀티스위치 백본에서 각 스위치는 어느 스테이션이 어느 VLAN에 속하는지 뿐만 아니라 다른 스위치에 연결된 스테이션의 자격도 알아야 한다. 예를 들어 [그림 4-26]에서 스위치 A는 스위치 B에 연결된 스테이션의 자격 상태를 알아야 하며, 스위치 B는 스위치 A에 대해 동일한 것을 알아야 한다. 이를 위해 테이블 정비(유지관리), 프레임 태깅, 시분할 멀티플렉싱(다중화) 등 3가지 방법이 고안되었다.

(1) 테이블 유지관리

이 방법에서는 스테이션이 그룹 멤버에게 브로드캐스팅 프레임을 보낼 때, 스위치는 테이블에 항목을 생성하고 스테이션 자격을 기록한다. 스위치들은 업데이트하기 위해 주기적으로 테이블을 서로 보낸다.

(2) 프레임 태깅

이 방법에서는 프레임이 스위치 사이를 이동할 때 MAC 프레임에 헤더를 추가해 대상 VLAN을 정의한다. 프레임 태그는 수신 스위치에서 브로드캐스트 메시지를 수신할 VLAN을 결정하는 데 사용된다.

(3) 시분할 다중화(TDM)

이 방법에서는 스위치 간의 연결(트렁크)을 시간 공유 채널로 나눈다. 예를 들어 백본의 VLAN 총수가 5개인 경우 각 트렁크를 5개의 채널로 나눈다. VLAN 1로 예정된 트래픽은 채널 1로, VLAN 2로 예정된 트래픽은 채널 2로 이동한다. 수신 스위치는 프레임이 도착한 채널을 확인하여 목적지 VLAN을 결정한다.

(4) IEEE 표준

1996년 IEEE 802.1 소위원회는 프레임 태그 지정 형식을 정의하는 802.1Q라는 표준을 통과시켰다. 이 표준은 멀티스위치 백본에 사용할 형식을 정의하고 VLAN에서 멀티벤더 장비를 사용할 수 있도록 한다. IEEE 802.1Q는 VLAN과 관련된 다른 문제의 표준화의 길을 열었다. 대부분 공급업체는 이미 표준을 채택하였다.

 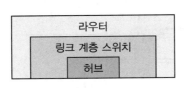 

제 4 절 연결 장치

네트워크에서 일반적으로 언급되는 연결 장치는 1계층 장비인 허브, 2계층 장비인 링크 계층 스위치, 그리고 3계층 장비인 라우터를 의미한다([그림 4-27] 참조).

[그림 4-27] 3가지 카테고리의 연결 장치

1 허브

허브는 **물리** 계층에서만 작동하는 장치이다. 네트워크 내에서 정보를 전달하는 신호는 장거리 전송 시에 발생한다. 리피터는 신호를 수신하고 신호가 너무 약하거나 손상되기 전에 원래의 비트 패턴을 다시 생성하고 다시 시도한다. 그런 다음 리피터는 새로워진 신호를 보낸다. 과거에는 이더넷 LAN이 버스 토폴로지를 사용할 때, 동축 케이블의 길이 제한을 극복하기 위해 LAN의 두 세그먼트를 연결하는 리피터를 사용했다. 그러나 오늘날 이더넷 LAN은 스타 토폴로지를 사용한다. 스타 토폴로지에서 리피터는 흔히 허브라고 하는 멀티포트 장치로서, 리피터 및 연결 지점으로서의 기능을 동시에 발휘하는 데 사용할 수 있다.

[그림 4-28]은 스테이션 A에서 스테이션 B까지의 패킷이 허브에 도착하면 프레임을 나타내는 신호가 재생되어 손상 가능한 잡음을 제거하지만, 허브는 신호가 있던 포트를 제외한 모든 출력 포트에 패킷을 전달한다는 것을 보여준다. 프레임이 브로드캐스트되는 셈이다. LAN의 모든 스테이션은 프레임을 수신하지만, 스테이션 B만이 그것을 유지한다. 나머지 스테이션들은 이를 폐기한다. [그림 4-28]은 스위치 LAN에서 리피터나 허브의 역할을 나타내는데 필터링 기능을 가지고 있지 않고, 프레임을 전송해야 하는 포트를 찾을 수 있는 기능이 없다. 링크 계층 주소를 가지고 있지 않으며 수신된 프레임의 링크 계층 주소를 확인하지 않는다. 단지 손상된 부분을 재생성하여 모든 포트에서 전송한다.

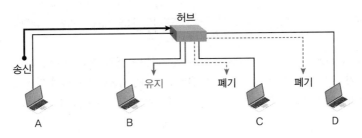

[그림 4-28] 허브

2 링크 계층 스위치

링크 계층 스위치(또는 스위치)는 물리 계층과 데이터링크 계층 모두에서 작동한다. 물리 계층 장치로서 수신하는 신호를 재생성한다. 링크 계층 장치로서 링크 계층 스위치는 프레임에 포함된 MAC 주소(소스 및 목적지)를 확인할 수 있다. 링크 계층 스위치와 허브 간 기능성의 차이가 있는데 링크 계층 스위치는 필터링 기능이 있다. 프레임의 목적지 주소를 확인할 수 있으며 프레임을 보낼 송신 포트를 결정할 수 있다. 링크 계층 스위치는 필터링 결정에 사용되는 테이블을 가지고 있다.

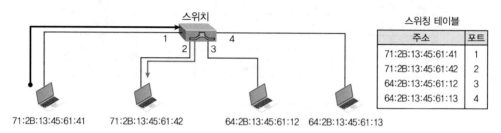

[그림 4-29] 링크 계층 스위치

3 라우터 중요 ★★★

라우터는 3계층 장치로서 물리, 데이터링크 및 네트워크 계층에서 작동한다. 물리 계층 장치로서 수신하는 신호를 재생성한다. 링크 계층 장치로서 라우터는 패킷에 포함된 물리 주소(소스 및 목적지)를 확인한다. 네트워크 계층 장치로서 라우터는 네트워크 계층 주소를 확인한다.

라우터는 인터네트워킹 장치로서 독립 네트워크를 연결하여 인터네트워크를 형성한다. 즉, 라우터에 의해 연결된 두 개의 네트워크는 인터네트워크 또는 인터넷이 된다. 라우터, 리피터 또는 스위치에는 크게 세 가지 차이가 있다.

① 라우터는 각각의 인터페이스에 대한 물리적, 논리적(IP) 주소를 가지고 있다.
② 라우터는 링크 계층 목적지 주소가 패킷이 도착하는 인터페이스의 주소와 일치하는 패킷에만 작용한다.
③ 라우터는 패킷을 전달할 때 패킷(소스 및 목적지 모두)의 링크 계층 주소를 변경한다.

[그림 4-30]에서 각 건물에 기가비트 이더넷 LAN이 설치된 두 개의 별도 건물이 있고 각 LAN에서 스위치가 사용된다고 가정할 때, 두 개의 LAN은 10기가비트 이더넷 기술을 사용하여 더 큰 LAN을 형성하도록 연결되어 이더넷 연결 속도와 서버 연결 속도를 높일 수 있다. 그러면 라우터는 전체 시스템을 인터넷에 연결할 수 있다.

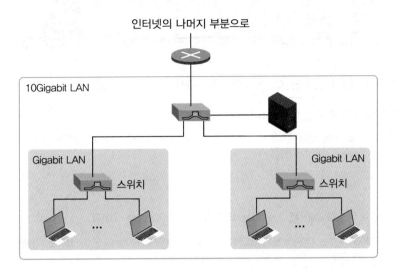

[그림 4-30] 라우팅 예제

라우터는 MAC 주소에 로컬 관할 구역만 있기 때문에 수신한 MAC 주소를 변경한다.

○×로 점검하자

※ 다음 지문의 내용이 맞으면 O, 틀리면 ×를 체크하시오. [1 ~ 10]

01 표준 이더넷의 속도는 10Mbps이다. (   )

>>>○ 표준 이더넷의 속도는 10Mbps, 패스트 이더넷은 100Mbps, 기가비트 이더넷은 1Gbps, 10기가비트 이더넷은 10Gbps이다.

02 4가닥의 트위스트 페어를 사용하는 네트워크는 1000Base-T이다. (   )

>>>○ 1000Base-T는 4가닥의 트위스트 페어 케이블을 사용한다. 100Base-FX의 경우는 2가닥의 광섬유 케이블을 사용한다.

03 2가닥의 광섬유 케이블을 사용하는 네트워크는 1000Base-SX이다. (   )

>>>○ 1000Base-SX는 2가닥의 광섬유와 단파 레이저 소스를 사용한다.

04 이더넷 주소 01011010 00010001 01010101 00011000 10101010 00001111의 16진수는 5A:11:55:18:AA:0F이다. (   )

>>>○ 16진수는 컴퓨터 분야에서 숫자를 표현하기 위해 사용하는 진법 방식이다. Hexadecimal(헥사데시멀), 줄여서 Hex(헥스)라고도 부른다. 자릿수 하나가 0부터 15까지 표현할 수 있다. 하지만 우리가 흔히 사용하는 숫자는 0부터 9까지 밖에 없기 때문에 나머지 10은 A, 11은 B, 12는 C, 13은 D, 14는 E, 15는 F로 표현한다.

05 이더넷 주소 지정에서 만일 모든 비트가 1이면 그 주소는 멀티캐스트이다. (   )

>>>○ 모든 비트가 1이면 브로드캐스트이다. 멀티캐스트 주소를 구분하기 위해 최상위 Octet(옥텟) 중 최하위 비트가 1인 경우를 멀티캐스트로 정하고 있다.

정답 **1** ○ **2** ○ **3** × **4** ○ **5** ×

06 이더넷의 각 단말기의 네트워크 인터페이스 카드(NIC)에 각인된 고유 주소는 32비트이다.
( )

»»O 이더넷 상의 각 단말기는 NIC에 48비트의 고유 주소를 갖고 있다.

07 무선 LAN의 호스트가 서로 통신할 때, 동일한 매체(복수 접속)를 공유한다. ( )

»»O 무선 LAN의 호스트가 서로 통신할 때, 동일한 매체(복수 접속)를 공유하고 있다. 매우 드물게 매우 제한된 대역폭과 양방향 안테나를 사용하여 두 무선 호스트 사이에 포인트-투-포인트 통신을 만들 수도 있다.

08 무선 LAN에서 호스트가 인터넷의 한 지점에서 다른 지점으로 이동할 경우 링크 계층 주소와 네트워크 계층 주소는 모두 유지된다. ( )

»»O 호스트는 인터넷의 한 지점에서 다른 지점으로 이동할 수 있다. 이 경우 링크 계층 주소는 동일하게 유지되지만 네트워크 계층 주소는 변경된다.

09 블루투스에서 라디오 계층은 인터넷 모델의 물리 계층과 거의 같다. ( )

»»O 블루투스의 라디오 계층은 인터넷 물리 계층과 유사하고, 베이스밴드 계층은 MAC 계층과 유사하다. 블루투스 라디오(계층)는 블루투스 사양에서 가장 낮게 정의된 계층으로 2.4GHz ISM 대역에서 작동하는 블루투스 송수신 장치의 요구사항을 정의한다.

10 가상 LAN에서 스테이션은 포트 번호, MAC 주소, IP 주소 또는 이들의 조합으로 그룹화할 수 있다.
( )

»»O 가상 랜은 하나의 이더넷 MAC을 구비하는 CPU에 하나의 물리적 포트를 통해 연결되는 L2 이더넷 스위치를 구비한 데이터전송장치에서 내부망과 외부망 간 그룹을 분리 구분한다.

정답 **6** X **7** O **8** X **9** O **10** O

01 모든 MAC 구현에 필요한 기본 프레임 형식은 IEEE 802.3 표준에 정의되어 있다. 프로토콜의 기본 기능을 확장하기 위해 몇 가지 선택적 형식이 사용되고 있다.

01 다음 용어 중 이더넷 프레임을 구성하는 것으로 옳은 것은?

① MAC 주소
② IP 주소
③ 포트번호
④ MAC 주소와 IP 주소 모두

02 SFD는 이더넷 패킷의 첫 번째 필드인 머리말의 끝을 표시하고 이더넷 프레임의 시작을 나타내는 8비트(1바이트) 값이다. SFD는 이진 시퀀스 10101011이다.

02 이더넷 프레임에서 Stat Frame Delimeter(SFD)를 뜻하는 8비트 값으로 옳은 것은?

① 10101010
② 10101011
③ 00000000
④ 11111111

03 이 48비트 주소 공간에는 2^{48} 또는 281,474,976,710,656개의 가능한 MAC 주소가 포함될 수 있다.

03 다음 비트 중에서 MAC 주소는 어떤 것과 같은가?

① 24비트
② 36비트
③ 42비트
④ 48비트

04 자동 협상(또는 교섭)은 두 개의 연결된 장치가 속도, 이중 모드 및 흐름제어와 같은 공통 전송 매개 변수를 선택하여 꼬인 쌍을 통해 이더넷에서 사용되는 신호 메커니즘 및 절차이다. 자동절체 알고리즘은 장애가 발생했을 때 자동으로 우회경로를 찾아 데이터를 지체없이 전달하는 기능이다.

04 다음 중 자동 교섭이 뜻하는 것은 무엇인가?

① 두 개의 연결된 장치가 공통 전송 매개 변수를 선택하는 절차
② 보안 알고리즘
③ 라우팅 알고리즘
④ 자동절체 알고리즘

정답 01 ① 02 ② 03 ④ 04 ①

05 MAN(Metropolitan Area Network)의 이더넷은 다음 중 무엇과 같이 사용할 수 있는가?

① 순수한 이더넷
② SDH를 통한 이더넷
③ MPLS를 통한 이더넷
④ 순수 이더넷, SDH, MPLS 모두 사용한다.

05 MAN(Metropolitan Area Network)은 사용자를 지리적 영역 또는 그보다 큰 지역의 컴퓨터 자원과 상호 연결하는 컴퓨터네트워크로 전송기술 MPLS, PBB-TE 및 T-MPLS를 포함할 수 있으며 각 기술은 고유의 신축성과 관리 기술을 갖추고 있다. 이더넷 신호를 동기디지털계층(SDH)에 올려 통신서비스를 통합 제공하도록 한 것이다. 순수 이더넷은 망복구 메커니즘이 결여되는 단점이 있다.

06 다음 중 이더넷을 통한 포인트-투-포인트 프로토콜을 뜻하는 것은?

① 이더넷 프레임 안에 PPP 프레임을 캡슐화
② PPP 프레임 안에 인터넷 프레임을 캡슐화
③ 이더넷 프레임 보안
④ PPP 프레임 보안

06 PPPoE(Point-to-Point Protocol over Ethernet)는 이더넷 프레임 내에 PPP 프레임을 캡슐화하기 위한 네트워크 프로토콜이다.

07 다음 용어 중 고속 이더넷에 가장 적합한 전송매체로 옳은 것은?

① 동축 케이블
② 구리 케이블
③ 광섬유
④ UTP 케이블

07 고속 이더넷은 잡음이나 전자기적인 간섭에 영향을 받지 않아야 고속의 속도를 지원할 수 있고 이것에 가장 적당한 전송 매체는 광섬유이다.

08 다음 바이트 중 이더넷 프레임의 페이로드 필드의 최대 크기는?

① 1000바이트
② 1200바이트
③ 1300바이트
④ 1500바이트

08 실제 페이로드가 적으면 패딩 바이트가 그에 따라 추가된다. 최대 페이로드는 1500 옥텟이다. 비표준 점보 프레임은 더 큰 최대 페이로드 크기를 허용한다.

정답 05 ④ 06 ① 07 ③ 08 ④

안심Touch

09 IFG(Inter Frame Gap)는 이더넷 반이중 공유 채널 상에서 각 단말이 전송 가능할 때 바로 데이터를 송출하지 않고 일정 시간을 대기하는 시간 간격을 말한다. 이것은 한 노드가 프레임을 연속으로 전송하면 채널독점 현상이 발생되므로 하나의 Frame 전송이 완료한 직후에는 연속하여 Frame을 전송하지 못하도록 하는 규격이다. 무선 이더넷에서는 IFS(Inter Frame Space)라고 표현한다. CSMA는 반송파 감지 다중 접속으로 동시에 채널을 요구하는 경우 프레임의 충돌이 발생할 수 있다. 이를 방지하기 위해서 개발된 기법이 CSMA/CD이다.

10 런트(Runt) 프레임은 IEEE 802.3의 최소 64 옥텟 길이보다 작은 이더넷 프레임이다. 런트 프레임은 가장 일반적으로 충돌로 인해 발생한다. 다른 가능한 원인으로는 네트워크 카드의 오작동, 버퍼 언더런, 이중 모드 불일치 또는 소프트웨어 문제가 있다.

11 컴퓨터 네트워킹에서 무선 액세스 지점 (WAP) 또는 더욱 일반적으로 액세스 지점(AP)은 다른 WiFi 장치가 유선 네트워크에 연결할 수 있도록 하는 네트워킹 하드웨어 장치이다.

12 ad hoc 네트워크는 무선 액세스 포인트를 사용하지 않고 둘 이상의 장치 사이의 연결을 사용한다. 장치는 범위 내에 있을 때 직접 통신한다. 무선 ad-hoc은 불법적으로 사용 시 오히려 해킹의 수단이 될 수 있다.

09 이더넷 반이중 공유 채널 상에서 각 단말이 전송 가능할 때 바로 데이터를 송출하지 않고 일정 시간을 대기하는 시간 간격을 무엇이라고 하는가?

① IFS
② IFG
③ CSMA/CD
④ CSMA

10 IEEE 802.3의 최소 길이 64 옥텟보다 작은 이더넷 프레임의 명칭은?

① 짧은 프레임
② Runt 프레임
③ 미니 프레임
④ Man 프레임

11 다음 설명 중 무선 LAN의 액세스 포인트(AP)는 무엇인가?

① 무선장치가 유선 네트워크에 연결할 수 있도록 하는 장치
② 스마트폰, 와이파이용 노트북 등 무선장치 그 자체
③ 유선 장치가 무선 네트워크에 연결할 수 있도록 하는 장치
④ 무선장치 연결을 위한 외부의 중계탑

12 다음 중 ad hoc 네트워크에 대한 설명으로 옳은 것은?

① 무선 ad-hoc 네트워크에서 액세스 포인트는 필요하지 않다.
② 무선 ad-hoc 네트워크에서 액세스 포인트는 필수 항목이다.
③ 무선 ad-hoc 네트워크에서 노드는 요구되지 않는다.
④ 무선 ad-hoc는 보안성이 우수하기 때문에 외부의 해킹을 방어할 수 있다.

정답 09 ② 10 ② 11 ① 12 ①

13 IEEE 802.11 표준에서 무선 LAN을 위해 사용되는 다중 접속 기술은 무엇인가?

① CDMA

② CSMA/CA

③ 알로하

④ 토큰패싱

13 컴퓨터 네트워킹에서 충돌 회피(CSMA/CA)를 이용한 캐리어 센스 다중 접속은 캐리어 센싱이 이용되는 네트워크 복수 접속 방식이지만, 노드는 채널이 '유휴'로 감지된 후에만 전송을 개시해 충돌을 피하려고 한다. 토큰패싱은 채널 사용을 요청하기 위해 특별한 신호인 토큰을 사용한다.

14 다음 중 무선 분배 시스템에 대한 설명으로 옳은 것은?

① 무선 분배 시스템은 다중 액세스 포인트가 서로 상호 연결된다.

② 무선 분배 시스템은 액세스 포인트가 없다.

③ 무선 분배 시스템은 하나의 액세스 포인트만 존재한다.

④ 무선 분배 시스템은 동시 접속자 수를 늘려준다.

14 무선 분배 시스템(WDS)은 IEEE 802 네트워크에서 액세스 포인트의 무선 브리징을 가능하게 하는 시스템이다. 회선 링크를 위한 기존 요구사항 없이 무선 IEEE 802.11 (Wi-Fi) 액세스 포인트를 이용해 확장 네트워크를 만들 수 있도록 한다. 접속 범위를 확장시키는 기능을 가지고 있지만, 동시 접속자를 늘려주는 것은 아니다.

15 무선 네트워크 인터페이스 컨트롤러(WNIC)는 컴퓨터를 네트워크에 연결하여 통신하기 위해 사용하는 하드웨어 장치이다. 네트워크 카드, 랜 카드, 물리 네트워크 인터페이스라고 하며, 네트워크 인터페이스 카드, 네트워크 어댑터, 네트워크 카드, 이더넷 카드 등으로도 부른다. 물리 계층과 데이터링크 계층 장치를 가지는데, MAC 주소를 사용하여 낮은 수준의 주소 할당 시스템을 제공하고 네트워크 매개체로 물리적인 접근을 가능하게 한다. 사용자들이 케이블을 연결하거나 무선으로 연결하여 네트워크에 접속할 수 있다. WNIC는 인프라 모드에서 액세스 포인트가 필요하지만 애드혹 모드에서 액세스 포인트는 필요하지 않다.

15 다음 설명 중 무선 네트워크 인터페이스 컨트롤러와 관련 없는 것은?

① 컴퓨터를 네트워크에 연결하여 통신하기 위해 사용하는 하드웨어 장치이다.

② 랜 카드, 네트워크 어댑터라고도 부른다.

③ 물리 계층과 데이터링크 계층 장치를 가진다.

④ 인프라 모드와 애드혹 모드에서 AP가 필요하다.

정답 13 ② 14 ① 15 ④

16 소비자 또는 기업용 IEEE 802.11 무선 근거리 통신망(WLAN)과 연결되는 모든 장치를 구성하는 집합을 서비스 세트라고 한다. 이 서비스 집합(또는 세트)은 로컬, 독립, 확장, 메시 형태로 존재할 수 있다. 각 ESS에는 32바이트(최대) 문자 문자열인 SSID라는 ID가 있다. IEEE 802.11의 가장 기본적인 네트워크 구성단위이다.

16 다음 중 무선 네트워크에서 확장 서비스 세트에 대한 설명이 **아닌** 것은?

① 32바이트 SSID

② 로컬, 독립, 확장, 메시 형태의 서비스 집합

③ IEEE802.11과 연결되는 모든 장치의 구성 집합

④ 64바이트 SSID

17 직교 주파수 분할 멀티플렉싱(OFDM)은 디지털 텔레비전 및 오디오 방송, DSL 인터넷 액세스, 무선 네트워크, 전력선 네트워크 및 4G 이동통신과 같은 애플리케이션에 사용되는 광대역 디지털 통신에 널리 적용되는 방식으로 발전했다.

17 다음 용어 중 주로 무선 LAN에서 사용하는 멀티플렉싱 방식은?

① 시분할 멀티플렉싱

② 직교 주파수 분할 멀티플렉싱

③ 공간분할 멀티플렉싱

④ 코드분할 멀티플렉싱

18 ①, ②, ④번은 모두 근거리 네트워킹을 위한 초기 이더넷 기술에 가장 두드러지게 사용되는 미디어 접근 제어(MAC) 방법이다.

18 다음 중 무선 LAN의 다음 이벤트와 관련이 있는 것은?

① 충돌 검출

② 임의 시간 만큼 지연 후 전송 재개

③ 다중 모드 데이터 전송

④ 토큰패싱

정답   16 ④   17 ②   18 ③

19 다음 중 WEP(Wired Equivalent Privacy)에 대한 설명으로 옳은 것은?

① 이더넷을 위한 보안 알고리즘이다.
② 무선 네트워크를 위한 보안 알고리즘이다.
③ USB 통신을 위한 보안 알고리즘이다.
④ 10개 또는 26개의 10진수의 키로 인식할 수 있다.

20 다음 용어 중 WPA에 대한 설명으로 옳은 것은?

① 와이파이 보호 접속
② 유선 보호 접속
③ 유선 공정 접근
④ 와이파이 프로세스 액세스

21 다음 중 VLAN에 관한 설명으로 옳은 것은?

① 모든 백본 스위치 네트워크에서 적어도 두 개의 VLAN이 정의 되어 있어야 한다.
② 모든 VLAN은 가장 빠른 스위치에서 구성되며 기본적으로 이 정보를 다른 모든 스위치로 전파한다.
③ 동일한 VTP 도메인에 스위치가 10개 이상 있으면 안 된다.
④ VTP는 구성된 VTP 도메인의 스위치에 VLAN 정보를 전송하 는 데 사용된다.

19 WEP(Wired Equivalent Privacy)는 IEEE 802.11 무선 네트워크에 대한 보안 알고리즘이다. 10개 또는 26개 의 16진수 자릿수(40개 또는 104 비 트)의 키로 인식할 수 있는 WEP는 한때 널리 사용되었으며, 종종 라우 터 구성 도구에 의해 사용자에게 제 공되는 최초의 보안 선택이었다. 1997년에 제정된 802.11 표준에서 도입되었던 WEP는 전통적인 유선 네트워크와 비슷한 데이터 보안성을 제공하기 위해 만들어졌다. 10자리 또는 26자리의 16진수 키값을 사용 하는 WEP는 한때 매우 보편적으로 사용되었으며 라우터의 보안 설정에 서 가장 우선적으로 표시되는 옵션 이었다.

20 Wi-Fi Protected Access(WPA), Wi-Fi Protected Access II(WPA2) 및 Wi-Fi Protected Access 3(WPA3) 은 무선 컴퓨터 네트워크 확보를 위 해 Wi-Fi Alliance가 개발한 3개의 보안 프로토콜과 보안 인증 프로그램 이다.

21 스위치는 기본적으로 VLAN 정보를 전파하지 않으며 VTP 도메인을 구성 해야 한다. VLAN 트렁크 프로토콜 (VTP)은 트렁크 링크를 통해 VLAN 정보를 전파하는 데 사용된다.

정답 19 ② 20 ① 21 ④

22 VTP(VLAN Trunk Protocol)는 VLAN 데이터베이스를 스위치 네트워크의 모든 스위치로 전달하기 위해 사용된다. 세 가지 VTP 모드는 서버, 클라이언트 및 트랜스 페어런트이다.

22 새로운 VLAN의 구성을 도메인의 모든 스위치에 배포할 수 있게 함으로써 전환된 네트워크의 관리 오버 헤드를 줄이는 프로토콜은 무엇인가?

① .STP

② .VTP

③ .DHCP

④ .ISL

23 모든 시스코 스위치는 기본적으로 VTP 서버이다. 기본적으로 시스코 스위치에 다른 VTP 정보가 구성되어 있지 않다. 모든 스위치에 VTP 도메인 이름을 동일한 도메인 이름으로 설정해야 한다. 그렇지 않으면 VTP 데이터베이스를 공유하지 않는다.

23 다음 중 VTP에 관한 설명으로 옳은 것은?

① 모든 스위치는 기본적으로 VTP 서버이다.

② 모든 스위치는 기본적으로 VTP 투명이다.

③ VTP는 기본적으로 모든 시스코 스위치에서 시스코의 도메인 이름으로 제공된다.

④ 모든 스위치는 기본적으로 VTP 클라이언트이다.

24 랜카드라고도 불리는 NIC는 네트워크케이블에서 도착하는 데이터를 수신하고, 케이블을 통해 다른 컴퓨터로 데이터를 전송한다. 또한, 케이블과 컴퓨터 간의 데이터의 흐름을 제어한다.

24 다음 설명 중 NIC와 관련 없는 것은?

① 랜카드라고 한다.

② 네트워크케이블에서 도착하는 데이터를 수신한다.

③ 케이블을 통해 다른 컴퓨터로 데이터를 전송한다.

④ 케이블과 컴퓨터 간의 데이터 흐름은 컴퓨터에서 제어한다.

25 멀티캐스트 주소는 스테이션 그룹을 식별하고, 브로드캐스트 주소는 네트워크상의 모든 스테이션을 식별한다. 유니캐스트 주소는 그룹의 한 주소만 식별한다. 멀티캐스트 주소는 수신대상자가 정해져 있고 브로드캐스트 주소는 수신대상자가 불특정 다수이다.

25 다음 중 여러 주소에 대한 설명으로 옳지 않은 것은?

① 멀티캐스트 주소는 스테이션 그룹을 식별한다.

② 브로드캐스트 주소는 수신대상이 정해져 있다.

③ 유니캐스트 주소는 그룹의 한 주소만 식별한다.

④ 브로드캐스트 주소는 네트워크상의 모든 스테이션을 식별한다.

정답 22② 23① 24④ 25②

26 다음 중 토큰패싱 기법과 관련이 **없는** 것은?

① 고유채널의 사용권을 균등분배하기 위해 사용한다.
② IEEE 802.5 표준을 따른다.
③ 토큰은 데이터 수신 권한을 갖는다.
④ 프리토큰 하나로 토큰을 운영한다.

27 다음 중 용어와 단위의 연결이 서로 **틀린** 것은?

① 표준 이더넷 - 1bps
② 패스트 이더넷 - 100Mbps
③ 기가 이더넷 - 1Gbps
④ 10기가 이더넷 - 10Gbps

28 다음 중 표준 이더넷의 일반적 구현과 관련이 **없는** 것은?

① 10base5
② 10base2
③ 10base-T
④ 1000base-T

29 다음 중 BSS와 ESS에 대한 설명과 관련이 **없는** 것은?

① BSS는 무선 LAN 빌딩 블록이다.
② BSS는 애드 혹이라고 부른다.
③ ESS는 두 개 이상의 BSS와 SP로 구성한다.
④ BSS가 ESS에 연결될 EO는 중앙집중방식으로 연결된다.

26 고유채널의 사용권을 균등분배하기 위해 사용하는 기법으로 IEEE 802.5 표준을 따른다. 토큰은 데이터 송신 권한을 가지며 프리토큰과 비지토큰으로 운영된다. 데이터를 전송하려는 컴퓨터는 이 프리토큰이 올 때까지 대기해야 하며, 프리토큰이 해당 컴퓨터에 도착하면 비지토큰으로 상태를 바꾼 뒤 토큰 뒤에 전송할 데이터 프레임을 붙여 다음 컴퓨터로 전송한다.

27 이더넷의 지원속도는 다음과 같다.
표준 이더넷 : 10Mbps
패스트 이더넷 : 100Mbps
기가비트 이더넷 : 1Gbps
10기가비트 이더넷 : 10Gbps

28 전형적인 표준 이더넷 구현은 10Base5, 10Base2, 10Base-T, 10Base-F이고, 1000base-T는 기가인터넷이다.

29 Base Service Set(BSS)은 무선 LAN 빌딩 블록이다. AP가 없는 BSS는 애드 혹이라고 불린다. AP가 있는 BSS는 종종 인트라 네트워크로 간주된다. Extended Service Set(ESS)은 둘 이상의 BSS와 SP로 구성된다. 이 경우 BSS는 유선 LAN과 같이 분산 시스템을 통해 연결된다.

정답　26 ③　27 ①　28 ④　29 ④

30 리피터는 두 세그먼트를 연결한다는 점에서 브리지와 유사할 수 있지만, 리피터는 브로드캐스팅으로 데이터를 필터링하지 못한다는 차이가 있다.
스위칭 허브는 전기적 신호를 증폭시켜 LAN 선송 거리를 연장시키고 여러 대의 장비를 접속할 수 있게 한다. 리피터는 상위 계층에서 사용하는 MAC 주소나 IP 주소를 이해하지 못하고 단순히 전기적 신호만 증폭하는 역할을 한다.

30 단순하게 신호를 증폭하여 주는 중계기의 역할을 수행하면서 트래픽을 전달하는 장비는?

① 스위칭 허브
② 브리지
③ 랜카드
④ 리피터

31 IEEE 802.15를 사용하는 블루투스는 서로 짧은 거리에 있을 때, 서로 다른 기능을 가진 장치를 연결하기 위해 설계된 무선 LAN 기술로서 블루투스 LAN은 애드 혹 네트워크이다. 장비들은 서로를 발견하여 피코넷(piconet)이라는 네트워크를 만든다. 스캐터넷은 둘 이상의 피코넷을 말하고, 데이터그램넷과 패킷넷은 교환망의 개념이다.

31 다음 중 둘 이상의 블루투스 네트워크를 무엇이라고 하는가?

① 패킷넷
② 피코넷
③ 스캐터넷
④ 데이터그램넷

32 베이스밴드 계층은 LAN의 MAC 하위 계층과 대략 동일하고, TDMA로 접속한다. 1차 및 2차 스테이션은 시간 슬롯을 이용하여 서로 통신한다. 시간 슬롯의 길이는 체류 시간인 625 μs와 정확히 같다. 논리 링크 제어 및 적응 프로토콜 또는 L2CAP(여기서 L2는 LL을 의미함)는 LAN의 LLC 하위 계층과 거의 동일하다. ACL 링크에서 데이터 교환에 사용된다. 보통 ACL 링크는 일반적인 데이터 통신에 이용된다.

32 다음 중 블루투스의 계층이 <u>아닌</u> 것은?

① 애플리케이션 계층
② 베이스밴드 계층
③ 라디오 계층
④ 데이터링크 계층

정답 30 ④ 31 ② 32 ④

33 다음 중 VLAN에 대해서 <u>틀리게</u> 설명한 것은?

① 두 개의 서로 다른 물리적 위치의 컴퓨터를 연결한다.
② VLAN을 구성하는 데 가장 널리 사용되는 프로토콜은 IEEE 802.11이다.
③ 비동기 전송기술이 VLAN 도입을 가능하게 했다.
④ 소프트웨어에 의해 가상의 LAN을 구성한다.

33 두 개의 서로 다른 물리적 LAN에 속하는 두 스테이션 간의 가상 연결이 필요할 경우 가상 LAN(Virtual Local Area Network)을 사용하여 물리적 배선이 아닌 소프트웨어에 의해 구성된 LAN으로 서로 다른 네트워크를 연결할 수 있다. IEEE 802.1Q가 VLAN 표준이고 802.11이 무선 네트워크 표준이다. 비동기 전송기술, 이더넷, 하이퍼 소켓 등과 같은 기술이 VLAN 도입을 가능하게 했다.

34 다음 중 LAN의 3개 계층이 <u>아닌</u> 것은?

① 물리 계층
② MAC 계층
③ 논리 링크 계층
④ 전송 계층

34 LAN의 3개 계층은 IEEE 802 표준안에 제정되어 있으며 물리 계층, MAC 계층 및 LLC(Logical Link Control) 계층이다.

35 IEEE 위원회는 10기가비트 이더넷을 만들어 표준 802.3ae라고 하였다. 10기가비트 이더넷 설계의 목표는 데이터 속도를 10Gbps로 업그레이드하고, 프레임 크기와 형식을 동일하게 유지하며, LAN, MAN, WAN의 상호연결이 가능한 것으로 요약할 수 있다. 이 데이터 속도는 현재 광섬유 기술로만 가능하다.
이 표준은 LAN PHY와 WAN PHY의 두 가지 물리 계층을 정의한다. 첫 번째는 기존 LAN을 지원하도록 설계되었으며, 두 번째는 실제로 SONET OC-192를 통해 링크가 연결된 WAN을 정의한다. 802.3a는 10base에 관한 규격이다.

35 다음 중 기가비트 이더넷에 대한 설명으로 <u>잘못된</u> 것은?

① IEEE 802.3ae
② IEEE 802.3a
③ LAN PHY, WAN PHY
④ 광섬유 기술

정답   33 ②   34 ④   35 ②

안심Touch

36 이더넷은 연결 없는 서비스를 제공하는데, 이것은 전송되는 각 프레임이 이전 또는 다음 프레임과 독립되어 있다는 것을 의미한다. 이더넷은 연결 설정 또는 연결 종단 단계가 없다. 신뢰성의 문제와 충돌방지를 위해 CSMA/CD 방식을 이용하며, 서비스의 형태는 유니캐스트, 브로드캐스트와 멀티캐스트가 있다.

36 다음 설명 중 표준 이더넷의 특징으로 옳은 것은?

① 신뢰할 수 없는 서비스
② 신뢰성이 뛰어난 서비스
③ 브로드캐스트, 유니캐스트 두 가지 방식의 전송
④ CSMA 방식

37 송출하고 싶은 노드는 프리토큰이 오는지 감시하다가 프리토큰이 오면 비지토큰으로 하여 데이터를 부가하여 송신한다

37 다음 중 토큰패싱의 절차에 대한 설명으로 틀린 것은?

① 송출하고 싶은 노드는 프리토큰이 오면 데이터를 부가하여 송신한다.
② 자기에게 오는 데이터를 수신한다.
③ 비지토큰이 링 네트워크를 순환한다.
④ 비지토큰이 송신 노드에 오면 프리토큰을 생성한다.

38 피코넷과 스캐터넷으로 구분하며, 스캐터넷은 8개까지의 지국을 가질 수 있다. 블루투스는 TDD-TDMA(Time Division Duplex TDMA) 방식이며, 주파수 도약 확산 스펙트럼을 사용하여 초당 1600번 주파수를 발생한다. IEEE 802.15를 따른다.

38 다음 중 블루투스에 대한 설명으로 적절하지 <u>않은</u> 것은?

① IEEE 802.15
② 주파수 호핑 방식
③ 피코넷과 스캐터넷
④ TDM 방식

39 IEEE 802.6은 MAN의 표준이고, 무선 네트워크 표준은 IEEE 802.11이다.

39 다음 연결 중 LAN 관련 표준화 내용과 <u>다른</u> 것은?

① IEEE 802.3 - CSMA/CD
② IEEE 802.4 - 토큰패싱 버스
③ IEEE 802.5 - 토큰패싱 링
④ IEEE 802.6 - 무선 네트워크

정답 36① 37① 38④ 39④

40 다음 중 OSI 7계층 모델과 LAN 계층 모델이 바르게 연결된 것은?

① 데이터링크 계층 - LLC

② 전송 계층 - MAC

③ 네트워크 계층 - MAC

④ 세션 계층 - LLC

40 OSI 7계층 중에서 LAN 계층의 MAC 와 LLC에 관계하는 계층은 데이터 링크 하나뿐이다. 데이터링크 계층 은 CSMA/CD, 토큰버스, 토큰링, MAN의 기능을 하는 MAC 계층과 논리링크제어를 하는 LLC 계층으로 나눈다.

41 OSI 7계층의 데이터링크 계층에 속하는 장비로서 트래픽을 여과 하여 보내는 장비는?

① 라우터

② 리피터

③ 브리지

④ 허브

41 브리지는 트래픽을 여과하여 전달하 는 장비이지만 리피터는 모든 트래 픽을 브로드캐스팅하여 트래픽을 증 가시킨다. 라우터는 3계층의 장비이 다. 허브는 여러 대의 컴퓨터와 네트 워크 장비를 서로 연결할 수 있으며, 같은 허브에 연결된 컴퓨터와 네트 워크 장비는 모두 상호 간에 통신할 수 있게 된다. 허브에 라우터나 3계 층 스위치 등의 장비가 연결되어 있 으면 이를 통해 더 높은 계층의 네트 워크(WAN, MAN 등)와도 연결이 가 능해진다.

42 다음 중 전이중 이더넷과 관련이 <u>없는</u> 설명은?

① 10base5, 10base2를 사용한다.

② 도메인의 용량이 Mbps 단위로 증가한다.

③ 송신용과 수신용 두 개의 링크를 사용한다.

④ CAMA/CD 방법이 불필요하다.

42 10Base5와 10Base2의 제한사항 중 하나는 통신이 반이중(Base-T는 항 상 전이중)이라는 것이다. 즉, 스테 이션은 송신 또는 수신을 할 수 있지 만 동시에 두 가지 모두를 할 수는 없다. 전이중 모드는 각 도메인의 용 량을 10Mbps에서 20Mbps로 증가 시킨다. 스테이션과 스위치 사이에 하나의 링크를 사용하는 대신, 송신 용과 수신용 두 개의 링크를 사용한 다. 전이중 스위치 이더넷에서는 CSMA/CD 방법이 필요하지 않다. 전이중 스위치 이더넷에서, 각 스테 이션은 두 개의 별도 링크를 통해 스 위치에 연결된다.

정답   40 ①   41 ③   42 ①

안심Touch

checkpoint 해설 & 정답

43 라우터의 가장 중요한 기능은 경로 설정이다. 경로는 라우팅 테이블에 의해서 자동적으로 관리 유지되며 (정적 라우팅 알고리즘은 수작업 필요) 동적인 라우팅 알고리즘과 정적인 라우팅 알고리즘을 사용할 수 있다. 다른 네트워크에 존재하는 목적지로 패킷을 전달하는 3계층의 역할을 수행하기 위해 사용하는 장비로는 라우터와 L3-스위치가 있다.

01

정답 (1) CSMA/CA(Carrier Sense Multiple Access with Collision Avoidance)
(2) 무선 LAN에서는 공기 중 전송 매체여서 충돌 감지가 거의 불가능하기 때문에 전송 전에 캐리어 감지를 해보고 일정 시간 기다리며 사전에 가능한 한 충돌을 회피(CA : Collision Avoidance)하는 무선 전송 다원접속 방식을 사용한다.

해설 무선 LAN상의 스테이션은 보통 CSMA/CA를 사용한다. 유선 LAN에서는 프레임 충돌 검출을 전송 매체상의 전위 변화로 쉽게 알 수 있으나, 무선 LAN에서는 공기 중 전송 매체여서 충돌 감지가 거의 불가능하기 때문에 전송 전에 캐리어 감지를 해보고 일정 시간 기다리며 사전에 가능한 한 충돌을 회피(CA : Collision Avoidance)하는 무선 전송 다원접속 방식을 사용한다.

정답 43 ④

43 다음 중 라우터에 대한 설명이 <u>아닌</u> 것은?

① 라우터는 3계층 장비이다.
② 서로 다른 2개 이상의 네트워크를 연결한다.
③ 경로설정과 스위칭이다.
④ 경로설정은 중앙의 컴퓨터를 통해서 가능하다.

✔ 주관식 문제

01 (1) 무선 LAN에서 사용하는 충돌 감지 기법을 무엇이라고 하는지 적고 (2) 이 기법에 대해서 간단하게 설명하시오.

02 블루투스의 프로토콜은 크게 라디오스펙과 이 스펙으로 구분한다. 이 스펙이 의미하는 (1) 계층이 무엇인지 적고, 이 계층이 하는 (2) 역할과 기능에 대해서 정리하여 쓰시오.

해설 & 정답   checkpoint

02

정답 (1) 베이스밴드 계층
(2) 물리 채널을 정의하고 이에 대한 호핑을 담당한다. 그리고 링크 설정과 채널 컨트롤을 담당한다.

해설 베이스밴드 계층은 인터넷 데이터링크 계층의 MAC 하위 계층을 말한다. 라디오 계층은 무선 전송에 관련된 프로토콜을 정의하는 계층이다. 베이스밴드는 블루투스의 링크 컨트롤러(Link Controller)에 해당하는 프로토콜로서 블루투스만의 고유한 통신 시스템 특성을 구현하는 곳이다. 우선 베이스밴드에서는 물리 채널을 정의하고 이에 대한 호핑(Hopping)을 담당한다. 두 번째 역할은 링크 설정이다. 블루투스에는 SCO Link(Synchronous Connection-Oriented Link)와 ACL Link(Asynchronous Connection-Less Link)가 있는데, SCO 링크는 주기적으로 예약된 타임 슬롯을 통해 패킷을 교환하는 방식으로 주로 음성 채널에 사용되고, ACL 링크는 예약된 타임 슬롯을 사용하지 않고 패킷을 교환하는 링크이며, 일반 데이터 채널에 사용된다. 세 번째는 가장 중요한 것으로 채널 컨트롤이다. 채널 컨트롤이란 마스터와 슬레이브 사이에 커넥션이 이루어지고 피코넷이 구성되는 과정에 관련된 것이다.

여기서 멈출 거예요? 고지가 바로 눈앞에 있어요.
마지막 한 걸음까지 시대에듀가 함께할게요!

제5장

네트워크 계층

제1절   개 요
제2절   네트워크 주소
제3절   IP 프로토콜
제4절   라우팅
실제예상문제

I wish you the best of luck!

05 네트워크 계층

제 1 절 개 요

TCP/IP 프로토콜 세트의 네트워크 계층은 데이터그램의 호스트 대 호스트 전달을 담당한다. 전송층에 서비스를 제공하고, 데이터링크 계층으로부터 서비스를 받는다.

1 역할

네트워크 계층의 가장 중요한 기능은 **패킷화**하는 것이다. 즉, 송신 측의 네트워크 계층 패킷에 페이로드(상위 계층으로부터 수신한 데이터)를 캡슐화하여 목적지의 네트워크 계층 패킷으로 포워딩한다. 즉, 페이로드(Payload)를 있는 그대로 변경하지 않고 송신 측에서부터 목적지까지 전달하는 것이다. 네트워크 계층은 송신자로부터 수신자에게 패키지 배송을 담당하는 우체국과 같은 통신사업자의 서비스를 실시하고 있다. 소스 호스트는 상위 계층 프로토콜로부터 페이로드(payload)를 수신하고, 소스 및 목적지 주소와 네트워크 계층 프로토콜이 요구하는 일부 다른 정보를 포함하는 헤더(header)를 추가하고 데이터링크 계층에 패킷을 전달한다. 공급원이 너무 커서 분리가 필요한 경우가 아니면 페이로드의 내용을 변경할 수 없다.

목적지 호스트는 그것의 데이터링크 계층으로부터 네트워크 계층 패킷을 수신하고, 패킷을 디코딩하며, 페이로드가 해당 상위 계층 프로토콜로 전달된다. 패킷이 경로를 따라 소스나 라우터에서 분할된 경우, 네트워크 계층은 모든 패킷이 도착할 때까지 기다렸다가 이들을 재조립하고 상위 계층 프로토콜로 전달하는 역할을 한다. 경로의 라우터는 패킷을 분할할 필요가 없는 한 수신한 패킷을 디캡슐할 수 없다. 라우터는 소스와 목적지 주소도 변경할 수 없다. 그들은 단지 경로상의 다음 네트워크로 패킷을 전달할 목적으로 주소를 검사할 뿐이다. 단, 패킷이 잘게 잘라진 경우, 헤더는 모든 패킷에 복사되어 있을 필요가 있으며, 일부 변경이 필요하다.

포워딩과 라우팅은 네트워크 계층에서 반드시 있어야 하는 두 가지 기능이다. 이는 네트워크 계층의 장비인 라우터가 가지고 있는 기능이기도 하다.

2 포워딩 중요★

라우팅이 전략을 적용하고 각 라우터에 대한 의사결정 테이블을 만들기 위해 일부 라우팅 프로토콜을 실행하는 경우, 패킷이 인터페이스 중 하나에 도착할 때 각 라우터에 의해 적용되는 동작으로 포워딩이 정의될 수 있다. 라우터가 이 동작을 적용하기 위해 일반적으로 사용하는 의사결정 테이블을 포워딩 테이블 또는 라우팅 테이블이라고 부르기도 한다. 라우터가 그것의 연결된 네트워크들 중 하나로부터 패킷을 받을 때, 그것은 패킷을 다른 연결된 네트워크(유니캐스트 라우팅) 또는 몇몇 연결된 네트워크(멀티캐스트 라우팅)로 포워드해야 한다. 이 결정을 하기 위해서, 라우터는 목적지 주소나 라벨이 될 수 있는 패킷 헤더의 정보를 포워딩 테이블에서 해당 출력 인터페이스 번호를 찾기 위해 사용한다. [그림 5-1]은 라우터의 포워딩 프로세스의 아이디어를 나타낸다.

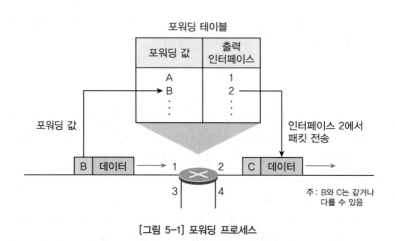

[그림 5-1] 포워딩 프로세스

3 라우팅 중요★

네트워크 계층은 패킷을 소스에서 목적지까지 라우팅할 책임이 있다. 물리적 네트워크는 이들을 연결하는 네트워크(LAN과 WAN)와 라우터의 조합이다. 송신 측에서 목적지까지 가는 경로가 두 개 이상이라는 뜻이다. 네트워크 계층은 이러한 가능한 경로 중에서 가장 좋은 경로를 찾는 역할을 담당한다. 네트워크 계층은 최적의 경로를 정의하기 위한 몇 가지 구체적인 전략을 가질 필요가 있다. 오늘날 인터넷에서, 이것은 라우터가 인접 지역에 대한 지식을 조정하고 패킷이 도착할 때 사용할 일관된 테이블을 만들 수 있도록 돕기 위해 몇몇 라우팅 프로토콜을 실행함으로써 이루어진다.
라우팅은 라우팅 알고리즘을 이용하여 포워딩 테이블을 만드는 작업이다. 여기서 포워딩 테이블의 용어는 라우팅 테이블이라고 쓸 수도 있다. 왜냐하면, 라우팅 알고리즘을 통해 라우팅 테이블이 만들어지고 이것이 포워딩 테이블이라고 불리는 이유는 이 테이블을 참조하며 포워딩이 이뤄지기 때문이다.

제 2 절 네트워크 주소 중요 ★★

1 클래스 주소(Classful Addressing)

IPv4 주소의 전체 주소 공간은 [그림 5-2]와 같이 5개의 클래스로 구분한다. 클래스 A에서는 네트워크 길이가 8비트지만, 0인 첫 번째 비트가 클래스를 정의하므로, 네트워크 식별자로 7비트만 가질 수 있다. 클래스 A 주소를 가질 수 있는 네트워크는 $2^7 = 128$개뿐이라는 뜻이다. 클래스 B에서는 네트워크 길이가 16비트지만, 처음 2비트 $(10)_2$가 클래스를 정의하므로, 네트워크 식별자로는 14비트만 가질 수 있다. 이것은 $2^{14} = 16,384$개의 네트워크만이 클래스 B 주소를 가질 수 있다는 것을 의미한다. $(110)_2$으로 시작하는 주소는 모두 클래스 C에 속한다. 클래스 C에서는 네트워크 길이가 24비트지만, 3비트가 클래스를 정의하기 때문에 네트워크 식별자로는 21비트만 가질 수 있다. 이것은 클래스 C 주소를 가질 수 있는 $2^{21} = 2,097,152$ 네트워크가 있다는 것을 의미한다.

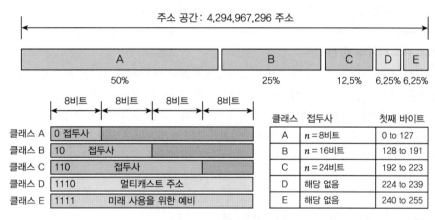

[그림 5-2] 클래스 주소지정을 위한 주소 공간의 점유

클래스 D는 접두사와 접미사로 구분되지 않고 멀티캐스트 주소에 사용된다. 이진수 1111로 시작하는 모든 주소는 클래스 E에 속한다. 클래스 D와 마찬가지로 클래스 E는 접두사와 접미사로 나누어지지 않고 예비로 사용된다.

(1) 주소 고갈

클래스 주소지정이 쓸모없어진 이유는 주소 고갈이다. 주소가 제대로 분배되지 않았기 때문에 인터넷은 주소가 빨리 소모된다는 문제에 직면하여 인터넷에 연결해야 하는 조직이나 개인이 더이상 주소를 사용할 수 없게 되었다. 이 문제를 이해하려면 클래스 A에 대해 생각해 볼 필요가 있다. 이 클래스는 전 세계 128개 조직에만 할당할 수 있지만 각 조직은 16,777,216개의 노드를 가진 단일 네트워크(다른 국가에서 볼 수 있으며, 이 단일 네트워크 내의 컴퓨터)이다. 이 정도 규모의 조직이 적기 때문에 이 클래스의 주소 대부분이 낭비되었다(사용하지 않았다). 클래스 B 주소는 중간 규모 조직을 위해 설계되었지만, 이 클래스의 많은 주소도 사용되지 않은 상태로 남아 있다.

클래스 C 주소는 디자인 면에서 완전히 다른 결함이 있다. 각 네트워크(256)에서 사용할 수 있는 주소의 수는 너무 적어서 대부분 조직은 이 주소 클래스에서 블록을 사용하는 것이 불편했다. 클래스 E 주소는 거의 사용되지 않아 전체 클래스를 낭비했다.

(2) 서브넷과 슈퍼넷

주소 고갈을 완화하기 위해 두 가지 전략이 제안되었으며 어느 정도 구현되었는데 그것이 즉, 서브넷과 슈퍼넷이다. 서브넷에서 클래스 A 또는 클래스 B 블록은 여러 서브넷으로 나뉜다. 각 서브넷은 원래 네트워크보다 큰 접두어 길이를 갖는다. 예를 들어, 클래스 A의 네트워크가 4개의 서브넷으로 분할된 경우 각 서브넷의 접두사는 nsub = 10이다. 동시에, 네트워크의 모든 주소를 사용하지 않는 경우, 서브넷은 주소를 여러 조직으로 나눌 수 있게 한다. 이 아이디어는 대부분의 큰 조직들이 블록을 분할하고 사용하지 않은 주소를 작은 조직들에게 주는 것에 대해 달갑지 않았기 때문에 효과가 없었다. 서브넷은 큰 블록을 작은 블록으로 나누기 위해 고안된 반면, 슈퍼넷은 클래스 C 블록에서 사용할 수 있는 256개 이상의 주소를 필요로 하는 조직에게 매력적일 수 있도록 몇 개의 클래스 C 블록을 더 큰 블록으로 결합하기 위해 고안되었다. 패킷의 라우팅을 더 어렵게 하기 때문에 이 아이디어도 역시 효과가 없었다.

(3) 클래스 주소지정의 장점

비록 클래스 주소지정이 몇 가지 문제가 있었고 쓸모없게 되었지만, 하나의 장점이 있었다. 주소를 제공하면, 주소의 클래스를 쉽게 찾을 수 있고, 각 클래스의 접두사 길이가 정해져 있기 때문에, 바로 접두사 길이를 찾을 수 있다. 다시 말해서, 클래스 주소지정의 접두사 길이는 주소에 내장되어 있다. 접두사와 접미사를 추출하는데 추가적인 정보가 필요하지 않다.

2 비클래스형 주소(Classless Addressing)

비클래스 주소지정에서 서브넷과 슈퍼넷은 주소 고갈 문제를 실제로 해결하지 못했다. 인터넷의 성장과 함께, 장기적인 해결책으로서 더 큰 주소 공간이 필요하다는 것이 분명해졌다. 그러나 주소 공간이 클수록 IP 주소의 길이도 늘어나야 하는데, 이는 IP 패킷의 포맷을 변경할 필요가 있다는 것을 의미한다. 장기적인 솔루션은 이미 고안되어 IPv6라고 불리고 있지만, 동일한 주소 공간을 이용하되 주소의 유통을 변경해 각 조직에 공평한 점유율을 제공하는 단기적인 솔루션도 고안되었다. 단기적인 솔루션은 여전히 IPv4 주소를 사용하지만, 이를 비클래스 주소지정이라고 한다. 주소 고갈을 보상하기 위해 계층 특권을 분배에서 제외했다는 것이다.

비클래스 주소지정에 대한 또 다른 동기가 있었다. 1990년대에 인터넷 서비스 제공업체(ISP)가 등장했다. ISP는 인터넷 사이트를 만들고 싶지 않은 개인, 중소기업, 중견기업에 대해 인터넷 접속을 제공하고 직원에게 인터넷 서비스(전자메일 등)를 제공하는 데 관여하는 조직이다.

인터넷 서비스 제공자(ISP : Internet Service Provider)는 인터넷에 접속하는 수단을 제공하는 주체를 가리키는 말로서 그 주체는 영리를 목적으로 하는 사기업인 경우가 대다수이나 비영리 공동체가 주체인 경우도 있다. 최초의 ISP는 1989년 오스트레일리아와 미국에서 설립되었고, 메사추세츠주 브루클린에서 더 월드가 미국 최초의 상용 ISP가 되었다. 인터넷 서비스 제공자는 크게 유선이나 무선 장치를 통해 클라이언트들을 인터넷에 연결하는 접속 ISP와 소규모 사업자 등 다른 이들에게 서버 공간을 빌려주는 호스팅 ISP, 그리고 호스팅 ISP와 접속 ISP를 연결하는 대량의 대역을 제공하는 게이트웨이 ISP로 구분할 수 있다.

ISP는 많은 범위의 주소를 부여받은 후 주소를 세분화하여(1, 2, 4, 8, 16 등의 그룹으로) 가정이나 중소기업에 주소 범위를 부여한다. 고객은 전화 접속 모뎀, DSL 또는 케이블 모뎀을 통해 ISP에 연결된다. 단, 각 고객은 일부 IPv4 주소가 필요하다. 1996년에 인터넷 당국은 비클래스 주소지정이라고 불리는 새로운 구조를 발표했다. 비클래스 주소지정에서는 어떤 클래스에 속하지 않는 가변 길이 블록이 사용된다. 주소 1개, 주소 2개, 주소 4개, 주소 128개 등등의 블록을 가질 수 있다. 비클래스 주소지정에서는 주소 공간 전체를 가변 길이 블록으로 나눈다. 주소의 접두사는 블록(네트워크), 접미사는 노드(장치)를 정의한다. 이론적으로, 2^0, 2^1, 2^2...., 2^{32}, 32개의 주소를 가질 수 있다. 제한사항 중 하나는 블록에 있는 주소의 수가 2의 제곱이 되어야 한다는 것이다. 한 조직에 한 블록의 주소가 부여될 수 있다. [그림 5-3]은 전체 주소 공간을 겹치지 않는 블록으로 나눈 것을 보여주고 있다.

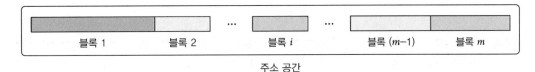

주소 공간

[그림 5-3] 비클래스 주소지정의 가변 길이 블록

클래스 주소지정과 달리 비클래스 주소지정의 접두사 길이는 가변적이다. 0에서 32까지의 접두사 길이를 가질 수 있다. 네트워크의 크기는 접두사의 길이와 반비례한다. 작은 접두사는 더 큰 네트워크를 의미하고, 큰 접두사는 더 작은 네트워크를 의미한다. 비클래스 주소지정이 클래스 주소지정에 쉽게 적용될 수 있다는 것을 강조할 필요가 있다. 클래스 A의 주소는 접두사 길이가 8인 비클래스 주소라고 생각할 수 있다. 클래스 B의 주소는 접두사가 16인 비클래스 주소라고 생각할 수 있다. 다시 말해, 클래스 주소지정은 비클래스 주소지정의 특별한 경우다.

3 네트워크 주소 변환(Network Address Translation)

ISP를 통한 주소 유통은 새로운 문제를 일으켰다. ISP가 생겨나면서 소기업이나 가정에 IP 주소를 부여했다. 사업이 성장하거나 가정이 더 큰 범위를 필요로 하는 경우, 범위 전후의 주소가 이미 다른 네트워크에 할당되었을 수 있기 때문에 ISP가 수요를 허가하지 못할 수도 있다. 그러나 대부분의 경우 소규모 네트워크의 컴퓨터 일부만 동시에 인터넷에 접속한다. 할당된 주소의 수가 네트워크의 컴퓨터 수와 일치할 필요가 없다는 것을 의미한다. 예를 들어, 컴퓨터가 20대인 소규모 사업체에서는 인터넷에 동시에 접속하는 컴퓨터의 최대 수가 4대에 불과하다. 대부분의 컴퓨터는 인터넷 접속이 필요 없는 일부 작업을 하거나 서로 통신하고 있다. 이 소기업은 TCP/IP 프로토콜을 내부 통신과 일반 통신에 모두 사용할 수 있다. 사업자는 민간 블록 주소의 주소 20개(또는 25개)를 내부 통신에 사용할 수 있으며, 보편적 통신의 주소 5개를 ISP가 지정할 수 있다.

사설 주소와 범용 주소 간의 매핑을 제공하는 동시에 가상 사설 네트워크를 지원할 수 있는 기술이

NAT(Network Address Translation)이다. 이 기술은 사이트가 내부 통신을 위해 개인 주소 세트를 사용하고, 외부 통신을 위해 글로벌 인터넷 주소 세트(최소 1개)를 사용할 수 있게 해준다. 이 사이트는 NAT 소프트웨어를 실행하는 NAT 지원 라우터를 통해 글로벌 인터넷에 단 하나의 연결만 있어야 한다. [그림 5-4]는 NAT의 간단한 구현을 보여주고 있다.

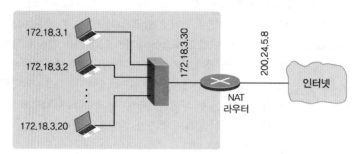

사설 주소 사용 사이트

[그림 5-4] NAT의 구현

그림에서 알 수 있듯이, 사설 네트워크는 개인 주소를 사용한다. 네트워크를 글로벌 주소로 연결하는 라우터는 하나의 개인 주소와 하나의 글로벌 주소를 사용한다. 사설 네트워크는 나머지 인터넷에는 보이지 않고, 나머지 인터넷에서는 주소가 200.24.5.8인 NAT 라우터만 본다.

(1) 주소 번역

모든 송신 패킷은 패킷의 소스 주소를 글로벌 NAT 주소로 대체하는 NAT 라우터를 통과한다. 모든 수신 패킷은 또한 패킷의 목적지 주소(NAT 라우터 글로벌 주소)를 적절한 개인 주소로 대체하는 NAT 라우터를 통과한다. [그림 5-5]는 주소 변환의 예를 보여준다.

(2) 번역 테이블

송신 패킷의 소스 주소를 번역하는 것은 간단하다. 그러나 NAT 라우터는 인터넷에서 오는 패킷의 목적지 주소를 어떻게 아는가? 각각 특정 호스트에 속하는 수십 또는 수백 개의 개인 IP 주소가 있을 수 있지만 문제는 NAT 라우터에 번역 테이블이 있으면 해결된다.

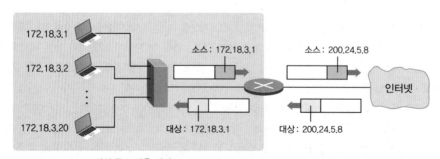

사설 주소 사용 사이트

[그림 5-5] 주소 변환

4 DHCP 중요 ★★

대규모 조직이나 ISP가 인터넷 주소의 블록을 직접 수신할 수 있고, 소규모 조직은 ISP로부터 주소의 블록을 수신할 수 있음을 보아왔다. 주소의 블록이 조직에 할당된 후 네트워크 관리는 개별 호스트나 라우터에 주소를 수동으로 할당할 수 있다. 그러나 **조직의 주소 할당은 DHCP(Dynamic Host Configuration Protocol)를 사용하여 자동으로 수행될 수 있다.** DHCP는 클라이언트-서버 패러다임을 이용하여 네트워크 계층에서 TCP/IP를 실제로 돕는 애플리케이션 계층 프로그램이다. DHCP는 인터넷에서 흔히 플러그 앤 플레이 프로토콜이라고 불리며 많은 상황에서 사용될 수 있다.

네트워크 관리자는 호스트와 라우터에 영구 IP 주소를 할당하도록 DHCP를 구성할 수 있다. DHCP는 또한 호스트에 일시적으로 온 디맨드 IP 주소를 제공하도록 구성할 수 있다. 두 번째 기능은 여행자가 호텔에 머무는 동안 자신의 노트북을 인터넷에 연결하기 위해 임시 IP 주소를 제공할 수 있다. 그것은 또한 고객 중 1/4 이하가 동시에 인터넷을 사용한다고 가정했을 때 1,000개의 주소를 가진 ISP가 4000가구에 서비스를 제공할 수 있도록 허용한다. 컴퓨터는 IP 주소 외에 네트워크 접두사(또는 주소 마스크)도 알아야 한다. 대부분 컴퓨터는 다른 한 네트워크와 통신할 수 있는 디폴트 라우터의 주소와 주소 대신에 이름을 사용할 수 있는 네임 서버의 주소와 같은 두 가지 다른 정보가 필요하다. 즉, 일반적으로 컴퓨터 주소, 접두사, 라우터의 주소, 이름 서버의 IP 주소 등 4가지 정보가 필요하다. DHCP는 호스트에 이러한 정보를 제공하는 데 사용될 수 있다.

(1) DHCP 메시지 형식

DHCP는 클라이언트가 요청 메시지를 보내고 서버가 응답 메시지를 보내는 클라이언트-서버 프로토콜이다. [그림 5-6]은 DHCP 메시지의 일반 형식을 보여주고 있다. 대부분의 분야는 그림에서 설명되지만, DHCP에서 매우 중요한 역할을 하는 옵션 분야에 대해 살펴보자.

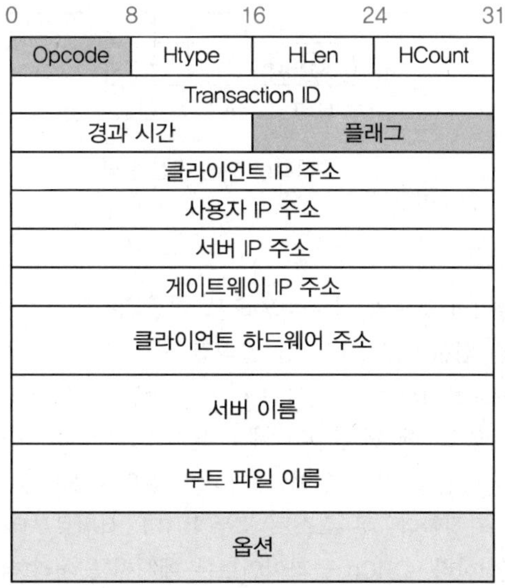

0	8	16	24	31
Opcode	Htype	HLen	HCount	
Transaction ID				
경과 시간		플래그		
클라이언트 IP 주소				
사용자 IP 주소				
서버 IP 주소				
게이트웨이 IP 주소				
클라이언트 하드웨어 주소				
서버 이름				
부트 파일 이름				
옵션				

[그림 5-6] DHCP 메시지 형식

DHCP 메시지 내용 대부분은 DHCP 패킷 마지막 부분의 64바이트의 옵션 형태로 포함된다. 원래 BOOTP에 없었던 필드들은 모두 옵션 형태로 전달하게 되었다. 결국, DHCP 메시지는 BOOTP 메시지와 동일하면서 확장한 형태인 것을 알 수 있다.

① **BOOTP 및 DHCP 비교**

BOOTP는 원래 크게 요청 및 응답이라는 단지 2개 유형만으로 구분이 가능하고, 그 크기가 300바이트짜리 고정 크기이다. 반면에 DHCP는 옵션 내 유형 정의를 통해 복잡하고 매우 많은 유형을 정의할 수 있고, 그 크기는 옵션에 따라 가변 길이이다. 실제적인 크기를 한정 짓는 것은 상위 UDP에서 담당한다.

② **DHCP 옵션 내용**

㉠ 메시지의 성격(DHCP 메시지 타입, 53)에 따라, 추가적 정보들을 나타내는 가변의 옵션들로 구성된다.

㉡ DHCP 각 옵션은 8비트 옵션 유형 타입(option type/tag/code)으로 시작한다.

서버는 값이 99.130.83.99인 IP 주소의 형식으로 매직 쿠키라고 불리는 숫자를 사용한다. 고객이 메시지를 다 읽으면, 이 매직 쿠키를 찾는다. 매직 쿠키가 존재하는 경우, 다음 60바이트는 옵션이다. 옵션은 1바이트 태그 필드, 1바이트 길이 필드, 가변 길이 값 필드 등 3개 필드로 구성된다. 주로 벤더가 이용하는 태그 필드도 몇 개 있다. 태그 필드가 53인 경우, 값 필드는 [그림 5-7]에 표시된 8개의 메시지 유형이다.

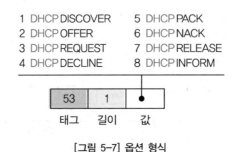

[그림 5-7] 옵션 형식

(2) 두 개의 잘 알려진 포트

DHCP는 하나의 잘 알려진 포트와 일시적인 포트 대신 두 개의 잘 알려진 **포트(68과 67)를 사용**한다. 클라이언트에 대한 임시 포트 대신 잘 알려진 포트 68을 선택하는 이유는 서버로부터 클라이언트에 대한 응답이 브로드캐스트 되기 때문이다. 제한된 브로드캐스트 메시지를 가진 IP 데이터그램은 네트워크의 모든 호스트에 전달된다. 예를 들어 DHCP 클라이언트와 DAYTIME 클라이언트가 모두 해당 서버로부터 응답을 받기 위해 대기하고 있으며 둘 다 실수로 동일한 임시 포트 번호(56017)를 사용했다고 가정한다. 두 호스트 모두 DHCP 서버로부터 응답 메시지를 수신하고, 메시지를 클라이언트에 전달한다. DHCP 클라이언트는 메시지를 처리한다. DAYTIME 클라이언트는 수신된 이상한 메시지와 완전히 혼동한다. 잘 알려진 포트 번호를 사용하면 이 문제가 발생하지 않는다. DHCP 서버의 응답 메시지는 68이 아니라 포트 번호 56017에서 실행 중인 DAYTIME 클라이언트에 전달되지 않는다. 임시 포트 번호는 잘 알려진 포트 번호와 다른 범위에서 선택된다. 두 개의 DHCP 클라이언트가 동시에 실행되는 경우 메시지는 각 응답을 다른 응답과 구분하는 트랜잭션 ID의 값으로 구분할 수 있는데 이는 정전과 복구 후에 일어날 수 있다.

(3) FTP 사용

서버는 클라이언트가 네트워크 가입에 필요한 모든 정보를 전송하지 않는다. DHCPACK 메시지에서 서버는 클라이언트가 DNS 서버의 주소 등 완전한 정보를 찾을 수 있는 파일의 경로명을 정의한다. 그러면 클라이언트는 파일 전송 프로토콜을 사용하여 필요한 나머지 정보를 얻을 수 있다.

(4) 오류제어

DHCP는 신뢰할 수 없는 UDP의 서비스를 이용한다. 오류제어를 제공하기 위해 DHCP는 두 가지 전략을 사용한다. 첫째, DHCP는 UDP가 체크섬을 사용하도록 요구한다. UDP에서의 체크섬 사용은 선택사항이다. 둘째, DHCP 클라이언트는 요청에 대한 DHCP 응답을 수신하지 않을 경우 타이머와 재전송 정책을 사용한다. 그러나 여러 호스트가 요청을 재전송해야 하는 경우(예 전원 장애후) 트래픽 정체를 방지하기 위해 DHCP는 클라이언트가 임의 번호를 사용하여 타이머를 설정하도록 한다.

5 IPv6 주소

IPv4에서 IPv6으로 이행하는 주된 이유는 IPv4의 주소 공간의 작은 크기 때문이다. 이 절에서는 IPv6의 방대한 주소 공간이 향후 주소 고갈을 막는 방법을 보여준다. 또한, 새로운 주소지정이 IPv4 주소지정 메커니즘의 일부 문제에 어떻게 대응하는지 논의한다. IPv6 주소는 IPv4의 주소 길이의 4배인 128비트 또는 16바이트(octets)이다.

(1) 주소 공간(Address Space)

IPv6의 주소 공간에는 2^{128}개의 주소가 있다. IPv6의 128비트 주소 공간은 128비트로 표현할 수 있는 2^{128}개인 약 3.4×10^{38}개의 주소를 갖고 있어 거의 무한대로 쓸 수 있다.

① 세 가지 주소 유형

IPv6에서 목적지 주소는 유니캐스트, 애니캐스트 및 멀티캐스트의 세 가지 범주 중 하나에 속할 수 있다.

ⓒ 유니캐스트 주소

유니캐스트 주소는 단일 인터페이스(컴퓨터 또는 라우터)를 정의한다. 유니캐스트 주소로 전송된 패킷은 의도된 수신자에게 라우팅된다.

ⓛ 애니캐스트 주소

애니캐스트 주소는 모두 하나의 주소를 공유하는 컴퓨터 그룹을 정의한다. 임의의 캐스트 주소를 가진 패킷은 가장 먼저 도달할 수 있는 그룹의 한 멤버에게만 전달된다. 예를 들어, 질의에 응답할 수 있는 서버가 여러 대 있을 경우, 애니캐스트 통신을 사용한다. 그 요청은 가장 먼저 도달할 수 있는 곳으로 보내진다. 하드웨어와 소프트웨어는 하나의 요청 사본만 생성하며, 복사본은 서버 중 하나에만 도달한다. IPv6은 어떤 주소에 대해서도 블록을 지정하지 않으며, 주소는 유니캐스트 블록에서 할당된다.

ⓒ 멀티캐스트 주소

멀티캐스트 주소는 또한 컴퓨터의 그룹을 정의한다. 그러나 애니캐스팅과 멀티캐스팅 사이에는 차이가 있다. 애니캐스팅에서 오직 하나의 패킷만 그룹의 멤버들 중 한 명에게 보내지만, 멀티캐스팅에서 그룹의 각 멤버는 사본을 받는다. IPv6은 그룹의 멤버들에게 동일한 주소가 할당되는 멀티캐스팅을 위한 블록을 지정했다. IPv6가 제한된 버전에서도 브로드캐스팅을 정의하지 않는 것이 흥미롭다. IPv6는 브로드캐스팅을 멀티캐스팅의 특별한 사례로 간주한다.

(2) 주소 공간 할당

IPv4의 주소 공간과 마찬가지로 IPv6의 주소 공간은 다양한 크기의 여러 블록으로 나뉘고 각 블록은 특별한 목적으로 할당된다. 대부분 블록은 아직 할당되지 않았으며 향후 사용을 위해 따로 보관된다. [표 5-1]은 할당된 블록만 보여준다. 이 표에서 마지막 열은 전체 주소 공간에서 각 블록이 차지하는 비율을 보여준다.

[표 5-1] 할당된 IPv6 주소의 접두어

블록 접두사	CIDR	블록 할당	비율
0000 0000	0000::/8	특별 주소	1/256
001	2000::/3	글로벌 유니캐스트	1/8
1111 110	FC00::/7	고유 로컬 유니캐스트	1/128
1111 1110 10	FE80::/10	링크 로컬 주소	1/1024
1111 1111	FF00::/8	멀티캐스트 주소	1/256

*CIDR(Classless Inter Domain Routing) : 클래스 없는 라우팅 기법

① 글로벌 유니캐스트 주소

인터넷의 두 호스트 사이의 유니캐스트(일대일) 통신에 사용되는 주소 공간의 블록을 글로벌 유니캐스트 주소 블록이라고 한다. 블록의 CIDR은 2000::/3이며, 이는 이 블록의 모든 주소(001)에 대해 가장 왼쪽의 3개의 비트가 동일하다는 것을 의미한다. 이 블록의 크기는 2^{125}비트인데, 앞으로 수년 동안 인터넷 확장에 충분하고도 남는다. 이 블록의 주소는 [그림 5-8]과 같이 글로벌 라우팅 접두사(n비트), 서브넷 식별자(m비트), 인터페이스 식별자(q비트)의 세 부분으로 나뉜다. 그림에는 각 부분에 대해 권장되는 길이도 표시된다.

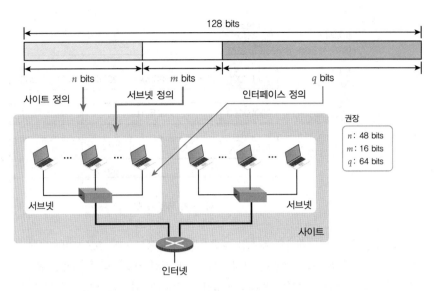

[그림 5-8] 글로벌 유니캐스트 주소

글로벌 라우팅 접두사는 블록을 소유한 ISP와 같이 인터넷을 통해 패킷을 조직 사이트로 라우 팅하기 위해 사용된다. 이 부분의 처음 3비트는 고정(001)이므로 나머지 45비트는 최대 245개 사이트(사설 조직 또는 ISP)에 대해 정의할 수 있다. 인터넷의 글로벌 라우터는 n의 값을 바탕 으로 패킷을 그것의 목적지 사이트로 라우팅한다. 다음 m비트(권장 기준 16비트)는 조직의 서 브넷을 정의한다. 한 조직에서 최대 2^{16}개 = 6만5536개의 서브넷을 가질 수 있다는 뜻이다.

마지막 q비트(권장치에 기초한 64비트)는 인터페이스 식별자를 정의한다. 인터페이스 식별자는 앞에서 설명한 것처럼 호스트 식별자가 실제로 호스트가 아닌 인터페이스를 정의하기 때문에 인터페이스 식별자라는 용어가 더 나은 선택이지만 IPv4 주소지정에서 hostid와 유사하다. 호 스트를 한 인터페이스에서 다른 인터페이스로 이동할 경우, IP 주소를 변경할 필요가 있다.

IPv4 주소지정에서는, 링크 계층 주소가 일반적으로 호스트보다 훨씬 길기 때문에, hostid(IP 레벨에서의)와 링크 계층 주소(데이터링크 계층에서의) 사이에 특별한 관계가 없다. IPv6 주소 지정은 이러한 관계를 가능하게 한다. 길이가 64비트 미만인 링크 계층 주소는 인터페이스 식 별자의 전체 또는 부분으로 삽입되어 매핑 프로세스를 제거할 수 있다. 이 목적을 위해 IEEE가 정의한 64비트 확장 고유 식별자(EUI-64)와 이더넷에 의해 정의된 48비트 링크 계층 주소라는 두 가지 일반적인 링크 계층 주소지정 체계를 고려할 수 있다.

② **특별 주소**

글로벌 유니캐스트 블록에 이어 [표 5-1]의 첫 번째 행에서 할당된 블록과 예약된 블록의 특성과 목적에 대해 알아보자. 접두사(0000::/8)를 사용하는 주소는 예약되어 있지만, 이 블록의 일부는 일부 특별한 주소를 정의하는 데 사용된다. [그림 5-9]는 이 블록에 할당된 주소를 보여준다.

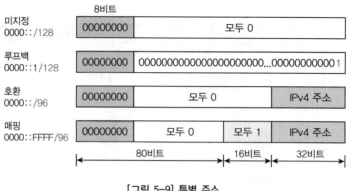

[그림 5-9] 특별 주소

지정되지 않은 주소는 하나의 주소만 포함하는 서브 블록으로, 호스트가 자신의 주소를 알지 못해 이를 찾기 위해 조회 메일을 보내고자 할 때 부트스트랩 중에 사용된다(DHCP 섹션 참조). 루프백 주소는 또한 하나의 주소로 구성된다. IPv4에서는 블록이 주소의 범위로 만들어지고, IPv6에서는 블록이 하나의 주소만 가지고 있다.

(3) 자동 구성

IPv6 주소지정의 흥미로운 특징 중 하나는 호스트의 자동 구성이다. IPv4에서 논의했듯이, 호스트와 라우터는 원래 네트워크 관리자가 수동으로 설정한다. 단, DHCP는 네트워크에 접속하는 호스트에 IPv4 주소를 할당하는 데 사용할 수 있다. IPv6에서는 IPv6 주소를 호스트에 할당하기 위해 DHCP 프로토콜을 여전히 사용할 수 있지만, 호스트도 자체적으로 구성할 수 있다. IPv6의 호스트가 네트워크에 가입했을 때 다음과 같은 프로세스를 이용해 자신을 구성할 수 있다.

① 호스트는 먼저 자신을 위한 링크 로컬 주소를 만든다. 이는 10비트 링크 로컬 접두사(1111 1110 10)를 취하여 54개의 0을 추가하고, 인터페이스 카드에서 생성하는 방법을 아는 64비트 인터페이스 식별자를 추가함으로써 이루어진다. 결과는 128비트 링크 로컬 주소다.

② 그런 다음 호스트는 이 링크 로컬 주소가 고유하고 다른 호스트에서 사용되지 않는지 테스트한다. 64비트 인터페이스 식별자는 고유해야 하므로 생성된 링크 로컬 주소는 높은 확률로 고유하다. 그러나 확실히 하기 위해 호스트는 이웃 요청 메시지를 보내고, 이웃의 광고 메시지를 기다린다. 서브넷에 있는 호스트가 이 링크 로컬 주소를 사용하는 경우 프로세스가 실패하고 호스트가 자동으로 구성될 수 없으므로 이 목적을 위해 DHCP와 같은 다른 방법을 사용해야 한다.

③ 링크 로컬 주소의 고유성이 전달되는 경우, 호스트에서는 이 주소를 링크 로컬 주소(사설 통신용)로 저장하지만, 글로벌 유니캐스트 주소가 여전히 필요하다. 그런 다음 호스트는 라우터 요청 메시지를 로컬 라우터에 보낸다. 네트워크에서 실행 중인 라우터가 있는 경우, 호스트는 글로벌 유니캐스트 주소를 생성하기 위해 호스트가 인터페이스 식별자에 추가해야 하는 서브넷 접두사를 포함하는 라우터 광고 메시지를 수신한다. 라우터가 호스트 구성에 도움을 줄 수 없는 경우, 라우터는 라우터 광고 메시지의 호스트에 (플래그를 설정하여) 알려준다. 그러면 호스트는 구성을 위해 다른 수단을 사용해야 한다.

(4) 번호 재지정

사이트가 서비스 제공자를 변경할 수 있도록 하기 위해 주소 접두사(n)의 번호를 IPv6 주소지정으로 변경하였다. 앞에서 논의한 바와 같이, 각 사이트는 연결된 서비스 제공자에 의해 접두사가 부여된다. 사이트가 제공자를 변경할 경우 주소 접두사를 변경할 필요가 있다. 사이트가 연결된 라우터는 새 접두사를 광고할 수 있고 사이트가 그것을 비활성화하기 전에 짧은 시간 동안 이전 접두사를 사용하도록 할 수 있다. 즉, 전환기에 한 사이트는 두 개의 접두사를 가지고 있다. 번호 변경 메커니즘의 주요 문제는 도메인 이름과 관련된 새로운 주소지정을 전파해야 하는 DNS의 지원이다. 차세대 DNS라고 불리는 새로운 DNS 프로토콜은 이 메커니즘에 대한 지원을 제공하기 위해 연구 중에 있다.

제 3 절 IP 프로토콜 중요 ★★★

버전 4의 네트워크 계층은 하나의 메인 프로토콜과 3개의 보조 프로토콜로 생각할 수 있다. 메인 프로토콜인 인터넷 프로토콜 버전 4(IPv4)는 네트워크 계층에서 패킷의 패킷화, 포워딩, 전달을 담당한다. ICMPv4(Internet Control Message Protocol version 4)는 IPv4가 네트워크 계층 전송에서 발생할 수 있는 일부 오류를 처리하도록 돕는다. IGMP(Internet Group Management Protocol)는 멀티캐스팅에서 IPv4를 돕기 위해 사용된다. ARP(Address Resolution Protocol)는 네트워크 계층 주소를 매핑하여 네트워크 계층과 데이터링크 계층을 링크 계층 주소에 연결하는 데 사용된다. [그림 5-10]은 TCP/IP 프로토콜 집합에서 이들 4개의 프로토콜의 위치를 나타내고 있다.

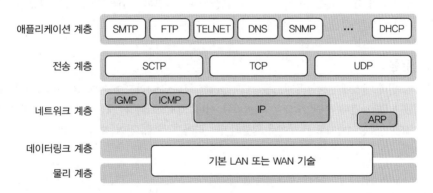

[그림 5-10] TCP/IP 프로토콜 모음의 IP 및 기타 네트워크 계층 프로토콜의 위치

UDP는 신뢰할 수 없는 데이터그램 프로토콜로, best-effort delivery 서비스다. best-effort라는 용어는 IPv4 패킷이 손상되거나, 손실되거나, 잘못 도착하거나, 지연될 수 있으며, 네트워크에 정체를 일으킬 수 있다는 것을 의미한다. 신뢰성이 중요한 경우, IPv4는 TCP와 같은 신뢰할 수 있는 전송 계층 프로토콜과 쌍을 이루어야 한다. 더 일반적으로 이해되는 best-effort delivery 서비스의 한 예가 우체국이다. 우체국은 정규 우편물을 배달하기 위해 최선을 다하지만, 등록되지 않은 편지가 분실되거나 손상된 경우, 이를 발

견할 수 있는 것은 발송인 또는 수령인이다. 우체국 자체는 모든 서신을 추적하지 않으며 발신자에게 분실 또는 손상 사실을 알릴 수 없다. UDP는 데이터그램 방식을 이용하는 비접속 프로토콜이기도 하다. 즉, 각 데이터그램은 독립적으로 처리되며, 각 데이터그램은 목적지로 가는 다른 경로를 따를 수 있다. 이는 동일한 소스에 의해 동일한 목적지로 전송된 데이터그램이 잘못 도착할 수 있음을 암시하며, UDP는 이러한 모든 문제를 처리하기 위해 상위 레벨의 프로토콜에 의존한다.

1 데이터그램 형식 중요★

IPv4에서 제공하는 첫 번째 서비스인 패킷화는 IPv4가 상위층이나 다른 프로토콜로부터 오는 데이터가 캡슐화되는 패킷의 형식을 어떻게 정의하는지 보여준다. IP에 의해 **사용되는** 패킷을 데이터그램이라고 한다. 데이터그램은 헤더와 페이로드(데이터)의 두 부분으로 구성된 가변 길이 패킷이다. 헤더는 길이가 20 ~ 60바이트로, 라우팅과 전달에 필수적인 정보를 포함하고 있다. TCP/IP에서는 헤더를 4바이트 섹션으로 표시하는 것이 일반적이다. IPv4의 운용을 이해하기 위해서는 각 필드의 존재 의미와 근거에 대해 알아볼 필요가 있다. 다음은 각 필드의 간략한 설명이다.

(1) 버전 번호

4비트 버전 번호(VER) 필드는 IPv4 프로토콜의 버전을 정의하며, 그 값은 4이다.

(2) 헤더 길이

4비트 헤더 길이(HLEN) 필드는 데이터그램 헤더의 총 길이를 4바이트 워드로 정의한다. IPv4 데이터그램에는 가변 길이 헤더가 있다. 기기가 데이터그램을 수신할 때, 언제 헤더가 정지하고 패킷에 캡슐화된 데이터가 시작되는지를 알 필요가 있다. 단, 헤더 길이(바이트 수)의 값을 4비트 헤더 길이에 맞추기 위해 헤더의 총 길이를 4바이트 워드로 계산한다. 총 길이를 4로 나누고 값을 필드에 삽입한다. 수신기는 이 필드의 값을 4로 곱해 총 길이를 찾아야 한다.

(3) 서비스 유형

IP 헤더의 원래 설계에서는, 이 필드를 TOS(Type of Service)라고 하는데, 데이터그램의 취급 방법을 규정했다. 1990년대 후반 IETF는 차별화된 서비스(DiffServ)를 제공하기 위해 분야를 재정의했다. IP 헤더는 항상 4바이트 경계에서 정렬되어야 하기 때문에, 길이 헤더에 4바이트 워드의 사용도 논리적이다.

(4) 총 길이

이 16비트 필드는 IP 데이터그램의 총 길이(헤더 + 데이터)를 바이트 단위로 정의한다. 16비트 숫자는 최대 65,535(모든 비트가 1일 경우)의 총 길이를 정의할 수 있다. 그러나 데이터그램의 크기는 보통 이것보다 훨씬 적다. 이 필드는 수신장치가 패킷이 언제 완전히 도착했는지 알 수 있도록 도와준다. 상위 계층에서 오는 데이터의 길이를 찾으려면 헤더 길이를 전체 길이에서 빼야 한다. 헤더 길이는 HLEN 필드의 값에 4를 곱하면 찾을 수 있다.

데이터 길이 = 전체 길이 − (HLEN) × 4

65,535바이트의 크기가 커 보일 수 있지만, 기반기술이 훨씬 더 많은 처리량(대역폭 확대)을 허용함에 따라 IPv4 데이터그램의 크기는 가까운 미래에 증가할 수 있다.

(5) 식별, 플래그, 단편화 오프셋

이 3개 필드는 데이터그램의 크기가 기반 네트워크가 전달할 수 있는 것보다 클 때 IP 데이터그램의 단편화와 관련된다.

(6) 생존 시간 중요 ★

라우팅 프로토콜의 오작동으로 인해 인터넷에 데이터그램이 순환하면서 목적지에 도달하지 않고 일부 네트워크를 계속 방문할 수 있다. 이것은 인터넷에 추가적인 트래픽을 발생시킬 수 있다. TTL(Time-to-Live) 필드는 데이터그램이 방문한 최대 홉(라우터) 수를 제어하는 데 사용된다. 소스 호스트가 데이터그램을 전송할 때, 이 필드에 숫자를 저장한다. 이 값은 어떤 두 호스트 사이의 최대 라우터 수의 약 2배이다. 데이터그램을 처리하는 각 라우터는 이 숫자를 하나씩 감소시킨다. 만약 이 값이 감소된 후 0이면, 라우터는 데이터그램을 폐기한다.

(7) 프로토콜

TCP/IP에서는 페이로드라고 하는 패킷의 데이터 부분은, 다른 프로토콜로부터 패킷 전체를 운반한다. 예를 들어, 데이터그램은 UDP나 TCP와 같은 어떤 전송 계층 프로토콜에 속하는 패킷을 운반할 수 있고 또한 일부 라우팅 프로토콜이나 일부 보조 프로토콜과 같이 IP의 서비스를 직접 사용하는 다른 프로토콜의 패킷을 운반할 수 있다. 인터넷 관리기관은 IP 서비스를 이용하는 모든 프로토콜을 프로토콜 필드에 삽입된 고유한 8비트 번호를 부여했다. 페이로드가 소스 IP의 데이터그램에 캡슐화되면, 해당 프로토콜 번호가 이 필드에 삽입된다. 데이터그램이 목적지에 도착할 때, 이 필드의 값은 페이로드가 전달되어야 하는 프로토콜을 정의하는 데 도움이 된다. 즉, 이 필드는 [그림 5-11]과 같이 소스에서 멀티플렉싱과 목적지에서의 디멀티플렉싱을 제공한다. 네트워크 계층의 프로토콜 필드는 전송 계층의 포트 번호와 동일한 역할을 한다. 그러나 송신층 패킷에서는, 소스와 목적지의 포트 번호가 다르기 때문에 2개의 포트 번호가 필요하지만, 이 값은 소스에 있던 목적지에 있든, 각각의 프로토콜에 대해 같기 때문에, 하나의 프로토콜 필드만 필요하다.

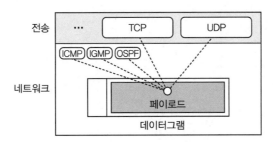

[그림 5-11] 프로토콜 필드의 값을 이용한 멀티플렉싱 및 디멀티플렉싱

(8) 헤더 체크섬

IP는 신뢰할 수 있는 프로토콜이 아니다. 전송 중에 데이터그램에 의해 운반된 페이로드가 손상되었는지 여부를 확인하지 않는다. IP는 UDP 또는 TCP와 같이 페이로드를 소유하는 프로토콜에 페이로드의 오류 검사 부담을 둔다. 그러나 데이터그램 헤더는 IP에 의해 추가되며 오류 검사는 IP의 책임이다. IP 헤더의 오류는 재앙이 될 수 있다. 예를 들어 대상 IP 주소가 손상된 경우 패킷을 잘못된 호스트로 배달할 수 있다. 프로토콜 필드가 손상되면 페이로드가 잘못된 프로토콜로 전달될 수 있다. 단편화와 관련된 필드가 손상된 경우 대상에서 데이터그램을 올바르게 재구성할 수 없다. 이러한 이유로 IP는 헤더 체크섬 필드를 추가하여 페이로드가 아닌 헤더를 확인한다. 단편화 및 옵션과 관련된 TTL과 같은 일부 필드의 값이 라우터마다 다를 수 있으므로 각 라우터에서 체크섬을 다시 계산해야 한다. 인터넷의 체크섬은 일반적으로 16비트 필드를 사용한다. 이 필드는 1의 보수 연산을 사용하여 계산된 다른 필드의 합을 보완한다.

(9) 출발지 및 목적지 주소

이 32비트 출발지 및 목적지 주소 필드는 각각 소스 및 대상의 IP 주소를 정의한다. 원본 호스트는 IP 주소를 알고 있어야 한다. 목적지 IP 주소는 IP 서비스를 사용하는 프로토콜이 알고 있거나 DNS가 제공한다. IP 데이터그램이 출발지 호스트에서 목적지 호스트로 이동하는 동안 이 필드의 값은 변경되지 않아야 한다.

(10) 옵션

데이터그램 헤더에는 최대 40바이트의 옵션이 있을 수 있다. 옵션은 네트워크 테스트와 디버깅에 사용된다. 옵션이 IP 헤더의 필수 부분은 아니지만, IP 소프트웨어에 대해서는 옵션 처리가 필요하다. 이는 모든 구현이 헤더에 존재하는 옵션을 처리할 수 있어야 한다는 것을 의미한다. 헤더에 옵션의 존재는 데이터그램 처리에 약간의 부담을 준다. 어떤 옵션은 라우터에 의해 변경될 수 있으며, 이것은 각 라우터가 헤더 체크섬을 다시 계산해야 하는 부담을 준다. 싱글 바이트와 멀티 바이트 옵션이 있다.

(11) 페이로드 종요 ★

페이로드란 IP의 서비스를 이용하는 다른 프로토콜로부터 오는 패킷이다. 데이터그램을 우편 패키지에 비교하자면, 페이로드는 패키지의 내용이며, 헤더는 패키지에 쓰인 정보이다.

2 단편화(Fragmentation) 중요 ★

데이터그램은 다른 네트워크를 통해 이동할 수 있다. 각 라우터는 IP 데이터그램을 수신한 프레임에서 디코딩하여 처리한 다음 다른 프레임으로 캡슐화한다. 수신된 프레임의 형식과 크기는 프레임이 방금 이동한 물리적 네트워크에 의해 사용되는 프로토콜에 따라 달라지지만, 전송된 프레임의 형식과 크기는 프레임이 이동하려고 하는 물리적 네트워크에 의해 사용되는 프로토콜에 따라 달라진다. 예를 들어 라우터가 LAN을 WAN에 접속하는 경우, LAN 형식의 프레임을 수신해 WAN 형식으로 프레임을 송신한다.

(1) 최대 전송 단위(MTU : Maximum Transfer Unit)

MTU는 TCP/IP 네트워크 등과 같이 패킷 또는 프레임 기반의 네트워크에서 전송될 수 있는 최대 크기의 패킷 또는 프레임으로 바이트 단위(옥텟)로 사용한다. TCP는 어떠한 전송에서라도 각 패킷의 크기를 결정하는 데 있어 MTU를 사용한다. MTU가 너무 크면 커다란 크기의 패킷을 처리할 수 없는 라우터를 만났을 때 재전송 해야 하는 경우가 생길 수 있고, 반대로 MTU가 너무 작으면, 상대적으로 헤더 및 송수신 확인에 따르는 오버헤드가 커지게 된다. 대부분의 컴퓨터 운영체계에서는 기본적으로 적합한 MTU 초깃값을 제공한다.

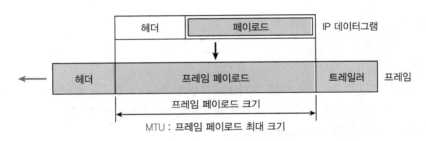

[그림 5-12] 최대 전송 단위(MTU)

MTU의 값은 물리적 네트워크 프로토콜마다 다르다. 예를 들어 LAN의 값은 보통 1500바이트이지만 WAN의 경우 더 크거나 더 작을 수 있다. IP 프로토콜을 물리적 네트워크와 독립시키기 위해 설계자들은 IP 데이터그램의 최대 길이를 65,535바이트로 하기로 결정했다. 이 크기의 MTU로 링크 계층 프로토콜을 사용할 경우 전송을 더 효율적으로 만든다. 그러나 다른 물리적 네트워크의 경우, 이러한 네트워크를 통과하는 것이 가능하도록 데이터그램을 분할해야 한다. 이것을 단편화라고 한다. 데이터그램이 단편화되면, 각 단편마다 대부분의 필드가 반복된 자체 헤더가 있지만, 일부는 변경된다. 분할된 데이터그램은 훨씬 더 작은 MTU가 있는 네트워크를 만나면 그 자체로 단편화될 수 있다. 즉, 데이터그램은 최종 목적지에 도달하기 전에 여러 번 분할될 수 있다.

3 옵션

IPv4 데이터그램의 헤더는 고정 부분과 가변 부분의 두 부분으로 구성되고, 고정 부분은 20바이트, 가변 부분은 최대 40바이트 크기이며, 데이터그램에는 불필요하다. 이들은 네트워크 테스트 및 디버깅에 사용한다. 옵션이 IPv4 헤더의 필수 부분은 아니지만 IPv4 소프트웨어에는 옵션 처리가 필요하다. 이것은 헤더에 헤더가 있는 경우 모든 구현이 옵션을 처리할 수 있어야 한다는 것을 의미한다. 옵션은 싱글 바이트 옵션과 멀티 바이트 옵션의 두 가지 범주로 나뉜다.

(1) 싱글 바이트 옵션

싱글 바이트 옵션은 두 가지가 있다.

① 무작동 옵션

무작동 옵션은 옵션 사이에 충전재(filler)로 사용되는 1바이트 옵션이다.

② 옵션 종료 옵션

옵션 종료 옵션은 옵션 필드 끝에 있는 패딩에 사용되는 1바이트 옵션이다. 그러나 이것은 마지막 선택사항으로만 사용될 수 있다.

(2) 멀티 바이트 옵션

멀티 바이트 옵션은 4가지다.

① 경로 기록

경로 기록 옵션은 데이터그램을 처리하는 라우터 경로를 기록하는 데 사용된다. 최대 9개의 라우터 주소를 나열할 수 있다. 디버깅과 관리 목적으로 사용할 수 있다.

② 엄격한 소스 경로(Strict Source Route)

전송할 때 송신 측에서 해당 패킷은 이러한 경로를 거쳐서 가야 한다고 미리 라우터를 지정하는 것으로, 총 9개까지 라우터를 정할 수 있다. 즉, 반드시 사전에 정해진 경로로만 가는 것을 'strict route'라고 한다. 엄격한 소스 경로는 송신 측에서 최소지연 또는 최대 처리량과 같은 특정 유형의 서비스를 처리할 때 유용하게 사용할 수 있다. 또는 더 안전하고 신뢰할 수 있는 경로를 선택할 때 사용할 수 있다. 만약 데이터그램이 경로에 없는 라우터에 도달할 경우 데이터그램은 폐기되고 오류 메시지가 발생한다.

③ 느슨한 소스 경로(Loose Source Route)

다른 경로로 가도 되지만 꼭 이 부분만은 거쳐서 갔으면 좋겠다고 명시하는 것이 느슨한 소스 경로이다.

④ 타임스탬프

타임스탬프 옵션은 라우터에 의한 데이터그램 처리 시간을 기록하는 데 사용된다. 시간은 자정, 일반 시간 또는 그리니치 표준시에서 밀리 초 단위로 표시된다. 데이터그램이 처리되는 시간을 알면 사용자와 관리자가 인터넷의 라우터 동작을 추적하는 데 도움이 될 수 있다. 타임스탬프를 사용하면 한 라우터에서 다른 라우터로 데이터그램을 옮기는 데 걸리는 시간을 예측할 수 있다.

4 IPv4에서 IPv6로의 전환 중요 ★★

IP 프로토콜의 새로운 버전이 있지만, IPv4의 이용을 중지하고 IPv6의 이용을 시작하는 전환을 어떻게 할 수 있을까? 가장 먼저 떠오르는 해결책은 모든 호스트나 라우터가 이전 버전 사용을 중지하고 새로운 버전을 사용하기 시작해야 하는 전환일을 정의하는 것이다. 그러나 이것은 실용적이지 않은데 인터넷에 있는 엄청난 수의 시스템 때문에, IPv4에서 IPv6로의 전환은 갑자기 일어날 수 없다. 인터넷의 모든 시스템이 IPv4에서 IPv6으로 이동하려면 상당한 시간이 걸릴 것이다. IPv4와 IPv6 시스템 간의 문제가 발생하지 않도록 전환이 원활해야 한다.

(1) 전략

전환을 위한 전략은 이중 스택(dual stack), 터널링(tunneling), 헤더 번역(header translation) 등 3가지다.

① 이중 스택

버전 6으로 완전히 전환하기 전에 모든 호스트가 프로토콜의 이중 스택을 갖는 것이다. 즉, 스테이션은 모든 인터넷이 IPv6을 사용할 때까지 IPv4와 IPv6을 동시에 지원하는 방안이다. 이중 스택 구성의 레이아웃은 [그림 5-13]과 같다.

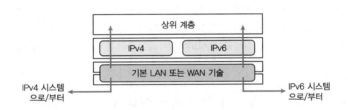

[그림 5-13] 이중 스택

패킷을 목적지로 전송할 때 사용할 버전을 결정하기 위해 소스 호스트는 DNS를 참조한다. DNS가 IPv4 주소를 반환하면 소스 호스트가 IPv4 패킷을 송신한다. DNS가 IPv6 주소를 반환하는 경우, 소스 호스트는 IPv6 패킷을 송신한다.

② 터널링

터널링은 IPv6를 사용하는 송수신 측 컴퓨터 중간에 IPv4를 사용하는 통신망을 통과해야 할 경우에 사용하는 전략이다. 그래서 IPv6 패킷은 지역에 들어갈 때 IPv4 패킷으로 캡슐화되고, 지역을 나갈 때 캡슐을 벗어난다. IPv6 패킷이 한쪽 끝에서 터널에 들어가 다른 쪽 끝에서 나타나는 것처럼 보인다. IPv4 패킷이 IPv6 패킷을 데이터로써 운반하고 있는 것을 명확히 하기 위해, 프로토콜 값을 41로 설정한다.

③ 헤더 번역

인터넷 대다수가 IPv6으로 이동했지만 일부 시스템은 여전히 IPv4를 사용하는 경우에 헤더 번역이 필요하다. 송신자는 IPv6을 사용하고 싶어 하지만 수신자는 IPv6을 이해하지 못한다. 패킷이 수신자가 이해할 수 있도록 IPv4 형식이어야 하기 때문에 터널링은 이 상황에서는 작동하지 않는다. 이 경우 헤더 변환을 통해 헤더 형식을 완전히 변경해야 한다. IPv6 패킷의 헤더는 IPv4 헤더로 변환된다.

④ IP 주소 사용

전환 중에 호스트는 IPv4와 IPv6의 두 주소를 사용해야 할 수도 있다. 전환이 완료되면 IPv4 주소는 사라져야 한다. DNS 서버는 전환 중 어느 하나의 주소 유형으로 호스트 이름을 매핑할 준비가 되어 있어야 하지만, 세계의 모든 호스트가 IPv6으로 전환된 후에는 IPv4 디렉토리가 사라질 것이다.

5 ICMP

IPv4에는 오류 보고나 오류 수정 메커니즘이 없다. ICMP는 통신 중에 장애가 발생할 경우에 오류정보를 제공하기 위한 프로토콜이다. 라우터가 최종 목적지로 가는 경로를 찾을 수 없거나 생존할 시간 필드가 0의 값을 가지기 때문에 데이터그램을 폐기해야 하는 경우 어떻게 될까? 최종 목적지 호스트가 사전에 결정된 시간 제한 내에 모든 단편화된 패킷을 수신하지 않았기 때문에 데이터그램의 수신 단편화 패킷을 폐기해야 하는 경우 어떻게 되는가? 이러한 경우에 필요한 프로토콜이 ICMP이다. IP 프로토콜은 또한 호스트 및 관리 쿼리를 위한 메커니즘이 부족하다. 호스트는 라우터나 다른 호스트가 살아 있는지 여부를 결정해야 할 때가 있다. 그리고 때때로 네트워크 관리자는 다른 호스트나 라우터의 정보를 필요로 한다. 인터넷 제어 메시지 프로토콜 버전 4(ICMPv4)는 위의 두 가지 결점을 보완하도록 설계되었고, IP 프로토콜의 동반자다. ICMP 자체는 네트워크 계층 프로토콜이다. 그러나 메시지는 예상한 대로 데이터링크 계층에 직접 전달되지 않고, 메시지는 하위 계층으로 가기 전에 먼저 IP 데이터그램 내부에 캡슐화된다. IP 데이터그램이 ICMP 메시지를 캡슐화할 때, IP 데이터그램의 프로토콜 필드 값은 1로 설정되어 IP 페이롤이 ICMP 메시지임을 표시한다.

(1) ICMP 메시지

ICMP 메시지는 크게 오류 보고 메시지와 쿼리 메시지의 두 가지 범주로 나뉜다. 오류 보고 메시지는 라우터 또는 호스트(대상)가 IP 패킷을 처리할 때 발생할 수 있는 문제를 보고한다. 예를 들어, 노드는 이웃을 발견할 수 있다. 또한, 호스트는 네트워크에서 라우터를 발견하고 학습할 수 있으며 라우터는 노드가 메시지를 리디렉션하는 것을 도울 수 있다. ICMP 메시지에는 8바이트 헤더와 가변 크기 데이터 섹션이 있다. 헤더의 일반 형식은 각 메시지 유형마다 다르지만 처음 4바이트는 모두에게 공통이다. [그림 5-14]에서 볼 수 있듯이 첫 번째 필드인 ICMP 유형은 메시지 유형을 정의하고, 코드 필드는 특정 메시지 유형의 이유를 지정한다. 마지막 공통 필드는 체크섬 필드이고, 나머지 헤더는 각 메시지 유형에 따라 다르다.

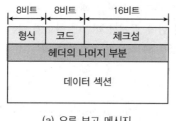

(a) 오류 보고 메시지

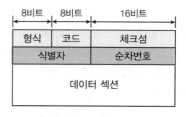

(b) 쿼리 메시지

[그림 5-14] ICMP 메시지의 일반 형식

오류 메시지의 데이터 섹션에는 오류가 있는 원본 패킷을 찾는 데 필요한 정보가 들어 있다. 쿼리 메시지에서 데이터 섹션은 쿼리 유형을 기반으로 추가 정보를 전달한다.

(2) 디버깅 도구

디버깅을 위해 인터넷에서 사용할 수 있는 몇 가지 도구가 있다. 호스트 또는 라우터의 실행 가능성을 결정할 수 있으며 패킷의 경로를 추적할 수 있다. 디버깅을 위해 ICMP를 사용하는 두 가지 도구인 ping과 traceroute(경로추적)를 소개한다.

① Ping

ping 프로그램을 사용하여 호스트가 동작하고 응답하는지 확인할 수 있다. 여기서 ping을 사용하여 ICMP 패킷을 사용하는 방법을 확인한다. 원본 호스트는 ICMP 에코 요청 메시지를 보낸다. 목적지가 정상 작동한다면 목적지는 ICMP 에코 응답 메시지로 응답한다. ping 프로그램은 에코 요청(echo-request) 및 에코 응답(echo-reply) 메시지에 식별자 필드를 설정하고 0부터 시퀀스 번호를 시작한다. 이 번호는 새 메시지가 전송될 때마다 1씩 증가한다. ping은 왕복 시간을 계산할 수 있고, 메시지의 데이터 섹션에 전송 시간을 삽입한다. 패킷이 도착하면 왕복 시간(RTT)을 얻기 위해 출발 시간에서 도착 시간을 뺀다.

② Traceroute 또는 Tracert

UNIX의 traceroute 프로그램이나 Windows의 tracert를 사용하여 원본에서 대상까지의 패킷 경로를 추적할 수 있다. 경로를 따라 방문한 모든 라우터의 IP 주소를 찾을 수 있다. 이 프로그램은 일반적으로 방문할 최대 30홉(라우터)을 확인하도록 설정된다. 인터넷의 홉 수는 일반적으로 이것보다 적다.

6 IGMP

현재 그룹 구성원에 대한 정보를 수집하는 데 사용되는 프로토콜은 IGMP(Internet Group Management Protocol)이다. IGMP는 네트워크 계층에서 정의된 프로토콜로 IP 일부로 간주되는 ICMP와 같은 보조 프로토콜 중 하나이다. ICMP 메시지와 같은 IGMP 메시지는 IP 데이터그램에 캡슐화된다.

(1) 메시지

IGMP 버전 3에는 [그림 5-15]와 같이 쿼리 및 보고 메시지의 두 가지 유형만 있다. 쿼리 메시지는 라우터에 연결된 모든 호스트에 주기적으로 전송되어 그룹 내 멤버십에 대한 그들의 관심사를 보고하도록 요청한다. 호스트가 쿼리 메시지에 대한 응답으로 보고서 메시지를 전송한다.

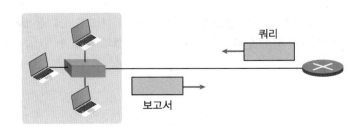

[그림 5-15] IGMP 작동

① 쿼리 메시지

쿼리 메시지는 라우터에 의해 각 인터페이스의 모든 호스트로 전송되어 그들의 멤버십에 대한 정보를 수집한다. 쿼리 메시지의 버전은 다음과 같이 3가지로 되어 있다.

㉠ 모든 그룹의 구성원 자격에 대한 일반적인 쿼리 메시지가 전송된다. 목적지 주소 224.0.0.1(모든 호스트와 라우터)의 데이터그램에 캡슐화된다. 동일한 네트워크에 연결된 모든 라우터는 이 메시지를 수신하여 이 메시지가 이미 보내졌음을 알리고 재전송되지 않도록 해야 한다.

㉡ 특정 그룹과 관련된 멤버십에 대해 질문하기 위해 라우터로부터 그룹별 쿼리 메시지가 전송된다. 라우터가 특정 그룹에 대한 응답을 받지 못하고 네트워크에 해당 그룹의 활성 구성원이 없는지 확인하려는 경우 이 메시지가 전송된다. 그룹 식별자(멀티캐스트 주소)는 메시지에 언급되어 있다. 메시지는 대상 주소가 해당 멀티캐스트 주소로 설정된 데이터그램에 캡슐화된다. 모든 호스트가 이 메시지를 수신하지만 관심이 없는 호스트는 이 메시지를 삭제한다.

㉢ 메시지가 특정 소스나 특정 소스들에서 온 경우 특정 그룹과 관련된 멤버십에 대해 질문하기 위해 소스 및 그룹별 쿼리 메시지가 라우터에서 전송된다. 메시지는 대상 주소가 해당 멀티캐스트 주소로 설정된 데이터그램에 캡슐화된다. 모든 호스트가 이 메시지를 수신하지만 관심이 없는 호스트는 이 메시지를 삭제한다.

② 보고 메시지

보고 메시지는 질의 메시지에 대한 응답으로 호스트에 의해 보내진다. 메시지에는 각 레코드가 해당 그룹의 식별자(멀티캐스트 주소)와 호스트가 메시지 수신에 관심 있는 모든 소스의 주소(포함)를 제공하는 레코드 목록이 포함된다. 레코드는 호스트가 그룹 메시지를 수신하지 않으려는 소스 주소(제외)도 언급할 수 있다. 메시지는 멀티캐스트 주소 224.0.0.22(멀티캐스트 주소가 IGMPv3에 할당됨)인 데이터그램에 캡슐화된다. IGMPv3에서 호스트가 그룹에 가입해야 하는 경우 쿼리 메시지를 수신하고 보고서 메시지를 보낼 때까지 기다린다. 호스트가 그룹을 떠나야 하는 경우 쿼리 메시지에 응답하지 않는다. 다른 호스트가 해당 메시지에 응답하지 않으면 그룹이 라우터 데이터베이스에서 제거된다.

(2) 회원 정보의 보급

라우터가 호스트 및 다른 라우터의 구성원 정보를 트리에서 자체 수준으로 수집한 후에는 최상위 라우터로 정보를 전달할 수 있다. 결과적으로, 최상위 라우터는 멀티캐스트 트리를 만들기 위해 동일 네트워크 내의 라우터 정보를 수신하게 된다.

(3) 캡슐화

IGMP 메시지는 프로토콜 필드의 값을 2로 설정하고 TTL 필드를 1로 설정하여 IP 데이터그램에 캡슐화된다. 그러나 [표 5-2]에 표시된 것처럼 데이터그램의 대상 IP 주소는 메시지 형식에 따라 다르다.

[표 5-2] 대상 IP 주소

메시지 형식	IP 주소
일반 쿼리	224.0.0.1
기타 쿼리	그룹 주소
보고서	224.0.0.22

7 ICMPv6

TCP/IP 프로토콜 버전 6에서는 수정된 ICMPv6를 제공한다. 이 새로운 버전의 ICMPv6(Internet Control Message Protocol version 6)은 버전 4와 동일한 전략과 목적을 따르고 있다. 그러나 ICMPv6은 ICMPv4보다 복잡하다. 버전 4에서 독립적인 일부 프로토콜은 현재 ICMPv6의 일부이며 일부 새로운 프로토콜 메시지가 더 유용하게 추가되었다. [그림 5-16]은 버전 4의 네트워크 계층과 버전 6의 네트워크 계층을 비교하여 표시하고 있다. 버전 4의 ICMP, ARP 및 IGMP 프로토콜은 하나의 단일 프로토콜인 ICMPv6으로 결합된다.

(a) 버전 4에서의 네트워크 계층   (b) 버전 6에서의 네트워크 계층

[그림 5-16] 버전 4와 버전 6의 네트워크 계층 비교

[그림 5-17]과 같이 ICMPv6의 메시지를 오류 보고 메시지, 정보 메시지, 이웃 탐색 메시지 및 그룹 구성원 메시지의 네 가지 그룹으로 나눌 수 있다.

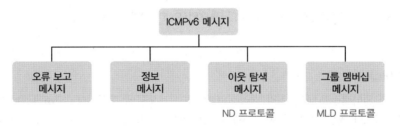

[그림 5-17] ICMPv6 메시지의 범주

(1) 오류 보고 메시지

버전 4에 대한 논의에서 보았듯이 ICMPv6의 주요 책임 중 하나는 오류를 보고하는 것이다. 목적지에 도달할 수 없거나, 패킷이 너무 많거나, 시간이 초과되거나, 매개변수 문제 등 네 가지 유형의 오류가 처리된다. IPv6의 우선순위 및 흐름 레이블 필드가 정체를 처리하기 때문에 버전 4에서 정체를 제어하는 데 사용되는 원본 고정 메시지가 제거된다는 점에 유의하자. 리디렉션 메시지는 오류

보고 범주에서 인접 발견 범주로 이동했으므로 이를 이웃 탐색 메시지의 일부로 설명할 수도 있다. ICMPv6은 에러 패킷을 형성하고, IPv6 패킷으로 캡슐화된 후에 실패한 데이터그램의 원래 소스로 전달된다.

(2) 정보(Informational) 메시지

ICMPv6 메시지 중 두 개는 정보 메시지, 즉 에코 요청 및 에코 응답 메시지로 분류할 수 있다. 에코 요청 및 에코 응답 메시지는 인터넷의 두 장치가 서로 통신할 수 있는지 여부를 확인하도록 설계되었다. 호스트 또는 라우터는 다른 호스트에 에코 요청 메시지를 보낼 수 있다. 수신 컴퓨터 또는 라우터는 에코 응답 메시지를 사용하여 응답할 수 있다.

> ① 에코 요청 메시지
>   에코 요청 메시지의 아이디어와 형식은 버전 4의 내용과 동일하다.
> ② 에코 응답 메시지
>   에코 응답 메시지의 아이디어와 형식은 버전 4의 메시지와 동일하다.

(3) 이웃 탐색 메시지

이웃 탐색 문제를 처리하기 위해 ICMPv4의 여러 메시지가 ICMPv6에서 재정의되었다. 확장을 위해 몇 가지 새로운 메시지가 추가되었다. 가장 중요한 문제는 이러한 그룹 메시지의 기능을 명확하게 정의하는 두 개의 새로운 프로토콜, ND(Neighbor-Discovery) 프로토콜 및 IND(Inverse-Neighbor-Discovery) 프로토콜의 정의이다. 이 두 프로토콜은 동일한 링크(네트워크)에 있는 노드(호스트 또는 라우터)가 다음 세 가지 주요 용도로 사용된다.

> ① 호스트는 ND 프로토콜을 사용하여 인접 라우터에서 패킷을 전달하는 라우터를 찾는다.
> ② 노드는 ND 프로토콜을 사용하여 이웃 노드(동일한 네트워크에 연결된 노드)의 링크 계층 주소를 찾는다.
> ③ 노드는 IND 프로토콜을 사용하여 이웃 노드의 IPv6 주소를 찾는다.

(4) 그룹 멤버십 메시지

IPv4에서의 멀티캐스트 배달 처리 관리는 IGMPv3 프로토콜에 제공된다. IPv6에서는 이 책임이 멀티캐스트 리스너 전달 프로토콜에 제공된다. MLDv1은 IGMPv2에 대응한다. MLDv2는 IGMPv3에 대응한다. 아이디어는 IGMPv3에서 논의한 것과 동일하지만 메시지의 크기와 형식이 IPv6에서보다 큰 멀티캐스트 주소 크기에 맞게 변경되었다. IGMPv3과 마찬가지로, MLDv2는 멤버십 질의 메시지와 멤버십 보고 메시지의 두 가지 유형의 메시지를 가지고 있다. 첫 번째 유형은 일반, 그룹별 및 그룹 및 소스별 세 가지 하위 유형으로 나눌 수 있다.

8 모바일 IP 중요 ★★

모바일 IP는 위치에 상관없이 할당되는 IP로, 이동할 때에도 연결을 유지한 상태로 데이터를 송수신하기 위한 방법이다.

(1) 주소지정

IP 프로토콜을 사용하여 이동 통신을 제공할 때 해결되어야 하는 주된 문제는 주소지정이다.

① 고정 호스트

원래의 IP 주소지정은 호스트가 특정 네트워크에 고정되어 있다고 가정한 것이다. 라우터는 접두어와 접미어의 두 부분으로 구성된 IP 주소를 사용하여 데이터그램을 전달한다. 예를 들어 IP 주소 10.3.4.24/8은 네트워크 10.0.0.0/8에 연결된 호스트를 정의한다.

② 모바일 호스트

호스트가 한 네트워크에서 다른 네트워크로 이동할 때, IP 주소지정 구조를 수정할 수 있도록 몇 가지 해결책이 제시되었다.

㉠ 주소 변경

하나의 간단한 해결책은 모바일 호스트가 새로운 네트워크로 갈 때 주소를 바꾸도록 하는 것이다. 호스트는 DHCP를 사용하여 새 주소를 새 네트워크와 연결할 수 있다. 이 접근법은 몇 가지 단점이 있다. 첫째, 구성 파일을 변경해야 한다. 둘째, 컴퓨터가 한 네트워크에서 다른 네트워크로 이동할 때마다 컴퓨터를 재부팅해야 한다. 셋째, DNS 테이블은 인터넷의 모든 다른 호스트가 그 변화를 인지하도록 수정될 필요가 있다. 넷째, 송신 중에 호스트가 한 네트워크에서 다른 네트워크로 로밍할 경우, 데이터 교환이 중단된다. 클라이언트와 서버의 포트와 IP 주소는 연결 기간 동안 일정하게 유지되어야 하기 때문이다.

㉡ 두 개의 주소

더 실현 가능한 접근법은 두 개의 주소를 사용하는 것이다. 호스트에는 원래 주소와 임시 주소가 있다. 원래 주소는 호스트를 홈 네트워크에 연결시키고 임시주소는 외부 네트워크, 즉 호스트가 이동하는 네트워크와 관련이 있다. [그림 5-18]은 그 개념을 보여준다.

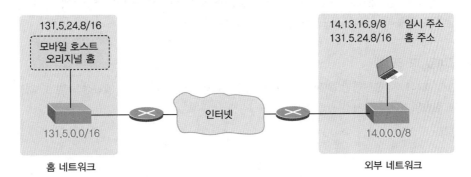

[그림 5-18] 집 주소와 주소 관리

모바일 호스트는 외부 네트워크를 방문할 때 나중에 설명할 에이전트 검색 및 등록 단계에서 해당 주소를 받는다.

(2) 에이전트

주소 변경을 모든 통신망에 투명하게 적용하려면 홈 에이전트와 외부 에이전트가 필요하다. [그림 5-19]는 홈 네트워크에 상대적인 홈 에이전트의 위치와 외부 네트워크에 상대적인 외부 에이전트를 보여준다.

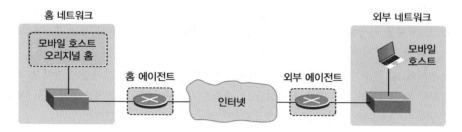

[그림 5-19] 홈 에이전트와 외부 에이전트

홈과 외부 에이전트를 라우터로 표시했지만 에이전트로서의 특정 기능은 애플리케이션 계층에서 수행된다.

① 홈 에이전트

홈 에이전트는 원격 호스트가 패킷을 모바일 호스트에 보낼 때 모바일 호스트를 대신하여 작동한다. 홈 에이전트는 패킷을 수신하여 외부 에이전트로 보낸다.

② 외부 에이전트

외부 에이전트는 홈 에이전트가 전송한 패킷을 수신하여 모바일 호스트에 전달한다. 모바일 호스트는 외부 에이전트로 작동할 수도 있다. 즉, 모바일 호스트와 외부 에이전트는 동일할 수 있다. 그러나 이렇게 하려면 모바일 호스트가 DHCP를 사용하여 보조 주소를 받을 수 있어야 한다. 또한, 모바일 호스트는 홈 에이전트와 통신하고 홈 주소 및 보조 주소라는 두 가지 주소를 가질 수 있도록 소프트웨어가 필요하다.

함께 배치된 보조 주소를 사용하면 이동 호스트가 외부 에이전트의 가용성에 대해 걱정하지 않고 모든 네트워크로 이동할 수 있다는 장점이 있다. 단점은 모바일 호스트가 자체 외부 에이전트로 작동하는 추가 소프트웨어가 필요하다는 것이다.

(3) 모바일 IP 3단계

원격 호스트와 통신하기 위해 모바일 호스트는 [그림 5-20]과 같이 에이전트 발견, 등록 및 데이터 전송의 3단계를 거친다.

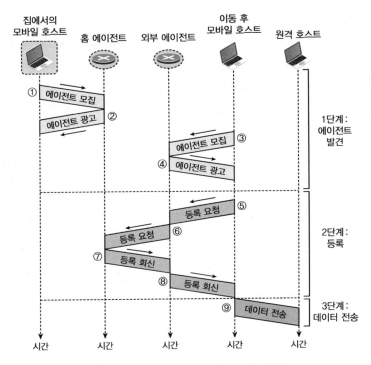

[그림 5-20] 원격 호스트 및 이동 호스트 통신

① **에이전트 발견(Agent Discovery)**

이동 호스트는 자신의 홈 네트워크를 떠나기 전에 홈 에이전트의 주소를 알아야 하고, 외부 네트워크에 들어간 후 외부 에이전트를 발견해야 한다. 이를 위해 에이전트 광고와 에이전트 모집 메시지를 사용한다.

② **등록(Registration)**

이동 호스트는 외부 네트워크로 이동하고 외부 에이전트를 발견한 후에는 등록해야 한다.

③ **데이터 전송(Data Transfer)**

에이전트 발견과 등록 이후, 이동 호스트는 원격 호스트와 통신이 가능하다.

위의 데이터 전송 과정 중, 원격 호스트는 이동 호스트의 이동에 대해 인식을 못한다. 원격 호스트는 패킷 전송 시, 목적지(수신자) 주소로 이동 호스트의 홈 주소를 사용하고, 패킷 수신 시, 이동 호스트의 홈 주소가 포함된 패킷을 수신한다. 따라서, 이동 호스트의 이동은 투명하게 된다(Totally Transparent).

(4) 모바일 IP의 비효율

모바일 IP를 포함하는 통신은 비효율적일 수 있다. 그 비효율성은 심각할 수도 있고 중간일 수도 있다. 이 심각한 경우를 이중 교차, 그리 심각하지 않은 경우를 삼각형 라우팅 또는 도그렉(dog-leg) 라우팅이라고 불린다.

① 이중 교차(Double Crossing)

이중 교차는 원격 호스트가 원격 호스트와 동일한 네트워크(또는 사이트)로 이동한 모바일 호스트와 통신할 때 발생한다([그림 5-21] 참조). 모바일 호스트가 원격 호스트에게 패킷을 보낼 때, 비효율성은 없으며, 통신은 로컬이다. 그러나 원격 호스트가 모바일 호스트로 패킷을 보낼 때 패킷은 인터넷을 두 번 건넌다. 컴퓨터는 보통 다른 지역 컴퓨터와 통신하기 때문에(지역성의 원리), 이중 교차로부터 오는 비효율성이 크다.

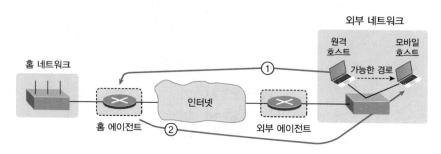

[그림 5-21] 이중 교차

② 삼각형 라우팅

외부 네트워크에 위치한 모바일 호스트가 통신하려는 상대 호스트에게 직접 패킷을 전송할 수도 있으나, 상대 호스트가 외부 네트워크에 위치한 모바일 호스트로 패킷을 전달할 때는 모바일 호스트의 홈 네트워크에 위치한 홈 에이전트를 거쳐서 터널링되어 전달된다. 이처럼 상대 호스트가 전송한 패킷이 모바일 호스트로 직접 전달되지 못하고 항상 홈 에이전트를 거쳐서 전달되는 현상을 삼각형 라우팅이라고 한다. 즉, 모바일 호스트가 수신하는 경로와 송신하는 경로가 서로 다른 현상이다. 이러한 현상은 통신의 효율성을 저하시킨다.

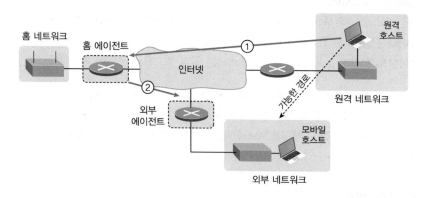

[그림 5-22] 삼각형 라우팅

③ 해결방안

모바일 IPv4에서는 문제가 되었으나, 모바일 IPv6에서는 경로 최적화 기능을 이용해서 상대 호스트에서 모바일 호스트로 직접 경로를 설정함으로써 해결할 수 있다.

제 **4** 절 라우팅 중요 ★★★

과거에 몇 가지 라우팅 알고리즘이 설계되었다. 이 방법들 간의 차이는 그들이 가장 적은 비용을 해석하는 방법과 각 노드에 대해 가장 적은 비용을 들여 트리를 만드는 방법에 있다.

1 거리-벡터 라우팅 중요 ★

거리-벡터 라우팅에서 각 노드가 만드는 첫 번째 것은 가장 인접한 노드에 대한 기본 정보가 포함된 **최소 비용 트리**이다. 불완전한 트리는 트리를 점점 더 완전하게 만들고 전체 인터넷을 대표하기 위해 인접한 노드들 사이에서 교환된다. 거리-벡터 라우팅에서 라우터는 모든 이웃에게 계속해서 전체 인터넷에 대해 알고 있다고 말할 수 있다. 불완전한 최소 비용의 트리를 결합하여 완성된 트리를 완성할 수 있는 방법을 보여주기 전에 벨만 포드 방정식과 거리 벡터의 개념이라는 두 가지 방법에 대해서 살펴보자.

(1) 벨만 포드(Bellman-Ford) 방정식

거리-벡터 라우팅의 핵심은 유명한 벨만 포드 방정식이다. 이 방정식은 송신 노드와 목적지 노드 간의 비용이 가장 낮은 경우 중간 노드(a, b, c, …)를 통해 송신 노드 x와 목적지 노드 y 사이의 최소 비용(최단 거리) 중개 노드와 중개 노드와 목적지 사이의 최소 비용이 주어진다. 다음은 D_{ij}가 최단 거리이고 C_{ij}가 노드 i와 j 사이의 비용인 일반적인 경우를 보여준다.

$$D_{xy} = \min\{(C_{xa} + D_{ay}),\ (C_{xb} + D_{by}),\ (C_{xc} + D_{cy}),\ \cdots\}$$

거리-벡터 라우팅에서 일반적으로 z와 같은 중간 노드를 통해 최소 비용으로 기존 최소 비용을 업데이트하고자 한다. 이 경우 방정식은 아래와 같이 간단해진다.

$$\mathrm{Dxy}\,D_{xy} = \min\{\mathrm{Dxy}\,D_{xy},\ (\mathrm{cxz}\,C_{xz} + \mathrm{Dzy}\,D_{zy})\}$$

[그림 5-23]은 두 경우에 대한 아이디어를 그래픽으로 보여준다.

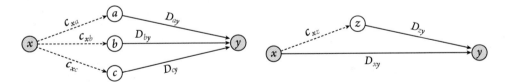

(a) 3개의 중간 노드가 있는 일반적인 경우 (b) 새로운 라우트로 경로 업데이트

[그림 5-23] 벨만 포드 방정식의 기본 개념

벨만 포드 방정식을 사용하면 이전에 설정한 최소 비용 경로에서 새로운 최소 비용 경로를 만들 수 있다. [그림 5-23]에서, (a→y), (b→y) 및 (c→y)를 이전에 설정된 최소 비용 경로와 (x→y)를 새로운 최소 비용 경로로 생각할 수 있다. 방정식을 반복적으로 사용한다면 이전에 수립된 최소 비용의 트리로부터 새로운 최소 비용의 트리를 작성하는 것으로 이 방정식을 생각할 수도 있다. 다시 말해, 이 방정식을 거리 벡터 라우팅에 사용하면 이 방법이 최소 비용의 트리도 사용한다는 것을 알 수 있다. 그러나 이 방법은 백그라운드에서 사용할 수 있다.

(2) 거리 벡터

거리 벡터(Distance Vector) 알고리즘은 거리와 방향만을 가지고 만드는 라우팅 알고리즘이다. 라우터는 목적지까지의 모든 경로를 자신의 라우팅 테이블에 저장하지 않고, 목적지까지의 거리(홉 카운트 등)와 그 목적지까지 가기 위해서는 어떤 인접된 라우터를 거쳐서 가야 하는지의 정보만을 저장한다. 거리 벡터 알고리즘은 반복적이고 비동기적이며 분산적이다. 각 노드는 하나 이상의 직접 연결된 이웃이 주는 정보로 계산하고 이웃에게 계산 결과를 알려준다는 점에서 분산적이고, 이웃끼리 정보를 교환하지 않을 때까지 프로세스가 지속된다는 점에서 반복적이며, 모든 노드가 서로 톱니바퀴처럼 맞물려 동작할 필요가 없다는 점에서 비동기적이라고 할 수 있다. [그림 5-24]는 인터넷의 모든 거리 벡터를 보여준다. 그러나 대응 노드가 부팅될 때 이러한 벡터가 비동기적으로 만들어짐을 알아야 한다.

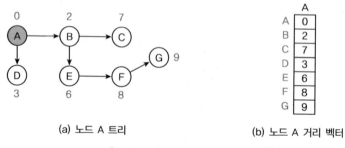

(a) 노드 A 트리   (b) 노드 A 거리 벡터

[그림 5-24] 트리에 해당하는 거리 벡터

2 링크-상태 라우팅 중요 ★

최소 비용 트리와 포워딩 테이블을 만들기 위한 논의를 직접적으로 따르는 라우팅 알고리즘은 LS(Link -State) 라우팅이다. 이 방법은 링크 상태라는 용어를 사용하여 인터넷에서 네트워크를 나타내는 링크 (에지 : edge)의 특성을 정의한다. 이 알고리즘에서 에지에 관련된 비용은 링크의 상태를 정의한다. 낮은 비용의 링크는 높은 비용의 링크보다 선호된다. 만일 링크의 비용이 무한대로 표시된다면, 그것은 링크가 존재하지 않거나 끊어진 것을 의미한다.

(1) 링크 상태 데이터베이스(LSDB : Link-State Database)

이 방법으로 최소 비용 트리를 만들기 위해서는 각 노드가 네트워크 전체 맵을 가져야 하는데, 이는 각 링크의 상태를 알아야 한다는 것을 의미한다. 모든 링크에 대한 상태 집합을 LSDB(링크 상태 데이터베이스)라고 한다. 전체 네트워크에는 오직 하나의 LSDB만 있다. 각 노드는 가장 간단한 트리를 만들 수 있도록 그것의 복제본을 가지고 있어야 한다. [그림 5-25]는 LSDB의 예를 보여준다. LSDB는 각 셀의 값이 해당 링크의 비용을 정의하는 2차원 배열(매트릭스)로 나타낼 수 있다.

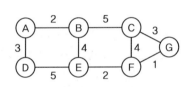

	A	B	C	D	E	F	G
A	0	2	∞	3	∞	∞	∞
B	2	0	5	∞	4	∞	∞
C	∞	5	0	∞	∞	4	3
D	3	∞	∞	0	5	∞	∞
E	∞	4	∞	5	0	2	∞
F	∞	∞	4	∞	2	0	1
G	∞	∞	3	∞	∞	1	0

(a) 가공 그래프   (b) 링크 상태 데이터베이스

[그림 5-25] 링크 상태 데이터베이스의 예

이제 문제는 각 노드가 어떻게 네트워크 전체에 대한 정보를 포함하는 LSDB를 만들 수 있느냐 하는 것이다. 이것은 플러딩(flooding)이라고 불리는 과정에 의해 행해질 수 있다. 각 노드는 인접한 모든 이웃(직접 연결되는 노드)에게 일부 헬로우(Hello) 메시지를 보내 노드 ID와 링크 비용이라는 두 개의 정보를 수집할 수 있다. 이 두 가지 정보의 조합은 LSP라고 불린다. LSP는 인터넷을 위해 [그림 5-26]과 같이 각 인터페이스로부터 전송된다. 노드가 그것의 인터페이스 중 하나에서 LSP를 수신할 때, 그것은 LSP를 기존의 복사본과 비교한다. 새로 도착한 LSP가 보유하고 있는 LSP보다 오래된 경우(시퀀스 번호를 확인하여 찾은 경우), LSP를 폐기한다. 더 새롭거나 처음 받은 LSP가 있는 경우 노드는 오래된 LSP(있는 경우)를 폐기하고 수신된 LSP를 보관한다. 그런 다음 패킷이 도착한 것을 제외한 각 인터페이스로부터 그것의 복사본을 보낸다. 이렇게 하면 네트워크에서 발생할 수 있는 플러딩을 방지할 수 있다. 모든 새로운 LSP를 받은 후에 각 노드가 [그림 5-26]과 같이 포괄적인 LSDB를 생성한다. 이 LSDB는 각 노드에서 동일하며 네트워크의 전체 지도가 표시된다. 즉, 노드는 이 LSDB를 사용하여 필요할 경우 전체 맵을 만들 수 있다.

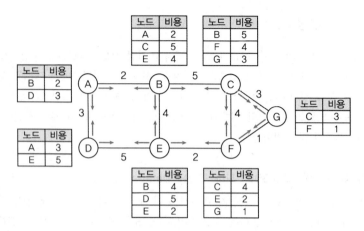

[그림 5-26] LSDB 구축을 위한 각 노드별 LSP의 생성 및 전송

3 경로 벡터 라우팅 종요 ★

거리 벡터와 링크 상태 라우팅은 모두 도메인 내부 라우팅 프로토콜이다. 그들은 AS 내에서 사용되나 자율 시스템 간에는 사용되지 않는다. 이 두 프로토콜은 확장성으로 인해 도메인 간 라우팅에는 대부분 적합하지 않다. 이 라우팅 프로토콜 모두 동작하는 도메인이 크게 되면 다루기 어렵게 된다. 거리 벡터 라우팅은 동작하는 도메인에 수 홉 이상이 존재하게 되면 불안정해질 수 있다. 링크 상태 라우팅은 라우팅 테이블을 계산하기 위해 아주 많은 양의 자원을 필요로 하게 된다. 또, 플러딩으로 인해 많은 트래픽을 유발할 수도 있다. 이를 해결하기 위해 등장한 라우팅이 경로 벡터 라우팅(Path Vector Routung)이다.

경로 벡터 라우팅은 도메인 간 라우팅에 유용하게 사용된다. 경로 벡터 라우팅의 원리는 거리 벡터 라우팅과 유사하지만, 경로 벡터 라우팅에서 전체 AS를 대신하여 활동하는 단 하나의 노드(여러 개 존재 할 수도 있다)가 AS 내에 있다고 가정한다. 이것을 스피커 노드(Speaker Node)라 부른다. AS의 스피커 노드는 라우팅 테이블을 생성하고 이를 이웃 AS에 있는 스피커 노드들에게 전파한다. 각 AS에서 하나의 스피커 노드만이 다른 것들과 통신할 수 있다는 것을 제외하고는 거리 벡터 라우팅과 동일하다. 그러나 알려주는 것은 서로 다르다. 스피커 노드는 노드의 메트릭이 아니라 AS 내의, 혹은 다른 AS로의 경로를 알려준다. 스피커 노드는 자신의 테이블(메트릭이 아니라, 다른 스피커 노드들에게 도달하기 위한 AS로의 경로)을 이웃들과 공유한다. 스피커 노드가 초기화될 때는 자신의 AS 내에 있는 노드들에 대해서만 경로를 알 수 있다. 거리 벡터 라우팅에서 일어나는 불안정성과 루프의 생성은 경로 벡터 라우팅에서는 해결될 수 있다. 라우터가 메시지를 수신하면 라우터는 목적지까지의 경로 목록에 해당 AS가 있는지 확인하여 만약 존재한다면, 루프가 일어난 것이므로 메시지를 무시한다.

4 계층 구조

인터넷은 하나의 백본이 있는 트리와 같은 구조에서 다른 개인 기업이 운영하는 다중 백본 구조로 바뀌었다. 오늘날 인터넷에 대한 일반적인 견해를 제공하기는 어렵지만, 인터넷은 [그림 5-27]과 비슷한 구조를 가지고 있다.

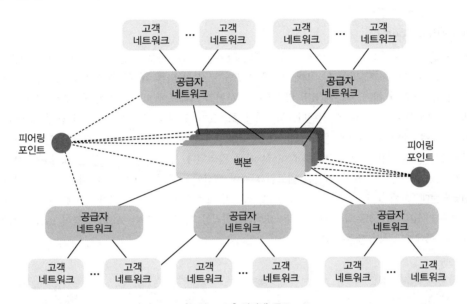

[그림 5-27] 인터넷 구조

글로벌 통신을 제공하는 사설 통신 회사가 운영하는 백본이 몇 가지 있다. 이러한 백본은 백본 간에 연결을 허용하는 일부 피어링 포인트로 연결된다. 낮은 수준에서는 글로벌 연결을 위해 백본을 사용하지만 인터넷 고객에게 서비스를 제공하는 일부 공급자 네트워크가 있다. 마지막으로 공급자 네트워크에서 제공하는 서비스를 사용하는 고객 네트워크가 있다. 이 세 엔티티(백본, 제공업체 네트워크 또는 고객 네트워크)는 모두 인터넷 서비스 제공업체 또는 ISP라고 할 수 있다. 그들은 다양한 수준의 서비스를 제공한다.

5 라우팅 정보 프로토콜(RIP : Routing Information Protocol) 중요 ★★

RIP는 이전에 설명한 거리 벡터 라우팅 알고리즘을 기반으로 가장 널리 사용되는 도메인 내부 라우팅 프로토콜 중 하나이다. RIP는 XNS(Xerox Network System)의 일부로 시작되었지만 널리 사용되는 RIP를 사용하는 데 도움이 되는 UNIX의 BSD(Berkeley Software Distribution) 버전이었다.

(1) 홉 수(Hop Count)

이 프로토콜의 라우터는 기본적으로 거리 벡터 라우팅 알고리즘을 구현한다. 그러나 알고리즘은 다음에 설명된 대로 수정되었다. 첫째, AS의 라우터는 AS의 다른 네트워크(서브넷)로 패킷을 전달하는 방법을 알아야 하기 때문에 RIP 라우터는 이론적인 그래프에서 다른 노드에 도달하는 대신 다른 네트워크에 도달하는 비용을 알린다. 즉, 대상 호스트가 있는 네트워크와 라우터 간에 비용이 정의된다. 둘째, 지연 및 대역폭 등과 같은 라우터 및 링크의 성능 요소와는 별도로 비용을 더 간단하게 구현하기 위해 비용은 홉 수(hop of number)로 정의된다. 송신 호스트가 전달 테이블을 사용하지 않기 때문에 송신 호스트가 연결된 네트워크는 이 계산에서 계산되지 않는다. 패킷은 기본 라우터로 전달되는데 [그림 5-28]은 송신 호스트에서 목적지 호스트까지 세 라우터가 광고한 홉 수의 개념을 보여준다. RIP에서 경로의 최대 비용은 15이다. 이러한 이유로 RIP는 AS의 직경이 15홉 이하인 자율 시스템에서만 사용할 수 있다.

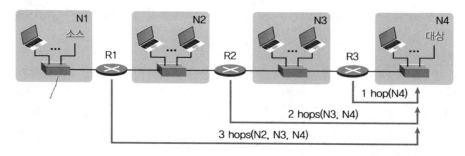

[그림 5-28] RIP의 홉 수

(2) 포워딩 테이블

앞 절에서 논의한 거리-벡터 알고리즘은 인접 노드 간의 거리 벡터 교환과 관련이 있지만, 자율 시스템의 라우터는 목적지 네트워크로 패킷을 포워드하기 위해 포워딩 테이블을 유지할 필요가 있다. RIP의 포워딩 테이블은 1열은 대상 네트워크의 주소, 2열은 패킷을 포워드 해야 하는 다음 라우터의 주소, 3열은 목적지 네트워크에 도달하기 위한 비용(홉 수)이다. [그림 5-29]는 [그림 5-28]의 라우터에 대한 세 개의 포워딩 표를 보여준다. 첫 번째 열과 세 번째 열은 거리 벡터와 동일한 정보를 함께 전달하지만, 비용은 목적지 네트워크에 대한 홉 수를 보여준다.

R1 포워딩 테이블

대상 네트워크	다음 라우터	홉 비용
N1	—	1
N2	—	1
N3	R2	2
N4	R2	3

R2 포워딩 테이블

대상 네트워크	다음 라우터	홉 비용
N1	R1	2
N2	—	1
N3	—	1
N4	R3	2

R3 포워딩 테이블

대상 네트워크	다음 라우터	홉 비용
N1	R2	3
N2	R2	2
N3	—	1
N4	—	1

[그림 5-29] 포워딩 테이블

RIP의 포워딩 테이블은 두 번째 열에서 다음 라우터만 정의하지만, 이전에 논의된 이들 트리의 두 번째 속성을 기초로 한 전체 최소 비용 트리에 대한 정보를 제공한다. 예를 들어, R1은 N4에 대한 경로를 위한 다음 라우터가 R2라고 정의하고, R2는 N4에 대한 다음 라우터가 R3라고 정의하고, R3는 이 경로에 대한 다음 라우터가 없다고 정의한다. 그러면 트리는 R1→R2→R3→N4이다. 출고표에 대해 자주 묻는 질문이 세 번째 열의 용도가 무엇인가이다. 세 번째 열은 패킷의 포워딩에 필요하지는 않지만, 경로의 변경이 있을 때 포워딩 테이블을 갱신하는 것이 필요하다.

6 **최단 경로 우선 열기**(OSPF : Open Shortest Path First) 중요 ★★★

OSPF(Open Shortest Path First)도 RIP와 같은 내부 라우팅 프로토콜이지만, 앞에서 설명한 링크 상태 라우팅 프로토콜에 기초한다.

(1) 메트릭(Metric)

OSPF에서는 RIP와 같이 호스트에서 목적지에 도달하는 비용은 소스 라우터에서 목적지 네트워크까지 계산한다. 단, 각 링크(네트워크)는 처리량, 왕복 시간, 신뢰성 등에 따라 가중치를 부여할 수 있다. 관리자는 또한 홉 카운트를 비용으로 사용하기도 한다. OSPF의 비용에 관한 흥미로운 점은 다른 서비스 유형(TOS)이 비용만큼 다른 가중치를 가질 수 있다는 것이다. [그림 5-30]은 라우터에서 목적지 호스트 네트워크까지의 비용 개념을 나타낸다. 그 수치를 RIP에 대한 [그림 5-28]과 비교할 수 있다.

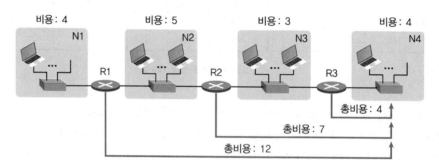

[그림 5-30] OSPF의 메트릭

(2) 포워딩 테이블

각 OSPF 라우터는 장 앞부분에서 설명한 다익스트라(Dijkstra)의 알고리즘을 사용하여 자신과 목적지 사이에서 최단 경로 트리를 찾은 후 포워딩 테이블을 만들 수 있다. [그림 5-31]은 [그림 5-30]에 간단한 AS에 대한 포워딩 표를 나타낸다. 동일한 AS에서 OSPF와 RIP에 대한 포워딩 표를 비교해 보면, 유일한 차이는 비용 값이라는 것을 알 수 있다. 즉, OSPF에 대해 홉 카운트를 사용할 경우 테이블은 정확히 동일하다. 이러한 일관성의 이유는 양쪽 프로토콜이 소스에서 목적지까지의 최상의 경로를 정의하기 위해 최단 경로 트리를 사용하기 때문이다.

R1 포워딩 테이블

대상 네트워크	다음 라우터	비용
N1	—	4
N2	—	5
N3	R2	8
N4	R2	12

R2 포워딩 테이블

대상 네트워크	다음 라우터	비용
N1	R1	9
N2	—	5
N3	—	3
N4	R3	7

R3 포워딩 테이블

대상 네트워크	다음 라우터	비용
N1	R2	12
N2	R2	8
N3	—	3
N4	—	4

[그림 5-31] OSPF 포워딩 테이블

7 경계 게이트웨이 프로토콜 버전 4(BGP4 : Border Gateway Protocol version 4) 중요 ★★

BGP4는 오늘날 인터넷에서 사용되는 유일한 도메인 간의 라우팅 프로토콜이다. BGP4는 앞에서 설명한 경로-벡터 알고리즘을 기반으로 하고 있지만, 인터넷의 네트워크 도달 가능성에 관한 정보를 제공하기 위해 맞춤화되어 있다.

BGP, 특히 BGP4는 복잡한 프로토콜이다. [그림 5-32]는 4개의 자율 시스템을 가진 인터넷의 예를 보여준다. AS2, AS3 및 AS4는 스텁(stub) 자율 시스템이다. AS1은 일시적인 것이다. 예에서 AS2, AS3 및 AS4의 데이터 교환은 AS1을 통과해야 한다.

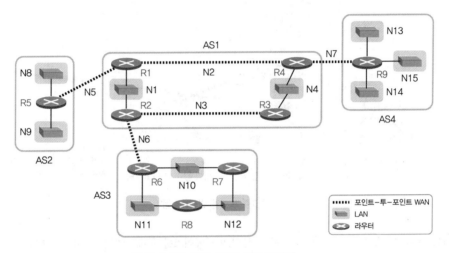

[그림 5-32] AS가 4개인 샘플 인터넷

각 AS의 각 라우터는 자체 AS에 있는 네트워크에 도달하는 방법을 알고 있지만 다른 AS의 네트워크에 도달하는 방법을 알지 못한다. 각 라우터가 인터넷의 어떤 네트워크로 패킷을 라우팅할 수 있게 하려면 먼저 각 경계 라우터(다른 AS에서 라우터에 연결된 각 AS의 가장자리에 있는 것)에 연결된 각 AS의 에지에 있는 외부 BGP(eBGP)를 설치한다. 그런 다음 모든 라우터에 내부 BGP(iBGP)를 설치한다. 즉, 경계 라우터는 세 개의 라우팅 프로토콜(intradomain, eBGP 및 iBGP)을 실행하지만 다른 라우터는 두 개의 프로토콜(intradomain 및 iBGP)을 실행한다.

8 멀티캐스팅

멀티캐스팅에는 하나의 소스와 목적지 그룹이 있다. 그 관계는 일 대 다수의 관계다. 이 통신 유형에서, 소스 주소는 유니캐스트 주소지만, 목적지 주소는 하나 이상의 목적지 네트워크 그룹이며, 멀티캐스트 데이터그램 수신에 관심이 있는 그룹의 멤버는 적어도 하나 이상 있다. 그룹 주소는 그룹의 구성원을 정의한다. [그림 5-33]은 멀티캐스트 라우터를 사용한 멀티캐스팅을 보여준다.

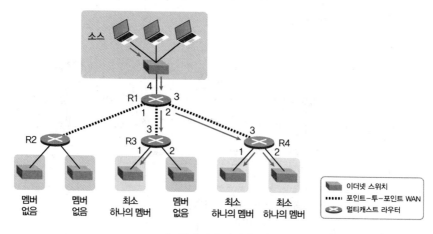

[그림 5-33] 멀티캐스팅

멀티캐스팅에서, 멀티캐스트 라우터는 둘 이상의 인터페이스를 통해 동일한 데이터그램의 복사본을 전송해야 할 수 있다. [그림 5-33]에서, 라우터 R1은 인터페이스 2와 3을 통하여 데이터그램을 전송해야 한다. 마찬가지로, 라우터 R4는 그것의 인터페이스를 통하여 데이터그램을 전송해야 한다. 그러나 라우터 R3는 인터페이스 2에 의해서 도달한 영역에 이 그룹에 속하는 멤버가 없다는 것을 알고 있는데, 그것은 인터페이스 1을 통해서만 데이터그램을 송신한다.

○×로 점검하자

※ 다음 지문의 내용이 맞으면 ○, 틀리면 ×를 체크하시오. [1 ~ 10]

01 IPv4 주소의 길이는 32비트, IPv6 주소의 길이는 128비트이다. (   )

>>>◯ IPv6 주소는 128비트 또는 16바이트로 IPv4 주소 길이의 4배이다.

02 IPv4 헤더의 길이는 32비트이다. (   )

>>>◯ IPv4 헤더의 최소 길이는 20바이트이고 최대 길이는 60바이트이다. 헤더 길이의 필드값은 4바이트의 배수이다.

03 IPv4 주소는 보통 십진수 표기법으로, IPv6 주소는 보통 16진수 표기법으로 작성된다. (   )

>>>◯ IPv4 주소는 십진수 표기법으로 불리며 각 주소는 4바이트이다. IPv6 주소는 16진수 표기법으로 불리며 각 주소는 16바이트 또는 32바이트 16진수이다.

04 클래스 주소지정은 필요에 따라 인접한 주소 블록을 조직에 부여한다. (   )

>>>◯ 클래스 주소지정은 클래스 A, 클래스 B, 클래스 C 블록을 조직에 부여하고, 비클래스 주소지정은 인접한 주소 블록을 부여한다.

05 클래스 A, B, C는 유니캐스트 통신에 사용되고 클래스 D는 멀티캐스트 통신에 사용된다.
(   )

>>>◯ 클래스 A, B, C는 유니캐스트 통신에, 클래스 D는 멀티캐스트 통신에, 클래스 E는 특별한 목적을 위한 예비 주소로 사용된다.

정답 1 ○ 2 × 3 ○ 4 × 5 ○

06 IPv4에서 멀티캐스트 주소는 11111111 패턴으로 시작된다. (   )

>>>⊙ IPv4에서 멀티캐스트 주소는 1110 패턴으로, IPv6에서 멀티캐스트 주소는 11111111 패턴으로 시작한다.

07 호스트 사이에서 페이로드를 운반하는 데이터그램의 소스 및 대상 IP 주소는 호스트의 IP 주소이다.   (   )

>>>⊙ 라우팅 업데이트 패킷을 운반하는 IP 주소 라우터는 패킷을 보내거나 받는 라우팅 인터페이스의 IP 주소이다.

08 멀티캐스트에서 송신 호스트는 메시지의 사본 하나만 전송하지만 필요할 경우 라우터에서 곱한다. 모든 곱셈된 사본에는 각각 다른 대상 주소가 있다. (   )

>>>⊙ 멀티캐스트 송신의 경우 라우터에서 곱셈이 행해지면 그 사본은 모두 동일한 대상 주소를 갖는다.

09 호스트가 N 멀티캐스트 그룹의 멤버인 경우, 그 호스트는 N 멀티캐스트 주소를 갖게 된다.   (   )

>>>⊙ 호스트가 멀티캐스트 그룹의 멤버이면 해당 멀티캐스트 주소를 갖는다.

10 RIP에서 각 라우터는 인접한 라우터와 거리 벡터를 공유할 필요가 있다. (   )

>>>⊙ RIP에서는 각 라우터가 한 종류의 거리 벡터를 갖기 때문에 단 하나의 업데이트 메시지만을 필요로 한다.

정답 **6** × **7** ○ **8** × **9** ○ **10** ○

01 다음 용어 중 네트워크 계층과 관련된 것은?

① 비트
② 프레임
③ 패킷
④ 바이트

01 컴퓨터네트워크에서는 애플리케이션 계층의 데이터가 전송 계층으로 전송되어 세그먼트로 변환된다. 그런 다음 이러한 세그먼트를 네트워크 계층으로 전송하는데 이를 패킷이라고 한다. 그런 다음 이러한 패킷은 프레임으로 캡슐화되는 데이터링크 계층으로 전송된다. 그런 다음 이러한 프레임은 물리 계층으로 전송되며, 여기서 프레임은 비트로 변환된다.

02 다음 중 네트워크 계층의 기능이 <u>아닌</u> 것은?

① 라우팅
② 인터네트워크
③ 정체 관리
④ 경로설정

02 OSI 모델에서 네트워크 계층은 세 번째 계층이며 네트워크 통신을 위한 데이터 라우팅 경로를 제공한다. 인터네트워크는 두 개 이상의 네트워크를 연결하여 네트워크 간 하드웨어나 소프트웨어 모두를 연결시키는 방법을 말한다. 정체 관리는 통신 네트워크로 들어가는 정보 소통량을 조절하여 네트워크가 혼잡해지지 않도록 조절하는 것을 뜻한다.

03 다음 주소 중 4바이트 IP 주소는 무엇인가?

① 네트워크 주소
② 호스트 주소
③ MAC 주소
④ 네트워크 주소와 호스트 주소

03 32비트 길이의 IP 주소는 4바이트이며 네트워크 및 호스트 부분으로 구성되고 주소 클래스에 따라 달라진다.

정답 01 ③ 02 ② 03 ④

안심Touch

04 가상 회로 식별자(VCID : Virtual Channel Identification)라고도 하는 짧은 VC 번호는 연결 지향 회로 교환 네트워크에서 여러 가상 회로를 구별하는 데 사용되는 식별자의 한 유형이다.

04 다음 중 가상 회로 네트워크에서 각 패킷이 포함하는 것은?

① 전체 소스 및 대상 주소
② 짧은 VC 번호
③ 소스 주소만
④ 대상 주소만

05 라우팅 알고리즘은 패킷이 다음에 어디로 가야 하는지 결정하는 것이다. 최단 경로 알고리즘, 정적 및 동적 라우팅, 분산 라우팅, 거리 벡터 라우팅, 링크 상태 라우팅, 계층 라우팅 등과 같은 몇 가지 라우팅 기술이 있다.

05 다음 라우팅 알고리즘 중 어느 것이 네트워크 계층 설계에 사용될 수 있는가?

① 최단 경로 알고리즘
② 거리 벡터 라우팅
③ 링크 상태 라우팅
④ ①, ②, ③번 모두

06 스패닝 트리 프로토콜(STP : Spanning Tree Protocol)은 이더넷 네트워크에 대한 루프 프리 논리 토폴로지를 만드는 네트워크 프로토콜이다. 브리지와 스위치에서 실행되는 2 계층 프로토콜이다. STP의 주요 목적은 네트워크에 중복 경로가 있을 때 루프를 만들지 않도록 하는 것이다.

06 다음 중 모든 라우터를 포함하지만 루프가 없는 네트워크의 서브셋의 명칭은?

① 스패닝 트리
② 거미 구조
③ 스타 구조
④ 메쉬 구조

정답 04 ② 05 ④ 06 ①

07 다음 내용 중 인터넷의 네트워크 계층 프로토콜로 옳은 것은?

① 이더넷
② 인터넷 프로토콜
③ 하이퍼텍스트 전송 프로토콜
④ UDP 프로토콜

08 ICMP는 다음 중 어느 목적으로 사용되는가?

① 오류 및 진단 기능
② 주소지정
③ 전달
④ 라우팅

09 다음 빈칸에 들어갈 용어로 적절한 것은?

> DHCP(동적 호스트 구성 프로토콜)는 ＿＿＿＿＿＿＿을(를)
> 클라이언트에 제공한다.

① IP 주소　　　　　　② MAC 주소
③ URL　　　　　　　④ 포트 주소

10 다음 빈칸에 들어갈 용어로 적절한 것은?

> DHCP는 ＿＿＿＿＿＿＿에 사용된다.

① IPv6
② IPv4
③ IPv6와 IPv4 모두
④ TCP/IP

07 네트워크 계층에는 여러 프로토콜이 사용된다. 그들 중 일부가 IP(인터넷 프로토콜), ICMP, CLNP, ARP, IPX, HRSP 등이다.
하이퍼텍스트 전송 프로토콜은 애플리케이션 계층용이며 이더넷 프로토콜은 데이터링크 계층용이다. UDP 프로토콜은 TCP/IP 프로토콜 중 전송 계층 통신 프로토콜의 하나로 신뢰성이 낮아 완전성을 보증하지 않으나 가상회선을 굳이 확립할 필요가 없고 유연하며 효율적인 데이터 전송에 사용된다.

08 인터넷 제어 메시지 프로토콜(Internet Control Message Protocol)의 약어 ICMP는 네트워킹 장치가 호스트나 라우터에 연결할 수 없음을 나타내는 오류 메시지 및 작동 정보를 전송하는 데 사용된다.

09 DHCP를 사용하여 호스트가 네트워크의 각 호스트를 방문하는 것보다 더 나은 IP 주소를 동적으로 가져올 수 있게 하고 모든 정보를 수동으로 구성한다.

10 DHCP는 IPv4 및 IPv6 주소지정에 모두 사용된다. DHCP를 사용하면 호스트가 변경 사항을 동적으로 알게 되고 호스트는 정보 자체를 업데이트한다.

정답　07 ②　08 ①　09 ①　10 ③

안심Touch

11 DHCP 서버는 클라이언트로부터 요청을 받을 때마다 IP 주소, 제공되는 네트워크 마스크, 클라이언트가 사용하고 유지할 수 있는 시간, 이를 제공하는 DHCP 서버의 IP 주소를 포함하는 DHCP 제공으로 응답한다.

11 다음 중 괄호 안에 들어갈 표현으로 옳은 것은?

> DHCP 서버는 ( ).

① 사용 가능한 IP 주소의 데이터베이스를 관리한다.
② 클라이언트 구성 매개변수에 대한 정보를 유지한다.
③ 클라이언트로부터 요청을 수신하면 IP 주소를 부여한다.
④ ①, ②, ③번 모두

12 67은 서버의 대상 포트로 사용되는 UDP 포트 번호이다. UDP 포트 번호 68은 클라이언트에서 사용한다.

12 다음 빈칸에 들어갈 용어로 적절한 것은?

> DHCP는 UDP 포트 _____을(를) 사용하여 서버에 데이터를 전송한다.

① 66
② 67
③ 68
④ 69

13 브로드캐스트는 LAN 상에 연결되어 있는 모든 네트워크 장비들에게 보내는 통신으로 대상이 특정한 네트워크가 아니라 네트워크 안의 모든 장비들에게 통신하는 방식이다. 유니캐스트는 가장 많이 사용되는 통신 방식으로 출발지 MAC 주소와 목적지 MAC 주소를 통해 자신의 MAC 주소와 일치하는 경우에만 통신한다. DHCP는 실제로 TCP가 연결 지향이기 때문에 UDP에 의해 제공되는 비연결 서비스를 사용한다. 이것은 작동을 위해 2개의 UDP 포트 번호(67, 68)로 구현된다.

13 다음 빈칸에 들어갈 용어로 적절한 것은?

> 동일한 서브넷의 DHCP 클라이언트와 서버는 _____ _____을(를) 통해 통신한다.

① UDP 브로드캐스트
② UDP 유니캐스트
③ TCP 브로드캐스트
④ TCP 유니캐스트

정답 11 ④ 12 ② 13 ①

14 다음 중 괄호 안에 들어갈 말로 옳은 것은?

> IP 충돌을 방지하기 위해 IP 주소를 얻은 후 클라이언트는
> (   )을(를) 사용한다.

① 인터넷 중계 채팅
② 더 넓은 게이트웨이 프로토콜
③ 주소 확인 프로토콜
④ 전송제어 프로토콜

14 주소 확인(결정) 프로토콜(Address Resolution Protocol)의 약어 ARP 는 IP 주소를 로컬 네트워크에 있는 MAC 주소에 매핑하는 데 사용된다.

15 다음 내용 중 IP에 해당되지 <u>않는</u> 것은 무엇인가?

① 오류 보고
② 주소지정 규칙 처리
③ 데이터그램 형식
④ 패킷 처리 규칙

15 오류 보고는 ICMP에 의해 처리된다. IP에서는 통신하고자 하는 모든 장치의 고유한 주소지정과 패킷 분할 및 조립 기능을 담당한다. IP의 정보는 패킷 혹은 데이터그램이라고 하는 덩어리로 나뉘어 전송된다.

16 IPv4 데이터그램의 다음 필드 중 조각화와 관련이 <u>없는</u> 것은 어느 것인가?

① 플래그
② 오프셋
③ 서비스 약관(TOS)
④ 식별자

16 TOS(Type Of Service) 유형의 서비스는 패킷 유형을 식별한다. 플래그(Flag)는 조각(분열)의 특성을 나타낸다. 오프셋(Offset)은 8바이트 단위로 최초 분열 조각으로부터 붙여야 하는 위치를 나타내며 각 조각들이 순서가 바뀌어 도착할 수도 있기 때문에 중요하다. 식별자(Identifier)는 각 조각이 동일한 데이터그램에 속하면 같은 일련번호를 공유한다.

정답 14 ③ 15 ① 16 ③

17 데이터 필드는 데이터를 IP 계층으로 넘겨 준 프로토콜 계층의 데이터를 포함한다. 데이터 필드는 일반적으로 전송 계층 세그먼트(transport layer protocol의 헤더와 데이터)를 가지고 있지만 ICMP 메시지도 전송할 수 있다.

17 IPv4 데이터 필드는 다음 중 어느 것을 나타낼 수 있는가?

① TCP 세그먼트
② UDP 세그먼트
③ ICMP 메시지
④ IP 세그먼트

18 IP는 신뢰할 수 없는 서비스를 제공한다. 비연결형 서비스는 어떤 서비스 수행을 위해 연결 설정이나 해제 과정이 없다. 해당 목적지 주소만을 가지고 해당 메시지가 이동한다. 반면 연결형 서비스는 서비스 수행을 위해 연결을 설정하는 과정이 포함된다. 먼저 연결을 설정하고 설정된 연결을 이용해 서비스를 한 후 서비스를 마치면 다시 연결을 해제한다.

18 다음 중 IP 프로토콜에 적용할 수 <u>없는</u> 것은 어느 것인가?

① 비연결형
② 신뢰할 수 있는 서비스 제공
③ 신뢰할 수 없는 서비스 제공
④ 연결형

19 이중 스택은 기존 시스템에서 IPv6을 지원하는 데 사용되는 접근 방법 중 하나이다. IP 계층에 두 가지 (IPv4, IPv6)의 프로토콜이 모두 탑재되어 있고 통신 상대방에 따라 해당 IP 스택을 선택하는 시스템이다.

19 다음 중 이중 스택 접근법에 대한 설명으로 옳은 것은?

① 2스택으로 IPv4 구현하기
② 2스택으로 IPv6 구현하기
③ 노드는 IPv4와 IPv6를 모두 지원
④ 스택의 백업을 위해서

정답 17 ③ 18 ② 19 ③

20 두 개의 IPv6 노드가 IPv6 데이터그램을 사용하여 상호 운용되기를 원하지만 개입된 IPv4 라우터에 의해 서로 연결되어 있다고 가정할 때 다음 중 가장 좋은 해결책은 무엇인가?

① 이중 스택 방식을 사용
② 터널링
③ 해결책 없음
④ 시스템 교체

20 IPv4 라우터는 터널을 형성할 수 있다. 어떤 프로토콜의 패킷을 다른 프로토콜의 패킷 안에 캡슐화하여 통신하는 방식이다. 출발지/목적지의 호스트가 IPv6 호환주소를 인식하지 못할 때 사용하는 정적 터널링인 설정 터널링과 IPv4 호환주소를 이용한 동적 터널링인 자동 터널링이 있다.

21 라우팅 테이블을 줄이고 검색 프로세스를 단순화하는 두 번째 기법은?

① 네트워크 특정 방법
② 네트워크 관련 동작
③ 네트워크 관련 유지 보수
④ 네트워크 특정 멤버

21 패킷 교환의 이전 방법이다. 네트워크 특정 방법(network-specific method)은 동일한 물리적 네트워크에 연결된 모든 목적지 호스트의 주소에 대한 모든 항목을 사용하는 것이 아니라, 목적지 네트워크의 주소 자체를 사용하여 하나의 항목으로 대체하는 방식이다. 운영자가 직접 경로를 입력하기 때문에 빠른 라우팅이 가능하며 라우팅 테이블을 적게 사용한다.

22 다음 빈칸에 들어갈 용어로 적절한 것은?

> 유니캐스트 라우팅에서 다익스트라(Dijkstra) 알고리즘은
> _____로부터 최단 경로 트리를 생성한다.

① 그래프
② 트리
③ 네트워크
④ 링크

22 그래프 기술은 최단 경로 알고리즘을 사용하는 최상의 노드 찾기 기술에 사용된다. 다익스트라 알고리즘은 도로 교통망 같은 곳에서 나타날 수 있는 그래프에서 꼭짓점 간의 최단 경로를 찾는 알고리즘이다.

정답　20 ②　21 ①　22 ①

01

정답 (1) Network Address Translation
(2) NAT는 사용자가 내부적으로 많은 수의 주소와 하나의 주소 또는 작은 주소 집합을 외부적으로 가질 수 있게 한다. 내부의 트래픽은 큰 세트, 외부 트래픽, 작은 세트를 사용할 수 있다.

해설 NAT는 Network Address Translation의 약자로 네트워크 주소 변환 기법이다. 가정의 사용자와 중소기업은 여러 호스트로 소규모 네트워크를 만들 수 있으며 이 경우 각 호스트에 대한 IP 주소가 필요하다. 주소의 부족으로 이는 심각한 문제인데 이 문제에 대한 빠른 해결책을 NAT라고 한다. NAT는 사용자가 내부적으로 많은 수의 주소와 하나의 주소 또는 작은 주소 집합을 외부적으로 가질 수 있게 한다. 내부의 트래픽은 큰 세트, 외부 트래픽, 작은 세트를 사용할 수 있다.

02

정답 (1) 서브네팅은 주어진 네트워크의 주소를 작게 나누어 여러 개의 서브넷을 만드는 것이다. 슈퍼네팅은 조그만한 C클래스들을 합쳐 큰 클래스 단위의 네트워크 주소 대역을 지원하는 것이다.
(2) 서브넷 마스크

해설 서브네팅은 주어진 네트워크의 주소를 작게 나누어 여러 개의 서브넷을 만드는 것이고, 슈퍼네팅은 서브네팅과 반대되는 개념으로 조그만한 C클래스들을 합쳐 큰 클래스 단위의 네트워크 주소대역을 지원하는 것이다.
서브네팅에서 큰 주소 블록은 몇 개의 인접된 그룹으로 나눌 수 있으며 각 그룹은 서브네트라고 불리는 더 작은 네트워크로 지정된다. 슈퍼네팅에서는 몇 개의 작은 주소 블록들을 하나의 큰 주소 범위로 묶을 수 있으며 이 새로운 주소 세트는 슈퍼네트라고 불리는 큰 네트워크에 지정될 수 있다.
서브네트 마스크는 해당 기본 마스크보다 연속적인 1이 많다. 슈퍼네트 마스크는 해당 기본 마스크보다 연속적인 1이 적다.

✔ **주관식 문제**

01 (1) NAT의 원래 영문 풀네임을 적고, (2) NAT가 어떻게 주소의 고갈 문제에 도움이 되는지 쓰시오.

02 (1) 서브네팅과 슈퍼네팅을 간략히 정의하고, (2) 서브넷에서 네트워크 식별자 부분을 구분하기 위한 mask를 무엇이라고 하는가?

제6장

전송 계층

제1절 개 요
제2절 User Datagram Protocol(UDP)
제3절 Transmission Control Protocol(TCP)
실제예상문제

I wish you the best of luck!

06 전송 계층

제1절 개 요

1 역할

전송 계층은 응용 프로그램 계층과 네트워크 계층 사이에 위치하며 **로컬 호스트와 원격 호스트의 두 응용 프로그램 계층 간, 프로세스 간 통신을 제공**한다. 통신은 논리 연결을 사용하여 제공되며, 호스트의 위치와는 관계없이 두 응용 프로그램 계층은 메시지를 보내고 받을 수 있는 가상의 직접 연결이 있다고 가정한다.

(1) 흐름제어

기업이 아이템을 생산하고 고객이 이를 소비할 때마다, 생산과 소비 속도 사이에 균형이 있어야 한다. 상품이 소비될 수 있는 것보다 빨리 생산되는 경우, 소비자는 당황할 수 있으며 일부 상품을 폐기해야 할 수도 있다. 상품이 소비될 수 있는 것보다 천천히 생산되는 경우, 소비자는 기다려야 하며 시스템의 효율이 떨어진다. 흐름제어는 위의 내용 중에서 첫 번째 문제와 관련이 있다.

① 푸싱 또는 풀링

생산자에서 소비자에게 품목의 전달은 푸싱 또는 풀링이라는 두 가지 방법 중 하나로 이루어질 수 있다. 만약 보낸 사람이 생산될 때마다 소비자로부터의 사전 요청 없이 물건을 배달하는 경우, 그 배달은 푸싱이라고 한다. 소비자가 요청한 후에 생산자가 물품을 인도하는 경우, 납품은 풀링이라고 한다. [그림 6-1]은 이 두 가지 유형의 전달을 보여준다.

[그림 6-1] 푸싱 또는 풀링

생산자가 품목을 푸싱하면 소비자가 압도될 수 있으며, 품목의 폐기를 방지하기 위해 반대 방향으로 흐름제어가 필요할 수 있다. 즉, 소비자는 생산자에게 납품을 중지하고 다시 물품을 수령할 준비가 되었을 때 생산자에게 알려야 한다고 경고할 필요가 있다. 소비자가 물건을 풀링할 때는 준비가 되었을 때 요청한다. 이 경우 흐름제어가 필요하지 않다.

② **전송 계층에서의 흐름제어**

전송 계층에서의 통신에서 발신자 프로세스, 전송자 전송 계층, 수신기 전송 계층 및 수신자 프로세스의 네 가지 실체를 처리한다. 응용 프로그램 계층의 전송 프로세스는 생산자에 불과하며, 메시지를 만들어 전송 계층으로 푸시한다. 전송 계층에는 두 가지 역할, 즉 소비자와 생산자가 있다. 생산자가 푸시한 메시지를 소비하고, 메시지를 패킷으로 캡슐화하고 수신 전송 계층으로 푸시한다. 수신 전송 계층도 두 가지 역할을 한다. 즉, 보낸 사람으로부터 받은 패킷에 대해서는 소비자이고, 메시지를 캡슐 해제(Decapsulation)하여 응용 프로그램 계층에 배달하는 생산자이다. 전송 계층은 [그림 6-2]처럼 송신 측의 전송 계층에서 응용 계층으로, 수신 측의 전송 계층에서 송신 측의 전송 계층으로 보내는 두 가지 흐름제어가 필요함을 보여준다.

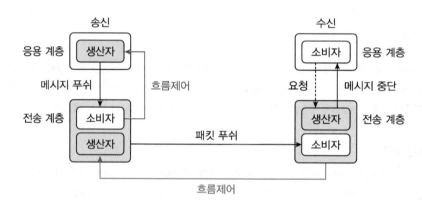

[그림 6-2] 전송 계층에서의 흐름제어

③ **버퍼**

흐름제어는 여러 가지 방법으로 구현될 수 있지만, 해결책 중 하나는 일반적으로 송신 전송 계층에서 그리고 다른 하나는 수신 전송 계층에서 두 개의 버퍼를 사용하는 것이다. 버퍼는 송신자와 수신자에게 패킷을 저장할 수 있는 메모리 위치의 집합이다. 흐름제어 통신은 소비자로부터 생산자에게 신호를 전송함으로써 발생할 수 있다. 송신 전송 계층의 버퍼가 가득 차면, 애플리케이션 계층에게 메시지의 전달을 중지하도록 통지하고, 약간의 여유가 있을 때 많은 양의 메시지를 다시 전달할 수 있다고 애플리케이션 계층에 통지한다. 수신 전송 계층의 버퍼가 가득 차면 송신 전송 계층에 패킷 전송을 중지하도록 알린다. 약간의 여유가 있을 때, 송신 전송 계층에게 패킷을 다시 보낼 수 있다는 것을 알려준다.

(2) 오류제어

인터넷에서 기본 네트워크 계층(IP)은 신뢰할 수 없으므로 응용 프로그램에 안정성이 필요하면 신뢰할 수 있는 전송 계층을 만들어야 한다. 전송 계층에 오류제어 서비스를 추가하여 신뢰성을 확보할 수 있다. 전송 계층의 오류제어는 다음과 같은 작업을 한다.

① 손상된 패킷을 감지하고 폐기한다.
② 손실되거나 버려진 패킷을 추적하고 재전송한다.
③ 중복 패킷을 인식하고 이를 버린다.
④ 누락된 패킷이 도착할 때까지 순서가 틀린 패킷을 버퍼링한다.

오류제어는 흐름제어와 달리 송신 및 수신 전송 계층만 포함한다. [그림 6-3]은 전송 및 수신 전송 계층 간의 오류제어를 보여준다. 흐름제어의 경우와 마찬가지로 수신 전송 계층은 전송 계층에 문제를 알려줌으로써 오류제어를 대부분 관리한다.

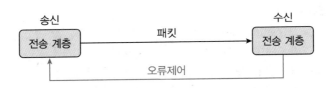

[그림 6-3] 전송 계층에서의 오류제어

시퀀스 번호 오류제어를 위해서는 송신 전송 계층이 어떤 패킷을 재전송해야 하는지 알고, 수신 전송 계층이 어떤 패킷이 중복되는지 또는 어떤 패킷이 순서가 맞지 않는지를 알아야 한다. 패킷에 번호가 매겨지면 이 작업을 수행할 수 있다. 전송 계층 패킷에 필드를 추가하여 패킷의 시퀀스 번호를 유지할 수 있다. 패킷이 손상되거나 손실되었을 때, 수신 전송 계층은 전송 계층에게 시퀀스 번호를 사용하여 패킷을 다시 보내도록 통지할 수 있다. 수신 전송 계층은 또한 두 개의 수신 패킷이 동일한 시퀀스 번호를 갖는 경우 중복 패킷을 감지할 수 있다. 순서가 잘못된 패킷은 시퀀스 번호의 간격을 관찰하여 인식할 수 있다.

패킷은 순차적으로 번호가 매겨진다. 그러나 헤더에 각 패킷의 시퀀스 번호를 포함시켜야 하기 때문에 제한이 필요하다. 패킷의 헤더가 시퀀스 번호에 대해 m비트를 허용하는 경우, 시퀀스 번호는 0부터 $2^m - 1$까지이다. 예를 들어 m이 4인 경우 시퀀스 번호는 0부터 15까지이다. 이 경우 시퀀스 번호는 다음과 같다.

0, 1, 2, 3, 4, 5, 6, 7, 8, 9, 10, 11, 12, 13, 14, 15, 0, 1, 2, 3, 4, 5, 6, 7, 8, 9, 10, 11, ...

즉, 시퀀스 번호는 modulo 2^m이다.

① **수신 확인(Acknowledgment)**

수신 측은 손상됨이 없이 도착한 각 패킷의 집합에 대해 확인 응답(ACK)을 보낼 수 있다. 수신기는 단순히 손상된 패킷을 폐기할 수 있다. 송신자는 타이머를 사용하면 손실된 패킷을 감지할 수 있다. 패킷이 전송되면 송신자는 타이머를 시작한다. 타이머가 만료되기 전에 ACK가 도착하지 않으면, 송신자는 패킷을 다시 보낸다. 중복된 패킷은 수신자가 자동으로 폐기할 수 있다. 순서가 잘못된 패킷은 폐기하거나(송신자에 의해 손실된 패킷으로 처리), 저장한다.

(3) 흐름과 오류제어의 결합

흐름제어는 송신 측과 수신 측에 각각 하나씩 두 개의 버퍼를 사용해야 한다고 설명했다. 또한, 오류 제어도 양측에 의한 시퀀스 번호와 확인 번호의 사용을 필요로 한다고 설명했다. 이 두 가지 요구 사항은 두 개의 번호가 지정된 버퍼를 사용하는 경우 결합될 수 있으며 하나는 송신기에, 하나는 수신 기에 있다. 보낸 사람이 패킷을 보낼 준비가 되면 버퍼의 다음 사용 가능한 위치 x의 번호를 패킷의 시퀀스 번호로 사용한다. 패킷이 전송되면 사본은 메모리 위치 x에 저장되고 다른 쪽 끝의 수신 확 인을 기다린다. 전송된 패킷과 관련된 확인 응답이 도착하면 패킷이 제거되고 메모리 위치가 해제된 다. 수신기에서 시퀀스 번호가 y인 패킷이 도착하면 응용 프로그램 계층이 수신할 준비가 될 때까지 메모리 위치 y에 저장된다. 패킷 y의 도달을 알리기 위한 확인 응답이 전송될 수 있다.

① 슬라이딩 윈도우

시퀀스 번호는 모듈로(modulo) 2^m을 사용하므로 원은 0에서 $2^m - 1$까지의 시퀀스 번호를 나타 낼 수 있다([그림 6-4]). 버퍼는 언제든지 원의 일부를 차지하는 슬라이딩 윈도우라고 하는 슬 라이스 세트로 표시된다. 송신 측에서 패킷을 보내면 해당 슬라이스가 표시된다. 모든 슬라이스 에 표시가 있으면 버퍼가 가득 차서 응용 프로그램 계층에서 더이상 메시지를 받아들일 수 없 음을 의미한다. 확인 응답이 도착하면 해당 슬라이스에 표시가 해제된다. 창의 처음부터 연속된 일부 슬라이스 표시가 해제된 경우 창은 해당 순서 번호의 범위를 확장하여 더 많은 여유 공간을 허용한다. [그림 6-4]는 발신자의 슬라이딩 윈도우를 보여준다. 시퀀스 번호는 모듈로 16(m = 4) 이고 윈도우의 크기는 7이다. 슬라이딩 윈도우는 추상화에 불과하다. 실제 상황은 컴퓨터 변수를 사용하여 전송할 다음 패킷의 시퀀스 번호와 마지막 패킷을 보유한다.

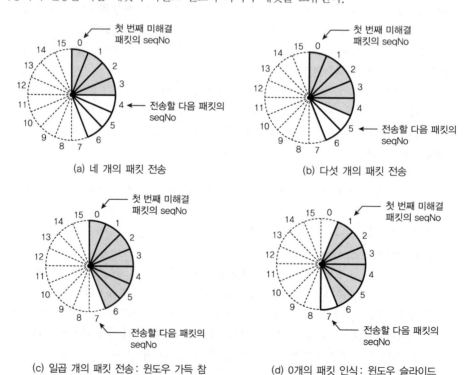

(a) 네 개의 패킷 전송

(b) 다섯 개의 패킷 전송

(c) 일곱 개의 패킷 전송 : 윈도우 가득 참

(d) 0개의 패킷 인식 : 윈도우 슬라이드

[그림 6-4] 원형 형식의 슬라이딩 창

(4) 혼잡제어

인터넷과 같은 패킷 교환망에서 중요한 문제는 혼잡이다. 네트워크의 부하(네트워크에 전송된 패킷수)가 네트워크의 용량(네트워크에서 처리할 수 있는 패킷 수)보다 클 경우 네트워크 정체가 발생할 수 있다. 혼잡제어는 혼잡을 제어하고 부하를 용량 이하로 유지하는 메커니즘과 기술을 나타낸다. 정체는 대기와 관련된 모든 시스템에서 발생한다. 예를 들어, 고속도로상에서의 혼잡은 차량의 추돌 사고 등으로 원활한 차량흐름에 이상이 생기기 때문에 발생한다. 라우터 및 스위치에는 처리 전후의 패킷을 보관하는 큐(queue)가 있기 때문에 네트워크 또는 인터네트워크의 정체가 발생한다. 예를 들어 라우터에는 각 인터페이스에 대한 입력 대기열과 출력 대기열이 있다. 라우터가 도착하는 속도와 동일한 속도로 패킷을 처리할 수 없으면 대기열에 과부하가 발생하고 정체가 발생한다. 전송 계층의 정체는 실제로 네트워크 계층에서의 정체의 결과이며, 전송 계층에서 자체적으로 나타난다.

(5) 전송 계층 서비스 `중요` ★

전송 계층은 네트워크 계층과 응용 계층 사이에 위치한다. 전송 계층은 응용 프로그램 계층에 서비스를 제공하고 네트워크 계층으로부터 서비스를 받는다. 전송 계층 서비스를 수행하기 위한 몇 가지 프로토콜이 있다. 각 프로토콜은 다른 유형의 서비스를 제공하므로 적절히 사용되어야 한다.
UDP(User Datagram Protocol)는 애플리케이션 계층 프로세스에서 오류제어를 제공할 수 있는 애플리케이션(Transmission Control Protocol)으로 단순성과 효율성을 위해 사용되는 신뢰할 수 없는 비연결형 전송 계층 프로토콜이다. TCP는 신뢰성이 중요한 모든 응용 프로그램에서 사용할 수 있는 안정적인 연결 지향형 프로토콜이다. SCTP(Stream Control Transmission Protocol)는 UDP와 TCP의 기능을 결합한 새로운 전송 계층 프로토콜이다. DCCP(Datagram Congestion Control Protocol)는 UDP 기반의 실시간 서비스에서 혼잡제어 없이 오랜 시간 대용량의 데이터를 전송하여 망의 혼잡 및 다른 프로토콜과 대역폭 불균형을 초래하는 문제점을 해결하기 위해 UDP 기반에서 최소한의 혼잡제어 기능을 가진 새로운 전송 프로토콜이다.

① 프로세스 간 통신

전송 계층 프로토콜의 첫 번째 의무는 프로세스 간 통신을 제공하는 것이다. 프로세스는 전송 계층의 서비스를 사용하는 응용 프로그램 계층 실체(실행 프로그램)이다. 프로세스 간 통신을 수행하는 방법을 설명하기 전에 호스트 간 통신과 프로세스 간 통신의 차이점을 이해해야 한다. 네트워크 계층은 컴퓨터 수준에서의 통신을 담당한다(호스트 간 통신). 네트워크 계층 프로토콜은 대상 컴퓨터에만 메시지를 배달할 수 있으나 이것은 불완전한 전달이다. 메시지는 여전히 올바른 프로세스로 전달되어야 하며 이것이 전송 계층 프로토콜을 대신한다. 전송 계층 프로토콜은 해당 프로세스에 메시지를 전달하는 역할을 한다. [그림 6-5]는 네트워크 계층과 전송 계층의 도메인을 보여준다.

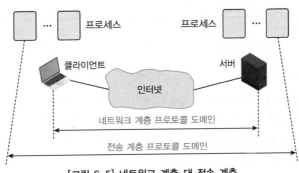

[그림 6-5] 네트워크 계층 대 전송 계층

② 주소 지정(포트 번호)

프로세스 간 통신을 수행하는 데는 몇 가지 방법이 있지만 가장 일반적인 방법은 클라이언트-서버 패러다임을 사용하는 것이다. 클라이언트라고 하는 로컬 호스트의 프로세스는 일반적으로 서버라고 하는 원격 호스트에서 프로세스의 서비스를 필요로 한다.

그러나 오늘날 운영체제는 다중 사용자 환경과 다중 프로그래밍 환경을 모두 지원한다. 원격 컴퓨터는 여러 로컬 컴퓨터가 동시에 하나 이상의 클라이언트 프로그램을 실행할 수 있는 것처럼 여러 서버 프로그램을 동시에 실행할 수 있다. 통신을 위해서는 로컬 호스트, 로컬 프로세스, 원격 호스트 및 원격 프로세스를 정의해야 한다. 로컬 호스트와 원격 호스트는 IP 주소를 사용하여 정의된다. 프로세스를 정의하려면 포트 번호라고 하는 두 번째 식별자가 필요하다. TCP/IP 프로토콜 집합에서 포트 번호는 0 ~ 65,535(16비트) 사이의 정수이다. 클라이언트 프로그램은 임시 포트 번호라고 하는 포트 번호로 자신을 정의한다. 임시적이라는 것은 '수명이 짧다'라는 것을 의미하며 클라이언트의 수명이 일반적으로 짧기 때문에 사용된다. 일부 클라이언트/서버 프로그램이 제대로 작동하려면 임시 포트 번호가 1023보다 커야 한다. 서버 프로세스는 포트 번호로 자신을 정의해야 한다. 그러나 이 포트 번호는 임의로 선택할 수 없다. 서버 사이트의 컴퓨터가 서버 프로세스를 실행하고 임의의 번호를 포트 번호로 할당하면 해당 서버에 액세스하여 서비스를 사용하려는 클라이언트 사이트의 프로세스는 포트 번호를 알 수 없다. 물론 한 가지 해결책은 특정 패킷을 보내고 특정 서버의 포트 번호를 요청하는 것이지만 더 많은 오버헤드가 발생한다. TCP/IP는 서버에 범용 포트 번호를 사용하기로 결정하는데 이를 '잘 알려진 포트 번호'라고 한다. 이 규칙에는 몇 가지 예외가 있다. 예를 들어 잘 알려진 포트 번호가 할당된 클라이언트가 있다. 모든 클라이언트 프로세스는 해당 서버 프로세스의 잘 알려진 포트 번호를 알고 있다. 예를 들어, 잘 알려진 클라이언트 프로그램인 클라이언트 프로세스는 자신을 식별하기 위해 일시적인(임시) 포트 번호 52,000을 사용할 수 있지만, 서버 프로세스는 잘 알려진(영구적인) 포트 번호 13을 사용해야 한다. [그림 6-6]은 이 개념을 보여준다.

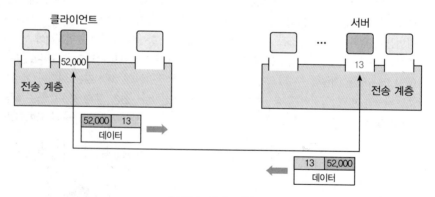

[그림 6-6] 포트 번호

IP 주소와 포트 번호가 데이터의 최종 목적지를 선택하는데 서로 다른 역할을 한다. 대상 IP 주소는 다른 호스트들 사이에서 호스트를 정의하며 호스트를 선택한 후 포트 번호는 이 특정 호스트에 대한 프로세스 중 하나를 정의한다. 호스트를 선택한 후 포트 번호는 이 특정 호스트의 프로세스 중 하나를 정의한다([그림 6-7] 참조).

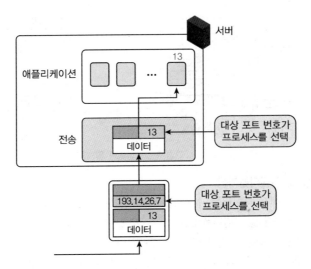

[그림 6-7] IP 주소 대 포트 번호

프로세스 간 통신 프로토콜은 포트 번호를 사용하여 이를 수행한다. 포트 번호는 전송 계층에서 엔드투 엔드 주소를 제공하며 네트워크 계층에서 IP 주소와 마찬가지로 이 계층에서 멀티플렉싱 및 디멀티플렉싱을 허용한다. TCP 및 UDP 프로토콜 모두에서 잘 알려진 포트 번호들이 있으며, 여기에는 포트번호 17~19 FTP(File Transfer Protocol), 20~21 FTP(File Transfer Protocol : TCP/IP 프로토콜로 서버와 클라이언트 사이의 파일 전송), 25 SMTP(Simple Mail Transfer Protocol : 간이 전자우편 전송 프로토콜), 67 DHCP(Dynamic Host Configuration Protocol : 호스트 IP 구성 관리를 단순화하는 IP 표준) 등이 있다.

③ 소켓 주소

TCP 제품군의 전송 계층 프로토콜은 각 끝에서 IP 주소와 포트 번호를 모두 필요로 한다. IP 주소와 포트 번호의 조합을 소켓 주소라고 한다. 클라이언트 소켓 주소는 서버 소켓 주소가 서버 프로세스를 고유하게 정의하는 것처럼 클라이언트 프로세스를 고유하게 정의한다.

④ 캡슐화 및 캡슐 해제

한 프로세스에서 다른 프로세스로 메시지를 전송하기 위해 전송 계층 프로토콜은 메시지를 캡슐화하고 해제한다([그림 6-8]). 캡슐화는 송신자 측에서 발생한다. 프로세스가 송신할 메시지를 가지면 전송 계층 프로토콜에 의존하는 한 쌍의 소켓 주소와 일부 다른 정보 조각과 함께 전송 계층으로 메시지를 전달한다. 전송 계층은 데이터를 수신하고 전송 계층 헤더를 추가한다. 인터넷의 전송 계층에서 패킷은 사용하는 전송 계층 프로토콜에 따라 사용자 데이터그램, 세그먼트 또는 패킷이라고 불린다. 일반적으로 **전송 계층 페이로드(payload)를 패킷**이라고 부른다. 캡슐 해제는 수신 사이트에서 발생한다. 메시지가 대상 전송 계층에 도착하면 헤더가 삭제되고 전송 계층은 응용 프로그램 계층에서 실행되는 프로세스에 메시지를 전달한다. 송신자 소켓 주소는 수신된 메시지에 응답해야 할 필요가 있을 경우 프로세스로 전달된다.

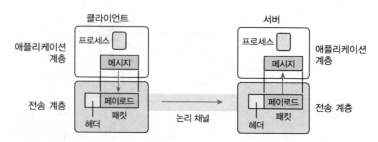

[그림 6-8] 캡슐화 및 캡슐 해제

⑤ 멀티플렉싱 및 디멀티플렉싱

둘 이상의 소스에서 데이터를 수신하는 경우를 멀티플렉싱이라고 하고, 둘 이상의 소스로 데이터를 전달하는 경우를 디멀티플렉싱이라고 한다. 송신 측의 전송 계층은 멀티플렉싱을 수행하고 수신 측의 전송 계층은 디멀티플렉싱을 수행한다.

[그림 6-9]는 클라이언트와 두 서버 사이의 통신을 보여준다. 클라이언트 사이트 P1, P2, P3에서 3개의 클라이언트 프로세스가 실행되고 있다. P1과 P3 프로세스는 서버에서 실행 중인 해당 서버 프로세스에 요청을 보내고 클라이언트 프로세스 P2는 다른 서버에서 실행 중인 해당 서버 프로세스에 요청을 보내야 한다. 클라이언트 사이트의 전송 계층은 3개의 프로세스에서 3개의 메시지를 수신하고 3개의 패킷을 생성하는 멀티플렉서 역할을 한다. 패킷 1과 3은 동일한 논리적 채널을 사용하여 첫 번째 서버의 전송 계층에 도달한다. 그들이 서버에 도착하면, 전송 계층은 디멀티플렉서의 작업을 수행하고 메시지를 두 개의 다른 프로세스에 분배한다. 두 번째 서버의 전송 계층은 패킷 2를 수신하여 해당 프로세스에 전달한다. 한 가지 메시지만 있어도 여전히 디멀티플렉싱을 가지고 있다는 점에 유의하자.

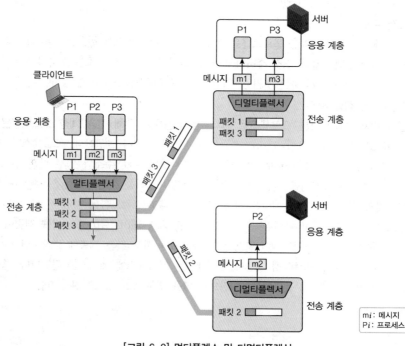

[그림 6-9] 멀티플렉스 및 디멀티플렉싱

2 비연결 및 연결 지향 프로토콜 🔁 ★★

전송 계층 프로토콜은 비연결형 및 연결지향형의 두 가지 유형의 서비스를 제공하지만 이러한 서비스의 특성은 네트워크 계층의 특성과 다르다. 네트워크 계층에서 비연결 서비스는 동일한 메시지에 속하는 서로 다른 데이터그램에 대해 서로 다른 경로를 의미하지만, 전송 계층에서의 비연결형 서비스는 패킷 간의 독립성을 의미하며 연결지향은 종속성을 의미한다.

(1) 비연결 서비스

비연결형 서비스에서 응용 프로그램은 메시지를 전송 계층이 수용할 수 있는 크기의 데이터로 나눠서 전송 계층에 하나씩 전달해야 한다. 전송 계층은 데이터 크기에 관계 없이 각 데이터를 하나의 단위로 취급한다. 데이터가 응용 프로그램 계층에서 도착하면 전송 계층은 이를 패킷으로 캡슐화하고 전송한다. 패킷의 독립성을 표시하려면 클라이언트 프로세스에 서버 프로세스로 전송할 세 개의 메시지 데이터가 있다고 가정한다. 데이터는 비 연결형 전송 프로토콜로 순서대로 전달된다. 그러나 전송 계층에서 패킷 간에 종속성이 없으므로 패킷이 대상에서 순서 없이 도착하여 서버 프로세스에 순서대로 전달되지 않는다([그림 6-10]).

[그림 6-10]에서 타임 라인을 사용하여 패킷의 움직임을 보여 주었지만 전송 계층으로의 프로세스 전달은 순식간이라고 가정했다. 이 그림은 클라이언트 사이트에서 세 개의 메시지가 순서대로(0, 1 및 2) 클라이언트 전송 계층에 전달된다는 것을 보여준다. 두 번째 패킷의 전송 지연으로 인해 서버에서 전달되는 메시지 순서(0, 2, 1)가 아니다. 이러한 세 개의 데이터가 동일한 메시지에 속하면 서버 프로세스가 이상한 메시지를 수신했을 수 있다. 패킷 중 하나가 손실되면 상황이 더 나빠질 수 있다. 패킷에 번호가 없기 때문에 수신 전송 계층은 메시지 중 하나가 손실되었다는 것을 알지 못하고, 두 개의 데이터를 서버 프로세스에 전달한다. 상기 2가지 문제는 2개의 전송층이 서로 조정되지 않는다는 사실로부터 발생한다. 수신 전송 계층은 첫 번째 패킷이 언제 오는지, 모든 패킷이 도착했는지 여부를 알지 못한다. 비연결형 서비스에서는 흐름제어, 오류제어 또는 혼잡제어가 효과적으로 구현될 수 없다고 말할 수 있다.

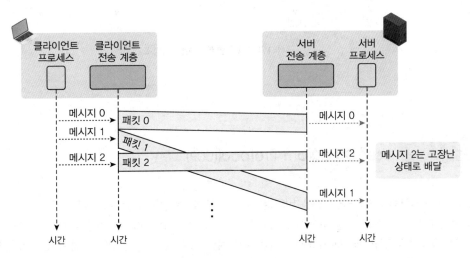

[그림 6-10] 비연결 서비스

(2) 연결 지향 서비스

연결 지향 서비스에서 클라이언트와 서버는 먼저 자신 간의 논리적 연결을 설정해야 한다. 데이터 교환은 연결 설정 후에만 발생할 수 있으며, 데이터 교환 후, 연결을 해체해야 한다([그림 6-11]). 앞서 언급했듯이 전송 계층의 연결 지향 서비스는 네트워크 계층의 동일한 서비스와 다르다. 네트워크 계층에서 연결 지향 서비스는 두 종단 호스트와 그 사이의 모든 라우터 간의 조정을 의미하지만, 전송 계층에서 연결 지향 서비스는 두 호스트만 포함하며 서비스는 종단 간의 조정을 의미한다. 이것은 네트워크 계층에서 비연결 지향 프로토콜 또는 연결 지향 프로토콜을 통해 전송 계층에서 연결 지향 프로토콜을 만들 수 있어야 한다는 것을 의미한다. [그림 6-11]은 전송 계층에서 연결 지향 서비스의 연결 설정, 데이터 전송 및 분리 단계를 보여준다. 연결 지향 프로토콜에서 흐름제어, 오류제어 및 혼잡제어를 구현할 수 있다.

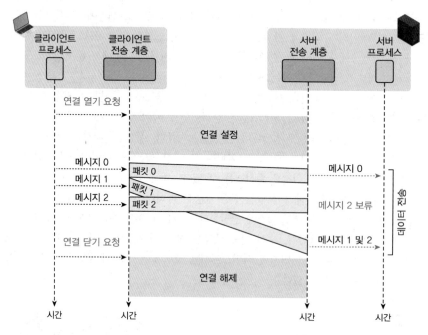

[그림 6-11] 연결 지향형 서비스

제 2 절　　User Datagram Protocol(UDP) 중요 ★

사용자 데이터그램 프로토콜(UDP)은 **비연결적이고 신뢰할 수 없는 전송 프로토콜**이다. 호스트 대 호스트 통신 대신 프로세스 간 통신을 제공하는 것을 제외하고는 IP 서비스에 아무 것도 추가하지 않는다. UDP가 그렇게 무력하다면 프로세스가 그것을 사용하는 이유는 무엇인가? 단점과 함께 몇 가지 장점이 있다. UDP는 최소한의 오버헤드를 사용하는 매우 간단한 프로토콜이다. 프로세스가 작은 메시지를 보내고 신뢰성에 별로 신경 쓰지 않으면 UDP를 사용할 수 있다. UDP를 사용하여 작은 메시지를 보내는 것은 TCP를 사용하는 것보다 송신자와 수신자 사이의 상호 작용이 훨씬 적다.

1 사용자 데이터그램

사용자 데이터그램이라고 하는 UDP 패킷은 4바이트의 고정된 크기의 8바이트 헤더를 가지고 있으며 각각 2바이트(16비트)이다. [그림 6-12]는 사용자 데이터그램의 형식을 보여준다. 처음 두 필드는 소스 및 대상 포트 번호를 정의한다. 세 번째 필드는 사용자 데이터그램의 총 길이, 헤더와 데이터를 정의한다. 16비트는 0 ~ 65,535바이트의 총 길이를 정의할 수 있다. 그러나 UDP 사용자 데이터그램은 전체 길이가 65,535바이트인 IP 데이터그램에 저장되므로 총 길이는 더 줄어야 한다. 마지막 필드는 선택적 체크섬을 전달할 수 있다.

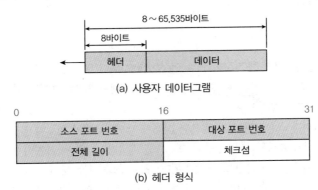

[그림 6-12] 사용자 데이터그램 패킷 형식

2 UDP 서비스

(1) 프로세스 간 통신

UDP는 IP 주소와 포트 번호의 조합인 소켓 주소를 사용하여 프로세스 간 통신을 제공한다.

(2) 비연결 서비스

앞서 언급했듯이 UDP는 비연결형 서비스를 제공한다. 이것은 UDP에 의해 전송된 각 사용자 데이터그램이 독립적인 데이터그램임을 의미한다. 서로 다른 사용자 데이터그램이 동일한 소스 프로세스에서 오고 동일한 대상 프로그램으로 이동하는 경우에도 관계가 없다. 사용자 데이터그램의 번호가 매겨지지 않는다. 또한, TCP와 달리 연결 설정 및 연결 종료가 없다. 이것은 각 사용자 데이터그램이 다른 경로로 이동할 수 있음을 의미한다. 비연결성의 파급 효과 중 하나는 UDP를 사용하는 프로세스가 UDP로 데이터 스트림을 보낼 수 없으며 UDP가 다른 관련 사용자 데이터그램으로 이를 자르기를 기대한다는 것이다. 대신 각 요청은 하나의 사용자 데이터그램에 맞도록 작아야 한다. 짧은 메시지를 보내는 프로세스, 즉 65,507바이트 (65,535에서 UDP 헤더의 경우 8바이트 빼기, IP 헤더의 경우 20바이트 빼기)보다 작은 메시지만 UDP를 사용할 수 있다.

(3) 흐름제어

UDP는 매우 간단한 프로토콜이다. 흐름제어가 없으므로 창 구조가 없고, 수신자가 들어오는 메시지로 넘칠 수 있다. 흐름제어가 없다는 것은 필요한 경우 UDP를 사용하는 프로세스가 이 서비스를 제공해야 함을 의미한다.

(4) 오류제어

체크섬을 제외하고 UDP에는 오류제어 메커니즘이 없다. 즉, 송신자는 메시지가 손실되었거나 복제되었는지 여부를 알 수 없다. 수신자가 체크섬을 통해 오류를 감지하면 사용자 데이터그램은 자동으로 삭제된다. 오류제어가 없다는 것은 필요한 경우 UDP를 사용하는 프로세스가 이 서비스를 제공해야 함을 의미한다.

(5) 체크섬

UDP 체크섬 계산에는 의사 헤더(pseudoheader), UDP 헤더 및 응용 프로그램 계층에서 오는 데이터의 세 부분이 포함된다. 의사 헤더는 사용자 데이터그램이 0으로 채워진 일부 필드로 캡슐화되어야 하는 IP 패킷 헤더의 일부이다.

체크섬에 의사 헤더가 포함되어 있지 않으면 사용자 데이터그램이 안전하고 올바르게 도착할 수 있다. 그러나 IP 헤더가 손상된 경우 잘못된 호스트로 배달될 수 있다. 패킷이 TCP가 아닌 UDP에 속하는지 확인하기 위해 프로토콜 필드가 추가된다. 프로세스가 UDP나 TCP를 사용할 수 있다면 목적지 포트 번호는 같을 수 있다. UDP의 프로토콜 필드 값은 17이다. 전송 중에 이 값이 변경되면 수신자의 체크섬 계산에서 이를 감지하고 UDP가 패킷을 삭제하고, 잘못된 프로토콜로 전달되지 않는다.

(6) 혼잡제어

UDP는 비연결형 프로토콜이기 때문에 혼잡제어를 제공하지 않는다. UDP는 전송된 패킷이 작고 산발적이며 네트워크에서 정체를 유발할 수 없다고 가정한다.

(7) 캡슐화 및 캡슐 해제

한 프로세스에서 다른 프로세스로 메시지를 보내려면 UDP 프로토콜이 메시지를 캡슐화하고 캡슐 해제한다.

(8) 큐잉(Queuing)

UDP에서 대기열은 포트와 연관된다. 클라이언트 사이트에서 프로세스가 시작되면 운영체제에서 포트 번호를 요청한다. 일부 구현은 각 프로세스와 관련된 수신 대기열과 송신 대기열을 생성한다. 다른 구현은 각 프로세스와 관련된 수신 대기열만 생성한다.

(9) 멀티플렉싱 및 디멀티플렉싱

TCP/IP 프로토콜을 실행하는 호스트에는 단 하나의 UDP가 있을 수 있지만 UDP의 서비스를 사용하려는 여러 프로세스가 있을 수 있다. 이 상황을 처리하기 위해 UDP는 멀티플렉싱 및 디멀티플렉싱한다.

(10) UDP와 일반 단순 프로토콜의 비교

UDP를 비연결형 단순 프로토콜과 비교할 수 있다. 유일한 차이점은 UDP가 수신 측에서 손상된 패킷을 감지하는 선택적 체크섬을 제공한다는 것이다. 체크섬이 패킷에 추가되면 수신 UDP는 패킷을 확인하고 패킷이 손상된 경우 패킷을 폐기할 수 있다. 그러나 어떠한 피드백도 발신자에게 보내지지 않는다.

3 UDP 애플리케이션

UDP는 신뢰할 수 있는 전송 계층 프로토콜에 대해 앞에서 언급한 기준을 거의 충족하지 않지만, 일부 애플리케이션에서는 UDP가 더 바람직하다. 그 이유는 일부 서비스는 허용할 수 없거나 선호되지 않는 부작용을 일으킬 수 있기 때문이다. 애플리케이션 설계자는 최적화를 얻기 위해 타협할 필요가 있다.

(1) UDP의 특징

① 비연결 서비스

앞에서 언급했듯이, UDP는 비연결형 프로토콜이다. 각 UDP 패킷은 동일한 애플리케이션 프로그램에 의해 전송되는 다른 패킷과 독립적이다. 이 특성은 적용 요건에 따라 장단점으로 간주할 수 있다. 예를 들어 클라이언트 애플리케이션이 서버에 짧은 요청을 보내고 짧은 응답을 받아야 하는 경우 이점이 된다. 요청과 응답이 각각 단일 사용자 데이터그램에 적합할 수 있는 경우, 비연결 서비스가 선호될 수 있다. 이 경우 연결을 설정하고 닫는 오버헤드가 중요할 수 있다. 연결 지향 서비스에서는 위의 목표를 달성하기 위해 클라이언트와 서버 간에 적어도 9개의 패킷을 교환하고, 비연결형 서비스에서는 2개의 패킷만 교환한다. 비연결 서비스는 지연을 줄이며, 연결 지향적 서비스는 더 많은 지연을 만든다. 애플리케이션에서 지연이 중요한 문제인 경우 비연결 서비스가 선호된다.

② 오류제어 부족

UDP는 오류제어를 제공하지 않으며 신뢰할 수 없는 서비스를 제공한다. 대부분 애플리케이션은 전송 계층 프로토콜로부터 신뢰할 수 있는 서비스를 기대한다. 신뢰할 수 있는 서비스가 바람직하지만, 일부 응용 프로그램에서는 수용할 수 없는 부작용이 있을 수 있다. 전송 계층이 신뢰할 수 있는 서비스를 제공할 때 메시지의 일부가 분실되거나 손상되면 다시 전송해야 할 필요가 있다. 즉, 수신 전송 계층은 해당 부분을 즉시 애플리케이션에 전달할 수 없다. 다시 말하면 애플리케이션 계층으로 전달되는 메시지의 서로 다른 부분 사이에 불균일한 지연이 있다. 일부 애플리케이션들은 본질적으로 이런 고르지 못한 지연을 알아차리지 못하지만 어떤 애플리케이션들은 매우 문제가 많다.

③ 혼잡제어 부족

UDP는 혼잡제어를 제공하지 않는다. 그러나 UDP는 오류가 발생하기 쉬운 네트워크에서 추가 트래픽을 생성하지 않는다. TCP는 패킷을 여러 번 재전송하여 혼잡을 일으키거나 혼잡한 상황을 악화시킬 수 있다. 따라서 혼잡 문제가 큰 경우 UDP의 오류제어 부족이 유리하다고 볼 수 있는 경우도 있다.

(2) 일반적인 응용

다음은 TCP보다 UDP의 서비스에서 더 많은 이익을 얻을 수 있는 대표적인 애플리케이션을 보여준다.

> ① UDP는 흐름과 오류제어를 거의 고려하지 않고 간단한 요청 응답 통신을 필요로 하는 프로세스에 적합하다. 대용량 데이터를 전송해야 하는 FTP와 같은 프로세스에는 일반적으로 사용되지 않는다.
> ② UDP는 내부 흐름 및 오류제어 메커니즘이 있는 프로세스에 적합하다. 예를 들어, TFTP(Trivial File Transfer Protocol) 프로세스는 흐름과 오류제어를 포함하는데, 이는 UDP를 쉽게 사용할 수 있다.
> ③ UDP는 멀티캐스팅에 적합한 전송 프로토콜이다. 멀티캐스팅 기능은 UDP 소프트웨어에 내장되어 있지만, TCP 소프트웨어에는 내장되어 있지 않다.
> ④ UDP는 SNMP와 같은 관리 프로세스에 사용된다.
> ⑤ UDP는 RIP(Routing Information Protocol)와 같은 일부 경로 업데이트 프로토콜에 사용된다.
> ⑥ UDP는 일반적으로 수신된 메시지의 섹션 간 불균일한 지연을 허용할 수 없는 대화형 실시간 애플리케이션에 사용된다.

제 3 절 Transmission Control Protocol(TCP) 중요 ★★★

전송 제어 프로토콜(TCP)은 연결 지향적이고 안정적인 프로토콜이다. TCP는 연결 지향 서비스를 제공하기 위해 연결 설정, 데이터 전송 및 연결 해체 단계를 명시적으로 정의한다. TCP는 안정성을 제공하기 위해 GBN 및 SR 프로토콜의 조합을 사용한다. 이러한 목표를 달성하기 위해 TCP는 체크섬(오류 탐지용), 손실되거나 손상된 패킷의 재전송, 누적 및 선택적 수신 확인 및 타이머를 사용한다. TCP는 인터넷에서 가장 보편적인 전송 계층 프로토콜이다.

1 TCP의 특성

(1) 번호 시스템

TCP 소프트웨어가 전송되거나 수신되는 세그먼트를 추적하지만 세그먼트 헤더에는 세그먼트 번호 값 필드가 없다. 대신 시퀀스 번호와 확인 번호라는 두 개의 필드가 있다. 이 두 필드는 세그먼트 번호가 아닌 바이트 번호를 나타낸다.

① 바이트 번호

TCP는 연결에서 전송되는 모든 데이터 바이트(옥텟)를 번호 지정한다. 번호 순서는 각 방향에서 독립적이다. TCP가 프로세스에서 데이터 바이트를 수신하면 TCP는 이를 송신 버퍼에 저장하고 번호를 매긴다. 번호 순서는 반드시 0부터 시작하지는 않는다. 대신 TCP는 첫 번째 바이트의 번호에 대해 0과 $2^{32}-1$ 사이의 임의의 숫자를 선택한다. 예를 들어 숫자가 1057이고 전송할 총 데이터가 6000바이트인 경우 바이트는 1057에서 7056까지 번호가 지정된다. 바이트 번호가 흐름 및 오류제어에 사용됨을 알 수 있다.

② 시퀀스 번호

바이트에 번호가 매겨진 후, TCP는 전송 중인 각 세그먼트에 일련번호를 할당한다. 각 방향의 시퀀스 번호는 다음과 같이 정의된다.

> ㉠ 첫 번째 세그먼트의 시퀀스 번호는 ISN(초기 시퀀스 번호)이며 난수이다.
> ㉡ 다른 세그먼트의 시퀀스 번호는 이전 세그먼트의 시퀀스 번호와 이전 세그먼트에 의해 운반된 바이트 수(실수 또는 허수)이다.

세그먼트가 데이터와 제어 정보(피기백킹)의 조합을 전달할 때 시퀀스 번호를 사용한다. 세그먼트가 사용자 데이터를 전송하지 않는 경우, 논리적으로 시퀀스 번호를 정의하지 않는다. 필드는 있지만 값은 유효하지 않다. 그러나 일부 세그먼트는 제어 정보만 전달할 때 수신기에서 수신 확인할 수 있도록 시퀀스 번호가 필요하다. 이러한 세그먼트는 연결 설정, 종료 또는 무산시키는 데 사용된다. 이들 세그먼트는 각각 1바이트를 운반하는 것처럼 하나의 시퀀스 번호를 소비하지만 실제 데이터는 없다.

③ 확인 응답 번호

앞에서 논의한 바와 같이, TCP에서의 통신은 전이중으로, 접속이 성립되면 쌍방이 동시에 데이터를 송수신할 수 있다. 각 당사자는 일반적으로 다른 시작 바이트 번호로 바이트의 번호를 지정한다. 각 방향의 시퀀스 번호는 세그먼트에 의해 운반된 첫 번째 바이트의 번호를 나타낸다. 각 당사자는 또한 확인 번호를 사용하여 수신한 바이트를 확인한다. 그러나 수신 확인 번호는 그 당사자가 받을 것으로 예상하는 다음 바이트의 수를 정의한다. 또, 수신 응답 번호는 누적되어 있는데 이는 당사자가 수신한 마지막 바이트 수를 안전하고 양호하게 취하여 거기에 1을 더하고, 이 합계를 확인 번호로 알린다. 여기에서 누적이라는 용어는 5643을 승인 번호로 사용하는 경우 처음부터 5642까지의 모든 바이트를 받았다는 것을 의미한다. 첫 번째 바이트 번호는 0이 될 필요가 없기 때문에, 이는 해당 당사자가 5642바이트를 수신했다는 것을 의미하지 않는다.

2 TCP 서비스

(1) 프로세스 간 통신

UDP와 마찬가지로 TCP는 포트 번호를 사용하여 프로세스 간 통신을 제공한다.

(2) 스트림 배달 서비스

TCP는 UDP와는 달리 스트림 지향 프로토콜이다. UDP에서 프로세스는 미리 정의된 경계가 있는 메시지를 UDP로 보내 전달한다. UDP는 각 메시지에 자체 헤더를 추가하고 이를 전송하기 위해 IP로 전달한다. 프로세스의 각 메시지는 사용자 데이터그램이라고 하며 결국에는 하나의 IP 데이터그램이 된다. IP나 UDP 모두 데이터그램 간의 관계를 인식하지 못한다. 반면에 TCP는 송신 프로세스가 데이터를 바이트 스트림으로 전달할 수 있게 하고 수신 프로세스가 데이터를 바이트 스트림으로 얻을 수 있게 한다. TCP는 두 프로세스가 인터넷을 통해 바이트를 운반하는 가상 '튜브'에 의해 연결되는 것처럼 보이는 환경을 만든다. [그림 6-13]에서 전송 프로세스는 스트림을 생성하고 수신 프로세스는 스트림을 처리한다.

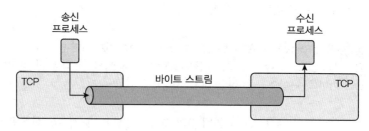

[그림 6-13] 스트림 전달

① 버퍼 송수신

송신과 수신 프로세스가 반드시 같은 속도로 데이터를 쓰거나 읽을 필요는 없기 때문에 TCP는 저장용 버퍼가 필요하다. 송신 버퍼와 수신 버퍼라는 두 개의 버퍼가 있는데, 각 방향마다 하나씩이다. 이러한 버퍼가 TCP에서 사용하는 흐름 및 오류제어 메커니즘에도 필요하다. 버퍼를 구현하는 한 가지 방법은 [그림 6-14]와 같이 1바이트 위치의 원형 배열을 사용하는 것이다. 그림에서는 각각 20바이트의 버퍼를 두 개 보여주고 있지만, 일반적으로 버퍼는 구현에 따라 수백 또는 수천 바이트가 된다. 또한, 버퍼를 같은 크기로 보여주지만 항상 그렇지는 않다.

그림은 한 방향으로의 데이터 이동을 보여준다. 송신자에게 버퍼는 세 가지 종류의 챔버를 가지고 있다. 흰색 섹션에는 송신 프로세스(생산자)로 채워질 수 있는 빈 챔버가 포함되어 있다. 채색된 영역에는 전송되었지만 아직 확인되지 않은 바이트가 있다. TCP 송신자는 이러한 바이트를 수신할 때까지 버퍼에 보관한다. 음영 처리된 영역에는 송신 TCP에 의해 전송될 바이트가 포함되어 있다. 그러나 TCP는 이 음영 섹션의 일부만 전송할 수 있는데 이는 수신 과정이 느리거나 네트워크의 혼잡 때문이다. 또한, 유색 챔버의 바이트가 확인된 후에는 챔버를 재활용하여 전송 프로세스에 사용할 수 있다. 이것이 원형 순환 버퍼를 보여주는 이유다.

수신기의 버퍼 작동은 더 간단하다. 원형 버퍼는 두 가지 영역(흰색과 유색으로 표시됨)으로 나뉜다. 흰색 영역에는 네트워크에서 수신한 바이트로 채울 빈 챔버가 포함되어 있다. 유색 섹션에는 수신 프로세스에서 읽을 수 있는 수신 바이트가 포함되어 있다. 수신 프로세스가 바이트를 읽으면 챔버는 재활용되어 빈 챔버 풀에 추가된다.

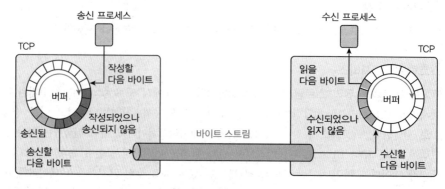

[그림 6-14] 버퍼 송수신

② 세그먼트

버퍼링은 생산과 소비 과정의 속도 차이를 처리하지만 데이터를 보내기 전에 한 단계 더 나가야 한다. TCP의 서비스 공급자인 네트워크 계층은 바이트 스트림이 아닌 패킷으로 데이터를 전송하고 전송 계층에서 TCP는 여러 바이트를 함께 세그먼트라고 하는 패킷으로 그룹화한다. TCP는 각 세그먼트(제어 목적)에 헤더를 추가하고 전송을 위해 세그먼트를 네트워크 계층에 전달한다. 세그먼트는 IP 데이터그램에 캡슐화되어 전송된다. 이 작업은 투명하게 수신 측으로 전송되기 때문에 세그먼트의 순서가 맞지 않거나, 손실되었거나 또는 손상되어 재전송할 필요가 있는지를 확인할 수 있다. [그림 6-15]는 버퍼의 바이트에서 세그먼트가 어떻게 생성되는지를 보여준다.

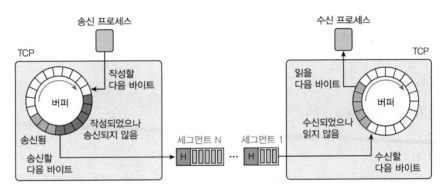

[그림 6-15] TCP 세그먼트

[그림 6-15]에서 TCP 세그먼트는 세그먼트 1과 세그먼트 N의 예처럼 아주 짧은 바이트를 전송하는 것으로 표시되었지만 실제로는 수 바이트에서 수천 바이트까지 가변적인 길이의 데이터를 운반한다.

(3) 전이중 통신

TCP는 데이터가 양방향으로 동시에 흐를 수 있는 전이중 서비스를 제공한다. 각 TCP 엔드 포인트는 자체 송신 및 수신 버퍼를 가지며 세그먼트는 양방향으로 이동한다.

(4) 멀티플렉싱 및 디멀티플렉싱

UDP와 마찬가지로 TCP는 송신자에서 멀티플렉싱을 수행하고 수신자에서 디멀티플렉싱을 수행한다. 그러나 TCP는 연결 지향 프로토콜이므로 각 프로세스 쌍마다 연결을 설정해야 한다.

(5) 연결 지향 서비스

TCP는 UDP와 달리 연결 지향 프로토콜이다. 사이트 A의 프로세스가 사이트 B의 다른 프로세스와 데이터를 보내고 받기를 원하면 다음 세 단계가 발생한다.

① 두 개의 TCP는 이들 사이의 논리적 연결을 설정한다.
② 데이터는 양방향으로 교환된다.
③ 연결이 종료된다.

이것은 논리적 연결이며 물리적 연결이 아니다. TCP 세그먼트는 IP 데이터그램에 캡슐화되어 순서가 맞지 않거나 손실되거나 손상된 다음 재전송될 수 있다. 각 경로는 다른 경로를 통해 목적지에 도달할 수 있으며, 물리적인 연결은 없다. TCP는 바이트를 다른 사이트로 전달하는 책임을 받아들이는 스트림 지향 환경을 만든다.

(6) 신뢰할 수 있는 서비스

TCP는 신뢰할 수 있는 전송 프로토콜이다. 확인 메커니즘을 사용하여 데이터의 안전하고 확실한 도착을 확인한다.

3 세그먼트

TCP의 패킷을 세그먼트라고 한다.

(1) 형식

세그먼트의 형식은 [그림 6-16]과 같다. 세그먼트는 응용 프로그램의 데이터가 뒤따르는 20 ~ 60 바이트의 헤더로 구성된다. 헤더는 옵션이 없으면 20바이트이고 옵션이 들어있는 경우에는 최대 60바이트이다.

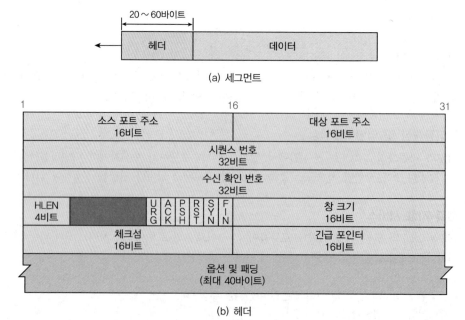

[그림 6-16] TCP 세그먼트 형식

① 소스 포트 주소

이것은 세그먼트를 전송하는 호스트에서 응용 프로그램의 포트 번호를 정의하는 16비트 필드이다.

② 목적지 포트 주소

이것은 세그먼트를 수신 중인 호스트에서 응용 프로그램의 포트 번호를 정의하는 16비트 필드이다.

③ 시퀀스 번호

이 32비트 필드는 이 세그먼트에 포함된 데이터의 첫 번째 바이트에 할당된 번호를 정의한다. 앞서 말한 것처럼 TCP는 스트림 전송 프로토콜이다. 연결을 보장하기 위해 전송할 각 바이트의 번호가 매겨진다. 시퀀스 번호는 이 시퀀스의 어떤 바이트가 세그먼트의 첫 번째 바이트인지 대상에 알려준다. 연결 설정 중에 각 당사자는 난수 생성기를 사용하여 초기 순서 번호(ISN)를 생성한다. 이 시퀀스 번호는 일반적으로 각 방향마다 다르다.

④ 수신 확인 번호

이 32비트 필드는 세그먼트의 수신자가 상대방으로부터 수신할 것으로 예상하는 바이트 수를 정의한다. 세그먼트의 수신자가 상대방으로부터 바이트 번호 x를 성공적으로 수신한 경우 x + 1을 수신 확인 번호로 리턴한다. 확인 응답과 데이터는 함께 피기백될 수 있다. 피기백(piggyback)은 수신 측에서 수신된 데이터에 대한 확인(ACK)을 즉시 보내지 않고, 전송할 데이터가 있는 때 별도의 제어를 사용하지 않고 기존의 데이터 프레임에 확인 필드(ACK)를 덧붙여 전송하는 흐름제어 방식이다.

⑤ 헤더 길이

이 4비트 필드는 TCP 헤더에 있는 4바이트 단어의 수를 나타낸다. 헤더의 길이는 20에서 60바이트 사이가 될 수 있다. 따라서 이 필드의 값은 항상 5(5 × 4 = 20) ~ 15(15 × 4 = 60) 사이이다.

⑥ 제어

[그림 6-17]에서 보는 바와 같이 이 필드는 6개의 서로 다른 제어 비트 또는 플래그를 정의한다. 이러한 비트 중 하나 이상을 한 번에 설정할 수 있다. 이 비트는 TCP에서 흐름제어, 연결 설정 및 종료, 연결 중단 및 데이터 전송 모드를 활성화한다.

URG	ACK	PSH	RST	SYN	FIN

6비트

URG: 긴급 포인터가 유효함
ACK: 확인 응답이 유효함
PSH: 푸시 요청
RST: 연결 다시 설정
SYN: 시퀀스 번호 동기화
FIN: 연결 종료

[그림 6-17] 제어 필드

⑦ 창 크기

이 필드는 보내는 TCP의 창 크기를 바이트 단위로 정의한다. 이 필드의 길이는 16비트이며 이는 창의 최대 크기가 65,535바이트임을 의미한다. 이 값은 일반적으로 수신 창(rwnd)이라고 하며 수신 측에 의해 결정된다. 발신 측은 이 경우 수신 측의 명령을 따라야 한다.

⑧ 체크섬

이 16비트 필드는 체크섬을 포함한다. TCP에 대한 체크섬의 계산은 UDP에 대해 설명한 것과 같은 절차를 따른다. 그러나 UDP 데이터그램에서 체크섬을 사용하는 것은 선택 사항이지만 TCP에 체크섬을 사용하는 것은 필수이다. 동일한 목적을 제공하는 동일한 의사 머리글이 세그먼트에 추가된다. TCP 의사헤더의 경우 프로토콜 필드의 값은 6이다.

(2) 캡슐화

TCP 세그먼트는 응용 프로그램 계층에서 수신한 데이터를 캡슐화한다. TCP 세그먼트는 데이터링크 계층의 프레임에 캡슐화된 IP 데이터그램에 캡슐화된다.

4 TCP 연결

TCP는 연결 지향적이며, 연결 지향 전송 프로토콜은 소스와 목적지 사이의 논리적 경로를 설정한다. 그런 다음 메시지에 속하는 모든 세그먼트는 이 논리적 경로를 통해 전송된다. 전체 메시지에 대해 단일 논리적 경로를 사용하면 손상되거나 손실된 프레임의 재전송뿐만 아니라 확인 프로세스를 용이하게 수행할 수 있다. 무연결 프로토콜인 IP의 서비스를 이용하는 TCP가 어떻게 연결 지향적일 수 있는지 궁금할 수 있다. 요점은 TCP 연결이 물리적 연결이 아니라 논리적이라는 것이다. TCP는 더 상위 수준에서 작동한다. TCP는 IP의 서비스를 이용하여 개별 세그먼트를 수신자에게 전달하지만, 연결 자체를 제어한다. 세그먼트가 손실되거나 손상된 경우 다시 전송된다. TCP와 달리 IP는 이 재전송을 인식하지 못한다. TCP에서 연결 지향 전송은 연결 설정, 데이터 전송, 연결 종료의 3단계가 필요하다.

(1) 연결 설정

TCP는 전이중 모드에서 데이터를 전송한다. 송신 측과 수신 측에 있는 두 개의 TCP가 연결되면, 그들은 동시에 세그먼트를 서로 보낼 수 있다. 이는 각 당사자가 데이터를 전송하기 전에 통신을 초기화하고 상대방의 승인을 받아야 함을 의미한다.

① 3방향 핸드쉐이크

TCP에서의 접속 설정을 3방향 핸드쉐이킹(3way handshaking)이라고 한다. 클라이언트 프로그램은 TCP를 전송 계층 프로토콜로 사용하여 서버 프로그램과 연결한다. 프로세스는 서버에서 시작하고, 서버 프로그램은 TCP에게 연결을 받아들일 준비가 되었음을 알린다. 이 요청을 '패시브 오픈'이라고 한다. 서버 TCP는 어떤 장비로부터도 연결을 받아들일 준비가 되어 있지만, 연결 자체를 만들 수는 없다.

클라이언트 프로그램은 액티브 오픈 요청을 발행한다. 개방된 서버에 연결하고자 하는 클라이언트는 TCP에 특정 서버에 연결하도록 지시한다. TCP는 이제 [그림 6-18]과 같이 3방향 핸드쉐이크 프로세스를 시작할 수 있다.

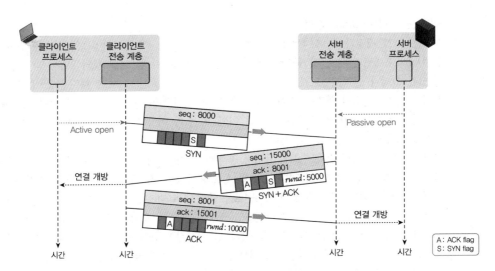

[그림 6-18] 3방향 핸드쉐이크를 이용한 접속 설정

[그림 6-18]에서 3방향 핸드쉐이크 번호, 제어 플래그(설정되어있는 것만) 및 관련이 있는 경우 윈도우 크기를 사용하여 연결을 설정한다. 이 단계의 세 단계는 다음과 같다.

ⓐ 클라이언트는 SYN 플래그만 설정된 첫 번째 세그먼트인 SYN 세그먼트를 보낸다. 이 세그먼트는 시퀀스 번호 동기화를 위한 것이다. 위 예에서 클라이언트는 첫 번째 시퀀스 번호(ISN, Initial Sequence Number)로 무작위 번호를 선택하고 이 번호를 서버로 보낸다. 이 세그먼트에는 승인 번호가 포함되어 있지 않고, 창 크기 또한 정의하지 않는다. 창 크기 정의는 세그먼트에 확인 응답이 포함될 때만 타당하다. SYN 세그먼트는 제어 세그먼트이며 데이터가 없다. 그러나 수신 확인이 필요하기 때문에 하나의 시퀀스 번호를 사용한다. SYN 세그먼트는 하나의 가상 바이트를 전달한다고 말할 수 있다.

ⓑ 서버는 SYN 및 ACK로 설정된 두 개의 플래그 비트가 있는 SYN + ACK 세그먼트인 두 번째 세그먼트를 전송한다. 이 세그먼트는 두 가지 목적을 가지고 있다. 첫째, 다른 방향의 통신을 위한 SYN 세그먼트이다. 서버는 이 세그먼트를 사용하여 서버에서 클라이언트로 전송된 바이트의 번호를 매기기 위한 시퀀스 번호를 초기화한다. 둘째, ACK 플래그를 설정하고 클라이언트로부터 수신할 것으로 예상되는 다음 시퀀스 번호를 표시함으로써 클라이언트로부터 SYN 세그먼트의 수신을 확인할 수 있다. 세그먼트에 확인란이 포함되어 있으므로 흐름제어 섹션에서 볼 수 있듯이 수신 창 크기(클라이언트 사용)도 정의해야 한다. 이 세그먼트는 SYN 부분의 역할을 하고 있기 때문에 인정될 필요가 있다. 따라서 하나의 시퀀스 번호를 사용한다.

ⓒ 클라이언트는 세 번째 세그먼트인 ACK 세그먼트를 보낸다. 이것은 ACK 세그먼트일 뿐이다. ACK 플래그와 승인 번호 필드를 가진 두 번째 세그먼트의 수신을 확인한다. ACK 세그먼트는 데이터를 전송하지 않는 경우 시퀀스 번호를 소비하지 않지만, 일부 구현에서는 연결 단계에서 이 세 번째 세그먼트가 클라이언트로부터 첫 번째 데이터 그룹을 운반할 수 있도록 허용한다. 이 경우 세그먼트는 데이터 바이트 수만큼 시퀀스 번호를 사용한다.

② SYN 플러딩(Flooding) 공격

서버는 SYN 패킷과 ACK 패킷을 클라이언트에게 전달한 후 클라이언트의 접속을 받아들이기 위해, RAM(메모리)에 일정 공간을 확보해두는 것이 3웨이 핸드쉐이킹의 2번째 과정이라고 설명했다. 그러나 클라이언트가 SYN 패킷만을 계속적으로 보내고 ACK 패킷을 안 보내게 되면, 서버는 클라이언트의 연결을 받아들이기 위해 RAM(메모리) 공간을 점점 더 많이 확보해둔 상태에서 대기하게 되어 메모리 공간이 꽉 차게 되면 더 이상 연결을 받아들일 수 없게 되고 서비스를 계속할 수 없는 상태가 된다.

TCP에서의 연결 설정 절차는 SYN 플러딩 공격이라고 하는 심각한 보안 문제에 취약하다. 이는 한 명 이상의 악의적인 공격자가 데이터그램의 소스 IP 주소를 위조하여 각각 다른 클라이언트에서 온 것처럼 가장한 서버로 다수의 SYN 세그먼트를 보낼 때 발생한다. 이러한 SYN 플러딩을 방어하기 위해서 방화벽 단에서 SYN을 먼저 받고, SYN Cookie를 포함한 SYN+ACK를 보내는 방법을 사용한다. 일정 시간 동안 SYN Cookie에 대한 정상적인 응답패킷이 들어오지 않으면 방화벽에서 차단해버리고, 정상적인 패킷이 들어오면 통신이 가능하게끔 해주는 방식이다.

일부 TCP 구현에는 SYN 공격의 효과를 완화하기 위한 전략이 있다. 일부는 지정된 기간 동안 연결 요청을 제한했다. 다른 사람들은 원치 않는 소스 주소에서 오는 데이터그램을 필터링하려고 한다. 최근의 한 가지 전략은 서버가 쿠키라고 불리는 것을 사용하여 연결 요청이 유효한 IP 주소에서 오는 것을 확인할 수 있을 때까지 리소스 할당을 연기하는 것이다. 나중에 사용할 새로운 전송 계층 프로토콜인 SCTP는 이 전략을 사용한다.

(2) 데이터 전송

연결이 설정된 후 양방향 데이터 전송이 이루어질 수 있다. 클라이언트와 서버는 데이터와 승인을 양방향으로 보낼 수 있다. 수신 확인과 같은 방향으로 이동하는 데이터가 동일한 세그먼트에 수행된다는 것을 알 수 있다. 확인 응답은 데이터에 피기백(piggybacking)된다.

[그림 6-19]의 예에서, 연결이 설정된 후 클라이언트는 2개의 세그먼트에서 2,000바이트의 데이터를 보낸다. 그런 다음 서버는 한 세그먼트에 2,000바이트를 보낸다. 클라이언트는 한 세그먼트를 더 보낸다. 처음 세 개의 세그먼트는 데이터와 확인 응답 모두를 가지고 있지만, 마지막 세그먼트는 더 전송할 데이터가 없기 때문에 확인 응답만을 전달한다. 클라이언트가 전송하는 데이터 세그먼트는 서버 TCP가 수신되는 즉시 서버 프로세스에 데이터를 전송하는 것을 알 수 있도록 PSH(푸시) 플래그가 설정되어 있다. 반면에 서버의 세그먼트는 푸시 플래그를 설정하지 않는다. 대부분의 TCP 구현에는 이 플래그를 설정할지 여부를 지정하는 옵션이 있다.

① 데이터 푸시

송신 TCP가 송신 응용 프로그램에서 오는 데이터 스트림을 저장하기 위해 버퍼를 사용한다. 송신 TCP는 세그먼트 크기를 선택할 수 있다. 수신 TCP는 또한 그들이 도착할 때 데이터를 버퍼링하여 애플리케이션 프로그램이 준비되거나 수신 TCP의 여유가 있을 때 그것들을 애플리케이션 프로그램에 전달한다. 이런 종류의 유연성은 TCP의 효율을 높인다.

그러나 애플리케이션 프로그램이 이러한 유연성을 필요로 하지 않는 경우가 있다. 예를 들어, 다른 사이트에 있는 다른 응용 프로그램과 대화식으로 통신하는 응용 프로그램을 생각해 보자. 한 사이트의 애플리케이션 프로그램은 다른 사이트의 애플리케이션 프로그램에 데이터 세그먼트를 전송하여 즉각적인 응답을 받기를 원하지만, 전송 지연 및 데이터 전송 지연은 신청 프로그램에 의해 허용되지 않을 수 있다.

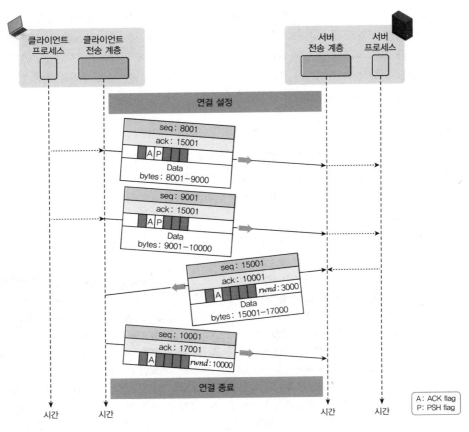

[그림 6-19] 데이터 전송

TCP는 이러한 상황을 처리하기 위해 송신자의 응용 프로그램은 푸시 플래그를 사용할 수 있다. 이 경우는 송신 TCP가 창이 채워질 때까지 기다리지 않고, 세그먼트를 만들어 즉시 전송해야 한다. 송신 TCP는 또한 수신 TCP에게 가능한 한 빨리 전달되어야 하는 데이터가 세그먼트에 포함되어 있고 더 많은 데이터가 오기를 기다리지 않도록 푸시 플래그를 설정할 수 있다. 즉, 바이트 지향 TCP를 청크 지향 TCP로 변경하는 것을 의미하지만, TCP는 이 기능의 사용 여부를 선택할 수 있다.

② **긴급 데이터**

TCP는 **스트림 지향 프로토콜**이다. 즉, 데이터가 애플리케이션 프로그램에서 바이트 스트림으로 제공된다는 것을 의미한다. 데이터의 각 바이트는 스트림에서 위치를 가진다. 단, 애플리케이션 프로그램이 긴급한 바이트를 전송해야 하는 경우가 있는데, 일부 바이트는 다른 애플리케이션에 의해 특별한 방법으로 처리되어야 한다. 해결책은 URG 비트가 설정된 세그먼트를 보내는 것이다. URG 비트는 송신 TCP에게 급하게 처리할 세그먼트가 있다는 것을 알려준다. 송신 TCP는 세그먼트를 생성하고 세그먼트 시작 부분에 긴급한 데이터를 삽입한다. 세그먼트의 나머지 부분은 버퍼의 정규 데이터를 포함할 수 있다. 헤더의 긴급 포인터 필드는 긴급 데이터의 종료(긴급 데이터의 마지막 바이트)를 정의한다. 예를 들어 세그먼트 시퀀스 번호가 15000이고 긴급 포인터 값이 200이면 긴급 데이터의 첫 번째 바이트는 15000이고 마지막 바이트는 15200이다. 세그먼트의 나머지 바이트(있는 경우)는 긴급이 아니다.

TCP 긴급 모드는 송신자 측의 애플리케이션 프로그램이 수신자 측의 애플리케이션 프로그램에 의한 특별 처리가 필요하다고 바이트 스트림의 일부를 표시하는 서비스이다. 수신 TCP는 바이트(긴급 또는 비긴급)를 순서대로 애플리케이션 프로그램에 전달하지만, 긴급 데이터의 시작과 종료에 대해서는 애플리케이션 프로그램에 알린다. 긴급한 데이터로 무엇을 해야 할지 결정하는 것은 애플리케이션 프로그램에 맡겨진다.

(3) 접속 종료

일반적으로 클라이언트에 의해 시작되지만, 데이터 교환에 관여하는 양 당사자(클라이언트 또는 서버) 중 어느 한 쪽이 연결을 종료할 수 있다. 대부분의 구현에서는 연결 종료를 위해 3방향 핸드쉐이크와 4방향 핸드쉐이크 두 가지 옵션을 반 닫기(half-close) 옵션으로 사용할 수 있다.

① 3방향 핸드쉐이크

[그림 6-20]은 연결 종료를 위한 3방향 핸드쉐이크의 순서를 표시하고 있다.

> ㉠ 이 상황에서 클라이언트 TCP는 클라이언트 프로세스로부터 닫기 명령을 받은 후 첫 번째 세그먼트, 즉 FIN 플래그가 설정된 FIN 세그먼트를 전송한다. FIN 세그먼트는 클라이언트가 전송한 마지막 데이터 조각을 포함할 수 있으며, [그림 6-20]에서와 같이 제어 세그먼트에 불과할 수 있다. 제어 세그먼트일 경우 수신 확인이 필요하므로 하나의 시퀀스 번호만 사용한다.
> ㉡ 서버 TCP는 FIN 세그먼트를 수신한 후 해당 프로세스에 상황을 알리고 클라이언트에서 FIN 세그먼트의 수신을 확인하는 동시에 두 번째 세그먼트인 FIN + ACK 세그먼트를 보내고 동시에 종료를 알린다. 또한, 이 세그먼트는 서버의 마지막 데이터 조각을 포함할 수도 있다. 데이터를 운반하지 않으면 수신 확인이 필요하기 때문에 1개의 시퀀스 번호만 사용한다.
> ㉢ 클라이언트 TCP는 마지막 세그먼트, ACK 세그먼트를 전송하여 TCP 서버에서 FIN 세그먼트를 수신하는지 확인한다. 이 세그먼트는 서버로부터 FIN 세그먼트에 수신된 시퀀스 번호에 1을 더한 승인 번호를 포함한다. 이 세그먼트는 데이터를 전송할 수 없으며 시퀀스 번호를 사용하지 않는다.

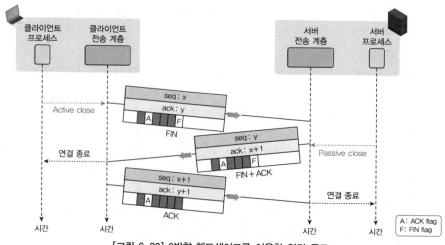

[그림 6-20] 3방향 핸드쉐이크를 이용한 연결 종료

② 반 닫기(Half-Close)

TCP에서는 데이터를 받는 동안 데이터 전송을 중단할 수 있다. 이것을 반 닫기(half-close)라고 한다. 서버나 클라이언트가 반 닫기 요청할 수 있다. 처리 시작 전 서버가 모든 데이터를 필요로 할 때 발생할 수 있는데 좋은 예가 정렬이다. 클라이언트가 정렬할 서버로 데이터를 보낼 때, 서버는 정렬을 시작하기 전에 모든 데이터를 수신해야 한다. 이는 클라이언트가 모든 데이터를 전송한 후 클라이언트 대 서버 방향으로 연결을 닫을 수 있음을 의미한다. 그러나 정렬된 데이터를 반환하려면 서버-클라이언트 방향이 열린 상태로 유지되어야 한다. 데이터를 수신한 후에도 서버는 정렬할 시간이 필요하며, 아웃바운드 방향은 열린 상태로 유지되어야 한다. [그림 6-21]은 반 닫기의 예를 보여준다.

클라이언트에서 서버로의 데이터 전송이 중지된다. 클라이언트는 FIN 세그먼트를 전송하여 연결을 절반으로 닫는다. 서버는 ACK 세그먼트를 전송하여 반 닫기를 허용한다. 그러나 서버는 여전히 데이터를 전송할 수 있다. 서버가 모든 처리된 데이터를 전송하면 FIN 세그먼트를 전송하고 클라이언트로부터의 ACK에 의해 수신 확인된다. 연결을 반 닫은 후 데이터는 서버에서 클라이언트로 이동할 수 있으며, 수신 확인은 클라이언트에서 서버로 이동하고, 클라이언트는 더 이상 데이터를 서버에 보낼 수 없다.

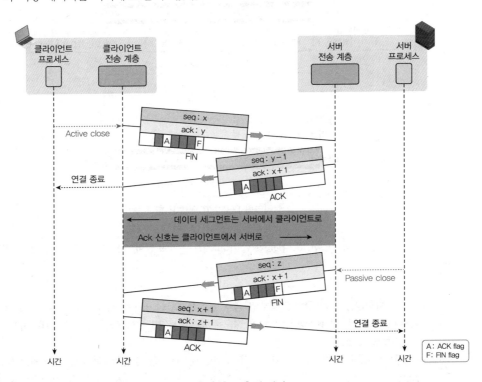

[그림 6-21] 반 닫기

(4) 연결 재설정

한쪽 끝의 TCP는 연결 요청을 거부하거나, 기존 연결을 중단하거나, 유휴 연결을 종료할 수 있다. 이 모든 작업은 RST(재설정) 플래그로 수행된다.

5 TCP의 창(Windows)

TCP에서의 데이터 전송과 흐름·오류·혼잡제어와 같은 문제를 논의하기 전에, TCP에서 사용되는 창에 대한 이해가 필요하다. TCP는 데이터 전송의 각 방향에 대해 2개의 창(송신 창과 수신 창)을 사용하는데, 이는 양방향 통신을 위한 4개의 창을 의미한다. 논의를 단순화하기 위해, 통신이 단방향(클라이언트에서 서버까지)일 뿐이라고 비현실적인 가정을 하면, 양방향 통신은 피기백킹과의 두 개의 단방향 통신을 사용하여 추론할 수 있다.

(1) 송신 창

[그림 6-22]는 송신 창의 예를 보여준다. 창 크기는 100바이트이지만, 송신 창 크기는 수신기(흐름제어)와 기반 네트워크에서의 혼잡(혼잡제어)에 의해 결정된다. 이 그림은 송신 창이 열림, 닫힘 또는 축소되는 방법을 보여준다.

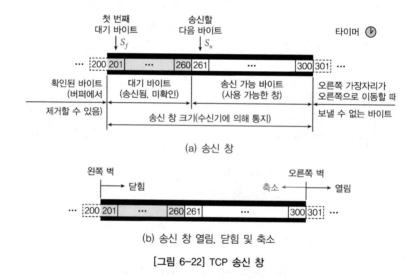

[그림 6-22] TCP 송신 창

TCP의 송신 창은 선택-반복(SR, Selective Repeat) 프로토콜에 사용되는 창과 유사하지만, 약간의 차이가 있다.

> ① 한 가지 차이점은 창과 관련된 실체의 성격이다. SR의 창 크기는 패킷 수이지만 TCP의 창 크기는 바이트 수이다. TCP에서의 실제 전송은 세그먼트 별로 발생하지만, 창을 제어하는 변수는 바이트로 표현된다.
> ② 두 번째 차이점은 어떤 구현에서는 TCP가 프로세스로부터 수신한 데이터를 저장하고 나중에 송신할 수 있지만, 송신 TCP는 그 프로세스로부터 수신되는 즉시 데이터의 세그먼트를 송신할 수 있다.
> ③ 또 다른 차이점은 타이머의 수이다. 이론적 선택-반복 프로토콜은 송신된 각 패킷에 대해 여러 개의 타이머를 사용할 수 있지만, 앞에서 언급한 바와 같이 TCP 프로토콜은 하나의 타이머만 사용한다.

(2) 수신 창

[그림 6-23]은 창의 크기가 100바이트인 수신 창의 예로서 수신 창이 어떻게 열리고 닫히는지 보여주는데 실제로 창은 절대 축소되어서는 안 된다.

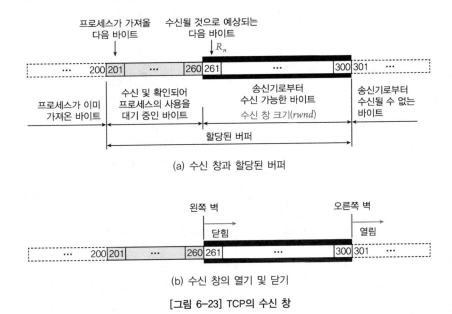

(a) 수신 창과 할당된 버퍼

(b) 수신 창의 열기 및 닫기

[그림 6-23] TCP의 수신 창

TCP의 수신 창과 SR에 사용한 창 사이에는 두 가지 차이가 있다.

① 첫 번째 차이점은 TCP는 수신 프로세스가 자신의 속도로 데이터를 가져올 수 있도록 한다는 것이다. 이는 수신기에서 할당된 버퍼의 일부가 수신 및 확인되었지만 수신 프로세스에 의해 당겨지기를 기다리고 있는 바이트에 의해 점유될 수 있음을 의미한다. 수신 창 크기는 [그림 6-23]과 같이 항상 버퍼 크기보다 작거나 같아야 한다. 수신 창 크기는 수신 창이 압도되기 전에 송신자로부터 수신할 수 있는 바이트 수를 결정한다(흐름제어). 즉, 일반적으로 rwnd라고 하는 수신 창 크기를 다음과 같이 결정할 수 있다.

rwnd = 버퍼 크기 – 가져올 대기 바이트 수

② 두 번째 차이점은 TCP 프로토콜에서 수신 확인이 사용되는 방식이다. SR의 수신 확인은 수신된 손상되지 않은 패킷을 정의하는 선택적인 것이다. TCP의 주요 확인 메커니즘은 수신할 다음 예상 바이트를 알리는 누적 확인이다. 그러나 새로운 버전의 TCP는 누적 확인과 선택적 확인을 모두 사용한다.

6 **흐름제어** 중요 ★★

앞에서 설명한 대로 흐름제어는 생산자가 데이터를 생성하는 비율과 소비자가 데이터를 사용할 수 있는 비율의 균형을 맞춘다. TCP는 흐름제어를 오류제어와 분리한다. 송수신 TCP 사이의 논리 채널에 오류가 없다고 가정할 때, [그림 6-24]는 송신자와 수신자 사이의 단방향 데이터 전송을 보여준다.

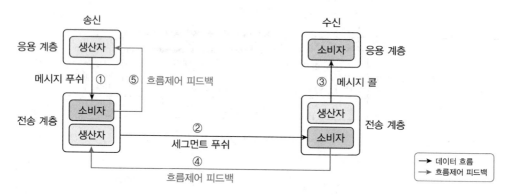

[그림 6-24] TCP의 데이터 흐름 및 흐름제어 피드백

이 그림은 전송 프로세스에서 전송 TCP, 전송 TCP에서 수신 TCP로, 수신 TCP에서 수신 프로세스(경로 1, 2 및 3)로 이동하는 것을 보여준다. 그러나 흐름제어 피드백은 수신 TCP에서 송신 TCP로, 송신 TCP에서 송신 프로세스까지(경로 4, 5) 이동한다. TCP의 대부분 구현은 수신 프로세스에서 수신 TCP로 흐름제어 피드백을 제공하지 않는다. 그들은 수신할 때마다 수신하는 TCP로부터 데이터를 가져온다. 즉, 수신 TCP가 송신 TCP를 제어하고, 송신 TCP는 송신 프로세스를 제어한다. 전송 TCP에서 전송 프로세스(경로 5)로의 흐름제어 피드백은 전송 TCP가 창이 가득 찼을 때 데이터를 거부함으로써 이루어진다. 이것은 흐름제어에 대한 논의가 수신 TCP에서 송신 TCP(경로 4)로 전송되는 피드백에 집중한다는 것을 의미한다.

(1) 창 열기 및 닫기

TCP는 흐름제어를 달성하기 위해 송신자와 수신자가 창 크기를 조정하도록 강제하지만, 연결이 설정되면 양자의 버퍼 크기는 고정된다. 수신 창은 송신자로부터 더 많은 바이트가 도착하면 창이 닫히고(왼쪽 벽을 오른쪽으로 이동), 프로세스가 더 많은 바이트를 가져올 때 열린다(오른쪽 벽을 오른쪽으로 이동). 송신 창의 개폐, 수축은 수신기에 의해 제어된다. 새로운 수신 확인이 허용되면 송신 창이 닫힌다(왼쪽 벽을 오른쪽으로 이동). 수신기가 알리는 수신 창 크기(rwnd)를 허용하면 송신 창이 열린다(새 ackNo + 새 rwnd > 마지막 ackNo + 마지막 rwnd). 이러한 상황이 발생하지 않을 경우 송신 창은 축소된다.

① 시나리오

연결 설정 단계에서 송수신 창이 어떻게 설정되는지, 데이터 전송 중에 상황이 어떻게 변경되는지 보도록 하자. [그림 6-25]는 (클라이언트에서 서버로) 단방향 데이터 전송의 간단한 예를 보여준다. 어떤 세그먼트도 손상되거나, 분실되거나, 중복되거나, 고장난 상태가 되지 않는다고 가정하여 오류제어를 무시했고, 단방향 데이터 전송을 위한 창을 두 개만 표시했다. 클라이언트가 ③에서 서버의 창 크기 2000을 정의하고 있지만, 통신이 단방향에 불과하기 때문에 그 창을 보여주지 않았다.

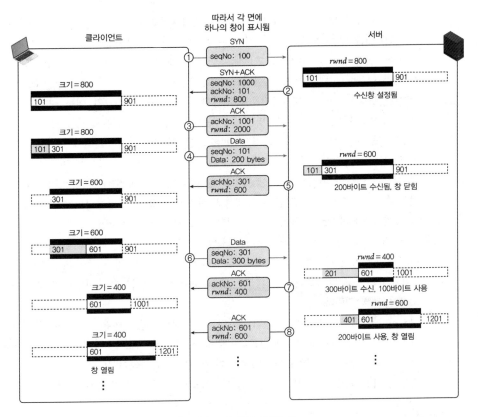

[그림 6-25] 흐름제어의 예

② **클라이언트와 서버 간에 8개의 세그먼트가 교환됨**

ㄱ 첫 번째 세그먼트는 클라이언트에서 서버(SYN 세그먼트)로 연결을 요청한다. 클라이언트의 초기 seqNo 값은 100이다. 이 세그먼트가 서버에 도착하면 800(가정)의 버퍼 크기를 할당하고 전체 버퍼를 포함하도록 창을 설정한다(rwnd = 800). (다음에) 도착할 바이트 번호는 101 이라는 점에 유의한다.

ㄴ 두 번째 세그먼트는 서버에서 클라이언트로 ACK + SYN 세그먼트이다. 이 세그먼트는 ackNo = 101을 사용하여 101부터 바이트를 수신할 것으로 예상한다는 것을 보여준다. 또한, 클라이언트가 800바이트의 버퍼 크기를 설정할 수 있다고 알린다.

ㄷ 세 번째 세그먼트는 클라이언트에서 서버로 ACK 세그먼트다. 클라이언트가 2000 사이즈를 정의했지만 통신이 한 방향으로만 이루어지기 때문에 이 값을 사용하지 않는다.

ㄹ 클라이언트가 서버에서 지시하는 크기(800)로 창을 설정한 후, 프로세스는 200바이트의 데이터를 밀어 넣는다. TCP 클라이언트는 이러한 바이트의 번호를 101에서 300으로 매긴다. 그런 다음 세그먼트를 만들어 서버로 전송한다. 세그먼트는 시작 바이트 번호를 101로 표시하며, 세그먼트는 200바이트를 전송한다. 200바이트의 데이터가 전송되지만 수신 확인을 기다리는 것을 보여주기 위해 클라이언트의 창을 조정한다. 이 세그먼트가 서버에서 수신되면 바이트가 저장되고, 예상되는 다음 바이트가 301임을 나타내는 수신 창이 닫힌다. 저장된 바이트는 버퍼 200바이트를 차지한다.

ⓜ 다섯 번째 세그먼트는 서버에서 클라이언트로의 피드백이다. 서버는 최대 300바이트까지(바이트 301개를 받을 것으로 예상) 수신 확인한다. 이 세그먼트는 또한 감소(600) 후 수신 창 크기를 전달한다. 클라이언트는 이 세그먼트를 수신한 후 창에서 확인된 바이트를 지우고 창을 닫아 다음에 보낼 바이트가 바이트 301임을 표시한다. 그러나 창 크기는 600바이트로 감소한다. 할당된 버퍼가 800바이트를 저장할 수 있지만, 수신기가 이를 허용하지 않기 때문에 창이 열리지 않는다(오른쪽 벽을 오른쪽으로 이동).

ⓗ 여섯 번째 세그먼트는 프로세스가 300바이트를 더 밀어낸 후 클라이언트에 의해 전송된다. 세그먼트는 seqNo를 301로 정의하고 300바이트를 포함한다. 이 세그먼트가 서버에 도착하면 서버는 이들을 저장하지만 창 크기를 줄여야 한다. 프로세스가 100바이트의 데이터를 가져온 후, 창은 300바이트만큼 왼쪽에서 닫히지만, 100바이트만큼 오른쪽에서 열린다. 그 결과 크기가 200바이트만 줄어든다. 수신기 창 크기는 현재 400바이트이다.

ⓢ 일곱 번째 세그먼트에서 서버는 데이터의 수신을 확인하고, 창 크기를 400이라고 알린다. 이 세그먼트가 클라이언트에 도착하면, 클라이언트는 다시 창을 줄이고, 서버가 알린 rwnd = 400의 값으로 창 크기를 설정한다. 송신 창은 왼쪽에서 300바이트씩 닫히고, 오른쪽에서 100바이트씩 열린다.

ⓞ 여덟 번째 세그먼트도 프로세스가 또 다른 200바이트를 가져온 후 서버로부터 나오고, 창 크기가 커진다. 새로운 rwnd 값은 현재 600이다. 세그먼트는 클라이언트에게 서버 윈도우 크기가 600으로 확장되었음을 알린다. 이 세그먼트가 클라이언트에 도착한 후 클라이언트는 창을 닫지 않고 200바이트씩 창을 연다. 결과적으로 창 크기가 600바이트로 늘어난다.

(2) 창의 축소

앞에서 말했듯이 수신 창은 줄어들 수 없다. 반면에, 수신자가 창을 수축시키는 rwnd에 대한 값을 정의하면 송신 창은 줄어들 수 있다. 그러나 일부 구현에서는 송신 창 축소를 허용하지 않는다. 이 제한으로 인해 송신 창의 오른쪽 벽이 왼쪽으로 이동할 수 없다. 즉, 수신자는 송신 창의 축소를 방지하기 위해 다음과 같은 관계를 유지할 필요가 있다.

> 새 ackNo + 새 rwnd ≥ 마지막 ackNo + 마지막 rwnd

부등식의 왼쪽은 시퀀스 번호 공간에 대한 오른쪽 벽의 새로운 위치를 나타내며, 오른쪽은 오른쪽 벽의 이전 위치를 나타낸다. 오른쪽 벽이 왼쪽으로 움직여서는 안 된다는 것을 그 관계가 보여준다. 오른쪽 벽을 왼쪽으로 움직여 송신 창을 축소하는 것은 권장되고 있지 않다. 그러나 한 가지 예외가 있는데, 수신기는 0의 rwnd를 보내서 일시적으로 창을 닫을 수 있다. 이는 어떤 이유로 수신자가 송신자로부터 당분간 어떤 데이터도 수신하지 않으려는 경우에 발생할 수 있다. 이 경우 발신자는 실제로 창 크기를 줄이지 않고, 새로운 알림이 도착할 때까지 데이터 전송을 중단한다. 수신자의 명령에 의해 창이 닫혀도 송신자는 항상 1바이트의 데이터를 가진 세그먼트를 보낼 수 있고, 이를 프로빙(probing)이라고 하며 교착 상태를 방지하기 위해 사용된다.

(3) 창 증후군

송신 애플리케이션 프로그램이 데이터를 느리게 생성하거나 수신 애플리케이션 프로그램이 데이터를 느리게 소비하거나 둘 다일 때 슬라이딩 윈도우 작동에서 심각한 문제가 발생할 수 있다. 이러한 상황 중 어느 것이든 매우 작은 세그먼트에서 데이터를 전송하게 되어 운영의 효율성이 저하된다. 예를 들어, TCP가 1바이트의 데이터만을 포함하는 세그먼트를 전송하는 경우, 그것은 41바이트의 데이터그램(TCP 헤더 20바이트, IP 헤더 20바이트)이 사용자 데이터의 1바이트만을 전송한다는 것을 의미한다. 여기서 오버헤드는 41/1이며, 이는 우리가 네트워크의 용량을 매우 비효율적으로 사용하고 있음을 나타낸다. 데이터링크 계층과 물리 계층 오버헤드를 고려한 후에는 비효율성이 더욱 악화된다. 이 문제를 창 증후군이라고 하는데, 각 사이트에 대해 먼저 문제의 발생 방법을 설명한 후 해결책을 이해해 보기로 하자.

① 발신자가 만든 증후군

송신 TCP가 한 번에 1바이트씩 데이터를 천천히 생성하는 애플리케이션 프로그램을 서비스하고 있다면 창 증후군을 일으킬 수 있다. 응용 프로그램은 송신 TCP의 버퍼에 한 번에 1바이트씩 기록한다. 송신 TCP에 특별한 지시사항이 없는 경우, 1바이트의 데이터를 포함하는 세그먼트를 생성할 수 있다. 이러한 이유로 인터넷을 통해 이동하는 많은 41바이트 세그먼트들이 생성된다. 해결책은 송신 TCP가 데이터를 바이트 단위로 전송하는 것을 방지하는 것이다. 송신 TCP는 더 큰 블록으로 보내기 위해 대기하고 데이터를 수집해야 한다. 송신 TCP는 너무 오래 기다리면 프로세스가 지연될 수도 있다. 만약 충분히 오래 기다리지 않는다면, 결국 작은 세그먼트들을 보내게 될 것이다. 이것이 Nagle 알고리즘이고 그 알고리즘은 다음과 같다.

> ㉠ 송신 TCP는 송신 애플리케이션 프로그램으로부터 수신하는 데이터의 첫 번째 조각을 1바이트에 불과해도 송신한다.
> ㉡ 첫 번째 세그먼트를 전송한 후, 송신 TCP는 출력 버퍼에 데이터를 축적하고, 수신 TCP가 수신 확인을 전송하거나 최대 크기의 세그먼트를 채우기 위해 충분한 데이터가 축적될 때까지 기다린다. 이때 송신 TCP는 세그먼트를 송신할 수 있다.
> ㉢ 전송의 나머지 부분에 대해 2단계를 반복한다. 세그먼트 2에 대한 확인이 수신되거나 최대 크기 세그먼트를 채울 수 있을 만큼 충분한 데이터가 축적된 경우 세그먼트 3이 즉시 전송된다.

Nagle의 알고리즘의 멋진 점은 그 단순함에 있고, 데이터를 생성하는 애플리케이션 프로그램의 속도와 데이터를 전송하는 네트워크의 속도를 고려한다는 사실에 있다. 애플리케이션 프로그램이 네트워크보다 빠르면 세그먼트가 더 크고(최대 크기 세그먼트), 애플리케이션 프로그램이 네트워크보다 느리면 세그먼트가 더 작다(최대 세그먼트 크기보다 작음).

② 수신기에 의해 생성되는 증후군

수신 TCP는 데이터를 천천히 소비하는 응용 프로그램(예 한 번에 1바이트)을 서비스하는 경우 창 증후군을 일으킬 수 있다. 송신 애플리케이션 프로그램이 1킬로바이트의 블록으로 데이터를 생성하지만, 수신 애플리케이션 프로그램이 한 번에 데이터 1바이트를 소비하고, 수신 TCP의 입력 버퍼가 4킬로바이트라고 가정하자. 송신자는 처음 4킬로바이트의 데이터를 보내면, 수신기는 그것을 버퍼에 저장한다. 이제 버퍼가 꽉 찼고, 발신자가 데이터 전송을 중단해야 한다는 것을 의미하는 0의 창 크기를 알린다. 수신 애플리케이션은 수신 TCP의 입력 버퍼로부터 데이터의 첫 번째 바이트를 읽는다. 이제 들어오는 버퍼에는 1바이트의 공간이 있다. 수신 TCP는 창 크기를 1바이트로 통보하는데, 데이터 전송을 기다리고 있는 송신 TCP는 1바이트의 데이터만 실은 세그먼트를 전송하게 된다. 그리고 그 절차는 계속될 것이다. 1바이트의 데이터가 소비되고 1바이트의 데이터를 운반하는 세그먼트가 전송된다. 다시 효율성의 문제와 어리석은 창 증후군이 발생하게 된다.

데이터가 도착하는 것보다 더 느리게 소비되는 응용 프로그램에 의해 만들어진 창 증후군을 막기 위한 두 가지 해결책이 제안되었다. Clark의 해결책은 데이터가 도착하는 즉시 확인을 보내되 최대 크기의 세그먼트를 수용할 수 있는 충분한 공간이 있거나 수신 버퍼의 최소 절반이 비어 있을 때까지 창 크기를 0으로 유지하는 것이다. 두 번째 해결책은 수신 확인 전송을 지연시키는 것이다. 수신기는 도착한 세그먼트를 인식하기 전에 들어오는 버퍼에 적절한 공간이 있을 때까지 기다린다. 지연된 확인은 송신 TCP의 창을 이동하는 것을 방지한다. 송신 TCP가 창에 데이터를 전송한 후, 정지한다. 이 방법을 사용하여 신드롬(증후군)을 끝낼 수 있다.

지연된 수신 확인은 또 다른 이점이 있는데, 그것은 트래픽을 줄인다는 것이다. 수신기는 각 세그먼트를 확인 응답할 필요가 없지만, 지연된 확인 응답으로 인해 송신자가 승인되지 않은 세그먼트를 불필요하게 재전송하게 될 수 있다는 단점도 있다. 프로토콜은 장단점의 균형을 유지한다.

7 오류제어

TCP는 신뢰할 수 있는 전송 계층 프로토콜이다. 즉, TCP에 데이터 스트림을 전달하는 응용 프로그램은 TCP를 사용하여 상대방의 응용 프로그램에 전체 스트림을 오류 없이 순서대로 전달하고 손실되거나 복제되지 않는다. TCP는 오류제어를 사용하여 안정성을 제공한다. 오류제어에는 손상된 세그먼트를 감지 및 재전송하고, 손실된 세그먼트를 다시 보내며, 누락된 세그먼트가 도착할 때까지 세그먼트를 저장하고, 중복된 세그먼트를 감지하여 폐기하는 메커니즘이 포함된다. TCP의 오류제어는 체크섬, 승인 및 시간제한이라는 세 가지 간단한 도구를 사용하여 수행된다.

(1) 체크섬

각 세그먼트에는 손상된 세그먼트를 확인하는 데 사용되는 체크섬 필드가 있다. 유효하지 않은 체크섬으로 감지된 세그먼트가 손상되면 세그먼트는 대상 TCP에 의해 삭제되고 손실된 것으로 간주된다. TCP는 모든 세그먼트에서 필수인 16비트 체크섬을 사용한다.

(2) 수신 확인

TCP는 승인을 사용하여 데이터 세그먼트의 수신을 확인한다. 데이터를 전송하지 않지만 시퀀스 번호를 사용하는 제어 세그먼트도 수신 확인된다.

① 누적된 수신 확인(ACK)

TCP는 원래 세그먼트의 수신을 확인하도록 설계되었다. 수신기는 수신할 것으로 예상되는 다음 바이트를 알리고, 수신된 모든 세그먼트를 무시하고 고장난 순서로 저장한다. 이를 ACK라고 한다. TCP 헤더의 32비트 ACK 필드는 누적 승인에 사용되며 해당 값은 ACK 플래그 비트가 1로 설정된 경우에만 유효하다.

② 선택적 수신 확인(SACK)

선택적 수신 확인(Selective ACKnowledgement) 또는 SACK라고 하는 유형은 ACK를 대체하지 않지만 발신자에게 추가 정보를 보고한다. SACK은 순서가 잘못된 바이트 블록과 중복(즉, 두 번 이상 수신)된 블록을 통보한다. 그러나 이러한 유형의 정보를 추가하기 위한 TCP 헤더에는 규정이 없기 때문에 SACK은 TCP 헤더 끝에 옵션으로 구현된다.

③ 응답 생성

수신자는 언제 수신 확인을 생성하는가? TCP가 진화하는 과정에서 몇 가지 규칙이 정의되고 사용되어왔다. 가장 일반적인 규칙은 다음과 같다.

> ㉠ 종단 A가 종단 B로 데이터 세그먼트를 보낼 때, 수신할 것으로 예상되는 다음 시퀀스 번호를 제공하는 수신 확인을 포함해야 한다(피기백). 이 규칙은 필요한 세그먼트의 수를 줄여서 트래픽을 줄인다.
> ㉡ 수신기에 송신할 데이터가 없고 올바른 세그먼트(예상된 시퀀스 번호)를 수신하고 이전 세그먼트가 이미 확인된 경우, 수신자는 다른 세그먼트가 도착할 때까지 또는 일정 시간(일반적으로 500ms)이 경과할 때까지 ACK 세그먼트 전송을 지연시킨다. 즉, 하나의 처리되지 않은 올바른 세그먼트만 있는 경우 수신기는 ACK 세그먼트 전송을 지연시킬 필요가 있다. 이렇게 하면 ACK 세그먼트 수를 줄일 수 있다.
> ㉢ 수신자가 기대하는 시퀀스 번호를 가진 세그먼트가 도착하고, 이전의 올바른 세그먼트가 확인되지 않으면 수신자는 즉시 ACK 세그먼트를 전송한다. 즉, 언제든 올바른 확인되지 않은 세그먼트가 2개 이상 있어서는 안 된다. 이것은 네트워크에 혼잡을 일으킬 수 있는 세그먼트의 불필요한 재전송을 방지한다.
> ㉣ 예상보다 높은 순서가 맞지 않는 시퀀스 번호를 가진 세그먼트가 도착하면, 수신자는 즉시 다음 예상 세그먼트의 시퀀스 번호를 알리는 ACK 세그먼트를 보낸다. 이는 누락된 세그먼트의 빠른 재전송으로 이어진다.
> ㉤ 누락된 세그먼트가 도착하면 수신자는 ACK 세그먼트를 보내 예상된 다음 시퀀스 번호를 알려준다. 이는 누락된 것으로 보고된 세그먼트가 수신되었음을 수신자에게 알려준다.
> ㉥ 중복된 세그먼트가 도착하면 수신자는 해당 세그먼트를 삭제하지만, 즉시 예상된 올바른 다음 세그먼트를 나타내는 확인 메시지를 전송한다. 이것은 ACK 세그먼트 자체를 잃어버렸을 때 몇 가지 문제를 해결한다.

(3) 재전송

오류제어 메커니즘의 핵심은 세그먼트의 재전송이다. 세그먼트가 전송되면 수신 확인될 때까지 대기열에 저장된다. 재전송 타이머가 만료되거나 송신자가 큐의 첫 번째 세그먼트에 대해 3개의 중복 ACK를 수신하면 해당 세그먼트는 재전송된다.

① RTO 후 재전송

송신 TCP는 각 연결에 대해 하나의 재전송 시간 제한(RTO)을 유지한다. 타이머가 시간 초과가 되면 TCP는 대기열 앞쪽에 있는 세그먼트(시퀀스 번호가 가장 작은 세그먼트)를 재전송하고 타이머를 다시 시작한다. 나중에 TCP에서 RTO의 값이 동적이며 세그먼트의 왕복 시간(RTT)을 기준으로 업데이트된다는 것을 알게 될 것이다. RTT는 세그먼트가 목적지에 도달하고 확인을 받기 위해 필요한 시간이다.

② 세 개의 중복된 ACK 세그먼트 후 재전송

RTO 값이 크지 않은 경우 세그먼트의 재전송에 대한 이전 규칙만으로도 충분하다. 전송자가 시간 초과를 기다리지 않고 재전송할 수 있도록 하여 인터넷 전체에 서비스를 촉진하기 위해 오늘날 대부분의 구현은 세 가지 중복 ACK 규칙을 따르고 누락된 세그먼트를 즉시 재전송한다. 이 기능을 빠른 재전송이라고 한다. 만일 세 개의 중복된 확인 응답(즉, 원본 ACK + 정확히 동일한 세 개의 복사본)이 한 세그먼트에 도착한다면, 다음 세그먼트는 타임아웃을 기다리지 않고 재전송된다.

(4) 비순차적 세그먼트

최근의 TCP는 비순차적 세그먼트를 폐기하지 않는다. 이들은 누락된 부분들이 도착할 때까지 임시로 저장하고 순서가 잘못된 세그먼트로 표시한다. 단, 비순차적 세그먼트는 프로세스에 전달되지 않는다는 점에 유의한다. TCP는 데이터가 순서대로 프로세스에 전달되도록 보장한다.

8 혼잡제어 중요 ★★

TCP는 다른 정책을 사용하여 네트워크의 정체를 처리한다.

(1) 혼잡 윈도우

TCP에서 흐름제어에 대해 논의했을 때, 송신 창 크기가 rwnd(Receiver Window, 수신 측 창의 크기) 값을 사용하여 수신자에 의해 제어된다는 것을 언급했었다. rwnd 값은 반대 방향으로 이동하는 각 세그먼트에 전달된다. 이 전략을 사용하면 수신 창에 수신된 바이트가 초과되지 않는다(최종 혼잡 없음). 하지만 이것이 중간의 라우터들의 버퍼가 혼잡하지 않다는 것을 의미하는 것은 아니다. 라우터는 두 명 이상의 발신자로부터 데이터를 수신할 수 있다. 라우터의 버퍼는 송신되는 데이터 양 때문에 버퍼 용량을 초과할 수도 있다.

TCP는 많은 세그먼트가 손실되어 심각한 오류제어에 영향을 미칠 수 있으므로 중간에 혼잡이 발생하지 않도록 해야 한다. 세그먼트 손실이 많으면 같은 세그먼트를 다시 재전송하여 혼잡이 악화되고 결국 통신이 붕괴된다. TCP는 IP 서비스를 사용하는 종단 간 프로토콜이다. 라우터의 정체는 IP 영역에 있으므로 IP로 처리해야 한다. 그러나 IP는 혼잡제어가 없는 간단한 프로토콜이기 때문에 TCP 자체가 이 문제를 담당해야 한다. TCP는 네트워크의 혼잡을 무시할 수 없고, 적극적으로 세그먼트를 네트워크에 보낼 수 없다.

TCP는 네트워크의 사용 가능한 대역폭을 활용하지 않기 때문에 각 시간 간격마다 적은 수의 세그먼트를 보내는 매우 보수적인 방법을 사용한다. TCP는 정체가 없을 때 데이터 전송을 가속화하고 정체가 검출되면 전송을 감속시키는 정책이 필요하다. 전송할 세그먼트 수를 제어하기 위해 TCP는 네트워크의 혼잡 상황에 따라 크기가 조절되는 cwnd(Congestion Window, 혼잡 윈도우)라는 다른 변수를 사용한다. cwnd 변수와 rwnd 변수는 함께 TCP의 송신 창의 크기를 정의한다. 첫 번째는 중간 (네트워크)의 혼잡과 관련이 있고 두 번째는 종단의 혼잡과 관련이 있다. 창의 실제 크기는 이 두 가지 중 최솟값이다.

(2) 혼잡 탐지

TCP는 네트워크 정체의 징후로 타임아웃과 세 개의 중복 ACK 수신이라는 두 가지 이벤트를 사용한다. 첫 번째는 타임아웃이다. TCP 송신자가 시간 초과가 발생하기 전에 세그먼트 또는 세그먼트 그룹에 대한 ACK를 받지 못하면 해당 세그먼트가 손실되고 혼잡으로 인한 것임을 가정한다. 또다른 이벤트는 3개의 중복 ACK(동일한 수신 확인 번호를 가진 4개의 ACK) 수신이다. TCP 수신자가 중복 ACK를 보낼 때 세그먼트가 지연되었음을 나타내는 신호이지만 세 개의 중복 ACK를 보내는 것은 세그먼트가 누락되었음을 나타내는 기호이며 네트워크의 정체로 인한 것일 수 있다. 그러나 세 개의 중복 ACK의 경우 정체는 시간 초과의 경우보다 덜 심각할 수 있다. 수신기가 세 개의 중복 ACK를 전송하면 하나의 세그먼트가 누락되어도 세 개의 세그먼트가 수신되었음을 의미하고, 네트워크가 약간 혼잡하거나 혼잡 상태에서 복구된다.

(3) 혼잡 정책

TCP는 일반적인 혼잡 처리 정책을 위해 슬로우 스타트(slow start), 혼잡 방지(congestion avoidance) 및 빠른 복구(fast recovery)의 세 가지 알고리즘을 기반으로 한다. TCP가 연결에서 서로 어떻게 전환되는지를 보여주기 전에 먼저 각 알고리즘에 관해 설명한다.

① 슬로우 스타트: 지수 증가

슬로우 스타트 알고리즘은 혼잡 창(cwnd)의 크기는 하나의 최대 세그먼트 크기(MSS : Maximum Segment Size)로 시작하지만, 인수가 도착할 때마다 하나의 MSS를 증가시킨다는 생각에 기초하고 있다. MSS는 연결 설정 중에 동일한 이름의 옵션을 사용하여 협상한 값이다.

알고리즘은 천천히 시작하지만 기하급수적으로 증가한다. 이 아이디어를 보여주기 위해 [그림 6-26]을 보자. rwnd가 cwnd보다 훨씬 커서 송신 창 크기는 항상 cwnd와 같고, 각 세그먼트는 동일하고 MSS 바이트를 전달한다고 가정하도록 하자. 또한, 각 세그먼트의 크기가 동일하며 MSS 바이트를 운반한다고 가정한다. 또한, 단순성을 위해 지연-ACK 정책을 무시하고 각 세그먼트가 개별적으로 확인된다고 가정한다.

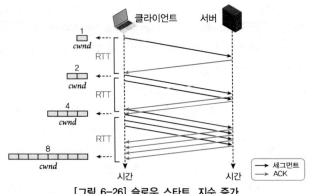

[그림 6-26] 슬로우 스타트, 지수 증가

발신자는 cwnd = 1로 시작한다. 이것은 송신자가 하나의 세그먼트만 보낼 수 있다는 것을 의미한다. 첫 번째 ACK가 도착한 후 승인된 세그먼트는 창에서 삭제되며, 이는 이제 창에 빈 세그먼트 슬롯이 하나 있음을 의미한다. 수신 확인의 도착은 네트워크에 정체성이 없다는 좋은 신호이기 때문에 혼잡 창의 규모도 1만큼 증가한다. 창문의 크기는 지금 2이다. 두 개의 세그먼트를 보내고 그들에 대해 두 개의 개별적인 수신 확인을 받은 후에, 혼잡 창의 크기는 4가 된다. 즉, 이 알고리즘의 혼잡 창의 크기는 도달한 ACK 수의 함수로서 다음과 같이 결정할 수 있다.

> ACK가 도착하면, cwnd = cwnd + 1이다.

왕복 시간(RTT)으로 보면, 각 왕복 시간 측면에서 증가율이 지수적이라는 것을 알 수 있는데, 이는 매우 공격적인 접근법이다.

> 시작　　　　　　→ cwnd = 1 → 20
> 1 RTT 후　　　　→ cwnd = cwnd + 1 = 1 + 1 = 2 → 21
> 2 RTT 후　　　　→ cwnd = cwnd + 2 = 2 + 2 = 4 → 22
> 3 RTT 후　　　　→ cwnd = cwnd + 4 = 4 + 4 = 8 → 23

슬로우 스타트는 무한정 계속될 수 없다. 이 단계를 멈추려면 반드시 한계점이 있어야 한다. 송신자는 ssthresh(slow start threshold : 느린 시작 임곗값)라는 변수를 추적한다. 창의 크기(바이트)가 이 임곗값에 도달하면 슬로우 스타트가 중지되고 다음 단계가 시작된다.

그러나 지연된 확인 응답의 경우에 슬로우 스타트 전략이 더 느리다. 각 ACK에 대해 cwnd가 1만 증가한다는 점을 기억하자. 따라서 두 개의 세그먼트가 누적적으로 인정되면, cwnd의 크기는 2가 아니라 1만 증가한다. 그 성장은 여전히 기하급수적이지만, 2의 제곱은 아니다. 두 세그먼트당 ACK가 1개일 경우, 1.5의 제곱이 된다.

② **혼잡 회피 : 적층 증가**

슬로우 스타트 알고리즘을 계속하면 혼잡 창의 크기가 기하급수적으로 늘어난다. 이 현상이 일어나기 전에 혼잡함을 피하기 위해서, 이 기하급수적인 성장을 늦추어야 한다. TCP는 혼잡 회피라고 불리는 또 다른 알고리즘을 정의하는데, 이것은 기하급수적으로 증가하는 대신에 부가적으로 cwnd를 증가시킨다. cwnd = i인 경우 혼잡창의 크기가 슬로우 스타트 임곗값에 도달하면 슬로우 스타트 단계가 중지되고 적층 단계가 시작된다. 이 알고리즘에서는 세그먼트의 전체 '창' 이 확인될 때마다 혼잡 창 크기를 1씩 증가시킨다. 창은 RTT 동안 전송된 세그먼트 수이다. [그림 6-27]은 아이디어를 보여준다.

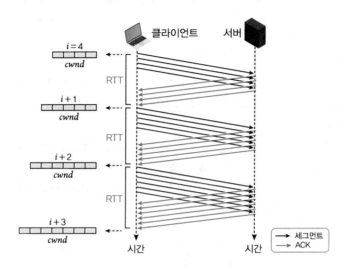

[그림 6-27] 혼잡 회피, 적층 증가

발신자는 cwnd = 4로 시작한다. 이것은 송신자가 단지 4개의 세그먼트만 보낼 수 있다는 것을 의미한다. ACK가 4회 도착 후 확인된 세그먼트는 창에서 제거되며, 이제 창에 빈 세그먼트 슬롯이 하나 더 생기게 된다. 혼잡 창의 규모도 1씩 늘어난다. 창의 크기는 지금 5이다. 다섯 개의 세그먼트를 보내고 그들에 대해 다섯 개의 확인을 받은 후에, 혼잡 창의 크기는 이제 여섯 개가 된다. 즉, 이 알고리즘의 혼잡 창의 크기 또한 도착한 ACK 수의 함수이며 다음과 같이 결정될 수 있다.

> ACK가 도착하면, cwnd = cwnd 1(1/cwnd).

창의 크기는 MSS의 1/cwnd 부분(바이트)만 증가한다. 즉, 이전 창의 모든 세그먼트는 윈도우 1 MSS 바이트를 증가시키도록 확인되어야 한다. 왕복 시간(RTT)으로 보면, 각 왕복 시간 측면에서 증가율이 선형이라는 것을 알 수 있는데, 이는 슬로우 스타트 방식보다 훨씬 보수적이다.

> 시작   → cwnd = i
> 1 RTT 후   → cwnd = i + 1
> 2 RTT 후   → cwnd = i + 2
> 3 RTT 후   → cwnd = i + 3

③ 빠른 복구

빠른 복구 알고리즘은 TCP에서 선택 사항이다. 이전 버전의 TCP는 그것을 사용하지 않았지만, 새로운 버전은 빠른 복구를 사용한다. 세 개의 중복 ACK가 도착하면 시작되는데, 이는 네트워크에서 가벼운 혼잡으로 해석된다. 혼잡 회피와 마찬가지로 이 알고리즘도 적층 증가가 되지만, 중

복 ACK가 도착할 때(이 알고리즘의 사용을 트리거하는 3개의 중복 ACK 이후) 정체 창 크기를
증가시킨다.

> 중복 ACK가 도착할 경우, cwnd = cwnd 1(1/cwnd).

(4) 정책 전환

우리는 TCP에서 세 가지 혼잡 정책을 논의했다. 이러한 정책이 언제 어떻게 사용되는지를 알아보
기 위해 Taho TCP, Reno TCP, New Reno TCP에 대해서 살펴보자.

① Taho TCP

타호 TCP로 알려진 초기 TCP는 혼잡 정책에서 슬로우 스타트와 혼잡 회피라는 두 가지 알고리
즘만 사용했다. 이 TCP 버전에 대한 구조를 보여주기 위해 [그림 6-28]을 사용한다. FSM을 덜
혼잡하고 단순하게 만들기 위해 중복 ACK의 수를 증가시키고 재설정하는 것과 같은 일부 사소
한 작업들을 생략했다.

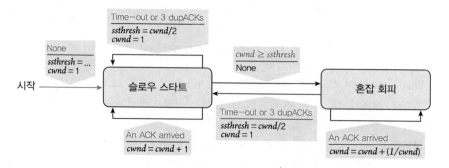

[그림 6-28] Taho TCP 구조

Taho TCP는 혼잡 감지, 타임아웃 및 3개의 중복 ACK에 사용되는 2개의 신호를 동일한 방법으로
처리한다. 이 버전에서는 접속이 설정되면 TCP가 슬로우 스타트 알고리즘을 시작하여 ssthresh
변수를 사전 합의 값(보통 MSS의 배수)과 cwnd를 1 MSS로 설정한다. 이 상태에서는 앞에서 말한
바와 같이, ACK가 도착할 때마다 혼잡 창의 크기가 1씩 증가한다. 이 정책은 매우 공격적이고 창
크기를 기하급수적으로 증가시켜 혼잡으로 이어질 수 있다.

혼잡이 감지되면(시간 초과 또는 3개의 중복 ACK의 도착 발생) TCP는 즉시 이러한 공격적인
성장을 차단하고 임곗값을 현재 cwnd의 절반으로 제한하고 혼잡 창을 1로 재설정하여 새로운
슬로우 스타트 알고리즘을 다시 시작한다. 즉, TCP를 처음부터 다시 시작할 뿐만 아니라, 임곗
값을 조정하는 방법도 배운다. 임곗값에 도달하는 동안 혼잡을 감지하지 못하면, TCP는 목표의
한계에 도달한다는 것을 알게 되는데 즉, 이 속도로 계속해서는 안 된다는 것이다. 혼잡 회피
상태로 이동하고 그 상태로 계속된다.

혼잡 회피 상태에서는 현재 창 크기에 해당하는 ACK가 수신될 때마다 혼잡 창의 크기가 1씩
증가한다. 예를 들어 현재 창 크기가 5 MSS인 경우 창 크기가 6 MSS가 되기 전에 ACK가 5개
더 수신되어야 한다. 이 상태에서는 혼잡 창 크기에 대한 상한선이 없다는 점에 유의한다. 혼잡

창의 크기는 혼잡 현상이 감지되지 않는 한 데이터 전송 단계 끝까지 계속 커지게 된다. 이 상태에서 혼잡이 감지되면 TCP는 다시 ssthresh의 값을 현재 cwnd의 절반으로 재설정하고 슬로우 스타트 상태로 다시 이동한다.

이 TCP 버전에서 ssthresh의 크기는 각 혼잡 감지에서 지속적으로 조정되지만, 이것이 반드시 이전 값보다 낮아지는 것을 의미하지는 않는다. 예를 들어, 원래 ssthresh 값이 8 MSS이고 TCP가 혼잡 회피 상태에 있을 때 혼잡 현상이 감지되고 cwnd 값이 20이면, ssthresh의 새로운 값은 이제 10이 되는데, 이는 증가했음을 의미한다.

② Reno TCP

Reno TCP라고 불리는 새로운 버전의 TCP는 혼잡제어 구조에 새로운 상태를 추가했는데, 이것은 빠른 복구 상태라고 불린다. 이 버전은 혼잡, 시간 초과 및 3개의 중복 ACK 도착의 두 신호를 다르게 처리했다. 이 버전에서 타임아웃이 발생하면 TCP는 슬로우 스타트 상태로 이동한다(또는 이미 이 상태에 있는 경우 새로운 라운드가 시작된다). 한편, 중복 ACK 3개가 도착하면 TCP는 빠른 복구 상태로 이동하고 더 많은 중복 ACK가 도착하는 한 그곳에 남아 있다. 빠른 복구 상태는 슬로우 스타트와 혼잡 회피 상태 사이의 상태이다. 슬로우 스타트와 같이 동작하며, 여기서 cwnd는 기하급수적으로 성장하지만, ssthresh + 3 MSS(1 대신)의 값으로 시작한다. TCP가 빠른 복구 상태로 들어가면, 3개의 주요 이벤트가 발생할 수 있다. 중복 ACK가 계속 도착하면 TCP는 이 상태로 유지되지만, cwnd는 기하급수적으로 증가한다. 타임아웃이 발생하면 TCP는 네트워크에 실제 혼잡이 있다고 가정하고 슬로우 스타트 상태로 이동한다. 새로운 (중복되지 않은) ACK가 도착하면 TCP는 혼잡 회피 상태로 이동하지만, 세 개의 중복 ACK가 발생하지 않은 것처럼 cwnd의 크기를 ssthresh 값으로 줄이고, 슬로우 스타트 상태에서 혼잡 회피 상태로 전환한다. [그림 6-29]는 Reno TCP를 위한 단순화된 구조를 보여준다.

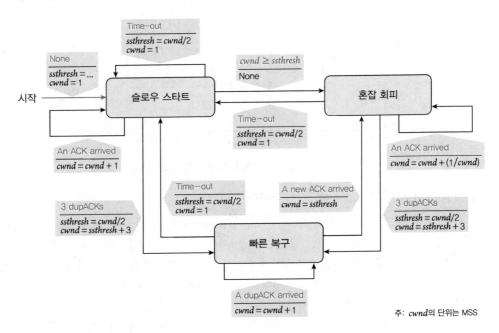

[그림 6-29] Reno TCP 구조

③ NewReno TCP

NewReno TCP라고 불리는 신규 버전의 TCP는 Reno TCP에 기능을 추가하여 최적화시켰다. 이 버전에서 TCP는 3개의 중복 ACK가 도착할 때 현재 창에서 둘 이상의 세그먼트가 손실되는지 여부를 확인한다. TCP는 3개의 중복 ACK를 수신하면, 새로운 ACK(복제되지 않음)가 도착할 때까지 손실된 세그먼트를 재전송한다. 혼잡이 감지되었을 때 새로운 ACK가 윈도우의 끝을 정의한다면 TCP는 단 하나의 세그먼트만 손실된 것이 확실하다. 그러나 ACK 번호가 재전송된 세그먼트와 윈도우의 끝 사이의 위치를 정의하는 경우 ACK에 의해 정의된 세그먼트도 상실될 수 있다. NewReno TCP는 이 세그먼트에 대해 점점 더 많은 중복 ACK를 수신하지 않도록 이 세그먼트를 재전송한다.

(5) 적층 증가, 곱셈 감소(AIMD : Additive Increase/Multiplicative Decrease)

TCP의 세 가지 버전 중에서 Reno 버전이 오늘날 가장 일반적이다. 본 버전에서 대부분의 경우, 중복 ACK 3개를 관찰함으로써 혼잡을 감지하고 처리한다. 일부 타임아웃 이벤트가 있더라도 TCP는 공격적인 지수 성장에 의해 그것들로부터 복구된다. 즉, 긴 TCP 연결에서 슬로우 스타트 상태와 빠른 복구 중 짧은 지수 증가를 무시하면 ACK가 도착할 때 TCP 혼잡 창은 cwnd = cwnd + (1/cdd)이고, 혼잡이 감지되면 cwnd = cwnd/2가 되고, SS는 존재하지 않으며 FR의 길이는 0으로 줄어든다. 첫 번째는 적층 증가라고 하고, 두 번째는 곱셈 감소라고 한다. 이는 혼잡 창 크기가 초기 슬로우 스타트 상태를 통과한 후 [그림 6-30]과 같이 적층 증가, 곱셈 감소(AIMD)라는 톱니 패턴을 따른다는 것을 의미한다.

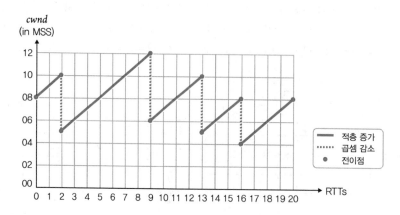

[그림 6-30] 적층 증가, 곱셈 감소(AIMD)

(6) TCP 처리량

혼잡 창 동작에 기반한 TCP의 처리량은 cwnd가 RTT의 상수(직선) 함수라면 쉽게 찾을 수 있다. 이 비현실적인 가정에 따른 처리량은 throughput = cwnd/RTT이다. 이 가정에서는 TCP가 cwnd 바이트의 데이터를 전송하고 RTT 시간 내에 이에 대한 확인을 수신한다. [그림 6-30]과 같이 TCP의 동작은 평평한 선이 아니며, 톱니처럼 최솟값과 최댓값이 많다. 각 차이가 정확히 같다면 처리량 = [(최대 + 최소)/2]/RTT라고 말할 수 있다. 그러나 각 혼잡 감지 시 cwnd 값이 이전 값의 절반으로 설정되기 때문에 최댓값이 최솟값의 두 배라는 것을 알고 있다. 따라서 처리량은 다음의 식으로 계산할 수 있다.

$$\text{throughput} = (0.75) \; W_{\max}/\text{RTT}$$

$W_{\max}$ 는 혼잡 발생 시 평균 창 크기이다.

9 TCP 타이머

작업을 원활하게 수행하기 위해 대부분의 TCP 구현에서는 재전송(retransmission), 지속성(persistence), keepalive 및 TIME-WAIT 타이머를 사용한다.

(1) 재전송 타이머

손실된 세그먼트를 재전송하기 위해 TCP는 재전송 시간 초과(RTO), 세그먼트 수신 확인 대기 시간을 처리하는 하나의 재전송 타이머(전체 연결 기간 동안)를 사용한다. 재전송 타이머에 대해 다음 규칙을 정의할 수 있다.

> ① TCP가 전송 큐 앞에 세그먼트를 보내면 타이머가 시작된다.
> ② 타이머가 만료되면 TCP는 큐 앞에 있는 첫 번째 세그먼트를 다시 보내고 타이머를 다시 시작한다.
> ③ 세그먼트가 누적적으로 확인되면 세그먼트 또는 세그먼트가 대기열에서 제거된다.
> ④ 대기열이 비어 있으면 TCP가 타이머를 중지한다. 그렇지 않으면 TCP가 타이머를 다시 시작한다.

① Round-Trip Time(RTT)

재전송 시간제한(RTO)을 계산하려면 우선 왕복 시간(RTT)을 계산해야 한다. TCP에서 RTT를 계산하는 관련 프로세스는 다음과 같다.

ⓐ 측정된 RTT

세그먼트를 보내고 그에 관한 확인을 받는 데 얼마나 걸리는지 알아야 한다. 이것이 측정된 RTT이다. 세그먼트와 확인은 일대일 관계를 가지고 있지 않다는 것을 기억할 필요가 있고 여러 세그먼트들은 함께 확인될 수 있다. 세그먼트에 대해 측정된 왕복 시간은 다른 세그먼트를 포함할 수 있지만 세그먼트가 목적지에 도달하고 확인되는 데 필요한 시간이다. TCP에서는 언제든지 하나의 RTT 측정만 진행될 수 있다. 즉, RTT 측정이 시작되면 이 RTT 값이 확정될 때까지 다른 측정이 시작되지 않는다. 측정된 RTT를 나타내기 위해 RTTM 표기법을 사용한다.

ⓑ 평균화 RTT

측정된 RTT, RTTM는 각 라운드 트립마다 변경될 가능성이 있다. 오늘날의 인터넷에서는 변동이 너무 커서 재전송 타임아웃 목적으로는 단일 측정만을 사용할 수 없다. 대부분의 구현에서는 다음과 같이 RTTM 및 이전 RTTS의 가중 평균인 RTTS라고 하는 평균화된 RTT를 사용한다.

초기	→ 값 없음
첫 번째 측정 후	→ RTTS = RTTM
각 측정 후	→ RTTS = $(1 - \alpha)$RTTS + $\alpha \times$ RTTM

ⓒ RTT 편차

대부분의 구현에서는 RTTS만 사용하는 것이 아니라, RTTS와 RTTM를 기반으로 RTTD라고 하는 RTT 편차를 다음 공식을 사용하여 계산한다(β값도 구현에 의존하지만, 대개 1/4로 설정된다).

초기	→ 값 없음
첫 번째 측정 후	→ RTTD = RTTM/2
각 측정 후	→ RTTD = $(1 - \beta)$RTTD + $\beta \times$ | RTTS − RTTM

② 재전송 타임아웃(RTO)

RTO 값은 평활 왕복 시간과 그 편차에 기초한다. 대부분의 구현에서는 다음 공식을 사용하여 RTO를 계산한다.

최초	→ 초깃값
각 측정 후	→ RTO = RTTS + $4 \times$ RTTD

즉, RTTS의 실행 평활화 평균값을 취하여 실행 평활화 평균값(일반적으로 작은 값)의 4배를 더한다.

③ 지속성 타이머

제로-윈도우 크기의 광고를 처리하기 위해, TCP는 또 다른 타이머를 필요로 한다. 수신 TCP가 0의 창 크기를 알리는 경우 수신 TCP가 0이 아닌 창 크기를 알리는 ACK 세그먼트를 보낼 때까지 송신 TCP는 세그먼트 전송을 중지한다. 이 ACK 세그먼트는 손실될 수 있다. ACK 세그먼트는 TCP에서 확인되지 않거나 재전송되지 않는다. 이 확인 응답이 손실되면 수신 TCP는 자신의 작업을 완료했다고 생각하고 송신 TCP가 더 많은 세그먼트를 보내기를 기다린다. 승인만 포함하는 세그먼트에 대한 재전송 타이머는 없다. 보내는 TCP는 승인을 받지 못했고 다른 TCP가 창의 크기를 광고하는 승인을 보내주기를 기다린다. 두 TCP는 서로를 계속 영원히 기다릴 수 있다(교착 상태). 이 교착 상태를 해결하기 위해 TCP는 각 연결에 지속성 타이머를 사용한다. 송신 TCP가 창 크기가 0인 승인을 수신하면 지속 타이머가 시작된다. 지속성 타이머가 꺼지면 전송 TCP가 프로브라는 특수 세그먼트를 보낸다. 이 세그먼트에는 새 데이터의 1바이트만 포함된다. 그것은 일련번호를 가지고 있지만, 그 일련번호는 절대 인정되지 않는다. 나머지 데이터에 대한 순번을 계산할 때도 무시된다. 프로브는 수신 TCP가 수신 확인을 다시 보내도록 한다. 지속 타이머의 값은 재전송 시간의 값으로 설정된다. 그러나 응답이 수신자로부터 수신되지 않으면 다른 프로브 세그먼트가 전송되고 지속성 타이머의 값이 두 배가 되고 재설정된다. 보낸 사람은 계속 프로브 세그먼트를 보내고 값이 임곗값(일반적으로 60초)에 도달할 때까지 지속 타이머값을 두 배로 설정하고 다시 설정한다. 그 후 발신자는 창을 다시 열 때까지 60초마다 하나의 프로브 세그먼트를 전송한다.

④ **Keepalive 타이머**

Keepalive 타이머는 두 개의 TCP 사이의 긴 유휴 연결을 방지하기 위해 일부 구현에서 사용된다. 클라이언트가 서버에 대한 TCP 연결을 열고 일부 데이터를 전송하고 이후에 아무런 행동도 취하지 않으면 이 경우, 연결은 영원히 열려 있게 된다. 이러한 상황을 해결하기 위해 대부분의 구현에서는 서버에 킵-얼라이브(keepalive) 타이머를 장착한다. 서버는 클라이언트에서 소리를 들을 때마다 이 타이머를 다시 설정한다. 제한 시간은 대개 2시간이다. 서버가 2시간 후에 클라이언트에서 아무런 신호를 받지 못하면 프로브 세그먼트를 전송한다. 각 프로브가 75초 간격으로 10번 프로브 한 후에 응답이 없는 경우, 클라이언트가 작동 중지된 것으로 간주하고 연결을 종료한다.

⑤ **TIME-WAIT 타이머**

TIME-WAIT(2MSL) 타이머는 연결 종료 중에 사용된다. 최대 세그먼트 수명(MSL)은 임의의 세그먼트가 폐기되기 전에 네트워크에 존재할 수 있는 시간이다. 구현 시 MSL에 대한 값을 선택해야 한다. 일반적인 값은 30초, 1분 또는 2분이다. 2 MSL 타이머는 TCP가 활성 닫기를 수행하고 최종 ACK를 보낼 때 사용된다. ACK가 손실된 경우 TCP가 최종 ACK를 다시 보내도록 허용하기 위해 2 MSL의 연결 시간 동안 연결이 열려 있어야 한다. 이를 위해서는 다른 쪽의 RTO 타이머가 타임아웃 되고 새로운 FIN 및 ACK 세그먼트가 재전송되어야 한다.

○×로 점검하자

※ 다음 지문의 내용이 맞으면 ○, 틀리면 ×를 체크하시오. [1 ~ 14]

01 전송 계층은 응용 프로그램 계층과 네트워크 계층 사이에 위치하며 로컬 호스트와 원격 호스트의 두 응용 프로그램 계층 간, 프로세스 간 통신을 제공한다. (   )

>>>○ 전송 계층은 응용 프로그램 계층과 네트워크 계층 사이에 위치한다. 로컬 호스트와 원격 호스트의 두 응용 프로그램 계층 간, 프로세스 간 통신을 제공한다. 통신은 논리 연결을 사용하여 제공된다.

02 전송 계층에서의 통신에서 발신자 프로세스, 전송자 전송 계층, 수신기 전송 계층 및 수신자 프로세스의 네 가지 실체를 처리한다. (   )

>>>○ 전송 계층에는 두 가지 역할, 즉 소비자와 생산자가 있으며 통신에서 발신자 프로세스, 전송자 전송 계층, 수신기 전송 계층 및 수신자 프로세스의 네 가지 실체를 처리한다.

03 전송 계층은 응용 프로그램 계층 프로세스가 메시지를 요청할 때까지 대기한다. (   )

>>>○ 전송 계층에서는 메시지를 패킷으로 캡슐화하고 수신 전송 계층으로 푸시하는데 마지막 배달은 일반적으로 배달을 보류하는 것이다. 즉, 응용 프로그램 계층 프로세스가 메시지를 요청할 때까지 대기한다.

04 인터넷에서 기본 네트워크 계층(IP)은 신뢰할 수 있으므로 응용 프로그램에 안정성을 위하여 신뢰할 수 있는 전송 계층을 만들 필요가 없다. (   )

>>>○ 인터넷에서 기본 네트워크 계층(IP)은 신뢰할 수 없으므로 응용 프로그램에 안정성이 필요하면 신뢰할 수 있는 전송 계층을 만들어야 한다. 전송 계층에 오류제어 서비스를 추가하여 신뢰성을 확보할 수 있다.

05 흐름제어는 송신 측 사이트와 수신 측 사이트에 각각 하나씩 두 개의 버퍼를 사용해야 한다.
(   )

>>>○ 흐름제어는 송신 측 사이트와 수신 측 사이트에 각각 하나씩 두 개의 버퍼를 사용해야 하며 오류제어가 양측에 의한 시퀀스 번호와 확인 번호의 사용을 필요로 한다.

06 네트워크의 부하가 네트워크의 용량(네트워크에서 처리할 수 있는 패킷 수)보다 클 경우 네트워크 정체가 발생할 수 있다. (   )

>>>○ 인터넷과 같은 패킷 교환망에서 중요한 문제는 '혼잡'이다. 네트워크의 부하(네트워크에 전송된 패킷 수)가 네트워크의 용량(네트워크에서 처리할 수 있는 패킷 수)보다 클 경우 네트워크 정체가 발생할 수 있다.

정답 **1** ○ **2** ○ **3** ○ **4** × **5** ○ **6** ○

07 전송 계층의 정체는 실제로 네트워크 계층에서의 정체 결과라고 할 수 없다. (　　　)

>>>◯ 라우터 및 스위치에는 처리 전후의 패킷을 보관하는 큐(queue)가 있기 때문에 네트워크 또는 인터네트워크의 정체가 발생한다. 전송 계층의 정체는 실제로 네트워크 계층에서의 정체의 결과이며, 전송 계층에서 자체적으로 나타난다.

08 전송 계층은 네트워크 계층과 응용 계층 사이에 위치한다. (　　　)

>>>◯ 전송 계층은 네트워크 계층과 응용 계층 사이에 위치하며 응용 프로그램 계층에 서비스를 제공하고 네트워크 계층으로부터 서비스를 받는다.

09 전송 계층 프로토콜은 비연결형 및 연결 지향형의 두 가지 유형의 서비스를 제공할 수 있다.
(　　　)

>>>◯ 전송 계층 프로토콜은 비연결형 및 연결 지향형의 두 가지 유형의 서비스를 제공할 수 있으나 서비스의 특성은 네트워크 계층의 특성과 다르다. 전송 계층에서의 비연결형 서비스는 패킷 간의 독립성을 의미하며 연결 지향은 종속성을 의미한다.

10 사용자 데이터그램 프로토콜(UDP)은 비연결적이고 신뢰할 수 없는 전송 프로토콜이다. (　　　)

>>>◯ 사용자 데이터그램 프로토콜(UDP)은 비연결적이고 신뢰할 수 없는 전송 프로토콜로 호스트 대 호스트 통신 대신 프로세스 간 통신을 제공하는 것을 제외하고는 IP 서비스에 아무것도 추가하지 않는다.

11 UDP는 매우 간단한 프로토콜이나 흐름제어 기능이 있다. (　　　)

>>>◯ UDP는 매우 간단한 프로토콜이며 흐름제어가 없으므로 창 구조가 없다. 수신기가 들어오는 메시지로 넘칠 수 있다.

12 TCP(Transmission Control Protocol)는 연결 지향적이고 안정적인 프로토콜이다. (　　　)

>>>◯ TCP(Transmission Control Protocol)는 연결 지향적이고 안정적인 프로토콜로 연결 지향 서비스를 제공하기 위해 연결 설정, 데이터 전송 및 연결 해체 단계를 명시적으로 정의한다.

13 TCP는 연결에서 전송되는 모든 데이터 바이트(옥텟)를 번호 지정한다. (　　　)

>>>◯ TCP는 연결에서 전송되는 모든 데이터 바이트(옥텟)를 번호 지정하며 번호 매기기는 각 방향에서 독립적이다. TCP는 첫 번째 바이트의 번호에 대해 0과 $2^{32}-1$ 사이의 임의의 숫자를 선택한다.

14 TCP에 데이터 스트림을 전달하는 응용 프로그램은 TCP를 사용하여 상대방의 응용 프로그램에 전체 스트림을 오류 없이 순서대로 전달하고 손실되거나 복제되지 않는다. (　　　)

>>>◯ TCP는 오류제어를 사용하여 안정성을 제공한다. 오류제어에는 손상된 세그먼트를 감지 및 재전송하고, 손실된 세그먼트를 다시 보내며, 누락된 세그먼트가 도착할 때까지 세그먼트를 저장하고, 중복된 세그먼트를 감지하여 폐기하는 구조가 포함된다.

정답 **7** × **8** ○ **9** ○ **10** ○ **11** × **12** ○ **13** ○ **14** ○

01 OSI 모델의 데이터 흐름은 '애플리케이션 → 프레젠테이션 → 세션 → 전송 → 네트워크 → 데이터링크 → 물리 방식'으로 흐른다.

01 다음 중 빈칸에 들어갈 용어로 옳은 것은?

> 전송 계층은 다른 애플리케이션에서 데이터를 단일 스트림으로 통합한 후 _____으로 보낸다.

① 네트워크 계층
② 데이터링크 계층
③ 응용 계층
④ 물리 계층

02 TCP와 UDP는 모두 네트워킹에서 전송 계층 프로토콜이다. TCP는 '전송 제어 프로토콜'의 약칭이고 UDP는 '사용자 데이터그램 프로토콜'의 약칭이다. TCP는 연결 지향적인 반면 UDP는 연결이 없다.

02 다음 중 네트워킹에 사용되는 전송 계층 프로토콜은 어느 것인가?

① TCP
② UDP
③ TCP 및 UDP 모두
④ IP

03 사용자 데이터그램 프로토콜(UDP)은 TCP의 대안이며 속도가 가장 중요한 목적에 사용되지만 데이터 손실은 문제가 되지 않는다. UDP는 연결이 없는 반면 TCP는 연결 지향적이다.

03 사용자 데이터그램 프로토콜을 비연결형(connectionless)이라고 하는 이유는?

① 모든 UDP 패킷은 전송 계층에 의해 독립적으로 처리된다.
② 관련 패킷의 스트림으로 데이터를 전송한다.
③ 발송된 순서와 같은 순서로 수령한다.
④ 신뢰성과 정확성을 요구하는 프로토콜이기 때문이다.

정답 01 ① 02 ③ 03 ①

04 다음 내용 중 트랜스미션 제어 프로토콜은 무엇인가?

① 연결 지향 프로토콜
② 3방향 핸드쉐이크를 사용하여 연결을 설정
③ 애플리케이션에서 데이터를 단일 스트림으로 리셋
④ ①, ②, ③번 모두

05 다음 중 빈칸에 들어갈 용어로 옳은 것은?

> 컴퓨터네트워크를 통한 프로세스 간 통신 흐름의 엔드 포인트는 _____과(와) 같다.

① 소켓   ② 파이프
③ 포트   ④ 서비스

06 다음 중 빈칸에 들어갈 용어로 옳은 것은?

> 윈도용 소켓 스타일 API를 _____(이)라고 부른다.

① wsock   ② winsock
③ trace   ④ ping

07 다음 중 혼잡통제가 가능한 UDP 버전은 어느 것인가?

① 데이터그램 정체 제어 프로토콜
② 스트림 제어 전송 프로토콜
③ 구조화 스트림 전송
④ 비연결형 프로토콜

04 www, e-메일, 파일 전송 등과 같은 주요 인터넷 애플리케이션은 TCP에 의존한다. 트랜스미션 제어 프로토콜(TCP)은 연결 지향적이며 시기적절한 전송보다는 정확한 전달에 최적화되어 있어 그것은 오랜 지연을 초래할 수 있다.

05 소켓은 네트워크에서 양방향 통신 링크에서 하나의 엔드 포인트다. TCP 계층은 소켓에 바인딩된 포트 번호를 사용하여 데이터가 전송될 운명인 애플리케이션을 식별할 수 있다.

06 윈소크(winsock)는 윈도우 OS에서 인터넷 애플리케이션의 입력 출력 요청을 다루는 프로그래밍 인터페이스이다. 윈도우 네트워크 소프트웨어가 네트워크 서비스에 어떻게 접속해야 하는지를 규정한다. trace와 ping은 통신망을 점검하기 위해 사용하는 프로토콜이다.

07 데이터그램 정체 제어 프로토콜(DCCP)은 UDP 기반의 실시간 서비스에서 혼잡제어 없이 오랜시간 대용량의 데이터를 전송하여 망의 혼잡 및 다른 프로토콜과 대역폭 불균형을 초래하는 문제점을 해결하기 위해 UDP 기반에서 최소한의 혼잡제어 기능을 가진 새로운 전송 프로토콜이다. 스트림 제어 전송 프로토콜(SCTP)은 UDP와 TCP의 기능 중 일부를 제공한다. UDP와 같이 메시지 지향적이며 TCP와 같은 정체 제어를 통해 신뢰할 수 있는 연속적인 메시지 전송을 보장한다.

정답 04④ 05① 06② 07①

08 전송 계층은 TCP/IP 모델 및 OSI 참조 모델에서 4번째 계층으로 과정 사이의 논리적인 의사소통을 다룬다. 전송 계층 프로토콜의 첫 번째 의무는 프로세스 간 통신을 제공하는 것이다.

09 전송 계층에는 많은 프로토콜이 있다. 가장 두드러진 것은 TCP와 UDP이다. 다른 프로토콜들로는 원격 데스크톱 프로토콜(RDP : Remote Desktop Protocol), 의존 유저 데이터그램 프로토콜(RUDP : Reliable User Datagram Protocol), 스트림 제어 전송 프로토콜(SCTP), 데이터그램 정체 제어 프로토콜(DCCP) 등이 있다.
인터넷 제어 메시지 프로토콜(Internet Control Message Protocol)은 네트워크 컴퓨터 위에서 돌아가는 운영체제에서 오류 메시지를 전송받는 데 주로 쓰이며 인터넷 프로토콜의 주요 구성원 중 하나로 인터넷 프로토콜에 의존하여 작업을 수행한다. 인접 검색 프로토콜(Neighbor Discovery Protocol)은 IPv6에서 인접 노드 간 상호 작용을 처리하는 수단으로 메시징을 사용하는 프로토콜이다. 동적 호스트 구성 프로토콜(DHCP)은 자동으로 IP를 호스트하는 IP 주소 및 서브넷 마스크 및 기본 게이트웨이 등의 기타 관련된 구성 정보를 제공하는 클라이언트/서버 프로토콜이다.

정답 08 ② 09 ①

---

08 다음 중 빈칸에 들어갈 용어로 옳은 것은?

> 전송 계층 프로토콜은 _____으로 처리한다.

① 애플리케이션 간 통신
② 프로세스 간 통신
③ 노드 간 통신
④ 포트 간 통신

09 다음 프로토콜 중 전송 계층 프로토콜은 무엇인가?

① 스트림 제어 전송 프로토콜
② 인터넷 제어 메시지 프로토콜
③ 인접 검색 프로토콜
④ 동적 호스트 구성 프로토콜

10 다음 내용 중 TCP와 관련하여 옳은 것은?

① 연결 지향
② 프로세스 간
③ 전송 계층 프로토콜
④ 연결 지향, 프로세스 간, 전송 계층 프로토콜 모두

10 TCP는 전송 계층 프로토콜로, 프로세스 대 프로세스로, 두 TCP 사이에 가상 연결을 생성한다.

11 다음 중 빈칸에 들어갈 용어로 옳은 것은?

> TCP에서는 데이터 송수신을 _____(와)과 같이 한다.

① 바이트 스트림
② 문자 순서
③ 데이터 행
④ 패킷

11 TCP에서는 데이터가 바이트 스트림 측면에서 송수신된다. 문자 순서는 데이터 송수신을 위해 문자열로 변환하여 사용하는 방식이다. 패킷은 모든 프로토콜 스택에서 네트워크를 오가는 데이터의 단위로 사용되는 일반 용어이다.

12 다음 중 빈칸에 들어갈 용어로 옳은 것은?

> TCP 프로세스는 동일한 속도로 데이터를 쓰고 읽을 수 없다. 그래서 우리는 저장용 _____ 이(가) 필요하다.

① 패킷
② 버퍼
③ 세그먼트
④ 스택

12 TCP는 이 문제를 해결하기 위해 스토리지를 위한 버퍼가 필요하다. 버퍼는 라우터 또는 스위치의 링크를 통해서 전달되기를 기다리는 패킷들이 큐를 이루어 보관되는 장소를 말한다.

정답 10 ④ 11 ① 12 ②

13 세그먼트는 물리적으로 제한되는 네트워크 구분 단위로서 패킷으로 함께 바이트 수를 그룹화한 것이다.

13 다음 중 빈칸에 들어갈 용어로 옳은 것은?

> TCP는 여러 바이트를 함께 _____(이)라고 하는 패킷으로 그룹화한다.

① 패킷
② 버퍼
③ 세그먼트
④ 스택

14 TCP 통신 중에는 양방향에서 동시에 데이터 흐름이 이루어진다. 즉, 전이중(Full Duplex) 커뮤니케이션이 이루어진다.

14 다음 용어 중 TCP가 제공하는 커뮤니케이션은 무엇인가?

① 풀 듀플렉스
② 하프 듀플렉스
③ 반이중성
④ 바이트

15 데이터의 안전하고 온전한 도착을 확인하기 위해 수신 확인 메커니즘을 사용한다.

15 다음 중 TCP가 제공하는 커뮤니케이션은 무엇인가?

> TCP에서 신뢰할 수 있는 전송을 달성하기 위해 _____(을)를 사용하여 데이터의 안전하고 온전한 도착을 확인한다.

① 패킷
② 버퍼
③ 세그먼트
④ 수신 확인

정답 13 ③ 14 ① 15 ④

16 다음 중 빈칸에 들어갈 용어로 옳은 것은?

> 세그먼트 헤더에서 시퀀스 번호와 수신 확인 번호 필드는 _____(을)를 가리킨다.

① 바이트 번호
② 버퍼 번호
③ 세그먼트 번호
④ 수신 확인

17 TCP 연결이 1000바이트의 파일을 전송한다고 가정하자. 첫 번째 바이트는 10001이다. 모든 데이터가 한 세그먼트에만 전송되는 경우 세그먼트의 시퀀스 번호는 얼마인가?

① 10000
② 10001
③ 12001
④ 11001

18 다음 중 빈칸에 들어갈 용어로 옳은 것은?

> 각 연결에서 전송되는 데이터의 바이트는 TCP에 의해 번호가 매겨지는데 이 숫자들은 _____(으)로 시작한다.

① 난수
② 0
③ 1
④ 0과 1의 순서

19 송신 쪽에서 보낸 세그먼트를 받았
   음을 알려준다. 다음에 수신할 데이
   터의 바이트 일련번호를 나타낸다.

19 다음 내용 중 세그먼트 내 수신 확인(승인) 필드의 값 정의로
옳은 것은?

① 수신할 이전 바이트 수
② 받을 총 바이트 수
③ 수신할 다음 바이트 수
④ 0과 1의 순서

20 UDP는 신뢰할 수 없는 연결 없는 전
   송 계층 프로토콜이다.

20 다음 중 UDP에 관한 설명으로 틀린 것은?

① 연결 지향
② 신뢰할 수 없음
③ 전송 계층 프로토콜
④ ①, ②, ③번 모두

21 포트 번호가 19인 차르겐(CHARGEN
   : Charater Generator Protocol)은
   문자열을 반환한다.
   CHARGEN 서비스는 유용한 디버깅
   및 측정 도구로 적절한 경계 검사 및
   버퍼 관리를 위해 바이트 스트림의
   소스로 사용될 수 있다. 프로토콜의
   UDP 구현에서 서버는 연결 호스트에
   서 데이터그램을 수신할 때마다 임의
   의 숫자(0에서 512 사이)가 포함된
   UDP 데이터그램을 보낸다. 서버가
   수신한 모든 데이터는 버려진다.

21 다음 중 UDP 포트 '차르겐'의 반환 값은 무엇인가?

① 문자열
② 정수 문자열
③ 정수가 있는 문자 배열
④ 0과 1의 배열

정답 19 ③ 20 ① 21 ①

22 다음 중 빈칸에 들어갈 용어로 옳은 것은?

> IP를 넘어 UDP는 _____과 같은 부가 서비스를 제공한다.

① 라우팅 및 스위칭
② 패킷의 송수신
③ 멀티플렉싱 및 디멀티플렉싱
④ 멀티플렉싱 및 오류 확인

22 UDP는 다중화 및 오류 확인을 제공하는 단순한 프로토콜이다.

23 다음 내용 중 UDP의 주요 장점으로 옳은 것은?

① 더 많은 과부하
② 신뢰할 수 있는
③ 과부하 감소
④ 빠름

23 UDP는 신뢰할 수 없는 연결 없는 전송 계층 프로토콜이며 최소 과부하를 사용한다.

24 다음 중 UDP를 사용하는 NTP(Network Time Protocol)에서 사용하는 포트 번호는?

① 161
② 123
③ 162
④ 124

24 UDP를 사용하는 네트워크 시간 프로토콜(NTP)에서 사용하는 포트 번호는 123이다.
UDP 포트 161은 기본적으로 SNMP(Simple Network Management Protocol)의 관리 중인 네트워크에서 요청을 보내고 받기 위해 사용된다. 관리 기기에서 SNMP 트랩을 수신하는 기본값으로 UDP 포트 162를 사용한다. 포트 124의 UDP는 신뢰할 수 없는 서비스를 제공하며 데이터그램이 중복되거나, 잘못되거나, 통지 없이 누락될 수 있다.

정답 22 ④ 23 ③ 24 ②

25 UDP 패킷 헤더의 고정 크기는 8바이트(TCP는 20 바이트)만 사용한다. 헤더가 단순하여 헤더 처리에 많은 시간과 노력을 요하지 않는다.

25 다음 중 UDP 패킷의 헤더 크기로 옳은 것은?

① 8바이트
② 8비트
③ 16바이트
④ 124바이트

26 소스 호스트가 클라이언트인 경우 대부분의 경우 포트 번호는 사용 후 임시 포트 번호가 된다.

26 다음 중 빈칸에 들어갈 용어로 옳은 것은?

> 소스 호스트가 _____인 경우 포트 번호는 '임시 포트 번호'이다.

① NTP
② 에코
③ 서버
④ 클라이언트

27 총 길이는 UDP 헤더의 길이와 데이터를 포함하는 16비트 필드이다.

27 다음 내용 중 UDP 패킷 헤더의 '총 길이' 필드는 무엇인가?

① UDP 헤더만
② 데이터만
③ 체크섬만
④ UDP 헤더 및 데이터

정답　25 ①　26 ④　27 ④

28 UDP 사용자 데이터그램 길이에 대한 올바른 표현식은?

① UDP 길이 = IP 길이 − IP 헤더 길이

② UDP 길이 = UDP 길이 − UDP 헤더 길이

③ UDP 길이 = IP 길이 + IP 헤더 길이

④ UDP 길이 = UDP 길이 + UDP 헤더 길이

28 사용자 데이터그램은 IP 데이터그램에 캡슐화된다. IP 데이터그램에는 총 길이를 정의하는 필드가 있다. IP 데이터그램에는 헤더의 길이를 정의하는 또 다른 필드가 있다. 따라서 IP 데이터그램에 캡슐화된 UDP 데이터그램의 길이를 빼면 UDP 사용자 데이터그램의 길이를 얻을 수 있다.

29 다음 용어 중 전체 사용자 데이터그램의 오류를 탐지하는 데 사용되는 필드는 무엇인가?

① UDP 헤더

② 체크섬

③ 소스 포트

④ 대상 포트

29 체크섬 필드는 전체 사용자 데이터그램의 오류를 탐지하는 데 사용된다. 체크섬은 어떤 길이의 메시지에도 적용할 수 있는 오류 감지 기술이다. 인터넷에서 체크섬 기술은 주로 데이터링크 계층이 아닌 네트워크 및 전송 계층에서 사용된다.

30 다음 설명 중 TCP/UDP 포트 번호의 목적은 무엇인가?

① 3방향 핸드쉐이크의 시작을 나타내기 위해

② 세그먼트를 올바른 순서로 재구성하기 위해

③ 확인응답 없이 보낼 수 있는 데이터 패킷의 번호를 확인하기 위해

④ 같은 시간대에 다른 대화를 추적하기 위해

30 TCP와 UDP 모두 인터넷에서 메시지를 보내고 받는 방법을 제어한다. IP를 통해 데이터가 목적지(컴퓨터, 핸드폰 등 디바이스)에 도착하면 목적지 안의 어떤 애플리케이션으로 가야 하는지를 알려주는 것이 포트 번호이다. 이를 위해 TCP와 UDP에는 포트 번호가 첨부되어 있으며 이 포트 번호를 사용하는 목적은 동시에 네트워크를 통과하는 여러 대화를 추적하는 것이다.

정답 28 ① 29 ② 30 ④

01

정답 (1) UDP
(2) echo, daytime, BOOTP, TFTP, SNMP

해설 신뢰성이 우선적으로 중요하지 않은 애플리케이션으로는 echo, daytime, BOOTP, TFTP, SNMP 등이 있다.

02

정답 (가) 점대점(point-to-point)
(나) 데이터링크
(다) 오류제어

해설 전송 계층은 네트워크 양 끝단에서 통신을 수행하는 당사자 간의 point-to-point 연결을 제공한다. 전송 계층은 오류제어, 흐름제어, 데이터 순서화 등을 제공하는 면에서 데이터링크 계층과 비슷하다고 할 수 있다. 하지만 데이터링크 계층은 물리적으로 1:1 연결된 호스트 사이의 전송을 의미한다면 전송 계층은 논리적으로 1:1 연결된 호스트 사이의 전송을 의미한다.

✔ **주관식 문제**

01 (1) 신뢰성이 중요하지 않은 전송 프로토콜을 무엇이라고 하는가? 그리고 이 프로토콜이 사용되는 (2) 간단한 예를 쓰시오.

02 다음 괄호 안에 들어갈 알맞은 용어를 쓰시오.

전송 계층은 네트워크 양 끝단에서 통신을 수행하는 당사자 간의 (가) 연결을 제공한다. 전송 계층은 (나) 계층과 유사하다. 왜냐하면 (다), 흐름제어, 데이터 순서화 등을 제공하는 면에서 비슷하다고 할 수 있다.

03 TCP의 TCP 세그먼트 헤더는 20바이트이다. (1) UDP는 몇 바이트 인가? 또한, UDP는 서비스의 지연 없이 최선의 서비스를 제공한 다고 하는 의미로 이러한 영어 표현을 사용하는데 (2) 이 영어 표현을 쓰시오.

04 UDP는 메시지 지향적 프로토콜이라고 한다면 (1) TCP는 무엇을 지향하는 프로토콜인가? (2) UDP의 장점과 TCP의 장점은 무엇 인가?

03

정답 (1) UDP 데이터 테이블의 최소 크기 는 전송 계층에서 8바이트이다.
(2) Best Effort

해설 UDP는 인터넷 프로토콜 스위트의 주요 프로토콜 가운데 하나이다. 1980년에 데이빗 리드가 설계하였 고, 현재 IETF의 RFC 768로 표준으 로 정의되어 있으며, TCP와 함께 데 이터그램으로 알려진 단문 메시지를 교환하기 위해서 사용된다. UDP의 최소 크기는 8바이트이고 신뢰성을 보장하지는 않지만 서비스의 속도는 빠르게 자신이 할 수 있는 최선의 노 력을 하는 프로토콜이기 때문에 best effort라는 표현을 사용한다.

04

정답 (1) 바이트 지향 프로토콜
(2) UDP는 빠른 속도를 보장한다는 장점이 있고, TCP는 신뢰성을 보장한다는 장점이 있기 때문에 응용 프로그램에 따라서 다르게 적용할 수 있다.

해설 UDP는 인터넷 프로토콜 스위트의 주요 프로토콜 가운데 하나로서 메 시지 지향 프로토콜이고 신뢰성을 보장하지 않는 프로토콜이다. TCP 는 바이트 지향 프로토콜로서 안정 적으로, 순서대로, 에러 없이 데이터 를 교환할 수 있는 프로토콜이다. TCP는 네트워크의 정보 전달을 통 제하는 프로토콜이자 인터넷을 이루 는 핵심 프로토콜의 하나로서 국제 인터넷 표준화 기구(IETF)의 RFC 793에 기술되어 있다.

안심Touch

05

정답 (가) 3방향(way) 핸드쉐이킹
(나) 혼잡
(다) 흐름

해설 3-way 핸드쉐이킹은 TCP/IP프로토콜을 이용해서 통신을 하는 응용프로그램이 데이터를 전송하기 전에 먼저 정확한 전송을 보장하기 위해 상대방 컴퓨터와 사전에 세션을 수립하는 과정을 의미한다. 세션 수립 과정은 다음과 같다.
Client 〉 Server : TCP SYN
Server 〉 Client : TCP SYN ACK
Client 〉 Server : TCP ACK

05 TCP에 대한 다음의 설명 중 괄호 안에 들어갈 단어를 쓰시오.

연결지향형인 TCP는 장치들 사이에 논리적인 접속을 성립하기 위하여 (가)이라는 과정을 통해 연결 후 통신을 시작한다. 또한, (나) 제어와 (다) 제어를 지원하며 데이터의 순서를 보장한다. (나) 제어란, 보내는 측과 받는 측의 데이터 처리속도 차이를 조절해주는 것을 말하며, (다) 제어란, 네트워크 내의 패킷 수가 넘치게 증가하지 않도록 방지하는 것을 말한다.

제7장

응용 계층

제1절 World Wide Web
제2절 도메인 이름 시스템
(DNS : DOMAIN NAME SYSTEM)
제3절 전자우편
제4절 멀티미디어
실제예상문제

I wish you the best of luck!

잠깐! 혼자 공부하기 힘드시다면 방법이 있습니다.
시대에듀의 동영상강의를 이용하시면 됩니다.
www.sdedu.co.kr → 회원가입(로그인) → 강의 살펴보기

제 1 절　World Wide Web

1 개요

웹의 아이디어는 1989년 CERN(유럽 원자력 연구기구)에서 팀 버너스 리(Tim Berners-Lee)에 의해 처음 제안되었으며, 유럽 전역의 연구자들이 서로의 연구에 액세스할 수 있게 되었다.

상용 웹은 1990년대 초에 시작되었다. 오늘날 웹은 웹 페이지라고 하는 문서가 전 세계에 배포되고 관련 문서가 서로 연결되어 있는 정보 저장소이다. 웹의 인기와 성장은 '분산' 및 '링크'라는 두 가지 용어와 관련이 있다. 분산은 웹의 성장을 허용한다. 전 세계의 각 웹 서버는 저장소에 새 웹 페이지를 추가하고 서버가 과부하되지 않도록 모든 인터넷 사용자에게 알릴 수 있다. 링크를 사용하면 한 곳의 웹 페이지가 다른 곳의 다른 서버에 저장된 다른 웹 페이지를 참조할 수 있다. 웹 페이지의 연결은 인터넷의 출현 수년 전에 소개된 하이퍼텍스트라는 개념을 사용하여 이루어졌다. 이 아이디어는 링크가 문서에 나타날 때 시스템에 저장된 다른 문서를 자동으로 검색하는 시스템을 사용하는 것이었다. 웹은 이 아이디어를 전자적으로 구현하여 사용자가 링크를 클릭할 때 링크된 문서를 검색할 수 있도록 했다. 오늘날 링크된 텍스트 문서를 의미하는 용어인 하이퍼텍스트가 하이퍼 미디어로 변경되어 웹 페이지가 텍스트 문서, 이미지, 오디오 파일 또는 비디오 파일이 될 수 있음을 보여준다.

웹의 목적은 링크된 문서를 간단히 검색하는 것 이상의 의미가 있다. 오늘날 웹은 전자 쇼핑 및 게임을 제공하는 데 사용된다. 방송할 때 이 프로그램을 듣거나 보지 않아도 원하는 때에 웹을 사용하여 라디오 프로그램을 듣거나 텔레비전 프로그램을 볼 수 있다.

2 구조

오늘날 WWW는 브라우저를 사용하는 클라이언트가 서버를 사용하여 서비스에 액세스할 수 있는 분산 클라이언트-서버 서비스이다. 그러나 제공된 서비스는 사이트라는 여러 위치에 분산되어 있다. 각 사이트에는 하나 이상의 웹 페이지가 있고, 각 웹 페이지에는 동일 사이트 또는 다른 사이트의 다른 웹 페이지에 대한 링크가 포함될 수 있다. 즉, 웹 페이지는 단순하거나 복합적일 수 있다. 간단한 웹 페이지에는 다른 웹 페이지에 대한 링크가 없다. 복합 웹 페이지는 다른 웹 페이지에 대한 하나 이상의 링크를 가지고 있다. 각 웹 페이지는 이름과 주소가 있는 파일이다.

(1) 웹 클라이언트(브라우저)

다양한 공급 업체가 웹 페이지를 해석하고 표시하는 상용 브라우저를 제공하며 거의 모두 동일한 아키텍처를 사용한다. 각 브라우저는 일반적으로 컨트롤러, 클라이언트 프로토콜 및 인터프리터의 세 부분으로 구성된다([그림 7-1] 참조).

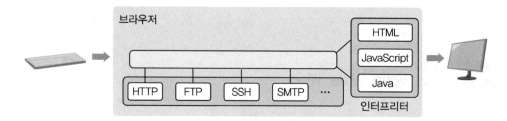

[그림 7-1] 브라우저

컨트롤러는 키보드나 마우스로부터 입력을 받아 클라이언트 프로그램을 사용하여 문서에 접근한다. 문서에 접근한 후 컨트롤러는 인터프리터 중 하나를 사용하여 화면에 문서를 표시한다. 클라이언트 프로토콜은 HTTP 또는 FTP와 같이 나중에 설명하는 프로토콜 중 하나이다. 인터프리터는 문서의 유형에 따라 HTML, Java 또는 JavaScript 등이다. 일부 상용 브라우저에는 Internet Explorer, Netscape Navigator, Firefox 등이 포함된다.

(2) 웹 서버

웹 페이지는 서버에 저장된다. 요청이 도착할 때마다 해당 문서가 클라이언트로 전송된다. 효율성을 높이기 위해 서버는 일반적으로 요청된 파일을 메모리의 캐시에 저장하며, 메모리는 디스크보다 액세스 속도가 빠르다. 서버는 또한 멀티스레딩이나 멀티프로세싱을 통해 더 효율적으로 사용할 수 있다. 이 경우 서버는 한 번에 둘 이상의 요청에 응답할 수 있다. 대표적인 웹 서버로는 Apache와 Microsoft Internet Information 서버가 있다.

(3) Uniform Resource Locator(URL)

웹 페이지는 파일로서 **다른 웹 페이지와 구별하기 위해 고유한 식별자**가 있어야 한다. 웹 페이지를 정의하려면 호스트, 포트, 경로 등 세 가지 식별자가 필요하다. 그러나 웹 페이지를 정의하기 전에 어떤 클라이언트 서버 응용 프로그램을 사용할지 브라우저에 알려야 하는데 이를 프로토콜이라고 한다. 첫 번째는 웹 페이지를 가져오는 데 사용되는 매체의 유형이며, 마지막 세 가지는 대상 객체(웹 페이지)를 정의하는 조합을 구성한다.

① 프로토콜

첫 번째 식별자는 웹 페이지에 접속하기 위해 필요한 클라이언트-서버 프로그램의 약어다. 프로토콜은 곧 논의할 HTTP(HyperText Transfer Protocol)가 대부분이지만, FTP(File Transfer Protocol)와 같은 다른 프로토콜도 사용할 수 있다.

② 호스트

호스트 식별자는 서버의 IP 주소 또는 서버에 부여된 고유 이름이 될 수 있다. IP 주소는 10진수 표기법(예 64.23.56.17)으로 정의할 수 있다. 이름은 일반적으로 호스트를 고유하게 정의하는 도메인 이름(예 forjan.com)이며, DNS(Domain Name System)에서 더 자세히 설명한다.

③ 포트

16비트 정수인 포트는 일반적으로 클라이언트-서버 응용 프로그램에 대해 미리 정의되어 있다. 예를 들어 HTTP 프로토콜을 사용하여 웹 페이지에 액세스하는 경우 잘 알려진 포트 번호는 80 이다. 단, 다른 포트가 사용되면 번호를 명시적으로 부여할 수 있다.

④ 경로

경로는 기본 운영체제에서 파일의 위치와 이름을 식별한다. 이 식별자의 형식은 일반적으로 운영 체제에 따라 달라진다. UNIX에서 경로는 파일 이름에 이어 디렉터리 이름 집합으로, 모두 슬래시로 구분된다. 예를 들어 /top/next/last/myfile은 디렉터리에 마지막으로 저장된 'myfile'이라는 파일을 고유하게 정의하는 경로로, 그 자체는 다음 디렉터리의 일부분이며, 그 자체는 디렉터리 상단 아래에 있다. 즉, 경로에는 위에서 아래로 디렉터리가 나열되고, 그다음에 파일 이름이 나열된다. 이 네 부분을 함께 결합하기 위해, uniform resource locator(URL)가 설계되었다. 이 로케이터는 아래와 같이 네 부분 사이에 세 개의 다른 구분 기호를 사용한다.

protocol://host/path	대부분의 경우에 사용됨
protocol://host:port/path	포트 번호가 필요할 때 사용됨

3 HyperText Transfer Protocol(HTTP) 중요 ★

HTTP는 웹에서 웹 페이지를 검색하기 위해 클라이언트-서버 프로그램을 작성하는 방법을 정의하는 데 사용된다. HTTP 클라이언트는 요청을 보내고, HTTP 서버는 응답을 반환한다. 서버는 포트 번호 80을 사용하고 클라이언트는 임시 포트 번호를 사용한다. HTTP는 앞서 설명한 바와 같이 연결 지향적이고 신뢰할 수 있는 프로토콜인 TCP의 서비스를 이용한다. 이것은 클라이언트와 서버 간의 어떤 트랜잭션이 일어나기 전에, 그들 사이에 접속이 성립될 필요가 있다는 것을 의미한다. 트랜잭션 후 연결을 종료해야 한다. 그러나 클라이언트와 서버는 TCP가 신뢰할 수 있고 이 문제를 처리할 것이기 때문에 교환되는 메시지의 오류나 메시지 손실에 대해 걱정할 필요가 없다.

(1) 비지속적 연결 vs 지속적 연결

웹 페이지 문서에 포함된 하이퍼텍스트 개념은 몇 가지 요청과 응답을 요구할 수 있다. 검색할 대상인 웹 페이지가 서로 다른 서버에 있는 경우, 각 객체를 검색하기 위한 새로운 TCP 연결을 만드는 것 외에는 다른 선택의 여지가 없다. 그러나 일부 객체가 동일한 서버에 있는 경우 새로운 TCP 연결을 사용하여 각 객체를 검색하거나, TCP 연결을 만들어 모두 검색하는 두 가지 선택 사항이 있다. 이때 첫 번째 방법을 비지속적 연결이라고 하며, 두 번째 방법을 지속적 연결이라고 한다. HTTP는 버전 1.1 이전에 지정된 비지속적 연결이지만, 지속적 연결은 버전 1.1에서 기본이지만 사용자가 변경할 수 있다.

안심Touch

① **비지속적 연결**

비지속적 연결에서는 각 요청/응답에 대해 하나의 TCP 연결이 이루어진다. 이 전략의 단계는
다음과 같다.

> ㉠ 클라이언트는 TCP 연결을 열고 요청을 보낸다.
> ㉡ 서버가 응답을 보내고 연결을 종료한다.
> ㉢ 클라이언트는 파일 끝 마커를 만날 때까지 데이터를 읽고, 그 다음에 연결을 닫는다.

이 전략에서, 파일에 서로 다른 파일(모두 같은 서버에 위치)의 N개의 다른 사진에 대한 링크가
포함된 경우, N+1회 접속을 열고 닫아야 한다. 비지속적 전략은 서버가 연결을 열 때마다 N+1개
의 다른 버퍼가 필요하기 때문에 서버에 높은 오버헤드를 부과한다.

② **지속적 연결**

HTTP 버전 1.1은 기본적으로 지속적 연결을 특정한다. 지속적인 연결에서 서버는 응답을 보낸
후 더 많은 요청을 위해 연결을 열어둔다. 서버는 클라이언트의 요청이나 타임아웃에 도달한 경
우 연결을 종료할 수 있다. 송신자는 일반적으로 데이터 길이를 각 응답과 함께 전송한다. 그러
나 송신자가 데이터의 길이를 모르는 경우도 있다. 문서가 동적으로 또는 적극적으로 작성되는
경우가 이에 해당한다. 이 경우 서버는 클라이언트에게 길이가 알려지지 않다는 것을 알리고,
데이터를 전송한 후에 연결을 종료하여 클라이언트가 데이터의 끝에 도달했음을 알게 한다. 지
속적인 연결을 사용하여 시간과 리소스를 절약한다. 각 사이트의 연결에 대해 버퍼와 변수 집합
하나만 설정하면 된다. 연결 설정 및 연결 종료에 대한 왕복 시간이 저장된다.

(2) 메시지 형식

HTTP 프로토콜은 [그림 7-2]와 같이 요청 및 응답 메시지의 형식을 정의한다. 각각의 메시지는 4개
의 섹션으로 이루어져 있다. 요청 메시지의 첫 번째 섹션을 요청 라인이라고 하고, 응답 메시지의 첫
번째 섹션을 상태 라인이라고 한다. 나머지 3개 섹션은 요청 및 응답 메시지의 이름이 같다. 그러나
이 섹션들 사이의 유사점은 이름에만 있고, 다른 내용을 가지고 있을 수 있다.

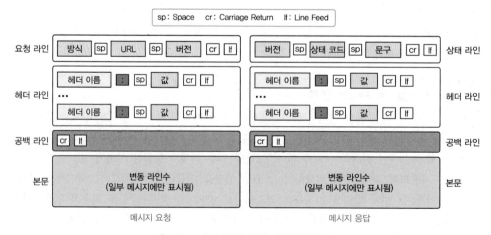

[그림 7-2] 요청 및 응답 메시지의 형식

① 메시지 요청

요청 메시지의 첫 번째 줄을 요청 라인이라고 한다. 이 라인에는 [그림 7-2]와 같이 한 칸으로 구분되고 두 문자(캐리지 리턴 및 라인 피드)로 종료되는 세 개의 필드가 있다. 필드는 방식 (Method), URL, 버전이라고 한다.

Method 필드는 요청 유형을 정의한다. HTTP의 버전 1.1에서는 [표 7-1]과 같이 여러 가지 방법이 정의된다. 대부분의 경우 클라이언트는 GET 방식을 사용하여 요청을 전송한다. 이 경우 메시지의 본문은 비어 있다. HEAD 방식은 클라이언트가 서버로부터 웹 페이지에 대한 일부 정보만 필요로 할 때 사용된다. 또한, URL의 유효성을 테스트하는 데 사용될 수 있다. 이 경우 응답 메시지는 헤더 섹션만 있고 본문 섹션은 비어 있다. PUT 방법은 GET 방법의 역순으로 클라이언트가 서버에 새 웹 페이지를 게시할 수 있도록 한다(허용될 경우). POST 방식은 PUT 방식과 비슷하지만, 웹 페이지에 추가할 서버에 정보를 일부 보내거나 웹 페이지를 수정하는 데 사용된다. TRACE 방식은 디버깅에 사용된다. 클라이언트는 서버가 요청을 받고 있는지 확인하기 위해 요청을 반향(에코 백 : echo back)하도록 서버에 요청한다. DELETE 방식은 클라이언트에 권한이 있는 경우 클라이언트가 서버의 웹 페이지를 삭제할 수 있도록 한다. CONNECT 방식은 예비용으로 만들어졌고, 프록시 서버에서 사용될 수 있다. 마지막으로 OPTIONS 방식은 클라이언트가 웹 페이지의 속성에 관해 문의할 수 있게 한다.

두 번째 필드인 URL은 앞부분에서 설명한대로 해당 웹 페이지의 주소와 이름을 정의한다. 세 번째 필드인 버전은 프로토콜의 버전을 제공한다.

[표 7-1] 방식(Methods)

방식(Methods)	작동
GET	서버에서 문서 요청
HEAD	문서에 대한 정보는 요청하지만 문서 자체는 요청하지 않음
PUT	클라이언트에서 서버로 문서 전송
POST	클라이언트에서 서버로 일부 정보 전송
TRACE	들어오는 요청을 반향
DELETE	웹 페이지 제거
CONNECT	예약
OPTIONS	사용 가능한 옵션에 대한 문의

요청 라인 이후, 요청 헤더 라인이 0개 이상 있을 수 있다. 각 헤더 라인은 클라이언트에서 서버로 추가 정보를 전송한다. 예를 들어, 클라이언트는 문서를 특별한 형식으로 보내달라고 요청할 수 있다. 각 헤더 라인에는 헤더 이름, 콜론, 공간 및 헤더 값이 있다([그림 7-2] 참조).

[표 7-2]에서는 요청에서 일반적으로 사용되는 일부 헤더 이름을 보여준다. 값 필드는 각 헤더 이름과 관련된 값을 정의한다. 값 목록은 해당 RFC에서 찾을 수 있다. 본문은 요청 메시지로 존재할 수 있다. 보통 방식이 PUT 또는 POST일 때 보낼 주석이나 웹사이트에 게재할 파일을 포함하고 있다.

[표 7-2] 요청 헤더 이름

헤더	설명
User-agent	클라이언트 프로그램을 식별
Accept	클라이언트가 수락할 수 있는 미디어 형식을 표시
Accept-charset	클라이언트가 처리할 수 있는 문자 세트 표시
Accept-encoding	클라이언트가 처리할 수 있는 인코딩 체계 표시
Accept-language	클라이언트가 수락할 수 있는 언어 표시
Authorization	클라이언트가 가진 권한 표시
Host	클라이언트의 호스트 및 포트 번호 표시
Date	현재 날짜 표시
Upgrade	기본 통신 프로토콜 지정
Cookie	쿠키를 서버로 반환
If-Modified-Since	특정 날짜 이후 파일이 수정된 경우

② 메시지 응답

응답 메시지의 형식도 [그림 7-2]와 같다. 응답 메시지는 상태 라인, 헤더 라인, 빈 라인, 그리고 때로는 본문으로 구성된다. 응답 메시지의 첫 번째 라인을 상태 라인이라고 한다. 이 라인에는 세 개의 필드가 공백으로 구분되어 있으며, 캐리지 리턴과 라인 피드에 의해 종료된다. 첫 번째 필드는 HTTP 프로토콜 버전을 정의한다. 상태 코드 필드는 요청의 상태를 정의한다. 이는 세 자리 숫자로 구성되어 있다. 100 범위의 코드는 정보일 뿐이지만, 200 범위의 코드는 성공적인 요청을 나타낸다. 300 범위의 코드는 클라이언트를 다른 URL로 리디렉션하고, 400 범위의 코드는 클라이언트 사이트의 오류를 나타낸다. 마지막으로, 500 범위의 코드는 서버 사이트의 오류를 나타낸다. 상태 구문은 상태 코드를 텍스트 형태로 설명한다.

상태 표시 라인 이후 응답 헤더 라인이 0개 이상일 수 있다. 각 헤더 라인은 서버에서 클라이언트로 추가 정보를 전송한다. 예를 들어, 송신자는 문서에 대한 추가 정보를 보낼 수 있다. 각 헤더 라인에는 헤더 이름, 콜론, 공백 및 헤더 값이 있다.

[표 7-3] 응답 헤더 이름

헤더	설명
Date	현재 날짜 표시
Upgrade	기본 통신 프로토콜 지정
Server	서버에 대한 정보 제공
Set-Cookie	서버가 클라이언트에 쿠키를 저장하도록 요청
Content-Encoding	인코딩 방식을 지정
Content-Language	언어를 지정
Content-Length	문서의 길이 표시
Content-Type	미디어 유형 지정
Location	클라이언트에 다른 사이트로 보내도록 요청

Accept-Ranges	서버가 요청된 바이트 범위를 수락
Last-modified	마지막 변경 날짜 및 시간 제공

본문에는 서버에서 클라이언트로 보낼 문서가 포함되어 있다. 응답이 오류 메시지가 아닌 한 본문은 존재한다.

(3) 쿠키

월드 와이드 웹(WWW)은 클라이언트가 요청을 보내고, 서버가 응답함으로써 관계는 끝난다는 의미이다. 웹의 원래 목적은 공개적으로 이용할 수 있는 문서를 검색하는 것이다. 오늘날 웹은 클라이언트에 대한 정보를 기억해야 하는 다른 기능들을 가지고 있다. 그 일부는 아래에 열거되어 있다.

> ① 웹사이트는 매장 안을 둘러보고, 원하는 물건을 골라 전자카트에 넣고, 마지막에 신용카드로 결제할 수 있는 전자매장으로 활용되고 있다.
> ② 일부 웹사이트는 등록된 클라이언트만 액세스할 수 있도록 허용해야 한다. 일부 웹사이트는 포털로 사용되고, 사용자는 보고 싶은 웹 페이지를 선택한다.
> ③ 일부 웹사이트는 광고 대행사이다.

이러한 목적을 위해, 쿠키 메커니즘이 고안되었다.

① 쿠키 만들기 및 저장

쿠키의 생성과 저장은 구현에 따라 다르지만, 원칙은 같다.

> ㉠ 서버는 클라이언트로부터 요청을 받으면, 클라이언트에 대한 정보를 파일이나 문자열에 저장한다. 정보는 클라이언트의 도메인 이름, 쿠키 내용(서버가 클라이언트에 대해 수집한 이름, 등록 번호 등), 타임스탬프 및 구현에 따른 기타 정보를 포함할 수 있다.
> ㉡ 서버는 클라이언트에 보내는 응답에 쿠키를 포함한다.
> ㉢ 클라이언트가 응답을 받으면 브라우저는 쿠키를 서버 도메인 이름으로 정렬된 쿠키 디렉터리에 저장한다.

② 쿠키 사용

클라이언트가 서버에 요청을 보낼 때, 브라우저는 그 서버가 보낸 쿠키를 찾을 수 있는지 보기 위해 쿠키 디렉터리를 찾는다. 발견될 경우, 쿠키는 요청서에 포함된다. 서버가 요청을 받으면, 이것은 새로운 클라이언트가 아니라 오래된 클라이언트라는 것을 안다. 쿠키의 내용은 브라우저에서 읽거나 사용자에게 공개되지 않는다. 서버에 의해 만들어지고 서버에 의해 사용된다. 쿠키의 단점과 장점은 다음과 같다.

장점은 서버의 공간을 정략할 수 있다는 것이지만, 장점보다는 다음과 같은 단점으로 인하여 쿠키의 사용을 제한하고 있다. 가장 큰 단점으로는 보안에 취약하다는 것이다. 즉, 요청 시 쿠키의 값을 그대로 보내주기 때문에 보안에 취약하다. 두 번째 단점은 사이트당 20개, 모두 합쳐서 300개가 최대로 각 쿠키는 4바이트를 넘을 수 없기 때문에 허용 용량이 작다는 것이다. 기타 문제는 웹 브라우저마다 지원 형태가 다르고, 웹 브라우저를 변경할 경우 다른 웹 브라우저에서 저장한 쿠키값을 사용할 수 없으며, 사용자가 보안상의 문제로 거부할 경우 사용이 불가능하고, 쿠키가 클 경우 네트워크 부하가 커지게 된다는 것이다.

4 **웹 캐싱 : 프록시 서버** 중요 ★

HTTP는 **프록시 서버를 지원**한다. 프록시 서버는 최근 요청에 대한 응답 복사본을 보관하는 컴퓨터이다. HTTP 클라이언트는 프록시 서버에 요청을 전송하고, 프록시 서버는 캐시를 검사한다. 응답이 캐시에 저장되지 않으면 프록시 서버는 해당 서버로 요청을 전송한다. 수신 응답은 프록시 서버로 전송되고 다른 클라이언트의 향후 요청을 위해 저장된다.

프록시 서버는 서버의 로드를 줄이고, 트래픽을 감소시키며, 지연 시간을 개선한다. 그러나 프록시 서버를 사용하려면 클라이언트가 대상 서버 대신 프록시에 액세스하도록 구성되어야 한다. 프록시 서버는 서버와 클라이언트 역할을 모두 수행한다. 응답자가 있는 클라이언트로부터 요청을 받으면, 그것은 서버 역할을 하고 클라이언트에 응답을 보낸다. 응답이 없는 클라이언트로부터 요청을 받으면, 먼저 클라이언트 역할을 하여 대상 서버에 요청을 송신한다. 응답이 수신되면 다시 서버로서 작용하여 클라이언트에 응답을 전송한다.

(1) 프록시 서버 위치

프록시 서버는 일반적으로 클라이언트 사이트에 위치한다. 이는 아래와 같이 프록시 서버의 계층을 가질 수 있음을 의미한다.

> ① 클라이언트 컴퓨터는 클라이언트가 자주 호출하는 요청에 대한 응답을 저장하는 작은 용량의 프록시 서버로 사용될 수 있다.
> ② 회사에서는 컴퓨터 LAN에 프록시 서버를 설치하여 LAN에서 나오는 부하를 줄일 수 있다.
> ③ 고객이 많은 ISP는 ISP 네트워크로 나가는 부하를 줄이기 위해 프록시 서버를 설치할 수 있다.

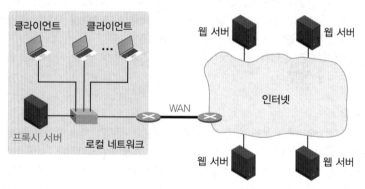

[그림 7-3] 프록시 서버의 예

[그림 7-3]은 캠퍼스나 회사의 네트워크와 같은 로컬 네트워크에서 프록시 서버를 사용하는 예를 보여준다. 프록시 서버는 로컬 네트워크에 설치된다. 클라이언트(브라우저) 중 하나에 의해 HTTP 요청이 생성되면 먼저 프록시 서버로 요청이 전달된다. 프록시 서버에 해당 웹 페이지가 이미 있는 경우 클라이언트에게 응답을 전송한다. 그렇지 않으면 프록시 서버는 클라이언트 역할을 하여 요청을 인터넷의 웹 서버로 전송한다. 응답이 반환되면 프록시 서버는 요청 클라이언트로 보내기 전에 복사본을 만들어 캐시에 저장한다.

(2) 캐시 업데이트

중요한 것은 정보가 삭제 및 교체되기 전에 프록시 서버에 얼마나 오랫동안 남아 있어야 하느냐 하는 것이다. 이 목적을 위해 몇 가지 다른 전략을 사용한다. 한 가지 해결책은 정보가 한동안 동일하게 유지되는 사이트 목록을 저장하는 것이다. 예를 들어, 통신사는 매일 아침 뉴스 페이지를 바꿀 수 있다. 이는 프록시 서버가 아침 일찍 뉴스를 입수해 다음날까지 보관할 수 있다는 것을 의미한다. 또 다른 권고 사항은 정보의 마지막 수정 시간을 보여주기 위해 일부 헤더를 추가하는 것이다. 그런 다음 프록시 서버는 이 헤더에 있는 정보를 사용하여 정보가 얼마동안 유효한지 추측할 수 있다.

5 웹 문서

WWW의 문서는 정적, 동적 및 활성이라는 세 가지의 광범위한 범주로 분류할 수 있다.

(1) 정적 문서

정적 문서는 **서버에 생성 및 저장되는 고정 콘텐츠 문서**이다. 고객은 문서의 사본만 얻을 수 있다. 즉, 파일을 만들 때 파일의 내용이 결정되는 것이지, 사용할 때 결정되는 것이 아니다. 물론 서버의 내용은 변경할 수 있지만 사용자는 변경할 수 없다. 클라이언트가 문서에 접근할 때, 문서의 사본이 전송된다. 그런 다음 사용자는 브라우저를 사용하여 문서를 볼 수 있다. 정적 문서는 HyperText Markup Language(HTML), Extensible Markup Language(XML), Extensible Style Language(XSL), Extensible Hypertext Markup Language(XHTML) 중 하나를 사용하여 작성된다.

(2) 동적 문서

동적 문서는 **브라우저가 문서를 요청할 때마다 웹 서버에 의해 생성**된다. 요청이 도착하면 웹 서버는 동적 문서를 생성하는 응용 프로그램 또는 스크립트를 실행한다. 서버는 문서를 요청한 브라우저에 대한 응답으로 프로그램 또는 스크립트 결과를 반환한다. 각 요청에 대해 새로운 문서가 생성되기 때문에 동적 문서의 내용은 요청마다 다를 수 있다. 동적 문서의 매우 간단한 예는 서버에서 시간과 날짜를 검색하는 것이다. 시간과 날짜는 순간에서 순간으로 바뀐다는 점에서 동적인 정보의 일종이다. 클라이언트는 서버의 날짜 프로그램 등의 프로그램을 실행하도록 요청하고 프로그램 결과를 클라이언트에 전송할 수 있다. 과거에는 CGI(Common Gateway Interface)가 동적 문서를 검색하는 데 사용되었지만, 오늘날의 옵션에는 스크립팅(scripting)에 자바 언어를 사용하는 Java Server Pages(JSP)나 스크립팅에 Visual Basic 언어를 사용하는 마이크로소프트 제품인 Active Server Page(ASP)나 HTML 문서의 SQL(Structured Query Language) 데이터베이스에서 쿼리 편집을 포함하는 ColdFusion이 있다.

(3) 활성 문서

많은 애플리케이션의 경우, 클라이언트 사이트에서 실행할 프로그램이나 스크립트가 필요한데 이것들은 활성 문서라고 불린다. 예를 들어, 화면에 애니메이션 그래픽을 생성하는 프로그램이나 사용자와 상호 작용하는 프로그램을 실행한다고 가정하자. 프로그램은 애니메이션이나 상호작용이 이루어지는 클라이언트 사이트에서 실행되어야 한다. 브라우저가 활성 문서를 요청하면, 서버는 문서의 사본이나 스크립트를 보낸다. 그런 다음 문서가 클라이언트(브라우저) 사이트에서 실행된다. **활성 문서를 만드는 한 가지 방법은 서버에서 Java로 작성된 프로그램인 Java 애플릿을 사용하는 것이다.** 그것은 컴파일되고 실행될 준비가 되어 있고, 그 문서는 바이트코드(이진수) 형식이다. 또 다른 방법은 JavaScript를 사용하지만 클라이언트 사이트에서 스크립트를 다운로드하여 실행하는 것이다.

6 FTP(File Transfer Protocol) 중요 ★

파일 전송 프로토콜(FTP)은 **한 호스트에서 다른 호스트로 파일을 복사하기 위해 TCP/IP에서 제공하는 표준 프로토콜이다.** 한 시스템에서 다른 시스템으로 파일을 전송하는 것이 간단해 보이지만, 일부 문제가 먼저 처리되어야 한다. 서로 다른 시스템은 파일 이름 규칙이나 디렉터리 구조를 다르게 가질 수 있다. 이런 경우 FTP를 이용하면 큰 파일을 전송하거나 다른 형식의 파일을 전송할 수 있다.

[그림 7-3]은 FTP의 기본 모델을 보여준다. 클라이언트에는 사용자 인터페이스, 클라이언트 제어 프로세스, 클라이언트 데이터 전송 프로세스의 세 가지 구성 요소가 있다. 서버에는 서버 제어 프로세스와 서버 데이터 전송 프로세스의 두 가지 구성 요소가 있다. 제어 연결은 제어 프로세스 간에 이루어지고, 데이터 연결은 데이터 전송 프로세스 간에 이루어진다. 명령과 데이터 전송의 분리는 FTP를 더욱 효율적으로 만든다. 제어 연결은 매우 간단한 통신 규칙을 사용하는데, 한 번에 한 줄의 명령이나 한 줄의 응답 라인만 전송하면 된다. 반면에 데이터 연결은 전송되는 데이터 유형의 다양성으로 인해 더 복잡한 규칙이 필요하다.

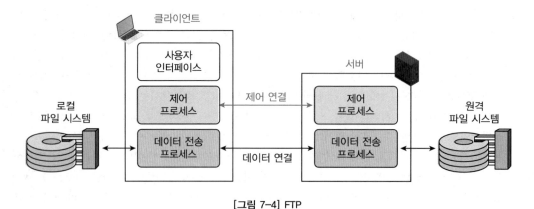

[그림 7-4] FTP

(1) 2개의 연결부

FTP는 제어 연결과 데이터 연결로 구분할 수 있다. 제어 연결은 전체 대화형 FTP 세션 동안 연결 상태를 유지한다. 데이터 연결은 각 파일 전송 작업에 대해 열렸다 닫힌다. 파일 전송과 관련된 명령이 사용될 때마다 열리고, 파일이 전송되면 닫힌다. 즉, 사용자가 FTP 세션을 시작하면 제어 연결이 열린다. 제어 연결이 열려 있는 동안에는 여러 개의 파일이 전송되면 데이터 연결을 여러 번 열고 닫을 수 있다. FTP는 잘 알려진 TCP 포트 2개를 사용한다. 제어 연결에는 포트 21이 사용되고 데이터 연결에는 포트 20이 사용된다.

(2) 제어 연결

제어 연결의 경우 FTP는 TELNET과 동일한 접근방식인 NVT ASCII 문자 집합을 사용한다. 커뮤니케이션은 명령과 대응을 통해 이루어진다. 이 간단한 방법은 한 번에 하나의 명령(또는 응답)을 전송하기 때문에 제어 연결에 적합하다. 각 라인은 2문자(캐리지 리턴 및 라인 피드) 종단 토큰으로 종료된다. 이 제어 연결 중에 명령은 클라이언트에서 서버로 전송되고 응답은 서버에서 클라이언트로 전송된다. FTP 클라이언트 제어 프로세스에서 전송되는 명령은 ASCII 대문자 형식으로, 인수에 따라 실행될 수도 있고 그렇지 않을 수도 있다. 가장 일반적인 명령 중 일부는 [표 7-4]에 나와 있다.

[표 7-4] 일부 FTP 명령

명령	인수(들)	설명
ABOR		이전 명령 중단
CDUP		상위 디렉터리로 변경
CWD	Directory name	다른 디렉터리로 변경
DELE	File name	파일 삭제
LIST	Directory name	하위 디렉터리 또는 파일 나열
MKD	Directory name	새 디렉터리 만들기
PASS	User password	암호
PASV		서버가 포트를 선택함
PORT	Port identifier	클라이언트가 포트 선택
PWD		현재 디렉터리의 표시 이름
QUIT		시스템에서 로그아웃
RETR	File name(s)	파일 검색, 서버에서 클라이언트로 파일 전송
RMD	Directory name	디렉터리 삭제
RNFR	File name(old)	이름을 변경할 파일 식별
RNTO	File name(new)	파일 이름 바꾸기
STOR	File name(s)	파일 저장, 클라이언트에서 서버로 파일 전송
STRU	F, R, or P	데이터 조직 정의(F : 파일, R : 레코드, P : 페이지)
TYPE	A, E, I	기본 파일 형식(A : ASCII, E : EBCDIC, I : Image)
USER	User ID	사용자 정보
MODE	S, B, or C	전송 모드 정의(S : Stream, B : Block, C : Compressed)

모든 FTP 명령은 적어도 하나의 응답을 생성한다. 응답은 두 부분으로 나뉘는데 세 자리 숫자와 텍스트가 뒤따른다. 숫자 부분은 코드를 정의하고, 텍스트 부분은 필요한 매개변수 또는 추가 설명을 정의한다. 첫 번째 자릿수는 명령의 상태를 정의하고 두 번째 자리는 상태가 적용되는 영역을 정의하며 세 번째 숫자는 추가 정보를 제공한다. [표 7-5]는 몇 가지 일반적인 반응을 보여준다.

[표 7-5] FTP의 일부 응답

코드	설명	코드	설명
125	데이터 연결 오픈	250	요청 파일 처리 OK
150	파일 상태 OK	331	사용자 이름 OK : 비밀번호 필요함
200	명령어 OK	425	데이터 연결 실패
220	서비스 준비	450	파일 처리 실패 : 파일이 유효하지 않음
221	서비스 종료	452	처리 요청 거부 : 저장 공간 부족
225	데이터 연결 오픈	500	문법 에러 : 인지하지 못하는 명령어
226	데이터 연결 종료	501	변수 또는 함수의 문법적 에러
230	사용자 로그인 성공	530	사용자 로그인 실패

(3) 데이터 연결

데이터 연결은 서버 사이트에서 잘 알려진 포트 20을 사용한다. 데이터 연결의 단계는 다음과 같다.

① 서버가 아닌 클라이언트가 임시 포트를 사용하여 수동 개방을 발행한다. 이는 파일 전송 명령을 실행하는 것이 클라이언트이기 때문에 클라이언트가 수행해야 한다.
② 클라이언트는 PORT 명령을 사용하여 이 포트 번호를 서버로 전송한다.
③ 서버는 포트 번호를 수신하고 잘 알려진 포트 20과 수신된 후 삭제 포트 번호를 사용하여 활성 열기를 발행한다.

① 데이터 연결을 통한 통신

데이터 연결의 목적과 구현은 제어 연결의 목적과 다르다. 데이터 연결을 통해 파일을 전송하기 원하는 경우 클라이언트는 전송할 파일의 유형, 데이터의 구조, 전송 모드를 정의해야 한다. 데이터 연결을 통해 파일을 전송하기 전에 제어 연결을 통한 전송을 준비한다. 어떠한 연결을 할 것인가는 파일 형식(유형), 데이터 구조, 전송 모드 등 통신의 3가지 속성을 정의함으로써 해결된다.
㉠ 파일 유형
FTP는 데이터 연결에서 ASCII 파일, EBCDIC 파일 또는 이미지 파일 중 하나를 전송할 수 있다.
㉡ 데이터 구조
FTP는 파일 구조, 레코드 구조 또는 페이지 구조 중 하나를 사용하여 데이터 연결을 통해 파일을 전송할 수 있다. 기본적으로 사용하는 파일 구조 형식에는 특별한 구조가 없다. 기록 구조에서는 파일을 기록으로 나누는데 이것은 텍스트 파일에만 사용할 수 있다. 페이지 구조에서 파일은 페이지로 나뉘며, 각 페이지는 페이지 번호와 페이지 헤더를 가지고 있다. 그 페이지는 무작위 또는 순차적으로 저장하고 접근할 수 있다.

ⓒ 전송 모드 중요 ★

FTP는 스트림 모드, 블록 모드 또는 압축 모드 중 하나를 사용하여 데이터 연결을 통해 파일을 전송할 수 있다. 스트림 모드는 기본 모드로 데이터는 연속적인 바이트 스트림으로 FTP에서 TCP로 전달된다. 블록 모드에서는 데이터를 FTP에서 TCP로 블록 단위로 전송할 수 있다. 이 경우 각 블록에는 3바이트 헤더가 선행된다. 첫 번째 바이트는 블록 설명자라고 불린다. 다음 두 바이트는 블록의 크기를 바이트로 정의한다.

ⓒ 파일 전송

파일 전송은 제어 연결을 통해 전송된 명령의 제어 하에 데이터 연결을 통해 이루어진다. 그러나 FTP에서의 파일 전송은 파일 검색(서버 대 클라이언트), 파일 저장(클라이언트 대 서버), 디렉터리 목록(서버 대 클라이언트)의 세 가지 중 하나를 의미한다.

(4) FTP용 보안

FTP 프로토콜은 보안이 큰 문제가 아닌 시기에 설계되었다. FTP에서 파일은 암호화되지 않은 평문으로 보내지는데, 이는 공격자가 암호를 가로채서 사용할 수 있다는 것을 의미한다. 데이터 전송 연결은 또한 불안정하며 일반 텍스트로 데이터를 전송한다. 보안을 위해 FTP 애플리케이션 계층과 TCP 계층 사이에 보안 소켓 계층을 추가할 수 있다. 이 경우 FTP를 SSL(Secure Sockets Layer)-FTP라고 한다.

제 2 절 **도메인 이름 시스템(DNS : DOMAIN NAME SYSTEM)** 중요 ★

1 개요

클라이언트-서버 애플리케이션 프로그램은 다른 애플리케이션 프로그램을 지원하도록 설계되었다. 엔티티(실체)를 식별하기 위해 TCP/IP 프로토콜은 호스트의 인터넷 연결을 고유하게 식별하는 IP 주소를 사용한다. 그러나 사람들은 숫자 주소 대신 이름을 사용하는 것을 선호한다. 그러므로 인터넷은 주소와 이름을 연결할 수 있는 디렉터리 시스템을 갖추어야 하는데 이것은 전화 네트워크와 유사하다. 전화 네트워크는 이름이 아닌 전화번호를 사용하도록 설계되어 있다. 사람들은 이름을 해당 전화번호에 매핑하기 위해 개인 파일을 보관하거나 전화번호부로 전화를 걸 수 있다. 인터넷의 이 디렉터리 시스템이 어떻게 이름을 IP 주소에 매핑할 수 있는지에 대해 설명한다.

오늘날 인터넷은 매우 거대하기 때문에 중앙 디렉터리 시스템은 모든 매핑을 보유할 수 없다. 또 중앙 컴퓨터가 고장나면 통신망 전체가 붕괴되므로 더 나은 해결책은 세계의 많은 컴퓨터 사이에 정보를 분배하는 것이다. 이 방법에서 매핑이 필요한 호스트는 필요한 정보를 가지고 있는 가장 가까운 컴퓨터에 연결할 수 있는데 DNS(Domain Name System)에서 사용한다.

[그림 7-5]는 TCP/IP가 DNS 클라이언트와 DNS 서버를 사용하여 이름을 주소에 매핑하는 방법을 보여준다. 사용자는 파일 전송 클라이언트를 사용하여 원격 호스트에서 실행 중인 해당파일 전송 서버에 액세스하고자 한다. 사용자는 afilesource.com.과 같은 파일 전송 서버 이름만 알고 있다. 그러나 TCP/IP 제품군은 연결을 위해 파일 전송 서버의 IP 주소가 필요하다. 최종적으로 호스트 이름을 IP 주소에 매핑한다.

① 사용자는 파일 전송 클라이언트에 호스트 이름을 전달한다.
② 파일 전송 클라이언트는 DNS 클라이언트에 호스트 이름을 전달한다.
③ 각 컴퓨터는 부팅된 후 하나의 DNS 서버의 주소를 알고 있다. DNS 클라이언트는 DNS 서버의 알려진 IP 주소를 사용하여 파일 전송 서버 이름을 제공하는 쿼리와 함께 DNS 서버에 메시지를 보낸다.
④ DNS 서버는 원하는 파일 전송 서버의 IP 주소로 응답한다.
⑤ DNS 서버는 파일 전송 클라이언트에 IP 주소를 전달한다.
⑥ 파일 전송 클라이언트는 이제 수신된 IP 주소를 사용하여 파일 전송 서버에 액세스한다.

인터넷에 접속하는 목적은 파일 전송 클라이언트와 서버 사이에 접속을 하는 것이지만, 이 일이 발생하기 전에 DNS 클라이언트와 DNS 서버 사이에 또 다른 접속이 필요하다. 다시 말해서 이 경우에는 적어도 두 개의 연결이 필요하다. 첫 번째는 이름을 IP 주소에 매핑하기 위한 것이고, 두 번째는 파일을 전송하기 위한 것이다. 언젠가 맵핑에서 둘 이상의 연결이 필요할 수도 있다.

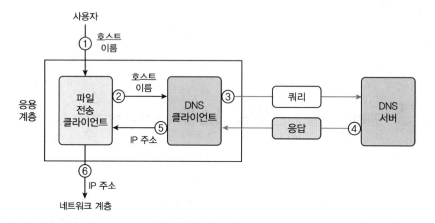

[그림 7-5] DNS의 목적

2 이름 공간

모호하지 않게 하려면 시스템에 할당된 이름은 이름과 IP 주소 사이의 바인딩을 완전히 제어하는 이름 공간에서 신중하게 선택해야 한다. 즉 주소가 고유하기 때문에 이름도 고유해야 한다. 각 주소를 고유한 이름에 매핑하는 이름 공간은 평면 또는 계층 구조의 두 가지 방법으로 구성할 수 있다. 평면 이름 공간에서 이름은 주소에 할당된다. 이 공간에 있는 이름은 구조가 없는 문자열이다. 그 이름들은 공통적인 부분을 가질 수도 있고 그렇지 않을 수도 있다. 평면공간의 가장 큰 단점은 모호성과 중복성을 피하기 위해 중앙에서 통제해야 하기 때문에 인터넷과 같은 큰 시스템에서 사용할 수 없다는 것이다. 계층 이름 공간에서 각 이름은 여러 부분으로 구성된다. 첫 번째 부분은 조직의 성격을 정의할 수 있고, 두 번째 부분은 조직의 이름을 정의할 수 있으며, 세 번째 부분은 조직의 부서를 정의할 수 있다. 이 경우 이름 공간을 할당하고 관리하는 권한은 분산될 수 있다. 중앙기관은 조직의 성격과 이름을 규정하는 이름 일부를 할당할 수 있다. 나머지 명칭에 대한 책임은 조직 자체에 부여할 수 있다. 조직은 이름에 접미사(또는 접두사)를 추가하여 호스트나 리소스를 정의할 수 있다. 조직의 관리자는 주소 일부가 같더라도 전체 주소가 다르기 때문에 호스트에 대해 선택된 접두사가 다른 조직에서 가져간다고 걱정할 필요가 없다. 예를 들어, 두 조직이 자신의 컴퓨터 중 하나를 kims라고 부른다고 가정하자. 첫 번째 조직은 first.com과 같은 중앙기관의 이름이 주어지며, 두 번째 조직은 second.com이라는 이름이 붙는다. 이들 각 기관이 이미 부여된 이름에 kims라는 이름을 추가하면, 최종 결과는 kims.first.com과 kims.second.com의 구별 가능한 두 가지 이름이 되며 그 이름들은 고유하다.

(1) 도메인 이름 공간(Domain Name Space)

계층 이름 공간을 가지기 위해 도메인 이름 공간이 설계되었다. 이 설계에서 이름은 맨 위에 루트가 있는 트리 구조로 정의된다. 트리는 레벨 0에서 레벨 127까지 128레벨만 가질 수 있다([그림 7-6] 참조).

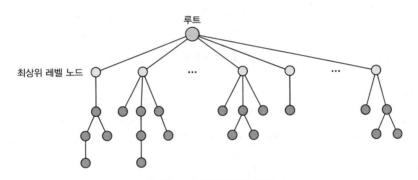

[그림 7-6] 도메인 이름 공간

① 레이블

트리의 각 노드에는 최대 63자의 문자열인 레이블이 있다. 루트 레이블은 null 문자열(빈 문자열)이다. DNS는 노드의 하위 노드(동일한 노드에서 분기하는 노드)가 서로 다른 레이블을 가지도록 요구하므로 도메인 이름의 고유성이 보장된다.

② 도메인 이름

트리의 각 노드는 도메인 이름을 가지고 있다. 전체 도메인 이름은 점(.)으로 구분된 레이블의 순서이다. 도메인 이름은 항상 노드에서 루트까지 읽힌다. 마지막 레이블은 루트(null)의 레이블이다. 이는 전체 도메인 이름이 항상 null 레이블로 끝나는 것을 의미하며, 이는 null 문자열이 아무것도 아니기 때문에 마지막 문자는 점으로 끝나게 된다. [그림 7-7]은 일부 도메인 이름을 보여준다.

레이블이 null 문자열로 종료되면 정규화된 도메인 이름(FQDN : Fully Qualified Domain Name)이라고 한다. 레이블이 null 문자열로 종료되지 않으면 부분 한정 정규화된 도메인 이름 (PQDN : Partially Qualified Domain Name)이라고 한다. PQDN은 노드에서 시작되지만 루트에 도달하지 않는다. 해결할 이름이 클라이언트와 같은 사이트에 속할 때 사용한다.

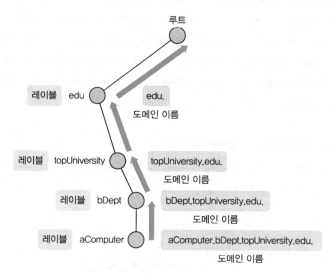

[그림 7-7] 도메인 이름과 레이블

(2) 도메인

도메인은 도메인 이름 공간의 하위 트리이다. 도메인의 이름은 하위 트리 맨 위에 있는 노드의 이름이다. [그림 7-8]은 일부 도메인을 보여준다. 도메인 자체는 도메인으로 분할될 수 있다.

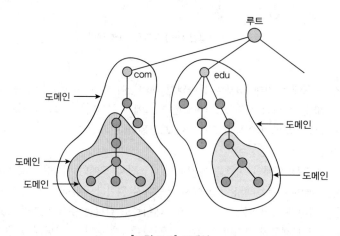

[그림 7-8] 도메인

(3) 이름 공간의 분배

도메인 이름 공간에 포함된 정보를 저장해야 한다. 그러나 엄청난 양의 정보를 한 대의 컴퓨터에 보관하는 것은 매우 비효율적이고 또한 신뢰성도 떨어진다. 전 세계의 요청에 응하는 것은 시스템에 큰 부담을 주기 때문에 비효율적이다. 어떠한 장애도 데이터에 접근할 수 없게 만들기 때문에 신뢰할 수 없다.

① 이름 서버의 계층 구조

이러한 문제의 해결책은 DNS 서버라고 불리는 많은 컴퓨터에 정보를 분배하는 것이다. 이를 위한 한 가지 방법은 전체 공간을 첫 번째 수준에 따라 여러 도메인으로 나누는 것이다. 즉, 루트를 단독으로 두어 1단계 노드만큼 도메인(하위 트리)을 생성한다. 이러한 방식으로 생성된 도메인은 확장성이 커지기 때문에 DNS는 도메인을 더 작은 도메인(하위 도메인)으로 더 많이 나눌 수 있게 한다. 각 서버는 큰 도메인 또는 작은 도메인에 관해 책임(권한)을 질 수 있다. 즉, 이름 계층이 있는 것과 같은 방식으로 서버 계층이 있다([그림 7-9] 참조).

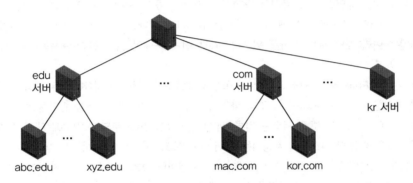

[그림 7-9] 네임 서버의 계층 구조

(4) 영역(Zone)

전체 도메인 이름 계층은 단일 서버에 저장할 수 없기 때문에, 많은 서버 사이로 나뉜다. 서버가 책임을 지거나 권한을 가지고 있는 것을 영역이라고 한다. 한 구역을 전체 트리의 연속적인 부분으로 정의할 수 있다. 서버가 도메인에 대한 책임을 인정하고 도메인을 더 작은 도메인으로 분할하지 않는 경우, '도메인'과 '영역'은 같은 것을 가리킨다. 서버는 영역 파일이라고 불리는 데이터베이스를 만들고 그 도메인의 모든 노드에 대한 모든 정보를 보관한다. 그러나, 서버가 자신의 도메인을 하위 도메인으로 나누고 권한 일부를 다른 서버에 위임하는 경우, '도메인'과 '영역'은 서로 다른 것을 가리킨다. 서브도메인의 노드에 대한 정보는 하위 레벨의 서버에 저장되며, 원본 서버는 이러한 하위 레벨 서버에 대한 일종의 참조를 유지한다. 물론 원본 서버가 전적으로 책임으로부터 자유로워지는 것은 아니다. 영역이 있지만, 상세 정보는 하위 레벨 서버가 보관하고 있기 때문이다.([그림 7-10] 참조).

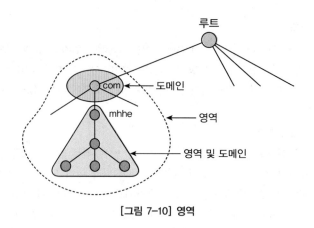

[그림 7-10] 영역

(5) 루트 서버

루트 서버는 영역이 전체 트리로 구성된 서버이다. 루트 서버는 일반적으로 도메인에 대한 정보를 저장하지 않지만 해당 서버에 대한 참조를 유지하면서 다른 서버에 대한 권한을 위임한다. 루트 서버에는 여러 개의 루트 서버가 있으며, 각각 전체 도메인 이름 공간을 포함한다. 루트 서버는 전세계에 분포되어 있다.

DNS는 주(Primary)와 보조(Secondary)의 두 종류의 서버를 정의한다. 주 서버는 권한 영역에 대한 파일을 저장하는 서버이다. 영역 파일의 생성, 유지 및 업데이트를 담당하고, 영역 파일을 로컬 디스크에 저장한다. 보조 서버는 다른 서버(기본 또는 보조)로부터 영역에 대한 전체 정보를 전송하고 파일을 로컬 디스크에 저장하는 서버이다. 보조 서버는 영역 파일을 생성하거나 업데이트하지 않는다. 업데이트는 주 서버에서 수행한다. 주 서버와 보조 서버는 모두 자신이 서비스하는 영역에 대해 책임을 진다. 이렇게 하면 2차 서버를 낮은 수준의 권한에 두는 것이 아니라 한 서버에 장애가 발생하면 다른 서버가 계속해서 클라이언트에 서비스를 제공할 수 있도록 데이터에 대한 중복성을 만들 수 있다. 또한, 서버는 특정 영역의 주 서버가 될 수 있고 다른 영역의 보조 서버가 될 수 있다는 점에 유의해야 하고, 서버를 1차 또는 2차 서버로 지칭할지는 영역에 따라 다르다.

3 인터넷상의 DNS

DNS는 다른 플랫폼에서 사용될 수 있는 프로토콜이다. 인터넷에서는 도메인 네임 스페이스(트리)를 일반 도메인, 국가 도메인 등 2개 섹션으로 구분한다.

(1) 일반 도메인

일반 도메인은 등록된 호스트를 일반 동작에 따라 정의한다. 트리의 각 노드는 도메인 네임 공간 데이터베이스에 대한 인덱스인 도메인을 정의한다([그림 7-11] 참조).

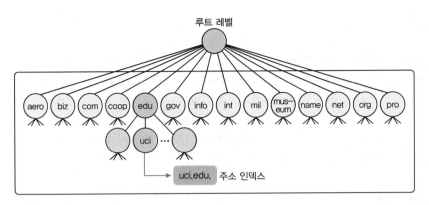

[그림 7-11] 일반 도메인

트리를 보면, 일반 도메인 섹션의 첫 번째 레벨은 14개의 가능한 라벨을 허용한다는 것을 알 수 있다. 이러한 라벨은 [표 7-6]에 열거된 조직 유형을 설명한다.

[표 7-6] 일반 도메인 레이블

레이블	설명	레이블	설명
aero	항공 및 항공우주	int	국제기구
biz	사업 또는 기업	mil	군 기관
com	상업단체	museum	박물관
coop	협동조합	name	개인 이름(개별)
edu	교육 기관	net	네트워크 지원 센터
gov	정부 기관	org	비영리단체
info	정보 서비스 제공업체	pro	전문 조직

(2) 국가 도메인

국가 도메인 섹션은 두 글자의 국가 약어를 사용한다(예 미국의 경우 us). 두 번째 레이블은 조직일 수도 있고, 더 구체적인 지정일 수도 있다. 예를 들어 미국은 주 약어를 us의 세분화로써 사용한다(예 ca.us.). [그림 7-12]는 국가 도메인 섹션을 보여준다. uci.ca.us. 주소는 미국 캘리포니아주에 있는 어바인 캘리포니아 대학교로 번역할 수 있다.

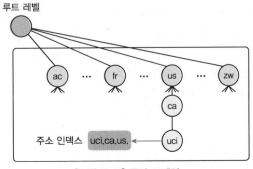

[그림 7-12] 국가 도메인

4 해결

이름을 주소에 매핑하는 것을 이름-주소 해결이라고 한다. 주소를 이름에 매핑해야 하거나 주소에 이름을 매핑해야 하는 호스트는 DNS 클라이언트를 해결자라고 부른다. 클라이언트는 매핑 요청을 통해 가장 가까운 DNS 서버에 액세스한다. 만약 서버가 정보를 가지고 있다면, 이는 클라이언트를 만족시킨다. 그렇지 않으면, 다른 서버에 대한 클라이언트를 참조하거나 다른 서버에 정보를 제공하도록 요청한다. 클라이언트는 매핑을 받은 후 응답을 해석하여 실제 해결인지 오류인지 확인한 후, 최종적으로 요청된 프로세스에 결과를 전달한다. 해결은 재귀적이거나 반복적일 수 있다.

(1) 재귀적 해결

[그림 7-13]은 재귀적 해결책의 간단한 예를 보여준다. some.anet.com이라는 호스트에서 실행 중인 응용 프로그램은 engineering.mcgraw-hill.com이라는 다른 호스트의 IP 주소를 찾아 메시지를 보내야 한다고 가정한다. 소스 호스트는 Anet ISP에 연결되며, 대상 호스트가 McGraw-Hill 네트워크에 연결된다.

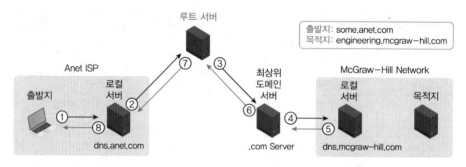

[그림 7-13] 재귀적 해결책

소스 호스트의 애플리케이션 프로그램은 대상 호스트의 IP 주소를 찾기 위해 DNS 클라이언트를 호출한다. 이 주소를 모르는 클라이언트는 로컬 DNS 서버[예 Anet ISP 사이트(이벤트 ①)에서 실행되는 dns.anet.com]로 쿼리를 전송한다. 이 서버가 목적지 호스트의 IP 주소도 모른다고 가정한다. IP 주소를 이 로컬 DNS 서버(이벤트 ②)에 알려야 하는 루트 DNS 서버로 쿼리를 전송한다. 루트 서버는 일반적으로 이름과 IP 주소 간의 매핑을 유지하지 않지만, 루트 서버는 각 최상위 도메인(이 경우 com 도메인을 담당하는 서버)에서 적어도 하나의 서버에 대해 알아야 한다. 쿼리는 이 최상위 도메인 서버(이벤트 ③)로 전송된다. 이 서버가 이 특정 목적지의 이름-주소 매핑을 모른다고 가정하지만, McGraw-Hill 회사의 로컬 DNS 서버의 IP 주소를 알고 있다(예 dns.mcgraw-hill.com). 쿼리는 대상 호스트의 IP 주소를 알고 있는 이 서버(이벤트 ④)로 전송된다. IP 주소는 이제 최상위 DNS 서버(이벤트 ⑤)로 다시 전송된 다음 루트 서버(이벤트 ⑥)로 다시 전송되고, 이후 쿼리를 위해 이를 캐시할 수 있는 ISP DNS 서버(이벤트 ⑦), 마지막으로 소스 호스트(이벤트 ⑧)로 전송된다.

(2) 반복적 해결

반복적 해결 방법에서는 매핑을 모르는 각 서버가 다음 서버의 IP 주소를 요청한 서버로 다시 보낸다. [그림 7-14]는 [그림 7-13]에 묘사된 것과 동일한 시나리오의 반복적인 정보의 흐름을 보여준다. 일반적으로 반복적 해결은 두 개의 로컬 서버 사이에서 발생한다. 원본 확인자는 로컬 서버로부터 최종 응답을 받는다. 이벤트 ②, ④, ⑥에 표시된 메시지에 동일한 쿼리가 포함되어 있다. 그러나 이벤트 ③에 의해 표시되는 메시지에는 최상위 도메인 서버의 IP 주소가 포함되어 있고, 이벤트 ⑤에 의해 표시되는 메시지에는 McGraw-Hill 로컬 DNS 서버의 IP 주소가 포함되어 있으며, 이벤트 ⑦에 의해 표시되는 메시지에는 대상의 IP 주소를 포함하고 있다. Anet 로컬 DNS 서버가 대상의 IP 주소를 수신하면, 이를 출발지(확인자)(이벤트 ⑧)에 전송한다.

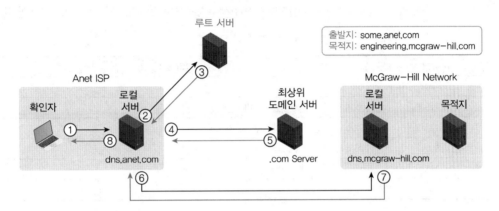

[그림 7-14] 반복적 해결

5 캐싱

서버가 도메인에 없는 이름에 대한 쿼리를 수신할 때마다 서버 IP 주소를 찾기 위해 데이터베이스를 검색해야 한다. 이 검색 시간을 줄이면 효율이 높아질 것이다. DNS는 캐싱이라는 메커니즘으로 이것을 처리한다. 서버가 다른 서버로부터 매핑을 요청하고 응답을 받으면, 클라이언트로 전송하기 전에 이 정보를 캐시 메모리에 저장한다. 동일하거나 또는 다른 클라이언트가 동일한 매핑을 요구할 경우, 캐쉬 메모리를 확인하여 문제를 해결할 수 있다.

캐싱은 해결 속도를 높이지만, 또한 문제가 될 수 있다. 서버가 오랫동안 매핑을 캐시하면, 오래된 매핑을 클라이언트에 전송할 수 있다. 이를 극복하기 위해 두 가지 기법을 사용한다. 첫째, 권한 있는 서버는 항상 TTL(Time To Live)을 매핑에 정보로 추가한다. 수신 서버가 정보를 캐시할 수 있는 시간을 초 단위로 정의한다. 둘째, DNS는 각 서버가 캐시하는 각 매핑에 대해 TTL 카운터를 유지하도록 요구한다. 캐시 메모리는 정기적으로 검색해야 하며 TTL이 만료된 매핑은 삭제해야 한다.

6 리소스 레코드

서버와 관련된 영역 정보는 일련의 리소스 레코드로 구현된다. 즉, 이름 서버는 리소스 레코드의 데이터베이스를 저장한다. 리소스 레코드는 아래와 같이 5-튜플(tuple) 구조로 되어 있다.

> (Domain Name, Type, Class, TTL, Value)

도메인 이름(Domain Name) 필드는 리소스 레코드를 식별하는 필드이다. 이 값은 도메인 이름에 대해 보관된 정보를 정의한다. TTL은 정보가 유효한 시간(초)을 정의한다.

클래스(Class)는 네트워크의 유형을 정의하며 우리는 오직 클래스 IN(인터넷)에만 관심이 있다. 이 유형은 값을 해석하는 방법을 정의한다. [표 7-7]에는 일반적인 유형과 각 유형에 대한 값이 해석되는 방법이 열거되어 있다.

[표 7-7] 유형

유형	값의 해석
A	32비트 IPv4 주소
NS	영역에 대한 권한 있는 서버 식별
CNAME	호스트의 공식 이름에 대한 별칭 정의
SOA	구역의 시작 부분 표시
MX	매일 서버로 매일 재연결
AAAA	IPv6 주소

7 DNS 메시지

호스트에 대한 정보를 검색하기 위해 DNS는 쿼리 및 응답의 두 가지 유형의 메시지를 사용한다. 두 유형 모두 [그림 7-15]와 같은 형식을 가지고 있다.

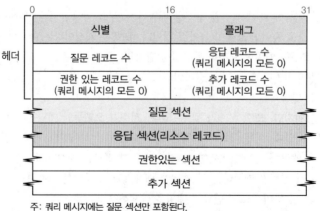

주: 쿼리 메시지에는 질문 섹션만 포함된다.
　　응답 메시지에는 질문 섹션, 답변 섹션 및 두 개의 다른 섹션이 포함된다.

[그림 7-15 DNS 메시지]

DNS 메시지에서 식별 필드는 클라이언트가 응답과 쿼리를 일치시키기 위해 사용한다. 플래그 필드는 메시지가 쿼리인지 응답인지 여부를 정의하는데 오류 상태도 포함된다. 헤더의 다음 네 필드는 메시지의 각 레코드 유형 수를 정의한다. 질문 섹션은 하나 이상의 질문 기록으로 구성되는데 그것은 질의응답 메시지와 응답 메시지에 모두 존재한다. 답변 섹션은 하나 이상의 리소스 레코드로 구성되며 그것은 응답 메시지에만 존재한다. 권한 있는 섹션은 쿼리에 대한 하나 이상의 권한 있는 서버에 대한 정보(도메인 이름)를 제공한다. 추가 정보 섹션은 해결사에 도움이 될 수 있는 추가 정보를 제공한다.

8 등록 기관

DNS에 새 도메인을 추가하는 방법은 인터넷 주소 관리 기구가 인가한 등록 기관을 통해 이루어진다. 등록 기관은 먼저 요청된 도메인 이름이 고유한지 확인한 후 DNS 데이터베이스에 입력하며, 수수료가 부과된다. 오늘날에는 많은 등록 기관이 있다. 그들의 이름과 주소는 다음에서 찾을 수 있다.

> http://www.intenic.net

등록하려면 서버 이름과 서버의 IP 주소를 알아야 한다. 예를 들어 ws라는 서버와 IP 주소 200.200.200.5 라는 이름의 새로운 상업 조직은 등록 기관 중 하나에게 다음과 같은 정보를 줄 필요가 있다.

Domain name : ws.wonderful.com	IP address : 200.200.200.5

9 동적 DNS(DDNS : Dynamic Domain Name System)

DNS가 설계되었을 때, 아무도 그렇게 많은 주소 변경이 있을 것이라고 예측하지 못했다. DNS에서 새로운 호스트를 추가 혹은 제거하거나, IP 주소를 변경하는 등의 변화가 있을 때, DNS 마스터 파일을 변경해야 한다. 이러한 유형의 변경은 수동 업데이트를 수반한다. 오늘날의 인터넷의 규모는 이런 종류의 수동 작동을 허용하지 않는다.

DNS 마스터 파일은 동적으로 업데이트되어야 하고 이러한 요구에 대응하기 위해 동적 DNS(DDNS)가 고안되었다. DDNS에서 이름과 주소 사이의 바인딩이 결정되면, 정보는 대개 DHCP를 통해 기본 DNS 서버로 전송된다. 주 서버는 영역을 업데이트하고, 2차 서버는 능동적으로 또는 수동적으로 통지된다. 활성 통지에서는 주 서버가 구역의 변경에 관한 메시지를 2차 서버에 송신하는 반면, 수동 통지에서는 2차 서버가 정기적으로 변경사항을 확인한다. 어느 경우든 변경사항을 통보받은 후 2차 서버는 전체 구역에 대한 정보(지역 전송이라고 함)를 요청한다. 보안을 제공하고 DNS 레코드의 무단 변경을 방지하기 위해 DDNS는 인증 메커니즘을 사용할 수 있다.

10 DNS 보안

DNS는 인터넷 인프라에서 가장 중요한 시스템 중 하나로 인터넷 사용자들에게 중요한 서비스를 제공한다. 웹 액세스나 이메일과 같은 애플리케이션은 DNS의 적절한 작동에 크게 의존한다. DNS는 다음을 포함한 여러 가지 방법으로 공격받을 수 있다.

> ① 공격자는 DNS 서버의 응답을 읽어 사용자가 주로 액세스하는 사이트의 특성이나 이름을 찾을 수 있다. 이러한 유형의 정보는 사용자의 프로필을 찾는 데 사용될 수 있다. 이 공격을 방지하려면 DNS 메시지가 기밀이 되어야 한다.
> ② 공격자는 DNS 서버의 응답을 가로채 변경하거나 완전히 새로운 가짜 응답을 만들어 공격자가 접근하기를 원하는 사이트나 도메인으로 사용자를 유도할 수 있다. 이러한 유형의 공격은 메시지 발신지 인증과 메시지 무결성을 사용하여 방지할 수 있다.
> ③ 공격자는 DNS 서버를 압도하기 위해 범람시키거나 결국 충돌할 수 있다. 이러한 유형의 공격은 서비스 거부 공격에 대한 대비책을 사용하여 방지할 수 있다.

IETF(국제인터넷표준화기구)는 DNS 보호를 위해 디지털 서명이라는 보안 서비스를 이용해 메시지 발신지 인증과 메시지 무결성을 제공하는 DNSSEC(DNS Security Extensions)라는 기술을 고안했다. 그러나 DNSSEC는 DNS 메시지에 대한 기밀성을 제공하지 않는다. DNSSEC 규격에서 서비스 거부 공격에 대한 구체적인 보호장치는 없다. 그러나 캐싱 시스템은 어느 정도 이 공격으로부터 상위 레벨 서버를 보호한다.

제 3 절 전자우편 중요 ★★

1 개요

전자우편(또는 e-mail)은 **사용자가 메시지를 교환**할 수 있게 해준다. 그러나 이 애플리케이션의 특성은 지금까지 논의된 다른 애플리케이션과 다르다. HTTP나 FTP와 같은 응용 프로그램에서는 서버 프로그램이 항상 실행되어 클라이언트의 요청을 기다리고 있다. 요청이 도착하면, 서버는 서비스를 제공하고, 요청과 답변도 있다. 하지만 전자우편의 경우 상황이 다르다. 첫째, 이메일은 일방적 거래로 간주된다. A가 B에게 이메일을 보낼 때 응답을 기대할 수도 있지만 이는 강제사항이 아니다. B는 응답할 수도 있고 그렇지 않을 수도 있다. 둘째, B가 서버 프로그램을 실행하고 누군가 그에게 이메일을 보낼 때까지 무작정 기다리는 것이 아니라 컴퓨터를 사용하지 않고 전원을 끌 수도 있다. 따라서 클라이언트/서버 방식으로 동작하는 것이 아닌 다른 방식의 전략이 필요한데, 중간에 전달을 담당하는 서버를 사용하는 것이다.

2 아키텍처

[그림 7-16]은 일반적인 이메일의 송수신 시나리오를 보여준다. 또 다른 가능성은 A나 B가 해당 메일 서버에 직접 접속되어 LAN이나 WAN 연결이 필요하지 않은 경우인데, 이러한 경우는 거의 없는 것으로 간주할 수 있다.

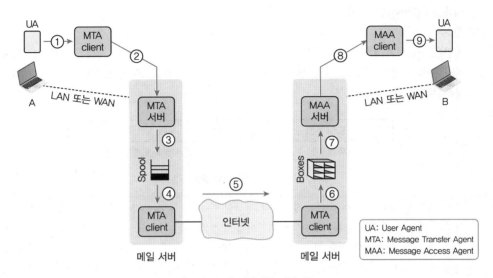

[그림 7-16] 일반적인 시나리오

(1) 사용자 에이전트

전자 메일 시스템의 첫 번째 구성 요소는 사용자 에이전트(UA)이다. 메시지를 주고받는 과정을 더욱 쉽게 할 수 있도록 사용자에게 서비스를 제공한다. **사용자 에이전트는 메시지를 작성하고, 읽고, 회신하고, 전달하는 소프트웨어 프로그램이다.**

사용자 에이전트에는 명령 기반과 GUI 기반 두 가지 유형이 있다. 명령형 사용자 에이전트는 전자우편 초기버전이다.

현대의 사용자 에이전트는 GUI를 기반으로 한다. 여기에는 사용자가 키보드와 마우스를 모두 사용하여 소프트웨어와 상호 작용할 수 있도록 하는 그래픽 사용자 인터페이스(GUI) 구성 요소가 포함되어 있다. 아이콘, 메뉴 모음, 그리고 서비스와 같이 쉽게 이용할 수 있도록 하는 창과 같은 그래픽 구성 요소를 가지고 있다. 현재 우리가 사용하는 대부분의 에이전트는 GUI 기반이다.

① 메일 보내기

메일을 보내기 위해 사용자는 UA를 통해 메일을 작성한다. 보내고자 하는 메일은 헤더와 본문으로 구성되는데 헤더에는 발신인, 수신인, 메시지의 주제 및 기타 정보를 정의한다. 메시지 본문에는 수신자가 읽을 실제 내용이 들어 있다.

---

② 메일 수신

사용자 에이전트는 사용자 또는 타이머에 의해 트리거된다. 만약 사용자가 메일을 가지고 있다면, UA는 사용자에게 통지한다. 사용자가 메일을 읽을 준비가 되면, 각 행에 우편함에 있는 특정 메시지에 대한 정보의 요약을 포함하는 목록이 표시된다. 요약에는 보통 보낸 사람 메일 주소, 제목, 메일을 보내거나 받은 시간이 포함된다. 사용자는 어떤 메시지도 선택할 수 있고 그 내용을 화면에 표시할 수 있다.

③ 주소

메일을 배달하기 위해서, 메일 처리 시스템은 고유한 주소를 가진 주소 지정 시스템을 사용해야 한다. 인터넷에서 주소는 로컬 부분과 도메인 이름의 두 부분으로 구성되어 있으며 @ 기호로 구분된다([그림 7-17] 참조).

[그림 7-17] 전자 메일 주소

로컬 부분은 메시지 액세스 에이전트에서 검색할 수 있도록 사용자에게 수신된 모든 메일을 저장하는 사용자 편지함이라는 특수 파일의 이름을 정의한다. 주소의 두 번째 부분은 도메인 이름이다. 조직은 보통 이메일을 받고 보낼 하나 이상의 호스트를 선택한다. 그것들은 때때로 메일 서버 또는 교환기라고 불린다. 각 메일 교환기에 할당된 도메인 이름은 DNS 데이터베이스에서 오거나 논리 이름(예 조직의 이름)이다.

3 메시지 전송 에이전트 : SMTP 중요 ★

전자우편은 클라이언트-서버 패러다임의 세 가지 사용이 필요한 응용 프로그램 중 하나라고 말할 수 있다. 이메일을 다룰 때 이 세 가지를 구별하는 것은 중요하다. [그림 7-18]은 이 세 가지 클라이언트-서버 응용 프로그램을 보여준다. 우리는 첫 번째와 두 번째를 MTA(Message Transfer Agent)로, 세 번째를 MAA(Message Access Agent)로 부른다.

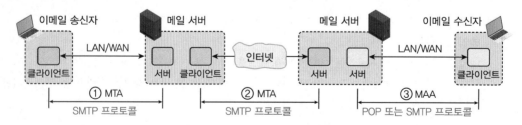

[그림 7-18] 전자 메일에 사용된 프로토콜

인터넷에서 MTA 클라이언트와 서버를 정의하는 정식 프로토콜을 SMTP(Simple Mail Transfer Protocol)라고 한다. SMTP는 송신자와 송신자의 메일 서버 사이, 두 메일 서버 사이에 두 번 사용된다. 그리고 메일 서버와 수신자 사이에 또 다른 프로토콜이 필요하다. SMTP는 명령과 응답을 주고받는 방법을 간단히 규정한다.

(1) 명령 및 응답

SMTP는 명령과 응답을 사용하여 MTA 클라이언트와 MTA 서버 간에 메시지를 전송한다. 명령은 MTA 클라이언트에서 MTA 서버로, 응답은 MTA 서버에서 MTA 클라이언트로 전송된다. 명령은 클라이언트에서 서버로 전송된다.

(2) 메일 전송 단계

메일 메시지의 전송 과정은 연결 설정, 메시지 전송, 연결 종료의 3단계로 이루어진다.

① 연결 설정

클라이언트가 잘 알려진 포트 25에 TCP를 연결한 후, SMTP 서버는 연결 단계를 시작한다. 이 단계는 다음 세 단계로 구성된다.

- 1단계 : 서버는 코드 220(서비스 준비 완료)을 전송하여 클라이언트에 메일 수신 준비가 완료되었음을 알린다. 서버가 준비되지 않으면 코드 421(서비스를 이용할 수 없음)을 전송한다.
- 2단계 : 클라이언트는 자신의 도메인 이름 주소를 사용하여 자신을 식별하기 위해 HELO 메시지를 보낸다. 이 단계는 클라이언트의 도메인 이름을 서버에 알리기 위해 필요하다.
- 3단계 : 서버에 대해 상황에 따라 코드 250(요청 명령 완료) 또는 일부 다른 코드로 대응한다.

② 메시지 전송

SMTP 클라이언트와 서버 사이에 연결이 이루어진 후, 송신자와 하나 이상의 수신자 사이의 단일 메시지를 교환할 수 있는데 이 단계는 8단계를 포함한다. 수신자가 둘 이상인 경우 3단계와 4단계를 반복한다.

- 1단계 : 클라이언트는 메시지의 발신인을 소개하기 위해 MAIL FROM 메시지를 보낸다. 발신인의 메일 주소(메일함 및 도메인 이름)를 포함한다. 이 단계는 오류를 반환하고 메시지를 보고하기 위한 반송 메일 주소를 서버에 제공하기 위해 필요하다.
- 2단계 : 서버는 코드 250 또는 다른 적절한 코드로 응답한다.
- 3단계 : 클라이언트는 수신인의 메일 주소를 포함한 RCPT TO(수신인) 메시지를 발송한다.
- 4단계 : 서버는 코드 250 또는 다른 적절한 코드로 응답한다.
- 5단계 : 클라이언트는 메시지 전송을 초기화하기 위해 DATA 메시지를 보낸다.
- 6단계 : 서버는 코드 354(메일 입력 시작) 또는 기타 적절한 메시지로 응답한다.
- 7단계 : 클라이언트는 메시지의 내용을 연속해서 보낸다. 각 라인은 2자 끝 토큰(캐리지 리턴 및 라인 피드)으로 종료된다. 메시지는 하나의 마침표만 포함하는 한 줄에 의해 종료된다.
- 8단계 : 서버는 코드 250(OK) 또는 다른 적절한 코드로 응답한다.

③ 연결 종료

메시지가 성공적으로 전송된 후 클라이언트는 연결을 종료하는데 이 단계는 다음 두 단계로 구성된다.

> • 1단계 : 클라이언트가 QUIT 명령을 전송한다.
> • 2단계 : 서버는 코드 221 또는 다른 적절한 코드로 응답한다.

4 POP와 IMAP프로토콜 중요 ★

메일의 1단계와 2단계에서는 SMTP를 사용하지만, SMTP는 푸시 프로토콜이기 때문에 3단계에서는 관여하지 않는다. 즉, 클라이언트에서 서버로 메시지를 밀어내고, 대량 데이터(메시지)의 방향은 클라이언트에서 서버로 가는 것이다. 반면에 세 번째 단계는 풀링(끌어오기) 프로토콜이 필요하다. 클라이언트는 서버에서 메시지를 끌어내야 한다. 대량 데이터의 방향은 서버에서 클라이언트로 이동한다. 세 번째 단계는 메시지 액세스 에이전트를 사용한다. 현재 Post Office Protocol 버전 3(POP3) 및 인터넷 메일 액세스 프로토콜 버전 4(IMAP4)의 두 가지 메시지 액세스 프로토콜을 사용할 수 있다. 앞의 [그림 7-18]은 이 두 프로토콜의 위치를 보여준다.

(1) POP3(Post Office Protocol 3)

POP3은 단순하지만 기능이 제한된다. 클라이언트 POP3 소프트웨어는 수신자 컴퓨터에 설치되고 서버 POP3 소프트웨어는 메일 서버에 설치된다. 메일 액세스는 사용자가 메일 서버의 편지함에서 이메일을 다운로드해야 할 때 클라이언트에서 시작한다. 클라이언트는 TCP 포트 110에서 서버에 대한 연결을 연다. 그런 다음 사용자 이름과 암호를 전송하여 편지함에 액세스한다. 그러면 사용자는 메일 메시지를 하나씩 나열하고 검색할 수 있다.

POP3에는 삭제 모드와 유지 모드라는 두 가지 모드가 있다. 삭제 모드에서는 매회 검색 후에 메일이 편지함에서 삭제된다. 유지 모드에서는 검색 후 메일이 편지함에 남아 있다. 삭제 모드는 일반적으로 사용자가 영구 컴퓨터에서 작업할 때 사용되며, 수신된 메일을 읽거나 회신한 후 저장하고 정리할 수 있다. 유지 모드는 일반적으로 사용자가 주 컴퓨터에서 멀리 떨어진 곳에 있는 메일(예 노트북 컴퓨터)에 접근할 때 사용된다. 메일은 읽지만 나중에 검색하고 정리하기 위해 시스템에 보관한다.

(2) IMAP4(Internet Message Access Protocol)

또 다른 메일 액세스 프로토콜은 인터넷 메일 액세스 프로토콜 버전 4(IMAP4)이다. IMAP4는 POP3와 비슷하지만 더 많은 기능을 가지고 있다. IMAP4는 POP3의 문제점, 예를 들면 사용자가 서버에서 메일을 정리할 수 없는 것, 서버에 다른 폴더를 가질 수 없는 것, 다운로드 전에는 메일 내용을 부분적으로 확인할 수 없는 것과 같은 문제를 보완하였다. IMAP4는 다음과 같은 추가 기능을 제공한다.

① 사용자는 다운로드하기 전에 이메일 헤더를 확인할 수 있다.
② 사용자는 다운로드하기 전에 이메일 내용을 검색하여 특정 문자열을 검색할 수 있다.
③ 사용자가 이메일을 부분적으로 다운로드할 수 있다. 이는 대역폭이 제한되어 있고 전자 메일에 대역폭 요구사항이 높은 멀티미디어가 포함된 경우에 특히 유용하다.
④ 사용자는 메일 서버에서 편지함을 만들거나 삭제하거나 이름을 변경할 수 있다.
⑤ 사용자는 전자 메일 저장을 위해 폴더에 편지함의 계층을 생성할 수 있다.

5 MIME(Multipurpose Internet Mail Extensions) 중요 ★★

전자우편은 메시지를 NVT 7비트 ASCII 형식으로만 전송할 수 있다. 즉, 어느 정도 한계가 있는 것인데 영어 이외의 언어(프랑스어, 독일어, 히브리어, 러시아어, 중국어, 일본어 등)에는 사용할 수 없다. 또한, 이진 파일이나 비디오나 오디오 데이터를 보내는 데도 사용할 수 없다.

다목적 인터넷 메일 확장(MIME)은 ASCII가 아닌 데이터를 전자우편을 통해 전송할 수 있는 보조 프로토콜이다. MIME은 송신자 사이트의 비 ASCII 데이터를 NVT ASCII 데이터로 변환하여 인터넷을 통해 전송되는 클라이언트 MTA에 전달한다. 수신 현장의 메시지는 원래의 데이터로 다시 변환된다. 우리는 MIME을 [그림 7-19]과 같이 비 ASCII 데이터를 ASCII 데이터로 변환하는 소프트웨어 기능의 집합으로 생각할 수 있다.

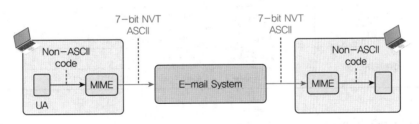

[그림 7-19] MIME

(1) MIME 헤더

MIME은 [그림 7-20]과 같이 5개의 헤더를 정의하며, 변환 매개변수를 정의하기 위해 원본 전자 메일 헤더 섹션에 추가할 수 있다.

MIME 헤더

```
MIME-Version: 1.1
Content-Type: 형식/하위 형식
Content-Transfer-Encoding: 인코딩 형식
Content-ID: 메시지 ID
Content-Description: 비문맥적 내용의 원문 설명
```

[그림 7-20] MIME 헤더

① **MIME-버전**

이 헤더는 사용된 MIME의 버전을 정의한다. 현재 버전은 1.1이다.

② **내용(Content) 유형**

이 헤더는 메시지 본문에 사용되는 데이터 유형을 정의한다. 내용 유형과 내용 하위 유형은 슬래시로 구분된다. 하위 유형에 따라 헤더에는 다른 파라미터가 포함될 수 있다. MIME은 [표 7-8]에 나열된 7가지 유형의 데이터를 허용한다.

[표 7-8] MIME의 데이터 유형 및 하위 유형

유형	하위 유형	설명
문자	Plain	포맷되지 않음
	HTML	HTML 형식
멀티 파트	Mixed	본문에 다양한 데이터 유형의 정렬된 부분이 있음
	Parallel	위와 같으나 순서 없음
	Digest	Mixed와 유사하지만 기본값은 메시지/RFC822임
	Alternative	부분들이 동일한 메시지의 다른 버전임
메시지	RFC822	본문(Body)은 캡슐화된 메시지임
	Partial	본문(Body)은 더 큰 메시지의 일부분임
	External-Body	본문(Body)은 다른 메시지의 참조임
이미지	JPEG	이미지가 JPEG 형식임
	GIF	이미지가 GIF 형식임
비디오	MPEG	비디오가 MPEG 형식임
오디오	Basic	8KHz에서의 단일 채널 인코딩
애플리케이션	PostScript	Adobe PostScript
	Octet-stream	일반 이진 데이터(8-비트 바이트)

③ **콘텐츠-전송-인코딩**

이 헤더는 전송을 위해 메시지를 0과 1로 인코딩하는 데 사용되는 방법을 정의한다. 5가지 유형의 인코딩 방법은 [표 7-9]에 열거되어 있다.

[표 7-9] 콘텐츠-전송-인코딩 방법

유형	설명
7-bit	각 행이 1000자 미만인 NVT ASCII 문자
8-bit	각 행이 1000자 미만인 비ASCII 문자
Binary	길이 제한이 없는 비ASCII 문자
Base64	8-비트 ASCII 문자로 인코딩된 6-비트 데이터 블록
Quoted-printable	등호와 ASCII 코드로 인코딩된 비ASCII 문자

Base64 인코딩에서 데이터는 [그림 7-21]과 같이 6비트로 재구성된다.

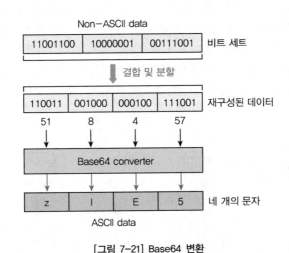

[그림 7-21] Base64 변환

6 웹 기반 메일

이메일은 매우 흔한 응용 프로그램이기 때문에 오늘날 일부 웹사이트는 사이트에 접속하는 모든 사람에게
이 서비스를 제공한다. 일반적인 사이트는 핫메일, 야후, 구글 메일, 네이버 메일 등으로 그 아이디어는 매
우 간단하다. [그림 7-22]는 다음과 같은 두 가지 사례를 보여준다.

(1) 사례 Ⅰ

첫 번째 경우, 발신인 A는 전통적인 메일 서버를 사용한다. 수신인 B는 웹 기반 서버에 계정을 가
지고 있다. A의 브라우저에서 메일 서버로 메일 전송은 SMTP를 통해 이루어진다. 송신 메일 서버
에서 수신 메일 서버로 메시지를 전송하는 것은 여전히 SMTP를 통해서이다. 단, 수신 서버(웹 서
버)에서 B의 브라우저로 전송되는 메시지는 HTTP를 통해 이루어진다. 즉, POP3나 IMAP4를 사용
하는 대신 HTTP를 사용하는 것이 일반적이다. B가 자신의 이메일을 검색해야 할 때, 그는 웹사이
트에 요청 HTTP 메시지를 보낸다(예 핫메일). 이 웹사이트는 B가 기입할 양식을 보내는데, 여기에
는 로그인 이름과 암호가 포함되어 있다. 로그인 이름과 암호가 일치하면 이메일 목록이 웹 서버에
서 B의 브라우저로 HTML 형식으로 전송된다. 이제 B는 수신된 이메일을 훑어본 다음, 더 많은
HTTP 트랜잭션을 사용하여 그의 이메일을 하나씩 얻을 수 있다.

(2) 사례 Ⅱ

두 번째 경우, A와 B는 모두 웹 서버를 사용하지만 반드시 동일한 서버를 사용하지는 않는다. A는
HTTP 트랜잭션을 사용하여 웹 서버에 메시지를 전송한다. A는 B의 우편함 이름과 주소를 URL로
사용하여 자신의 웹 서버에 HTTP 요청 메시지를 보낸다. A 사이트의 서버는 SMTP 클라이언트에
메시지를 전달하고 SMTP 프로토콜을 사용하여 B 사이트의 서버로 전송한다. B는 HTTP 트랜잭션
을 사용하여 메시지를 수신한다. 그러나 A 사이드의 서버에서 B 사이트의 서버로 보내는 메시지는
여전히 SMTP 프로토콜을 사용하여 이루어진다.

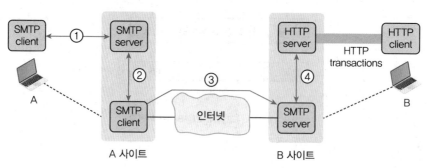

(a) 사례 1: 수신자만 HTTP 사용

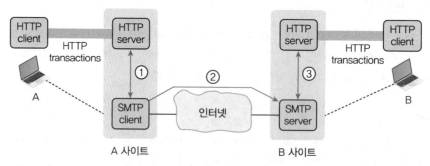

(b) 사례 2: 발신자와 수신자 모두 HTTP 사용

[그림 7-22] 웹 기반 전자 메일, 사례 Ⅰ 및 Ⅱ

7 전자 메일 보안

이 장에서 논의된 프로토콜은 그 자체로 어떠한 보안 조항도 제공하지 않는다. 단, 전자 메일 시스템을 위해
특별히 설계된 PGP(Pretty Good Privacy)와 S/MIME(Secure/Multipurpose Internet Mail Extensions)라
는 두 개의 응용 프로그램 계층 보안을 사용하여 전자 메일 교환을 보호할 수 있다.

제 **4** 절 **멀티미디어**

1 멀티미디어의 구성 요소

오늘날 멀티미디어 데이터는 텍스트, 이미지, 비디오, 오디오로 구성되어 있지만 미래형 미디어 유형을 포함하도록 정의가 변화되고 있다.

(1) 텍스트

인터넷에는 다운로드하여 사용할 수 있는 많은 양의 텍스트가 저장되어 있다. 하나는 흔히 텍스트 데이터의 선형 형태로서 일반 텍스트를, 하이퍼텍스트는 비선형 형태로서 언급한다. 인터넷에 저장된 텍스트는 유니코드와 같은 문자 집합을 사용하여 기본 언어로 기호를 나타낸다. 대량의 텍스트 데이터를 저장하기 위해 텍스트는 무손실 압축 방법 중 하나를 사용하여 압축할 수 있다. 압축 풀기를 할 때 원본 데이터와 동일한 결과값을 원할 경우에는 무손실 압축을 사용해야 한다.

(2) 이미지

멀티미디어 용어에서 이미지는 사진, 팩스 페이지 또는 움직이는 동영상의 프레임을 표현하는 것이다.

① 디지털 이미지

이미지를 사용하려면 먼저 디지털화해야 한다. 이 경우 **디지털화는 픽셀이라고 불리는 2차원 점 배열로 이미지를 표현하는 것**을 의미한다. 그런 다음 각 픽셀은 비트 심도라고 하는 여러 비트로 나타낼 수 있다. 팩스 페이지와 같은 흑백 이미지에서 비트 심도＝1로 각 픽셀은 0비트(검은색) 또는 1비트(흰색)로 나타낼 수 있다. 회색 그림에서 보통 256레벨의 비트 심도를 8로 사용한다. 컬러 영상에서 이미지는 일반적으로 세 개의 채널로 나뉘며, 각 채널은 빨간색, 녹색 또는 파란색(RGB)의 세 가지 기본 색상 중 하나를 나타낸다. 이 경우 비트 심도는 24(색별 8비트)이다. 일부 표현에서는 배경을 나타내기 위해 알파(α) 채널이라고 하는 별도의 채널을 사용하여 배경을 나타낸다. 흑백 이미지에서는 두 개의 채널로, 컬러 영상에서는 네 개의 채널로 이루어진다. 흑백에서 회색으로, 이미지의 색 표현으로 이동하는 것이 인터넷에서 전송할 정보의 크기를 엄청나게 증가시킨다. 이는 시간을 절약하기 위해 이미지를 압축해야 한다는 것을 암시한다.

② 이미지 압축(JPEG : Joint Photographic Experts Group) 중요 ★

JPEG는 손실 압축방법이다. JPEG 표준은 컬러 영상과 그레이 영상 모두에 사용할 수 있지만, 여기서는 그레이스케일 사진만을 설명한다. 이 방법은 컬러 이미지의 세 채널 각각에 적용될 수 있다. JPEG에서 그레이스케일 사진은 8×8 픽셀의 블록으로 나뉜다. 압축과 압축해제는 각각 [그림 7-23]와 같이 세 단계를 거친다.

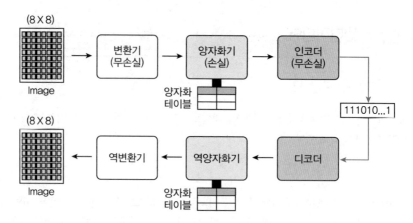

[그림 7-23] JPEG의 각 채널별 압축

그림을 블록으로 나누는 목적은 각 사진에 대한 수학 연산 수가 단위 수의 제곱이기 때문에 계산 횟수를 줄이는 것이다.

㉠ 변환(Transformation)

JPEG는 일반적으로 압축의 첫 번째 단계에서 이산코사인변환(DCT, Digital Cosine Transformation)을 사용하고 압축의 마지막 단계에서는 역 DCT를 사용한다. 변환과 역변환을 8×8 블록에 적용한다.

㉡ 양자화(Quantization)

DCT 변환의 출력은 실제 숫자의 행렬이다. 이 실제 숫자들의 정확한 인코딩은 많은 비트를 필요로 한다. JPEG는 행렬의 실제 값을 반올림할 뿐만 아니라 일부 값을 0으로 변경하는 양자화 단계를 사용한다. 0은 높은 압축률을 달성하기 위해 인코딩 단계에서 제거할 수 있다. DCT 변환의 결과는 소스 매트릭스에서 서로 다른 주파수의 가중치를 정의한다. 높은 주파수는 픽셀 값의 갑작스러운 변화를 의미하기 때문에 인간의 시력이 이를 인식할 수 없으므로 제거할 수 있다. 양자화 단계는 아래와 같이 각 요소인 C(m, n)가 정의되는 새로운 행렬을 만든다.

$$C(m, n) \ 5 \ round[M(m, n)/Q(m, n)]$$

여기서 M(m, n)은 변환된 행렬의 항목이고 Q(m, n)는 양자화 행렬의 항목이다. 라운드 함수는 먼저 실제 값에 0.5를 더하고 그 값을 정수로 자른다. 3.7은 정수 4로 반올림하지만 3.2는 정수 3으로 반올림한다는 뜻이다.

[그림 7-24]에서 JPEG는 100개의 양자화 매트릭스 Q1부터 Q100까지를 정의했으며 Q1이 가장 낮은 이미지 품질을 제공하지만 가장 높은 수준의 압축을 제공하고 Q100은 최상의 이미지 품질을 제공하지만 가장 낮은 수준의 압축을 제공한다. 이러한 매트릭스 중 하나를 선택하는 것은 구현에 달려 있다. [그림 7-24]는 이러한 행렬 일부를 보여준다.

$$\begin{bmatrix} 80 & 60 & 50 & 80 & 120 & 200 & 255 & 255 \\ 55 & 60 & 70 & 95 & 130 & 255 & 255 & 255 \\ 70 & 65 & 80 & 120 & 200 & 255 & 255 & 255 \\ 70 & 85 & 110 & 145 & 255 & 255 & 255 & 255 \\ 90 & 110 & 185 & 255 & 255 & 255 & 255 & 255 \\ 120 & 175 & 255 & 255 & 255 & 255 & 255 & 255 \\ 245 & 255 & 255 & 255 & 255 & 255 & 255 & 255 \\ 255 & 255 & 255 & 255 & 255 & 255 & 255 & 255 \end{bmatrix} \quad \begin{bmatrix} 16 & 11 & 10 & 16 & 24 & 40 & 51 & 61 \\ 12 & 12 & 14 & 19 & 26 & 58 & 60 & 55 \\ 14 & 13 & 16 & 24 & 40 & 57 & 69 & 56 \\ 14 & 17 & 22 & 29 & 51 & 87 & 80 & 62 \\ 18 & 22 & 37 & 56 & 68 & 109 & 103 & 77 \\ 24 & 35 & 55 & 64 & 81 & 104 & 113 & 92 \\ 49 & 64 & 78 & 87 & 103 & 121 & 120 & 101 \\ 72 & 92 & 95 & 98 & 112 & 110 & 103 & 99 \end{bmatrix} \quad \begin{bmatrix} 3 & 2 & 2 & 3 & 5 & 8 & 10 & 12 \\ 2 & 2 & 3 & 4 & 5 & 12 & 12 & 11 \\ 3 & 3 & 3 & 5 & 8 & 11 & 14 & 11 \\ 3 & 3 & 4 & 6 & 10 & 17 & 16 & 12 \\ 4 & 4 & 7 & 11 & 14 & 22 & 21 & 15 \\ 5 & 7 & 11 & 13 & 16 & 12 & 23 & 18 \\ 10 & 13 & 16 & 17 & 21 & 24 & 24 & 21 \\ 14 & 18 & 19 & 20 & 22 & 20 & 20 & 20 \end{bmatrix}$$

Q10 Q50 Q90

[그림 7-24] 3가지 양자화 행렬

프로세스에서 완전히 되돌릴 수 없는 유일한 단계는 양자화 단계라는 점에 유의하자. 여기서 복구할 수 없는 정보가 손실된다. 사실 JPEG가 손실 압축이라고 불리는 이유는 이 양자화 단계 때문이다.

ⓒ 인코딩

양자화 후, 인코더에 입력하기 전에 지그재그 순서로 값을 다시 정렬한다. 양자화된 값의 지그 재그 재정렬은 낮은 주파수와 관련된 값이 높은 주파수와 관련된 값보다 먼저 인코더로 공급 되도록 한다. 고주파 값은 대부분 0이므로 0이 아닌 값이 0보다 앞서 인코더에 제공됨을 의미 한다. [그림 7-25]는 그 과정을 보여준다. 이렇게 인코딩한 방식으로는 런랭스(Run-Length) 코딩 또는 산술 코딩 등이 있다.

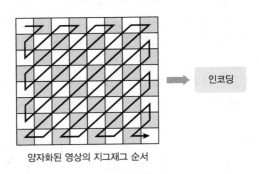

양자화된 영상의 지그재그 순서

[그림 7-25] 테이블 읽기

③ **이미지 압축 : GIF** 중요 ★

JPEG 표준은 각 픽셀이 24비트(기본 색상당 8비트)로 표시되는 이미지를 사용한다. 이는 각 픽 셀이 $2^{24}(16,777,216)$의 복합색 중 하나가 될 수 있다는 것을 의미한다. 예를 들어 녹색은 포함 하지 않고 빨강과 파랑의 성분으로 이루어진 마젠타 픽셀은 정수$(FF00FF)_{16}$으로 표시된다. 대 부분의 단순한 그래픽 영상에는 그렇게 많은 범위의 색상이 포함되어 있지 않다. GIF(Graphic Interchange Format)는 일반적으로 $2^8 = 256$ 색상의 더 작은 팔레트(색인화된 표)를 사용한다. 즉, GIF는 팔레트 색상으로 실제 색상을 매핑한다. 예를 들어, 마젠타 픽셀은 팔레트에서 226 번째 색인 경우 정수$(E2)_{16}$으로 나타낼 수 있다. 이는 GIF가 JPEG에 비해 영상 크기를 3배로 압축시킨다는 것을 의미한다. 특정 이미지에 대한 팔레트를 만든 후 각 픽셀은 256개의 기호 중 하나로 나타낼 수 있다(예 16진수 팔레트 지수의 두 자리 표시).

(3) 비디오

비디오는 여러 개의 프레임으로 구성되어 있으며, 각 프레임은 하나의 이미지이다. 이것은 비디오 파일이 높은 전송 속도를 필요로 한다는 것을 의미한다.

① 비디오 디지털화

프레임은 비디오나 영화, TV 등이 영상 매체를 전달할 때 화면에 뿌려주는 한 장 한 장의 그림을 말한다. 이러한 한 장 한 장의 그림들이 초당 얼마간의 속도로 빠르게 바뀌면서 움직이는 하나의 동영상을 만들어 내게 되는 것이다. 영화에서 쓰이는 필름을 떠올려보자. 그 필름에서 보이는 하나하나의 그림이 바로 프레임을 뜻한다. 이것은 인간의 시각이 한 장의 그림을 본 후 뇌에 전달하기까지의 과정에서 또 다른 한 장의 그림을 보여줌으로써 실제로는 한 장, 한 장의 그림을 본 것임에도 움직인다고 느끼게 만드는 일종의 눈속임이라고 볼 수 있다. 1초에 얼마나 많은 개수의 프레임을 보여줄 것인가의 비율(Rate)을 말하는 것으로, 단위로는 FPS(Frame Per Second)를 사용한다. 우리가 극장에서 보는 영화의 경우는 24fps를 가지며 이것은 1초에 24장의 그림을 보여주는 것이다. PC에서 사용되는 대부분의 동영상은 거의 15fps ~ 30fps 사이이며, 우리나라의 TV 방송 규격을 보면 29.97fps의 비율을 가진다.

② 비디오 압축 : MPEG 종요 ★

Motion Picture Experts Group(MPEG)은 비디오를 압축하는 방법이다. 원칙적으로 동영상은 각 프레임이 이미지인 프레임 집합의 빠른 흐름이다. 즉 프레임은 픽셀의 공간 조합이며, 비디오는 차례로 전송되는 프레임의 시간적 조합이다. 비디오 압축은 공간적으로 각 프레임을 압축하고 일시적으로 프레임 세트를 압축하는 것을 의미한다.

㉠ 공간 압축

각 프레임의 공간 압축은 JPEG(또는 그 변형)로 이루어진다. 각 프레임은 독립적으로 압축할 수 있는 그림이다.

㉡ 시간적 압축

시간 압축에서는 중복 프레임이 제거된다. 텔레비전을 볼 때, 초당 50프레임을 수신한다. 그러나 연속 프레임은 대부분 거의 같다. 예를 들어 누군가가 이야기를 하고 있을 때, 입술 주위의 프레임의 부분을 제외하고 대부분 프레임이 이전 프레임과 동일하며, 이는 한 프레임에서 다른 프레임으로 바뀐다. 데이터를 일시적으로 압축하기 위해 MPEG 방법은 먼저 프레임 세트를 I-프레임, P-프레임, B-프레임의 세 가지 범주로 나눈다. [그림 7-26]은 프레임 집합을 압축하여 다른 프레임 집합을 만드는 방법을 보여준다.

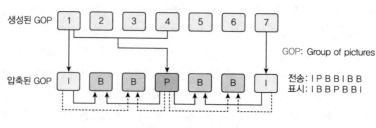

[그림 7-26] MPEG 프레임

- I-프레임(Intra Frame)

  Key 프레임이라고도 불리며, 단일 프레임 단위로 압축을 진행한다. JPEG 압축방법을 사용하며, 독립적으로 압축된 프레임이기 때문에 다른 프레임의 참조 없이도 복원이 가능하다. I-프레임으로 인해 Random Access가 가능하다.

- P-프레임(Predicted Frame)

  이전에 위치한 I-프레임 또는 P-프레임으로부터 움직임을 예측한 후 나머지 차이 부분을 DCT 변환하여 압축한다. 이전 프레임과 현재 프레임을 비교하여 변화된 부분만 기록하여 압축하기 때문에 이전 프레임에 대한 의존도가 높다.

- B-프레임(Bi-directional predicted Frame)

  이전에 위치한 프레임(과거)뿐만 아니라 이후에 위치할 프레임(미래)을 참고하여 쌍방향 예측을 진행한다. 이전 프레임과 이후 프레임에 대한 의존도가 높다. 복원 시 쌍방향 예측을 수행하기 때문에 I, P-프레임을 먼저 처리한 후 B-프레임을 부호화해야 한다.

(4) 오디오

오디오(소리) 신호는 이동하기 위해 매체가 필요한 아날로그 신호로, 진공을 통해 이동할 수 없다. 공기 중 소리의 속도는 약 330m/s(740mph)이다. 정상인의 청각에 대한 청각 주파수 범위는 약 20Hz ~ 20KHz이며 최대 청력은 약 3300Hz이다.

① 오디오 디지털화

압축 기능을 제공하기 위해 아날로그-디지털 변환기를 사용하여 오디오 아날로그 신호를 디지털화한다. 아날로그-디지털 변환은 샘플링과 정량화의 두 가지 과정으로 구성된다. 펄스 코드 변조(PCM) 프로세스로 알려진 디지털화 프로세스는 아날로그 신호를 샘플링하고 샘플을 정량화하며 정량화된 값을 비트의 스트림으로 코딩하는 작업을 포함한다. 음성 신호는 샘플당 8비트로 초당 8,000개의 샘플링 속도로 샘플링되며, 그 결과는 $8,000 \times 8 = 64Kbps$의 디지털 신호다. 음악은 샘플당 16비트로 초당 44,100개의 샘플로 샘플링된다. 그 결과는 모노랄(monaural)의 경우 $44,100 \times 16 = 705.6Kbps$, 스테레오의 경우 1.411Mbps의 디지털 신호이다.

② 오디오 압축

손실 및 무손실 압축 알고리즘은 모두 오디오 압축에 사용된다. 무손실 오디오 압축은 오디오 파일의 정확한 사본을 보존할 수 있게 해준다. 손실 알고리즘은 훨씬 더 높은 압축 비율(5 ~ 20)을 제공하며 오디오 장치에 사용된다. 손실 알고리즘은 약간의 품질을 희생시키지만 공간과 대역폭 요구사항을 상당히 줄인다. 예를 들어 CD에서는 1시간 분량의 높은 충실도의 음악, 2시간 분량의 무손실 압축 음악, 8시간 분량의 음악을 손실 없는 기법으로 압축해 넣을 수 있다. 언어와 음악에 사용되는 압축 기술은 서로 다른 요구 조건을 가지고 있다. 상당한 지연이 전화통신의 통신 품질을 떨어뜨리기 때문에 음성에 사용되는 압축 기술은 지연 시간이 짧아야 한다. 음악에 사용되는 압축 알고리즘은 더 적은 비트 수로 고품질 사운드를 생성할 수 있어야 한다. 오디오 압축에는 예측 코딩과 지각 코딩의 두 가지 범주가 사용된다.

㉠ 예측 코딩

예측 코딩 기법은 지연 시간이 낮기 때문에 상당한 지연이 통신 품질을 저하시키는 전화의 음성 코딩에서 인기가 있다. DM, ADM, DPCM, ADPCM 및 LPC의 몇 가지 예측 코딩 방법이 있다.

㉡ 지각적(Perceptual) 코딩

최상의 경우에도 예측 코딩 방법으로는 멀티미디어 응용 프로그램의 CD quality 오디오를 충분히 압축할 수 없다. CD 품질의 오디오를 만드는 데 사용되는 가장 일반적인 압축 기술은 심리 음향의 과학을 기반으로 하는 지각적 코딩이다. 지각적 코딩에 사용되는 알고리즘은 먼저 데이터를 시간 도메인에서 주파수 도메인으로 변환하고, 그다음 주파수 도메인의 데이터에서 연산이 수행된다. 따라서 이 기법을 주파수 도메인 법이라고도 한다.

심리 음향학은 소리에 대한 주관적인 인간의 인식을 연구하는 학문이다. 지각적 코딩은 인간 청각 시스템의 결함을 이용한다. 인간 가청 하한은 0dB이다. 이는 주파수가 약 2.5KHz와 5KHz인 소음에 대해서만 해당된다. [그림 7-27]의 왼쪽 (a)와 같이 이 두 주파수 사이의 주파수에 대해 하한은 더 적고 이 범위를 벗어나는 주파수에 대해서는 상승한다. 우리는 이 곡선보다 낮은 전력을 가진 주파수를 들을 수 없다. 따라서 그러한 주파수를 코드화할 필요는 없다.

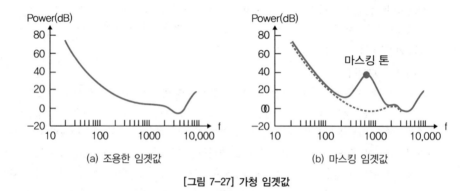

[그림 7-27] 가청 임곗값

예를 들어, 20dB 미만일 경우 주파수가 100Hz 미만인 소음을 생략하여 품질을 잃지 않고 비트를 저장할 수 있다. 주파수 마스킹과 시간 마스킹의 개념을 사용하여 훨씬 더 절약할 수 있다. 주파수 마스킹은 두 개의 주파수가 서로 가까이 있으면 부분적으로 큰 소리가 나거나 전체적으로 부드러운 소리가 가려질 때 발생한다. 예를 들어 시끄러운 헤비메탈 밴드가 공연하는 방에서 댄스 파트너의 소리를 들을 수 없다. [그림 7-27]의 오른쪽 (b)에서 약 700Hz의 큰 마스킹 톤은 약 250~1500Hz의 주파수 사이에서 청각 곡선의 임곗값을 높인다. 일시적인 마스킹에서는 큰 소리가 나는 것은 소리가 멈춘 후에도 짧은 시간 동안 우리의 귀를 마비시킬 수 있다.

지각적 코딩에 대한 기본 접근방식은 오디오 PCM 입력을 동시에 코더(coder)의 두 개의 개별 유닛에 공급하는 것이다. 첫 번째 장치는 분석 필터 뱅크라고 하는 일련의 디지털 바이패스 필터로 구성된다. 이산 푸리에 변환(DFT : Discrete Fourier Transform) 같은 수학 도구를 사용하여 필터는 시간 도메인 입력을 동일한 간격의 주파수 하위 대역으로 분리한다. 고속 푸리에 변환(FFT : Fast Fourier Transform)같은 동일하거나 유사한 수학적 도구를 사용하여 두 번째 장치는 시간 도메인 입력을 주파수 도메인으로 변환하고 각 서브밴드에 대한 마스킹 주파수를 결정한다. 사용 가능한 비트는 각 서브밴드의 마스킹 속성에 따라 할당된다. 비트는 완전히 마스킹된 서브밴드에 할당되지 않는다. 적은 수의 비트는 부분적으로 마스킹된 서브밴드에 할당되고 많은 수의 비트가 마스크되지 않은 서브밴드에 할당된다. 결과 비트는 더 많은 압축을 달성하기 위해 추가로 인코딩된다.

지각적 코딩을 사용하는 한 가지 표준은 MP3(MPEG 오디오 계층 3)이다.

2 인터넷에서의 멀티미디어

(1) 저장된 오디오/비디오 스트리밍

저장된 오디오/비디오를 스트리밍하면 파일이 압축되어 서버에 저장된다. 클라이언트는 인터넷을 통해 파일을 다운로드한다. 이를 주문형 오디오/비디오라고 부르기도 한다. 저장된 오디오 파일의 예로는 노래, 교향곡, 테이프에 수록된 책, 유명한 강의 등이 있고 저장된 비디오 파일의 예로는 영화, TV 쇼, 뮤직비디오 클립이 있다. 저장된 오디오/비디오 스트리밍은 압축된 오디오/비디오 파일에 대한 주문형 요청을 의미한다고 말할 수 있다. 웹 서버에서 이러한 유형의 파일을 다운로드하는 것은 다른 유형의 파일을 다운로드하는 것과 다를 수 있다. 저장된 오디오나 비디오를 스트리밍하는 방법은 다음과 같은 4가지가 있다.

① 웹 서버 사용

압축된 오디오/비디오 파일을 텍스트 파일로 다운로드할 수 있다. 클라이언트(브라우저)는 HTTP 서비스를 이용하고 GET 메시지를 보내 파일을 다운로드할 수 있다. 웹 서버는 압축된 파일을 브라우저로 보낼 수 있다. 그런 다음 브라우저는 보통 미디어 플레이어라고 불리는 도움말 응용 프로그램을 사용하여 파일을 재생할 수 있다. [그림 7-28]은 이러한 접근법을 보여준다.

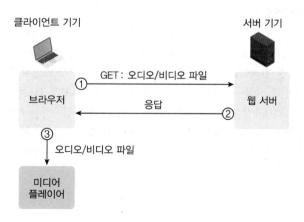

[그림 7-28] 웹 서버 사용

이 방식은 매우 간단하지만 파일을 재생하기 전에 완전히 다운로드를 해야 하기 때문에 불필요한 시간을 소모한다는 단점이 있다.

② 메타 파일과 함께 웹 서버 사용

또 다른 접근방식에서 미디어 플레이어는 오디오/비디오 파일을 다운로드하기 위해 웹 서버에 직접 연결된다. 웹 서버는 실제 오디오/비디오 파일과 오디오/비디오 파일에 대한 정보를 저장하는 메타 파일로 두 개의 파일을 저장한다. [그림 7-29]는 이 접근법의 단계를 보여준다.

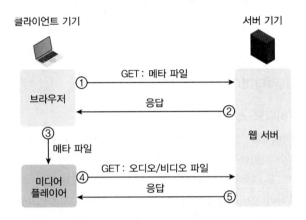

[그림 7-29] 메타 파일과 함께 웹 서버 사용하기

ㄱ HTTP 클라이언트는 GET 메시지를 사용하여 웹 서버에 접근한다.
ㄴ 메타 파일에 대한 정보는 응답으로 온다.
ㄷ 메타 파일은 미디어 플레이어에게 전달된다.
ㄹ 미디어 플레이어는 메타 파일의 URL을 사용하여 오디오/비디오 파일에 액세스한다.
ㅁ 웹 서버가 응답한다.

③ 미디어 서버 사용

두 번째 접근법의 문제는 브라우저와 미디어 플레이어가 모두 HTTP 서비스를 사용한다는 것이다. HTTP는 TCP를 통해 실행되도록 설계되었다. 이것은 메타 파일 검색에는 적절하지만 오디오/비디오 파일 검색에는 적합하지 않다. 그 이유는 TCP가 손실되거나 손상된 세그먼트를 재전송하기 때문인데, 이는 스트리밍의 철학과 배치된다. TCP와 그것의 오류제어를 무시할 필요가 있으며 UDP를 사용할 필요가 있다. 그러나 웹 서버에 접속하는 HTTP와 웹 서버 자체는 TCP를 위해 설계되었으므로 다른 서버, 미디어 서버가 필요하다. [그림 7-30]은 개념을 보여준다.

ⓐ HTTP 클라이언트는 GET 메시지를 사용하여 웹 서버에 접근한다.

ⓑ 메타 파일에 대한 정보는 응답으로 온다.

ⓒ 메타 파일은 미디어 플레이어에게 전달된다.

ⓓ 미디어 플레이어는 메타 파일의 URL을 사용하여 미디어 서버에 액세스하여 파일을 다운로드한다. UDP를 사용하는 모든 프로토콜에 의해 다운로드가 이루어질 수 있다.

ⓔ 미디어 서버가 응답한다.

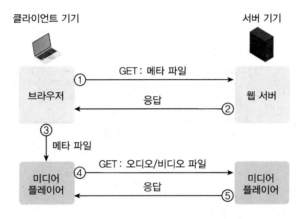

[그림 7-30] 미디어 서버 사용

④ 미디어 서버 및 RTSP(Real-Time Streaming Protocol) 사용

실시간 스트리밍 프로토콜(RTSP)은 스트리밍 프로세스에 더 많은 기능을 추가하도록 설계된 제어 프로토콜이다. RTSP를 사용하면 오디오/비디오의 재생을 제어할 수 있다. RTSP는 FTP의 두 번째 연결과 유사한 대역외 제어 프로토콜이다. [그림 7-31]은 미디어 서버와 RTSP를 보여준다.

ⓐ HTTP 클라이언트는 GET 메시지를 사용하여 웹 서버에 접근한다.

ⓑ 메타파일에 대한 정보는 응답으로 온다.

ⓒ 메타파일은 미디어 플레이어에게 전달된다.

ⓓ 미디어 플레이어가 미디어 서버와의 연결을 만들기 위해 SETUP 메시지를 전송한다.

ⓔ 미디어 서버가 응답한다.

ⓕ 미디어 플레이어가 재생 시작(다운로드)을 위해 PLAY 메시지를 전송한다.

ⓖ 오디오/비디오 파일은 UDP를 통해 실행되는 다른 프로토콜을 사용하여 다운로드된다.

ⓗ 해체 메시지를 사용하여 연결이 끊긴다.

ⓘ 미디어 서버가 응답한다.

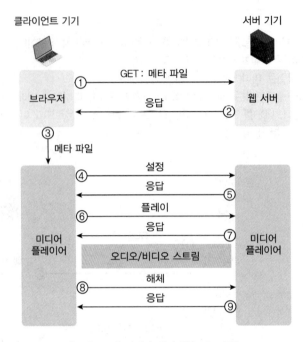

[그림 7-31] 미디어 서버 및 RTSP 사용

미디어 플레이어는 다른 유형의 메시지를 보낼 수 있다. 예를 들어, PAUSE 메시지는 일시적으로 다운로드를 중지한다. 다운로드는 PLAY 메시지와 함께 재개될 수 있다.

(2) 라이브 오디오/비디오 스트리밍

라이브 오디오/비디오를 스트리밍하면 사용자는 인터넷을 통해 방송 오디오와 비디오를 듣는다. 이러한 유형의 응용 프로그램의 좋은 예는 인터넷 라디오와 인터넷 TV이다. 저장된 오디오/비디오 스트리밍과 라이브 오디오/비디오 스트리밍 사이에는 몇 가지 유사점이 있는데 우선 둘 다 지연에 민감하다. 둘 다 재송신을 받아들일 수 없으나 차이가 있다. 첫 번째는 애플리케이션에서 통신은 유니캐스트와 주문형이다. 둘째로, 통신은 멀티캐스트와 라이브이다. 라이브 스트리밍은 IP의 멀티캐스트 서비스와 UDP나 RTP와 같은 프로토콜의 사용에 더 적합하다. 그러나 현재 라이브 스트리밍은 멀티캐스팅 대신 TCP와 복수의 유니캐스트를 사용하고 있다.

① 인터넷 라디오

인터넷 라디오 또는 웹 라디오는 인터넷을 통해 뉴스, 스포츠, 토크, 음악을 제공하는 오디오 방송 서비스의 웹캐스트이다. 이것은 세계 어디서든 접근할 수 있는 스트리밍 매체를 포함한다. 웹 라디오는 인터넷을 통해 제공되지만 기존의 방송 매체와 유사하다. 즉, 비간섭적이며 온디맨드(on-demand) 서비스처럼 일시 정지하거나 재생할 수 없다. 오늘날 가장 큰 인터넷 라디오 제공자 그룹은 전통적으로 출력을 동시에 인터넷을 통해 방송하는 기존의 라디오 방송국을 포함한다. 또한, 인터넷 전용 라디오 방송국을 포함한다. 웹 라디오에서 오디오 사운드는 종종 MP3나 이와 유사한 소프트웨어에 의해 압축되고 비트는 TCP 또는 UDP 패킷을 통해 전송된다. 지터를 방지하기 위해 사용자 측에서 비트를 다시 조립하고 재생하기 전에 몇 초 동안 버퍼링하고 지연시킨다.

② 인터넷 TV(ITV)

인터넷 텔레비전이나 ITV는 시청자들이 프로그램 라이브러리에서 보고 싶은 프로그램을 선택할 수 있게 해준다. 인터넷 TV의 기본 모델은 인터넷 TV 스트리밍 또는 인터넷 위치에서 선택 가능한 비디오이다.

③ IPTV

인터넷 프로토콜 텔레비전(IPTV)은 실시간과 대화형 텔레비전을 전달하는 차세대 기술이다. TV 신호가 위성, 케이블 또는 지상 경로를 통해 전송되는 대신 IPTV 신호는 인터넷을 통해 전송된다. IPTV는 ITV와 다르다는 점에 유의하자. 인터넷 TV는 최종 배달을 통제할 수 없는 서비스 제공자들에 의해 만들어지고 관리된다. 개방형 인터넷의 기존 인프라를 통해 분배된다. 반면에 IPTV는 복잡하고 비싼 네트워크를 통해 서비스 품질을 보장하도록 고도로 관리되고 있다. IPTV용 네트워크는 대량의 멀티캐스트 비디오 트래픽과 HDTV 콘텐츠를 가입자에게 효율적으로 전달하도록 설계되어 있다.

IP 기반 플랫폼은 텔레비전을 고속 인터넷 접속과 VoIP와 같은 다른 IP 기반 서비스와 통합하는 능력을 포함하여 상당한 이점을 제공한다. IPTV가 케이블이나 위성TV와 다르게 작동하는 한 가지 방법은 일반적인 케이블이나 위성 네트워크에서 모든 콘텐츠가 끊임없이 방송국에서 각 고객에게 끊임없이 흘러간다는 것이다. 고객은 셋톱박스(텔레비전에 연결하는 장치)를 사용하여 콘텐츠 중에서 선택한다. IPTV에서는 콘텐츠가 네트워크에 남아 있으며 고객이 선택한 콘텐츠만 전송된다. 장점은 IPTV가 대역폭을 훨씬 적게 요구하기 때문에 훨씬 더 많은 콘텐츠와 더 큰 기능을 제공할 수 있다는 것이다. 단점은 IPTV의 서비스 제공자가 각 고객이 시청하는 프로그램을 정확하게 추적할 수 있기 때문에 고객의 프라이버시가 침해될 수 있다는 점이다.

(3) 실시간 대화형 오디오/비디오

대화형 오디오/비디오에서 사람들은 인터넷을 사용하여 서로 대화한다. IP를 통한 인터넷 전화나 음성은 이러한 응용 프로그램 유형의 한 예이다. 화상회의는 사람들이 시각적, 구두로 의사소통을 할 수 있게 해주는 또 다른 예이다.

① 특성

㉠ 시간 관계

교환 네트워크의 실시간 데이터는 세션 패킷 간의 시간 관계를 보존해야 한다. 예를 들어, 실시간 비디오 서버가 라이브 비디오 이미지를 생성하여 온라인으로 전송한다고 가정해 보자. 그 비디오는 디지털화되고 패킷화된다. 패킷은 3개뿐이며, 각각의 패킷은 10초 분량의 비디오 정보를 담고 있다. 첫 번째 패킷은 00:00:00에, 두 번째 패킷은 00:00:10에, 세 번째 패킷은 00:00:20에 시작한다. 또한, 각 패킷이 목적지에 도달(동등한 지연)하는 데 1초(간단함에 대한 과장)가 걸린다고 가정하자. 수신기는 첫 번째 패킷은 00:00:01, 두 번째 패킷은 00:00:11, 세 번째 패킷은 00:00:21에서 재생할 수 있다. 서버가 전송하는 것과 클라이언트가 컴퓨터 화면에서 보는 것 사이에는 1초 정도의 시차가 있지만, 그 동작은 실시간으로 이루어지고 있다. 패킷 간의 시간 관계가 보존되며, 1초 지연은 중요하지 않다. [그림 7-32]는 그 아이디어를 보여준다.

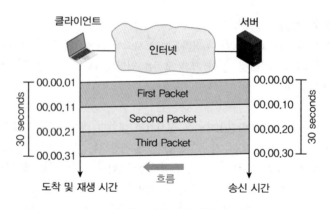

[그림 7-32] 시간 관계

그러나 패킷이 서로 다른 지연과 함께 도착하면 어떻게 되는가? 예를 들어 첫 번째 패킷은 00:00:01(1-s 지연)에 도착하고, 두 번째 패킷은 00:00:15(5-s 지연)에 도착하며, 세 번째 패킷은 00:00:27(7-s 지연)에 도착한다. 수신기가 00:00:01에 첫 번째 패킷을 재생하기 시작하면 00:00:1에 종료된다. 그러나 다음 패킷은 아직 도착하지 않았고 4초 후에 도착한다. 원격 사이트에서 비디오를 볼 때 첫 번째 패킷과 두 번째 패킷 사이에, 두 번째 패킷과 세 번째 패킷 사이에 간격이 있다. 이 현상을 지터라고 한다. [그림 7-33]은 그 상황을 보여준다.

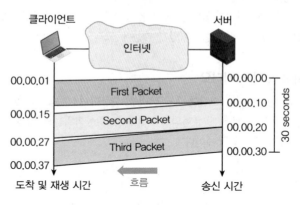

[그림 7-33] 지터

ⓛ 타임스탬프

지터에 대한 한 가지 해결책은 타임스탬프의 사용이다. 각 패킷에 첫 번째(또는 이전) 패킷에 대해 생성된 시간을 표시하는 타임스탬프가 있다면, 수신기는 이 시간을 재생을 시작하는 시간에 추가할 수 있다. 즉, 수신기는 각각의 패킷이 언제 재생되어야 하는지를 알고 있다. 앞의 예에서 첫 번째 패킷의 타임스탬프는 0이고, 두 번째 패킷의 타임스탬프는 10이고, 세 번째 패킷의 타임스탬프는 20이라고 하자. 수신기가 00:00:08에서 첫 번째 패킷을 재생하기 시작하면 두 번째 패킷은 00:00:18에서 재생되고 세 번째 패킷은 00:00:28에서 재생된다. 패킷 사이에 간격이 없다. [그림 7-34]는 그 상황을 보여준다.

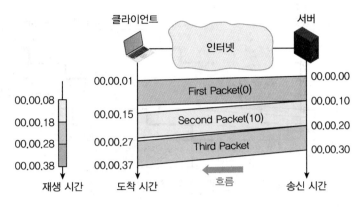

[그림 7-34] 타임스탬프

ㄷ 재생 버퍼

도착시간을 재생 시간과 분리할 수 있도록 데이터를 재생할 때까지 저장하는 버퍼가 필요한
데 이 버퍼를 재생 버퍼라고 한다. 세션이 시작되면(첫 번째 패킷의 첫 번째 비트 도착), 수
신기는 임곗값에 도달할 때까지 데이터 재생을 지연시킨다. 앞의 예에서 첫 번째 패킷의 첫
번째 비트는 00:00:01에 도착하며, 임곗값은 7초, 재생 시간은 00:00:08이다. 임곗값은 데
이터의 시간 단위로 측정된다. 데이터의 시간 단위가 임곗값과 같아질 때까지 재생이 시작되
지 않는다. 데이터는 가능한 가변 속도로 버퍼에 저장되지만, 추출되어 일정한 속도로 재생
된다. 버퍼의 데이터양은 줄어들거나 확장되지만 지연이 임곗값의 데이터를 재생하는 시간보
다 작으면 지터는 없다. [그림 7-35]는 예제에서 다른 시간에의 버퍼를 보여준다.

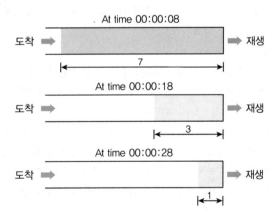

[그림 7-35] 재생 버퍼

재생 버퍼가 실제로 지터를 제거할 수 있는 방법을 이해하기 위해서는 각 패킷에 더 많은
지연을 도입하는 도구로써 재생 버퍼를 생각할 필요가 있다. 각 패킷에 추가된 지연의 양이
각 패킷의 총 지연(네트워크의 지연과 버퍼의 지연)을 동일하게 만든다면, 패킷은 지연이 없
었던 것처럼 부드럽게 재생된다. [그림 7-36]은 7개의 패킷에 대한 타임라인을 사용하는 아
이디어를 보여준다. 오른쪽 두 톱니 곡선이 겹치지 않도록 버퍼의 첫 번째 패킷에 대한 버퍼
지연을 선택해야 한다는 점에 유의한다.

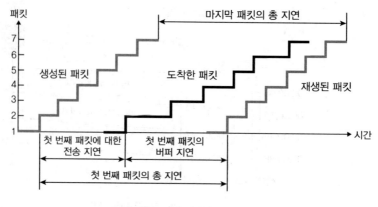

[그림 7-36] 패킷의 타임라인

그림에서 알 수 있듯이, 첫 번째 패킷의 재생 시간을 적절하게 선택한 경우, 모든 패킷의 총 지연은 동일해야 한다. 전송 지연이 더 긴 패킷은 버퍼에서 더 짧은 대기 시간을 가져야 하며, 그 반대의 경우도 마찬가지여야 한다.

② 정렬(Ordering)

실시간 트래픽에 대한 시간 관계 정보와 타임스탬프 외에도 한 가지 기능이 더 필요하다. 각 패킷에 대한 시퀀스 번호가 필요하다. 패킷이 손실되면 타임스탬프만으로는 수신자에게 알릴 수 없다. 예를 들어 타임스탬프가 0, 10 및 20이라고 가정하자. 두 번째 패킷이 손실되면, 수신자는 타임스탬프가 0과 20인 두 개의 패킷만 수신한다. 수신자는 타임스탬프 20이 있는 패킷이 첫 번째 패킷 이후 20초 후에 생성된 두 번째 패킷이라고 가정한다. 수신기는 두 번째 패킷이 실제로 분실되었다는 것을 알 길이 없다. 이 상황을 처리하려면 패킷을 정렬하기 위한 시퀀스 번호가 필요하다.

⑩ 멀티캐스팅

멀티미디어는 오디오와 비디오 회의의 주요 역할을 한다. 트래픽은 무거울 수 있고, 데이터는 멀티캐스팅 방법을 사용하여 분산된다. 회의에는 수신자와 송신자 간의 양방향 통신이 필요하다.

⑭ 번역

때때로 실시간 트래픽은 번역을 필요로 한다. 번역기는 고대역폭 비디오 신호의 형식을 낮은 품질의 협대역 신호로 바꿀 수 있는 컴퓨터이다. 예를 들어, 소스가 5Mbps로 고품질 비디오 신호를 생성하여 대역폭이 1Mbps 미만인 수신자에게 전송하려면 이 기능이 필요하다. 신호를 수신하려면 송신기가 신호를 해독하여 대역폭이 적은 낮은 품질로 다시 인코딩해야 한다.

ⓢ 믹싱

(비디오나 오디오 컨퍼런스에서와 같이) 동시에 데이터를 전송할 수 있는 소스가 둘 이상 있는 경우, 트래픽은 여러 스트림으로 이루어진다. 트래픽을 하나의 스트림으로 수렴하기 위해 서로 다른 소스의 데이터를 혼합할 수 있다. 믹서는 수학적으로 다른 소스에서 오는 신호를 추가하여 하나의 단일 신호를 만든다.

OX로 점검하자

※ 다음 지문의 내용이 맞으면 O, 틀리면 ×를 체크하시오. [1 ~ 10]

01 HTTP는 파일 전송 프로토콜이다. (   )

>>>◯ HTTP는 WWW에 대한 접근을 용이하게 하는 파일 전송 프로토콜이다.

02 HTTP는 FTP와는 다른 방식이다. (   )

>>>◯ HTTP와 FTP는 둘 다 파일을 전송하고 TCP의 서비스를 사용하기 때문에 같은 방식이다.

03 프록시 서버는 최근의 요청에 대한 응답 사본을 보관하는 컴퓨터이다. (   )

>>>◯ 프록시 서버는 최근의 요청에 대한 응답 사본을 보관하는 컴퓨터로 HTTP 클라이언트에 요청이 있을 때, 요청이 일반 서버로 가기 전에 프록시 서버의 캐시를 확인한다.

04 웹 문서에는 정적 문서만 있다. (   )

>>>◯ 웹 문서는 정적, 활성 또는 동적 문서로 분류할 수 있다.

05 동적 문서는 브라우저의 요청에 따라 서버가 실행하는 프로그램의 생성물이다. (   )

>>>◯ 동적 문서는 브라우저의 요청에 따라 서버가 실행하는 프로그램의 결과이다. 동적 문서는 서버에서 클라이언트로 전송되어 클라이언트 사이트에서 실행되는 프로그램의 산출물이다.

정답 **1** O **2** × **3** O **4** × **5** O

06 자바는 활동적인 문서를 작성하는 데 사용되는 유일한 언어이다. (　　)

》》》〇 자바(Java)는 활동적인 문서를 작성하는 데 사용되는 언어 중 하나이다.

07 전자우편에서 사용자 에이전트의 역할은 메시지를 읽는 것이다. (　　)

》》》〇 사용자 에이전트(UA)는 메시지를 작성하고, 읽고, 회신하는 소프트웨어 패키지이다.

08 FTP 연결 기능은 데이터 전송만 있다. (　　)

》》》〇 두 개의 FTP 연결부의 기능은 다음과 같은데 한 연결은 데이터 전송을 위한 것이고, 다른 연결은 제어 정보를 위한 것이다.

09 도메인 네임 시스템(DNS)에서 이름 공간이 크면 계층 구조(트리)에서 이름을 검색하는 것이 평판 구조(선형)에서 검색하는 것보다 훨씬 빠르다. (　　)

》》》〇 이름 공간이 크면 계층 구조(트리)에서 이름을 검색하는 것이 평판 구조(선형)에서 검색하는 것보다 훨씬 빠르다. 첫 번째는 이진 검색을 사용할 수 있고, 두 번째는 순차 검색을 사용할 필요가 있다.

10 도메인 이름 공간에는 일반 도메인, 국가 도메인 및 역 도메인이 있다. (　　)

》》》〇 일반 도메인(Generic domain), 국가 도메인(country domain), 역 도메인(inverse domain)이 있다.

정답 **6** X **7** X **8** X **9** 〇 **10** 〇

01 다음 중 애플리케이션 계층 프로토콜이 <u>아닌</u> 것은?

① HTTP

② SMTP

③ FTP

④ TCP

02 다음 빈칸에 들어갈 용어로 적절한 것은?

> 응용 계층의 정보 패킷을 _____(이)라고 한다.

① 패킷

② 메시지

③ 세그먼트

④ 프레임

03 다음 중 아키텍처 패러다임에 대한 내용으로 옳은 것은?

① 피어 투 피어

② 클라이언트–서버

③ HTTP

④ 피어 투 피어 & 클라이언트–서버

해설 & 정답   checkpoint

01 TCP는 전송 계층 프로토콜이다. 하이퍼텍스트 전송 프로토콜(HTTP)은 HTML과 같은 하이퍼미디어 문서를 전송하기 위한 애플리케이션 계층 프로토콜이다. 간이 전자우편 전송 프로토콜(SMTP : Simple Mail Transfer Protocol)은 인터넷에서 이메일을 보내기 위해 이용되는 프로토콜이고, 파일 전송 프로토콜(FTP : File Transfer Protocol)은 TCP/IP 프로토콜을 가지고 서버와 클라이언트 사이의 파일 전송을 하기 위한 프로토콜로 모두 애플리케이션 계층 프로토콜이다.

02 응용 프로그램, 프레젠테이션 및 세션 계층에는 메시지에 대한 데이터 형식이 없고, 메시지는 이 세 계층에서 같은 메시지이다. 그러나 전송, 네트워크, 데이터 및 물리 계층에 대해서는 각각 세그먼트, 패킷, 프레임 및 비트의 형식으로 데이터를 가지고 있다.

03 최신 네트워크 응용 프로그램에서 사용되는 두 가지 주요 아키텍처 패러다임은 클라이언트/서버 아키텍처 및 P2P(peer-to-peer) 아키텍처이다. HTTP는 프로토콜이다.

정답   01 ④   02 ②   03 ④

04 애플리케이션 계층은 애플리케이션과 네트워크 사이의 인터페이스를 제공한다. 그래서 애플리케이션 개발자는 어떤 전송 계층을 사용할지 그리고 그것의 최대 버퍼 크기를 결정할 수 있다.

04 다음 빈칸에 들어갈 용어로 적절한 것은?

> 애플리케이션 개발자는 전송 계층 측면에서 _____ 사항을 결정할 수 있는 권한이 있다.

① 전송 계층 프로토콜
② 최대 버퍼 크기
③ 전송 계층 프로토콜 및 최대 버퍼 크기
④ 통신 속도

05 애플리케이션 계층에서 엔드 투 엔드 서비스를 제공한다. 인터넷상의 통신은 두 노드 사이 또는 두 호스트 사이의 데이터 교환만으로 정의되지 않는다. 실제 통신은 두 프로세스 간에 발생하므로 프로세스 간 전달이 필요하다. 이 서비스 처리를 위한 프로세스는 전송 계층에서 제공된다.

05 다음 빈칸에 들어갈 용어로 적절한 것은?

> 애플리케이션 계층은 _____ 서비스를 제공한다.

① 엔드 투 엔드
② 프로세스 투 프로세스
③ 엔드 투 엔드 및 프로세스 투 프로세스 처리
④ 포트 투 포트

06 e-mail은 사용 가능한 처리량으로 작동할 수 있기 때문이다. 네트워크 데이터 손실 방지는 전자 메일, 웹 응용 프로그램 및 FTP와 같은 기존 데이터 전송 메커니즘을 포함하여 조직의 네트워크 통신을 보호하는 기술이다. 일부 응용 프로그램은 '유효'하기 위해 특정 속도로 데이터를 전송할 수 있어야 하는데 이 대역폭의 양을 사용할 수 없는 경우 응용 프로그램은 다른 속도로 인코딩하거나 포기해야 한다. 이러한 애플리케이션을 대역폭에 민감한 애플리케이션이라 한다.

06 다음 빈칸에 들어갈 용어로 적절한 것은?

> e-mail은 _____이다.

① 손실 방지 응용 프로그램
② 대역폭에 민감한 애플리케이션
③ 신축적 애플리케이션
④ 보안용 응용 프로그램

정답 04 ③ 05 ① 06 ③

07 다음 용어 중 성격이 <u>다른</u> 것은?

① 파일 전송
② 파일 다운로드
③ 이메일
④ 인터랙티브 게임

07 파일 전송, 파일 다운로드 및 이메일은 애플리케이션 계층에서 제공하는 서비스로서 메시지와 데이터 지향성이 있다. 인터랙티브 게임이란 컴퓨터와 사용자가 대화를 하듯이 상호작용을 하는 게임 형식이다.

08 다음 중 애플리케이션 계층 서비스로 옳은 것은?

① 네트워크 가상 터미널
② 파일 전송, 액세스 및 관리
③ 메일 서비스
④ ①, ②, ③번 모두

08 애플리케이션 계층이 제공하는 서비스에는 네트워크 가상 터미널, 파일 전송, 액세스 및 관리, 메일 서비스, 디렉터리 서비스, 다양한 파일 및 데이터 작업이 있다.

09 다음 빈칸에 들어갈 용어로 적절한 것은?

> 호스트에서 실행 중인 올바른 응용 프로그램에 메시지를 전달하려면 _____ 주소를 참조해야 한다.

① IP
② MAC
③ 포트
④ 사이트

09 IP 주소는 네트워크의 위치를 알려준다. 반면에 MAC 주소는 모든 장치에 대한 고유한 주소이다. 포트 주소는 수행하려는 프로세스 또는 서비스를 식별한다.

정답 07④ 08④ 09③

안심Touch

10 FTP는 File Transfer Protocol로서 일반적인 파일을 전송하는 데 사용하고 암호화된 문서를 전송하기 위해서는 S(Secure)FTP를 사용한다. HTTPS는 암호화된 웹사이트이고 SMTP(Simple Mail Transfer Protocol)는 인터넷에서 이메일을 보내기 위해 사용하는 프로토콜이다. HTTPS(Hyper Text Transfer Protocol Secure)는 사용자 컴퓨터와 방문한 사이트 간에 전송되는 사용자 데이터의 무결성과 기밀성을 유지해 주는 프로토콜이다.

10 다음 프로토콜 중 파일 전송 시 암호화된 파일을 전송하도록 개발된 프로토콜은?

① FTP
② SMTP
③ SFTP
④ HTTPS

11 JPEG 이미지 4개 + 기본 HTML 파일 1개

11 다음 빈칸에 들어갈 숫자로 적절한 것은?

> 4개의 JPEG 이미지와 HTML 텍스트로 구성된 웹 페이지의 개체의 수는 _____ 이다.

① 4
② 1
③ 5
④ 7

12 기본적으로 HTTP 연결은 영구 연결과 함께 실행된다. 영구 연결 서버에서 응답을 보낸 후 연결을 열어 두어야 한다. 참조된 모든 객체에 대해 하나의 RTT(클라이언트에서 서버로 그리고 뒤로 작은 패킷이 이동하는 시간)만 필요하다.

12 다음 빈칸에 들어갈 용어로 적절한 것은?

> HTTP에서 사용하는 기본 연결 유형은 _____ 이다.

① 영구
② 비영구
③ 연결 요청에 따라 영구적이거나 비영구적일 수 있음
④ 반영구

정답 10 ③ 11 ③ 12 ①

13 다음 빈칸에 들어갈 용어로 적절한 것은?

> 패킷이 클라이언트에서 서버로 이동했다가 다시 클라이언트로 이동하는 시간을 _____ 라고 한다.

① STT
② RTT
③ PTT
④ JTT

14 다음 빈칸에 들어갈 용어로 적절한 것은?

> HTTP 요청 메시지는 3방향 핸드셰이크의 _____ 부분으로 보내진다.

① 첫 번째
② 두 번째
③ 세 번째
④ 네 번째

15 다음 빈칸에 들어갈 숫자로 적절한 것은?

> 서버에서 웹 페이지를 가져오는 과정에서 HTTP 요청/응답은 _____ RTT를 받는다.

① 2
② 1
③ 4
④ 3

13 RTT(Round Trip Time)는 왕복 시간을 의미한다. STT는 VXLAN 관련된 다른 터널링 프로토콜로 네트워크 오버레이 또는 물리적 네트워크 상단에서 실행되는 가상 네트워크를 제공한다. Press-to-Talk라고도 하는 Push-to-Talk는 양방향 라디오를 포함하여 반이중 통신 회선에서 대화 또는 대화하는 방법으로 순간 수신 버튼을 사용하여 음성 수신 모드에서 전송 모드로 전환하는 통신 방식이다.

14 첫 번째 단계에서 클라이언트는 서버와의 연결을 설정하기 위해 세그먼트를 전송한다. 두 번째 단계에서 클라이언트는 서버에서 승인이 수신될 때까지 기다린다. 확인을 받은 후 클라이언트는 3단계에서 실제 데이터를 전송한다.

15 기본적으로 HTTP 연결은 영구 연결이다. 따라서 웹 페이지를 서버에서 가져오는 데는 1 RTT만 필요할 것이다.

정답   13 ② 14 ③ 15 ②

checkpoint 해설 & 정답

16 요청 메시지 헤더에서 요청 라인 다음에 오는 라인을 헤더 라인이라고 하며, 응답 메시지 헤더에서는 상태 라인이 응답 메시지의 초기 부분이고 뒤에 응답, 일반 헤더 라인, 엔티티 헤더라인의 순으로 배치된다.

16 다음 빈칸에 들어갈 용어로 적절한 것은?

> HTTP 요청 메시지의 첫 번째 행을 _____이라고 한다.

① 요청 라인
② 헤더 라인
③ 상태 라인
④ 엔티티 라인

17 HTTP 요청 메시지의 요청 라인은 요청에 사용되는 메소드와 요청 URI(Uniform Resource Identifier : 통합자원식별자)와 사용하는 HTTP 버전이 포함된다.

17 다음 빈칸에 들어갈 용어로 적절한 것은?

> GET, POST, HEAD 등의 값은 HTTP 메시지의 _____에 명시되어 있다.

① 요청 라인
② 헤더 라인
③ 상태 라인
④ 엔티티 본문

18 서버에 응답을 요청하는 데 도움이 되는 두 가지 방식(메소드)에 GET과 POST가 있다. GET 방식에서 클라이언트는 서버에 데이터를 요청한다. POST 방식에서는 클라이언트가 처리할 데이터를 서버에 제출한다. PUT 방식은 대상 자원의 모든 현재 표현을 업로드된 내용으로 바꾼다.

18 다음 빈칸에 들어갈 용어로 적절한 것은?

> 메소드 필드에서 사용할 때 _____ 메소드는 엔티티 본문을 비워 둔다.

① POST
② SEND
③ GET
④ PUT

정답 16 ① 17 ① 18 ③

19 다음 빈칸에 들어갈 용어로 적절한 것은?

> _____ 메소드를 사용할 경우 HTTP 응답 메시지는 요청된 객체를 제외한다.

① GET
② POST
③ HEAD
④ PUT

20 다음 빈칸에 들어갈 숫자로 적절한 것은?

> FTP는 파일을 전송하기 위해 _____ 병렬 TCP 연결을 사용한다.

① 1
② 2
③ 3
④ 4

21 다음 내용 중 설명이 잘못된 것은?

① FTP는 File Transfer Protocol의 약자이다.
② FTP는 두 개의 병렬 TCP 연결을 사용한다.
③ FTP가 제어 정보를 인밴드(in-band) 전송한다.
④ FTP는 데이터 연결을 통해 정확히 하나의 파일 전송한다.

19 HEAD 방식은 GET 방식보다 훨씬 빠르다. HEAD 방식에서는 훨씬 적은 양의 데이터가 전송되고, 문서에 대한 정보만 요청하고 문서 자체는 요청하지 않는다.

20 FTP는 로컬 및 원격 파일 시스템 간에 파일을 이동시키는 응용 프로그램 계층 프로토콜로 HTTP와 마찬가지로 TCP의 상단에서 실행된다. 파일을 전송하기 위해 FTP에서 병렬로 2개의 TCP 연결을 사용한다.

21 FTP는 별도의 제어 연결이 있으므로 Out-of-Band이다. FTP는 사용자 식별, 암호 및 명령을 포함하는 제어 정보를 하나의 연결에 보내고 별도의 병렬연결로 데이터 파일을 보낸다. 제어 정보에 대해 별도의 연결을 사용하기 때문에 FTP는 Out-of-Band를 사용한다.

정답 19 ③ 20 ② 21 ③

checkpoint 해설 & 정답

22 5개의 파일 전송을 위한 제어 연결 1개 및 기타 5개이므로 총 6개가 된다.

22 같은 세션에서 5개의 파일이 서버 A에서 클라이언트 B로 전송되는 경우 A와 B 사이의 TCP 연결 수는 무엇인가?

① 5
② 10
③ 2
④ 6

23 전체 호스트 이름은 최대 255자까지 사용할 수 있다. 각 라벨의 길이는 1에서 63자 사이여야 한다. 호스트 이름은 실제로 네트워크의 장치에 주어진 라벨이다.

23 다음 빈칸에 들어갈 숫자로 적절한 것은?

> 전체 호스트 이름은 최대 _____ 이다.

① 255자
② 127자
③ 63자
④ 31자

24 DNS 클라이언트는 이름 확인 쿼리를 DNS 서버에 보내도록 구성된 클라이언트 컴퓨터를 말하며 리졸버(Resolver : 확인자, 해결자)라고도 한다. 클라이언트가 원격 호스트의 이름을 IP 주소로 변환해야 하는 경우, 클라이언트는 원격 호스트의 IP 주소를 리턴하는 요청을 DNS 서버로 전송한다. TCP/IP가 설치된 대부분의 컴퓨터에 내장되어 있는 DNS 클라이언트 소프트웨어를 사용하면 컴퓨터가 이름 서버에 DNS 쿼리를 보낼 수 있다. DNS 처리기는 지정된 DNS 서버와 상호작용하고 DNS 레코드를 업데이트하는 간단한 프로그래밍 방식의 방법을 제공한다.

24 다음 빈칸에 들어갈 용어로 적절한 것은?

> DNS 클라이언트를 _____(이)라고 한다.

① DNS 업데이트 프로그램
② DNS 확인자
③ DNS 처리기
④ DNS 호스트

정답 22 ④ 23 ① 24 ②

25 다음 빈칸에 들어갈 용어로 적절한 것은?

> 서버가 다른 도메인에 대한 요청을 ＿＿＿＿＿＿＿ 처리한다.

① 직접
② 원격 DNS 서버에 연결하여
③ 불가능하게
④ 클라이언트가

26 다음 빈칸에 들어갈 용어로 적절한 것은?

> DNS 데이터베이스에 ＿＿＿＿＿＿이(가) 들어 있다.

① 이름 서버 레코드
② 호스트 이름과 주소 기록
③ 호스트 이름 별칭
④ ①, ②, ③번 모두

27 다음 빈칸에 들어갈 내용으로 적절한 것은?

> 서버가 호스트 이름의 주소를 찾을 수 있는 위치에 대한 단서를 찾지 못하는 경우, ＿＿＿＿＿＿.

① 서버가 루트 서버에 요청한다.
② 서버가 자신의 보조 서버에 요청한다.
③ 요청이 처리되지 않는다.
④ 캐시서버에 요청한다.

25 다른 도메인으로부터 서버에서 요청이 수신될 때마다 원격 DNS 서버에 연락하여 이 상황을 처리한다.

26 도메인 이름 시스템은 호스트 이름과 IP 주소를 매핑하는 것뿐만 아니라 서버의 정보 교환도 다룬다.

27 루트 네임 서버는 실제로 매우 중요한데, 이는 사람들이 읽을 수 있는 호스트 이름을 IP 주소로 변환하여 통신을 수행하는 첫 번째 단계이기 때문이다.

정답 25 ② 26 ④ 27 ①

안심Touch

28 동적 DNS 또는 줄여서 DDNS 또는 DynDNS는 DNS에서 이름 서버를 자동으로 업데이트하는 데 도움이 된다. 이것은 수동 편집이 필요하지 않다. 인터넷 전자 메일 시스템에서 메시지 전송 에이전트 또는 메일 전송 에이전트(MTA) 또는 메일 릴레이는 SMTP를 사용하여 한 컴퓨터에서 다른 컴퓨터로 전자 메일 메시지를 전송하는 소프트웨어이다. 일부 문서에서는 메일 서버, 메일 교환기 및 MX 호스트라는 용어로도 사용된다. 권한 있는 이름 서버(Authoritative Name Server)는 영역 내에서 이름에 대해 묻는 질문에 대한 응답을 제공하는 이름 서버이다. 권한 있는 이름 서버는 주 서버 (마스터) 또는 보조 서버 (종속)일 수 있다.

29 와일드카드 DNS 레코드가 존재하지 않는 도메인 이름에 요청을 일치시킨다. 이 와일드카드 DNS 레코드는 도메인 이름의 시작 부분으로 별표 '*'를 사용하여 지정된다.

30 도메인 이름 시스템은 분산된 데이터베이스 시스템에 의해 유지된다. 그것은 컴퓨터네트워크를 통해 배포된 논리적으로 상호 연관된 다중 데이터베이스 모음이다.

---

28 IP 주소가 변경될 때 클라이언트가 DNS 항목을 업데이트할 수 있도록 허용하는 것은?

① 동적 DNS
② 메일 전송 에이전트
③ 권한 있는 이름 서버
④ 정적 DNS

29 다음 빈칸에 들어갈 용어로 적절한 것은?

> 와일드카드 도메인 이름은 라벨 _____로 시작한다.

① @
② *
③ &
④ #

30 다음 빈칸에 들어갈 용어로 적절한 것은?

> 도메인 네임 시스템은 _____에 의해 유지된다.

① 분산 데이터베이스 시스템
② 단일 서버
③ 단일 컴퓨터
④ 중앙처리시스템

정답 28 ① 29 ② 30 ①

31 다음 설명 중 옳은 것은?

① 단일 호스트의 IP는 유일해야 한다.

② 단일 호스트는 복수의 IP를 가질 수 없다.

③ IP주소와 단일 호스트의 주소가 일치할 필요는 없다.

④ IP주소는 단일 호스트의 주소와 매핑되어야 한다.

31 단일 호스트 이름이 IP 주소와 일치할 필요는 없다. 예를 들어 facebook.com 과 fb.com은 모두 동일한 IP 주소와 일치한다. 따라서 하나의 IP 주소에 대해 여러 개의 호스트 이름이 있을 수 있다.

01

정답 (1) 캐싱은 오랜시간이 걸리는 작업의 결과를 저장해서 시간과 비용을 필요로 회피하는 기법이다.

(2) ① 캐싱은 웹 문서를 가져오는 것과 관련된 사용자의 대기 시간을 줄이려고 시도한다.

② 캐싱은 인터넷 서버의 네트워크 트래픽을 줄이려고 시도한다.

③ 캐싱은 콘텐츠 공급자에 대한 요청 수를 줄일 수 있다.

해설 캐싱은 오랜 시간이 걸리는 작업의 결과를 저장해서 시간과 비용을 필요로 회피하는 기법을 의미하는 것으로 고성능 애플리케이션을 만드는데 가장 중요한 요소 중의 하나이다. 캐싱은 첫째, 웹 문서를 가져오는 것과 관련된 사용자의 대기 시간을 줄이려고 시도한다. 캐시는 자연스럽게 콘텐츠 제공자보다 클라이언트에 훨씬 가깝기 때문에 대기 시간을 줄일 수 있다. 둘째, 캐싱은 인터넷 서버의 네트워크 트래픽을 줄이려고 시도한다. 캐시에서 제공되는 페이지는 콘텐츠 제공업체가 제공하는 것보다 네트워크에서 더 적게 횡단을 해야 하기 때문에 네트워크 로드가 줄어들 수 있다. 셋째, 캐싱은 콘텐츠 공급자에 대한 요청 수를 줄일 수 있다.

주관식 문제

01 (1) 캐싱(cashing)이란 무엇인지 정의를 쓰고, (2) 그 역할이나 기능 세 가지를 열거하시오.

정답 31 ③

안심Touch

02

정답 (1) DNS는 호스트의 도메인 이름을 호스트의 네트워크 주소로 바꾸거나 그 반대의 변환을 수행할 수 있도록 하기 위해 개발되었다. 특정 컴퓨터(또는 네트워크로 연결된 임의의 장치)의 주소를 찾기 위해, 사람이 이해하기 쉬운 도메인 이름을 숫자로 된 식별 번호(IP 주소)로 변환해 준다.

(2) IP보다 주소를 기억하는 것이 훨씬 쉽고, IP 주소는 고객에게 영향을 주지 않고 변경될 수 있기 때문이다.

02 (1) DNS란 무엇인지 설명하고, (2) IP 주소를 직접 사용할 수 있는데 왜 DNS 시스템이 필요한지에 대해서 쓰시오.

해설 DNS는 호스트의 도메인 이름을 호스트의 네트워크 주소로 바꾸거나 그 반대의 변환을 수행할 수 있도록 하기 위해 개발되었다. 특정 컴퓨터(또는 네트워크로 연결된 임의의 장치)의 주소를 찾기 위해, 사람이 이해하기 쉬운 도메인 이름을 숫자로 된 식별 번호(IP 주소)로 변환해 준다. 인터넷 도메인 주소 체계로서 TCP/IP의 응용에서, www.example.com과 같은 주 컴퓨터의 도메인 이름을 192.168.1.0과 같은 IP 주소로 변환하고 라우팅 정보를 제공하는 분산형 데이터베이스 시스템이다.
IP보다 주소를 기억하는 것이 훨씬 쉽고, IP 주소는 고객에게 영향을 주지 않고 변경될 수 있다. DNS는 일종의 카탈로그이며, 등록된 이름들은 액세스 되어야 할 필요가 있기 때문에 대부분 그곳에 있다. 반면에 많은 장치들은 IP가 있지만 일반 대중이 액세스할 필요가 없으므로 이름을 필요로 하지 않는다.

03

정답 ㉠ SMTP, ㉡ POP3 또는 IMAP4

해설 SMTP는 푸시 프로토콜로서, 클라이언트에서 서버로 메시지를 푸시한다. 즉, 대량 데이터(메시지)의 방향은 클라이언트에서 서버로 가는 것이다. 반면에, 우편함에서 메시지를 검색하는 것은 당김 프로토콜이 필요하다. 클라이언트는 서버에서 메시지를 끌어내야 한다. 대량 데이터의 방향은 서버에서 클라이언트로 이동한다. 이를 위해서 POP3 또는 IMAP4와 같은 메시지 액세스 에이전트(MAA)를 사용한다.

03 전자우편에 대한 다음 설명 중 괄호 안에 들어갈 용어를 쓰시오.

전자우편을 위해 사용하는 두 가지 프로토콜로서 클라이언트에서 서버로 메시지를 푸시하는 것을 (㉠)라고 하고, 우편함에서 메시지를 검색하는 프로토콜을 (㉡)이라고 한다.

04 (1) 프록시 서버란 무엇인지에 대한 정의를 쓰고, (2) 프록시 서버와 HTTP는 어떻게 관련되어 있는지에 대해 서술하시오.

04

정답 (1) 프록시 서버(proxy server)는 클라이언트가 자신을 통해서 다른 네트워크 서비스에 간접적으로 접속할 수 있게 해 주는 컴퓨터 시스템이나 응용 프로그램이다.
(2) HTTP 클라이언트에 요청이 있을 때, 요청이 일반 서버로 가기 전에 프록시 서버의 캐시를 확인한다.

해설 프록시 서버(proxy server)는 클라이언트가 자신을 통해서 다른 네트워크 서비스에 간접적으로 접속할 수 있게 해 주는 컴퓨터 시스템이나 응용 프로그램으로 서버와 클라이언트 사이에 중계기로서 대리로 통신을 수행하는 것을 가리켜 '프록시', 그 중계 기능을 하는 것을 프록시 서버라고 부른다.
프록시 서버는 최근 요청에 대한 응답 복사본을 보관하는 컴퓨터로서, HTTP 클라이언트에 요청이 있을 때, 요청이 일반 서버로 가기 전에 프록시 서버의 캐시를 확인한다.

여기서 멈출 거예요? 고지가 바로 눈앞에 있어요.
마지막 한 걸음까지 시대에듀가 함께할게요!

제8장

네트워크 관리 및 보안

제1절 네트워크 관리
제2절 네트워크 관리 프로토콜
제3절 네트워크 보안
제4절 인터넷 보안
실제예상문제

I wish you the best of luck!

합격의 공식 ▶
온라인 강의

잠깐!

혼자 공부하기 힘드시다면 방법이 있습니다.
시대에듀의 동영상강의를 이용하시면 됩니다.
www.sdedu.co.kr → 회원가입(로그인) → 강의 살펴보기

08 네트워크 관리 및 보안

제 **1** 절 **네트워크 관리**

네트워크 관리를 조직에서 정의한 일련의 요구사항을 충족하기 위한 모니터링, 테스트, 구성 및 문제 해결의 구성 요소로 정의할 수 있다. 이러한 요구사항은 사용자에게 미리 정의된 서비스 품질을 제공하는 네트워크의 원활하고 효율적인 운영을 포함한다. 이 작업을 수행하기 위해 네트워크 관리 시스템은 하드웨어, 소프트웨어 및 사람을 사용한다. 국제표준화기구(ISO)는 네트워크 관리의 5개 영역을 구성 관리, 장애 관리, 성능 관리, 보안 관리, 계정 관리로 정의한다.

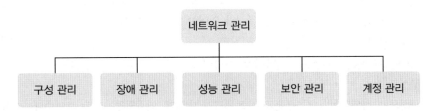

[그림 8-1] 네트워크 관리 영역

일부 조직에는 비용 관리와 같은 다른 영역이 포함되어 있지만, ISO 분류는 네트워크 관리에만 특정되어 있다. 예를 들어, 비용 관리는 모든 관리 시스템에 대한 일반적인 관리 영역이며 네트워크 관리만을 위한 것이 아니다.

1 구성 관리

대형 네트워크는 일반적으로 물리적으로나 논리적으로 서로 연결되는 수백 개의 실체로 구성된다. 이러한 엔티티(실체)는 네트워크를 설정할 때 초기 구성을 갖지만 시간에 따라 변경될 수 있다. 데스크톱 컴퓨터는 다른 컴퓨터로 교체될 수 있고, 애플리케이션 소프트웨어는 새로운 버전으로 업데이트될 수 있으며, 사용자는 한 그룹에서 다른 그룹으로 이동할 수 있다. 구성 관리는 재구성 및 문서화라는 두 가지 하위 시스템으로 나눌 수 있다.

(1) 재구성

재구성은 대규모 네트워크에서 매일 발생할 수 있다. 재구성은 하드웨어 재구성, 소프트웨어 재구성, 사용자 계정 재구성 등 3가지 유형이 있다.

① **하드웨어 재구성**

하드웨어 재구성은 하드웨어에 대한 모든 변경사항을 포함한다. 예를 들어 컴퓨터를 교체할 수 있고, 라우터를 다른 장소로 이동할 수도 있으며, 하위 네트워크가 추가되거나 변경될 수 있다. 이들 모두는 네트워크 관리의 시간과 주의를 필요로 한다. 대규모 네트워크에는 신속하고 효율적인 하드웨어 재구성을 위해 전문 인력이 훈련되어야 한다. 불행하게도 이러한 유형의 재구성은 자동화될 수 없으며 사례별로 수동으로 처리해야 한다.

② **소프트웨어 재구성**

소프트웨어 재구성은 소프트웨어에 대한 모든 변경사항을 포함한다. 예를 들어, 새로운 소프트웨어를 서버나 클라이언트에 설치해야 할 수도 있고, 운영체제를 업데이트할 수도 있다. 그러나 하드웨어와는 달리 대부분의 소프트웨어 재구성은 자동화될 수 있다.

③ **사용자 계정 재구성**

사용자 계정 재구성은 단순히 시스템의 사용자를 추가하거나 삭제하는 것이 아니다. 파일의 접근 권한, 읽기/쓰기 권한 등의 내용들이 보안의 차원에서 함께 고려되어야 한다.

(2) 문서

구성 이전의 네트워크와 구성 이후의 네트워크 변경사항은 꼼꼼하게 기록해야 한다. 이는 하드웨어, 소프트웨어 및 사용자 계정에 대한 문서가 있어야 함을 의미한다.

① **하드웨어 문서**

하드웨어 문서에는 일반적으로 구성도와 사양이라는 두 가지 문서가 포함된다.

㉠ 구성도

구성도는 하드웨어의 각 부분과 네트워크가 어떻게 연결되었는지를 보여준다. 이를 통해서 하위 네트워크 간의 논리적 관계, 각 하위 네트워크의 물리적 장비 위치를 모니터링하여 파악할 수 있다. 각 하위 네트워크에 대해 모든 장비를 보여주는 구성도는 필요에 따라서 다양하게 생성할 수 있다.

㉡ 사양

구성도 자체로는 충분하지 않다. 하드웨어의 각 부분 또한 문서화되어야 한다. 네트워크에 연결된 하드웨어의 각 부분에 대한 사양 세트가 있어야 한다. 이 규격에는 하드웨어 유형, 일련번호, 벤더(주소와 전화번호), 구입시간 및 보증 정보 등의 정보가 포함되어야 한다.

② **소프트웨어 문서**

모든 소프트웨어는 문서화되어야 한다. 소프트웨어 설명서에는 소프트웨어 유형, 버전, 설치된 시간 및 라이센스 계약과 같은 정보가 포함되어 있다.

③ **사용자 계정 문서**

대부분 운영체제는 사용자 계정 문서화를 허용하는 유틸리티를 가지고 있다. 관리자는 반드시 이 정보가 있는 파일을 업데이트하고 안전하게 보호해야 한다. 일부 운영체제는 두 개의 문서에 액세스 권한을 기록한다. 하나는 각 사용자에 대한 모든 파일과 액세스 유형을 표시하며, 다른 하나는 특정 파일에 액세스할 수 있는 사용자 목록을 표시한다.

2 장애 관리

오늘날 복잡한 네트워크는 수백, 때로는 수천 개의 구성 요소로 이루어져 있다. 네트워크의 적절한 운영은 각 구성 요소들의 개별적인 적절한 작동과 상호 관계에 달려 있다. 장애 관리는 이 문제를 처리하는 네트워크 관리 영역이다. 효과적인 장애 관리 시스템은 두 가지 서브 시스템을 가지고 있다. 즉, 사후 대응적 장애 관리와 사전 예방적 장애 관리이다.

(1) 반응성 장애 관리

반응성 장애 관리 시스템은 장애 감지, 격리, 수정 및 기록을 담당한다. 그것은 장애에 대한 단기적인 해결책을 다룬다.

① 장애 탐지

반응성 장애 관리 시스템에 의해 취해진 첫 번째 단계는 정확한 장애 위치를 찾는 것이다. 장애는 시스템에서 비정상적인 상태로 정의된다. 장애가 발생하면 시스템이 제대로 작동하지 않거나 시스템이 과도한 오류를 발생시킨다. 장애의 좋은 예는 통신 매체의 손상이다.

② 장애 격리

사후 대응적 장애 관리 시스템에 의해 취해진 다음 단계는 장애를 격리하는 것이다. 장애를 격리시키면 전체 사용자에게 발생될 수 있는 문제를 최소화할 수 있기 때문이다. 장애를 격리 시킨 후에는 해당 사용자에게 즉시 통보하고 장애를 찾아서 복구시킬 수 있는 예상장애처리시간을 시간을 통보해야 한다.

③ 장애 복구

다음 단계는 장애의 원인을 찾아서 바로잡는 것으로, 고장난 구성 요소를 교체하거나 수리해야 할 수 있다.

④ 장애 기록

장애를 처리한 후에는 반드시 문서화해야 한다. 이 기록에는 정확한 장애의 원인, 장애 발생 위치, 장애를 시정하기 위해 취한 조치 또는 비용 및 각 단계에 대해 소요된 시간이 표시되어야 한다. 문서화는 다음과 같은 여러 가지 이유로 매우 중요하다.

> ㉠ 문제가 재발할 수도 있다. 문서는 현재 또는 미래의 관리자 또는 기술자가 유사한 문제를 해결하는 데 도움이 될 수 있다.
> ㉡ 같은 종류의 장애 빈도는 시스템의 주요 문제를 나타낸다. 한 구성 요소에서 장애가 자주 발생하는 경우 구성 요소를 유사한 구성 요소로 교체하거나 해당 유형의 구성 요소를 사용하지 않도록 전체 시스템을 변경해야 한다.
> ㉢ 통계는 네트워크 관리, 성능 관리의 다른 부분에 도움이 된다.

⑤ 사전 예방적 장애 관리

능동적 장애 관리를 통해 장애가 발생하지 않도록 방지한다. 이것이 항상 가능한 것은 아니지만, 어떤 유형의 실패는 예측하고 방지할 수 있다. 예를 들어, 제조자가 구성 요소 또는 구성 요소의 일부에 대한 수명을 지정하는 경우, 그 시간 전에 해당 구성 요소를 교체하는 것이 좋은 전략이다. 또 다른 예로, 네트워크의 특정 지점에서 장애가 자주 발생하는 경우, 장애가 다시 발생하지 않도록 네트워크를 신중하게 재구성하는 것이 현명하다.

3 성능 관리 중요★★

장애 관리와 밀접한 관련이 있는 성능 관리는 네트워크가 가능한 효율적으로 실행되고 있는지 확인하기 위해 네트워크를 모니터링하고 제어하기 위해 한다. 성능 관리는 용량, 트래픽, 처리량 또는 응답 시간과 같은 일부 측정 가능한 양을 사용하여 성능을 정량화하기 위해 한다. 여기에서 설명되는 SNMP(간이 망 관리 프로토콜)와 같은 일부 프로토콜은 성능 관리에 사용될 수 있다.

(1) 용량

성능 관리 시스템에 의해 감시되어야 하는 한 가지 요인은 네트워크의 용량이다. 모든 네트워크는 제한된 용량을 가지고 있으며 성능 관리 시스템은 이 용량 이상으로 사용하지 않도록 보장해야 한다. 예를 들어, LAN이 평균 2Mbps의 데이터 전송 속도로 100개의 스테이션을 위해 설계되어 있다면, 200개의 스테이션을 네트워크에 연결하면 제대로 작동하지 않는다. 데이터 속도가 감소하고 차단이 발생할 수 있다.

(2) 트래픽

트래픽은 내부와 외부 두 가지 방법으로 측정할 수 있다. 내부 트래픽은 네트워크 내에서 이동하는 패킷(또는 바이트)의 수로 측정된다. 외부 트래픽은 네트워크 외부의 패킷(또는 바이트) 교환에 의해 측정된다. 시스템이 많이 사용되는 피크 시간 동안, 과도한 트래픽이 있을 경우 차단이 발생할 수 있다.

(3) 처리량(Throughput)

개별 장치(라우터 등)나 네트워크 일부의 처리량을 측정할 수 있다. 성능 관리는 처리량을 모니터링하여 허용할 수 없는 수준으로 감소되지 않도록 한다.

(4) 응답 시간

응답 시간은 일반적으로 사용자가 서비스를 요청하는 시점부터 서비스가 부여된 시점까지 측정된다. 용량과 트래픽과 같은 다른 요소들은 응답 시간에 영향을 줄 수 있다. 성능 관리는 평균 응답 시간과 피크 시간, 응답 시간을 모니터링한다. 응답시간이 증가한다는 것은 네트워크의 처리능력 이상의 부하가 걸렸음을 의미하는 것이다.

4 보안 관리

보안 관리는 사전에 설정한 정책에 따라 네트워크에 대한 접근을 제어하는 방법에 대하여 규정하는 것이다. 보안과 관련한 암호화와 인증은 접속 권한이 있는 사용자가 안전하게 네트워크에 접속하여 필요한 업무 처리를 실행할 수 있도록 보장한다.

5 계정 관리

계정 관리는 단순하게 네트워크의 접속을 의미하는 한정된 용어에서 통합계정관리의 차원으로 확장되고 있다. 통합계정관리시스템은 조직 내부에서 운영되는 네트워크와 시스템에 존재하는 모든 계정에 대한 라이프사이클과 계정을 통해 서비스 및 자원에 접근하는 행위를 적절하게 통제하여 보안성을 높이고 생산성을 관리할 수 있도록 해주는 시스템이다.

제 2 절 · 네트워크 관리 프로토콜 중요 ★★

1 SNMP(Simple Network Management Protocol)

단순망관리 프로토콜(SNMP)은 TCP/IP 프로토콜 제품군을 이용하여 네트워크상에 설치된 장비를 관리한다. 통신망을 모니터링하고 유지하기 위한 일련의 기본적인 운영을 제공한다. SNMP는 관리자와 에이전트의 개념을 사용한다. 관리자는 에이전트 집합통신장비 또는 서버 등을 제어하고 모니터링 한다([그림 8-2] 참조).

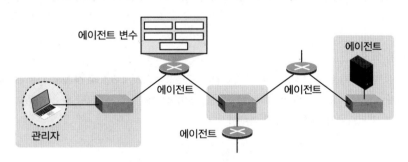

[그림 8-2] SNMP 개념

SNMP는 몇 개의 관리자 스테이션이 에이전트 집합을 제어하는 응용 프로그램 수준 프로토콜이다. 프로토콜은 다른 제조자가 만들고 다른 물리적 네트워크에 설치되는 장치를 모니터할 수 있도록 애플리케이션 수준에서 설계된다. SNMP를 사용하면 장치의 물리적 특성이나 제조사와 관계없이 네트워크의 상태를 통합하여 모니터링할 수 있다. SNMP의 구성요소는 기본적으로 관리시스템과 관리대상으로 나누는데, 관리대상을 에이전트(Agent)라고 부른다. 에이전트는 전송 프로토콜인 SNMP, 관리할 개체들의 집합인 MIB(Management Information Base), 관리방법인 SMI(Structure of Management Information)으로 구성된다.

(1) 관리자 및 에이전트

관리 스테이션(manager)은 SNMP 클라이언트 프로그램을 실행하는 호스트이다. 에이전트라고 하는 관리 스테이션은 SNMP 서버 프로그램을 실행하는 라우터(또는 호스트)이다. 관리는 관리자와 대리인의 단순한 상호작용을 통해 이루어진다. 에이전트는 성능 정보를 데이터베이스에 보관한다. 관리자는 데이터베이스의 값에 액세스할 수 있다. 예를 들어, 라우터는 수신되고 전달된 패킷의 수를 적절한 변수에 저장할 수 있다. 관리자는 이 두 변수의 값을 가져와 비교하여 라우터가 혼잡한지 여부를 확인할 수 있다.

관리자는 라우터가 특정한 동작을 수행하도록 할 수도 있다. 예를 들어, 라우터는 재부팅 카운터의 값을 주기적으로 점검하여 언제 스스로 재부팅해야 하는지 확인하고 카운터의 값이 0이면 스스로 재부팅된다. 관리자는 언제든지 이 기능을 사용하여 에이전트를 원격으로 재부팅하거나, 단순히 카운터에서 0의 값을 넣기 위해 패킷을 보내기도 한다.

에이전트는 또한 관리 프로세스에 기여할 수 있다. 에이전트에서 실행 중인 서버 프로그램은 환경을 점검할 수 있으며, 특이한 점을 발견하면 관리자에게 경고 메시지(트랩이라고 함)를 보낼 수 있다. 즉, SNMP를 통한 관리는 세 가지 기본 아이디어를 기반으로 한다.

> ① 매니저는 에이전트의 행동을 반영하는 정보를 요청하여 에이전트를 확인한다.
> ② 관리자는 에이전트의 데이터베이스 값을 재설정하여 태스크를 수행하도록 강요한다.
> ③ 에이전트는 비정상적인 상황을 관리자에게 경고하여 관리 프로세스에 기여한다.

(2) 관리 구성 요소

관리 작업을 수행하기 위해 SNMP는 두 개의 다른 프로토콜인 SMI(Structure of Management Information)와 MIB(Management Information Base)를 사용한다. 통신망의 관리는 [그림 8-3]과 같이 SNMP, SMI, MIB 등 3개 프로토콜의 협력을 통해 이루어진다.

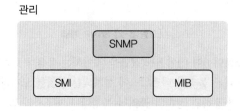

[그림 8-3] 인터넷의 네트워크 관리 구성 요소

이 프로토콜들 사이의 상호작용에 대해 자세히 알아본다.

① SNMP의 역할

SNMP는 관리자로부터 에이전트로 전송될 패킷의 형식을 정의하고, 그 반대의 경우도 정의한다. 또한, 결과를 해석하고 다른 소프트웨어의 도움을 받아 통계 정보를 만든다. 교환된 패킷에는 객체의 이름과 그 객체의 정보(값)가 포함되어 있다. SNMP는 이러한 값을 읽고 변경하는 역할을 수행한다. 이 프로토콜은 GET-RESPONSE(값을 물어보고 응답하는 동작), SET(값을 셋팅하는 동작), TRAP(스스로 상태를 보고하는 동작)를 통해 네트워크를 관리하니 개념적으로는 매우 간단하다.

② **SMI의 역할**

SNMP를 사용하려면 언어규칙이 필요한데 이것이 SMI이다. 이는 SNMP의 개체가 계층 구조를 형성하기 때문에 특히 중요하다(개체는 상위 개체와 일부 하위 개체를 가질 수 있음). 이름 일부는 부모로부터 물려받을 수 있다. 또한, 물체의 유형을 정의하기 위한 규칙이 필요하다. SNMP가 처리하는 개체 유형은 무엇인가? SNMP는 단순한 유형이나 구조화된 유형을 처리할 수 있는가? 몇 가지 간단한 유형을 사용할 수 있는가? 이 종류들의 사이즈는? 이 종류들의 범위는? 또한, 이러한 유형들은 각각 어떻게 인코딩되어 있는가?

어떤 데이터를 주고받기 위해서는 그 데이터가 정의되어 있는 MIB 항목을 적절히 선택하여야 한다. 즉 SNMP는 언어, MIB는 사전, SMI는 언어규칙이다. 친구 사이에 원활한 대화를 하고자 한다면 상황에 맞는 적절한 단어를 선택하여 정해진 문장 구조로 말해야 한다. 네트워크 관리시스템과 관리대상 장비는 SNMP라는 프로토콜로 통신하며 SMI에 기반한 MIB에 정의되어 있는 항목을 적절히 선택하여 대화하는 것이다.

③ **MIB의 역할**

위에서 설명한 것처럼, 각 실체가 관리되려면 이 프로토콜은 객체의 수를 정의하고 SMI에서 정의한 규칙에 따라 이름을 지정하고 각 명명된 객체에 유형을 연결해야 하는데 이 프로토콜이 MIB이다. MIB는 데이터베이스와 유사한 방식으로 각 엔티티에 대해 정의된 객체 집합을 만든다.

④ **비유적 설명**

이 세 가지 네트워크 관리 요소는 우리가 문제를 해결하기 위해 컴퓨터 언어로 프로그램을 작성할 때 필요한 것과 유사하다. [그림 8-4]는 유사점을 보여준다.

㉠ 구문(Language syntax) : SMI

　프로그램을 작성하기 전에 언어의 구문(C 또는 Java 등)을 미리 정의해야 한다. 언어는 또한 변수의 구조(단순, 구조화, 포인터 등)와 변수의 이름을 지정해야 하는 방법을 정의한다. 예를 들어, 변수 이름은 1에서 n 사이여야 하며 알파벳 문자로 시작하고 그 다음에 영숫자 문자로 시작해야 한다. 언어는 또한 사용할 데이터의 유형(정수, 실제, 문자 등)을 정의한다. 프로그래밍에서 규칙은 언어의 구문으로 정의된다. 네트워크 관리에서 규칙은 SMI에 의해 정의된다.

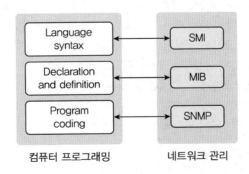

[그림 8-4] 컴퓨터 프로그래밍과 네트워크 관리 비교

ⓛ 객체 선언 및 정의(Declaration and definition) : MIB

대부분의 컴퓨터 언어는 각각의 특정 프로그램에서 선언되고 정의될 것을 요구한다. 선언 및 정의는 미리 정의된 유형을 사용하여 객체를 생성하고 이를 위해 메모리 위치를 할당한다. 예를 들어 프로그램에 두 가지 변수(카운터라는 정수와 유형 문자의 등급으로 명명된 배열)가 있는 경우, 프로그램 시작 부분에 다음과 같이 선언해야 한다.

```
int counter;
char grades [40];
```

MIB는 네트워크 관리에서 이 태스크를 수행한다. MIB는 각 객체의 이름을 지정하고 객체의 유형을 정의한다. 유형은 SMI에 의해 정의되기 때문에 SNMP는 범위와 크기를 알고 있다.

ⓒ 프로그램 코딩(Program coding) : SNMP

프로그래밍에서 선언 후 프로그램은 변수에 값을 저장하고 필요하면 변경할 수 있는 문장을 쓸 필요가 있다. SNMP는 네트워크 관리에서 이 태스크를 수행한다. SNMP는 SMI에서 정의한 규칙에 따라 MIB에 의해 이미 선언된 개체의 값을 저장, 변경 및 해석한다.

(3) SMI(Structure of Management Information)

관리 정보의 구조, 버전 2(SMIv2)는 네트워크 관리를 위한 구성 요소이다. SMI는 SNMP의 가이드 라인으로, 개체의 취급에 있어서 이름, 데이터 유형, 인코딩 방식의 3가지 속성을 강조하고, 그 기능은 다음과 같다.

> ① 객체에 이름을 붙인다.
> ② 객체에 저장할 수 있는 데이터 유형을 정의하는 방법이다.
> ③ 네트워크를 통한 전송을 위해 데이터를 인코딩하는 방법을 보여준다.

① 이름

SMI는 각 관리 객체(라우터, 라우터의 변수, 값 등)가 고유한 이름을 갖도록 요구한다. 객체 이름을 전체적으로 지정하기 위해 SMI는 트리 구조에 기초한 계층적 식별자인 객체 식별자를 사용한다([그림 8-5] 참조). 객체는 점으로 구분된 정수의 순서를 이용하여 정의할 수 있다. 또한, 트리 구조는 점으로 구분된 텍스트 이름의 순서를 이용하여 물체를 정의할 수 있다. SNMP에는 정수점 표시가 사용되며, 이름-점 표기법은 사람들이 사용한다. 예를 들어, 다음은 두 가지 다른 표기법으로 동일한 객체를 보여준다.

```
iso.org.dod.internet.mgmt.mib-2 ↔ 1.3.6.1.2.1
```

SNMP에 사용되는 객체는 mib-2 객체 아래에 있으므로 식별자는 항상 1.3.6.1.2.1로 시작한다.

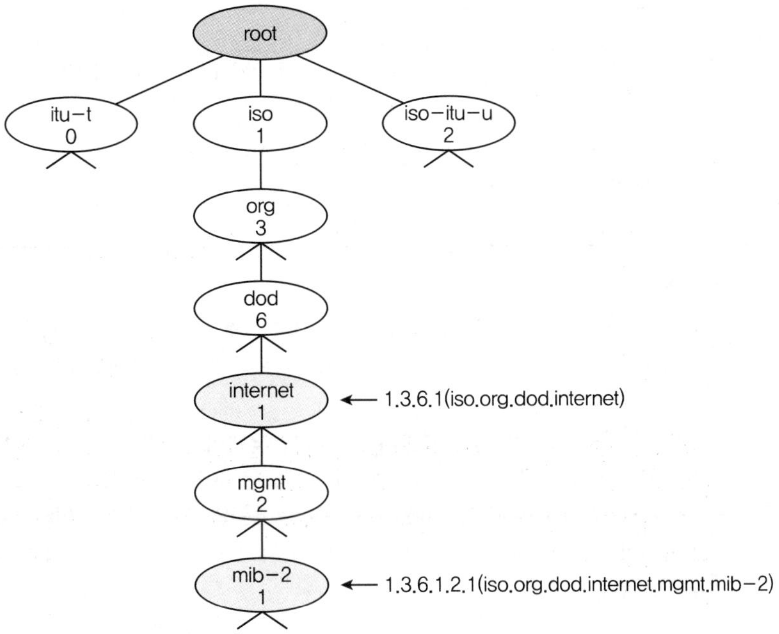

[그림 8-5] SMI의 객체 식별자

② 유형

객체의 두 번째 속성은 개체에 저장된 데이터의 유형이다. 데이터 유형을 정의하기 위해 SMI는 Abstract Syntax Notation One(ASN.1) 정의를 사용하고 몇 가지 새로운 정의를 추가한다. 즉, SMI는 ASN.1의 하위 집합과 상위 집합 둘로 구성된다. SMI는 단순 유형과 구조 유형으로 구분한다.

㉠ 단순 유형

단순 유형은 ASN.1을 인용하거나 SMI에 의해 추가된 유형이다. 가장 중요한 것은 [표 8-1]에 제시되어 있다. 표 내용 중 위에서 5개 유형은 ASN.1에서 왔고, 다음 7개는 SMI에 의해 정의되었다.

[표 8-1] 데이터 유형

유형	크기	설명
INTEGER	4 bytes	값이 -2^{31}과 $-2^{31}-1$ 사이의 정수
Integer32	4 bytes	INTEGER와 동일
Unsigned32	4 bytes	값이 0 과 $-2^{31}-1$ 사이의 무부호
OCTET STRING	가변	최대 65,535바이트 길이의 바이트 문자열
OBJECT IDENTIFIER	가변	객체 식별자
IPAddress	4 bytes	4개의 정수로 이루어진 IP 주소

Counter32	4 bytes	값을 0에서 2^{32}로 증가시킬 수 있는 정수. 최댓값에 도달하면 0으로 다시 환원함
Counter64	8 bytes	64-bit 카운터
Gauge32	4 bytes	카운터32와 동일하지만 최댓값에 도달하면 포장되지 않고 재설정될 때까지 그대로 유지됨
TimeTicks	4 bytes	1/100초 단위로 시간을 기록하는 카운트 값
BITS		비트의 문자열
Opaque	가변	해석되지 않은 문자열

Ⓛ 구조 유형

단순하고 구조화된 데이터 유형을 결합함으로써 새롭게 구조화된 데이터 유형을 만들 수 있다. 구조 유형에서의 SMI는 시퀀스 및 ~의 시퀀스라는 두 가지 구조화된 데이터 유형을 정의한다.

> • 시퀀스: 시퀀스 데이터 유형은 단순한 데이터 유형의 조합으로, 반드시 같은 유형일 필요는 없다. C와 같은 프로그래밍 언어에 사용되는 구조나 레코드의 개념과 유사하다.
> • ~의 시퀀스: 데이터 유형의 시퀀스는 동일한 유형의 모든 단순 데이터 유형 또는 동일한 유형의 시퀀스 데이터 유형의 조합이다. C와 같은 프로그래밍 언어에 사용되는 배열의 개념과 유사하다.

[그림 8-6]은 데이터 유형에 대한 개념적 관점을 보여준다.

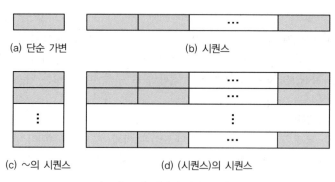

[그림 8-6] 개념적 데이터 유형

Ⓒ 인코딩 방법

SMI는 네트워크를 통해 전송될 데이터를 인코딩하기 위해 또 다른 표준인 BER(Basic Encoding Rules)을 사용한다. BER은 각 데이터 조각을 [그림 8-7]과 같이 태그, 길이 및 값(TLV)으로 인코딩하도록 지정한다. 태그는 데이터 유형을 정의하는 1바이트 필드다. [표 8-2]는 사용하는 데이터 유형과 16진수 태그 값을 보여주고 있다. 길이 필드는 1바이트 이상이다. 1바이트일 경우 가장 유의미한 비트는 0이어야 한다. 나머지 7비트는 데이터의 길이를 정의한다. 1바이트 이상일 경우 첫 번째 바이트 중 가장 유의미한 비트는 1이어야 한다. 첫 번째 바이트의 나머지 7비트는 길이를 정의하는 데 필요한 바이트 수를 지정한다. 값 필드는 BER에 정의된 규칙에 따라 데이터 값을 코드화한다.

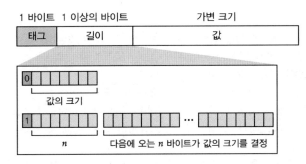

[그림 8-7] 인코딩 형식

[표 8-2] 데이터 유형에 대한 코드

데이터 유형	태그(Hex)	데이터 유형	태그(Hex)
INTEGER	02	IPAddress	40
OCTET STRING	04	Counter	41
OBJECT IDENTIFIER	06	Gauge	42
NULL	05	TimeTicks	43
SEQUENCE SEQUENCE OF	30	Opaque	44

(4) MIB(Management Information Base)

관리 정보 베이스 버전 2(MIB2)는 네트워크 관리에 사용되는 두 번째 구성 요소이다. 각 에이전트는 관리자가 관리할 수 있는 모든 개체의 집합인 자체 MIB2를 가지고 있다([그림 8-8] 참조).

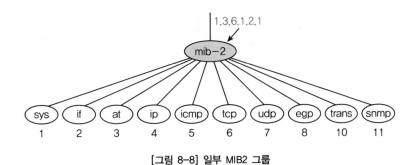

[그림 8-8] 일부 MIB2 그룹

MIB2의 객체는 시스템, 인터페이스, 주소 변환, ip, icmp, tcp, udp, egp, 전송 및 snmp의 여러 그룹으로 분류된다(그룹 9는 더는 사용되지 않는다). 이러한 그룹은 객체 식별 트리에서 MIB2 객체 아래에 있다. 각 그룹은 변수 및 표를 정의한다. 다음은 일부 객체에 대한 간략한 설명이다.

① sys : 이 객체(시스템)는 이름, 위치, 수명 등의 노드(시스템)에 대한 일반 정보를 정의한다.

② if : 이 객체(인터페이스)가 인터페이스 번호, 물리적 주소 및 IP 주소를 포함한 노드의 모든 인터페이스에 대한 정보를 정의하는 경우이다.

③ at : 이 객체(주소 번역)는 ARP 표에 대한 정보를 정의한다.

④ ip : 이 객체는 라우팅 테이블 및 IP 주소와 같은 IP와 관련된 정보를 정의한다.

⑤ icmp : 이 객체는 ICMP와 관련된 정보(예) 송신 및 수신 패킷 수 및 생성된 총 오류 수)를 정의한다.

⑥ tcp : 이 객체는 연결 테이블, 타임아웃 값, 포트 수, 송신 및 수신 패킷 수 등 TCP와 관련된 일반 정보를 정의한다.

⑦ udp : 이 객체는 UDP와 관련된 일반 정보(예) 포트 수 및 송신 및 수신 패킷 수)를 정의한다.

⑧ egp : 이러한 객체는 EGP의 작동과 관련이 있다.

⑨ trans : 이러한 객체는 특정 전송 방법(미래 사용)과 관련이 있다.

⑩ snmp : 이 객체는 SNMP 자체와 관련된 일반 정보를 정의한다.

① MIB 변수 액세스

다양한 변수에 접근하는 방법을 보여주기 위해 udp 그룹을 예로 사용한다. udp 그룹에는 4개의 단순한 변수가 있고 레코드의 (표) 시퀀스가 1개 있다. [그림 8-9]는 변수와 표를 보여주고, 각 실체에 접근하는 방법을 보여줄 것이다.

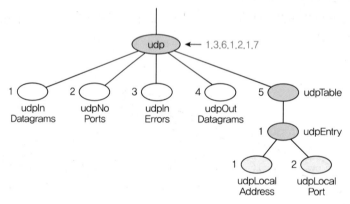

[그림 8-9] udp 그룹

㉠ 단순 변수

간단한 변수 중 하나에 접근하기 위해 그룹의 ID(1.3.6.1.2.1.7)에 이어 변수의 ID를 사용한다. 다음은 각 변수에 접근하는 방법을 보여준다.

dpInDatagrams	→	1.3.6.1.2.1.7.1
udpNoPorts	→	1.3.6.1.2.1.7.2
udpInErrors	→	1.3.6.1.2.1.7.3
udpOutDatagrams	→	1.3.6.1.2.1.7.4

그러나 이러한 객체 식별자는 인스턴스(내용)가 아닌 변수를 정의한다. 각 변수의 인스턴스 (내용)를 표시하려면 인스턴스 접미사를 추가해야 한다. 단순 변수에 대한 인스턴스 접미사 는 단순히 0이다. 즉, 위 변수의 예를 보여주기 위해 다음 사항을 사용한다.

udpInDatagrams.0	→	1.3.6.1.2.1.7.1.0
udpNoPorts.0	→	1.3.6.1.2.1.7.2.0
udpInErrors.0	→	1.3.6.1.2.1.7.3.0
udpOutDatagrams.0	→	1.3.6.1.2.1.7.4.0

ⓛ 표(테이블)

테이블을 식별하기 위해 먼저 테이블 ID를 사용한다. udp 그룹은 [그림 8-9]와 같이 하나의 테 이블(id 5 포함)만 가지고 있다. 따라서 표에 액세스하기 위해 다음을 사용한다.

udpTable	→	1.3.6.1.2.1.7.5

그러나 이 표는 트리 구조상 터미널 노드가 아니다. 표에 접근할 수 없으며 표(id가 1인)의 항목(시퀀스)을 다음과 같이 정의한다.

udpEntry	→	1.3.6.1.2.1.7.5.1

이 항목 역시 터미널 노드가 아니어서 접근할 수 없다. 각 엔티티(실체)를 엔트리에서 규정할 필요 가 있다.

udpLocalAddress	→	1.3.6.1.2.1.7.5.1.1
udpLocalPort	→	1.3.6.1.2.1.7.5.1.2

이 두 가지 변수는 트리의 터미널 노드에 있다. 인스턴스에 접근할 수 있지만, 어떤 인스턴 스를 정의해야 한다. 언제라도 테이블은 각 로컬 주소/로컬 포트 쌍에 대해 몇 가지 값을 가 질 수 있다. 표의 특정 인스턴스(행)에 액세스하려면 위의 ID에 인덱스를 추가한다. MIB에 서 배열의 인덱스는 정수(대부분의 프로그래밍 언어와 달리)가 아니다. 인덱스는 항목에 있 는 하나 이상의 필드 값을 기반으로 한다. 이 예에서 udpTable은 로컬 주소와 로컬 포트 번 호를 모두 기준으로 인덱싱된다. 예를 들어, [그림 8-11]은 각 필드에 대해 4개의 행과 값이 있는 표를 보여준다. 각 행의 색인은 두 값의 조합이다. 첫 번째 행에 대한 로컬 주소의 인 스턴스에 액세스하려면 인스턴스 색인으로 강화된 식별자를 사용한다.

udpLocalAddress.181.23.45.14.23	→	1.3.6.1.2.7.5.1.1.181.23.45.14.23

(5) SNMP(Simple Network Management Protocol)

SNMP는 인터넷 네트워크 관리에서 SMI와 MIB를 모두 사용하는데 다음은 허용하는 응용 프로그램이다.

① 에이전트에 정의된 객체의 값을 검색하는 관리자
② 에이전트에 정의된 객체에 값을 저장하는 관리자
③ 비정상적인 상황에 대한 경보 메시지를 관리자에게 보내는 에이전트

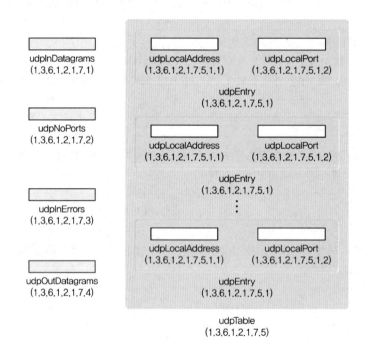

[그림 8-10] udp 변수 및 표

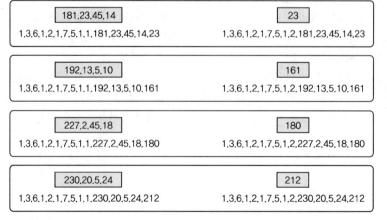

[그림 8-11] udpTable 색인

① PDU(Protocol Data Unit)

SNMPv3은 8가지 유형의 프로토콜 데이터 단위(또는 PDU)인 GetRequest, GetNextRequest, GetBulkRequest, SetRequest, Response, Trap, InformRequest 및 Report를 정의한다([그림 8-12] 참조).

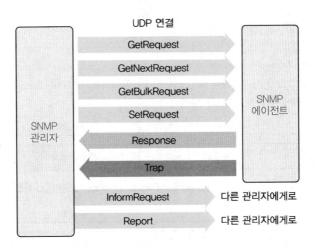

[그림 8-12] SNMP PDU

㉠ GetRequest

GetRequest PDU는 변수 또는 변수 집합의 값을 검색하기 위해 관리자(클라이언트)에서 에이전트(서버)로 전송된다.

㉡ GetNextRequest

GetNextRequest PDU는 변숫값을 검색하기 위해 관리자에서 에이전트로 전송된다. 검색된 값은 PDU에서 정의된 ObjectId에 따른 개체의 값이며, 주로 표에 있는 항목의 값을 검색하는 데 사용된다. 관리자가 항목의 인덱스를 모를 경우 값을 검색할 수 없다. 그러나 GetNextRequest를 사용하고 표의 ObjectId를 정의할 수 있다. 첫 번째 항목은 테이블의 ObjectId 바로 뒤에 ObjectId가 있기 때문에 첫 번째 항목의 값은 반환된다. 관리자는 이 ObjectId를 사용하여 다음 ObjectId의 값을 얻을 수 있다.

㉢ GetBulkRequest

GetBulkRequest PDU는 대량의 데이터를 검색하기 위해 관리자에서 에이전트로 전송된다. 여러 GetRequest 및 GetNextRequest PDU 대신 사용할 수 있다.

㉣ SetRequest

SetRequest PDU는 관리자에서 에이전트로 전송되어 변수에 값을 설정(저장)한다.

㉤ Response

Response PDU는 GetRequest 또는 GetNextRequest에 대응하여 에이전트에서 관리자로 전송된다. 관리자가 요청한 변수의 값을 포함한다.

㉥ Trap

Trap(SNMPv1 Trap과 구별하기 위해 SNMPv2 Trap이라고도 함) PDU를 에이전트에서 관리자에게 전송하여 이벤트를 보고한다. 예를 들어 에이전트가 재부팅되면 관리자에게 알리고 재부팅 시간을 알려준다.

ⓐ InformRequest

InformRequest PDU는 원격 관리자의 통제 하에 있는 에이전트로부터 일부 변수의 값을 얻기 위해 한 관리자에서 다른 원격 관리자로 전송된다. 원격 관리자는 응답 PDU로 응답한다.

ⓞ Report

Report PDU는 관리자 사이의 일부 유형의 오류를 보고하도록 설계되었다. 아직 사용되지 않고 있다.

ⓩ Format

8개의 SNMP PDU의 형식은 [그림 8-13]과 같다. GetBulkRequest PDU는 그림과 같이 두 가지 영역에서 다른 PDU와 다르다.

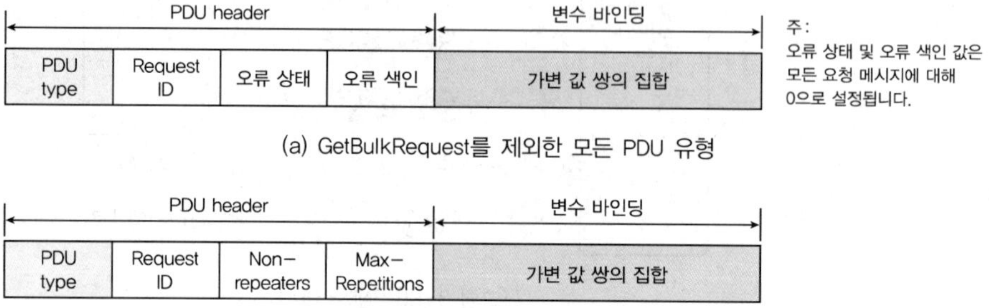

(a) GetBulkRequest를 제외한 모든 PDU 유형

(b) GetBulkRequest

[그림 8-13] SNMP PDU 형식

필드는 다음과 같다.

• PDU 유형 : 이 필드는 PDU 유형을 정의한다([표 8-3] 참조).

[표 8-3] PDU 유형

태그	태그(Hex)	태그	태그(Hex)
GetRequest	A0	GetBulkRequest	A5
GetNextRequest	A1	InformRequest	A6
Response	A2	Trap(SNMPv2)	A7
SetRequest	A3	Report	A8

• Request ID : 이 필드는 관리자가 요청 PDU에서 사용하고 응답 시 에이전트에서 반복하는 시퀀스 번호로서 응답에 요청을 일치시키기 위해 사용된다.

• 오류 상태 : 에이전트에서 보고한 오류 유형을 표시하기 위해 응답 PDU에서만 사용되는 정수이다. 요청 PDU에서는 값이 0이다. [표 8-4]에는 발생할 수 있는 오류 유형이 나열되어 있다.

[표 8-4] 오류 유형

상태	이름	의미
0	noError	오류 없음
1	tooBig	응답이 너무 커서 한 메시지에 맞지 않음
2	noSuchName	변수가 없음
3	badValue	저장할 값이 잘못됨

| 4 | readOnly | 값을 수정할 수 없음 |
| 5 | genErr | 기타 오류 |

- Non-repeaters : 이 필드는 GetBulkRequest PDU에서만 사용되며, 이 필드는 변수 값 목록의 시작 부분에 비반복(정규 객체)의 수를 정의한다.
- 오류 인덱스 : 오류 인덱스는 어떤 변수가 에러를 일으켰는지 관리자에게 알려주는 오프셋이다.
- Max-repetitions : 이 필드는 GetBulkRequest PDU에서만 사용되며, 필드는 모든 반복 객체를 읽기 위해 테이블의 최대 반복 횟수를 정의한다.
- 가변 값 쌍의 집합(Variable-value pair list) : 이는 관리자가 검색하거나 설정하고자 하는 해당 값을 가진 변수 집합이다. 요청 PDU에서 값이 null이다.

② 메시지

SNMP는 PDU만 전송하지 않고 메시지에 각 PDU를 내장한다. 메시지는 [그림 8-14]와 같이 메시지 헤더 다음에 해당하는 PDU로 만들어진다. 버전과 보안 제공에 따라 달라지는 메시지 헤더의 형식은 그림에 나와 있지 않다.

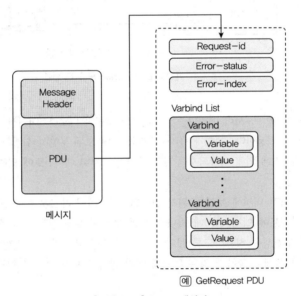

[그림 8-14] SNMP 메시지

③ UDP 포트

SNMP는 161과 162의 잘 알려진 두 포트에서 UDP 서비스를 사용한다. 잘 알려진 포트 161은 서버 에이전트가 사용하고, 잘 알려진 포트 162는 클라이언트 매니저가 사용한다. 서버 에이전트는 포트 161에 패시브 오픈을 실행한다. 그런 다음 클라이언트 매니저로부터 연결을 대기한다. 클라이언트 매니저는 사용 후 삭제 포트를 사용하여 활성 열기를 실행한다. 요청 메시지는 사용 후 삭제 포트를 소스 포트로, 잘 알려진 포트 161을 대상 포트로 사용하여 클라이언트에서 서버로 전송된다. 응답 메시지는 잘 알려진 포트 161을 소스 포트로, 사용 후 삭제 포트를 대상 포트로 사용하여 서버에서 클라이언트로 전송된다. 클라이언트 매니저는 162번 포트에서 수동 개방을 실행한다. 그런 다음 서버 에이전트로부터의 연결을 기다린다. 보낼 트랩 메시지가 있을 때마다 서버 에이전트는 사용 후 삭제 포트를 사용하여 활성 열기를 실행한다. 이 연결은 서버에서 클라이언트로의 단방향일 뿐이다([그림 8-15] 참조).

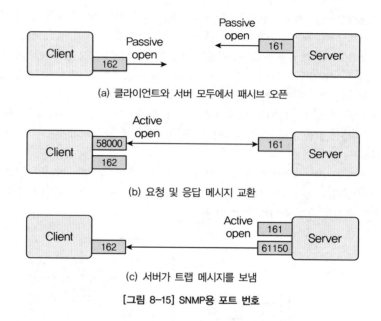

(a) 클라이언트와 서버 모두에서 패시브 오픈

(b) 요청 및 응답 메시지 교환

(c) 서버가 트랩 메시지를 보냄

[그림 8-15] SNMP용 포트 번호

SNMP의 클라이언트-서버 메커니즘은 다른 프로토콜과 다르다. 여기서 클라이언트와 서버 모두 잘 알려진 포트를 사용한다. 게다가 클라이언트와 서버 모두 무한히 실행되고 있다. 요청 메시지는 클라이언트 매니저에 의해 시작되지만 트랩 메시지는 서버 에이전트에 의해 시작되기 때문이다.

④ **보안**

SNMPv3은 이전 버전에 보안과 원격 관리라는 두 가지 새로운 기능을 추가했다. SNMPv3은 관리자가 에이전트에 액세스할 때 하나 이상의 보안 수준을 선택할 수 있도록 한다. 메시지 인증, 기밀성 및 무결성을 허용하도록 보안의 다른 측면을 관리자가 구성할 수 있다. 또한, SNMPv3은 관리자가 실제로 장치가 있는 위치에 있지 않아도 보안 측면의 원격 구성을 가능하게 한다.

제 3 절 네트워크 보안

지난 30년 동안, 컴퓨터네트워크는 정보사용에 혁명을 일으켰다. 정보는 이제 분산되었다. 공인된 사람들은 컴퓨터네트워크를 이용하여 먼 거리에서 정보를 주고받을 수 있다. 세 가지 요구사항인 기밀성, 무결성 및 가용성은 변하지 않았지만, 이는 이제 몇 가지 새로운 차원을 갖게 되었다. 정보는 저장될 때 기밀이 되어야 할 뿐만 아니라, 한 컴퓨터에서 다른 컴퓨터로 전송될 때 기밀을 유지하는 방법도 있어야 한다.

1 보안 목표 중요 ★★

(1) 기밀성

기밀성은 아마도 정보보안의 가장 일반적인 측면일 것이다. 조직은 정보의 기밀성을 위태롭게 하는 악의적인 행위에 대해 경계할 필요가 있다. 기밀성은 정보의 저장에만 적용되는 것이 아니라 정보의 전송에도 적용된다. 원격 컴퓨터에 저장할 정보를 보내거나 원격 컴퓨터에서 정보를 검색할 때 전송 중에 이를 숨길 필요가 있다. 기밀성은 암호(Cipher)를 사용하여 해결할 수 있다. 암호는 크게 대칭 키와 비대칭 키의 두 가지 범주로 나눌 수 있다. 대칭 키 암호는 암호화와 암호 해독에 동일한 키를 사용하며 키는 양방향 통신에 사용할 수 있고 이를 대칭이라고 한다. 비대칭 키 암호화는 비공개 키와 공개 키라는 두 개의 개별 키를 사용한다. 암호화 및 복호화가 키를 사용하여 자물쇠를 잠그고 잠금 해제하는 것으로 생각되면 공개 키로 잠긴 자물쇠는 해당 개인 키로만 잠금 해제할 수 있다.

(2) 무결성

정보는 지속적으로 변경되어야 한다. 무결성은 오직 인가된 조직에 의해서 그리고 허가된 메커니즘을 통해서만 변경이 이루어져야 한다는 것을 의미한다. 무결성 위반이 반드시 악의적인 행위의 결과는 아니다. 전력 급증과 같은 시스템의 중단은 또한 일부 정보에 불필요한 변화를 일으킬 수 있다. 달리 말하면 비밀을 필요로 하지는 않지만 대신 무결성을 가져야 하는 경우가 있다.

(3) 가용성

정보보안의 세 번째 구성 요소는 가용성이다. 조직이 만들고 저장하는 정보는 인가된 기관이 이용할 수 있어야 한다. 정보가 없으면 쓸모가 없다. 정보는 지속적으로 변경되어야 하며, 이는 인증된 기관이 접근할 수 있어야 한다는 것을 의미한다. 정보의 이용 불가능은 기밀성이나 무결성의 결여만큼이나 조직에 해롭다.

2 서비스 및 기술

ITU-T는 보안 목표를 달성하고 공격을 방지하기 위해 일부 보안 서비스를 정의한다. 이들 각각의 서비스는 보안 목표를 유지하면서 하나 이상의 공격을 방지하도록 설계되어 있다. 보안 목표의 실제 구현에는 몇 가지 기법이 필요하다. 오늘날에는 두 가지 기법이 널리 보급되어 있는데 암호화와 비밀메시지이다.

(1) 암호법(Cryptography)

일부 보안 서비스는 암호학을 이용하여 구현될 수 있다. 그리스어 기원을 가진 암호법은 '비밀의 글쓰기'라는 뜻이다. 그러나 메시지를 안전하게 하고 공격에 면역이 되게 하기 위해 변형시키는 과학과 기술을 지칭하기 위해 이 용어를 사용한다. 과거에는 비밀 키를 이용한 메시지의 암호화와 암호 해독만을 언급했지만, 오늘날에는 대칭 키 암호, 비대칭 키 암호, 해싱 등 세 가지 뚜렷한 메커니즘을 수반하는 것으로 정의된다.

(2) 스테가노그래피(steganography)

과거에 비밀통신을 위해 사용되었던 또 다른 기술, 즉 스테가노그래피가 현재 부활하고 있다. 스테가노그래피는 메시지를 숨긴다는 의미이다. 암호화는 암호화를 통해 메시지의 내용을 은폐하는 것을 의미하며, 스테가노그래피는 메시지를 다른 것으로 덮음으로써 메시지 자체를 은폐하는 것을 의미한다.

3 디지털 서명

메시지 무결성과 메시지 인증을 제공하는 또 다른 방법은 디지털 서명이다. MAC(Media Access Control)는 암호화된 메시지(다이제스트)를 보호하기 위해 비밀 키를 사용하고, 디지털 서명은 한 쌍의 개인-공개 키를 사용한다. 우리는 모두 서명이라는 개념에 익숙하다. 서명은 그 문서가 올바른 개체로부터 온다는 것을 받는 사람에게 증명하는 것이다. 고객이 수표에 서명할 때 은행은 수표가 그 고객에 의해 발행되고 다른 사람이 발행하지 않았는지 확인할 필요가 있다. 즉, 문서의 서명이 확인되면 인증의 표시이다.

A가 B에게 메시지를 보낼 때, B는 발신인의 진위를 확인할 필요가 있다. 그 메시지가 E가 아닌 A에서 온 것인지를 확실히 할 필요가 있다. 즉, 전자서명은 A가 메시지의 발신인으로서 진위를 증명할 수 있다. 이런 종류의 서명을 디지털 서명이라고 부른다.

(1) 비교

먼저 기존 서명과 디지털 서명의 차이점을 살펴보자.

① 검증 방법

기존 서명과 디지털 서명의 차이점은 서명을 확인하는 방법이다. 기존 서명의 경우, 수신인이 문서를 받으면 문서의 서명과 파일의 서명을 비교한다. 만약 그들이 동일하다면 그 문서는 진짜이다. 수신인은 비교를 위해 이 서명의 사본을 파일에 보관해야 한다. 디지털 서명의 경우, 수신자는 메시지와 서명을 받고, 서명의 사본은 어디에도 저장되어 있지 않다. 수신자는 메시지와 서명의 조합에 검증 기법을 적용하여 진위를 검증해야 한다.

② 관계

재래식 서명의 경우 일반적으로 서명과 문서 사이에는 일대다 관계가 있다. 한 사람이 동일한 서명을 사용하여 많은 문서에 서명한다. 디지털 서명의 경우, 서명과 메시지 사이에는 일대일 관계가 있다. 각각의 메시지에는 고유의 서명이 있고, 한 메시지의 서명은 다른 메시지에서 사용될 수 없다.

③ 이중성

두 유형의 서명 간의 또 다른 차이점은 이중성이라는 품질이다. 기존 서명을 사용하면 서명된 문서의 사본을 파일에 있는 원본과 구별할 수 있다. 디지털 서명의 경우에는 문서에 시간 요소(예 타임스탬프)가 없는 한 그러한 구별은 없다.

(2) 프로세스

[그림 8-16]은 디지털 서명 과정을 보여준다. 발신인은 서명 알고리즘을 사용하여 메시지에 서명한다. 메시지와 서명이 수신자에게 전송된다. 수신자는 메시지와 서명을 받아 검증 알고리즘을 조합에 적용한다. 결과가 참이면 그 메시지는 받아들여지고, 그렇지 않으면 거절된다.

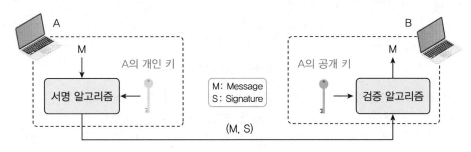

[그림 8-16] 전자서명 프로세스

재래식 서명은 문서의 서명자에 속하는 개인 '키'와 같다. 서명인은 그것을 서류에 서명하는 데 사용하며 아무도 이 서명을 가지고 있지 않다. 파일에 있는 서명의 사본은 공개 키와 같다. 누구든지 문서를 검증하고, 원본 서명과 비교하기 위해 그것을 사용할 수 있다. 디지털 서명에서 서명자는 서명 알고리즘에 적용된 자신의 개인 키를 사용하여 문서에 서명한다. 반면, 검증자는 서명자의 공개 키를 사용하여 검증 알고리즘에 적용하여 문서를 검증한다. 서명이 되면 누구나 A의 공개 키에 접근할 수 있기 때문에 B를 포함한 모든 사람이 검증할 수 있다. A는 그 문서에 서명하기 위해 자신의 공개 키를 사용해서는 안 된다. 그 이유는 누구든지 그 문서에 서명을 위조할 수 있기 때문이다.

서명 및 검증에 비밀(대칭) 키를 사용할 수 있는가에 대한 대답은 여러 가지 이유로 부정적이다. 첫째, 비밀 키는 두 개의 엔티티(예 [그림 8-16]의 A와 B)에 의해서만 알려져 있다. 그래서 A가 다른 서류에 서명을 해서 T에게 보내야 한다면 또 다른 비밀 키를 사용할 필요가 있다. 둘째, 세션의 비밀 키를 만드는 것은 디지털 서명을 사용하는 인증과 관련이 있으며 여기엔 악순환이 있다. 셋째, B는 자신과 A 사이에 있는 비밀 키를 사용할 수 있고, 문서에 서명하여 T에게 보내고 A에서 온 것처럼 가장할 수 있다.

디지털 서명에 사용되는 개인 키 및 공개 키와 기밀성을 위해 암호 시스템에 사용되는 공개 키와 개인 키를 구별해야 한다. 후자의 경우, 그 과정에서 수신기의 공개 및 개인 키를 사용한다. 송신자는 암호화를 위해 수신기의 공개 키를 사용하고, 수신기는 암호 해독을 위해 자신의 개인 키를 사용한다. 디지털 서명에서는 발신인의 개인 및 공개 키가 사용된다. 발신인은 개인 키를 사용하고, 수신자는 발신인의 공개 키를 사용한다.

(3) 다이제스트 서명

비대칭 키 암호체계는 긴 메시지를 처리할 때 매우 비효율적이다. 일반적으로 디지털 서명 시스템은 메시지가 길고 비대칭 키 체계를 사용한다. 해결책은 메시지보다 훨씬 짧은 메시지의 요약본에 서명하는 것이다. 송신자는 메시지 다이제스트에 서명할 수 있고 수신자는 메시지 다이제스트를 확인할 수 있다. [그림 8-17]은 디지털 서명 시스템에서 다이제스트 서명을 보여준다.

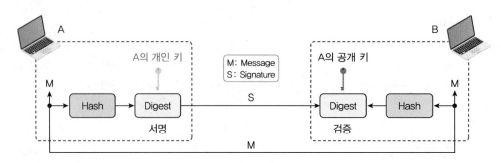

[그림 8-17] 다이제스트 서명하기

A의 사이트에 있는 메시지로 다이제스트가 만들어지고, A의 키를 사용하여 서명과정을 거친다. 그런 다음 A는 메시지와 서명을 B에게 보낸다. B의 사이트에서는, 동일한 공용 해시함수를 사용해, 수신된 메시지에서 먼저 다이제스트가 생성된다. 검증 과정을 거친 후 확인이 되면 메시지는 받아들여지고, 그렇지 않은 경우에는 거부된다.

4 엔티티 인증

엔티티 인증은 한 당사자가 다른 당사자의 신원을 확인할 수 있도록 고안된 기법이다. 여기서 엔티티(개체)는 개인, 프로세스, 클라이언트 또는 서버일 수 있다. 신원이 증명되어야 하는 실체는 피청구인이라고 불리고, 피청구인의 신원을 확인하려는 당사자는 검증자라 불린다.

(1) 엔티티 대 메시지 인증

엔티티 인증과 메시지 인증(데이터 발신자 인증) 사이에는 두 가지 차이가 있다.

> ① 메시지 인증(또는 데이터 원본 인증)은 실시간으로 발생하지 않을 수 있으며, 엔티티 인증은 발생하지 않는다.
> ② 메시지 인증은 단순히 하나의 메시지를 인증할 뿐이며, 각각의 새로운 메시지에 대해 과정을 반복할 필요가 있다. 엔티티 인증은 세션의 전체 기간 동안 청구인을 인증한다.

(2) 인증 카테고리

엔티티 인증에서, 청구자는 자신을 검증자에게 확인해야 한다. 이것은 알려진 것, 소유된 것, 또는 내재된 것 중 세 가지 종류의 증인 중 하나로 이루어질 수 있다.

① 알려진 것

이것은 피청구인만이 아는 비밀이며, 검증자가 확인할 수 있다. 암호, PIN, 비밀 키, 개인 키가 그 예이다.

② 소유된 것

이것은 피청구인의 신원을 증명할 수 있는 것이다. 여권, 운전면허증, 신분증, 신용카드, 스마트카드 등이 대표적이다.

③ 내재된 것

이것은 피청구인의 고유한 특징이다. 일반적인 서명, 지문, 음성, 얼굴 특징, 망막 패턴, 필적 등이 그 예이다.

(3) 암호(password)

엔티티 인증의 가장 간단하고 오래된 방법은 암호를 사용하는 것인데, 이는 청구인이 알고 있는 것이다. 암호는 사용자가 시스템의 리소스에 로그인할 때 사용된다. 각 사용자는 공개적인 사용자 ID와 비공개 비밀번호를 가지고 있다. 그러나 암호는 공격받기 쉽다. 암호는 도난당하거나 도청당하거나 추측될 수 있다.

(4) 챌린지-대응

암호 인증에서 피청구인은 비밀, 즉 암호를 알고 있다는 것을 증명함으로써 자신의 신분을 증명한다. 그러나 피청구인이 이 비밀을 보내기 때문에 상대방에 의한 방해를 받기 쉽다. 챌린지 대응 인증에서 피청구인은 비밀을 보내지 않고도 알고 있다는 것을 증명한다. 즉, 피청구인은 그 비밀을 검증자에게 보내지 않으며, 검증자는 그것을 가지고 있거나 찾는다.

챌린지는 검증자가 전송하는 임의의 숫자 또는 타임스탬프와 같은 시간 변화 값이다. 청구인은 챌린지에 함수를 적용하고 그 결과를 검증자에게 전송한다. 그 응답은 피청구인이 그 비밀을 알고 있다는 것을 보여준다.

5 키 관리 중요 ★★

(1) 대칭 키 분배

대칭 키 암호법은 큰 메시지를 암호화하는 비대칭 키 암호보다 효율적이다. 대칭 키 암호법은 두 당사자 사이에 공유된 비밀 키가 필요하다.

A가 N명의 사람들과 기밀 메시지를 교환해야 할 경우 N개의 다른 키가 필요하다. 만약 N명의 사람들이 서로 의사소통을 해야 한다면 두 사람이 양방향 통신을 위해 두 개의 키를 사용하도록 요구하는 경우 총 N(N − 1) 키가 필요하며, 양쪽 방향에서 키를 사용하도록 허용할 경우 N(N − 1)/2 키만 필요하다. 이는 100만 명이 서로 의사소통해야 한다면 한 사람당 거의 100만 개의 다른 열쇠를 가지고 있다는 것을 의미하며, 약 5천억 개의 열쇠가 필요하다. 이것은 일반적으로 N 엔티티에 필요한 키의 수가 N²에 가깝기 때문에 N² 문제로 불린다.

키의 수만이 문제가 아니다. 키의 분포는 또 다른 문제다. A와 B가 의사소통을 하려면 비밀 키를 주고받을 수 있는 방법이 필요하며, A가 100만 명의 사람들과 의사소통을 하려면 어떻게 100만 명의 사람들과 100만 개의 열쇠를 교환할 수 있는가? 인터넷을 사용하는 것은 확실히 안전한 방법이 아니다. 비밀 키를 유지하고 배포할 수 있는 효율적인 방법이 필요하다는 것은 명백하다.

① 키 분배 센터(KDC : Key Distribution Center)

실질적인 해결책은 키 분배 센터(KDC)라고 하는 신뢰할 수 있는 제3의 기관을 사용하는 것이다. 키의 수를 줄이기 위해, 각 사람은 KDC와 공유 비밀 키를 설정한다. 비밀 키는 KDC와 각 구성원 사이에 설정된다. 이제 문제는 A가 어떻게 B에게 비밀 메시지를 보낼 수 있느냐 하는 것인데 그 과정은 다음과 같다.

> ⊙ A는 KDC에 자신과 B 사이에 세션(임시) 비밀 키가 필요하다는 내용의 요청을 보낸다.
> ⓛ KDC는 B에게 A의 요청을 알려준다.
> ⓒ B가 동의하면 둘 사이에 세션 키가 만들어진다. KDC와 함께 확립된 A와 B 사이의 비밀 키는 A와 B를 KDC에 인증하고 E가 둘 중 하나를 사칭하지 못하도록 하는 데 사용된다.

(2) 복수의 KDC

KDC를 사용하는 사람의 수가 증가하면, 시스템은 관리하기 어려워지고 병목 현상이 발생할 수 있다. 이 문제를 해결하기 위해서는 여러 개의 KDC가 필요하다. 우리는 세계를 도메인으로 나눌 수 있는데, 각 도메인은 하나 이상의 KDC를 가질 수 있다(고장의 경우 중복). 이제 A가 다른 도메인에 속한 B에게 기밀 메시지를 보내고 싶다면 A는 그 KDC에 연락하고, KDC는 B의 도메인에 있는 KDC와 연락한다. 두 KDC는 A와 B 사이에 비밀 키를 만들 수 있고, 지역 KDC, 국가 KDC 및 국제 KDC가 있을 수 있다. A가 다른 나라에 살고 있는 B와 의사소통이 필요할 때, 그것의 요청을 지역 KDC에 보내고, 지역 KDC는 국가 KDC에 요청을 전달하고, 국가 KDC는 국제 KDC에 요청을 전달한다. 그리고 나서 그 요청은 B가 살고 있는 지역 KDC까지 전달된다. [그림 8-18]은 계층적 다중 KDC의 구성을 보여준다.

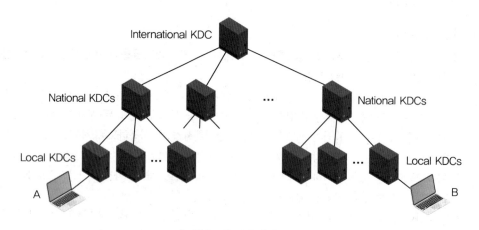

[그림 8-18] 여러 개의 KDC

(3) 세션 키

KDC는 각 구성원에게 비밀 키를 만든다. 이 비밀 키는 회원과 KDC 사이에서만 사용할 수 있고, 두 명의 멤버 간에는 사용할 수 없다. A가 B와 은밀히 의사소통해야 한다면 자신과 B의 비밀 키가 필요하다. KDC는 중앙 키로 A와 B 사이의 세션 키를 생성할 수 있다. A와 B의 키는 세션 키가 설정되기 전에 A와 B를 센터와 서로 인증하는 데 사용된다. 통신이 종료된 후에는 세션 키가 더는 유용하지 않다. 앞서 논의된 아이디어를 사용하여 세션 키를 생성하기 위해 몇 가지 다른 접근법이 제안되었다. [그림 8-19]에서 가장 간단한 접근방식을 보여주고 있다.

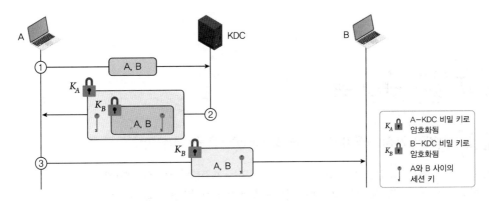

[그림 8-19] KDC를 사용하여 세션 키 만들기

(4) 대칭 키 협약

A와 B는 KDC를 사용하지 않고도 그들 사이에 세션 키를 만들 수 있다. 이 세션 키 작성 방법을 대칭 키 합의라고 한다. 이를 위한 여러 가지 방법이 있지만, 더욱 정교한(공격하기 쉬운) 방법으로 사용되는 기본 사상을 보여주는 디피헬먼(Diffie-Hellman)이라는 알고리즘이 있다. 디피헬먼 키 계약 프로토콜에서 두 당사자는 KDC 없이 대칭 세션 키를 만든다. 대칭 키를 설정하기 전에 두 당사자는 두 개의 숫자 p와 g를 선택해야 한다. 이 두 숫자는 기밀일 필요는 없다. 그것들은 인터넷을 통해 보내질 수 있으며 공개적일 수 있다.

(5) 공개 키 분배

공개 키 암호 방식은 한 종류로 비밀 키 암호 방식과 달리 암호화와 복호화에 이용하는 키가 다른 방식을 말한다. 공개 키 암호를 구성하는 알고리즘은 대칭 키 암호 방식과 비교하여 비대칭 암호라고 부르기도 한다.

공개 키 암호 방식은 공개 키 암호와 공개 키 서명으로 나눌 수 있다. 공개 키 암호는 특정한 비밀 키를 가지고 있는 사용자만 내용을 열어볼 수 있고, 공개 키 서명은 특정한 비밀 키로 만들었다는 것을 누구나 확인할 수 있다.

공개 키 암호 방식은 열쇠로 잠겨 있고 좁은 투입구가 있는 편지함에 비유할 수 있다. 이런 편지함은 위치(공개 키)만 알면 투입구를 통해 누구나 편지를 넣을 수 있지만 열쇠(개인 키)를 가진 사람만이 편지함을 열어 내용을 확인할 수 있다.

공개 키 서명은 인장으로 편지봉투를 봉하는 것에 비유할 수 있다. 이렇게 봉인한 편지는 누구나 열어볼 수는 있지만 인장 확인을 통해 인장을 소유한 발신자가 이 편지를 보냈음을 증명할 수 있다. 일반적으로 공개 키 암호 방식은 비밀 키 암호보다 계산이 복잡한 단점이 있기 때문에, 효율을 위해 비밀 키 암호(혹은 대칭 암호)와 함께 사용된다. 메시지를 임의로 만들어진 비밀 키를 이용해 암호화한 다음 이 비밀 키를 다시 수신자의 공개 키로 암호화하여 메시지와 함께 전송하는 것이다. 이렇게 하면 공개 키 암호 기술로는 짧은 비밀 키만을 암호회하고 보다 효율적인 비밀 키 암호 기술로 전체 메시지를 암호화하므로 양쪽의 장점을 취할 수 있다.

제 **4** 절 · 인터넷 보안

1 네트워크 계층 보안(IPSec : IP Security) 중요 ★★

네트워크 계층에서 보안은 두 호스트, 두 라우터 또는 호스트와 라우터 사이에 적용된다. 네트워크 계층 보안의 목적은 라우팅 프로토콜과 같이 네트워크 계층의 서비스를 직접 사용하는 애플리케이션을 보호하는 것이다. UDP 서비스를 이용하는 애플리케이션은 연결 없는 전송계층 프로토콜이기 때문에 이 서비스의 혜택을 받을 수 있다. IP Security(IPSec)은 IP 계층에 대해 인증하고 기밀성을 제공한다. IPSec은 전송 모드 또는 터널 모드 중 하나로 작동한다.

(1) 전송 모드

전송 모드에서 IPSec은 전송 계층에서 네트워크 계층으로 전달되는 패킷을 보호한다. 즉, 전송 모드는 [그림 8-20]과 같이 네트워크 계층에 캡슐화될 페이로드들을 보호한다.

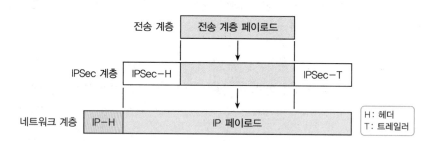

[그림 8-20] 전송 모드의 IPSec

전송 모드는 IP 헤더를 보호하지 않는다. 즉, 전송 모드는 전체 IP 패킷을 보호하지 않으며, 전송 계층(IP 계층 페이로드)으로부터 패킷만 보호한다. 이 모드에서는 IPSec 헤더(및 트레일러)가 전송 계층에서 나오는 정보에 추가되고, IP 헤더는 나중에 추가된다. 전송 모드는 일반적으로 데이터에 대한 호스트 대 호스트(end-to-host) 보호가 필요할 때 사용된다. 전송 호스트는 IPSec을 사용하여 전송 계층에서 전송되는 페이로드 인증과 암호화를 실행한다. 수신 호스트는 IPSec을 사용하여 인증확인 및 또는 IP 패킷의 암호를 해독하여 전송 계층으로 전송한다.

(2) 터널 모드

터널 모드에서 IPSec은 전체 IP 패킷을 보호한다. 헤더를 포함한 IP 패킷이 전체 패킷에 IPSec 보안 방법을 적용한 후 [그림 8-21]과 같이 새로운 IP 헤더를 추가한다.

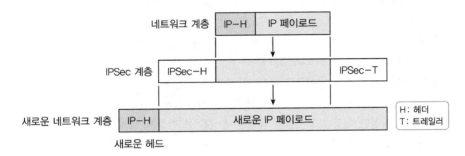

[그림 8-21] 터널 모드의 IPSec

새 IP 헤더는 원래 IP 헤더와 다른 정보를 가지고 있다. 터널 모드는 일반적으로 두 개의 라우터, 호스트와 라우터 사이, 또는 라우터와 호스트 사이에서 사용된다. 전체 패킷은 마치 전체 패킷이 가상의 터널을 통과하는 것처럼 송신자와 수신자 간의 통신망을 악의적인 침입으로부터 보호할 수 있다.

(3) 비교

전송 모드에서는 IPSec 계층이 전송 계층과 네트워크 계층 사이에 위치한다. 터널 모드에서 흐름은 네트워크 계층에서 IPSec 계층으로 이동한 다음 다시 네트워크 계층으로 되돌아간다. [그림 8-22]는 두 모드를 비교한다.

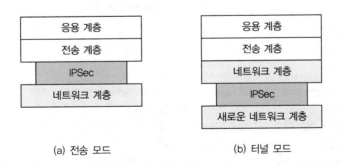

(a) 전송 모드   (b) 터널 모드

[그림 8-22] 전송 모드 대 터널 모드

(4) 2개의 보안 프로토콜

IPSec은 IP 수준에서 패킷에 대한 인증이나 암호화를 제공하기 위해 AH(Authentication Header) 프로토콜과 ESP(Encapsulating Security Payload) 프로토콜의 두 가지 프로토콜을 정의한다.

① 인증 헤더(AH : Authentication Header)

AH(인증 헤더) 프로토콜은 소스 호스트를 인증하고 IP 패킷에 전달되는 페이로드의 무결성을 보장하기 위해 설계되었다. 프로토콜은 해시함수와 대칭(비밀) 키를 사용하여 메시지 다이제스트를 생성하며, 다이제스트는 인증 헤더에 삽입된다. 그런 다음, AH는 모드(운송 또는 터널)에 기초하여 적절한 위치에 배치된다. [그림 8-23]는 전송 모드에 있는 인증 헤더의 필드 및 위치를 보여준다. IP 데이터그램이 인증 헤더를 전송할 때, IP 헤더의 프로토콜 필드의 원래 값은 51 값으로 대체된다. 인증 헤더 내의 필드(다음 헤더 필드)에는 프로토콜 필드의 원래 값(IP 데이터그램에서 전송되는 페이로드 유형)이 저장된다. 인증 헤더의 추가 단계는 다음과 같다.

㉠ 인증 데이터 필드가 0으로 설정된 상태에서 페이로드에 인증 헤더를 추가한다.

㉡ 패딩은 특정한 해싱 알고리즘에 적합한 총 길이를 만들기 위해 추가될 수 있다.

㉢ 해싱은 총 패킷을 기반으로 한다. 단, 전송 중 변경되지 않는 IP 헤더의 필드만 메시지 다이제스트의 계산에 포함된다.

㉣ 인증 데이터는 인증 헤더에 삽입된다.

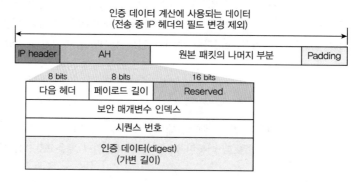

[그림 8-23] 인증 헤더(AH) 프로토콜

㉤ 프로토콜 필드의 값을 51로 변경한 후 IP 헤더를 추가한다. 각 필드에 대한 간략한 설명은 다음과 같다.

> • Next Header : 8비트 다음 헤더 필드는 IP 데이터그램(TCP, UDP, ICMP 또는 OSPF)에 의해 전송되는 페이로드 유형을 정의한다.
> • 페이로드 길이 : 페이로드 길이를 정의하지 않고, 인증 헤더의 길이를 4바이트 배수로 정의하지만, 처음 8바이트는 포함하지 않는다.
> • 보안 매개변수 색인 : 32비트 보안 매개변수 색인(SPI) 필드는 가상 회로 식별자의 역할을 하며, Security Association이라고 하는 연결 중에 전송되는 모든 패킷에 대해 동일하다.
> • 시퀀스 번호 : 32비트 시퀀스 번호는 데이터그램의 시퀀스에 대한 순서 정보를 제공한다.
> • 인증 데이터 : 인증 데이터 필드는 전송 중 변경되는 필드(예 Time-to-Live)를 제외한 전체 IP 데이터그램에 해시 함수를 적용한 결과이다.

② 보안 페이로드 캡슐화(ESP : Encapsulating Security Payload)

보안 페이로드 캡슐화(ESP)는 소스인증, 무결성 및 기밀성을 제공하는 프로토콜로서 추가되었다. ESP는 헤더와 트레일러를 추가하는데, ESP의 인증 데이터는 패킷의 끝에 추가되어 계산이 쉬워진다. [그림 8-24]는 ESP 헤더와 트레일러의 위치를 나타낸다.

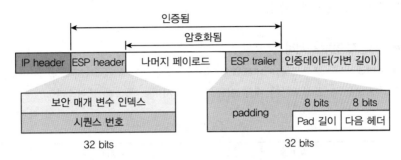

[그림 8-24] ESP(Incapsing Security Payload)

IP 데이터그램이 ESP 헤더와 트레일러를 운반할 때, IP 헤더의 프로토콜 필드 값은 50이다. ESP 트레일러 내부의 필드(다음 헤더 필드)에는 프로토콜 필드의 원래 값(TCP 또는 UDP와 같은 IP 데이터그램에 의해 운반되는 페이로드 유형)이 저장되어 있다. ESP 절차는 다음 단계를 따른다.

㉠ 페이로드에 ESP 트레일러를 추가한다.

㉡ 페이로드와 트레일러는 암호화되어 있다.

㉢ ESP 헤더가 추가된다.

㉣ ESP 헤더, 페이로드, ESP 트레일러를 사용하여 인증 데이터를 생성한다.

㉤ 인증 데이터는 ESP 트레일러 끝에 추가된다.

㉥ 프로토콜 값을 50으로 변경한 후 IP 헤더를 추가한다. 헤더 및 트레일러의 필드는 다음과 같다.

> • 보안 매개변수(파라미터) 인덱스 : 32비트 보안 매개변수 인덱스 필드는 AH 프로토콜에 대해 정의된 것과 유사하다.
> • 시퀀스 번호 : 32비트 시퀀스 번호 필드는 AH 프로토콜에 대해 정의된 것과 유사하다.
> • 패딩 : 0의 가변 길이 필드(0 ~ 255바이트)는 패딩의 역할을 한다.
> • 패드 길이 : 8비트 패드 길이 필드는 패딩 바이트 수를 정의한다. 값은 0에서 255이다.
> • 다음 헤더 : 8비트 다음 헤더 필드는 AH 프로토콜에 정의된 것과 유사하다. 캡슐화 전 IP 헤더의 프로토콜 필드와 동일한 목적을 제공한다.
> • 인증 데이터 : 인증 데이터 필드는 데이터그램의 일부에 인증 체계를 적용한 결과이다. AH에서는 IP 헤더의 일부가 인증 데이터 계산에 포함되고, ESP에서는 그렇지 않다.

③ IPv4 및 IPv6

IPSec은 IPv4와 IPv6을 모두 지원한다. 그러나 IPv6에서 AH와 ESP는 확장 헤더의 일부분이다.

④ AH 대 ESP

ESP 프로토콜은 AH 프로토콜을 이미 사용한 후에 설계되었다. ESP는 추가 기능(기밀성)을 가지고 AH가 하는 모든 것을 한다. AH가 실제로 필요하지는 않지만 AH의 구현은 이미 일부 상용 제품에 포함되어 있어, AH는 이들 제품이 단계적으로 폐지될 때까지 인터넷 일부로 남아 있을 것이라는 것을 의미한다.

(5) IPSec에서 제공하는 서비스

AH와 ESP라는 두 프로토콜은 네트워크 계층의 패킷에 대해 몇 가지 보안 서비스를 제공할 수 있다. [표 8-5]는 각 프로토콜에 대해 이용 가능한 서비스 목록을 보여준다.

[표 8-5] IPSec 서비스

서비스	AH	ESP
접근 제어	Yes	Yes
메시지 인증(메시지 무결성)	Yes	Yes
엔티티 인증(데이터 소스 인증)	Yes	Yes
기발성	No	Yes
Replay 공격 보호	Yes	Yes

① 접근 제어

IPSec은 SAD(Security Association Database)를 사용하여 간접적으로 액세스 제어를 제공한다. 패킷이 목적지에 도착하고 이 패킷에 대해 이미 설정된 보안 연결이 없을 때, 패킷은 폐기된다.

② 메시지 무결성

메시지 무결성은 AH와 ESP 모두에서 보존된다. 데이터의 다이제스트가 생성되어 송신자에 의해 송신되어 수신자가 체크한다.

③ 엔티티 인증

보안 연결 및 송신자가 보낸 데이터의 keyed-hash digest는 AH 및 ESP의 데이터 보낸 사람을 인증한다.

④ 기밀 유지

ESP에서 메시지의 암호화는 기밀성을 제공한다. 그러나 AH는 기밀성을 제공하지 않는다. 기밀성이 필요한 경우 AH 대신 ESP를 사용해야 한다.

⑤ Replay 공격 보호

두 프로토콜 모두에서 시퀀스 번호와 슬라이딩 수신기 창을 사용하여 재생 공격을 방지한다. 각 IPSec 헤더에는 보안 연결이 설정될 때 고유한 시퀀스 번호가 포함된다. 번호는 0에서 시작하여 값이 $2^{32} - 1$에 도달할 때까지 증가한다. 시퀀스 번호가 최댓값에 도달하면 0으로 재설정되고 동시에 이전 보안 연결이 삭제되고 새로운 연결이 설정된다. 중복 패킷 처리를 방지하기 위해 IPSec에서는 수신자에게 고정 크기 창을 사용하도록 요구한다. 창의 크기는 기본값 64로 수신자에 의해 결정된다.

(6) 보안 연결(Security Association)

보안 연결은 IPSec의 매우 중요한 측면이다. IPSec은 두 호스트 간에 보안 연결(SA)이라고 하는 논리적 관계를 필요로 한다. 보안 연결은 IP가 제공하는 연결 없는 서비스를 보안을 적용할 수 있는 연결 지향 서비스로 변경한다.

① 보안 연결 아이디어

보안 연결은 두 당사자 사이의 계약인데 그것은 그들 사이에 안전한 채널을 만든다. A가 B와 단방향적으로 의사소통을 할 필요가 있다고 가정하자. A와 B가 보안의 기밀성 측면에만 관심이 있다면, 그들은 그들 사이에 공유된 비밀 열쇠를 얻을 수 있다. A와 B 사이에 두 개의 SA가 있다고 말할 수 있다. 하나는 아웃바운드 SA이고 하나는 인바운드 SA이다. 각각 키의 값을 하나의 변수에, 암호화·암호 해독 알고리즘의 이름을 다른 변수에 저장한다. A는 알고리즘과 키를 사용하여 B에게 보내는 메시지를 암호화한다. B는 A로부터 받은 메시지를 해독해야 할 때 알고리즘과 키를 사용한다. [그림 8-25]는 단순한 SA를 보여준다.

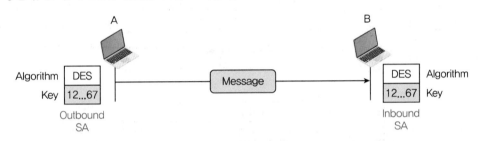

[그림 8-25] 심플 SA

두 당사자가 메시지 무결성과 인증이 필요한 경우 보안 연결이 더 많이 관여할 수 있다. 각 연결에는 메시지 무결성 알고리즘, 키 및 기타 파라미터(parameter)와 같은 다른 데이터가 필요하다. 당사자들이 IPSec AH 또는 IPSec ESP와 같은 서로 다른 프로토콜에 대해 특정 알고리즘과 특정 매개변수를 사용할 필요가 있다면 훨씬 더 복잡할 수 있다.

② 보안 연결 데이터베이스(SAD : Security Association Database)

보안 연결은 매우 복잡할 수 있다. A가 많은 사람에게 메시지를 보내고 싶어하고 B가 많은 사람으로부터 메시지를 받을 필요가 있다면 이것은 특히 그렇다. 또한, 각 사이트는 양방향 통신을 가능하게하기 위해 인바운드와 아웃바운드 SA를 둘 다 가질 필요가 있다. 즉, 데이터베이스로 수집할 수 있는 일련의 SA가 필요한데 이 데이터베이스가 SAD(Security Association Database)이다. 데이터베이스는 각 행이 단일 SA를 정의하는 2차원 테이블로 생각할 수 있다. 보통 SAD는 두 개인데, 하나는 인바운드, 하나는 아웃바운드이다. [그림 8-26]는 한 기업에 대한 아웃바운드 또는 인바운드 SAD의 개념을 보여준다.

Index	SN	OF	ARW	AH/ESP	LT	Mode	MTU
⟨SPI, DA, P⟩							
...							
⟨SPI, DA, P⟩							

SN : Sequence Number   Mode : IPSec mode flag
OF : Overflow Flag   MTU : Path MTU
ARW : Anti-Replay Window   SPI : Security Parameter Index
AH/ESP : Information   DA : Destination Addess
LT : Lifetime   P : Protocol

보안 정책 데이터베이스

[그림 8-26] SAD

호스트가 IPSec 헤더를 전송해야 하는 패킷을 전송해야 하는 경우, 호스트는 패킷에 보안을 적용하기 위한 정보를 찾기 위해 아웃바운드 SAD에서 해당 항목을 찾아야 한다. 마찬가지로 호스트가 IPSec 헤더를 운반하는 패킷을 수신할 때, 호스트는 패킷의 보안을 확인하기 위한 정보를 찾기 위해 인바운드 SAD에서 해당 항목을 찾아야 한다. 이 검색은 수신 호스트가 패킷 처리에 올바른 정보가 사용되는지 확인해야 한다는 점에서 구체적이어야 한다. 인바운드 SAD의 각 항목은 보안 매개변수(대상에서의 SA를 정의하는 32비트 번호), 대상 주소 및 프로토콜(AH 또는 ESP)이라는 트리플 인덱스를 사용하여 선택한다.

③ **보안 정책**

IPSec의 또 다른 중요한 측면은, 패킷을 송신할 때나 패킷이 도착할 때 적용되는 보안의 유형을 정의하는 보안 정책(SP)이다. SAD를 사용하기 전에 호스트는 패킷에 대해 미리 정의된 정책을 결정해야 한다.

④ **보안 정책 데이터베이스(SPD : Security Policy Database)**

IPSec 프로토콜을 사용하는 각 호스트는 SPD를 유지해야 하고, 다시 인바운드 SPD와 아웃바운드 SPD가 필요하다. SPD의 각 항목은 [그림 8-27]과 같이 6겹의(sextuple) 인덱스(소스 주소, 대상 주소, 이름, 프로토콜, 소스 포트 및 대상 포트)를 사용하여 액세스할 수 있다. 이름은 일반적으로 DNS 엔티티를 정의하고, 프로토콜은 AH 또는 ESP이다.

Index	Policy	
⟨SA, DA, Name, P, SPort, DPort⟩		SA : Source Address DA : Destination Address
...		P : Protocol SPort : Source port
⟨SA, DA, Name, P, SPort, DPort⟩		DPort : Destination port

[그림 8-27] 보안 정책 데이터베이스

⑤ **아웃바운드 SPD**

패킷을 전송하려면 아웃바운드 SPD를 참조한다. [그림 8-28]은 송신자에 의한 패킷의 처리를 나타낸다. 6개의 인덱스(sextuple)에 의해서 입력을 하면 출력은 드롭, 바이패스, 그리고 적용 중의 하나로 결정된다. 드롭은 패킷을 보낼 수 없는 것이고, 바이패스는 말 그대로 보안 헤더를 통과시키는 것이며, 적용은 SAD에 따른 보안 적용을 의미한다. SAD가 없으면 생성을 의미한다.

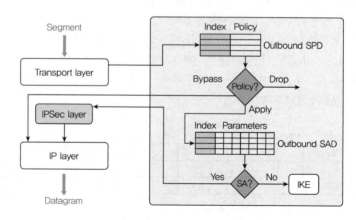

[그림 8-28] 아웃바운드 처리

⑥ 인바운드 SPD

패킷이 도착하면 인바운드 SPD를 참조한다. 인바운드 SPD의 각 항목도 동일한 6겹의(sextuple) 인덱스를 사용하여 액세스한다. [그림 8-29]는 수신기에 의한 패킷의 처리를 나타낸다. 입력에 의한 출력은 폐기(패킷 드롭), 우회(보안 통과 및 전송 계층에 패킷 전달) 및 적용(SAD를 사용한 정책 적용)의 세 가지 사례 중 하나이다.

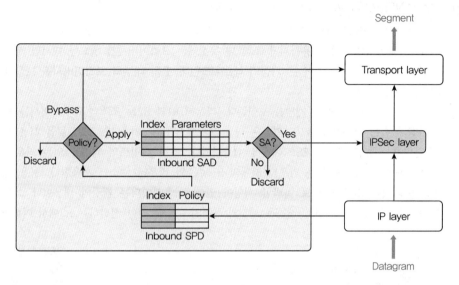

[그림 8-29] 인바운드 처리

(7) 인터넷 키 교환(IKE : Internet Key Exchange)

IKE는 인바운드 및 아웃바운드 보안 연결을 모두 생성하도록 설계된 프로토콜이다. 앞 절에서 논의했듯이, 피어가 IP 패킷을 보내야 할 때, 피어는 보안 정책 데이터베이스(SPD)와 상의하여 해당 트래픽 유형에 대한 SA가 있는지 확인한다. 만약 SA가 없으면 IKE를 불러온다.

IKE는 세 가지 다른 프로토콜을 기반으로 하는 복잡한 프로토콜인데 [그림 8-30]과 같이 Oakley, SKEME 및 ISAKMP이다. Oakley는 가장 중요한 생성 프로토콜이다. Hugo Krawcyzk가 디자인한 SKEME는 키 교환을 위한 또 다른 프로토콜이다. 그것은 키 교환 프로토콜의 엔티티 인증에 공용 키 암호화를 사용한다.

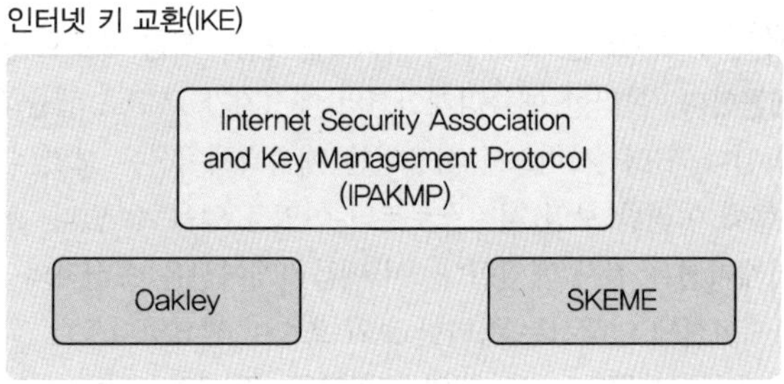

[그림 8-30] IKE 구성 요소

ISAKMP(Internet Security Association and Key Management Protocol)는 IKE에 정의된 교환을 실제로 구현하는 NSA(미국 국가안보국, National Security Agency)가 설계한 프로토콜이다. SA를 생성하기 위해 IKE 교환이 표준화되고 포맷된 메시지에서 이루어질 수 있는 몇 개의 패킷, 프로토콜 및 매개변수를 정의한다.

(8) 가상 사설망(VPN : Virtual Private Network) 중요 ★★

IPSec의 애플리케이션 중 하나는 가상 사설 네트워크가 있다. VPN은 조직 내 통신과 조직 간 통신에는 글로벌 인터넷을 사용하지만 조직 내 통신에는 프라이버시가 필요한 대기업 사이에서 인기를 얻고 있는 기술이다. VPN은 가상의 네트워크인데 조직 내부의 프라이버시를 보장하기 때문에 사설망이라고 한다.

[그림 8-31]은 가상 사설망 개념을 보여준다. 라우터 R1과 R2는 조직의 프라이버시를 보장하기 위해 VPN 기술을 사용한다. VPN 기술은 터널 모드에서 IPSec의 ESP 프로토콜을 사용한다. 헤더를 포함한 개인 데이터그램은 ESP 패킷에 캡슐화된다. 송신 사이트의 경계에 있는 라우터는 새로운 데이터그램의 목적지에 있는 라우터 자체의 IP 주소와 라우터 주소를 사용한다. 공용 네트워크(인터넷)는 패킷을 R1에서 R2로 운반할 책임이 있다. 아웃사이더는 패킷의 내용이나 소스와 목적지 주소를 해독할 수 없다. 암호 해독은 패킷의 목적지 주소를 찾아 전달하는 R2에서 이루어진다.

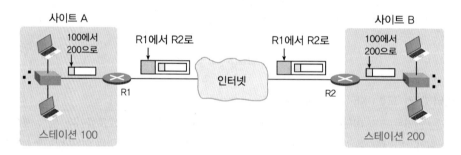

[그림 8-31] 가상 사설망

2 전송 계층 보안(SSL : Secure Sockets Layer) 중요 ★

실제로 전송 계층의 보안은 TCP(또는 SCTP)의 서비스를 연결 지향 프로토콜로 이용하는 애플리케이션 계층에 대한 보안을 제공한다. 이러한 애플리케이션의 메시지가 TCP로 캡슐화되기 전에, 그것들은 보안 프로토콜 패킷에 캡슐화된다. UDP 서비스를 사용하는 애플리케이션은 보안의 특성상 두 엔티티 간의 연결 설정이 필요하기 때문에 이러한 보안 서비스로부터 이익을 얻을 수 없다. 전송 계층 보안의 혜택을 받을 수 없는 다른 애플리케이션은 전자 메일이다. 이 애플리케이션은 송신자와 수신자 사이의 단방향 연결을 제공한다. 이 애플리케이션에 대해서는 특별한 보안 조항이 필요하다.

오늘날 전송 계층에서 보안을 제공하는 두 개의 프로토콜, 즉 SSL(Secure Sockets Layer) 프로토콜과 TLS(Transport Layer Security) 프로토콜이 지배적이다. 여기서는 SSL에 대해 설명하는데 TLS는 이와 매우 유사하다. [그림 8-32]는 인터넷 모델에서 SSL과 TLS의 위치를 나타낸다. 이러한 프로토콜의 목표 중 일부는 서버 및 클라이언트 인증, 데이터 기밀성 및 데이터 무결성을 제공하는 것이다. TCP의 서비스를 이용하는 HTTP와 같은 애플리케이션 계층 클라이언트·서버 프로그램은 SSL 패킷(HTTPS)에 데이터를 캡슐화할 수 있다. 서버와 클라이언트가 SSL(또는 TLS) 프로그램을 실행할 수 있는 경우, 클라이언트는 http:// 대신 URL https://을 사용하여 HTTP 메시지를 SSL(또는 TLS) 패킷에 캡슐화할 수 있다.

[그림 8-32] 인터넷 모델의 SSL 및 TLS 위치

(1) SSL 아키텍처

SSL은 애플리케이션 계층에서 생성된 데이터에 보안 및 압축 서비스를 제공하도록 설계되었다. 일반적으로 SSL은 어떤 애플리케이션 계층 프로토콜에서든 데이터를 수신할 수 있지만, 대개 프로토콜은 HTTP이다. 애플리케이션으로부터 수신한 데이터는 압축(선택사항), 서명, 암호화된다. 데이터는 TCP와 같은 신뢰할 수 있는 전송 계층 프로토콜로 전달된다. 넷스케이프는 1994년에 SSL을 개발했다. 버전 2와 3은 1995년에 출시되었다.

(2) 서비스

SSL은 애플리케이션 계층으로부터 수신된 데이터에 대한 여러 가지 서비스를 제공한다.

① 단편화

SSL은 데이터를 214바이트 이하의 블록으로 나눈다.

② 압축

각 데이터 조각은 클라이언트와 서버 간에 협상된 무손실 압축 방법 중 하나를 사용하여 압축된다. 이 서비스는 선택사항이다.

③ 메시지 무결성

데이터의 무결성을 보존하기 위해 SSL은 키 해시함수를 사용하여 MAC를 생성한다.

④ 기밀성

기밀성을 제공하기 위해 원래 데이터와 MAC는 대칭 키 암호화를 사용하여 암호화된다.

(3) 키 교환 알고리즘

인증된 기밀 메시지를 교환하기 위해서는 클라이언트와 서버는 각각 암호 비밀 세트를 필요로 한다. 그러나 이러한 비밀을 만들어내기 위해서는 두 당사자 사이에 하나의 프리마스터(pre-master) 비밀이 성립되어야 한다. SSL은 이 프리마스터 암호를 설정하기 위한 몇 가지 키 교환 방법을 정의한다.

(4) 암호화/암호 해독 알고리즘

클라이언트와 서버는 또한 일련의 암호화 및 암호 해독 알고리즘에 동의해야 한다.

(5) 해시 알고리즘

SSL은 해시 알고리즘을 사용하여 메시지 무결성(메시지 인증)을 제공한다. 이 목적을 위해 몇 가지 해시 알고리즘이 정의되었다.

(6) 암호 모음

키 교환, 해시 및 암호화 알고리즘의 조합은 각 SSL 세션에 대한 암호 스위트를 정의한다.

(7) 압축 알고리즘

압축은 SSL에서 선택사항이다. 특정한 압축 알고리즘은 정의되어 있지 않다. 그러므로 시스템은 원하는 압축 알고리즘을 사용할 수 있다.

(8) 암호 매개변수 생성

메시지 무결성과 기밀성을 확보하기 위해 SSL에는 4개의 키와 2개의 IV(초기화 벡터 : Initialization Vector)라는 6개의 암호화 기밀이 필요하다. 클라이언트는 메시지 인증을 위한 하나의 키, 암호화를 위한 하나의 키 및 계산의 원래 블록 인 하나의 IV를 필요로 한다. 서버는 동일해야 한다. SSL은 한 방향의 키가 다른 방향의 키와 다른 것을 요구한다. 한 방향으로 공격이 있을 경우 다른 방향은 영향을 받지 않는다.

(9) 세션 및 연결

SSL은 세션과 연결을 구분한다. 세션은 클라이언트와 서버 사이의 연결이다. 세션이 성립된 후 양 당사자는 세션 식별자, 각자를 인증하는 인증서(필요한 경우), 압축 방법(필요한 경우), 암호 모음, 메시지 인증 암호화를 위한 키를 작성하는 데 사용되는 마스터 비밀 등의 공통 정보를 가진다. 두 개체가 데이터를 교환하기 위해서는 세션의 설정이 필요하지만 충분하지는 않다. 그들은 그들 자신 사이에 연결을 만들 필요가 있다. 두 개체는 두 개의 무작위 번호를 교환하고, 인증과 프라이버시를 포함한 메시지를 교환하는 데 필요한 키와 매개변수를 마스터 암호를 사용하여 생성한다. 세션은 많은 연결로 구성될 수 있다. 두 개 사이의 연결은 동일한 세션 내에서 종료되고 다시 설정될 수 있다. 연결이 종료되면, 양 개체도 세션을 종료할 수 있지만, 의무적인 것은 아니다. 세션을 일시 중지하고 다시 시작할 수 있다.

3 응용 계층 보안(PGP : Pretty Good Privacy) 중요 ★

PGP는 전자우편을 위한 암호화 프로토콜로서 1991년에 개발되었다. 이 프로그램 전까지만 해도 암호화 기능은 정부나 군대, 그리고 정보기관의 전유물이었으나 PGP로 인해서 일반인에게도 암호가 확대되었다.

(1) PGP 알고리즘

인터넷 표준화 조직인 IETF에서 표준으로 채택한 PEM에 비해 보안성은 떨어지지만, 구현이 용이하고 일반적으로 사용된 알고리즘의 안전성이 높기 때문에 가장 많이 사용되고 있는 기술이다. PGP는 메시지의 기밀성을 위한 암호화에는 IDEA, CAST, Triple-DES 등의 암호화 알고리즘을 사용하고, 메시지의 무결성을 보증하기 위한 메시지 인증과 메시지의 생성, 처리, 전송, 저장 수신 등을 수행한 사용자 보증을 위한 사용자 인증의 디지털 서명에는 RSA 등을 사용한다.

(2) PGP 인증서 및 신뢰할 수 있는 모델

PGP는 지금까지 우리가 봐온 다른 프로토콜과 마찬가지로 공인키를 인증하기 위해 인증서를 사용한다. 그러나 그 과정은 아래 설명된 바와 같이 완전히 다르다.

① PGP 인증서

PGP에서는 인증기관(CA)이 필요 없다. 전체 또는 부분적으로 신뢰할 수 있는 기관에서 인증서로 가는 여러 가지 경로가 있을 수 있다. PGP에서는 보통 증명서의 발급자를 소개자라 한다.

    ㉠ 신뢰와 합법성

    PGP의 전체 운영은 소개자에 대한 신뢰, 증명서에 대한 신뢰, 공개 키에 대한 정당성 인정 등에 기초하고 있다.

    ㉡ 신뢰 수준 소개

    PGP는 다른 수준의 신뢰를 허용한다. 레벨 수는 대부분 구현에 따라 달라지지만 단순성을 위해 소개자에게 none, particle, full의 세 가지 수준의 신뢰를 할당한다. 소개자 신뢰 수준은 소개자가 링에 있는 다른 사람을 위해 발행한 신뢰 수준을 명시한다.

    ㉢ 인증서 신뢰 수준

    A는 소개자로부터 인증서를 받으면 주체(인증기관)의 이름으로 인증서를 저장한다. 이 인증서에 신뢰 수준을 부여한다. 인증서 신뢰 수준은 일반적으로 인증서를 발급한 소개자의 신뢰 수준과 동일하다. A가 B를 완전히 신뢰하고, C와 D를 부분적으로 신뢰하며, E에 대해 신뢰하지 않는다고 가정한다.

    ㉣ 키 합법성

    소개자 및 인증서에 대한 신뢰를 사용하는 목적은 공개 키의 합법성을 결정하는 것이다. PGP는 핵심 합법성을 결정하기 위한 매우 명확한 절차를 정의한다. 사용자의 핵심 합법성 수준은 해당 사용자의 가중 신뢰 수준이다.

② PGP의 신뢰 모델

PGP의 신뢰 모델은 신뢰망을 활용함에 있다. 즉, 인증기관을 활용하지 않고 당사자끼리 신뢰를 구축하는 것이 신뢰망의 핵심이다. 다시 말하면 자신이 어떤 키를 믿고 이용할지를 자신이 결정할 수 있다는 것이다.

㉠ 신뢰의 웹

PGP는 결국 한 무리의 사람들 사이에서 신뢰의 웹을 만들 수 있다. 각 엔티티가 다른 엔티티에 더 많은 엔티티를 도입하면 각 실체에 대한 공개 키의 범위는 점점 더 커지고 그 범위에 있는 엔티티는 서로 안전한 이메일을 보낼 수 있다.

㉡ 키 해지

키의 소유자가 키가 손상되었다고 느끼거나(예 도난당한 경우) 안전하기에 너무 오래되었다고 느낄 경우 키 해지를 할 수 있다. 키를 해지하기 위해 소유자는 스스로 서명된 해지 증명서를 보낼 수 있다. 취소 인증서는 이전 키로 서명해야 하며, 해당 공개 키를 사용하는 모든 사람에게 배포되어야 한다.

(3) PGP 패킷

PGP의 메시지는 하나 이상의 패킷으로 구성된다. PGP가 발전하는 동안 포맷과 패킷 유형의 수가 변경되었다.

(4) PGP의 응용

PGP는 개인 이메일에 광범위하게 사용되었으며 앞으로도 계속 그럴 것이다.

4 방화벽 중요 ★★

(1) 방화벽의 기능

이전의 모든 보안 조치들이 시스템에 해로운 메시지를 보내는 것을 막을 수는 없다. 시스템에 대한 접근을 통제하려면 방화벽이 필요하다. **방화벽은 조직의 내부 네트워크와 인터넷의 나머지 사이에 설치된 장치(일반적으로 라우터 또는 컴퓨터)**이다. 일부 패킷을 전달하고 다른 패킷을 필터링(전송하지 않음)하도록 설계되었다. [그림 8-33]에는 방화벽이 표시된다.

예를 들어 방화벽은 특정 호스트 또는 HTTP와 같은 특정 서버로 향하는 모든 수신 패킷을 필터링할 수 있다. 방화벽은 조직의 특정 호스트나 특정 서비스에 대한 액세스를 거부하는 데 사용될 수 있다. 방화벽은 일반적으로 패킷 필터 방화벽 또는 프록시 기반 방화벽으로 분류된다.

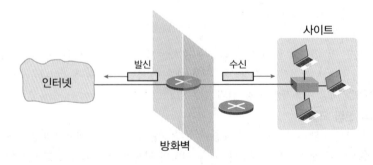

[그림 8-33] 방화벽

(2) 패킷 필터 방화벽

방화벽은 패킷 필터로 사용될 수 있다. 네트워크 계층과 전송 계층 헤더의 정보, 즉 소스 및 대상 IP 주소, 소스 및 대상 포트 주소, 프로토콜 유형(TCP 또는 UDP)에 근거하여 패킷을 전달하거나 차단할 수 있다. 패킷 필터 방화벽은 필터링 테이블을 사용하여 폐기해야 하는 패킷(전송되지 않음)을 결정하는 라우터이다. [그림 8-34]는 이러한 종류의 방화벽에 대한 필터링 표의 예를 보여준다.

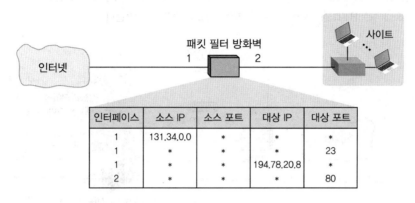

인터페이스	소스 IP	소스 포트	대상 IP	대상 포트
1	131.34.0.0	*	*	*
1	*	*	*	23
1	*	*	194.78.20.8	*
2	*	*	*	80

[그림 8-34] 패킷 필터 방화벽

그림에 따르면 다음과 같은 패킷이 필터링된다.

① 네트워크 131.34.0.0에서 들어오는 패킷은 차단된다(보안 예방). *은 '임의'를 의미한다는 점에 유의해야 한다.
② 내부 TELNET 서버(포트 23)로 향하는 수신 패킷은 차단된다.
③ 내부 호스트 194.78.20.8로 예정된 수신 패킷은 차단된다. 조직은 이 호스트가 내부용으로만 사용되기를 원한다.
④ HTTP 서버(포트 80)로 향하는 송신 패킷은 차단된다.

(3) 프록시 방화벽

패킷 필터 방화벽은 네트워크 계층과 전송 계층 헤더(IP 및 TCP/UDP)에서 이용 가능한 정보를 기반으로 한다. 그러나 때로는 메시지 자체(응용 프로그램 계층)에서 이용할 수 있는 정보에 기초하여 메시지를 필터링할 필요가 있다. 예를 들어, 어떤 조직이 자신의 웹 페이지와 관련하여 다음과 같은 정책을 실행하기를 원한다고 가정하자. 회사와 사업 관계를 맺은 인터넷 사용자만 접근할 수 있고, 다른 사용자에 대한 접근은 차단되어야 한다. 이 경우, 패킷 필터 방화벽은 TCP 포트 80(HTTP)에 도착하는 서로 다른 패킷을 구별할 수 없기 때문에 가능하지 않다. 테스트는 (URL을 사용하여) 애플리케이션 레벨에서 수행해야 한다.

한 가지 해결책은 고객 컴퓨터와 회사 컴퓨터 사이에 프록시 방화벽(컴퓨터, 애플리케이션 게이트웨이라고도 함)을 설치하는 것이다. 사용자 클라이언트 프로세스가 메시지를 보낼 때 응용 프로그램 게이트웨이는 서버 프로세스를 실행하여 요청을 수신한다. 서버는 응용 프로그램 수준에서 패킷을 열고 요청이 합법적인지 확인한다. 만약 그렇다면, 서버는 클라이언트 과정으로 작용하고 메시지를 회사의 실제 서버로 보낸다. 그렇지 않으면 메시지가 삭제되고 오류 메시지가 외부 사용자에게 전송된다. 이와 같이 외부 사용자의 요청은 애플리케이션 계층의 내용을 기준으로 필터링된다. [그림 8-35]은 HTTP용 애플리케이션 게이트웨이 구현을 보여준다.

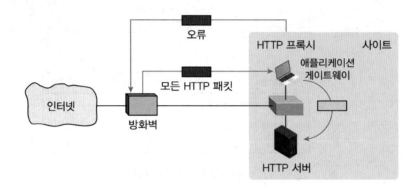

[그림 8-35] 프록시 방화벽

O×로 점검하자

※ 다음 지문의 내용이 맞으면 O, 틀리면 ×를 체크하시오. [1 ~ 11]

01 네트워크 관리에는 모니터링, 테스트, 구성 및 문제 해결이 있다. (   )

　　>>>○ 네트워크 관리는 조직에서 정의한 일련의 요구사항을 충족하기 위해 네트워크 구성 요소를 모니터링, 테스트, 구성 및 문제해결을 하는 것으로 정의된다.

02 각 엔티티의 상태와 타 엔티티에 대한 관계 정보를 갱신하는 것은 구성 관리 시스템이다.

　　　　　　　　　　　　　　　　　　　　　　　　　　　　　　　　　　(   )

　　>>>○ 대형 네트워크는 대개 물리적으로나 논리적으로 서로 연결되는 수백 개의 실체로 이루어져 있다. 이러한 실체는 네트워크를 설정할 때 초기 구성을 가지지만, 시간에 따라 변경될 수 있다. 데스크톱 컴퓨터는 다른 것으로 대체될 수 있고, 애플리케이션 소프트웨어는 새로운 버전으로 업데이트될 수 있으며, 사용자는 한 그룹에서 다른 그룹으로 이동할 수 있다. 구성 관리 시스템은 언제든지 각 엔티티의 현황과 다른 엔티티의 관계를 알아야 한다.

03 네트워크의 각 요소의 적절한 운용과 다른 요소와의 관계를 모니터링하는 것은 성능 관리이다.

　　　　　　　　　　　　　　　　　　　　　　　　　　　　　　　　　　(   )

　　>>>○ 장애 관리는 각 개별 요소의 적절한 운용과 다른 요소와의 관계에 따라 달라지는 네트워크의 운영을 감독한다. 성능 관리는 네트워크를 모니터링하고 제어하여 네트워크가 최대한 효율적으로 실행되고 있는지 확인한다.

04 사전 정의된 정책에 따라 네트워크에 대한 액세스를 제어하는 것은 보안 관리이다. (   )

　　>>>○ 보안 관리는 미리 정의된 정책에 근거하여 네트워크 접속을 제어하는 역할을 한다. 암호화는 사용자의 프라이버시를 허용하고, 인증은 사용자가 자신을 식별하도록 한다.

05 쌍방향 통신을 위해서는 하나의 키(공유 비밀 키)만 필요하다. (   )

　　>>>○ 쌍방향 통신을 위해서는 하나의 키(공유 비밀 키)만 필요하다. 그러나 보안을 강화하기 위해서는 각 방향에 대해 다른 키를 사용하는 것이 좋다.

정답 1 O 2 O 3 × 4 O 5 O

06 쌍방향 통신을 위해서는 2개의 키가 필요하다. (   )

>>>◯ 쌍방향 통신을 위해서는 4개의 키가 필요하다. 양쪽 모두 개인 키와 공개 키가 필요하다.

07 자주 변경되는 암호는 고정 암호나 일회용 암호보다 안전하다. (   )

>>>◯ 자주 변경되는 암호는 고정 암호보다 안전하지만 일회용 암호보다 안전하지 않다. 그러나 일회성 암호는 시스템과 사용자의 더 많은 노력이 필요하다. 시스템은 사용자가 암호를 사용하려고 할 때마다 암호가 새로 입력되었는지 확인할 필요가 있다.

08 각 비트는 두 값(0 또는 1) 중 하나에 있을 수 있기 때문에 가능한 다이제스트 수는 2*N이다.
(   )

>>>◯ 각 비트는 두 값(0 또는 1) 중 하나에 있을 수 있기 때문에 가능한 다이제스트 수는 2^n이다.

09 SSL(Secure Sockets Layer) 프로토콜과 TLS(Transport Layer Security) 프로토콜은 전송 계층 보안 프로토콜이다. (   )

>>>◯ 전송 계층 보안 프로토콜은 TCP와 같은 연결 지향 전송 계층 프로토콜의 서비스를 이용하는 애플리케이션에 대해 엔드-투-엔드 보안 서비스를 제공한다. 오늘날에는 전송 계층에서 보안을 제공하는 두 가지 프로토콜이 지배적인데 SSL(Secure Sockets Layer) 및 TLS(Transport Layer Security)이다. 이러한 프로토콜의 목표 중 일부는 서버 및 클라이언트 인증, 데이터 기밀성 및 데이터 무결성을 제공하는 것이다.

10 이메일에 보안을 제공하기 위해 고안된 프로토콜 중 하나는 IPSec이다. (   )

>>>◯ 이메일에 보안을 제공하기 위해 고안된 프로토콜 중 하나는 PGP이다. PGP는 인증된 기밀 이메일을 생성하도록 설계되었다.

11 방화벽은 글로벌 인터넷과 네트워크 사이에 서 있는 보안 메커니즘이다. (   )

>>>◯ 방화벽은 글로벌 인터넷과 네트워크 사이에 서 있는 보안 메커니즘이다. 방화벽은 선택적으로 패킷을 필터링한다.

정답 **6** ✕ **7** ✕ **8** ✕ **9** ◯ **10** ✕ **11** ◯

01 다음 빈칸에 들어갈 용어로 적절한 것은?

> 오늘날 복잡한 네트워크는 수백, 때로는 수천 개의 _____로 이루어져 있다.

① 문서
② 구성 요소
③ 서버
④ 엔티티

02 다음 빈칸에 들어갈 용어로 적절한 것은?

> 성능 관리는 _____(와)과 밀접한 관련이 있다.

① 사전 예방적 장애 관리
② 장애 관리
③ 능동적 장애 관리
④ 구성 관리

01 오늘날 복잡한 네트워크는 수백, 때로는 수천 개의 구성 요소로 이루어져 있다. 복잡한 네트워크는 순수하게 정규적이지도 않고 순전히 무작위적인 요소들 사이의 연결 패턴을 특징으로 하는 네트워크이다.

02 네트워크의 모든 오류로 인해 성능이 저하되기 때문에 장애 관리와 성능 관리가 밀접하게 관련된다. 둘 다 네트워크 모니터링이 필요하다. 즉, 네트워크 회로 및 장치의 작동을 추적하여 제대로 작동하는지 확인하고 사용 빈도를 결정해야 한다. 사전 예방적 장애 관리는 오류 및 고장의 사전 대처와 관련된 모니터링, 진단, 예측, 복구 및 예방 유지 보수 등의 기법의 주요 용어로서, 시스템이 심각한 상황을 사전에 알고 있다면 고장 발생을 방지하기 위해 대응책을 적용할 수 있다.

정답 01 ② 02 ②

안심Touch

03 구성 관리 시스템은 언제든지 각 기업의 현황과 다른 기업과의 관계를 알아야 한다. 구성 관리는 재구성 및 문서화라는 두 가지 서브 시스템으로 나눌 수 있다. 재구성은 대규모 네트워크에서 매일 발생할 수 있다. 재구성에는 하드웨어 재구성, 소프트웨어 재구성, 사용자 계정 재구성의 세 가지 유형이 있다. 원래 네트워크 구성과 이후의 변경사항을 꼼꼼히 기록해야 한다. 이는 하드웨어, 소프트웨어 및 사용자 계정에 대한 문서가 있어야 함을 의미한다.

03 다음 빈칸에 들어갈 용어로 적절한 것은?

> 구성 관리는 재구성 및 _____의 두 가지 서브 시스템으로 나눌 수 있다.

① 문서
② 정보
③ 서버
④ 엔티티

04 네트워크 보안 관리는 권한이 없는 사용자가 접근하지 못하도록 하기 위해 네트워크 관리자가 채택한 다양한 규칙과 절차를 포함한다. 보안은 접근을 제한하는 많은 정책을 포함한다. 이 프로세스는 네트워크를 안전하게 하고 네트워크 운영을 보호하고 관리한다.

04 다음 빈칸에 들어갈 용어로 적절한 것은?

> 네트워크 관리 시스템에서는 미리 정의된 정책에 따라 네트워크 접속을 제어하는 것을 담당하는 용어를 _____라 한다.

① 장애 관리
② 안전 관리
③ 능동적 관리
④ 보안 관리

05 계정 관리는 사용자와 네트워크 리소스 사용에 대한 정보를 제공해야 한다. 비용 할당을 위해 네트워크 자산 사용에 대한 정보를 제공해야 한다. 재구성된 장애 관리는 장애 감지 및 재구성을 모두 수행하는 장애 관리 아키텍처의 영향을 계층화된 시스템의 신뢰성 평가에 통합하는 접근방식이다.

05 다음 빈칸에 들어갈 용어로 적절한 것은?

> 요금을 통한 네트워크 자원에 대한 사용자의 접근 제어는 _____의 주요 책임이다.

① 능동적 장애 관리
② 재구성된 장애 관리
③ 계정 관리
④ 보안 관리

정답 03 ① 04 ④ 05 ③

06 다음 용어 중 엔드 포인트 스위치 또는 두 스위치 사이의 물리적 연결은 무엇인가?

① 전송 경로
② 가상 경로
③ 가상 회로
④ 라우팅 경로

06 엔드 포인트와 스위치 또는 두 스위치 사이의 물리적 연결은 전송 경로이다.
가상 경로는 응용 프로그램이 웹 서버에서 식별하거나 식별하는 경로이다.
가상회선은 회선교환 방식과 데이터그램 방식의 장점을 결합한 통신기술이다. 가상회선 방식의 대표적인 통신기술에는 ATM(Asynchronous Transfer Mode)이 있다.

07 다음 중 파이프라인 효과를 지원하는 네트워크는 무엇인가?

① 회선교환 네트워크
② 메시지교환 네트워크
③ 패킷교환 네트워크
④ 데이터그램 네트워크

07 파이프라인 프로세스에는 패킷교환 네트워크가 가장 선호된다.
회로교환 네트워크는 최종 장치(노드) 간의 통신을 설정해야 통신할 수 있는 네트워크 유형으로 일단 설정되면, '회선'은 그 연결 기간 동안 그것이 연결하는 두 개의 노드에 전용된다. 회선교환망의 예로는 아날로그 전화망이 있다. 메시지교환 네트워크는 데이터를 소스 노드에서 대상 노드로 완전히 라우팅하는 네트워크 스위칭 기법이다.

08 다음 빈칸에 들어갈 용어로 적절한 것은?

> 네트워크 관리 시스템에서 지도는 각 하드웨어와 _____의 연결을 추적한다.

① IP 서버
② 도메인
③ 네트워크
④ 데이터

08 네트워크는 한 장소에서 서로 다른 엔티티를 연결하는 데 있어 중요한 요소이다. TCP/IP 네트워크의 모든 컴퓨터나 서버는 고유한 IP를 갖는다. 네트워크 도메인은 동일한 인프라 내의 여러 컴퓨터네트워크 또는 호스트의 관리 그룹이다. 데이터는 질적 또는 양적 변수이다.

정답 06 ① 07 ③ 08 ③

09 MIB(관리 정보 베이스)는 SNMP (Simple Network Management Protocol)를 사용하여 관리할 수 있는 네트워크 개체 집합에 대한 공식 서술이다. MIB의 형식은 SNMP 일부로 정의된다. SMTP(Simple Mail Transfer Protocol)는 전자 메일 전송을 위한 통신 프로토콜이다. UDP(User Datagram Protocol)는 일련의 인터넷 프로토콜 핵심 요소의 하나로 최소한의 프로토콜 메커니즘으로 단순한 비연결형 통신 모델을 사용한다. 인터넷 및 컴퓨터네트워크에서 사용되는 개념적 모델 및 통신 프로토콜의 집합인 인터넷 프로토콜 제품군의 기본 프로토콜은 TCP(Transmission Control Protocol) 및 IP(Internet Protocol)이다.

09 **다음 빈칸에 들어갈 용어로 적절한 것은?**

> MIB(관리 정보 베이스)는 _____에 의해 관리할 수 있는 개체군의 집합이다.

① SMTP
② UDP
③ SNMP
④ TCP/IP

10 네트워크 관리는 음성 및 데이터 네트워크의 운영, 관리 및 모니터링을 다루는 컴퓨팅 분야이다. 네트워크 관리는 종종 FCAPS라는 약어를 사용하여 5개의 영역으로 구성된다.
ⓐ 장애 관리(Fault Management)
ⓑ 구성 관리(Configuration Management)
ⓒ 계정 관리(Accounting Administration)
ⓓ 성능 관리(Performance Management)
ⓔ 보안 관리(Security Management)

10 **다음 빈칸에 들어갈 용어로 적절한 것은?**

> 네트워크 관리 시스템은 _____로 나눌 수 있다.

① 세 가지 범주
② 5개의 광범위한 범주
③ 7개의 광범위한 범주
④ 10개의 광범위한 범주

정답 09 ③ 10 ②

11 다음 빈칸에 들어갈 용어로 적절한 것은?

> IPSec은 _____ 위치에서 보안을 제공하도록 설계된다.

① 전송 계층
② 네트워크 계층
③ 응용 계층
④ 세션 계층

12 다음 설명 중 IP Sec과 관계 <u>없는</u> 것은?

① 전송 계층에서 인증·암호화·키 관리를 하는 프로토콜이다.
② UPN을 구현하기 위해 만든 프로토콜이다.
③ 전송 계층 아래에서 구현되면 운영체제에서 IP Sec을 지원한다.
④ 서로 키 관리를 통해 캡슐화 및 디캡슐화를 진행한다.

11 IPSec은 네트워크 수준의 피어 인증, 데이터 출처 인증, 데이터 무결성, 데이터 기밀성(암호화) 및 재생 보호를 지원한다. 네트워크 계층은 중간 라우터를 통한 라우팅을 포함하여 패킷 전달을 담당한다.
전송 계층(Transport layer)은 계층 구조의 네트워크 구성 요소와 프로토콜 내에서 송신자와 수신자를 연결하는 통신 서비스를 제공한다. 응용 계층(application layer)은 컴퓨터네트워크 프로그래밍에서 인터넷 프로토콜(IP) 컴퓨터네트워크를 통하는 프로세스 간 통신 접속을 위해 설계되어 통신 프로토콜과 방식을 위해 보유된 계층으로 기반이 되는 전송 계층 프로토콜을 사용하여 호스트 간 연결을 확립한다. 세션 계층(session layer)은 컴퓨터네트워크의 7계층 OSI 모형 가운데 제5계층으로 세션 연결의 설정과 해제, 세션 메시지 전송 등의 기능을 한다.

12 터널 모드에서 내부 IP 패킷은 해당 내용을 보호하는 IP Sec 정책을 결정한다. IP 헤더는 IP 패킷의 시작 부분에 헤더 정보로서 IP 버전, 소스 IP 주소, 목적지 IP 주소, TTL (Time-to-Live) 정보를 포함한다. 헤더는 패킷의 소스와 목적지를 식별하는 반면, 실제 데이터는 페이로드라고 한다.
IP Sec은 전송 계층이 아닌 네트워크 계층에서 지원하는 프로토콜이다.

정답 11 ② 12 ①

13 패킷 필터링은 나가고 들어오는 패킷을 모니터링하고 소스 및 대상 인터넷 프로토콜(IP) 주소, 프로토콜 및 포트에 따라 통과 또는 중지할 수 있게 하여 네트워크 액세스를 제어하는 데 사용되는 방화벽 기술이다. 프레임 필터의 필터링 프로세스는 스위치가 프레임을 수신하고 원본 및 대상 호스트가 동일한 인터페이스에 있을 때 발생한다. 이 경우 스위치는 프레임을 필터링하거나 버린다.

14 상태 저장형 방화벽은 트래픽 스트림을 끝까지 볼 수 있다. 통신 경로를 인식하고 터널 및 암호화와 같은 다양한 IP 보안(IPsec) 기능을 구현할 수 있다.
비저장형 방화벽은 네트워크 트래픽을 감시하고 소스 및 대상 주소 또는 기타 정적 값을 기반으로 패킷을 제한하거나 차단하며 트래픽 패턴이나 데이터 흐름을 인식하지 못한다. 패킷 필터링은 나가고 들어오는 패킷을 모니터링하고 소스 및 대상 인터넷 프로토콜(IP) 주소, 프로토콜 및 포트에 따라 통과 또는 중지할 수 있게 하여 네트워크 액세스를 제어하는데 사용되는 방화벽 기술이다.

13 다음 빈칸에 들어갈 용어로 적절한 것은?

네트워크 계층 방화벽은 _____와 같이 작동한다.

① 프레인 필터
② 패킷 필터
③ 프레임 필터 및 패킷 필터 모두
④ 메시지 필터

14 다음 빈칸에 들어갈 용어로 적절한 것은?

네트워크 계층 방화벽에는 _____(와)과 같은 두 개의 하위 범주가 있다.

① 상태 저장(stateful) 방화벽 및 상태 비저장(stateless) 방화벽
② 비트 지향 방화벽 및 바이트 지향 방화벽
③ 프레임 방화벽 및 패킷 방화벽
④ 트래픽 스트리밍 관리

정답 13 ② 14 ①

15 다음 빈칸에 들어갈 용어로 적절한 것은?

> WPA2는 _____의 보안에 사용된다.

① 이더넷
② 블루투스
③ 와이파이
④ 적외선 통신

16 다음 빈칸에 들어갈 용어로 적절한 것은?

> 의도된 사용자가 컴퓨터 리소스를 사용할 수 없게 하려는 시도를 _____(이)라고 한다.

① 서비스 거부 공격
② 바이러스 공격
③ 웜 공격
④ 봇넷 프로세스

15 WPA2는 대다수의 Wi-Fi 네트워크를 보호하는 데 사용되는 암호화 유형이다. WPA2 네트워크는 각 무선 클라이언트에 연결할 고유한 암호화 키를 제공한다.
블루투스는 여러 가지 보안 모드를 제공하며 장치 제조업체는 블루투스 가젯에 어떤 모드를 포함할지 결정한다. 거의 모든 경우에 블루투스 사용자는 허가없이 정보를 교환할 수 있는 '신뢰할 수 있는 장치'를 구축할 수 있다. 서비스 수준 보안 및 장치 수준 보안이 함께 작동하여 Bluetooth 장치를 무단 데이터 전송으로부터 보호한다.

16 서비스 거부 공격(DoS 공격)은 가해자가 인터넷에 연결된 호스트의 서비스를 일시적으로 또는 무기한 중단시킴으로써 의도된 사용자가 컴퓨터 또는 네트워크 리소스를 사용할 수 없도록 만드는 사이버 공격이다. 컴퓨터 바이러스는 실행될 때 다른 컴퓨터 프로그램을 수정하고 자체 코드를 삽입하여 복제하는데 이 복제가 성공하면 감염된 영역은 컴퓨터 바이러스에 '감염'되었다고 한다. 컴퓨터 웜은 다른 컴퓨터로 확산되기 위해 스스로를 복제하는 독립 실행형 악성 프로그램 컴퓨터 프로그램으로 웜은 대역폭을 소비하는 것만으로도 네트워크에 해를 입힐 수 있다. 여러 봇넷 머신의 조정된 디도스(DDoS) 공격은 좀비 공격과 유사하며 많은 컴퓨터 사용자는 자신의 컴퓨터가 봇에 감염되었음을 인식하지 못한다.

정답 15 ③ 16 ①

17 확장 가능한 인증 프로토콜(EAP: Extensible Authentication Protocol)은 무선 네트워크 및 지점 간 연결에서 자주 사용되는 인증 프레임워크이다. 개인 영역 네트워크(PAN)는 개인의 작업 공간을 중심으로 장치를 상호 연결하기 위한 컴퓨터네트워크이다. 로컬 영역 네트워크는 특정 영역 내에 존재하는 장치들을 연결하는 네트워크이다.

18 프리티 굿 프라이버시(PGP : Pretty Good Privacy)는 데이터 통신을 위한 암호화 개인 정보 보호 및 인증을 제공하는 암호화 프로그램이다. PGP는 전자 메일 통신의 보안을 강화하는 데 사용된다.
브라우저 보안은 웹 브라우저에 인터넷 보안을 적용하여 네트워크로 연결된 데이터 및 컴퓨터 시스템을 개인 정보 또는 악성 코드 침해로부터 보호한다. FTP는 사용자 연결을 위해 암호화되지 않은 기본 파일 전송 기능을 제공하는데 인증을 위해 일반 텍스트 암호를 사용한다.

19 국제 데이터 암호화 알고리즘(IDEA : International Data Encryption Algorithm)은 블록 암호로 데이터 암호화 표준을 대체하기 위한 것이었다. IDEA는 PGP v1.0에 사용된 암호가 깨지기 쉽다는 사실이 알려지면서 PGP v2.0에 사용되었다.
개인 데이터 암호화는 정보가 암호화되고 올바른 암호화 키를 사용하여 사용자가 액세스하거나 해독할 수 있는 방법이다. 인트라넷 데이터 암호화는 다중 계층 암호화된 인터넷, 인트라넷 또는 이메일 통신을 제공하기 위한 방법이다.

정답 17 ② 18 ② 19 ①

---

17 다음 빈칸에 들어갈 용어로 적절한 것은?

> 확장 가능한 인증 프로토콜은 _____에서 자주 사용되는 인증 프레임워크이다.

① 유선 개인 영역 네트워크
② 무선 네트워크
③ 유선 로컬 영역 네트워크
④ 블루투스 네트워크

18 다음 빈칸에 들어갈 용어로 적절한 것은?

> 프리티 굿 프라이버시(PGP)는 _____에 이용된다.

① 브라우저 보안
② 이메일 보안
③ FTP 보안
④ 포트 보안

19 다음 빈칸에 들어갈 용어로 적절한 것은?

> PGP는 _____으로 불리는 블록 암호라는 것을 사용하여 데이터를 암호화한다.

① 국제 데이터 암호화 알고리즘
② 개인 데이터 암호화 알고리즘
③ 인트라넷 데이터 암호화 알고리즘
④ 인터넷 데이터 암호화 알고리즘

20 다음 빈칸에 들어갈 용어로 적절한 것은?

> DNS 서버가 해당 정보를 제공할 권한이 없는 호스트로
> 부터 잘못된 정보를 수신하여 사용할 경우, 이를 _____
> _____(이)라 한다.

① DNS 조회
② DNS 하이잭킹
③ DNS 스푸핑
④ DNS 버퍼

20 DNS 캐시 중독(poisoning)이라고도
하는 DNS 스푸핑은 DNS의 취약점
을 악용하여 합법적인 서버에서 가
짜 서버로 인터넷 트래픽을 전환시
키는 공격 유형이다.
DNS 조회는 쿼리되는 도메인 이름
을 공개적으로 보여주는 DNS 레코
드를 표시하는 브라우저 기반 네트
워크 도구이다. DNS 하이잭킹은 개
별 사용자가 DNS로 쿼리를 리디렉
션하는 프로세스이다. 이는 악의적
인 소프트웨어의 사용 또는 서버의
무단 수정을 통해 수행될 수 있다.

21 다음 중 방화벽의 일반적인 기능에 대한 설명이 <u>아닌</u> 것은?
① 패킷 필터링
② 애플리케이션 게이트웨이
③ 상태 추적
④ 통신 속도 증속

21 방화벽은 하드웨어 장치로, 소프트
웨어 전용으로, 또는 이 둘을 조합하
여 사용할 수 있다. 모든 경우에, 방
화벽의 목적은 인터넷상의 알 수 없
는 자원과 다른 네트워크 연결의 위
험으로부터 신뢰할 수 있는 내부 네
트워크(또는 개인용 PC)를 분리하는
것이다. 방화벽은 외부 위협으로부
터 신뢰할 수 있는 내부 네트워크에
대한 무단 액세스를 방지한다. 즉,
통신 속도 증속과는 관련이 없다.

정답 20 ③ 21 ④

22 방화벽은 PC, 라우터, 미드레인지, 메인프레임, UNIX 워크스테이션 또는 외부에서 액세스할 수 있는 정보나 서비스를 결정하고 외부에서 정보와 서비스를 사용할 수 있는 이들의 조합이 될 수 있다. 일반적으로 방화벽은 안전한 내부 네트워크와 신뢰할 수 없는 외부 네트워크가 만나는 지점에 설치되는데, 이를 초크 포인트라고도 한다.

22 다음 빈칸에 들어갈 용어로 적절한 것은?

> 보안 내부 네트워크와 신뢰할 수 없는 외부 네트워크가 만나는 지점에 방화벽이 설치되어 있으며, 이를 _____(이)라고도 한다.

① 초크 포인트
② 회의점
③ 방화벽 지점
④ 보안점

23 방화벽은 PC, 미드레인지, 메인프레임, UNIX 워크스테이션, 라우터 또는 이들의 조합이 될 수 있다. 요구사항에 따라 방화벽은 패킷 필터링 라우터 기능 구성 요소 중 하나 이상으로 구성될 수 있다.

23 다음 중 방화벽의 종류로 적절한 것은 무엇인가?

① 패킷 필터링 방화벽
② 이중 홈 게이트웨이 방화벽
③ 화면 호스트 방화벽
④ 언급된 모든 사항

24 프록시 방화벽은 애플리케이션 계층에서 메시지를 필터링하여 네트워크 리소스를 보호하는 네트워크 보안 시스템이다. 프록시 방화벽은 애플리케이션 방화벽 또는 게이트웨이 방화벽이라고도 한다.

24 프록시 방화벽은 다음 중 어느 위치에서 필터링하는가?

① 물리 계층
② 데이터링크 계층
③ 네트워크 계층
④ 애플리케이션 계층

정답 22 ① 23 ① 24 ④

25 다음 계층에서 패킷 필터 방화벽 필터 위치는 어느 곳인가?

① 물리 계층
② 데이터링크 계층
③ 네트워크 계층 또는 전송 계층
④ 애플리케이션 계층

25 패킷 필터링 방화벽은 OSI 모델의 네트워크 계층에서 작동한다. 패킷 필터링 방화벽은 네트워크 주소, 포트 또는 프로토콜을 기반으로 처리 결정을 내리며 의사 결정에 많은 논리가 없기 때문에 매우 빠르다. 패킷 필터링 방화벽은 내부 검사를 하지 않으며 상태 정보를 저장하지도 않는다.

26 방화벽이 두 개 있는 DMZ를 설치하는 것의 이점은 무엇인가?

① 세 개의 네트워크에서 트래픽이 어디로 가는지를 제어할 수 있다.
② 상태 저장 패킷 필터링을 수행할 수 있다.
③ 로드 밸런싱을 수행할 수 있다.
④ 네트워크 성능을 향상한다.

26 내부 및 외부 사용자(LAN 및 WAN)를 모두 지원하는 단일 방화벽이 있는 토폴로지에서, 이 두 영역의 공유 리소스 역할을 한다.

27 다음 중 패킷으로 나누어진 데이터 스트림을 재조립하는 방법을 방화벽에 알려주는 것은?

① 소스 라우팅의 미래
② 헤더 식별 필드의 번호
③ 대상 IP 주소
④ 패킷 헤더의 헤더 체크섬 필드

27 소스 라우팅은 각 패킷이 헤더에 패킷이 목적지로 전달되어야 하는 순서의 주소 목록을 포함하는 것을 의미한다. 이 소스 경로는 패킷을 발생시키는 노드에 의해 생성된다. 소스 라우팅의 사용은 패킷의 라우팅을 루프가 없는 것으로 하고, 중간 노드에서 최신 라우팅 정보를 유지할 필요가 없으며, 소스 경로가 포함된 패킷을 엿듣게 하여 자신의 미래사용을 위해 이 정보를 캐시에 저장할 수 있게 한다.

정답 25 ③ 26 ③ 27 ①

28 상태 저장 방화벽은 방화벽이 네트워크 연결을 통해 이동하는 상태를 추적하여 명명하는 것을 말한다. 방화벽의 프로그래밍은 명확한 패킷만 전송되도록 구성되고 다른 패킷은 전송되지 않는다. 방화벽에서의 이 상태 점검은 OSI 모델의 3계층과 4계층에서 발생하며, 방화벽 필터링의 첨단 기술이다. 이 목적을 달성하기 위해 방화벽은 방화벽의 내부 구조에 대한 상태 테이블을 유지한다. 패킷이 방화벽을 통해 전송될 때마다 상태 테이블에 저장된 상태 정보를 사용하여 해당 패킷의 통과를 허용하거나 거부한다.

29 방화벽은 보호되는 네트워크에 따라 확장할 수 있어야 한다. 그것은 웹서핑과 전자우편을 생산적으로 만들기 위해 반드시 필요한 것으로 사용자들의 통신 요구를 고려할 필요가 있다. TCP/IP는 인터넷 자체뿐만 아니라 내부 네트워크를 위한 선택 프로토콜이기 때문에, 방화벽은 또한 예를 들어 포트 포워딩이나 네트워크/포트 주소 변환이 가능하도록 조직의 IP 주소 요구를 처리할 필요가 있다. 방화벽은 네트워크가 보호하는 조직의 변화하는 요구에 적응할 필요가 있다. 따라서 정기적으로 검토를 권장하고 필요에 따라 소프트웨어와 하드웨어를 업그레이드하여 방화벽의 성장을 제공해야 한다.

정답 28 ③ 29 ④

---

28 다음 빈칸에 들어갈 용어로 적절한 것은?

> 상태 저장 방화벽은 활성 연결 목록인 _____ (을)를 유지한다.

① 라우팅 테이블
② 브리징 테이블
③ 상태 테이블
④ 연결 테이블

29 다음 빈칸에 들어갈 설명으로 적절한 것은?

> 방화벽은 자신이 보호하는 네트워크와 함께 성장할 수 있도록 _____ 한다.

① 탄탄해야
② 광범위해야
③ 빨라야
④ 확장 가능해야

주관식 문제

01 네트워크 관리의 중요 기능에 대한 설명이다. 다음의 괄호 안에 들어갈 적당한 단어를 쓰시오.

> 네트워크 관리는 컴퓨터네트워크를 통제하고 관리하는 프로세스로 여기에서 제공하는 서비스에는 오류 분석, (   ), 네트워크 프로비저닝(provisioning) 및 서비스 품질 유지가 포함된다.

02 (1) 키 분배 센터(KDC)의 정의와 (2) 이를 이용한 대표적인 솔루션의 이름과 (3) 해당 솔루션의 문제점을 두 가지 이상 기술하시오.

해설 사용자 또는 기관이 비밀 키를 설정하여 다른 사용자에게 전달하는 기술을 '키 분배 프로토콜'이라 하고, 이때 키의 분배를 담당하는 것이 키 분배 센터(KDC)이다. 사용자는 A와 B가 비밀통신을 원할 때 KDC에게 작업시간을 포함하는 세션 키를 요구하게 되고 KDC는 키를 생성하여 A와 B가 복호할 수 있도록 암호화된 상태로 키를 전달하는 방법이다.

01

정답 성능 관리

해설 성능 관리는 통신망의 성능을 좌우하기 때문에 네트워크 관리에서 최우선적으로 고려되어야 하는 사항이다. 네트워크 관리는 컴퓨터네트워크를 통제하고 관리하는 프로세스로 여기에서 제공하는 서비스에는 오류 분석, 성능 관리, 네트워크 프로비저닝(provisioning) 및 서비스 품질 유지가 포함된다. 네트워크 관리자가 해당 기능을 수행할 수 있게 해주는 소프트웨어를 네트워크 관리 소프트웨어라고 한다.

02

정답 (1) 사용자 또는 기관이 비밀 키를 설정하여 다른 사용자에게 전달하는 기술을 '키 분배 프로토콜'이라 하고, 이때 키의 분배를 담당하는 것이 키 분배 센터(KDC)이다.

(2) 커버로스(Kerberos)

(3) ① 서비스거부(DOS)공격에 취약하다.

② 키 분배 센터(KDC)가 실패의 단일점(Single Point of Failure)으로 존재한다.

③ 키 공유 시 공격자가 키의 탈취가 가능하다.

④ 사용자의 패스워드 변경 시 비밀 키로 변경해야 하는 번거로움이 발생한다.

⑤ 패스워드 추측 공격에 취약하다.

⑥ UDP 기반으로 방화벽에서 자주 차단된다.

03

정답 (1) 대칭 키는 송신자와 수신자가 같은 키를 보유하고 그 키를 통해 송신자가 평문을 암호화해서 전송하면 수신자가 같은 키로 복호화하는 기법이다.
(2) ①S/W적으로 구현할 수 있다.
②전치와 치환을 반복하여 평문과 암호문으로부터 키에 대한 정보를 쉽게 찾아내기 어렵게 한다.
③데이터 전송, 대용량 데이터 저장시 사용이 가능하다.
(3) ① 느린 암호화 속도와 에러 전파의 문제가 있다.
②데이터의 크기가 작을 경우 효율적으로 암호화하기에는 적합하지 않다.

해설 대칭 키는 송신자와 수신자가 같은 키를 보유하고 그 키를 통해 송신자가 평문을 암호화해서 전송하면 수신자가 같은 키로 복호화하는 기법으로 키 크기가 상대적으로 작고 암호 알고리즘 내부 구조가 단순하여, 시스템개발 환경에 용이하고, 비대칭키에 비해 암호화와 복호화 속도가 빠르다.

04

정답 ㉠ SSL, ㉡ TLS

해설 전송 계층에서 보안을 제공하기 위한 두 가지 지배적인 프로토콜은 SSL(Secure Sockets Layer) 프로토콜 및 TLS(Transport Layer Security) 프로토콜이다. TLS(Transport Layer Security)와 그 이전 버전인 SSL(Secure Sockets Layer)은 컴퓨터네트워크를 통해 통신 보안을 제공하도록 설계된 암호화 프로토콜이다. 여러 버전의 프로토콜은 웹 브라우징, 이메일, 인스턴트 메시징 및 VoIP(VoIP)와 같은 애플리케이션에서 광범위하게 사용되고 있다. 웹 사이트들은 서버와 웹 브라우저 사이의 모든 통신을 보호하기 위해 TLS를 사용할 수 있다.

03 대칭 키 암호법의 (1) 정의와 (2) 장점과 (3) 단점을 각각 쓰시오.

04 다음의 괄호 안에 들어갈 알맞은 용어를 쓰시오.

전송 계층에서 보안을 제공하기 위한 두 가지 지배적인 프로토콜은 (㉠) 프로토콜과 (㉡) 프로토콜이다. (㉡)와 그 이전 버전인 (㉠)은 컴퓨터네트워크를 통해 통신 보안을 제공하도록 설계된 암호화 프로토콜이다. 여러 버전의 프로토콜은 웹 브라우징, 이메일, 인스턴트 메시징 및 VoIP(VoIP)와 같은 애플리케이션에서 광범위하게 사용되고 있다. 웹 사이트들은 서버와 웹 브라우저 사이의 모든 통신을 보호하기 위해 이 중 하나의 프로토콜인 (㉡)을 사용할 수 있다.

05 **(1) 방화벽의 정의를 적고, (2) 패킷 필터링 방화벽의 특징에 대해서 쓰시오.**

05

정답 (1) 방화벽이란 네트워크 트래픽을 모니터링하고 정해진 보안 규칙을 기반으로 특정 트래픽의 허용 또는 차단을 결정하는 네트워크 보안 장비를 말한다.

(2) 데이터링크 계층에서 네트워크 계층으로 전달되는 패킷 헤더의 주소와 서비스 포트를 검색하여 서비스 허용 여부를 파악하는 방식으로 속도가 빠르고 1세대 방화벽이 이에 해당한다. 그러나 패킷 내 데이터 파악이 어렵고, 패킷 헤더 조작 가능하여 보안상 취약점이 발생할 수 있다. 그리고 필터링 규칙 검증이 어려워 방화벽의 부하를 주는 등의 단점이 있다.

해설 네트워크 트래픽을 모니터링하고 정해진 보안 규칙을 기반으로 특정 트래픽의 허용 또는 차단을 결정하는 네트워크 보안 장비를 말한다. 방화벽은 일반적으로 신뢰할 수 있는 내부 네트워크, 신뢰할 수 없는 외부 네트워크(예 인터넷) 간의 장벽을 구성하여 서로 다른 네트워크를 지나는 데이터를 허용하거나 거부하거나 검열, 수정하는 하드웨어나 소프트웨어 장치이다.

06 **PGP 프로토콜의 (1) 개념과 (2) 장단점에 대해서 각각 쓰시오.**

06

정답 (1) PGP는 대칭 암호화와 비대칭 암호화를 모두 사용해 높은 수준의 보안을 가능하게 하는 하이브리드 암호화 시스템이다.

(2) 장단점
① 비대칭 암호화의 보안과 더불어 대칭형 암호화의 속도가 있다.
② 또 다른 장점으로 디지털 서명은 보안 및 속도 외에도 데이터의 무결성과 발신인의 신뢰성을 보장한다.
③ 특별히 기술적 지식이 거의 없는 이들이 간단히 사용하거나 이해하기가 쉽지 않다.
④ 많은 이들이 길이가 긴 공개 키를 매우 불편하게 여기고 있다는 점이다.

해설 PGP는 공개 키 암호 방식을 구현하기 위해 널리 사용되는 최초의 소프트웨어 중 하나로 이 시스템은 대칭 암호화와 비대칭 암호화를 모두 사용해 높은 수준의 보안을 가능하게 하는 하이브리드 암호화 시스템이다.

여기서 멈출 거예요? 고지가 바로 눈앞에 있어요.
마지막 한 걸음까지 시대에듀가 함께할게요!

부록

최종모의고사

최종모의고사
정답 및 해설

I wish you the best of luck!

최종모의고사 | 컴퓨터네트워크

제한시간: 50분 | 시작 ___시 ___분 − 종료 ___시 ___분

⊟ 정답 및 해설 476p

01 다음 중 OSI 참조모델에 대한 설명으로 옳지 <u>않은</u> 것은?

① 서로 다른 시스템 간의 통신을 위한 표준화된 서비스와 프로토콜을 정의한 것이다.

② 서로 다른 개체 간의 상호 인터페이스를 규정하고 있다.

③ 7개 계층으로 구성되었고 구성된 모듈을 통해 특정 데이터의 송수신이 가능하다.

④ 전송 데이터는 송신 측 물리 계층에서 시작해 응용 계층으로 순차적으로 전달된다.

02 다음은 OSI의 어떤 계층을 설명하고 있는가?

> 원격파일 전송이나 원격접속 같은 개념을 지원하고, 송수신 측 간의 대화 제어와 상호배타적인 작동을 제어하기 위해 토큰제어나 일시적인 전송 장애를 해결하기 위한 동기 기능을 지원한다.

① 물리 계층
② 데이터링크 계층
③ 전송 계층
④ 세션 계층

03 OSI 7계층 중 물리 계층과 데이터링크 계층에 대한 설명으로 옳지 <u>않은</u> 것은?

① 전송 매체의 물리적 인터페이스를 규정하고 있다.

② 데이터의 물리적 전송오류를 해결한다.

③ 송수신 단말기 간의 전송속도 차이를 고려한 흐름제어도 지원한다.

④ 데이터가 전달되는 전송 경로를 결정하는 라우팅 문제를 처리한다.

04 전송 계층과 응용 계층의 기능이 <u>아닌</u> 것은?

① 송신 프로세스와 수신 프로세스를 직접 연결하는 단대단(end-to-end) 통신 기능을 제공한다.

② 전송오류, 전송속도 같은 서비스 요구 유형에 대한 고려와 흐름제어 기능을 제공한다.

③ 데이터를 코딩하는 문제와 대용량 데이터의 크기를 압축하는 기능을 제공한다.

④ 파일의 업로드와 다운로드 같은 데이터 공유 기능을 제공한다.

05 TCP/IP 참조 모델에 대한 설명으로 **틀린** 것은?

① TCP는 연결형 서비스를 제공한다.
② UDP는 비연결형 서비스를 제공한다.
③ 인터넷 프로그램의 고유주소는 TCP 주소와 IP 주소의 조합으로 구성된다.
④ 인터넷에서 네트워크 계층 서비스는 IP에 의해서 구현된다.

06 위성통신에 대한 설명으로 **틀린** 것은?

① 지구의 자전과 같은 방향, 같은 주기로 회전하면서 장거리 통신을 지원한다.
② Ku 밴드는 주파수 대역이 4 ~ 6GHz이다.
③ 전송방향에 따라서 상향 링크, 하향 링크로 구분한다.
④ 3개의 인공위성을 적절히 배치하면 지국의 극지역을 제외하고 모든 지역의 통신이 가능하다.

07 10KHz의 음성신호를 PCM으로 전송할 때 필요한 샘플링 주파수로 옳은 것은?

① 10KHz
② 20KHz
③ 40KHz
④ 80KHz

08 EIA-232 인터페이스와 관련이 **없는** 것은?

① 직렬방식의 인터페이스의 하나이다.
② 인터페이스는 포트라고도 하여 직렬포트라고 불린다.
③ 핀 수는 30개이고 현재는 9핀이 많이 사용되고 있다.
④ 데이터를 전송하기 위한 전기적, 기계적인 특성을 정의한 것이다.

09 디비트(dibit)를 사용할 때 보오(Baud)의 속도가 2400 보오(Baud)이면, 이때 bps는?

① 1200bps
② 2400bps
③ 4800bps
④ 9600bps

10 xDSL에 관한 설명으로 올바른 것은?

① ADSL의 상향데이터 속도가 다른 DSL보다 빠르다.
② VDSL의 전송 거리가 ADSL보다 길다.
③ xDSL 기술은 모두 비대칭형 전송방식이다.
④ ADSL의 하향 데이터 속도는 상향 데이터 속도에 비해 현저하게 낮다.

11 다음 중 제어에 대한 설명으로 **틀린** 것은?

① 순서제어는 회선 교환 제어 방식에서 필요한 기법으로 패킷의 순서번호를 제어한다.
② 흐름제어는 수신 측과 송신 측의 데이터처리 속도 차이를 해결하기 위한 기법이다.
③ 혼잡제어는 송신 측과 네트워크의 데이터처리 속도 차이를 해결하기 위한 기법이다.
④ 오류제어는 오류검출과 재전송을 포함한다.

12 슬라이딩 윈도우 기법에서 송신 측 윈도우는 어떤 의미가 있는가?

① 보내지 않은 프레임
② 응답 프레임이 없어도 정상적으로 수신할 수 있는 데이터 프레임의 범위
③ 수신되었으나 확인되지 않은 프레임
④ 응답 프레임이 없어도 전송할 수 있는 데이터 프레임의 범위

13 CSMA의 기능상 특징은 무엇인가?

① 전송 매체가 사용 중이면 전송이 끝날 때까지 아무런 행동을 취하지 않는다.
② 전송 매체가 사용 중이라도 상대방 스테이션으로 데이터를 무조건 보낸다.
③ 전송 매체가 사용 중이면 일정 시간 정도 기다리다가 데이터를 전송하기 시작한다.
④ 전송 매체의 수신 측으로부터 긍정 응답이 도달하지 않으면 재전송하지 않는다.

14 CSMA/CD에 대한 설명으로 **틀린** 것은?

① CSMA의 기능을 발전시킨 것이다.
② 전송하는 동안 계속 매체를 점검하기 때문에 용량의 낭비를 최소화할 수 있다.
③ 충돌 감지 기능을 사용해 충돌을 감지하면 프레임의 전송을 중단한다.
④ 패킷의 길이가 전파지연 시간에 비해 크면 용량의 낭비가 커진다.

15 토큰이라고 하는 제어 패킷을 소유하는 스테이션이 특정 시간 동안 매체를 점유하는 방식을 무엇이라고 하는가?

① CSMA/CD
② Token Ring
③ Token Bus
④ Slot Ring

16 ISDN에 관한 설명으로 옳지 **않은** 것은?

① BRI는 2개의 B 채널과 1개의 D 채널을 기본 용량으로 한다.
② PRI는 규모가 큰 사용자에게 제공하는 서비스이고 BRI는 가정 등 소규모 환경에 제공하는 서비스이다.
③ B 채널은 데이터, 음성, 그 밖의 서비스를 제공하고 D 채널은 제어 및 신호정보를 전달한다.
④ 광 케이블을 통해서 제공하는 기본전송 용량은 2개의 B 채널과 1개의 D 채널 그리고 여기에 오버헤드 48킬로비트를 포함한다.

17 다음 중 <u>스트로브 신호</u>에 대한 설명으로 **틀린** 것은?

① 비동기적인 데이터 전송을 이루기 위해 전송시각을 알리는 제어 신호이다.
② 전송을 시작한 송신장치는 수신장치가 데이터를 받았는지를 알 수 있다.
③ 스트로브 펄스를 발생시켜 송신부로 하여금 데이터를 제공하도록 알린다.
④ 메모리와 CPU 사이에서 정보를 교환할 때 사용한다.

18 다음 중 괄호 안에 들어갈 적당한 용어는?

> (   )은 패킷이 전달되기 전에 경로를 미리 할당할 필요가 없어 전송되는 패킷들이 독립 경로로 전달되고 전송할 양이 적거나 상대적으로 신뢰성이 중요하지 않은 환경에서 사용한다.

① 전용 회선 방식
② 회선 교환 방식
③ 데이터그램 방식
④ 가상 회선 방식

19 프로토콜의 3가지 중요한 요소가 <u>아닌</u> 것은?

① 문법
② 의미
③ 시간
④ 모듈화

20 프로토콜에서 사용하는 데이터 교환 방식과 관련이 <u>없는</u> 것은?

① 쉘 방식
② 문자 방식
③ 바이트 방식
④ 비트 방식

21 라우터에서 사용하는 경로 정보를 네트워크 상황에 따라 적절하게 변경하는 방식은?

① 정적 라우팅
② 동적 라우팅
③ 수동 라우팅
④ 자동 라우팅

22 패킷의 최종 목적지까지 도달하는 호스트의 주솟값과 인접 경로를 제공하는 홉의 내용을 담고 있는 라우팅의 구성 요소는 무엇인가?

① hello/echo 패킷
② 라우팅 테이블
③ 송신 호스트
④ 수신 호스트

23 라우팅 프로토콜과 그 설명이 <u>잘못</u> 연결된 것은?

① BGP – 외부 게이트웨이 라우팅 및 경계 경로 프로토콜
② IGRP – 경로 벡터나 거리 벡터 프로토콜을 통한 내부 게이트웨이 라우팅 프로토콜
③ OSPF – 링크 스테이트 라우팅 프로토콜을 통한 내부 게이트웨이 라우팅 프로토콜
④ IS-IS – 경로 벡터나 거리 벡터 프로토콜을 통한 내부 게이트웨이 라우팅 프로토콜

24 RIP 프로토콜을 올바르게 설명한 것은?

① 소규모 네트워크에 적합하고 거리 벡터 방식을 사용한다.
② 대형 네트워크에 적합하고 변경된 부분의 라우팅 정보만 호스트에게 보낸다.
③ 플러딩 기법을 사용하여 모든 라우터에게 라우팅 정보를 알린다.
④ 영역 개념을 도입하여 불필요한 경로 설정 프로토콜이나 교환을 감소할 수 있다.

✔ 주관식 문제

01 OSI 7계층 중 2계층, 4계층, 5계층, 7계층의 이름을 모두 쓰시오.

02 네트워크 관리 영역의 5가지를 모두 쓰시오.

03 디지털 신호를 변조하여 디지털 데이터로 전송하는 방법 4가지를 쓰시오.

04 다음의 괄호 안에 들어갈 라우팅 프로토콜을 적으시오.

> (가)는(은) 소규모의 네트워크를 구성하는 데 효율적인 방안으로 인접한 호스트는 자신의 차례가 되면 그 정보를 그 다음 인접한 호스트로 넘긴다. 그러나 매 30초마다 전체의 라우팅 테이블을 전송하는 것은 망의 부하를 발생시키기 때문에 대규모 망에서는 (나)를 사용한다.

정답

01	02	03	04	05	06	07	08	09	10	11	12
④	④	④	③	③	②	②	③	③	④	①	④

13	14	15	16	17	18	19	20	21	22	23	24
①	④	③	①	②	③	④	①	②	②	④	①

주관식 정답

01	(1) 2계층 : 데이터링크 계층 (2) 4계층 : 전송 계층 (3) 5계층 : 세션 계층 (4) 7계층 : 응용 계층	03	(1) 진폭 편이 변조(ASK) (2) 주파수 편이 변조(FSK) (3) 위상 편이 변조(PSK) (4) 직교 진폭 편이 변조(QAM)
02	(1) 구성관리 (2) 오류관리(장애관리, 고장관리) (3) 성능관리 (4) 보안관리 (5) 계정관리	04	(가) RIP (나) OSPF

---

01 정답 ④

전송 데이터는 송신 측 응용 계층에서 시작해 물리 계층으로 순차적으로 전달되고, 수신 측에서는 물리 계층에서 시작해 응용 계층으로 순차적으로 전달된다.

02 정답 ④

세션 계층은 전송 계층과 유사하지만 원격파일 전송이나 원격접속 같은 상위적인 연결 개념을 지원하고, 송수신 단말기 사이의 대화 제어와 상호배타적인 작동 제어를 위해 토큰제어나 일시적인 전송 장애를 해결하기 위한 동기 기능을 지원한다.

03 정답 ④

전송 경로를 결정하는 라우팅 문제의 처리는 네트워크 계층의 기능이다. 데이터의 물리적 전송오류의 해결과 송수신 단말기 간의 흐름제어 기능은 데이터링크 계층의 기능이다.

04 정답 ③

데이터를 코딩하는 문제와 대용량 데이터의 크기를 압축하는 기능을 제공하는 계층은 표현 계층이다. 파일의 업로드와 다운로드 기능은 응용 계층의 기능이다.

05 정답 ③

인터넷 프로그램의 고유주소는 IP 주소와 포트 번호의 조합으로 구성된다.

06 정답 ②

위성용 주파수에는 4 ~ 6GHz의 C 밴드, 12 ~ 14GHz의 Ku 밴드, 20 ~ 30GHz의 Ka 밴드가 있다.

07 정답 ②

해당 음성신호를 PCM으로 전송하여 복원하기 위해서는 원래 주파수의 2배에 해당하는 주파수를 전송해야 하므로 20KHz의 주파수가 필요하다.

08 정답 ③

EIA-232 인터페이스의 핀 수는 25개로 각 핀마다 기능이 정해져 있고, 현재는 9핀 단자가 널리 보급되어 있다.

09 정답 ③

보오(baud)는 매 초당 몇 개의 신호 변화가 있었는지 나타내는 신호의 단위로서 보오 속도는 bps/단위 시간당 비트 수로 표시한다. 즉, 매 초마다 2번의 신호 변화가 발생했으므로(dibit) 이때 초당 비트 전송률은 4800bps가 된다.

10 정답 ④

데이터의 속도는 VDSL, HDSL, SDSL, ADSL 순이고 ADSL의 경우는 상하향 데이터의 속도 차이가 현저하다. 즉, 하향 속도가 상향 속도에 비해 현저하게 낮다는 것을 뜻한다. 전송 거리는 VDSL이 가장 짧고 ADSL은 비대칭, SDSL, HDSL 대칭이고, VDSL은 비대칭 또는 대칭이다.

11 정답 ①

패킷 교환의 데이터그램 전송은 패킷의 전송 루트가 일정하지 않으므로, 도달 순서가 역전되는 일이 다반사이다. 따라서 이들 패킷에 순서번호를 부여하여 이 순서대로 패킷의 순서화가 필요하다.

12 정답 ④

송신 측 프레임은 응답 프레임이 없어도 전송할 수 있는 데이터 프레임의 범위를 의미하고, 수신 측 프레임은 응답 프레임이 없어도 정상적으로 수신할 수 있는 데이터 프레임의 범위를 나타낸다.

13 정답 ①

CSMA는 전송을 희망하는 스테이션이 전송 매체를 살펴서 다른 전송이 있는지 점검하고 전송 매체가 사용 중이면 전송이 끝날 때까지 아무런 행동을 취하지 않는다.

14 정답 ④

패킷의 길이가 전파지연 시간에 비해 크면 용량의 낭비가 커지는 것은 CSMA에서 발생하는 문제이다.

15 정답 ③

토큰을 소유한 스테이션이 전송 매체를 일정 시간 동안 소유하는 방식을 토큰 버스 방식이라고 한다. 토큰 링에서는 프리 토큰을 소유한 스테이션이 매체를 사용한다.

16 정답 ①

종합정보통신망(ISDN)은 전화회선을 통해서 서비스되고 BRI는 2개의 64Kbps B 채널과 1개의 16Kbps D 채널 및 48Kbps의 오버헤드를 기본 용량으로 한다. ISDN은 우리나라에서는 사용하지 않는다.

17 정답 ②

비동기 전송에서 두 개의 독립적인 장치 사이의 비동기적인 데이터 전송을 이루기 위해 전송시각을 알리는 제어 신호를 스트로브 신호라 하며, 한 개의 제어선을 통해 상호 교환한다. 수신장치는 스트로브 펄스를 발생시켜 송신부로 하여금 데이터를 제공하도록 알린다. 주로 메모리와 CPU 사이에서 정보를 교환할 때 사용한다. 단점은 전송을 시작한 송신장치는 수신장치가 데이터를 받았는지를 알 수 없다는 것이다.

18 정답 ③

데이터그램 방식은 패킷의 경로를 미리 설정할 필요가 없고 송신 측에서 전송한 패킷이 전송 순서와 무관하게 수신 측에 도착한다. 즉, 패킷의 전송 시 어떤 경로를 선택하느냐에 따라 전달 순서와 도착 순서가 바뀔 수 있다.

19 정답 ④

프로토콜의 3가지 중요한 요소에는 상호 주고받는 데이터 형식인 syntax(문법, 규칙, 구문)와 송수신 속도의 정합성, 통신순서 등을 의미하는 timing(시간, 순서) 그리고 전송제어와 오류복원을 위한 제어정보 등을 나타내는 semantic(의미, 어의)이 있다.

20 **정답** ①
프로토콜의 종류에는 문자 방식, 바이트 방식, 비트 방식의 3종류가 있다. 전송 제어문자를 정보의 처음과 끝에 포함하여 전송하는 방식을 문자 방식이라 하고, 메시지의 처음과 끝을 나타내는 특수문자를 포함시키는 방식을 바이트 방식이라 하며, 특정 플래그 비트를 포함시키는 방식을 비트 방식이라 한다.

21 **정답** ②
동적 라우팅은 라우터에서 사용하는 경로 정보를 네트워크 상황에 따라 적절하게 변경하는 방식이다. 정적 라우팅은 패킷 전송이 이루어지기 전에 경로 정보를 라우터에 미리 저장하는 방식이다.

22 **정답** ②
라우팅 테이블에는 목적지와 홉의 내용이 담겨 있다. hello/echo 패킷은 주변에 연결된 라우터의 초기화와 라우터 간의 전송지연시간을 측정하기 위해 사용하는 패킷이다.

23 **정답** ④
링크 스테이트 라우팅 프로토콜을 통한 내부 게이트웨이 라우팅에는 OSPF, IS-IS가 있다. 경로 벡터나 거리 벡터 프로토콜을 통한 내부 게이트웨이 라우팅은 IGRP, EIGRP가 있다. 외부 게이트웨이 라우팅이나 경계 경로 프로토콜은 BGP를 사용한다.

24 **정답** ①
라우팅 정보 프로토콜(RIP)은 거리 벡터 라우팅 알고리즘을 기반으로 가장 널리 사용되는 도메인 내부 라우팅 프로토콜 중 하나이다.
②, ③, ④번은 모두 OSPF에 관련한 설명이다.

주관식 해설

01 **정답** (1) 2계층 : 데이터링크 계층
(2) 4계층 : 전송 계층
(3) 5계층 : 세션 계층
(4) 7계층 : 응용 계층

해설 OSI 7계층은 1계층 물리 계층, 2계층 데이터링크 계층, 3계층 네트워크 계층, 4계층 전송 계층, 5계층 세션 계층, 6계층 표현 계층, 7계층 응용 계층으로 구성된다.

02 **정답** (1) 구성관리
(2) 오류관리(장애관리, 고장관리)
(3) 성능관리
(4) 보안관리
(5) 계정관리

해설 구성관리는 통신망 내의 연결 실체를 관리하는 것이고, 장애관리는 장애나 고장을 관리하여 재발을 방지토록 하는 것이다. 성능관리는 네트워크의 최대 성능을 위한 효율적인 실행을 보장하는 것이며, 보안관리는 통신망의 안전성을 위한 관리이고, 계정관리는 요금을 통해 사용자의 네트워크 자원에 대한 접근을 통제하는 것이다.

03 **정답** (1) 진폭 편이 변조(ASK)
(2) 주파수 편이 변조(FSK)
(3) 위상 편이 변조(PSK)
(4) 직교 진폭 편이 변조(QAM)

해설 진폭 편이 변조는 반송파의 진폭으로 디지털 데이터를 전송하는 방식이고, 주파수 편이 변조는 반송파의 주파수로 디지털 데이터를 전송하는 방식이다. 위상 편이 변조는 반송파의 위상에 디지털 데이터를 전송하는 방식이고, 직교 진폭 편이 변조는 진폭 편이 방식과 주파수 편이 변조를 혼합한 방식이다.

04 **정답** (가) RIP
(나) OSPF

해설 RIP과 OSPF는 가장 보편적으로 사용되는 라우팅 프로토콜로서 Area와 AS라는 두 가지의 중요한 요소를 가지고 계층적으로 구성되어 있고, 라우팅 테이블 감소로 트래픽을 줄일 수 있으며 라우팅 경로 선택에 있어 효과적으로 가장 짧은 경로를 선택할 수 있다. RIP은 최대 홉 카운터가 15개로 제한되어 있고, 네트워크 구성상 계층은 없고 평면적이다.

✂ 절취선

남도 전공심화과정인정시험 답안지(객관식)

컴퓨터용 사인펜만 사용

★ 수험생은 수험번호와 응시과목 코드번호를 표기(마킹)한 후 일치여부를 반드시 확인할 것.

전공분야

성명

(1)

| 3 | — | — | — |

(2)

① ② ● ④

수험번호

① ① ① ① ① ① ① ① ①
② ② ② ② ② ② ② ② ②
③ ③ ③ ③ ③ ③ ③ ③ ③
④ ④ ④ ④ ④ ④ ④ ④ ④
⑤ ⑤ ⑤ ⑤ ⑤ ⑤ ⑤ ⑤ ⑤
⑥ ⑥ ⑥ ⑥ ⑥ ⑥ ⑥ ⑥ ⑥
⑦ ⑦ ⑦ ⑦ ⑦ ⑦ ⑦ ⑦ ⑦
⑧ ⑧ ⑧ ⑧ ⑧ ⑧ ⑧ ⑧ ⑧
⑨ ⑨ ⑨ ⑨ ⑨ ⑨ ⑨ ⑨ ⑨
⑩ ⑩ ⑩ ⑩ ⑩ ⑩ ⑩ ⑩ ⑩

※ 감독관 확인란

(인)

관리번호

(연번)

(응시자수)

교시코드

① ② ③ ④

과목코드

① ① ① ①
② ② ② ②
③ ③ ③ ③
④ ④ ④ ④
⑤ ⑤ ⑤ ⑤
⑥ ⑥ ⑥ ⑥
⑦ ⑦ ⑦ ⑦
⑧ ⑧ ⑧ ⑧
⑨ ⑨ ⑨ ⑨
⓪ ⓪ ⓪ ⓪

응시과목

1	① ② ③ ④	14	① ② ③ ④
2	① ② ③ ④	15	① ② ③ ④
3	① ② ③ ④	16	① ② ③ ④
4	① ② ③ ④	17	① ② ③ ④
5	① ② ③ ④	18	① ② ③ ④
6	① ② ③ ④	19	① ② ③ ④
7	① ② ③ ④	20	① ② ③ ④
8	① ② ③ ④	21	① ② ③ ④
9	① ② ③ ④	22	① ② ③ ④
10	① ② ③ ④	23	① ② ③ ④
11	① ② ③ ④	24	① ② ③ ④
12	① ② ③ ④		
13	① ② ③ ④		

답안지 작성시 유의사항

1. 답안지는 반드시 컴퓨터용 사인펜을 사용하여 다음 보기와 같이 표기할 것.
   보기) 잘된표기: ● 잘못된 표기: ⊗ ⊙ ○ ◐ ●
2. 수험번호 (1)에는 아라비아 숫자로 쓰고, (2)에는 "●"와 같이 표기할 것.
3. 과목코드는 뒷면 "과목코드번호"를 보고 해당과목의 코드번호를 찾아 표기하고,
   응시과목란에는 응시과목명을 한글로 기재할 것.
4. 교시코드는 문제지 전면의 교시를 해당란에 "●"와 같이 표기할 것.
5. 한번 표기한 답은 긁거나 수정액 및 스티커 등 어떠한 방법으로도 고쳐서는
   아니되고, 고친 문항은 "0"점 처리함.

과목코드

① ① ① ①
② ② ② ②
③ ③ ③ ③
④ ④ ④ ④
⑤ ⑤ ⑤ ⑤
⑥ ⑥ ⑥ ⑥
⑦ ⑦ ⑦ ⑦
⑧ ⑧ ⑧ ⑧
⑨ ⑨ ⑨ ⑨
⓪ ⓪ ⓪ ⓪

응시과목

1	① ② ③ ④	14	① ② ③ ④
2	① ② ③ ④	15	① ② ③ ④
3	① ② ③ ④	16	① ② ③ ④
4	① ② ③ ④	17	① ② ③ ④
5	① ② ③ ④	18	① ② ③ ④
6	① ② ③ ④	19	① ② ③ ④
7	① ② ③ ④	20	① ② ③ ④
8	① ② ③ ④	21	① ② ③ ④
9	① ② ③ ④	22	① ② ③ ④
10	① ② ③ ④	23	① ② ③ ④
11	① ② ③ ④	24	① ② ③ ④
12	① ② ③ ④		
13	① ② ③ ④		

[이 답안지는 마킹연습용 모의답안지입니다.]

년도 전공심화과정
인정시험 답안지(주관식)

전공분야

성명

★ 수험생은 수험번호와 응시과목 코드번호와 코드번호를 표기(마킹)한 후 일치여부를 반드시 확인할 것.

과목코드

교시코드 ① ② ③ ④

번호	※1차 점수	※1차 채점	응시과목	※1차확인	※2차확인	※2차 채점	※2차 점수
1							
2							
3							
4							
5							

답안지 작성시 유의사항

1. ※란은 표기하지 말 것.
2. 수험번호 (2)란, 과목코드, 교시코드 표기는 반드시 컴퓨터용 싸인펜으로 표기할 것
3. 교시코드는 문제지 전면 의 교시를 해당란에 컴퓨터용 싸인펜으로 표기할 것.
4. 답란은 반드시 흑·청색 볼펜 또는 만년필을 사용할 것. (연필 또는 적색 필기구 사용불가)
5. 답안을 수정할 때에는 두줄(=)을 긋고 수정할 것.
6. 답란이 부족하면 해당답란에 "뒷면기재"라고 쓰고 뒷면 '추가답란'에 문제번호를 기재한 후 답안을 작성할 것.
7. 기타 유의사항은 객관식 답안지의 유의사항과 동일함.

※ 감독관 확인란

(인)

절취선

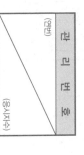

넥도 전공심화과정인정시험 답안지(객관식)

★ 수험생은 수험번호와 응시과목 코드번호를 표기(마킹)한 후 일치여부를 반드시 확인할 것.

컴퓨터용 사인펜만 사용

전공분야

성명

	수 험 번 호					
3		—			—	

(1)

(2) ① ● ② ④

※ 감독관 확인란

(역번)

관 리 번 호

(응시자수)

(인)

과목코드 / 응시과목

과목코드	응시과목	
	1	① ② ③ ④	14 ① ② ③ ④
	2	① ② ③ ④	15 ① ② ③ ④
	3	① ② ③ ④	16 ① ② ③ ④
	4	① ② ③ ④	17 ① ② ③ ④
	5	① ② ③ ④	18 ① ② ③ ④
	6	① ② ③ ④	19 ① ② ③ ④
교시코드	7	① ② ③ ④	20 ① ② ③ ④
① ② ③ ④	8	① ② ③ ④	21 ① ② ③ ④
	9	① ② ③ ④	22 ① ② ③ ④
	10	① ② ③ ④	23 ① ② ③ ④
	11	① ② ③ ④	24 ① ② ③ ④
	12	① ② ③ ④	
	13	① ② ③ ④	

과목코드	응시과목	
	1	① ② ③ ④	14 ① ② ③ ④
	2	① ② ③ ④	15 ① ② ③ ④
	3	① ② ③ ④	16 ① ② ③ ④
	4	① ② ③ ④	17 ① ② ③ ④
	5	① ② ③ ④	18 ① ② ③ ④
	6	① ② ③ ④	19 ① ② ③ ④
	7	① ② ③ ④	20 ① ② ③ ④
	8	① ② ③ ④	21 ① ② ③ ④
	9	① ② ③ ④	22 ① ② ③ ④
	10	① ② ③ ④	23 ① ② ③ ④
	11	① ② ③ ④	24 ① ② ③ ④
	12	① ② ③ ④	
	13	① ② ③ ④	

답안지 작성시 유의사항

1. 답안지는 반드시 컴퓨터용 사인펜을 사용하여 다음 [보기]와 같이 표기할 것.
   [보기] 잘 된 표기: ●
   잘못된 표기: ⊗ ⊙ ◑ ◐ ●

2. 수험번호 (1)에는 아라비아 숫자로 쓰고, (2)에는 " ● "와 같이 표기할 것.

3. 과목코드는 뒷면 "과목코드번호"를 보고 해당과목의 코드번호를 찾아 표기하고,
   응시과목란에는 응시과목명을 한글로 기재할 것.

4. 교시코드는 문제지 전면 의 교시를 해당란에 " ● "와 같이 표기할 것.

5. 한번 표기한 답은 긁거나 수정액 및 스티커 등 어떠한 방법으로도 고쳐서는
   아니되고, 고친 문항은 "0"점 처리함.

[이 답안지는 마킹연습용 모의답안지입니다.]

절취선

[이 답안지는 마킹연습용 모의답안지입니다.]

년도 전공심화과정
인정시험 답안지(주관식)

전공분야

성명

과목코드

① ② ③ ④ ⑤ ⑥ ⑦ ⑧ ⑨ ⓪
① ② ③ ④ ⑤ ⑥ ⑦ ⑧ ⑨ ⓪
① ② ③ ④ ⑤ ⑥ ⑦ ⑧ ⑨ ⓪
① ② ③ ④ ⑤ ⑥ ⑦ ⑧ ⑨ ⓪

교시코드

① ② ③ ④

수험번호

번호	※1차 점수	※1차 채점	※1차확인	응시과목	코드번호	※2차 채점	※2차확인	※2차 점수
1	⓪①②③④⑤⑥⑦⑧⑨⑩							⓪①②③④⑤⑥⑦⑧⑨⑩
2	⓪①②③④⑤⑥⑦⑧⑨⑩							⓪①②③④⑤⑥⑦⑧⑨⑩
3	⓪①②③④⑤⑥⑦⑧⑨⑩							⓪①②③④⑤⑥⑦⑧⑨⑩
4	⓪①②③④⑤⑥⑦⑧⑨⑩							⓪①②③④⑤⑥⑦⑧⑨⑩
5	⓪①②③④⑤⑥⑦⑧⑨⑩							⓪①②③④⑤⑥⑦⑧⑨⑩

답안지 작성시 유의사항

1. ※란은 표기하지 말 것.
2. 수험번호 (2)란, 과목코드, 교시코드 표기는 반드시 컴퓨터용 싸인펜으로 표기할 것
3. 교시코드는 문제지 전면 의 교시를 해당란에 컴퓨터용 싸인펜으로 표기할 것.
4. 답란은 반드시 흑·청색 볼펜 또는 만년필을 사용할 것. (연필 또는 적색 필기구 사용불가)
5. 답안을 수정할 때에는 두줄(=)을 긋고 수정할 것.
6. 답란이 부족하면 해당답란에 "뒷면기재"라고 쓰고 뒷면 '추가답란'에 문제번호를 기재한 후 답안을 작성할 것.
7. 기타 유의사항은 객관식 답안지의 유의사항과 동일함.

※ 감독관 확인란

(인)

절취선

년도 전공심화과정인정시험 답안지(객관식)

★ 수험생은 수험번호와 응시과목 코드번호를 표기(마킹)한 후 일치여부를 반드시 확인할 것.

전공분야

성 명

수험번호

(1)
3 | — | — | — | — |

(2)
① ② ● ④

과목코드	응시과목
	1 ① ② ③ ④	14 ① ② ③ ④
	2 ① ② ③ ④	15 ① ② ③ ④
	3 ① ② ③ ④	16 ① ② ③ ④
	4 ① ② ③ ④	17 ① ② ③ ④
	5 ① ② ③ ④	18 ① ② ③ ④
	6 ① ② ③ ④	19 ① ② ③ ④
교시코드	7 ① ② ③ ④	20 ① ② ③ ④
① ② ③	8 ① ② ③ ④	21 ① ② ③ ④
	9 ① ② ③ ④	22 ① ② ③ ④
	10 ① ② ③ ④	23 ① ② ③ ④
	11 ① ② ③ ④	24 ① ② ③ ④
	12 ① ② ③ ④	
	13 ① ② ③ ④	

답안지 작성시 유의사항

1. 답안지는 반드시 컴퓨터용 사인펜을 사용하여 다음 [보기]와 같이 표기할 것.
   [보기] 잘된 표기: ● 잘못된 표기: ⊗ ⊗ ⊙ ◐ ○ ◑
2. 수험번호 (1)에는 아라비아 숫자로 쓰고, (2)에는 "●"와 같이 표기할 것.
3. 과목코드는 뒷면 "과목코드번호"를 보고 해당과목의 코드번호를 찾아 표기하고,
   응시과목란에는 응시과목명을 한글로 기재할 것.
4. 교시코드는 문제지 전면 의 교시를 해당란에 "●"와 같이 표기할 것.
5. 한번 표기한 답은 긁거나 수정액 및 스티커 등 어떠한 방법으로도 고쳐서는
   아니되고, 고친 문항은 "0"점 처리함.

과목코드	응시과목
	1 ① ② ③ ④	14 ① ② ③ ④
	2 ① ② ③ ④	15 ① ② ③ ④
	3 ① ② ③ ④	16 ① ② ③ ④
	4 ① ② ③ ④	17 ① ② ③ ④
	5 ① ② ③ ④	18 ① ② ③ ④
	6 ① ② ③ ④	19 ① ② ③ ④
	7 ① ② ③ ④	20 ① ② ③ ④
	8 ① ② ③ ④	21 ① ② ③ ④
	9 ① ② ③ ④	22 ① ② ③ ④
	10 ① ② ③ ④	23 ① ② ③ ④
	11 ① ② ③ ④	24 ① ② ③ ④
	12 ① ② ③ ④	
	13 ① ② ③ ④	

※ 감독관 확인란

(인)

관리번호
(연번)
(응시자수)

[이 답안지는 마킹연습용 모의답안지입니다.]

년도 전공심화과정
인정시험 답안지(주관식)

전공분야

성명

★ 수험생은 수험번호와 응시과목 코드번호를 표기(마킹)한 후 일치여부를 반드시 확인할 것.

과목코드

| ① ② ③ ④ ⑤ ⑥ ⑦ ⑧ ⑨ ⑩ |
| ① ② ③ ④ ⑤ ⑥ ⑦ ⑧ ⑨ ⑩ |
| ① ② ③ ④ ⑤ ⑥ ⑦ ⑧ ⑨ ⑩ |
| ① ② ③ ④ ⑤ ⑥ ⑦ ⑧ ⑨ ⑩ |
| ① ② ③ ④ ⑤ ⑥ ⑦ ⑧ ⑨ ⑩ |

교시코드

① ② ③ ④

수험번호

수 험 번 호							
3	–		–		–		
				①			
(1)				②			
				●			
(2)				④			

수험번호 번호 칸:
① ② ③ ④ ⑤ ⑥ ⑦ ⑧ ⑨ ⑩
① ② ③ ④ ⑤ ⑥ ⑦ ⑧ ⑨ ⑩
① ② ③ ④ ⑤ ⑥ ⑦ ⑧ ⑨ ⑩
① ② ③ ④ ⑤ ⑥ ⑦ ⑧ ⑨ ⑩
① ② ③ ④ ⑤ ⑥ ⑦ ⑧ ⑨ ⑩
① ② ③ ④ ⑤ ⑥ ⑦ ⑧ ⑨ ⑩
① ② ③ ④ ⑤ ⑥ ⑦ ⑧ ⑨ ⑩

답안지 작성시 유의사항

1. ※란은 표기하지 말 것.
2. 수험번호 (2)란, 과목코드, 교시코드 표기는 반드시 컴퓨터용 싸인펜으로 표기할 것.
3. 교시코드는 문제지 전면 의 교시를 해당란에 컴퓨터용 싸인펜으로 표기할 것.
4. 답란은 반드시 흑·청색 볼펜 또는 만년필을 사용할 것. (연필 또는 적색 필기구 사용불가)
5. 답안을 수정할 때에는 두줄(=)을 긋고 수정할 것.
6. 답란이 부족하면 해당답란에 "뒷면기재"라고 쓰고 뒷면 '추가답란'에 문제번호를 기재한 후 답안을 작성할 것.
7. 기타 유의사항은 객관식 답안지의 유의사항과 동일함.

응시과목

번호	※ 1차 점수	※ 1차 채점	※1차확인	응 시 과 목	※2차확인	※ 2차 채점	※ 2차 점수
1	⓪ ① ② ③ ④ ⑤ ⑥ ⑦ ⑧ ⑨ ⑩						⓪ ① ② ③ ④ ⑤ ⑥ ⑦ ⑧ ⑨ ⑩
2	⓪ ① ② ③ ④ ⑤ ⑥ ⑦ ⑧ ⑨ ⑩						⓪ ① ② ③ ④ ⑤ ⑥ ⑦ ⑧ ⑨ ⑩
3	⓪ ① ② ③ ④ ⑤ ⑥ ⑦ ⑧ ⑨ ⑩						⓪ ① ② ③ ④ ⑤ ⑥ ⑦ ⑧ ⑨ ⑩
4	⓪ ① ② ③ ④ ⑤ ⑥ ⑦ ⑧ ⑨ ⑩						⓪ ① ② ③ ④ ⑤ ⑥ ⑦ ⑧ ⑨ ⑩
5	⓪ ① ② ③ ④ ⑤ ⑥ ⑦ ⑧ ⑨ ⑩						⓪ ① ② ③ ④ ⑤ ⑥ ⑦ ⑧ ⑨ ⑩

※ 코드번호를 표기(마킹)한 후 일치여부를 반드시 확인할 것.

※ 감독관 확인란

(인)

절취선

참고문헌

1. Forouzan, B. 『Data communications and Networking』, NewYork, NY: McGraw-Hill, 2007.

2. Forouzan, B. 『LocalArea Networks』, NewYork, NY: McGraw-Hill, 2007.

3. Forouzan, B. 『TCP/IP Protocol Suite』, NewYork, NY: McGraw-Hill, 2006.

4. Barr, T. 『Invitation to Cryptology』, Upper Saddle River, NJ: Prentice Hall, 2002.

5. Bishop, M. 『Computer Security. Reading』, MA: Addison-Wesley, 2003.

6. Comer, D. 『Internetworking with TCP/Ip, Volume 1: Principles, Protocols, and Architecture』, Upper Saddle River, NJ: Prentice Hall, 2000.

7. Comer, D. 『Computer Networks』, Upper Saddle River, NJ: Prentice Hall, 2004.

8. Hsu, H. 『Analog and Digital Communications』, New York, NY: McGraw-Hill, 2003.

9. Izzo, P. 『Gigabit Networks』, New York, NY: Wiley, 2000.

10. Keiser, G. 『Local Area Networks』, New York, NY: McGraw-Hill, 2002.

11. Peterson, L. and Davie B. 『Computer Networks: A Systems Approach』, San Francisco, CA: Morgan, Kaufmans, 2000.

12. 장우순 편저, 『컴퓨터네트워크』, ㈜지식과 미래, 2016.

여기서 멈출 거예요? 고지가 바로 눈앞에 있어요.
마지막 한 걸음까지 시대에듀가 함께할게요!

좋은 책을 만드는 길
독자님과 함께하겠습니다.

도서나 동영상에 궁금한 점, 아쉬운 점, 만족스러운 점이
있으시다면 어떤 의견이라도 말씀해 주세요.
시대고시기획은 독자님의 의견을 모아 더 좋은 책으로 보답하겠습니다.

www.sidaegosi.com

시대에듀 독학사 컴퓨터공학과 3단계 컴퓨터네트워크

개정2판1쇄 발행	2022년 03월 30일 (인쇄 2022년 01월 06일)
초 판 발 행	2019년 10월 21일 (인쇄 2019년 08월 30일)
발 행 인	박영일
책 임 편 집	이해욱
저 자	최성운
편 집 진 행	송영진·양희정
표지디자인	박종우
편집디자인	김경원·박서희
발 행 처	(주)시대고시기획
출 판 등 록	제10-1521호
주 소	서울시 마포구 큰우물로 75 [도화동 538 성지 B/D] 9F
전 화	1600-3600
팩 스	02-701-8823
홈 페 이 지	www.sidaegosi.com
I S B N	979-11-383-1518-0 (13000)
정 가	29,000원

1년 만에 4년제 대학 졸업

시대에듀가
All care 해 드립니다!

학사학위 취득하기로 결정하셨다면!
지금 바로 시대에듀 독학사와 함께 시작하세요!

시대에듀 교수진과 함께라면
독학사 학위취득은 반드시 이루어집니다

수강생을 위한 프리미엄 학습 지원 혜택

저자직강 명품강의 제공		기간 내 무제한 수강		모바일 강의 제공		1:1 맞춤 학습 서비스
	✕		✕		✕	

시대에듀 독학사

컴퓨터공학과

왜? 독학사 컴퓨터공학과인가? *why*

4년제 컴퓨터공학 학위를 최소 시간과 비용으로 단 1년 만에 초고속 합격 가능!

1. 독학사 학과 중 거의 유일한 공과 계열 학과

2. 컴퓨터 관련 취업에 가장 유용한 학과

3. 전산팀, 서버관리실, R&D, 프로그래머, 빅데이터·데이터베이스 전문가, 시스템·임베디드 엔지니어 등 각종 IT 관련 연구소 등 분야 진출

컴퓨터공학과 과정별 시험과목(2~4과정)

1~2과정 교양 및 전공기초 과정은 객관식 40문제 구성
3~4과정 전공심화 및 학위취득 과정은 객관식 24문제 + 주관식 4문제 구성

2과정(전공기초)	3과정(전공심화)	4과정(학위취득)
논리회로	컴퓨터네트워크	알고리즘
C프로그래밍	인공지능	데이터베이스
자료구조	소프트웨어공학	통합프로그래밍(근간)
컴퓨터구조	프로그래밍언어론(근간)	통합컴퓨터시스템(근간)
이산수학	임베디드시스템(근간)	
운영체제	정보보호(근간)	

시대에듀 컴퓨터공학과 학습 커리큘럼

기본이론부터 실전 문제풀이 훈련까지!
시대에듀가 제시하는 각 과정별 최적화된 커리큘럼에 따라 학습해보세요.

기출 빅데이터 기반
핵심이론으로
과목별 이해도 UP!
Step 01

기출 변형 실제
예상문제로
기본실력 다지기!
Step 02

OX 문제 + Self Check로
핵심이론 리마인드!
Step 03

핵심요약집으로
반복학습!
Step 04

최종모의고사로
단기합격!
Step 05

독학사 2~4과정 컴퓨터공학과 교재

독학학위제 출제영역을 반영한 내용과 문제로 구성된 완벽한 최신 기본서 라인업!

2과정
- 전공 기본서 [전 6종]
  - 논리회로 / C프로그래밍 /
    자료구조 / 컴퓨터구조 /
    이산수학 / 운영체제

3과정
- 전공 기본서 [전 6종]
  - 컴퓨터네트워크 / 인공지능 /
    소프트웨어공학 / 프로그래밍언어론(근간) /
    임베디드시스템(근간) / 정보보호(근간)

4과정
- 전공 기본서 [전 4종]
  - 알고리즘 / 데이터베이스 /
    통합프로그래밍(근간) /
    통합컴퓨터시스템(근간)

독학사 컴퓨터공학과 최고의 교수진

독학사 수험생 여러분의 합격을 책임질 최고의 독학사 컴퓨터공학과 전문 교수진과 함께!

이은주 교수	류금한 교수	김동욱 교수	최성운 교수	장희수 교수
이산수학	자료구조 알고리즘	논리회로 C프로그래밍 운영체제	컴퓨터구조 컴퓨터네트워크 인공지능	소프트웨어공학 데이터베이스

➕ 컴퓨터공학과 동영상 패키지 강의 수강생을 위한 특별 혜택

최신강의 제공		기간 내 무제한 수강		모바일 강의 무료 제공		온라인 모의고사 제공		신용카드 부분 무이자
	✕		✕		✕		✕	

AI면접
이젠, 모바일로

기업과 취준생 모두를 위한 평가 솔루션 윈시대로! 지금 바로 시작하세요.

www.winsidaero.com

시 대 에 듀

독학사
3단계

———— 컴퓨터공학과

컴퓨터네트워크

수험생 여러분의 합격을 끝까지 책임지기 위한 시대고시만의

특별한 학습 서비스!

시대고시기획에서는 수험생 여러분의 합격을 위하여

"시대PLUS" 서비스를 통해

》 sdedu.co.kr/plus로 접속! 《

약 100개 분야에 걸쳐 약 3,000개 강의 &
2,000개 자료를 무료로 제공합니다.

공무원
국가직/지방직부터
경찰, 임용 등
각종 공무원 관련
무료강의 약
950강

자격증
어학, 기능사, 산업기사
국가자격, 기술자격 등 각종
자격증 관련 무료강의 약
860강

All Free

취업
NCS, 기업체, 군장교,
부사관 등 각종 취업
관련 무료강의 약
400강

상식
각종 기초 상식 및
시사 상식
무료강의 약
410강

학습, 독학사, 검정고시
대입, 독학사, 영재,
중고등 검정고시 관련
무료강의 약
330강

합격의 공식! | 시대고시기획 | www.sidaegosi.com

합격의 공식 시대에듀

시험장에 가져가는

독학사
핵심요약집

최성운 편저

컴퓨터공학과 3단계

컴퓨터네트워크

SD에듀
(주)시대고시기획

핵심요약집! 120% 활용 방안

고수님 코칭! ✿

독학사 시험은 매년 정해진 평가영역에서 개념 위주의 문항이 출제됩니다. 결코 어렵게 출제되는 것이 아니기에 기본적인 사항 위주로 개념을 잘 정리해 둔다면 충분히 합격점수인 60점 이상을 획득할 수 있습니다.

정리되지 않은 학습으로는 기울인 노력 대비 좋은 결과를 얻지 못합니다. 본서에 있는 핵심요약집은 각 단원별로 중요한 내용을 기본서의 순서에 맞춰 다시 한 번 정리한 것으로 다음과 같이 학습하면 시간 대비 효과면에서 충분히 원하는 성과를 낼 것이라 예상합니다.

동영상 강의 수강 시 큰 그림을 그리는 정리 노트로 활용!

먼저 동영상 강의를 수강할 때 해당 파트의 중요한 내용을 한 번 더 정리할 수 있는 정리 노트로 활용합니다. 핵심요약집은 기본서 단원별로 정리되어 있기에 해당파트 수강 시 중요부분을 체크, 정리하기 쉽고 나만의 단권화 노트를 수월하게 만들 수 있습니다.

예습보다는 복습에 중점을!

새로운 내용을 파악할 때 예습의 효과보다는 복습의 효과가 더 큽니다. 기본서를 공부한 후 복습을 할 때 핵심요약집을 보며 기본서 수업 내용을 리마인드하면 보다 효과적으로 강약을 조절하며 정리할 수 있을 것입니다.

가벼운 마음으로 중요내용을 틈틈이 보자!

바쁜 일상에서 공부할 시간을 따로 내는 것은 어려운 일입니다. 지하철이나 버스로 이동 중일 때 등 자투리 시간을 활용하여 정리된 요약집으로 틈틈이 공부한다면 짧은 시간을 모아 효과적인 학습 시간을 확보할 수 있을 것입니다.

시험직전 1회독이 중요하다!

시험 직전에 많은 과목을 짧은 시간 안에 보려면 평소 정리와 준비가 필수적입니다. 핵심요약집은 이러한 부분을 효율적으로 할 수 있게 합니다. 시험 직전에 한 번 더 핵심 부분을 파악한다면 충분히 원하는 점수를 얻을 수 있을 것입니다.

핵심
요약집

컴퓨터네트워크

I wish you the best of luck!

핵심요약집

1 데이터 통신

데이터 통신은 유선 케이블과 같은 어떤 형태의 전송 매체를 통해 두 장치 사이의 데이터 교환이다. 데이터 통신이 이루어지기 위해서는 통신 장치가 하드웨어(물리적 장비)와 소프트웨어(프로그램)의 조합으로 구성된 통신 시스템의 일부가 되어야 한다. 데이터 통신 시스템의 구성요소는 정보를 전달하는 송신 측, 정보를 수신하는 수신 측, 전달되는 데이터, 데이터의 전송 매체인 물리적 경로 및 프로토콜의 5가지이다.

2 데이터 흐름 방향

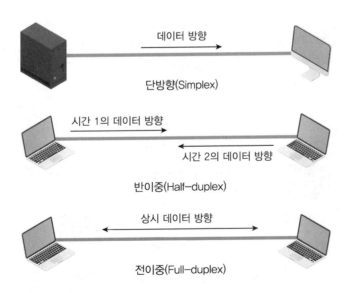

[데이터 흐름(단방향, 반이중 및 전이중)]

반이중은 어느 한 순간에는 한쪽으로만 데이터가 흐르지만 전이중은 동시에 양방향으로 데이터가 흐른다.

3 컴퓨터네트워크 정의

대형 컴퓨터, 데스크톱, 노트북, 워크스테이션, 휴대폰 또는 보안 시스템과 같은 호스트(또는 최종 시스템), 라우터, 스위치, 모뎀과 같은 연결 장치들이 케이블이나 공중망과 같은 유선 또는 무선 전송 매체를 사용하여 통신을 할 수 있도록 상호 연결된 것을 네트워크라고 한다. 네트워크는 일정한 수의 기준을 충족할 수 있어야 하는데 이들 중 가장 중요한 것은 성능, 신뢰성 및 보안이다. 네트워크의 연결유형에는 점대점 연결과 멀티 포인트 연결이다.

(1) 포인트 투 포인트(Point-to-Point)

지점 간(점대점) 연결은 두 장치 사이의 전용 링크를 제공한다. 링크의 전체 용량은 이들 두 장치 사이의 전송을 위해 예약되어 있다. 대부분의 지점 간 연결은 두 끝을 연결하기 위해 실제 길이의 와이어 또는 케이블을 사용하지만, 마이크로파 또는 위성 링크와 같은 다른 옵션도 가능하다. 적외선 리모컨으로 텔레비전 채널을 바꿀 때, 우리는 리모컨과 TV 제어 시스템 사이에 포인트 투 포인트 연결을 설정한다.

(2) 멀티 포인트(Multi-point)

멀티 포인트(멀티드롭이라고도 함) 연결은 두 개 이상의 특정 장치가 단일 링크를 공유하는 연결이다.

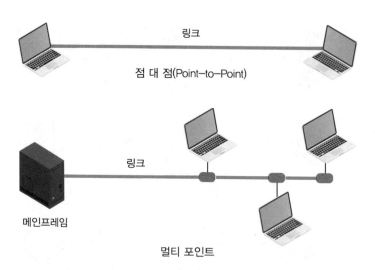

링크

점 대 점(Point-to-Point)

링크

메인프레임

멀티 포인트

[연결 유형 : 포인트 투 포인트 및 멀티 포인트]

멀티 포인트 환경에서는 채널의 용량이 공간적으로 또는 시간적으로 공유된다. 여러 장치가 동시에 링크를 사용할 수 있는 경우는 공간적으로 공유되는 연결이고, 사용자가 교대로 링크를 사용하는 경우는 시간적 공유 연결이다.

4 물리적 토폴로지(Topology)

물리적 토폴로지란 네트워크가 물리적으로 배치되는 방식으로 메쉬(Mesh), 스타(Star), 버스(Bus), 그리고 링(Ring) 방식이 일반적으로 사용된다.

(1) 메쉬 토폴로지

메쉬 토폴로지에서 모든 장치는 다른 모든 장치에 대한 전용 지점 간 링크를 가지고 있다.
메쉬의 장점은 다음과 같다.

> ① 전용 링크를 사용하면 각 연결이 자체 데이터 부하를 전달할 수 있으므로 여러 장치가 링크를 공유해야 할 때 발생할 수 있는 트래픽 문제가 제거된다.
> ② 메쉬 토폴로지는 하나의 링크를 사용할 수 없게 되더라도 전체 시스템을 무력화시키지 않는다.
> ③ 보안상 장점이 크다.
> ④ 지점간 링크는 고장 식별과 고장 분리를 용이하게 한다. 의심스러운 문제와의 연계를 피하기 위해 트래픽을 라우팅할 수 있다. 이 시설은 네트워크 관리자가 결함의 정확한 위치를 파악할 수 있도록 하며 결함의 원인과 해결책을 찾는 데 도움을 준다.

메쉬의 주요 단점은 케이블 연결의 양과 필요한 I/O 포트의 수와 관련이 있다.

> ① 모든 장치를 다른 모든 장치에 연결해야 하기 때문에 설치와 재연결이 어렵다.
> ② 순수한 배선이 (벽, 천장 또는 바닥) 수용할 수 있는 공간보다 클 수 있다.
> ③ 각 링크(I/O 포트와 케이블)를 연결하는 데 필요한 하드웨어가 엄청나게 비쌀 수 있다.

이러한 이유로, 메쉬 위상은 보통 제한된 방식으로 구현되는데 예를 들어, 몇 가지 다른 위상을 포함할 수 있는 하이브리드 네트워크의 주요 컴퓨터를 연결하는 백본과 같은 형태이다.

(2) 스타 토폴로지

스타 토폴로지에서 중앙 컨트롤러 역할을 하는 허브(Hub)라는 장치를 통해서 이 허브에 연결된 컴퓨터들 간에만 데이터를 송수신할 수 있다. 스타 토폴로지의 장점은 다음과 같다.

> ① 스타 토폴로지는 메쉬 토폴로지보다 덜 비싸다. 스타에서 각 장치는 다른 장치에 연결하기 위해 하나의 링크와 하나의 I/O 포트만 필요하다. 이 요인은 또한 설치와 재구성을 용이하게 한다. 케이블을 훨씬 적게 수용하며, 추가, 이동 및 삭제에는 오직 하나의 연결, 즉 장치와 허브 간의 연결만 포함된다.
> ② 다른 장점으로는 견고함이 있다. 하나의 링크가 실패하면, 그 링크만 영향을 받는다. 다른 모든 링크는 활성 상태로 유지된다. 또한 이 요인은 고장 식별과 고장 분리에 용이하다. 허브가 작동하는 한, 그것은 링크 문제를 감시하고 결함이 있는 링크를 우회하는 데 사용될 수 있다.

스타 토폴로지의 큰 단점은 허브가 다운되면 전체 시스템이 정지한다는 것이다.

(3) 버스 토폴로지

앞의 예들은 모두 지점간 연결을 설명한다. 반면에 버스 토폴로지는 다중점이다. 하나의 긴 케이블은 네트워크의 모든 장치를 연결하는 백본 역할을 한다.

[세 개의 스테이션을 연결하는 버스 토폴로지]

버스 토폴로지의 장점은 설치의 용이성을 포함한다. 가장 효율적인 경로를 따라 백본 케이블을 배치한 다음 다양한 길이의 드롭 라인으로 노드에 연결할 수 있다. 이런 식으로, 버스는 메쉬나 스타 토폴로지보다 케이블을 적게 사용한다.

단점으로는 어려운 재연결과 결함 격리가 있다. 버스는 일반적으로 설치 시 최적의 효율을 제공하도록 설계된다. 따라서 새로운 기기를 추가하는 것은 어려울 수 있다.

(4) 링 토폴로지

링 토폴로지에서, 각 장치는 그 양쪽에 두 개의 장치만 있는 전용 지점 대 지점 연결부가 있다. 신호는 링이 목적지에 도달할 때까지 장치 간 한 방향으로 전달된다. 링의 각 장치에는 리피터가 있다. 기기가 다른 장치를 위한 신호를 수신하면, 그 리피터는 비트를 재생하여 전달한다.

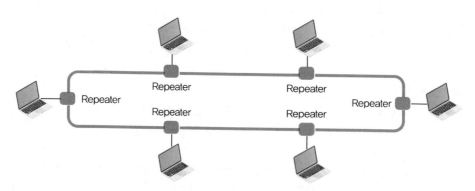

[6개 스테이션을 연결하는 링 토폴로지]

링은 상대적으로 설치와 재구성이 쉽다.

5 네트워크 유형

(1) 근거리 통신망(LAN, Local Area Network)

LAN은 광대역 통신망(WAN)과는 달리 학교, 기업체, 연구소 등 한 건물이나 일정 지역 내에서 컴퓨터나 단말기들을 고속 전송 회선으로 연결하여 프로그램 파일 또는 주변장치를 공유할 수 있도록 한 통신망으로, 앞서 설명한 링형, 버스형, 스타형, 메시형, 계층형태 등의 토폴로지를 사용하여 구성한다.

(2) 광대역 통신망(WAN, Wide Area Network)

WAN(광역 네트워크)은 도시, 주 또는 국가와 같은 넓은 지리적 영역에 걸쳐 있는 통신망이다. 인터넷은 글로벌한 WAN으로 ISP를 통해 수많은 통신망을 연결한 것이다.

6 스위칭 네트워크

인터넷은 스위치가 적어도 두 개의 링크를 연결하는 교환 네트워크이다. 스위치는 필요할 때 네트워크에서 다른 네트워크로 데이터를 전달해야 한다. 가장 일반적인 두 가지 유형의 교환망은 회선 교환 네트워크와 패킷 교환 네트워크이다.

(1) 회선 교환 네트워크

회선 교환식 네트워크에서는 송신 측과 수신 측의 두 종단 간에 전용회선이 구성되고 고정된 대역폭을 통해 데이터를 주고받는다. 따라서 전체 대역폭을 가득 채워서 데이터 전송을 하지 못하면 대역폭이 불필요하게 남기 때문에 통신망의 운용이 비효율적이게 될 수 있다. 그러나 양단 간 고정된 통신로 설정으로 매우 강력한 보안 기능을 제공한다는 장점이 있다.

(2) 패킷 교환 네트워크

컴퓨터네트워크에서, 양 끝 사이의 통신은 패킷이라고 불리는 데이터 블록에서 이루어진다. 패킷은 저장 후 전송방식(store and forward)으로 운용된다.

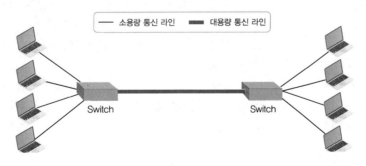

소용량 통신 라인   대용량 통신 라인

Switch   Switch

[패킷 교환 네트워크]

패킷 교환망은 데이터그램방식과 가상회선방식의 두 가지 전송방식으로 구분할 수 있다.

데이터그램방식은 관련된 패킷이라도 따로 전송하는 방법으로 패킷마다 가는 경로가 다를 수 있고, 망이 상황에 따라 달라지며, 패킷의 도착 순서가 바뀔 수 있어 수신 측에서 패킷의 재조립 기능이 필요하다. Call Setup 과정이 필요 없지만 잘 사용되지 않는다.

가상회선방식은 관련된 패킷을 전부 같은 경로를 통해 전송하는 방법이다. 가상 번호를 기반으로 가상 회선을 구현할 수 있고 라우팅 테이블에 등록하는 Call Setup 과정이 필요하다. 따라서 Call Setup에 의한 오버헤드가 발생한다.

7 프로토콜

통신에서, 통신 규약은 둘 이상의 통신 시스템 실체가 어떤 종류의 물리적 질량을 통해서도 정보를 전송할 수 있도록 허용하는 규칙 시스템이다. 프로토콜은 규칙, 구문, 의미론 및 통신의 동기화와 가능한 오류 복구 방법을 정의하는데, 하드웨어, 소프트웨어 또는 이 둘의 조합에 의해 구현될 수 있다.

프로토콜의 기본 요구사항은 ① 데이터 교환용 데이터 형식, ② 데이터 교환을 위한 주소 형식, ③ 주소 매핑, ④ 라우팅, ⑤ 전송기 오류 감지, ⑥ 승인, ⑦ 시간 초과 및 재시도, ⑧ 정보 흐름 방향, ⑨ 시퀀스 컨트롤, ⑩ 흐름제어 등이다.

8 표준

프로토콜 표준에는 신제품이나 신기술의 기능을 정의하려는 제조업체에 의해 설정되며, 공식 기관에 의해 공인되지는 않았으나 널리 사용되는 사실 표준과 공식기관에 의해 입법화된 표준인 법률 표준이 있다.

표준화 과정은 ISO가 소위원회 작업그룹을 의뢰하는 것으로 시작한다. 작업그룹은 토론과 논평을 유발하기 위해 이해관계자(다른 표준 기관 포함)에게 작업 초안과 토론 문서를 발행하는 절차를 반복하여 관계자들의 의견을 통합하여 궁극적으로 국제 표준에 도달한다. TCP/IP 프로토콜의 계층별 구조도 표준화의 산물이다.

9 OSI 모델

개방형 시스템은 그들의 기반 구조에 상관없이 어떤 두 개의 다른 시스템이 통신할 수 있게 해주는 프로토콜들의 집합이다. OSI 모델의 목적은 기본 하드웨어와 소프트웨어의 논리를 변경할 필요 없이 서로 다른 시스템 간의 통신을 촉진하는 방법을 보여주기 위함이다. OSI 모델은 프로토콜이 아니며, 유연하고, 강력하며 상호운용이 가능한 네트워크 아키텍처를 이해하고 설계하기 위한 모델이다. OSI 모델은 OSI 스택에서 프로토콜 생성의 기반이 되도록 의도되었다.

OSI 모델은 모든 종류의 컴퓨터 시스템 간의 통신을 가능하게 하는 네트워크 시스템 설계를 위한 계층화된 프레임워크이다. 그것은 각각 네트워크를 통해 정보를 이동하는 과정 일부를 정의하는 7개의 분리된 관련 계층으로 구성된다.

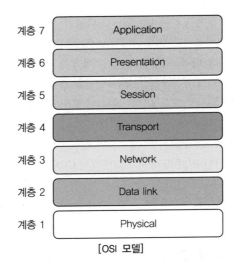

[OSI 모델]

10 주소 지정

네트워크 주소는 통신 네트워크의 노드 또는 호스트에 대한 식별자이다. 네트워크 주소는 네트워크 전체에 걸쳐 고유한 식별자로 설계된다. 특별한 네트워크 주소는 브로드캐스트 또는 멀티캐스트 주소로 할당되는데 이것들 역시 유일한 것이 아니다. 경우에 따라 네트워크 호스트는 둘 이상의 네트워크 주소를 가질 수 있다. 주소를 정의하는 IPv4와 같은 프로토콜에는 주소 공간이 있다. 주소 공간은 프로토콜에 의해 사용되는 총 주소 수이다. 프로토콜이 주소를 정의하기 위해 b비트를 사용하는 경우, 각 비트는 두 가지 다른 값(0 또는 1)을 가질 수 있기 때문에 주소 공간은 2^b이다. IPv4는 32비트 주소를 사용하며 제한이 없다면 40억 개 이상의 기기가 인터넷에 연결될 수 있다.

IPv4 주소를 나타내는 세 가지 일반적인 문구는 2진수 표기법(기준 2), 점 소수 표기법(기준 256), 16진수 표기법(기준 16)이다. 바이너리 표기법에서 IPv4 주소는 32비트로 표시된다. 주소를 더 읽기 쉽게 하기 위해, 일반적으로 각 옥텟(octet) 사이에 하나 이상의 공간이 삽입된다(8비트). 각각의 옥텟은 종종 바이트라고 불린다. IPv4 주소가 더 작고 읽기 쉽도록 하기 위해 일반적으로 십진법(dot)으로 바이트를 구분한다. 이 형식은 점-십진수 표기법이라고 한다. 우리는 때때로 IPv4 주소를 16진수 표기법으로 본다. 각 16진수 자릿수는 4비트와 같다. 이것은 32비트 주소가 8자리 16진수를 가지고 있다는 것을 의미한다. 이 표기법은 네트워크 프로그래밍에 자주 사용된다.

인터넷의 성장과 사용 가능한 IPv4 주소의 고갈로 인해, IP 주소에 128비트를 사용하는 새로운 버전의 IPv6이 1995년에 개발되었고, 1998년 12월에 표준화되었다. 2017년 7월, 프로토콜의 최종 정의가 발표되었다.

IP 주소 공간은 IANA(인터넷 할당 번호 기관)와 최종 사용자 및 인터넷 서비스 제공자와 같은 지역 인터넷 등록부에 대한 할당을 책임지는 5개의 지역 인터넷 등록부(RIR)에 의해 전세계적으로 관리되고 있다. IANA는 IPv4 주소를 약 1680만 개의 블록으로 RIR에 배포했다. 각 ISP 또는 개인 네트워크 관리자는 네트워크에 연결된 각 장치에 IP 주소를 할당한다. 이러한 할당은 소프트웨어와 관행에 따라 정적(고정 또는 영구) 또는 동적 기준일 수 있다.

IP 네트워크는 IPv4와 IPv6 모두에서 하위 네트워크로 나눌 수 있다. 이 목적을 위해 IP 주소는 두 부분으로 인식된다. 상위 비트의 네트워크 접두부와 나머지 비트는 나머지 필드, 호스트 식별자 또는 인터페이스 식별자(IPv6)로 불리며 네트워크 내 호스트 번호 매기기용으로 사용된다. 서브넷 마스크 또는 CIDR 표기법은 IP 주소를 네트워크와 호스트 부분으로 나누는 방법을 결정한다. 서브넷 마스크라는 용어는 IPv4에서만 사용된다. 그러나 두 IP 버전은 모두 CIDR 개념과 표기법을 사용한다. 여기에서 IP 주소는 라우팅 접두부라고도 하는 네트워크 부분에 사용되는 슬래시와 비트 수(십진수)가 뒤따른다. 예를 들어 IPv4 주소와 서브넷 마스크는 각각 192.0.2.1과 255.255.255.0이 될 수 있다. IP 주소의 처음 24비트가 네트워크와 서브넷을 나타내기 때문에 동일한 IP 주소와 서브넷에 대한 CIDR 표기법은 192.0.2.1/24이다.

제 2 장   물리 계층 및 매체

1   데이터 신호

물리 계층의 주요한 기능 중 하나는 전송 매체를 통해 전자기 신호의 형태로 데이터를 이동하는 것이다. 전송 매체는 물리적 경로를 따라 에너지를 전도함으로써 작동하고 전송을 위해서는 데이터를 신호로 변환해야 한다. 데이터와 이를 나타내는 신호는 형태가 아날로그 또는 디지털로서 아날로그 신호는 사인파의 형태(또는 정현파)를 유지하며 디지털 신호는 1과 0의 비연속적인 신호의 특징을 가진다.

주기적 신호는 주기라고 하는 측정 가능한 시간 프레임 내에서 패턴을 완성하고 이후 동일한 기간에 걸쳐 해당 패턴을 반복하는데 하나의 전체 패턴을 완료하는 것을 주기라고 한다. 아날로그 신호의 3대 요소는 진폭, 주파수 및 위상이다. 주기(T)는 신호가 하나의 주기가 완료되어야 하는 시간(초)을 의미하며 주파수(f)는 1초의 기간 수를 의미한다.

$$f = \frac{1}{T} \ \ \text{및} \ \ T = \frac{1}{f}$$

주파수는 공식적으로 초당 주기인 헤르츠(Hz)로 표현된다.

[주파수와 주기의 단위]

주기		주파수	
단위	등가 수치	단위	등가 수치
초(s)	1초	헤르츠(Hz)	1Hz
밀리초(ms)	10^{-3}초	킬로헤르츠(KHz)	10^{3}Hz
마이크로초(µs)	10^{-6}초	메가헤르츠(MHz)	10^{6}Hz
나노초(ns)	10^{-9}초	기가헤르츠(GHz)	10^{9}Hz
피코초(ps)	10^{-12}초	테라헤르츠(THz)	10^{12}Hz

① **주파수(Frequency)**

주파수는 신호 대 신호의 관계이다. 파장의 주파수는 그것이 1초 안에 완료되는 주기의 수이다.

② **위상(Phase)**

위상 또는 위상 변화는 시간 0에 상대적인 파형의 위치를 설명한다.

③ **파장(wavelength)**

파장은 전송 매체를 통해 이동하는 신호의 또 다른 특성으로 모든 유형의 신호 속성이다. 신호의 주파수가 매체와 독립적인 반면 파장은 주파수와 매체에 따라 다르다. 파장은 데이터통신에서 종종 광섬유에서 빛의 전송을 설명하기 위해 파장을 사용한다.

(1) 디지털 신호 전송

① **베이스밴드 전송**

디지털 신호를 아날로그 신호로 변경하지 않고 디지털 신호를 그대로 전송하는 것이다.

② **브로드밴드 전송**

광대역 전송 또는 변조는 전송을 위해 디지털 신호를 아날로그 신호로 변경하는 것이다. 컴퓨터의 디지털 신호를 아날로그 신호로 변환한 다음 아날로그 신호를 보내는 것이다. 디지털 신호를 아날로그로, 수신 종단에서 그 반대로 바꾸기 위해 변환기를 모뎀이라고 한다.

(2) 채널 용량

데이터 통신에서 매우 중요한 고려사항은 얼마나 빨리 데이터를 초당 비트 단위로 채널을 통해 전송할 수 있느냐 하는 것으로 데이터 전송률은 ① 사용 가능한 대역폭, ② 사용하는 신호의 레벨, ③ 채널의 품질(잡음 수준)에 따라 달라진다.

잡음이 없는 채널의 경우에 사용하는 나이키스트(Nyquist)의 공식, 잡음 채널의 경우 사용하는 섀넌(Shannon)의 공식으로 채널 전송률을 구할 수 있다. 나이키스트의 이론은 데이터가 전송되는 실제 채널에서는 성립하기 어려운 이론이다. 1944년 클로드 섀넌(Claude Shannon)은 섀넌 용량이라는 공식을 도입하여 잡음이 많은 채널에 대한 이론상 최대 데이터 전송률을 결정한다.

$$\text{용량} = \text{대역폭} \times \log_2(1 + SNR)$$

이 공식에서 대역폭은 채널의 대역폭이며 SNR은 신호 대 잡음 비율이며 용량은 초당 비트 단위의 채널 용량이다. 섀넌 공식에는 신호 수준의 표시가 없는데 이것은 많은 레벨을 가지고 있더라도 채널의 용량보다 높은 데이터 전송률을 달성할 수 없다는 것을 의미한다. 즉, 수식에서는 전송방법이 아니라 채널의 특성을 정의한다.

$$C = B\log_2\left(1 + \frac{S}{N}\right) \text{ 또는}$$
$$C = B\log_2(1 + \text{SNR}) = B\log_2(1 + 0) = B\log_2 1 = B \times 0 = 0$$

이는 대역폭에 관계없이 이 채널의 용량이 0이라는 것을 의미하며 이 채널을 통해 어떤 데이터도 받을 수 없다는 것을 나타낸다.

(3) 처리량

데이터를 얼마나 빨리 보낼 수 있는지를 보여주는 척도이다. 언뜻 보면 초당 비트(bit)의 대역폭과 처리량은 같아 보이지만, 서로 다르다. 처리량은 얼마나 빨리 데이터를 보낼 수 있는지에 대한 실제 측정치이다.

한 지점에서 다른 지점으로 분당 1000대의 자동차를 전송하도록 설계된 고속도로를 상상할 때 도로에 교통체증이 생기면 이 수치는 분당 100대로 줄어들 수도 있다. 여기서 대역폭은 분당 1000대, 처리량은 분당 100대로 볼 수 있다.

2 디지털 전송

컴퓨터네트워크는 정보를 한 지점에서 다른 지점으로 전송하도록 설계되었고 이 정보는 디지털 신호 또는 전송을 위한 아날로그 신호로 변환될 필요가 있다.

라인 코딩은 디지털 데이터를 디지털 신호로 변환하는 데 사용되고, 블록 코딩은 디지털 신호로 인코딩되기 전에 디지털 데이터에 중복성(Redundancy)을 생성하기 위해 사용한다.

펄스 코드 변조는 아날로그 신호를 샘플링하는 데 사용되는 주요 방법으로 델타 변조는 펄스 코드 변조의 효율을 개선하기 위해 사용한다.

디지털로 데이터를 전송할 때 병렬 전송에서는 한 번에 여러 비트를 보내고, 직렬 전송에서는 한 번에 한 비트를 보내는 것을 말한다.

(1) 디지털 대 디지털 변환

데이터는 디지털 또는 아날로그일 수 있고, 데이터를 나타내는 신호도 디지털 또는 아날로그일 수 있다. 디지털 신호를 사용하여 디지털 데이터를 나타내는 방식에는 라인 코딩, 블록 코딩, 스크램블의 세 가지 기법이 있다. 라인 코딩은 항상 필요하고 블록 코딩과 스크램블링은 필요하거나 필요하지 않을 수 있다.

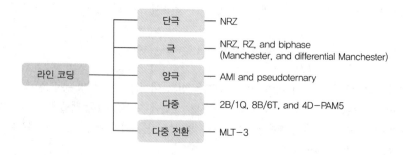

[라인 코딩 방식]

(2) 아날로그 대 디지털 변환

아날로그 신호를 디지털 데이터로 바꾸는 것으로 펄스 코드 변조와 델타 변조라는 두 가지 기법이 있다. 디지털 데이터가 생성(디지털화)된 후 앞에서 설명한 기술 중 하나를 사용하여 디지털 데이터를 디지털 신호로 변환할 수 있다.

① 펄스 코드 변조(PCM)

아날로그 신호를 디지털 데이터(디지털 데이터)로 바꾸는 가장 일반적인 기법으로 PCM 인코더는 다음과 같은 절차에 의하여 처리된다.

> ㉠ 아날로그 신호를 샘플링
> ㉡ 샘플링된 신호를 양자화
> ㉢ 양자화된 값을 비트 스트림으로 인코딩

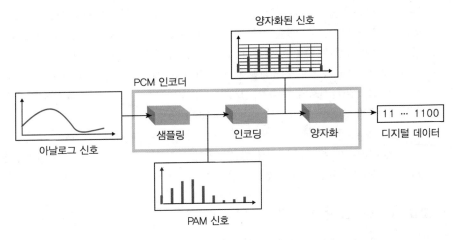

[PCM 인코더의 구성 요소]

② 델타 변조(DM)

PCM은 매우 복잡한 기술이어서 복잡성을 줄이기 위한 다른 기법들이 개발되었는데 가장 간단한 것이 델타 변조이다. PCM은 각 샘플의 신호 진폭 값을 찾고, DM은 이전 샘플의 변화를 찾는 것이다.

3 아날로그 전송

(1) 디지털 대 아날로그 변환

디지털 데이터를 아날로그 신호로 변조하는 방식이다.

① 위상 편이 변조(Phase Shift Keying)

위상 편이 변조에서 반송파의 위상은 둘 이상의 서로 다른 신호 요소를 나타내기 위해 변화하며 위상 변화에 따라 피크 진폭과 주파수는 모두 일정하게 유지된다. 오늘날, PSK는 ASK나 FSK보다 더 일반적으로 사용되고 있지만, ASK와 PSK를 결합한 QAM이 디지털-아날로그 변조의 지배적인 방법으로 사용되고 있다.

㉠ 이진 PSK(BPSK)

가장 간단한 PSK는 2개의 신호 요소만 있는 2진 PSK로, 하나는 0°의 위상, 다른 하나는 180°의 위상을 제공한다. 장점은 간단하며 잡음에 덜 민감하다는 것이다. ASK에서 비트 검출 기준은 신호의 진폭이며 PSK에서는 위상이다. 잡음은 위상보다 진폭을 더 쉽게 변경할 수 있기에 PSK는 ASK보다 노이즈에 덜 취약하다는 장점을 가질 수 있다. PSK는 두 개의 반송파 신호가 필요하지 않기 때문에 FSK보다 뛰어나지만 PSK는 위상을 구별할 수 있는 더 정교한 하드웨어가 필요하다.

㉡ 직교 위상 PSK(QPSK : Quadrature PSK)

BPSK의 단순성은 설계자가 각 신호 요소에서 한 번에 2비트를 사용하도록 유도하여 보드 레이트 및 요구되는 대역폭을 감소시켰다. 이 방식은 2개의 별도의 BPSK 변조를 사용하기 때문에 직교 위상 PSK 또는 QPSK라고 불린다. 수신 신호에서 각 비트의 지속 시간이 T인 경우, 해당 BPSK 신호로 전송되는 각 비트의 지속 시간은 2T가 된다. 즉, 각 BPSK 신호에 대한 비트는 원래 신호의 주파수의 1/2을 가진다.

㉢ 직교 진폭 변조(Quadrature Amplitude Modulation)

PSK는 위상의 작은 차이를 구별할 수 있는 장비의 능력에 의해 제한되기 때문에 잠재적인 비트 전송률을 제한하게 된다. 각 반송파에 대해 서로 다른 진폭 수준을 가진 2개의 반송파, 즉 1개의 위상과 다른 직교 위상을 사용하는 아이디어가 직교 진폭 변조(QAM)의 개념이다.

(2) 아날로그 대 아날로그 변환

① 진폭 변조(AM : Amplitude Modulation)

AM 전송에서는 반송파 신호가 변조 신호의 진폭 변화에 따라 진폭이 변화하도록 변조되고 반송파의 주파수와 위상은 그대로 유지되며, 정보의 변화에 따라 진폭만 변경된다.

② 주파수 변조(FM : Frequency Modulation)

FM 송신에서는 반송파 신호의 주파수가 변조 신호의 전압 레벨(전압 진폭)에 따라 변조되고 반송파 신호의 피크 진폭과 위상은 일정하게 유지되지만, 정보 신호의 진폭이 변함에 따라 반송파의 주파수가 그에 따라 변화한다.

③ 위상 변조(PM : Phase Modulation)

PM 전송에서는 반송파 신호의 위상이 변조 신호의 전압 레벨(전압 진폭) 변화에 따라 변조되고 반송파 신호의 피크 진폭과 주파수는 일정하게 유지되지만, 정보 신호의 진폭이 변함에 따라 반송파의 위상이 그에 따라 변화한다.

PM이 FM과 다른 한 가지 차이점은 FM에서 반송파 주파수의 순간적인 변화는 변조 신호의 진폭에 비례하며, PM에서 반송파 주파수의 순간적인 변화는 변조 신호 진폭의 미분에 비례한다는 것이다.

4 대역폭 활용

(1) 다중화(Multiplexing)

다중화는 단일 데이터링크를 통해 복수의 신호를 동시에 전송할 수 있는 일련의 기술로서 다중화 시스템에서 n개의 회선은 하나의 링크의 대역폭을 공유한다.

(2) 다중화 종류

① **주파수 분할 다중화(Frequency-Division Multiplexing)**

주파수 분할 다중화(FDM)는 링크의 대역폭(헤르츠 단위)이 전송되는 신호의 결합 대역폭보다 클 때 적용할 수 있는 아날로그 기법이다.

FDM에서 각 송신 장치에 의해 생성된 신호는 다른 반송파 주파수를 변조하고 변조된 신호는 링크에 의해 전송될 수 있는 단일 복합 신호로 결합된다. 반송파 주파수는 변조된 신호를 수용하기에 충분한 대역폭으로 분리된다. 이러한 대역폭 범위는 다양한 신호가 이동하는 채널로서 채널은 신호가 겹치는 것을 방지하기 위해 사용되지 않는 대역폭의 스트립으로 분리될 수 있고 반송파 주파수는 원래 데이터 주파수에 간섭하지 않아야 한다.

② **파장 분할 다중화(Wavelength Division Multiplexing)**

파장 분할 다중화(WDM)는 개념적으로 FDM과 동일하지만, 광섬유 채널을 통해 전송되는 광신호를 포함한다. WDM의 한 응용은 다중 광섬유 회선이 다중화되고 역다중화되는 SONET 네트워크이다. 고밀도 WDM(Dense WDM)이라고 하는 새로운 방법은 채널을 서로 매우 가깝게 배치하여 매우 많은 수의 채널을 다중화할 수 있어 더 큰 효율성을 달성할 수 있다.

③ **시간 분할 다중화(Time-Division Multiplexing)**

시간 분할 다중화(TDM)는 여러 연결이 링크의 높은 대역폭을 공유할 수 있게 해주는 디지털 프로세스로서 FDM에서와 같이 대역폭 일부를 공유하는 대신 시간이 공유된다. 각 연결은 링크에서 시간 일부를 차지하게 된다.

TDM에는 동기식 TDM, 통계적 시분할 TDM이 있다. 동기식 TDM에서 각 입력 연결의 데이터 흐름은 단위로 나누어지며, 각 입력은 하나의 입력 시간 슬롯을 차지한다. 단위는 1비트, 1문자 또는 1블록의 데이터일 수 있고 각 입력 단위는 하나의 출력 단위가 되고 하나의 출력 시간 슬롯을 차지한다. 통계적 시분할 멀티플렉싱에서 슬롯은 동적으로 할당되어 대역폭 효율성을 향상시키기 위해 입력 회선이 전송할 슬롯의 데이터를 가지고 있을 때만 출력 프레임에 슬롯을 실어보내는 방식이다. 통계적 시분할 다중화에서는 각 프레임의 슬롯 수가 입력 회선의 개수보다 적다. 멀티플렉서는 각 입력 회선을 라운드 로빈 방식으로 검사하고, 회선이 전송할 데이터가 있으면 입력 회선에 슬롯을 할당하며, 그렇지 않으면 회선을 건너뛰고 다음 회선을 점검한다.

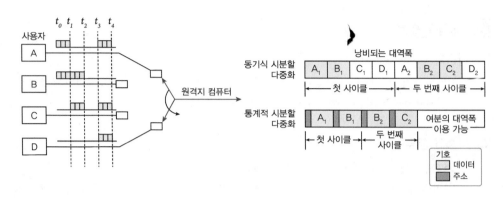

[동기식 TDM과 통계적 TDM]

(3) 확산 대역

다중화는 여러 소스의 신호를 결합하여 대역폭 효율을 달성하고 링크의 사용 가능한 대역폭은 소스 간에 분할된다. 확산대역(SS : Spread Spectrum)에서는 다른 소스의 신호를 더 큰 대역폭으로 결합하고 무선 응용 프로그램(LAN 및 WAN)에서 사용하도록 설계되었다. 고려사항은 무선 애플리케이션에서 모든 스테이션은 통신 매체로 공기(또는 진공)를 사용한다는 것이다. 스테이션은 도청자에 의한 차단없이 악의적인 침입자로부터 방해받지 않고 이 매체를 공유할 수 있어야 한다.

이러한 목표를 달성하기 위해 스프레드시트 기법에서는 중복성을 추가하며, 각 스테이션에 필요한 원래 주파수를 확산시킨다. 각 스테이션에 필요한 대역폭이 B인 경우, 확산 주파수는 $B_{ss} \gg B$와 같이 B_{ss}로 확장한다. 확장된 대역폭은 소스가 더 안전한 전송을 위해 메시지를 보호 봉투에 넣을 수 있도록 설계되었다. 마치 섬세하고 비싼 선물을 전달할 때 운송 중 파손되는 것을 막기 위해 특별한 상자에 선물을 넣는 것처럼 말이다.

대역폭을 확산시키는 기술은 주파수 호핑 확산 스펙트럼(FHSS)과 직접 시퀀스 확산 스펙트럼(DSSS) 등이 대표적이다.

제 3 장 | 데이터링크 계층

데이터링크 계층은 패킷이 인터넷에서 이동할 때, 노드(호스트 또는 라우터)의 다음 노드로 데이터그램을 전달하는 역할을 제공한다. 송신 노드의 데이터링크 계층은 네트워크로부터 수신한 데이터그램을 프레임으로 캡슐화하고, 수신 노드의 데이터링크 계층은 프레임에서 데이터그램의 캡슐을 해제한다.

1 데이터링크 제어(Data Link Control)

물리 계층의 데이터 전송은 소스에서 목적지까지 신호의 형태로 비트를 이동하는 것을 의미하며 송신기와 수신기가 동일한 비트 지속시간과 타이밍을 사용하도록 하기 위해 비트 동기화를 제공한다.

데이터링크 계층은 각 프레임을 구별할 수 있도록 비트를 프레임으로 포장하고 프레임은 송신자 주소와 목적지 주소를 추가하여 하나의 출발지에서 목적지까지 메시지를 구분한다.

프레임이 매우 클 수 있기 때문에 흐름과 오류제어를 매우 비효율적으로 만들 수 있고 메시지가 하나의 매우 큰 프레임으로 전송될 때, 단 하나의 비트 오류조차도 전체 프레임의 재전송을 필요로 하는 경우도 발생할 수 있다. 메시지를 작은 프레임으로 나누면, 단일 비트 오류는 해당되는 작은 프레임에만 영향을 끼친다.

(1) 프레임 크기

프레임은 고정된 크기 또는 가변적인 크기를 가질 수 있다.

고정 크기 프레임에서는 프레임의 경계를 정의할 필요가 없으며 크기 자체를 구분자로 사용할 수 있고, 가변 크기 프레임에서는 한 프레임의 끝과 다음 프레임의 시작을 규정하는 방법이 필요하다.

① 문자 지향 프레임

전송할 데이터는 ASCII와 같은 코딩 시스템의 8비트 문자로서 소스 및 목적지 주소와 기타 제어 정보를 전달하는 헤더와 오류 검출 중복 비트를 전달하는 트레일러도 8비트의 배수로 한다. 한 프레임과 다음 프레임을 분리하기 위해 프레임의 시작과 끝 부분에 8비트(1바이트) 플래그가 추가되고 프로토콜에 의존하는 특수문자로 구성된 플래그는 프레임의 시작이나 끝을 알리는 신호이다. 데이터의 중간에서 플래그와 유사한 패턴을 만나면 프레임의 끝에 도달했다고 잘못 판단할 수 있는데 이 문제를 해결하기 위해 바이트 스터핑(Stuffing) 기법을 사용한다.

바이트 스터핑(또는 문자 스터핑)에서는 플래그와 같은 패턴을 가진 문자가 있을 때 특수 바이트가 프레임의 데이터 섹션에 추가되며 데이터 섹션은 여분의 바이트로 채워진다. 이 바이트는 일반적으로 ESC라고 하며 미리 정의된 비트 패턴을 가진다. 수신기가 ESC 문자를 만날 때마다 데이터 섹션에서 데이터를 제거하고 다음 문자를 구분 플래그가 아닌 데이터로 처리한다.

② 비트 지향 프레임

비트 지향 프레임에서 프레임의 데이터 섹션은 상위 계층이 텍스트, 그래픽, 오디오, 비디오 등으로 해석하는 비트 시퀀스이다. 대부분 프로토콜은 프레임의 시작과 끝을 정의하는 구분자로 특수 8비트 패턴 플래그 0111110을 사용하는데 이 플래그는 문자 지향 프로토콜에서 보았던 것과 같은 유형의 문제를 만들 수 있다. 이 경우 패턴이 플래그처럼 보이지 않도록 (1바이트 대신) 1비트를 채우는 방식으로 이 작업을 수행하는 기법을 비트 스터핑이라고 한다. 비트 스터핑에서 0과 5개의 연속적인 1비트가 발생하면 여분의 0을 추가하고 여분의 비트는 수신기에서 제거된다. 여분의 비트는 다음 비트의 값에 관계없이 하나의 0 이후 5개의 1이 추가된다는 점에 유의해야 한다. 이것은 플래그 필드 시퀀스가 프레임에 부주의하게 나타나지 않음을 보증한다.

(2) 흐름제어

수신 노드가 프레임이 도착하는 것과 같은 속도로 패킷을 처리하여 네트워크에 전달할 수 없는 경우, 프레임에 압도될 수 있는데 이 경우에 수신 측의 흐름제어 기능을 통하여 네트워크에 전달되는 패킷의 흐름을 조절할 수 있다. 물리계층은 신뢰를 보장하는 기능이 없기 때문에 수신 노드가 그것의 네트워크 계층에 손상된 패킷을 전달하는 것을 방지하기 위해 데이터링크 계층에서 오류제어를 실시한다. 흐름과 오류제어를 결합해서 사용할 수 있다.

간단한 상황에서 흐름제어를 위해 전송되는 수신확인은 또한 패킷이 손상되지 않은 상태로 도착했음을 송신자에게 알려주는 오류제어에 사용될 수 있다는 의미이다. 수신확인을 위해 NAK와 ACK를 사용하는데 NAK는 송신된 프레임에 문제가 있음을 나타내고 ACK는 정상 측으로 수신되었음을 의미한다.

2 데이터링크 계층 프로토콜(Data Link Layer Protocol)

데이터링크 계층이 흐름과 오류제어를 다루기 위한 4개의 프로토콜이 있다. 단순 프로토콜, Stop-and-Wait, Go-Back-N, 선택적-반복 중에서 현재는 앞의 두 가지만 사용하고 있고 마지막 2개는 사라졌다.

(1) 단순 프로토콜(Simple Protocol)

흐름과 오류제어가 없는 단순한 프로토콜이다. 수신기가 수신하는 프레임을 즉시 처리할 수 있다고 가정하는 것이다. 송신기의 데이터링크 계층은 그것의 네트워크 계층에서 패킷을 가져와서 프레임을 만들고, 프레임을 전송한다. 수신기의 데이터링크 계층은 링크로부터 프레임을 수신해, 프레임으로부터 패킷을 추출하고 패킷을 네트워크 계층으로 전달한다. 송신기와 수신기의 데이터링크 계층은 네트워크 계층에 대한 전송 서비스를 제공한다.

(2) Stop and Wait 프로토콜

송신 측은 한 번에 하나의 패킷을 전송하고 확인 응답이 들어오기 전까지는 다음 패킷을 전송하지 않고 대기한다(흐름제어). 송신 측은 패킷을 전송할 때마다 타이머를 구동하여 타이머가 만료되기 전에 확인 응답이 도착하면 타이머는 정지되고, 만일 보낼 패킷이 있다면 송신 측은 다음 패킷을 전송한다. 만일 타이머가 만료되면 송신 측은 패킷이 손실되었거나 훼손되었다고 간주하고 패킷을 재전송한다(오류제어). 이를 위해 송신 측은 확인 응답이 도착하기 전까지는 전송한 패킷의 사본을 가지고 있어야 하며 이때 수신자가 받기 원하는 다음 패킷의 순서번호(sequence number), 즉 확인응답 번호(acknowledgement number)가 수신자에 저장되고 확인 응답에 포함됨으로써, 확인응답이 손실되어 송신자가 (타이머가 만료되어) 중복패킷을 보내는 경우, 수신자는 해당 패킷이 중복패킷이라는 것을 인식할 수 있게 된다.

(3) Go-Back-N 프로토콜

Go-Back-N 프로토콜은 Stop and Wait의 단점인 1개씩 패킷을 보내고 확인하는 과정의 단점을 보완한 것으로, 동시에 여러 개의 패킷을 보낼 수 있도록 고안된 프로토콜이다. 수신확인이 도착할 때까지 송신된 패킷의 사본은 재전송에 대비하여 보관되어야 한다.

(4) 선택적 재전송(Selective-Repeat) 프로토콜

Go-Back-N 프로토콜은 수신기에서 과정을 단순화하고 수신기는 오직 하나의 변수만 추적하며, 잘못된 패킷을 버퍼링할 필요가 없이 그것들은 그냥 폐기하지만 기본 네트워크 프로토콜이 많은 패킷을 잃는 경우에 비효율적이다. 하나의 패킷이 손실되거나 손상될 때마다 송신자는 모든 미결 패킷을 재전송하기 때문이다. 이러한 패킷 중 일부는 안전하고 정상적이지만 순서가 잘못된 것일 수 있다. 네트워크 계층이 네트워크 정체 때문에 많은 패킷을 손실하고 있는 경우, 이러한 미결 패킷의 전부 재전송은 정체를 더 악화시키고, 결국 더 많은 패킷이 손실될 수 있다. 선택적 재전송 프로토콜은 실제로 분실된 패킷만 재전송하는 방식이다.

3 HDLC(High-level Data Link Control)

고수준 데이터링크 제어(HDLC)는 비트지향 프로토콜 방식으로 오류제어를 위해서 Go-Back-N방식과 선택적 재전송방식을 사용하고, 흐름제어를 위해서는 슬라이딩 윈도우방식을 사용한다.

(1) HDLC의 3가지 전송 모드

① NRM(Normal Response Mode, 정규 응답 모드)
  ㉠ 불균형적 링크 구성
  ㉡ 주국이 세션을 열고, 종국들은 단지 응답만 함
  ㉢ 점대점, 다중점 링크 모두에 사용 가능

② ABM(Asynchronous Balanced Mode, 비동기 균형 모드)
  ㉠ 균형적 링크 구성
  ㉡ 각 국이 주국이자 종국으로 서로 대등하게 균형적으로 명령과 응답을 하며 동작함
  ㉢ 가장 널리 사용(전이중 점대점 링크에서 가장 효과적으로 사용 가능)

③ ARM(Asynchronous Response Mode, 비동기 응답 모드)
  종국도 전송 개시할 필요가 있는 특수한 경우에만 사용함

(2) HDLC 프레임의 유형

HDLC는 모드와 구성에서 가능한 모든 옵션을 지원하는 데 필요한 유연성을 제공하기 위해 정보 프레임(Information Frame), 감독 프레임(Supervisor Frame), 번호 없는 프레임(Unnumbered Frame) 등 세 가지 유형의 프레임을 제공한다.
I-프레임은 제어부가 '0'으로 시작하고 사용자 정보를 전달한다. S-프레임은 제어부가 '10'으로 시작하고 오류제어와 흐름제어를 위해 사용된다. U-프레임은 '11'로 시작하고 링크의 동작모드 설정과 관리를 담당한다.
HDLC의 각 프레임은 시작 플래그 필드, 주소 필드, 제어 필드, 정보 필드, 프레임 점검 시퀀스(FCS) 필드 및 종료 플래그 필드를 최대 6개까지 포함할 수 있고, 다중 프레임 전송에서는 한 프레임의 끝 플래그가 다음 프레임의 시작 플래그 역할을 할 수 있다. 시작 필드와 종료 필드는 '01111110'의 비트 값을 갖는다.

4 다중 접근

노드나 방송국이 접속되어 멀티 포인트나 브로드캐스트 링크라고 하는 공통 링크를 이용할 때, 링크에 대한 액세스를 조정하기 위한 다중 접속 프로토콜이 필요하다. 공유 링크에 대한 접근을 처리하기 위한 프로토콜은 미디어 액세스 제어(MAC)라고 하는 데이터링크 계층의 하위 계층에 속한다.

(1) 임의 접근

임의 접속 방식에서는, 각 스테이션이 다른 스테이션에 의해 제어되지 않고 매체에 대한 권리를 갖지만 두 개 이상의 스테이션이 전송하려고 하면, 접근 충돌이 발생하고, 프레임이 파괴되거나 수정된다. 접근 충돌을 피하기 위해, 또는 발생시 문제를 해결하기 위해 언제 매체에 집근할 수 있는지, 매체가 사용 중인 경우에는 스테이션은 무엇을 할 수 있는지, 스테이션은 어떻게 전송의 성패를 판가름할 수 있는지, 접근 충돌이 일어날 경우 스테이션이 할 수 있는 일이 무엇인지에 대한 행동을 할 수 있어야 한다.

임의 접근 방법의 대표적인 프로토콜로는 ALOHA가 있다. 이 프로토콜은 다중 접근(MA)이라고 불리는 매우 간단한 절차를 사용했고 전송 전에 스테이션이 매체를 감지하도록 하는 절차를 추가해 향상되었다. 이를 캐리어 센스 다중 접근(CSMA)이라고 한다. 이 방법은 이후 충돌 감지 시 스테이션에 무엇을 해야 하는지 알려주는 반송파 감지 다중 접근(CSMA/CD)과 충돌을 회피하려는 반송파 감지 다중 접근(CSMA/CA)의 두 가지 병렬 방식으로 진화한다.

① ALOHA

최초의 무작위 접근 방식인 ALOHA는 1970년 초 하와이 대학에서 개발하였다. 시분할 다중접속(TDMA) 기술을 사용해, 위성과 지구 사이의 무선전송을 하는 프로토콜이다. 순수 알로하(Pure ALOHA) 사용자는 언제든지 메시지를 전송할 수 있지만, 다른 사용자들의 메시지와 충돌할 위험이 있다. 패킷이 준비되면 브로드캐스트되며, 만약 충돌이 일어나면 일정시간 후에 재전송된다. 'Slotted Aloha'는 채널을 시간대별로 나누어서 충돌위험을 줄이는 것으로, 각 사용자는 시간대의 시작에서만 전송할 수 있도록 순수 알로하를 개선한 방식이다.

② CSMA(Carrier Sense Multiple Access)

충돌 가능성을 최소화하고 성능을 향상시키기 위해 CSMA 방법이 개발되었다.

스테이션이 매체를 사용하려고 시도하기 전에 매체를 감지하면 충돌 가능성이 줄어들 수 있기 때문에 캐리어 센스 다중접속(CSMA)은 전송하기 전에 각 스테이션이 먼저 매체의 상태를 확인하는 원칙을 가지고 있다.

CSMA는 충돌 가능성을 줄일 수 있지만 이를 제거할 수는 없다. 스테이션은 공유 채널(일반적으로 전용 매체)에 연결되지만 전파 지연으로 인해 충돌의 가능성은 여전히 존재하게 된다. 스테이션이 프레임을 보낼 때, 첫 번째 비트가 모든 스테이션에 도달하고 모든 스테이션이 그것을 감지하는 데는 매우 짧지만 시간이 걸리게 된다. 즉, 다른 스테이션에서 송신한 첫 번째 비트가 아직 수신되지 않았으므로 스테이션이 매체를 감지하여 유휴 상태임을 알 수 있다.

㉠ 1-Persistent

1-영속 방식은 채널이 사용 중이면 유휴 상태가 될 때까지 기다리다 유휴 상태가 변경되면 무조건 프레임을 전송한다. 하지만 다중접근이 가능한 채널에서 둘 이상의 호스트가 전송 채널을 유휴 상태로 판단하면 프레임 전송 과정에서 충돌이 발생할 수 있다.

㉡ Non-Persistent

채널이 사용 중이라고 판단하면 더는 채널의 유휴 상태를 확인하지 않고 임의의 시간 동안 대기한 후 다시 채널을 감지하는 방식으로, 충돌이 발생될 확률을 줄이는 방식이다.

ⓒ p-Persistent

p-영속 방식은 프레임을 전송하기 전에 채널 사용 여부를 확인하는데 사용 중이면 다음 슬롯까지 대기 후 다시 채널을 감지한다. 채널이 유휴 상태이면 p의 확률로 프레임을 전송한다. 슬롯 채널 방식에서 주로 사용하는 방식이다.

③ CSMA/CD(Carrier Sense Multiple Access with Collision Detection)

CSMA 방법은 충돌에 따른 절차를 명시하지 않는다. CSMA/CD에서 스테이션은 전송이 성공적이었는지 확인하기 위해 프레임을 보낸 후에 매체를 모니터링하고 충돌이 있으면 프레임을 재전송한다. CSMA/CD의 처리량은 순수 또는 슬롯 ALOHA의 처리량보다 크다. 최대 처리량은 p의 다른 값에서 발생하며 p-persistent 방식의 영속 방식과 p값을 기반으로 하며 1-영속 방식의 경우 최대 처리량은 p = 1일 때 약 50%이다. 비영속 방식의 경우 최대 처리량은 p가 3과 8 사이에 있을 때 최대 90%까지 올라갈 수 있다. CSMA/CD는 전통적인 이더넷에서 사용하고 일반적인 미디어에 대한 액세스를 제어하기 위해 1- persistent 방식을 사용하는 브로드캐스트 LAN이다.

(2) 제어 접근

① 예약(Reservation)

예약 방식에서 스테이션은 데이터를 보내기 전에 예약을 해야 하고 시간은 간격으로 구분한다. 각 간격에서 예약 프레임은 해당 간격으로 전송된 데이터 프레임보다 우선한다.

시스템에 N개의 스테이션이 있는 경우 예약 프레임에 정확히 N개의 예약 미니 슬롯이 있을 수 있고 각 미니 슬롯은 한 스테이션에 속한다. 스테이션이 데이터 프레임을 전송해야 할 때, 스테이션은 자체 미니 슬롯에서 예약을 하고 예약을 한 스테이션은 예약 프레임 이후에 데이터 프레임을 전송할 수 있다.

② 폴링(Polling)

충돌 회피 또는 동기화 처리 등을 목적으로 다른 장치의 상태를 주기적으로 검사하여 일정한 조건을 만족할 때 송수신 등의 자료처리를 하는 방식이다. 이 방식은 버스, 멀티 포인트 형태와 같이 여러 개의 장치가 동일 회선을 사용하는 상황에서 주로 사용한다.

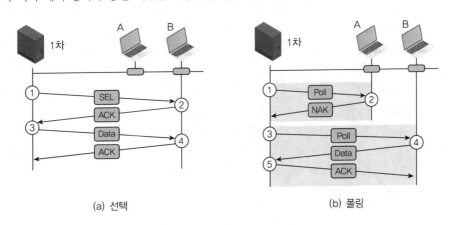

[폴링 접근 방식의 선택 및 폴링 기능]

③ 토큰 패싱(Token Passing)

토큰 패싱 방식에서 네트워크의 스테이션은 논리 링으로 구성되며 각 스테이션은 자기 앞의 노드(전임자)와 자기 뒤의 노드(후임자)를 가리키는 주소를 가지고 있다. 이 방법에서는 토큰이라 불리는 특수 패킷이 링을 순환하며, 토큰을 소지하면 스테이션은 채널에 접근하여 데이터를 전송할 수 있는 권리를 갖게 되는 방식이다. 스테이션이 송신할 자료가 있으면, 전임자로부터 토큰을 받을 때까지 기다린 후 토큰을 갖고 데이터를 전송한다. 스테이션은 더 이상 보낼 데이터가 없을 때 토큰을 해제하여 링의 다음 논리 스테이션에 전달한다. 토큰은 Busy Token과 Free Token으로 운영된다. 스테이션은 다음 라운드에서 토큰을 다시 받을 때까지 데이터를 전송할 수 없다. 토큰 관리를 위해 스테이션은 토큰을 소유할 수 있는 시간제한이 있고 토큰은 분실 또는 파기되지 않도록 모니터링되어야 한다.

제 4 장 근거리 통신망

1 유선 랜

(1) 이더넷 프로토콜

이더넷은 CSMA/CD 접근방식, 토큰 링, 토큰 버스 및 FDDI(Fiber Distribution Data Interface)와 같은 종류가 있다. 또 다른 LAN 기술인 고속 WAN 기술(ATM)을 구현한 ATM LAN이 시장에 등장했는데 이더넷을 제외한 거의 모든 LAN이 시장에서 사라지게 된 것은 이더넷 프로토콜이 더 높은 전송 속도에 대한 수요에 따라 진화할 수 있도록 설계되었기 때문이다.

① IEEE 프로젝트 802

1985년에 IEEE의 컴퓨터 학회는 다양한 제조업체로부터의 장비 간 상호 통신을 가능하게 하는 표준을 책정하기 위해 Project 802라는 프로젝트를 시작했다. 프로젝트 802는 주요 LAN 프로토콜의 물리 계층과 데이터링크 계층의 기능을 특정하는 방법이다. IEEE는 데이터링크 계층을 논리 링크 제어(LLC)와 미디어 액세스 제어(MAC)라는 두 개의 하위 계층으로 세분화하였다.

② LLC와 MAC

㉠ LLC(Logical Link Control)

데이터링크 제어는 프레임, 흐름제어 및 오류제어를 저리한다. IEEE 프로젝트 802에서는, 흐름제어, 오류제어 및 프레이밍 작업의 일부가 논리 링크 제어(LLC)라는 하위 계층으로 수집되고 프레이밍은 LLC 하위 계층과 MAC 하위 계층 모두에서 처리된다.

LLC는 모든 IEEE LAN에 대해 단일 링크 계층 제어 프로토콜을 제공한다. 이것은 LLC 프로토콜이 MAC 하위 계층을 투명하게 만들기 때문에 서로 다른 LAN들 간의 상호연결성을 제공할 수 있다는 것을 의미한다.

ⓛ MAC(Media Access Control)

IEEE 프로젝트 802는 각 LAN에 대해 특정 액세스 방법을 규정하는 미디어 액세스 제어라고 하는 하위 계층을 만들었다. 예를 들어, 이더넷 LAN에 대한 미디어 액세스 방식으로서 CSMA/CD를 정의하고, 토큰 링 및 토큰 버스 LAN에 대한 토큰 패스 방식을 정의하고 있다.

이더넷 랜은 표준 이더넷(10Mbps), 고속 이더넷(100Mbps), 기가비트 이더넷(1Gbps), 10기가비트 이더넷(10Gbps) 등으로 진화되고 있다.

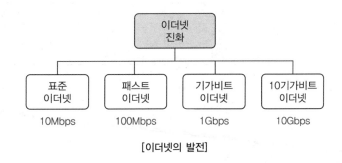

[이더넷의 발전]

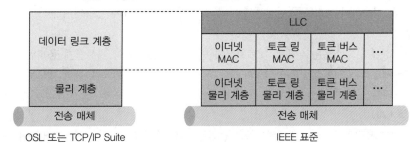

[LLC 계층과 MAC 계층]

(2) 표준 이더넷

데이터 속도가 10Mbps인 원래의 이더넷 기술을 표준 이더넷이라고 부른다.

(3) 기가비트 이더넷

더 높은 데이터 속도에 대한 필요성 때문에 IEEE 802.3z라고 하는 기가비트 이더넷 프로토콜 (1000Mbps)이 설계되었다. 기가비트 이더넷의 목표는 데이터 전송 속도를 1Gbps로 업그레이드하되 주소 길이, 프레임 형식, 최대 프레임 길이와 최소 프레임 길이는 동일하게 유지하는 것이다.

(4) 10기가비트 이더넷

IEEE 802.3ae라고 하는 10기가비트 이더넷이 발표되었다. 10기가비트 이더넷 설계의 목표는 데이터 속도를 10Gbps로 업그레이드하고, 프레임 크기와 형식을 동일하게 유지하며, LAN, MAN, WAN의 상호연결이 가능한 것으로 요약할 수 있다. 이 데이터 속도는 현재 광섬유 기술로만 가능하고 LAN PHY와 WAN PHY의 두 가지 물리 계층을 정의한다. 첫 번째는 기존 LAN을 지원하도록 설계되었으며, 두 번째는 실제로 SONET OC-192를 통해 링크가 연결된 WAN을 정의하는 계층이다. 10기가비트 이더넷은 전이중 모드에서만 작동하는데, 이것은 경합이 필요 없다는 것을 의미한다. CSMA/CD는 10기가비트 이더넷에서는 사용되지 않는다. 가장 일반적인 4종류의 구현 방식이 있으며 이는 10GBase-SR, 10GBase-LR, 10GBase-EW, 10GBase-X4이다.

[표준 이더넷]

구현	매체	매체 길이	인코딩
10Base5	Thick coax	500m	Manchester
10Base2	Thin coax	185m	Manchester
10Base-T	2 UTP	100m	Manchester
10Base-F	2 Fiber	2000m	Manchester

2 무선 랜

(1) 개요

① 매체

유선 LAN과 무선 LAN의 차이점은 전송 매체이다. 유선 LAN에서는 동축, UTP, 광섬유 등의 케이블을 사용하여 호스트를 연결하고, 무선 LAN에서 전송 매체는 공기이다.

② 호스트

무선 LAN에서 호스트는 실제로 네트워크에 연결되어 있지 않아 자유롭게 움직일 수 있고 네트워크가 제공하는 서비스를 사용할 수 있다. 따라서 유선 네트워크와 무선 네트워크의 이동성은 완전히 다른 문제이다.

③ 독립형 LAN

무선 LAN 용어로 ad hoc 네트워크라고 불리는 무선 독립형 LAN은 서로 자유롭게 통신하는 호스트 세트를 의미한다. ad hoc 네트워크는 임시 컴퓨터 대 컴퓨터 연결 유형으로 ad hoc 모드에서는 Wi-Fi 액세스 포인트 또는 라우터에 연결하지 않고도 다른 컴퓨터에 직접 무선 연결을 설정할 수 있다.

(2) 접근 제어

무선 LAN에서 가장 중요한 문제는 무선 호스트가 공유 매체(공기)에 어떻게 접근할 수 있는가 하는 접근 제어이다. 표준 이더넷은 CSMA/CD 알고리즘을 사용하고 무선 LAN에서는 CA(Collision Avoidance), 즉 충돌을 회피하는 방식을 사용한다. 장치들은 항상 네트워크의 반송파를 감지하고 있다가 네트워크 상태가 비어 있을 때 목록에 등재된 자신의 위치에 따라 정해진 만큼의 시간을 기다린 후 데이터를 전송한다. 목록 내에서 장치들 간의 우선순위를 정하고 이를 재설정하는 데는 여러 가지 방법들이 사용된다. 일부 버전에서는 충돌이 일어날 수 있으며 이때에는 충돌 감지 절차가 수행된다. 다음은 CSMA/CA(Carrier Sense Multiple Access with Collision Avoidance)의 절차이다.

① 데이터를 송신하고자 하는 송신 단말기는 다른 단말기가 데이터 송신 중인지(전파를 내보내고 있는지) 여부의 반송파를 감지한다.
② 다른 단말기가 송신 중인 것을 인지하게 되면 일정시간 대기한다.
③ 송신 시작까지의 시간으로 랜덤한 시간이 할당된다.
④ 재반송파를 감지하여 다른 반송파가 없는지 확인한다.
⑤ 데이터(패킷) 송신을 시작한다.

(3) 블루투스

블루투스는 전화, 노트북, 컴퓨터(데스크톱과 노트북), 카메라, 프린터, 심지어 커피메이커 등 서로 다른 기능의 기기를 서로 짧은 거리에 있을 때 연결하도록 설계된 무선 LAN 기술이다. 블루투스 LAN은 애드혹(ad-hoc) 네트워크로서 네트워크가 자연스럽게 형성된다는 것을 의미한다. 가젯이라 불리는 장치들은 서로를 찾아서 피코넷이라고 불리는 네트워크를 생성하고 블루투스 LAN은 장치 중 하나에 이 기능이 있는 경우 인터넷에 연결할 수도 있다. 블루투스 LAN은 연결을 시도하는 장치들이 많으면 혼란이 있기 때문에 크게 할 수 없다. 피코넷과 스캐터넷이라는 두 가지 유형의 네트워크가 있다.

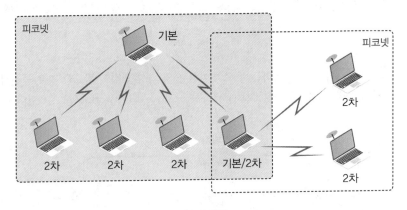

[스캐터넷]

① 피코넷(Piconets)

블루투스 네트워크는 피코넷 또는 작은 네트라고 불린다. 블루투스 네트워크는(보통 'piconets'으로 불리는) 마스터/슬레이브(master/slave) 모델을 사용한다. 이 모델은 하나의 마스터 장치가 다수의(7개 까지) 슬레이브 장치와 연결될 수 있고, 피코넷에 연결되는 슬레이브 장치는 오직 하나의 마스터 장치에만 연결이 가능하다. Ad-hoc 네트워크 형태로 연결하고, 하나의 피코넷 내 모든 기기는 하나의 채널을 공유한다.

② 스캐터넷(Scatternet)

피코넷을 결합하여 스캐터넷이라는 것을 형성할 수 있다. 피코넷 마스터 및 슬레이브가 동시에 다른 피코넷의 슬레이브화 될 수 있으며 여러 중첩된 피코넷들 중 슬레이브 모드로 동작하는 노드들이 다른 피코넷의 마스터가 되면서, 최대 10개 피코넷이 스캐터넷으로 범위 확장이 가능하다. 최대 71개 기기들이 동시에 스캐터넷을 형성하여 통신이 가능하다.

③ 블루투스 장치

블루투스 장치에는 단거리 무선 송신기가 내장되어 있다. 현재 데이터 전송 속도는 2.4GHz 대역의 1Mbps인데 IEEE 802.11b 무선 LAN과 블루투스 LAN 사이에 간섭 가능성이 있다는 것을 의미한다.

3 가상 랜

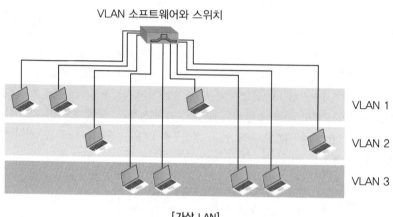

[가상 LAN]

두 개의 서로 다른 물리적 LAN에 속하는 두 스테이션 간의 가상 연결이 필요할 경우 물리적 배선이 아닌 소프트웨어에 의해 구성된 LAN을 가상 LAN(Virtual Local Area Network)으로 정의한다.

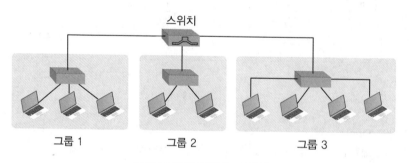

[3개의 LAN을 연결하는 스위치]

관리자가 그룹 3에 의해 수행되고 있는 프로젝트의 속도를 높이기 위해 두 명의 사용자를 첫 번째 그룹에서 세 번째 그룹으로 이동시킬 필요가 있다면 LAN 구성을 변경해야 한다. 즉, 네트워크 담당자가 다시 배선을 해야 한다는 것을 의미한다. 만약 두 사용자가 얼마 후에 이전 그룹으로 다시 이동한다면 이러한 문제가 반복해서 발생하게 된다. VLAN은 LAN을 논리적으로 분할하여 물리적 변경을 하지 않아도 해당 네트워크 그룹 내에서 관련된 메시지를 송수신할 수 있도록 하는 소프트웨어적인 기법이다.

4 연결 장치

(1) 허브와 리피터

허브는 물리 계층에서만 작동하는 장치이다. 리피터는 신호를 수신하고 신호가 너무 약하거나 손상되기 전에 원래의 비트 패턴을 다시 생성하고 다시 시도하여 새로워진 신호를 전송하는 물리 계층 장치이다. 과거에는 이더넷 LAN이 버스 토폴로지를 사용할 때, 동축 케이블의 길이 제한을 극복하기 위해 LAN의 두 세그먼트를 연결하는 리피터를 사용했지만 오늘날 이더넷 LAN은 스타 토폴로지를 사용하고 허브라고 하는 멀티포트 장치를 사용한다. 링크 계층 주소를 가지고 있지 않으며 수신된 프레임의 링크 계층 주소를 확인하지 않는다. 단지 손상된 부분을 재생성하여 모든 포트에서 전송한다.

(2) 링크 계층 스위치

링크 계층 스위치(또는 스위치)는 물리 계층과 데이터링크 계층 모두에서 작동한다. 물리 계층 장치로서 수신하는 신호를 재생성한다. 링크 계층 장치로서 링크 계층 스위치는 프레임에 포함된 MAC 주소(소스 및 목적지)를 확인할 수 있다.
링크 계층 스위치와 허브 간 기능성의 차이가 있는데 링크 계층 스위치는 필터링 기능이 있기 때문에 프레임의 목적지 주소를 확인할 수 있으며 프레임을 보낼 송신 포트를 결정할 수 있다. 링크 계층 스위치는 필터링 결정에 사용되는 테이블을 가지고 있다.

(3) 라우터

라우터는 3계층 장치로서 물리, 데이터링크 및 네트워크 계층에서 작동한다. 물리 계층 장치로서 수신하는 신호를 재생성하고 링크 계층 장치로서 라우터는 패킷에 포함된 물리적 주소(소스 및 목적지)를 확인하며 네트워크 계층 장치로서의 라우터는 네트워크 계층 주소를 확인한다.
라우터는 인터네트워킹 장치로서 독립 네트워크를 연결하여 인터네트워크를 형성한다. 라우터는 리피터나 스위치와 다른 세 가지 차이점이 있다.

제 5 장 네트워크 계층

1 개요

네트워크 계층은 통신망 전체에 설치된 중간의 라우터를 통한 라우팅과 패킷 포워딩을 담당한다. OSI 제2계층인 데이터링크 계층은 매체접근제어, 흐름제어, 오류 검사를 담당한다.

(1) 포워딩

라우팅 알고리즘을 적용하기 위해서 라우팅 테이블을 생성하는데 이 테이블의 정확한 명칭은 포워딩 테이블이다. 포워딩 테이블에는 목적지 주소에 대응하는 포트가 저장되어 있어 테이블을 참조하면서 한 단계 한 단계 목적지에 가까워지도록 라우터의 입력포트에서 출력포트로 패킷을 이동시키는 것을 포워딩이라고 정의한다.

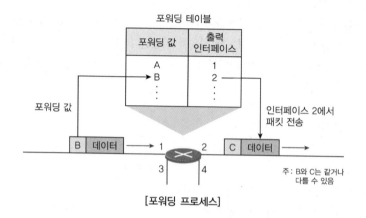

[포워딩 프로세스]

(2) 라우팅

라우팅은 출발지에서 목적지까지의 경로를 결정하는 것이다. 수많은 경로 중에서도 최적의 경로를 찾는 것이 라우팅이고 이를 위해 여러 가지 라우팅 알고리즘이 사용된다.

2 IP 주소

(1) 클래스 주소지정

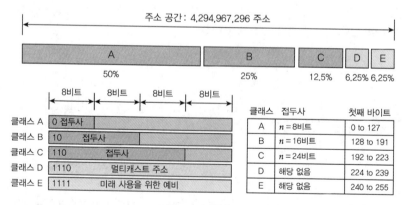

[IPv4의 체계]

IP 주소는 네트워크 주소 부분과 호스트 주소 부분으로 구성되어 있다. 네트워크 주소의 목적은 보내고자 하는 패킷이 존재하는 네트워크가 어디에 있는지를 확인하기 위한 것이고, 네트워크 주소를 통해 해당 네트워크까지 도달하면 그 안에서 실질적으로 목적지의 호스트가 누구인지를 호스트 주소를 보고 판단할 수 있다.

(2) 비클래스형 주소(Classless Addressing)

고갈되는 IP 자원을 절약하기 위한 방식이 사이더(CIDR), 즉 비클래스형 주소체계이다. 사이더는 대규모 네트워크를 소규모 네트워크로 분할하는 기술인 서브넷과 더 작은 범위의 주소를 더 큰 공간에 결합하는 데 사용되는 방법인 슈퍼넷으로 구분하여 생각할 수 있다. 서브넷과 슈퍼넷은 주소 고갈 문제를 해결하기 위해 고안된 기술이지만 문제를 해결할 수는 없었고 다만 주소 고갈의 속도를 늦추는 효과는 있었다. 슈퍼넷팅은 서브넷팅 처리의 역 과정이다.

(3) 네트워크 주소 변환(Network Address Translation)

ISP를 통한 주소 유통은 새로운 문제를 야기시켰다. 즉, ISP가 생겨나면서 소기업이나 가정에 IP 주소를 부여했다. 사업이 성장하거나 가정이 더 큰 범위를 필요로 하는 경우, 범위 전후의 주소가 이미 다른 네트워크에 할당되었을 수 있기 때문에 ISP가 수요를 허가하지 못할 수도 있다는 것이다. 그러나 대부분의 경우 소규모 네트워크의 컴퓨터 일부만 동시에 인터넷에 접속할 필요가 있고 할당된 주소의 수가 네트워크의 컴퓨터 수와 일치할 필요가 없다. 사설 네트워크는 개인 주소를 사용하고 네트워크를 글로벌 주소로 연결하는 라우터는 하나의 개인 주소와 하나의 글로벌 주소를 사용한다.

(4) DHCP

조직의 주소 할당을 자동화시켜주는 프로토콜을 DHCP(Dynamic Host Configuration Protocol)라고 한다. DHCP는 클라이언트–서버 패러다임을 이용하여 네트워크 계층에서 TCP/IP를 실제로 돕는 애플리케이션 계층 프로그램이다. DHCP는 인터넷에서 흔히 플러그 앤 플레이 프로토콜이라고 불리며 많은 상황에서 사용한다.

네트워크 관리자는 호스트와 라우터에 영구 IP 주소를 할당하도록 DHCP를 구성할 수 있고 DHCP 또한 호스트에 일시적으로 온 디맨드 IP 주소를 제공하도록 구성할 수 있다. 두 번째 기능은 여행자가 호텔에 머무는 동안 자신의 노트북을 인터넷에 연결하기 위해 임시 IP 주소를 제공할 수 있다. 그것은 또한 고객 중 1/4 이하가 동시에 인터넷을 사용한다고 가정했을 때 1,000개의 주소를 가진 ISP가 4000가구에 서비스를 제공할 수 있도록 허용한다는 의미이다. 컴퓨터는 IP 주소 외에 네트워크 접두사(또는 주소 마스크)도 알아야 한다. 대부분 컴퓨터들은 또한 다른 네트워크와 통신할 수 있는 디폴트 라우터의 주소와 주소 대신에 이름을 사용할 수 있는 네임 서버의 주소와 같은 두 가지 다른 정보가 필요하다. 즉, 일반적으로 컴퓨터 주소, 접두사, 라우터의 주소, 이름 서버의 IP 주소 등 4가지 정보가 필요한데 DHCP는 호스트에 이러한 정보를 제공하는 데 사용한다.

(5) IPv6 주소

IPv4에서 IPv6으로 이행하는 주된 이유는 IPv4의 주소 공간의 작은 크기 때문이다. IPv6는 IPv4 주소 길이의 4배인 128비트 또는 16바이트(octets)의 크기이다.

IPv4 주소 지정에서는 링크 계층 주소가 일반적으로 호스트보다 훨씬 길기 때문에, hostid(IP 레벨에서의)와 링크 계층 주소(데이터링크 계층에서의) 사이에 특별한 관계가 없다. IPv6 주소지정은 이러한 관계를 가능하게 하고 길이가 64비트 미만인 링크 계층 주소는 인터페이스 식별자의 전체 또는 부분으로 삽입되어 매핑 프로세스를 제거할 수 있다. 이 목적을 위해 IEEE가 정의한 64비트 확장 고유 식별자(EUI-64)와 이더넷에 의해 정의된 48비트 링크 계층 주소라는 두 가지 일반적인 링크 계층 주소지정 체계를 고려할 수 있다.

3 IP 프로토콜

메인 프로토콜인 인터넷 프로토콜 버전 4(IPv4)는 네트워크 계층에서 패킷의 패킷화, 포워딩, 전달을 담당한다. ICMPv4(Internet Control Message Protocol Version 4)는 IPv4가 네트워크 계층 전송에서 발생할 수 있는 일부 오류를 처리하도록 지원한다. IGMP(Internet Group Management Protocol)는 멀티캐스팅에서 IPv4를 돕기 위해 사용한다. ARP(Address Resolution Protocol)는 네트워크 계층 주소를 매핑하여 네트워크 계층과 데이터링크 계층을 링크 계층 주소에 연결하는 데 사용되고 RARP는 ARP의 역기능을 위해 사용되는 프로토콜이다.

IPv4는 데이터그램 방식을 이용하는 비접속 프로토콜로서 각 데이터그램은 독립적으로 처리되며 목적지로 가는 다른 경로를 따를 수 있다. 이는 동일한 소스에 의해 동일한 목적지로 전송된 데이터그램이 잘못 도착할 수 있음을 암시하며, IPv4는 이러한 모든 문제를 처리하기 위해 상위 레벨의 프로토콜에 의존한다.

(1) 데이터그램 형식

IPv4가 상위층이나 다른 프로토콜로부터 오는 데이터가 캡슐화되는 패킷의 형식을 어떻게 정의하는지 보여준다. IP에 의해 사용되는 패킷을 데이터그램이라고 한다.

데이터그램은 헤더와 페이로드(데이터)의 두 부분으로 구성된 가변 길이 패킷으로 헤더는 길이가 20 ~ 60바이트로, 라우팅과 전달에 필수적인 정보를 포함하고 있다. TCP/IP에서는 헤더를 4바이트 섹션으로 표시하는 것이 일반적이다.

(2) 단편화(Fragmentation)

데이터그램은 다른 네트워크를 통해 이동할 수 있다. 각 라우터는 IP 데이터그램을 수신한 프레임에서 디코딩하여 처리한 다음 다른 프레임으로 캡슐화한다. 수신된 프레임의 형식과 크기는 프레임이 방금 이동한 물리적 네트워크에 의해 사용되는 프로토콜에 따라 달라지고 전송된 프레임의 형식과 크기는 프레임이 이동하려고 하는 물리적 네트워크에 의해 사용되는 프로토콜에 따라 달라진다. 예를 들어 라우터가 LAN을 WAN에 접속하는 경우, LAN 형식의 프레임을 수신해 WAN 형식으로 프레임을 송신한다.

(3) IPv4에서 IPv6로의 전환

IP 프로토콜의 새로운 버전이 있지만, IPv4의 이용을 중지하고 IPv6의 이용을 시작하는 전환을 위해서는 모든 호스트나 라우터가 이전 버전 사용을 중지하고 새로운 버전을 사용하기 시작해야 하는 전환일을 정의하는 것이지만 이것은 실용적이지 않다. 인터넷에 있는 엄청난 수의 시스템 때문에 IPv4에서 IPv6로의 전환은 갑자기 일어날 수 없고 인터넷의 모든 시스템이 IPv4에서 IPv6으로 이동하려면 상당한 시간이 걸릴 것이기 때문이다. IPv4와 IPv6 시스템 간의 문제가 발생하지 않도록 전환이 원활해야 한다는 전제가 필요한 이유이다.

전환을 위한 전략은 이중 스택(dual stack), 터널링(tunneling), 헤더 번역(header revertation)의 세 가지가 있다.

① 이중 스택

버전 6으로 완전히 전환하기 전에 모든 호스트가 전환 중에 프로토콜의 이중 스택을 갖는 것이다. 즉, 스테이션은 모든 인터넷이 IPv6을 사용할 때까지 IPv4와 IPv6을 동시에 지원하는 방안이다. 이중 스택 구성의 레이아웃으로 패킷을 목적지로 전송할 때 사용할 버전을 결정하기 위해 소스 호스트는 DNS를 참조하고 DNS가 IPv4 주소를 반환하면 소스 호스트가 IPv4 패킷을 송신하는 것이다. DNS가 IPv6 주소를 반환하는 경우, 소스 호스트는 IPv6 패킷을 송신한다.

② 터널링

터널링은 IPv6를 사용하는 두 대의 컴퓨터가 서로 통신하고 싶을 때 사용하는 전략으로 패킷은 IPv4를 사용하는 지역을 통과해야 한다. 이 지역을 통과하려면 패킷에 IPv4 주소가 있어야 하기 때문에 IPv6 패킷은 지역에 들어갈 때 IPv4 패킷으로 캡슐화되고 지역을 나갈 때 캡슐을 제거한다. IPv6 패킷이 한쪽 끝에서 터널에 들어가 다른 쪽 끝에서 나타나는 것처럼 보인다. IPv4 패킷이 IPv6 패킷을 데이터로써 운반하고 있는 것을 명확히 하기 위해 프로토콜 값을 41로 설정해야 한다.

③ 헤더 번역

인터넷 대다수가 IPv6으로 이동했지만 일부 시스템은 여전히 IPv4를 사용하는 경우에 헤더 번역이 필요하다. 송신자는 IPv6을 사용하고 싶어하지만 수신자는 IPv6을 이해하지 못한다. 패킷이 수신자가 이해할 수 있도록 IPv4 형식이어야 하기 때문에 터널링은 이 상황에서는 작동하지 않고 이 경우 헤더 변환을 통해 헤더 형식을 완전히 변경해서 IPv6 패킷의 헤더는 IPv4 헤더로 변환된다.

④ IP 주소 사용

전환 중에 호스트는 IPv4와 IPv6의 두 주소를 사용해야 할 수도 있다. 전환이 완료되면 IPv4 주소는 사라진다. DNS 서버는 전환 중 어느 하나의 주소 유형으로 호스트 이름을 매핑할 준비가 되어 있어야 하지만, 세계의 모든 호스트가 IPv6으로 전환된 후에는 IPv4 디렉토리가 사라질 것이다.

(4) ICMP

IPv4에는 오류 보고나 오류 수정 메커니즘이 없기 때문에 일이 잘못되면 오류가 발생한다. IP 프로토콜은 또한 호스트 및 관리 쿼리를 위한 메커니즘이 부족하다. 호스트는 라우터나 다른 호스트가 살아 있는지 여부를 결정해야 할 때가 있고 때때로 네트워크 관리자는 다른 호스트나 라우터의 정보를 필요로 한다. 인터넷 제어 메시지 프로토콜 버전 4(ICMPv4)는 위의 두 가지 결점을 보완하도록 설계되었다. 이것은 IP 프로토콜의 동반자로서 ICMP 자체는 네트워크 계층 프로토콜이지만 메시지는 예상한 대로 데이터링크 계층에 직접 전달되지 않는다. 대신에, 메시지는 하위 계층으로 가기 전에 먼저 IP 데이터그램 내부에 캡슐화된다. IP 데이터그램이 ICMP 메시지를 캡슐화할 때 IP 데이터그램의 프로토콜 필드 값은 1로 설정되어 IP 페이로드가 ICMP 메시지임을 표시하게 된다. 오류 메시지의 데이터 섹션에는 오류가 있는 원본 패킷을 찾는 데 필요한 정보가 들어 있어 쿼리 메시지에서 데이터 섹션은 쿼리 유형을 기반으로 추가 정보를 전달할 수 있다. 디버깅을 위해 인터넷에서 사용할 수 있는 도구로 ping과 traceroute을 사용한다.

(5) IGMP(Internet Group Management Protocol)

현재 그룹 구성원에 대한 정보를 수집하는 데 사용되는 프로토콜이다. IGMP는 네트워크 계층에서 정의된 프로토콜로 IP의 일부로 간주되는 ICMP와 같은 보조 프로토콜 중 하나로 ICMP 메시지와 같은 IGMP 메시지는 IP 데이터그램에 캡슐화된다.

(6) ICMPv6

TCP/IP 프로토콜 버전 6에서 수정된 또 다른 프로토콜은 ICMP로서 이 새로운 버전의 ICMPv6 (Internet Control Message Protocol version 6)는 버전 4와 동일한 전략과 목적을 준수하고 있지만 ICMPv6은 ICMPv4보다 복잡하다. 버전 4에서 독립적인 일부 프로토콜은 현재 ICMPv6의 일부이며 일부 새로운 프로토콜 메시지가 더 유용하게 추가되었다. 버전 4의 ICMP, ARP 및 IGMP 프로토콜은 하나의 단일 프로토콜인 ICMPv6으로 결합된다.

(7) 모바일 IP

① 주소지정

IP 프로토콜을 사용하여 이동 통신을 제공할 때 해결되어야 하는 주된 문제는 주소지정이다.

㉠ 고정 호스트

원래의 IP 주소 지정은 호스트가 특정 네트워크에 고정되어 있다고 가정한 것으로 라우터는 IP 주소를 사용하여 IP 데이터그램을 라우팅한다. IP 주소는 접두어와 접미어의 두 부분으로 구성되고 접두사는 호스트를 네트워크와 연관된다. 예를 들어 IP 주소 10.3.4.24/8은 네트워크 10.0.0.0/8에 연결된 호스트를 정의하고 인터넷의 호스트가 한 곳에서 다른 곳으로 이동할 수 있는 주소를 가지고 있지 않음을 의미한다. 이 주소는 호스트가 네트워크에 연결된 경우에만 유효하고 네트워크가 변경되면 주소는 더 이상 유효하지 않다. 라우터는 이 연결을 사용하여 패킷을 라우팅하고 접두어를 사용하여 호스트가 연결된 네트워크에 패킷을 전달한다.

㉡ 모바일 호스트

호스트가 한 네트워크에서 다른 네트워크로 이동할 때, IP 주소지정 구조를 수정할 필요가 있으며 몇 가지 해결책이 제시되었다.

• 주소 변경 방안

간단한 해결책은 모바일 호스트가 새로운 네트워크로 갈 때 주소를 바꾸도록 하는 것이다. 호스트는 DHCP를 사용하여 새 주소를 새 네트워크와 연결할 수 있는데 이 접근법은 몇 가지 단점이 있다. (i) 구성 파일을 변경해야 하고, (ii) 컴퓨터가 한 네트워크에서 다른 네트워크로 이동할 때마다 컴퓨터를 재부팅해야 하며, (iii) DNS 테이블은 인터넷의 모든 다른 호스트가 그 변화를 인지하도록 수정될 필요가 있고, (iv) 송신 중에 호스트가 한 네트워크에서 다른 네트워크로 로밍할 경우, 데이터 교환이 중단된다는 것이다. 클라이언트와 서버의 포트와 IP 주소는 연결 기간 동안 일정하게 유지되어야 하기 때문이다.

- 두 개의 주소 사용 방안

더 실현 가능한 접근법은 두 개의 주소를 사용하는 것이다. 호스트에는 원래 주소와 임시 주소가 있고 집 주소는 영구적이다. 호스트를 호스트의 영구적인 홈 네트워크와 연관시키는 것이다. 호스트가 한 네트워크에서 다른 네트워크로 이동할 때 보조 주소가 변경된다. 그것은 외부 네트워크, 호스트가 이동하는 네트워크와 관련되며 모바일 호스트는 외부 네트워크를 방문할 때 나중에 설명할 에이전트 검색 및 등록 단계에서 해당 주소를 받는다.

② 에이전트

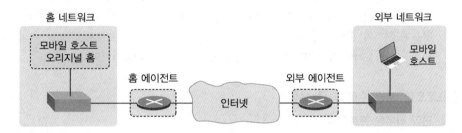

[홈 에이전트와 외부 에이전트]

주소 변경을 나머지 인터넷에 투명하게 적용하려면 홈 에이전트와 외부 에이전트가 필요하다. 에이전트는 대개 모바일 호스트의 홈 네트워크에 연결된 라우터이다.

㉠ 홈 에이전트

홈 에이전트는 원격 호스트가 패킷을 모바일 호스트에 보낼 때 모바일 호스트를 대신하여 작동한다. 홈 에이전트는 패킷을 수신하여 외부 에이전트로 전송한다.

㉡ 외부 에이전트

외부 에이전트는 대개 외부 네트워크에 연결된 라우터이다. 외부 에이전트는 홈 에이전트가 전송한 패킷을 수신하여 모바일 호스트에 전달한다. 모바일 호스트가 외부 에이전트로 작동할 수도 있다. 즉, 모바일 호스트와 외부 에이전트는 동일할 수 있다는 것이다. 그러나 이렇게 하려면 모바일 호스트가 DHCP를 사용하여 보조 주소를 받을 수 있어야 하고 모바일 호스트는 홈 에이전트와 통신하고 홈 주소 및 보조 주소라는 두 가지 주소를 가질 수 있도록 소프트웨어가 필요하다.

이 이중 주소지정은 응용 프로그램에 투명해야 하고, 이동 호스트가 외부 에이전트 역할을 할 때 보조 주소는 공동 보호 주소라고 한다. 함께 배치된 보조 주소를 사용하면 이동 호스트가 외부 에이전트의 가용성에 대해 걱정하지 않고 모든 네트워크로 이동할 수 있다는 장점이 있고 단점은 모바일 호스트가 자체 외부 에이전트로 작동하는 추가 소프트웨어가 필요하다는 것이다.

4 라우팅

(1) 정보교환방법에 따른 분류

① 거리벡터 라우팅 라우팅 프로토콜

일정시간마다 이웃에 위치한 라우터와 경로 정보(hop count)를 교환하여 최적 경로를 설정하는 방법으로 RIP, IGRP, EIGRP 등이 있다.

② 링크상태 라우팅 프로토콜

홉 수는 물론 지연, 속도, 네트워크 위상 등의 다양한 변수를 고려하여 링크 상태가 변할 때마다 모든 정보를 고려하여 최적의 경로를 계산·전송하여 트래픽을 줄이고 거리 벡터 방식의 단점을 극복하기 위해 개발된 프로토콜이다. 링크상태 라우팅 프로토콜은 최단 거리 알고리즘을 사용하여 라우터에 대한 비용을 직접 계산하는데 OSPF가 대표적이다.

(2) 프로토콜 지원 수에 따른 분류

① 단일 라우팅 프로토콜

네트워크 프로토콜(IP, IPX, Appletalk) 중에서 하나만 지원하는 라우팅 프로토콜로서 RIP, IGRP/EIGRP, OSPF, BGP 등이 있다.

② 다중 라우팅 프로토콜

네트워크 프로토콜 중에서 두 개 이상의 네트워크 프로토콜을 지원하는 라우팅 프로토콜로서 EIGRP가 있다.

(3) 테이블 관리방법에 따른 분류

① 정적 라우팅

네트워크 관리자가 직접 목적지 별로 네트워크 경로를 지정하는 방식으로 관리자가 변경하지 않으면 라우팅 테이블이 변경되지 않는다. 상대적으로 네트워크 설계가 간단하고 예측이 쉬운 환경에 적합하다. 네트워크의 한 노드가 동작하지 않을 경우 우회경로를 이용하지 못한다.

② 동적 라우팅

네트워크의 변동된 정보를 라우터 간에 자동으로 교환하여 업데이트하는 방식으로 네트워크에 장애가 발생하더라도 능동적으로 대처가 가능하다. 설정방법은 정적방식보다 간단하지만 대역폭 및 라우터 리소스를 더 많이 소모하게 된다. 동적 라우팅 프로토콜에는 RIP, IGRP, EIGRP, OSPF, ISIS 등이 있다.

(4) 경로 벡터 라우팅

링크 상태 및 거리 벡터 라우팅은 최소 비용 목표를 기반으로 하지만 이 목표가 우선순위가 아닌 경우가 있다. 경로-벡터 라우팅은 목적지 네트워크에 대한 거리에는 의존하지 않고 단지 경로(패킷이 목적지에 도달하기 위해 지나야 하는 자율시스템의 순차적 목록)에 기반한 라우팅 기법을 의미한다. 경로 벡터 라우팅 특징은 거리 벡터 라우팅 방식과는 달리 경로 그 자체의 분석에 근거한 라우팅을 하고, 경로 정보는 각 라우터에 누적되고, 라우터들 상호 간에 운반 전달된다. 주요 결점은 목적지 네트워크까지의 경로가 길어지고, 그에 따라 광고할 내용량(사이즈)이 많아지는 것이다. 경로-벡터 라우팅은 실제로 인터넷에서 사용되지 않으며 주로 ISP 간에 패킷을 라우팅하도록 설계한다.

(5) 라우팅 정보 프로토콜(RIP : Routing Information Protocol)

RIP은 이전에 설명한 거리 벡터 라우팅 알고리즘을 기반으로 가장 널리 사용되는 도메인 내부 라우팅 프로토콜이다.

(6) 최단 경로 우선 열기(OSPF : Open Shortest Path First)

OSPF도 RIP와 같은 내부 라우팅 프로토콜이지만, 앞에서 설명한 링크 상태 라우팅 프로토콜에 기초하고 OSPF는 공개 프로토콜로, 사양이 공개 문서임을 의미한다.

(7) 경계 게이트웨이 프로토콜 버전 4(BGP4 : Border Gateway Protocol Version 4)

BGP4는 오늘날 인터넷에서 사용되는 유일한 도메인 간 라우팅 프로토콜이다. BGP4는 앞에서 설명한 경로-벡터 알고리즘을 기반으로 하고 있지만, 인터넷의 네트워크 도달 가능성에 관한 정보를 제공하기 위해 맞춤화되어 있고 특히 BGP4는 복잡한 프로토콜이다.

(8) 멀티캐스팅

멀티캐스팅에는 하나의 소스와 목적지 그룹이 있고 그 관계는 일대다의 관계이다. 이 통신 유형에서, 소스 주소는 유니캐스트 주소이지만, 목적지 주소는 하나 이상의 목적지 네트워크 그룹이며, 멀티캐스트 데이터그램 수신에 관심이 있는 그룹의 멤버는 적어도 하나 이상 있다.

제 6 장 전송 계층

1 개요

(1) 역할

전송 계층과 데이터링크 계층의 역할이 비슷하기 때문에 혼란을 유발하기도 한다. 오류제어, 흐름제어의 기능을 동일하게 제공하지만, 데이터링크 계층은 물리적으로 1:1로 호스트 사이의 전송을 책임지고 전송 계층은 논리적으로 1:1로 연결된 송신 측과 수신 측 간의 전송을 책임진다.

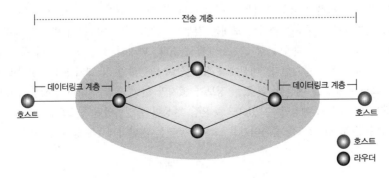

[전송계층과 데이터링크 계층의 차이]

(2) 비연결 및 연결 지향 프로토콜

네트워크 계층에서 비연결 서비스는 동일한 메시지에 속하는 서로 다른 데이터그램에 대해 서로 다른 경로를 의미하지만, 전송 계층에서의 비연결형 서비스는 패킷 간의 독립성을 의미하며, 연결 지향은 종속성을 의미한다.

2 USER DATAGRAM PROTOCOL(UDP)

사용자 데이터그램 프로토콜(UDP)은 비연결적이고 신뢰할 수 없는 전송 프로토콜이다. 호스트 대 호스트 통신 대신 프로세스 간 통신을 제공하는 것을 제외하고는 IP 서비스에 아무 것도 추가하지 않는다. UDP는 최소한의 오버헤드를 사용하는 매우 간단한 프로토콜이다. 프로세스가 작은 메시지를 보내고 신뢰성에 별로 신경 쓰지 않는 프로그램에서는 UDP를 사용할 수 있다. 또한, TCP와 달리 연결 설정 및 연결 종료가 없다. 이것은 각 사용자 데이터그램이 다른 경로로 이동할 수 있음을 의미한다.

3 Transmission Control Protocol(TCP)

전송 제어 프로토콜(TCP)은 연결 지향적이고 안정적인 프로토콜이다. TCP는 연결 지향 서비스를 제공하기 위해 연결 설정, 데이터 전송 및 연결 해체 단계를 명시적으로 정의한다. TCP는 안정성을 제공하기 위해 GBN 및 SR 프로토콜을 사용한다. TCP는 체크섬, 패킷의 재전송, 그리고 타이머를 사용한다. TCP는 인터넷에서 가장 보편적인 전송 계층 프로토콜이다. TCP는 혼잡을 제어하기 위하여 다음과 같은 혼잡제어 방법을 사용한다.

(1) 합 증가/곱 감소

이 방식은 AIMD(Additive Increase/Multiplicative Decrease)라고 불리는 방식이다. 처음에 패킷을 하나씩 보내고 이것이 문제없이 도착하면 창 크기(단위 시간 내에 보내는 패킷의 수)를 1씩 증가시켜 가면서 전송하는 방법이다. 만일 패킷 전송에 실패하거나 일정한 시간이 넘으면 패킷을 보내는 속도를 절반으로 줄이게 된다.

(2) 느린 시작

합 증가/곱 감소 방식이 네트워크의 수용량 주변에서는 효율적으로 작동하지만 처음에 전송 속도를 올리는 데 걸리는 시간이 너무 길다는 단점이 있다. 느린 시작(Slow Start) 방식은 합 증가/곱 감소 방식과 마찬가지로 패킷을 하나씩 보내는 것부터 시작한다. 그러나 이 방식은 패킷이 문제없이 도착하면 각각의 ACK 패킷마다 창 크기를 1씩 늘린다. 따라서 전송 속도는 합 증가/곱 감소와는 다르게 지수 함수 꼴로 증가한다. 대신에 혼잡 현상이 발생하면 창 크기를 1로 떨어뜨린다. 처음에는 네트워크의 수용량을 예상할 수 있는 정보가 없지만 한번 혼잡 현상이 발생하고 나면 네트워크의 수용량을 어느 정도 예상할 수 있으므로 혼잡 현상이 발생하였던 창 크기의 절반까지는 이전처럼 지수 함수 꼴로 창 크기를 증가시키고 그 이후부터는 완만하게 1씩 증가시킨다.

(3) 빠른 재전송

빠른 재전송(Fast Retransmit)은 TCP의 혼잡 조절에 추가된 정책이다. 패킷을 받는 쪽에서 먼저 도착해야 할 패킷이 도착하지 않고 다음 패킷이 도착한 경우에도 ACK 패킷을 보낸다. 단, 순서대로 잘 도착한 마지막 패킷의 다음 패킷의 순번을 ACK 패킷에 실어서 보낸다. 따라서 중간에 패킷 하나가 손실되게 되면 보내는 측에서는 순번이 중복된 ACK 패킷을 받게 되고, 이것을 감지하는 순간 문제가 되는 순번의 패킷을 재전송해 줄 수 있다. 빠른 재전송은 중복된 순번의 패킷을 3개 받으면 재전송을 한다. 그리고 이런 현상이 일어나는 것은 약간 혼잡한 상황이 일어난 것이므로 혼잡을 감지하고 창 크기를 줄이게 된다.

(4) 빠른 회복

빠른 회복 정책(Fast Recovery)은 혼잡한 상태가 되면 창 크기를 1로 줄이지 않고 반으로 줄이고 선형 증가시키는 방법이다. 빠른 회복 정책까지 적용하면 혼잡 상황을 한번 겪고 나서부터는 순수한 합 증가/곱 감소 방식으로 동작한다.

TCP 리노 방식은 느린 시작, 빠른 재전송, 빠른 회복 셋을 모두 구현하며, 마이크로소프트 윈도우 운영체제도 이 방식으로 동작한다.

제 7 장 응용 계층

1 World Wide Web

(1) 웹 클라이언트(브라우저)

다양한 공급 업체가 웹 페이지를 해석하고 표시하는 상용 브라우저를 제공하며 거의 모두 동일한 아키텍처를 사용한다. 각 브라우저는 일반적으로 컨트롤러, 클라이언트 프로토콜 및 인터프리터의 세 부분으로 구성된다. 컨트롤러는 키보드나 마우스로부터 입력을 받아 클라이언트 프로그램을 사용하여 문서에 접근한 후 인터프리터 중 하나를 사용하여 화면에 문서를 표시한다. 클라이언트 프로토콜은 HTTP 또는 FTP와 같은 프로토콜 중 하나이다. 인터프리터는 문서의 유형에 따라 HTML, Java 또는 JavaScript가 될 수 있다.

(2) 웹 서버

웹 페이지는 서버에 저장되고 요청이 도착할 때마다 해당 문서가 클라이언트로 전송한다. 효율성을 높이기 위해 서버는 일반적으로 요청된 파일을 메모리의 캐시에 저장하고 서버는 또한 멀티스레딩이나 멀티프로세싱을 통해 더 효율적으로 사용할 수 있다. Apache와 Microsoft Internet Information 서버 등이 있다.

(3) Uniform Resource Locator(URL)

네트워크상에서 자원이 어디 있는지를 알려주기 위한 규약이다. 즉, 컴퓨터네트워크와 검색 메커니즘에서의 위치를 지정하는 웹 리소스에 대한 참조를 의미한다. 흔히 웹 사이트 주소로 알고 있지만, URL은 웹 사이트 주소뿐만 아니라 컴퓨터네트워크상의 자원을 모두 나타낼 수 있다. 그 주소에 접속하려면 해당 URL에 맞는 프로토콜을 알아야 하고, 그와 동일한 프로토콜로 접속해야 한다. FTP 프로토콜인 경우에는 FTP 클라이언트를 이용해야 하고, HTTP인 경우에는 웹 브라우저를 이용해야 하며 텔넷의 경우에는 텔넷 프로그램을 이용해서 접속해야 한다.

(4) HyperText Transfer Protocol(HTTP)

HTTP는 웹에서 웹 페이지를 검색하기 위해 클라이언트-서버 프로그램을 작성하는 방법을 정의하는 데 사용한다. 서버는 포트 번호 80을 사용하고 클라이언트는 임시 포트 번호를 사용한다. HTTP는 연결 지향적이고 신뢰할 수 있는 프로토콜인 TCP의 서비스를 이용한다. 이것은 클라이언트와 서버 간의 어떤 트랜잭션이 일어나기 전에 그들 사이에 접속이 성립될 필요가 있다는 것을 의미한다.

(5) 웹 캐싱(프록시 서버)

HTTP는 프록시 서버를 지원한다. 프록시 서버는 최근 요청에 대한 응답 복사본을 보관하는 컴퓨터로써 HTTP 클라이언트는 프록시 서버에 요청하고 프록시 서버는 캐시를 검사한다. 응답이 캐시에 저장되지 않으면 프록시 서버는 해당 서버로 요청을 전송하고 수신 응답은 프록시 서버로 전송되고 다른 클라이언트의 향후 요청을 위해 저장된다.

프록시 서버는 서버의 로드를 줄이고, 트래픽을 감소시키며, 지연 시간을 개선할 목적으로 사용한다. 그러나 프록시 서버를 사용하려면 클라이언트가 대상 서버 대신 프록시에 액세스하도록 구성되어야 한다.

(6) 웹 문서

WWW의 문서는 정적, 동적 및 활성이라는 세 가지 광범위한 범주로 분류가 가능하다.

① 정적 문서

정적 문서는 서버에 생성 및 저장되는 고정 콘텐츠 문서로 고객은 문서의 사본만 얻을 수 있어 파일을 만들 때 파일의 내용이 결정되는 것이며 사용할 때 결정되는 것이 아니다. 정적 문서는 HTML, XML, XSL, XHTML 중 하나를 사용하여 작성한다.

② 동적 문서

동적 문서는 브라우저가 문서를 요청할 때마다 웹 서버에 의해 생성되고 요청이 도착하면 웹 서버는 동적 문서를 생성하는 응용 프로그램 또는 스크립트를 실행한다. 각 요청에 대해 새로운 문서가 생성되기 때문에 동적 문서의 내용은 요청마다 다를 수 있다. 동적 문서의 매우 간단한 예는 서버에서 시간과 날짜를 검색하는 것이다. 시간과 날짜는 순간에서 순간으로 바뀐다는 점에서 동적인 정보의 일종이다. 과거에는 CGI(Common Gateway Interface)가 동적 문서를 검색하는 데 사용되었지만, 오늘날의 옵션에는 스크립팅에 자바 언어를 사용하는 Java Server Pages(JSP)나 스크립팅에 Visual Basic 언어를 사용하는 마이크로소프트 제품인 Active Server Page(ASP)나 HTML 문서의 SQL(Structured Query Language), 데이터베이스에서 쿼리 편집을 포함하는 Cold Fusion이 있다.

③ 활성 문서

많은 어플리케이션의 경우 클라이언트 사이트에서 실행할 프로그램이나 스크립트가 필요한데 이를 활성 문서라고 부른다. 예를 들어, 화면에 애니메이션 그래픽을 생성하는 프로그램이나 사용자와 상호 작용하는 프로그램을 실행한다고 가정할 때 프로그램은 애니메이션이나 상호작용이 이루어지는 클라이언트 사이트에서 실행되어야 한다. 브라우저가 활성 문서를 요청하면, 서버는 문서의 사본이나 스크립트를 보내고 그런 다음 문서가 클라이언트(브라우저) 사이트에서 실행한다. 활성 문서를 만드는 한 가지 방법은 서버에서 Java로 작성된 프로그램인 Java 애플릿을 사용하는 것이다.

(7) FTP

파일 전송 프로토콜(FTP)은 한 호스트에서 다른 호스트로 파일을 복사하기 위해 TCP/IP에서 제공하는 표준 프로토콜이다. 송수신 두 시스템은 서로 다른 디렉터리 구조를 가질 수 있는데 이러한 모든 문제는 FTP에 의해 해결된다. HTTP도 파일을 전송하기 위해 사용할 수 있지만 큰 파일을 전송하거나 다른 형식을 사용하여 파일을 전송할 때는 FTP가 더 효과적이다.

2 DOMAIN NAME SYSTEM(DNS)

클라이언트-서버 애플리케이션 프로그램은 다른 애플리케이션 프로그램을 지원하도록 설계되었고 엔티티를 식별하기 위해 TCP/IP 프로토콜은 호스트의 인터넷 연결을 고유하게 식별하는 IP 주소를 사용한다. 그러나 사람들은 숫자 주소 대신 이름을 사용하는 것을 선호하므로 인터넷은 주소와 이름을 연결할 수 있는 디렉토리 시스템을 갖추어야 한다. 매핑이 필요한 호스트는 필요한 정보를 가지고 있는 가장 가까운 컴퓨터에 연결할 수 있고 이 방법은 DNS(Domain Name System)에서 사용하는데 매핑 절차는 다음과 같다.

① 사용자는 파일 전송 클라이언트에 호스트 이름을 전달한다.
② 파일 전송 클라이언트는 DNS 클라이언트에 호스트 이름을 전달한다.
③ DNS 클라이언트는 DNS 서버의 알려진 IP 주소를 사용하여 파일 전송 서버 이름을 제공하는 쿼리와 함께 DNS 서버에 메시지를 전송한다.
④ DNS 서버는 원하는 파일 전송 서버의 IP 주소로 응답하고 파일 전송 클라이언트에 IP 주소를 전달한다.
⑤ 파일 전송 클라이언트는 수신된 IP 주소를 사용하여 파일 전송 서버에 액세스한다.

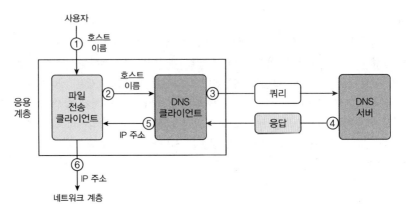

[DNS 접속절차]

각 주소를 고유한 이름에 매핑하는 이름 공간은 평면 또는 계층 구조의 두 가지 방법으로 구성할 수 있다.

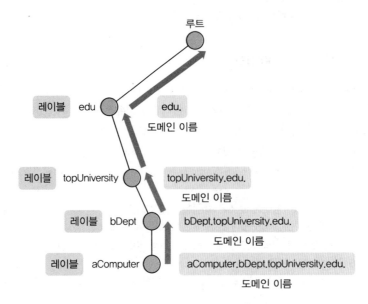

[루트, 레이블, 도메인의 관계]

(1) 도메인 이름 공간(Domain Name Space)

계층 이름 공간을 가지기 위해 도메인 이름 공간이 설계되었고 이 설계에서 이름은 맨 위에 루트가 있는 역트리 구조로 정의한다. 트리는 레벨 0에서 레벨 127까지 128레벨만 가질 수 있다.

(2) 도메인

도메인은 도메인 이름 공간의 하위 트리이고 도메인의 이름은 하위 트리 맨 위에 있는 노드의 이름이다.

(3) 영역(Zone)

서버가 책임을 지거나 권한을 가지고 있는 것을 영역이라고 한다. 서버가 도메인에 대한 책임을 인정하고 도메인을 더 작은 도메인으로 분할하지 않는 경우, '도메인'과 '영역'은 같은 것을 가리킨다.

(4) 루트 서버

루트 서버는 영역이 전체 트리로 구성된 서버이다. 루트 서버는 일반적으로 도메인에 대한 정보를 저장하지 않지만 해당 서버에 대한 참조를 유지하면서 다른 서버에 대한 권한을 위임한다. 루트 서버에는 여러 개의 루트 서버가 있으며, 각각 전체 도메인 이름 공간을 포함한다.

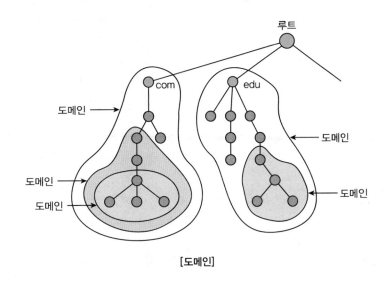

[도메인]

3 전자우편

전자우편은 사용자가 메시지를 교환할 수 있게 해준다.

(1) 사용자 에이전트

전자 메일 시스템의 첫 번째 구성요소는 사용자 에이전트(UA)이다. 메시지를 주고받는 과정을 더 쉽게 할 수 있도록 사용자에게 서비스를 제공한다. 사용자 에이전트는 메시지를 작성하고, 읽고, 회신하고, 전달하는 소프트웨어 패키지(프로그램)이다. 사용자 에이전트에는 명령 기반과 GUI 기반 두 가지 유형이 있다. GUI 기반 사용자 에이전트의 예로는 Eudora와 Outlook이 있다.

(2) 메시지 전송 에이전트

MTA(Message Transfer Agent) 클라이언트와 서버를 정의하는 정식 프로토콜을 SMTP(Simple Mail Transfer Protocol)라고 한다. SMTP는 송신자와 송신자의 메일 서버 사이, 그리고 두 메일 서버 사이에 두 번 사용된다. 메일 서버와 수신자 사이에 또 다른 프로토콜이 필요하다. SMTP는 명령과 응답을 주고받는 방법을 간단히 규정한다.

(3) 메시지 액세스 에이전트

메일의 1단계와 2단계에서는 SMTP를 사용하는 푸시 프로토콜이기 때문에 클라이언트에서 서버로 메시지를 밀어내지만 끌어오기 프로토콜이 필요한 경우도 있다. 즉, 클라이언트는 서버에서 메시지를 끌어내야 하는 경우를 의미하는데 이를 위해서 메시지 액세스 에이전트를 사용한다. 현재 Post Office Protocol 버전 3(POP3) 및 인터넷 메일 액세스 프로토콜 버전 4(IMAP4)의 두 가지 메시지 액세스 프로토콜을 사용할 수 있다.

① POP3

클라이언트 POP3 소프트웨어는 수신자 컴퓨터에 설치되고 서버 POP3 소프트웨어는 메일 서버에 설치한다. 메일 액세스는 사용자가 메일 서버의 편지함에서 이메일을 다운로드해야 할 때 클라이언트에서 시작하고 클라이언트는 TCP 포트 110에서 서버에 대한 연결을 열고 다음 사용자 이름과 암호를 전송하여 편지함에 액세스하면 사용자는 메일 메시지를 하나씩 나열하고 검색할 수 있다. POP3에는 삭제 모드와 유지(또는 보관) 모드의 두 가지 모드가 있다. POP3는 사용자가 서버에서 메일을 정리하는 것을 허용하지 않고 사용자는 서버에 다른 폴더를 가질 수 없으며 다운로드 전에 메일 내용을 부분적으로 확인하는 것을 허용하지 않는다.

② IMAP4

또 다른 메일 액세스 프로토콜은 인터넷 메일 액세스 프로토콜 버전 4(IMAP4)이다. IMAP4는 POP3와 비슷하지만 더 많은 기능을 가지고 있으며 더 강력하고 더 복잡하였다.

(4) MIME(Multipurpose Internet Mail Extensions)

다목적 인터넷 메일 확장(MIME)은 ASCII가 아닌 데이터를 전자우편을 통해 전송할 수 있는 보조 프로토콜이다. MIME은 송신자 사이트의 비 ASCII 데이터를 NVT ASCII 데이터로 변환하여 인터넷을 통해 전송되는 클라이언트 MTA에 전달하고 수신된 메시지는 원래의 데이터로 다시 변환한다.

4 멀티미디어

(1) JPEG(Joint Photographic Experts Group)

JPEG 표준은 대부분의 구현에 사용되는 손실 압축 기능을 제공한다. JPG(JPEG의 준말) 포맷 방식은 웹상에서 이미지 및 사진 등의 정보를 전송할 때 가장 보편적으로 사용하는 파일 형식으로 24비트의 수백만 가지 색상을 사용할 수 있어 다양한 디자인 및 사진을 압축하는데 가장 효과적인 포맷 방식으로 손실 압축 방법을 사용하기 때문에 문자나 선, 세밀한 격자 등 고주파 성분이 많은 이미지의 변환 과정에서 GIF나 PNG 압축방식보다 품질이 나쁠 수가 있다.

(2) GIF(Graphic Interchange Format)

GIF 방식은 최대 256색까지 저장할 수 있는 비손실 압축 방법을 사용하며 배경이 투명한 이미지나 움직이는 이미지를 지원한다. 또한, 파일 크기가 작아 다양한 방면으로 유용하게 활용되고 있으며, 클립 아트나 단순한 컬러와 깔끔한 라인, 회색 또는 단색으로 된 드로잉 이미지에 적합한 포맷 방식이다. 단점은 만약 이미지를 GIF 방식으로 저장할 경우, 256가지 색만 저장이 가능하기 때문에 해당 이미지에 대한 색상정보가 많이 손실되어 색상의 그라데이션(점점 진해지거나 점점 흐려지는 색)의 경우 자연스럽지 못하고 계단 현상이 일어날 수가 있다.

(3) PNG(Portable Network Graphic)

PNG 포맷 방식은 GIF보다 압축률이 조금 더 높고 안티엘리어싱(anti-aliasing)과 투명기능, 그리고 다른 비트 심도와 저장 방법 등 다방면에서 지원이 가능하고 8비트의 알파 채널을 사용해 파일의 투명한 정도를 정의할 수 있어 GIF보다 부드러운 투명도를 지원하며 JPG보다 깔끔하게 저장되기 때문에 웹에서 널리 사용되고 있다.

단점은 인터넷 익스플로러 6 이하의 웹브라우저에서는 PNG 형식이 지원되지 않기 때문에 투명한 부분이 회색으로 처리될 수 있고 높은 화질 설정의 경우 JPG와 GIF 파일보다 다소 용량이 크게 저장될 수 있다.

(4) 비디오 압축 : MPEG

Motion Picture Experts Group(MPEG)은 비디오를 압축하는 방법. 원칙적으로 동영상은 각 프레임이 이미지 인 프레임 집합의 빠른 흐름으로 프레임은 픽셀의 공간 조합이며, 비디오는 차례로 전송되는 프레임의 시간적 조합으로 이해할 수 있다. 비디오 압축은 공간적으로 각 프레임을 압축하고 일시적으로 프레임 세트를 압축하는 것을 의미한다. MPEG 방법은 먼저 프레임 세트를 I-프레임, P-프레임, B-프레임의 세 가지 범주로 구분한다.

① I-프레임

인코딩된 프레임(I-프레임)은 다른 프레임과 관련이 없는 독립 프레임으로 일정한 간격으로 존재한다. I-프레임은 이전 및 다음 프레임이 표시할 수 없는 프레임의 갑작스러운 변화를 처리하기 위해 주기적으로 나타나야 한다. 방송이 시작될 때 I-프레임이 하나만 있는 경우 늦게 튜닝한 시청자는 완전한 그림을 수신하지 못하게 된다. I-프레임은 다른 프레임과 독립적이며 다른 프레임으로부터 구성할 수 없다.

② P-프레임

예측된 프레임(P-프레임)은 앞의 I-프레임 또는 P-프레임과 관련되고 각 P-프레임에는 이전 프레임의 변경사항만 포함된다. P-프레임은 이전 I 또는 P-프레임에서만 구성할 수 있다. P-프레임은 다른 프레임 유형에 비해 훨씬 적은 정보를 전달하고 압축 후 비트를 훨씬 적게 전달한다.

③ B-프레임

양방향 프레임(B-프레임)은 전후의 I-프레임 또는 P-프레임과 관련이 있다. 즉, 각각의 B-프레임은 과거와 미래에 상대적이고 다른 B-프레임과 관련이 없다.

(5) 오디오

정상인의 청각에 대한 청각 주파수 범위는 약 20Hz ~ 20KHz이며 최대 청력은 약 3300Hz이다.

① 오디오의 디지털화

압축 기능을 제공하기 위해 아날로그-디지털 변환기를 사용하여 오디오 아날로그 신호를 디지털화한다. 아날로그-디지털 변환은 샘플링과 정량화의 두 가지 과정으로 구성한다. 펄스 코드 변조(PCM) 프로세스로 알려진 디지털화 프로세스는 아날로그 신호를 샘플링하고 샘플을 정량화하며 정량화된 값을 비트의 스트림으로 코딩하는 작업을 포함한다. 음성 신호는 샘플당 8비트로 초당 8,000개의 샘플링 속도로 샘플링되며, 그 결과는 $8,000 \times 8 = 64Kbps$의 디지털 신호이다.

(6) 인터넷에서의 멀티미디어

　① **저장된 오디오/비디오 스트리밍**

　　첫 번째 카테고리에서 저장된 오디오/비디오를 스트리밍하면 파일이 압축되어 서버에 저장되고 클라이언트는 인터넷을 통해 파일을 다운로드한다. 이를 주문형 오디오/비디오라고 부르기도 하며 네 가지 접근방식이 있다.

　　㉠ 첫 번째 접근법 : 웹 서버 사용

　　　압축된 오디오/비디오 파일을 텍스트 파일로 다운로드할 수 있다. 클라이언트(브라우저)는 HTTP 서비스를 이용하고 GET 메시지를 보내 파일을 다운로드할 수 있고 웹 서버는 압축된 파일을 브라우저로 보낼 수 있다. 그런 다음 브라우저는 보통 미디어 플레이어라고 불리는 도움말 응용 프로그램을 사용하여 파일을 재생할 수 있다. 이 접근방식은 매우 간단하며 스트리밍을 포함하지 않지만 압축 후에도 파일 사이트가 크다는 단점이 있다.

　　㉡ 두 번째 접근법 : 메타 파일과 함께 웹 서버 사용

　　　오디오/비디오 파일을 다운로드하기 위해 웹 서버에 직접 연결하는 방법이다. 웹 서버는 실제 오디오/비디오 파일과 오디오/비디오 파일에 대한 정보를 저장하는 메타 파일로 두 개의 파일을 저장한다.

　　㉢ 세 번째 접근법 : 미디어 서버 사용

　　　두 번째 접근법의 문제는 브라우저와 미디어 플레이어가 모두 HTTP 서비스를 사용한다는 것으로 HTTP는 TCP를 통해 실행되도록 설계되었다. 이것은 메타 파일 검색에는 적절하지만 오디오/비디오 파일 검색에는 적합하지 않다. 그 이유는 TCP가 손실되거나 손상된 세그먼트를 재전송하기 때문인데, 이는 스트리밍의 철학과 배치된다. TCP와 그것의 오류제어를 무시할 필요가 있으며 UDP를 사용할 필요가 있다.

　　㉣ 네 번째 접근법 : 미디어 서버 및 RTSP(Real-Time Streaming Protocol) 사용

　　　실시간 스트리밍 프로토콜(RTSP)은 스트리밍 프로세스에 더 많은 기능을 추가하도록 설계된 제어 프로토콜이다. RTSP를 사용하면 오디오/비디오의 재생을 제어할 수 있다.

　② **라이브 오디오/비디오 스트리밍**

　　저장된 오디오/비디오 스트리밍과 라이브 오디오/비디오 스트리밍 사이에는 몇 가지 유사점이 있는데 둘 다 지연에 민감하다는 것이다. 현재 라이브 스트리밍은 멀티캐스팅 대신 TCP와 복수의 유니캐스트를 사용하고 있다.

　③ **실시간 대화형 오디오/비디오**

　　대화형 오디오/비디오는 인터넷을 사용하여 실시간 대화한다. IP를 통한 인터넷 전화나 음성은 이러한 유형의 응용 프로그램의 한 예이다.

제 8 장 　네트워크 관리 및 보안

1 　네트워크 관리

네트워크 관리 시스템은 하드웨어, 소프트웨어 및 사람을 사용하며 국제표준화기구(ISO)는 네트워크 관리의 5개 영역을 구성 관리, 장애 관리, 성능 관리, 보안 관리, 계정 관리로 정의하고 있다.

(1) 구성 관리

대형 네트워크는 일반적으로 물리적으로나 논리적으로 서로 연결되는 수백 개의 실체로 구성되고 이러한 엔티티(실체)는 네트워크를 설정할 때 초기 구성을 갖지만 시간에 따라 변경될 수 있다. 데스크톱 컴퓨터는 다른 컴퓨터로 교체될 수 있고, 애플리케이션 소프트웨어는 새로운 버전으로 업데이트될 수 있으며, 사용자는 한 그룹에서 다른 그룹으로 이동할 수 있다. 구성관리시스템은 언제든지 각 실체의 상태와 다른 실체에 대한 관계를 파악해야 하며 재구성 및 문서화라는 두 가지 하위 시스템으로 나눌 수 있다.

① 재구성

재구성은 하드웨어 재구성, 소프트웨어 재구성, 사용자 계정 재구성 등 3가지 유형이 있다.

② 문서

이는 하드웨어, 소프트웨어 및 사용자 계정에 대한 문서가 있어야 함을 의미한다.

(2) 장애 관리

네트워크의 적절한 운영은 각 구성 요소들의 개별적인 적절한 작동과 상호 관계에 달려 있다. 장애 관리는 이 문제를 처리하는 네트워크 관리 영역이고 효과적인 장애 관리 시스템은 사후 대응적 장애 관리와 사전 예방적 장애 관리를 가지고 있어야 한다.

(3) 성능 관리

장애 관리와 밀접한 관련이 있는 성능 관리는 네트워크가 가능한 효율적으로 실행되고 있는지 확인하기 위해 네트워크를 모니터링하고 제어하기 위한 것이다. 성능 관리는 용량, 트래픽, 처리량 또는 응답 시간과 같은 일부 측정 가능한 양을 사용하여 성능을 정량화하고 SNMP와 같은 일부 프로토콜은 성능 관리에 사용될 수 있다.

(4) 보안 관리

보안 관리는 사전 정의된 정책에 따라 네트워크에 대한 액세스를 제어하는 기능을 의미한다. 암호화는 사용자의 프라이버시를 허용하며 인증은 사용자 자신을 식별하도록 하는 것이다.

(5) 계정 관리

계정 관리는 요금을 통해 사용자의 네트워크 자원에 대한 접근을 통제하는 것으로 계정 관리 하에서 개별 사용자, 부서, 부서, 심지어 프로젝트도 네트워크로부터 제공받는 서비스에 대해 요금을 부과하는 기능을 갖는다.

2 네트워크 관리 프로토콜

(1) SNMP(Simple Network Management Protocol)

SNMP는 TCP/IP 프로토콜 제품군을 이용하여 인터넷에서 장치를 관리하기 위한 프레임워크이다. 인터넷을 모니터링하고 유지하기 위한 일련의 기본적인 운영을 제공한다. SNMP는 매니저와 에이전트의 개념을 사용한다. 즉, 관리자(일반적으로 호스트)는 에이전트 집합(일반적으로 라우터 또는 서버)을 제어하고 모니터링한다.

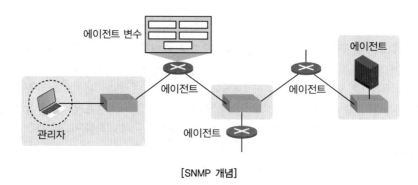

[SNMP 개념]

(2) SMI(Structure of Management Information)

관리 정보의 구조, 버전 2(SMIv2)는 네트워크 관리를 위한 구성요소이다. SMI는 SNMP의 가이드라인으로 개체의 취급에 있어서 이름, 데이터 유형, 인코딩 방식의 3가지 속성을 강조하고 있다. 기능은 객체에 이름을 제공하고, 객체에 저장할 수 있는 데이터 유형을 정의하고, 네트워크를 통한 전송을 위해 데이터를 인코딩하는 방법 등이 있다.

(3) MIB(Management Information Base)

관리 정보 베이스 버전 2(MIB2)는 네트워크 관리에 사용되는 두 번째 구성요소이다. 각 에이전트는 관리자가 관리할 수 있는 모든 개체의 집합인 자체 MIB2를 가지고 있다.

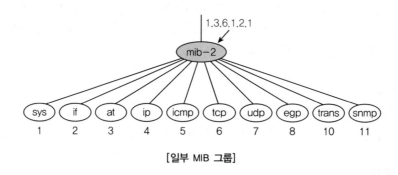

[일부 MIB 그룹]

MIB2의 객체는 시스템, 인터페이스, 주소 변환, ip, icmp, tcp, udp, egp, 전송 및 snmp의 여러 그룹으로 분류되고(그룹 9는 더이상 사용되지 않음) 이러한 그룹은 객체 식별 트리에서 mib-2 객체 아래에 있다.

3 네트워크 보안

(1) 기밀성

기밀성은 정보보안의 가장 일반적인 측면으로 조직은 정보의 기밀성을 위태롭게 하는 악의적인 행위에 대해 경계할 필요가 있다. 기밀성은 정보의 저장에만 적용되는 것이 아니라 정보의 전송에도 적용되며 원격 컴퓨터에 저장할 정보를 보내거나 원격 컴퓨터에서 정보를 검색할 때 전송 중에 이를 숨길 필요가 있다.

(2) 무결성

정보는 지속적으로 변경되어야 하지만 무결성은 오직 인가된 단체에 의해서 그리고 허가된 메커니즘을 통해서만 변경이 이루어져야 한다는 것을 의미한다.

(3) 가용성

조직이 만들고 저장하는 정보는 인가된 기관이 이용할 수 있어야 하고 정보가 없으면 쓸모가 없다. 정보는 지속적으로 변경되어야 하며 이는 인증된 기관이 접근할 수 있어야 한다는 것을 의미한다.

(4) 서비스 및 기술

ITU-T는 보안 목표를 달성하고 공격을 방지하기 위해 일부 보안 서비스를 정의하고 있다. 이들 각각의 서비스는 보안 목표를 유지하면서 하나 이상의 공격을 방지하도록 설계되어 있다. 하나는 매우 일반적이며(암호화), 하나는 구체적(스테가노그래피)인 두 가지 기법이 일반적으로 사용되고 있다.

① 암호화(Kyptography)

그리스어 기원을 가진 암호법은 '비밀의 글쓰기'라는 뜻이지만 메시지를 안전하게 하고 공격에 면역이 되게 하기 위해 변형시키는 과학과 기술을 지칭하기 위해 이 용어를 사용한다. 과거에는 비밀키를 이용한 메시지의 암호화와 암호 해독만을 언급했지만, 오늘날에는 대칭키 암호, 비대칭키 암호, 해싱 등 세 가지 뚜렷한 메커니즘을 수반하는 것으로 정의되고 있다.

② 스테가노그래피(steganography)

과거에 비밀통신을 위해 사용되었던 또 다른 기술, 즉 스테가노그래피가 현재 부활하고 있다. 스테가노그래피라는 단어는 그리스어에서 유래된 말로 '덮인 글쓰기'를 의미하며, '비밀 글쓰기'를 뜻하는 암호문과 대조된다. 암호화는 암호화를 통해 메시지의 내용을 은폐하는 것을 의미하며, 스테가노그래피는 메시지를 다른 것으로 덮음으로써 메시지 자체를 은폐하는 것을 의미한다.

(5) 디지털 서명

메시지 무결성과 메시지 인증을 제공하는 또 다른 방법은 디지털 서명이다. MAC은 다이제스트를 보호하기 위해 비밀 키를 사용하고, 디지털 서명은 한 쌍의 개인-공개 키를 사용한다.

(6) 엔티티 인증

기업 인증은 한 당사자가 다른 당사자의 신원을 확인할 수 있도록 고안된 기법이다. 개체는 개인, 프로세스, 클라이언트 또는 서버일 수 있다. 신원이 증명되어야 하는 실체는 피청구인이라고 불리고, 피청구인의 신원을 확인하려는 당사자는 검증자라 불린다.

(7) 키 관리

키 분배(Key Distribution)는 암호 키를 생성한 후에 이를 안전하게 분배·전달·공유하는 것이다.

① 사전에 당사자 간에 비밀 키를 공유하는 방법은 모든 당사자 간에 성립되어야 하는 키 수는 만일 구성원이 N명이면 $_NC_2 = N(N-1)/2$개의 키가 필요하고, 참여자 수가 증가할수록 필요한 키 수가 급격하게 증가한다. 이는 대칭 키(SKC) 암호를 이용한 대칭 키 분배 방식으로서 양측 간에 동일한 비밀 키를 공유하고 이의 노출을 최소화하도록 자주 키 갱신이 필요한 방식이다.

② 키 분배 센터(KDC : Key Distribution Center)를 이용한 방법은 제3의 신뢰할 만한 커버로스(Kerberos) 서버와 같은 키 관리 센터(KDC)에 기반을 두는 방식으로 키 분배 센터와 사용자 간에 1:1로 둘만의 유일한 키를 공유(N개의 마스터 키만)한다. 세션 키가 마스터 키에 의해 암호화되어 전달되지만 집중화에 따른 성능 병목 현상이 발생하므로 계층구조화된 키 관리 구조를 갖는 것이 바람직하다.

③ 키 교환에 의한 방법은 당사자들 간에 키 교환(Key Exchange)에 의한 방법으로 세션 키를 생성하는 방법이다(키 합의). 신뢰할 수 있는 제3자를 이용하지 않고 사전에 공유된 비밀 키 없이도 당사자들 간에 동일한 세션키를 계산해내는 방법으로 비밀키를 필요 시마다 생성하여, 비밀 키 보관에 따른 노출 위험성이 작아진다. 단점은 세션 키를 교환하는 과정에서 진짜 상대방을 신뢰할 수 없다. 즉, 상대방에 대한 인증 기능 없다.

④ 공개 키 기반구조에 의한 공개키 암호화 방법은 신뢰할 수 있는 제3자(인증기관/서버 등)를 이용하여 공개 키는 공개하고, 사용자들은 자신의 비밀 키만을 관리하는 방법이다. 예를 들면, RSA 등을 이용한 PKI(공개 키 기반구조)를 이용한 키 분배 방식이 있다. RSA는 공개 키 및 개인 키를 구성하며, 두 키가 하나의 수 체계를 형성한다.

4 인터넷 보안

(1) 네트워크 계층 보안(IPSec)

네트워크 계층에서, 보안은 두 호스트, 두 라우터 또는 호스트와 라우터 사이에 적용한다. 유일한 애플리케이션 계층 보안은 IPSecurity(IPSec)라고 한다. Internet Engineering Task Force(IETF)는 네트워크 수준에서 패킷에 대한 보안을 제공하고 있으며 IPSec은 IP 계층에 대해 인증되고 기밀 패킷을 생성하도록 돕고 전송 모드 또는 터널 모드 중 하나로 작동한다.

(2) 전송 계층 보안(SSL)

실제로 전송 계층의 보안은 TCP(또는 SCTP)의 서비스를 연결 지향 프로토콜로 이용하는 애플리케이션 계층에 대한 보안을 제공한다. 이러한 애플리케이션의 메시지가 TCP로 캡슐화되기 전에, 그것들은 보안 프로토콜 패킷에 캡슐화된다. UDP 서비스를 사용하는 애플리케이션은 보안의 특성상 두 엔티티 간의 연결 설정이 필요하기 때문에 이러한 보안 서비스로부터 이익을 얻을 수 없다. 전송 계층 보안의 혜택을 받을 수 없는 다른 애플리케이션은 전자 메일(e-메일)로 특별한 보안 조항이 필요하다. 오늘날 전송 계층에서 보안을 제공하는 두 개의 프로토콜, 즉 SSL(Secure Sockets Layer) 프로토콜과 TLS(Transport Layer Security) 프로토콜이 지배적이다.

(3) 응용 계층 보안(PGP : Pretty Good Privacy)

PGP는 Phil Zimmermann에 의해 개인 정보 보호, 무결성 및 인증을 전자 메일로 제공하기 위해 발명되었다. PGP는 안전한 이메일 메시지를 만드는 데 사용될 수 있고 PGP 알고리즘은 비대칭 키와 대칭 키 알고리즘, 암호 해시함수, 압축법 등의 집합을 정의하고 있으며, A가 B에게 이메일을 보낼 때, 각 목적에 사용해 온 알고리즘을 정의한다.

(4) 방화벽

방화벽은 네트워크 트래픽을 모니터링하고 정해진 보안 규칙을 기반으로 특정 트래픽의 허용 또는 차단을 결정하는 네트워크 보안 정치이다. 방화벽은 일반적으로 패킷 필터 방화벽 또는 프록시 기반 방화벽으로 분류한다.

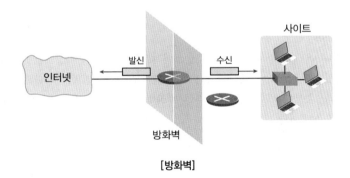

[방화벽]

① 패킷 필터 방화벽

패킷 필터 방화벽은 필터링 테이블을 사용하여 폐기해야 하는 패킷(전송되지 않음)을 결정하는 라우터이다.

인터페이스	소스 IP	소스 포트	대상 IP	대상 포트
1	131.34.0.0	*	*	*
1	*	*	*	23
1	*	*	194.78.20.8	*
2	*	*	*	80

[패킷 필터 방화벽]

② **프록시 방화벽**

초기의 방화벽 유형인 프록시 방화벽은 특정 애플리케이션을 위한 네트워크 사이의 게이트웨이 역할을 한다. 프록시 서버는 네트워크 외부에서의 직접 연결을 차단함으로써 콘텐츠 캐싱 및 보안 등의 부가적인 기능을 제공할 수 있지만 그만큼 성능 및 지원 가능한 애플리케이션에 영향을 미칠 수 있다.

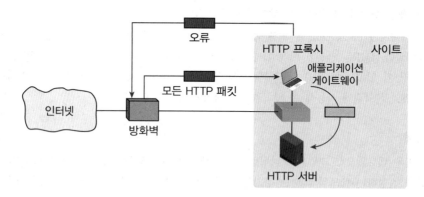

[프록시 방화벽]

③ **차세대 방화벽**

최근의 방화벽은 단순한 패킷 필터링과 스테이트풀 인스펙션 이상으로 발전했고 대부분 기업은 지능형 악성코드 및 애플리케이션 계층 공격과 같은 최신 위협을 차단하기 위해 차세대 방화벽을 구축한다. 차세대 방화벽은 전통적인 방화벽의 모든 기능을 포함하며 지능형 위협 탐지 및 치료 기능도 제공한다.

여기서 멈출 거예요? 고지가 바로 눈앞에 있어요.
마지막 한 걸음까지 시대에듀가 함께할게요!

시대에듀

명품 독학사

한번에

Pass!

독학사 컴퓨터공학과 끝판왕!

시험장에 가져가는

독학사 핵심요약집

컴퓨터공학과 3단계 컴퓨터네트워크

SD에듀
(주)시대고시기획